COLECCIÓN
CULTURA Y DERECHO

4

LAS PROFESIONES JURÍDICAS EN EL CINE

Paseos por el centro histórico y por el extrarradio

Este trabajo ha sido realizado en el seno del PIE22-022, Grupo Permanente de Innovación Educativa en «Cine y Enseñanza del Derecho: el reto de la orientación profesional de los alumnos de titulaciones jurídicas desde el cine», de la Universidad de Málaga, cuyo Coordinador es Antonio J. Quesada Sánchez.

COLECCIÓN
CULTURA Y DERECHO

4

LAS PROFESIONES JURÍDICAS EN EL CINE

Paseos por el centro histórico y por el extrarradio

Director
Antonio José Quesada Sánchez

COLEX 2024

Calle Costa Rica, número 5, 3.º B (local comercial)
A Coruña, 15004, A Coruña (Galicia)
info@colex.es
www.colex.es

I. S. B. N.: 978-84-1194-694-0
Depósito legal: C 1675-2024

SUMARIO

INTRODUCCIÓN

Antonio José Quesada Sánchez

Pág. 19

EL ACADÉMICO PRÁCTICO. EL PROFESOR QUE EJERCE COMO ABOGADO. EL CASO WOBURN DE *A CIVIL ACTION*

José Francisco Alenza García

Pág. 23

«LA TAPADERA»: A PROPÓSITO DE LA ÉTICA DEL ABOGADO, DEL BLANQUEO DE CAPITALES Y DE LA EVASIÓN FISCAL A TRAVÉS DE LAS JURISDICCIONES NO COOPERATIVAS

David Carrión Morillo

Pág. 47

MUJERES ABOGADAS EN LA HISTORIA: DE LA LITERATURA CLÁSICA *(HORTENSIA)* AL CINE *(ON THE BASIS OF SEX)*. DOS DISCURSOS EJEMPLARES

Esther Domínguez López

Pág. 83

EL LETRADO DE LA ADMINISTRACIÓN DE JUSTICIA COMO GUIONISTA Y DIRECTOR DE LOS PROCESOS JUDICIALES

Diego Fierro Rodríguez

Pág. 119

GESTORES, TRAMITADORES Y AUXILIOS COMO PERSONAJES INDISPENSABLES EN LAS TRAMAS CINEMATOGRÁFICAS DEL SISTEMA JUDICIAL

Diego Fierro Rodríguez

Pág. 157

SERPICO Y *VEREDICTO FINAL*. CINE, ÉTICA Y DERECHO. DEL POLICÍA AL ABOGADO

Juan Manuel Garrido Roldán

Pág. 173

UTOPÍA Y DESENCANTO EN LA ABOGACÍA: LA LUCHA POR LA JUSTICIA FRENTE AL CAPITAL

Carlos Gil Gandía

Pág. 199

LA DOCENCIA UNIVERSITARIA, AL HILO DE «UNA RAZÓN BRILLANTE»: ¿EL ARTE DE CONVENCER O DE ENSEÑAR?

Cristina Guisasola Lerma

Pág. 205

LA FIGURA DEL OPOSITOR A LAS PROFESIONES JURÍDICAS EN EL CINE

Jesús Martín Fuster

Pág. 221

JUECES O MAGISTRADOS ENCARGADOS DEL REGISTRO CIVIL EN ESPAÑA Y EL CONTROL DE LOS MATRIMONIOS DE CONVENIENCIA (A PROPÓSITO DE *GREEN CARD* Y DE *LA PROPOSICIÓN*)

Alfonso Ortega Giménez

Pág. 239

LA *AUCTORITAS* DE LOS «JURISTAS DE RECONOCIDA COMPETENCIA» Y SU RESPONSABILIDAD PÚBLICA: *¿VENCEDORES O VENCIDOS?* COMO METÁFORA

Antonio José Quesada Sánchez

Pág. 257

EL NOTARIADO EN EL CINE

Francisca Ramón Fernández

Pág. 291

EL JUEZ EN EL CINE

Benjamín Rivaya

Pág. 315

A ESTE LADO DE LA LEY: ABOGADOS, COMISARIOS, JUECES Y FISCALES EN EL CINE QUINQUI, EL CINE DE DELINCUENTES JUVENILES DE LA TRANSICIÓN ESPAÑOLA

Rafael Robles Gutiérrez, «Rafatal»

Pág. 359

DESARROLLISMO, ABOGACÍA Y CINE

Emilio G. Romero

Pág. 389

EL REFLEJO DE LA PROFESIÓN DE JUEZ EN LA PELÍCULA *¿VENCEDORES O VENCIDOS? (EL JUICIO DE NUREMBERG)*

Adolfo Ruiz Aranda

Pág. 399

EL DRAMA LEGAL CONTEMPORÁNEO: POSIBILIDADES PARA LA EDUCACIÓN EN ÉTICA PROFESIONAL

Ana Sedeño-Valdellos

Pág. 413

EL ARTE DE LA MEDIACIÓN EN LOS CONFLICTOS SOCIETARIOS: UN VISTAZO A «7 AÑOS» Y EL PAPEL DE SU MEDIADOR

Eduardo Vázquez de Castro

Pág. 425

EL ARTE DE SER JURISTA, LA ACTUACIÓN COMO JURISTA EN LOS PROGRAMAS DE TV Y SUS DERECHOS DE INTÉRPRETE Y EJECUTANTE: LOS *COURT SHOWS*, LAS PROFESIONES JURÍDICAS, LOS NUEVOS FORMATOS TECNOLÓGICOS COMO EL *REEL* Y EL *SHORT* Y SU INFLUENCIA EN LAS REGULACIONES RECIENTES

Jorge Villalobos Portalés

Pág. 453

L'ONU DI UOMINI ILLUSTRI

Maria Chiara Vitucci

Pág. 495

INTRODUCCIÓN

«- En fin. El enigma sigue en pie. Imita el arte a
la realidad o la realidad imita al arte.
- Desde que existe el cine, no le quepa la
menor duda, la realidad imita al arte»
(**Manuel Vázquez Montalbán**: ***Las cenizas de Laura***)

En estos momentos tras todo lo leído, meditado e, incluso, escrito, no es difícil justificar las bondades del trabajo con cine en el Aula por parte de los profesores de asignaturas jurídicas (diríamos que por parte de los docentes, en general). Está más que estudiado y comprobado, y por ello no incidiremos nuevamente en destacar esta cuestión. Conscientes de ello, hemos trabajado en el seno de un Proyecto de Innovación Educativa (PIE), Pie de Excelencia, entre los años 2019 a 2021, titulado «La inserción del cine en la docencia de asignaturas jurídicas: la relevancia de la lengua inglesa» (PIE19-016), y fruto de dicho trabajo se publicaron dos libros y diversos trabajos en otras obras colectivas o revistas científicas, se celebraron dos congresos y se llevaron a cabo otras diversas actividades en diversos foros (Festival de Cine de Málaga, centros de la Universidad de Málaga, diversos museos, Colegio de Abogados de Málaga, etc.).

En la siguiente convocatoria de Proyectos se nos concedió el Grupo Permanente de Innovación Educativa titulado «Cine y Enseñanza del Derecho: el reto de la orientación profesional de los alumnos de titulaciones jurídicas desde el cine» (PIE22-022). Con él hemos comprobado cómo el cine puede ser útil también para trabajar con nuestros alumnos de la Facultad de Derecho (incluso de otras facultades, gracias a asignaturas jurídicas, conectadas o con interés convergente) a la hora de ilustrar sobre las salidas profesionales de los estudios de Derecho. La orientación profesional, el abanico de salidas profesionales de las diferentes titulaciones universitarias, es algo que no debe descuidarse en una sociedad como la que habitamos, en la que se generan nuevas profesiones constantemente, y es positivo que al estudiantado se le ilustre sobre ello durante sus estudios universitarios reglados y esté en condiciones de valorarlo y de actualizar el elenco de posibles salidas profesionales. Los Rectorados de las Universidades son conscientes de ello, y no descuidan la orientación profesional de sus estudiantes.

El ámbito de los estudios de Derecho, tradicionalmente, se ha caracterizado por el interesante elenco de salidas profesionales que se abre ante el alumno que termina su formación, listado que incluye desde oposiciones públicas más o menos tradicionales (Judicatura, Fiscalía, Notarías, Cuerpo Diplomático, Abogacía del Estado, Inspección de Hacienda, etc.) hasta otras menos conocidas y las tradicionales profesiones liberales de Abogado y Procurador, junto a otras labores en las que la formación jurídica puede ser muy aprovechable. En esta tarea de orientación consideramos que el cine puede ser especialmente útil, por lo gráfico y pedagógico que resulta siempre lo audiovisual, sobre todo para la nueva generación de jóvenes, y por ello lo hemos utilizado en conferencias, comunicaciones en Congresos, capítulos de libros, etc. Al cine, lo tenemos asumido, ninguna faceta humana le es ajena, y el reflejo que ofrece de las diversas profesiones conectadas con las salidas profesionales del mundo del Derecho puede ser muy ilustrativo para el alumnado. No necesariamente correcto, pero sí ilustrativo. Abogados, jueces, notarios, registradores de la propiedad, mediadores, asesores, inspectores de hacienda, funcionario de prisiones, policías, inspectores de trabajo, profesores de Derecho, etc. han sido reflejados en el cine con mejor o peor fortuna y fidelidad, y estas imágenes, acertadas o inexactas, tienen influencia en el imaginario popular. Somos de la opinión, por ejemplo, de que «Matar a un ruiseñor» ha generado gran cantidad de vocaciones conectadas con el mundo de la abogacía en todo el mundo. Por tanto, ¿por qué desaprovechar las potencialidades que ofrece el cine, también en este campo?

Con esta obra que ahora presento, con estas líneas, pretendemos ofrecer un abanico representativo (y heterodoxo) sobre las profesiones jurídicas en el cine, para analizar si se reflejan de modo fiel o no, que todo puede suceder (al fin y al cabo, en una obra de arte no hay por qué ofrecer necesariamente rigor conceptual; es más que suficiente con encontrar musculatura creativa). Siendo conscientes, además, de la potencia divulgativa del cine, no cabe duda de que la imagen que el cine ofrece de las profesiones jurídicas cala en el modo de apreciar a dichas profesiones. ¿Acaso no se suele asociar, en general, a los abogados con personas batalladoras y que defienden por todos los medios, no siempre ortodoxos, los intereses de su cliente? ¿O los Notarios, acaso no suelen ser señores (no señoras, ¡ay!) mayores y serios que habitan estancias antiguas, polvorientas y cargadas de libros antiguos? ¿O los fiscales no se presentan como personas que siempre acusan y cuyos alegatos no suelen ser especialmente beneficiosos para los intereses de los particulares? Estamos ante tópicos, pero un tópico tiene bastante de verdad deformada, y por ello estas reflexiones que ahora presento pueden sernos útiles para meditar sobre cómo se reflejan las profesiones jurídicas en el cine, ejemplificando con casos concretos. No se debe obviar dicho tratamiento en ningún caso, exacto o inexacto, pues es la imagen que puede haber calado en el imaginario público y con la que hay que lidiar en el día a día.

El repaso que tiene en sus manos, amable lector, es el que los diversos autores participantes en la obra colectiva han decidido expresamente ofrecer. Podría haber sido otro, sin duda, pero es este. Hay más profesiones de interés, por supuesto, y de algunas podemos discutir incluso dicha condición (¿acaso es una verdadera profesión jurídica el reconocimiento que estudia en su aportación el propio firmante de estas líneas introductorias?). Por ello, el propio título del libro está voluntariamente alejado de cualquier ortodoxia: «Las profesiones jurídicas en el cine. Paseos por el centro histórico y por el extrarradio». En el libro ejerceremos de «flâneur» por el centro histórico de las profesiones jurídicas, pero no por todas sus calles, aunque también pasearemos por los extrarradios de la ciudad, visitando barrios alejados del centro, pero a los cuales se llega con un simple billete de autobús (ya nos lo enseñó Vázquez Montalbán: la ansiada huida a los mares del sur podía llevarse a cabo con un bono de metro).

En algún caso diversos autores trabajan sobre la misma profesión o película, pero consideramos que eso aporta un valor añadido a la obra. Se combinan trabajos de autores consagrados, Maestros de los que todos aprendemos, como Benjamín Rivaya, José Francisco Alenza, Alfonso Ortega, David Carrión Morillo o Emilio G. Romero, con el de queridísimos colegas de batallas y autores con una trayectoria menos dilatada o personas que se mueven a la vez en el ámbito académico y cinematográfico, como nuestro querido amigo el cineasta «Rafatal», también Doctor en Comunicación Audiovisual y autor no solamente de trabajos cinematográficos, sino de reflexiones científicas y divulgativas sobre el cine que merecen mucho la pena.

Es muy gratificante para un servidor, como Coordinador del GPIE en cuyo seno se ha elaborado, que este libro vea la luz. En sus manos tiene la obra final, amigo lector. Y deseamos de todo corazón que los textos sirvan para remirar el cine de otro modo, o para plantearnos la visión que el mismo ofrece de profesiones con interés jurídico. En todo caso, nuevamente, deseamos que con esta lectura viva momentos de cine.

Antonio J. Quesada Sánchez
Coordinador PIE22-022
Universidad de Málaga
Málaga, otoño de 2024

EL ACADÉMICO PRÁCTICO. EL PROFESOR QUE EJERCE COMO ABOGADO. EL CASO WOBURN DE *A CIVIL ACTION*

José Francisco Alenza García
Catedrático de Derecho Administrativo. Universidad Pública de Navarra

1. Un académico entre abogados en el caso Woburn

1.1. El caso Woburn

Basada en la historia real de una tragedia ambiental y sanitaria y de un combate heroico en los tribunales estadounidenses, la película de Steven Zaillian (EE. UU., 1998) *A civil action*, es una de las mejores películas de temática jurídica y judicial de la historia[1].

---

1 Para una mayor concreción de los hechos de los que trata la película es fundamental la lectura la novela en la que se basa el guion de la película: Jonathan Harr, *A civil action*

Ocho familias de una pequeña localidad cercana a Boston (Woburn, Massachussets) emprenden un proceso judicial contra dos poderosas corporaciones empresariales, a las que acusan de haber contaminado el agua del pueblo con residuos químicos que han causado doce muertes por leucemia (ocho de niños) en quince años. Anne Anderson, madre de uno de los niños fallecidos, consigue atraer la atención de un abogado especializado en daños: Jan Schlichtmann. Éste inicialmente rechaza el caso, pero cuando descubre que entre las posibles empresas responsables se encuentran algunas pertenecientes a dos grandes corporaciones (Beatrice Foods y W. R. Grace) decide aceptar el reto.

La complejidad de la demanda radica en la prueba de la causalidad de los daños. Por un lado, debe probarse que la contaminación de las aguas subterráneas de las que se extrae el agua para el consumo de los vecinos se debe a una incorrecta gestión de residuos de las empresas demandadas. Por otro lado, se requiere la más difícil prueba de que la leucemia y el resto de enfermedades de los demandantes han sido causadas por el consumo del agua contaminada.

La prueba irrefutable de los vertidos de Grace se logra gracias a que Schlichtmann convence a uno de sus trabajadores, Al Love (un extraordinario James Gandolfini), para que confiese las ilícitas prácticas de eliminación de los residuos. Se negocia entonces un acuerdo extrajudicial para poner fin a la demanda, pero Schlichtmann plantea unas cantidades desorbitadas e inasumibles para las empresas demandadas.

Más adelante, Beatrice Foods logrará librarse del proceso gracias a una inteligente maniobra de su abogado —que, además, es profesor de Derecho en Harvard— que es aceptada por el juez del caso. Finalmente, se llegará a un acuerdo con W. R. Grace para el pago de una indemnización de 8 millones de euros, muy inferior a los más de 20 millones que se llegaron a negociarse al comienzo del juicio. La sentencia del juez Skinner ratificará el acuerdo extraprocesal que implica guardar secreto sobre la cantidad pactada y la ausencia de reconocimiento de responsabilidad por parte de la empresa. El dinero apenas llegaba para cubrir los costes y deudas generadas durante el proceso y para ofrecer una pequeña asignación a las familias. Estas quedaron decepcionadas por no obtener ningún tipo de disculpas o reconocimiento de culpa por parte de los responsables.

La extensa duración del proceso y el coste de la investigación geológica, química y médica había llevado a la quiebra y a la disolución al despacho de Schlichtmann. Éste con la amargura que le supuso no ofrecer a sus clientes el reconocimiento que deseaban y con el fracaso económico que le supuso el juicio, reinició en solitario su carrera en causas ambientales. Pero no será

(Acción civil), 1995. Las citas de la novela las tomo de su primera edición en español editada por Plaza & Janés, Barcelona, 1999.

capaz de olvidar el caso. Hasta que un día se da cuenta de que no tenía que haber preguntado por los vertidos directos de los contaminantes al río, sino por los vertidos indirectos y la contaminación de los suelos. Es entonces cuando descubrirá que Beatrice había ocultado las operaciones de limpieza de los suelos y, con ello, había evitado que se probara su responsabilidad. Schlichtmann había conseguido las pruebas, pero ya no tenía ni recursos, ni fuerzas para reabrir el caso. Por ello, decide enviar toda la información que había recopilado a la Agencia de Protección Ambiental. Será ésta la que logrará imputar los daños ambientales a Beatrice Foods y a W. R. Grace y les condenará a una indemnización de 64,9 millones de dólares para la limpieza de los suelos y del río.

1.2. Los abogados del caso... y el juez Skinner

El protagonismo de la película no recae sobre las víctimas de los daños, ni sobre los responsables de los mismos. Es una película sobre una batalla judicial y, por ello, los protagonistas indiscutibles son los abogados de las partes y el juez.

Jan Schlichtmann es un abogado ostentoso, presumido, egocéntrico y valiente, que no duda en arriesgarlo todo, trabajo, tiempo y dinero (el suyo y el de su despacho) en los asuntos que lleva. Hasta ahora le ha ido muy bien y ello ha reforzado su autoestima y, también, los rasgos narcisistas de su personalidad. Nadie mejor que John Travolta para encarnar ese ambicioso abogado, cuyas ansias de medrar y de presumir de su coche deportivo y de sus lujosos trajes, ocultan un complejo de inferioridad ante los abogados de Harvard[2].

Ese complejo no deriva únicamente de la Facultad de Derecho en la que estudió, sino que radica sobre todo en su dedicación al Derecho de daños. Schlichtmann es especialista en conmover a los jurados con las lesiones y las secuelas sufridas por sus clientes. Tampoco duda, como hace en el caso Woburn, en recurrir a los medios de prensa para exhibir los niños fallecidos por leucemia y hacer que el patetismo sensibilice a la opinión pública y presione a las empresas afectadas y al jurado.

2 En la novela se cuenta que Schlichtmann estudió en la Facultad de Derecho de Cornell. Su vocación por la abogacía había sido tardía. Licenciado en filosofía, «el derecho no le parecía una profesión más independiente, ni prestigiosa que la de fontanero, comparación que se le ocurría cada vez que pensaba en hacerse abogado: la gente te contrata para arreglar ciertos asuntos (testamentos, divorcios, deudas que no se pueden cobrar) igual que llama al fontanero para arreglar ciertas cañerías atascadas o grifos que gotean». Más adelante descubrió que la abogacía podía servir para beneficiar a la sociedad ya la gente: «Se dio cuenta de que la profesión de abogado no se reducía a testamentos, divorcios y sórdidos asuntos criminales... concluyó que acaso el derecho fuera la vocación más alta a la que pudiera aspirar el ser humano» (Harr, pp. 77-79).

El caso será para él un aprendizaje jurídico y también personal y, finalmente, descubrirá que se puede vivir sin un Porsche cuando tu vocación es la defensa de los débiles frente a los poderosos.

Sus compañeros del bufete Conway, Crowley & Homer (a los que dan vida los actores Toni Shalhoub, Zeliko Ivanek y William H. Macy) acompañan a Schlichtmann en sus demandas. Bajo el liderazgo de Schlichtmann les ha ido muy bien. Pero el caso Woburn cambiará las cosas y no serán capaces de evitar que su ambición y su ego arrastre a la quiebra al despacho.

Las empresas demandadas cuentan con grandes y prestigiosos despachos de abogados liderados por William Cheeseman y Jerome Facher.

Foley, Hoag & Eliot es el bufete de W. R. Grace. El caso se asigna a William Cheeseman (Bruce Norris) que es un abogado de rancio abolengo. Orgulloso de su apellido (no deja de recordar que había un Cheeseman en el Mayflower), asesora y representa a grandes empresas. Su ecosistema son los altos y lujosos despachos de Wall Street y es especialista en las maniobras que abortan los procesos en su inicio. Sin embargo, se presenta como un personaje risible. No logra que el abogado de la otra empresa (Facher) se una a él en una estrategia de defensa conjunta. Además, fracasa en sus iniciales tácticas de bloqueo y, posteriormente, su empresa se verá abocada a un acuerdo extrajudicial. Finalmente, será condenada por ocultación de pruebas y por la contaminación del acuífero[3].

Beatrice Foods es defendida por Hale and Dorr, que cuenta en su equipo con el prestigioso Jerome Facher. Es encarnado por Rober Duvall, un habitual de las películas jurídicas[4], y que fue nominado para varios premios por su interpretación de Facher[5]. Es el académico o profesor universitario que también ejerce la abogacía y la figura sobre la que centraré mi atención en este trabajo[6].

3 «Su especialidad eran las maniobras previas al juicio y, dentro del bufete, tenía fama de saber encontrar los modos más astutos de asfixiar demandas recién nacidas a base de peticiones de excepción previa o de fallo rápido (...) En toda su carrera Cheesemann sólo había intervenido personalmente en cuatro juicios con jurado, todos por casos de poca monta. Era un aspecto de su profesión que no le gustaba, y para el que reconocía no estar muy dotado» (Harr, p. 130).

4 Fue el inolvidable Tom Hagen abogado y consigliere de los Corleone en *El Padrino I* y *II*. Debutó con el papel del «ruiseñor» Boo Radley en *Matar a un ruiseñor*. Y una de sus mejores interpretaciones (con 84 años fue el actor de más edad en ser nominado al Óscar) fue la del juez Joseph Palmer defendido por su hijo (Robert Downey Jr.) en *El juez*.

5 Por este papel fue nominado en 1998 como mejor actor secundario para el Oscar, para el Globo de Oro, y por las Asociaciones de Críticos de Chicago y de Boston, aunque solo obtuvo el premio del Sindicato de Actores.

6 En el caso intervino otro profesor abogado, pero no sale en la película. Se trata de Charles Neeson, profesor de derecho penal en Harvard que había estudiado la utilización de las estadísticas como prueba (Harr, p. 309). Neeson es contratado por Schlichtmann para defender el uso de las probabilidades como prueba de la causalidad de los daños y realizó

El juez Walter J. Skinner (John Lithgow) es el típico juez que suelen mostrar las películas norteamericanas que gobierna tiránicamente su juzgado y que interviene decisivamente en la dirección del juicio y en las orientaciones al jurado. Desde el primer momento se percibe la admiración e incluso devoción que siente por Facher y el desprecio por Schlichtmann, quizá por la índole académica del primero y la de picapleitos del segundo.

Aunque en el proceso intervinieron muchos otros abogados, en la película —también en los hechos reales—, Facher se erige en la némesis de Schlichtmann. No solo es el que más influyó en el desenvolvimiento del proceso, sino que es el que dio a Schlichtmann las mejores lecciones sobre la abogacía y sobre la litigación que, lamentablemente, no aprovechó.

Facher y Schlichtmann encarnan dos tipos de abogados contrapuestos en su formación, en su experiencia y en la forma de entender el Derecho. Facher representa el tipo de jurista que Schlichtmann nunca podrá ser y, por ello, siente frente a él una especie de complejo de inferioridad que le perjudicará en la defensa de los intereses de sus clientes. Por su parte, Schlichtmann es el tipo de persona (arrogante, derrochador) y de abogado (mediático y populista) que Facher aborrece. Sin embargo, la bisoñez e inexperiencia de Schlichtmann parece inspirar en Facher un deseo de aleccionarle y de transmitirle los valiosos conocimientos que atesora tras una vida dedicada al ejercicio teórico y práctico del Derecho. Todo ello sin merma del espíritu competitivo y de su irrenunciable propósito de librar a su cliente de responsabilidad en uno de los casos más complejos que se le plantearon al prestigioso profesor.

2. Cualidades del académico que ejerce el derecho

2.1. Cualidades personales de Facher: su pasión por el Derecho y por los juicios

Jerome Facher[7] es el presidente del departamento de pleitos del bufete Hale and Dorr y lleva más de veinte años dando clases de práctica judicial en

importantes actuaciones que consolidaron la posición de los demandantes. Neeson había sido rechazado en Harvard por sus bajas notas en matemáticas, ya que tener puntuaciones altas y bajas era una señal de pereza «y la facultad de Derecho de Harvard no quería estudiantes perezosos». Nesson volvió a examinarse de matemáticas y logró ser admitido. Luego resultó ser el mejor estudiante de su promoción en los tres cursos y se licenció con la media más alta obtenida desde 1907. «Para Neeson el derecho era como un conjunto de acertijos relacionados con el comportamiento humano, increíblemente complicados, sí, pero muy entretenidos» (HARR, p. 326).

7 Físicamente la novela lo describe de este modo: «A sus sesenta años Facher era un hombre menudo, enjuto y estrecho de hombros, con un pelo gris que siempre parecía recién cortado» (HARR, p. 115).

Harvard, los miércoles por la tarde de febrero a mayo. Es un profesor riguroso y exigente que sometía a sus estudiantes a duras críticas cuando se enfrentaban a la resolución de los casos que les proponía en sus clases.

Es un hombre correcto y educado, pero no es simpático. Carece de don de gentes. Un tanto asocial, Facher se muestra como un hombre solitario que disfruta de su soledad. No tiene familia[8], ni amigos conocidos. Su vida es el Derecho en sus distintas vertientes tanto teóricas como prácticas. Disfrutaba especialmente de los juicios: «En una época en que muchos abogados mercantilistas nunca llegan a participar en un juicio, Facher había intervenido en más de sesenta y los había ganado casi todos. Me encantan los juicios —dijo en cierta ocasión—. Es la gracia de ser abogado. Desde que estoy en Hale and Dorr nunca he tenido un mal día»[9].

Su confianza en el Derecho y en la abogacía no conocen límites: «No hay caso civil que no pueda ganarse —dijo una vez a sus alumnos de Harvard—»[10]. Otras veces decía: «Hay casos que no se pueden perder; otros quizá no puedan ganarse. Cada cual juega con las cartas que le reparten»[11].

Más allá del Derecho, la otra pasión conocida de Facher es el béisbol. Frente a esa pedante intelectualidad que desprecia la afición a los deportes o que la oculta por considerarla impropia para espíritus elevados, Facher carece de complejos y muestra sin ambages su afición por los Red Sox. Escucha los partidos por la radio, sueña con ir al estadio, su despacho está decorado con objetos de su equipo[12], juega con una pelota (al estilo de Steve McQueen en *La gran evasión*) para relajarse y reflexionar, y recurre frecuentemente a metáforas deportivas en sus argumentaciones y conversaciones[13].

Es un hombre asertivo: no duda en defender su tiempo libre (abronca al becario que interrumpe su descanso en el que aprovecha para almorzar y oír

8 «Vivía solo con la única compañía de un gato viejo. Había estado casado durante diecisiete años, pero el contrato se había disuelto tiempo atrás. En su juventud como abogado lo entusiasmaba poner en evidencia a los testigos de la parte contraria, y no perdía oportunidad de afilar sus garras. Solía practicar con su mujer» (Harr, p. 119).

9 Harr, p. 120.

10 Harr, p. 123.

11 Harr, p. 206.

12 El despacho de Facher era pequeño porque había rechazado otros despachos más grandes y ostentosos. «Estaba abarrotado de objetos relacionados con el béisbol. Un bate de la liga nacional servía de tope para la puerta; en la mesa tenía una pelota firmada por los jugadores de los Red Sox» (Harr, p. 304).

13 Por ejemplo, cuando le dicen que por qué no cambia su maletín, contesta que no se cambia de lanzador en la fase final del partido. Y cuando Beatrice es liberada de responsabilidad, Facher dice a la prensa que seguirá «la segunda fase del juicio en las gradas de Fenway Park» (Harr, p. 521).

el partido de los Red Sox[14]). Es una persona austera. Le repugna el despilfarro del dinero. Se niega a desprenderse de su viejo maletín con el asa rota. No se deja deslumbrar por las manifestaciones de riqueza de sus compañeros de profesión cuando negocian acuerdos extrajudiciales en lujosos hoteles. De esas infructuosas reuniones Facher se limita a preguntar si puede quedarse con el boli que ofrece el hotel. Ese gesto puede interpretarse como una respuesta (en realidad una no-respuesta) a la desorbitada petición de 410 millones de dólares de Schlichtmann. Llevarse el boli era una forma de rechazar la oferta y de sacar algún beneficio de una reunión organizada más para impresionar a los asistentes que para llegar a un acuerdo.

Pero si se une ese gesto a otros que van saliendo en la película (como el de robar a escondidas un croissant en otra reunión) hacen que en la película acabe retratado más que como una persona austera, como un rácano y tacaño[15].

Otra cualidad de Facher es su estoicismo e impasibilidad. No se implica emocionalmente en los asuntos[16]. Se apasiona con la controversia jurídica, pero no sufre por sus clientes. Lo considera una debilidad. Ello le permite soportar los vaivenes judiciales con frialdad científica sin que nuble su entendimiento de la situación.

En definitiva, Facher no basa su éxito profesional en el don de gentes, en la simpatía o en la pertenencia a un determinado círculo social. Es la dedicación integral a su profesión y su bagaje intelectual lo que le ha convertido en un reputado profesor y en un exitoso abogado.

2.2. Prestigio académico y cercanía con los jueces

Jerome Facher es profesor en Harvard. Como todo profesor universitario imparte clases y también publica artículos y libros de Derecho (ni la película, ni la novela dicen nada sobre las ingratas y crecientes labores burocráticas

14 Cuando el becario irrumpe en la escondida guarida que Facher había encontrado en el bufete, le dice con tono amistoso —pero con una terrible y amenazadora actitud— lo siguiente: «Si yo fuera tú, me aseguraría de tomarme la hora de tiempo libre más o menos lejos de todo el ruido y la locura de este lugar (...) Encontraría un lugar para mí que fuera relativamente tranquilo y pacífico. Tomar un sandwich, leer una revista, tal vez escuchar un partido en el Fenway si hubiera alguno. Y me aseguraría de que todos supieran que no quería que me molestaran durante esa hora de soledad. Porque ese sería mi momento... mi tiempo privado. Lo cual nadie, si tuviera algún sentido de autoconservación... se atrevería a interrumpir. Si yo fuera tú».

15 «Facher era un hombre frugal. Sus socios lo habían visto acudir los viernes al comedor del bufete con una bolsa de plástico, llenarla con sobras y llevárselas a casa para congelarlas. Odiaba ir a restaurantes aunque pagara otro (...) Uno de sus comentarios preferidos era: Odio el derroche. Soy un hombre ahorrador. Algunos dirían que rácano» (Harr, p. 121).

16 La única excepción se produjo cuando fue acusado por Schlichtmann de falta de ética profesional por ocultar pruebas sobre los residuos de Beatrice. Consideró que se le estaba difamando y llegó a decirle a Schlichtmann que lo esperaba en el pasillo (Harr, p. 608).

que los docentes españoles tenemos que realizar). Debe ser un buen profesor porque, a pesar de su exigencia durante el juicio de Woburn, sus alumnos le regalan una cátedra con su nombre grabado.

Sus publicaciones suscitan el reconocimiento de la profesión y también la de los jueces. En el concreto caso Woburn, el juez Skinner le admira. Así lo percibe Schlichtmann desde el primer momento:

> «El juez y Facher eran de la misma generación. Habían ido a la misma Facultad y prácticamente durante los mismos años. Compartían formación jurídica y ambos habían llegado muy alto en la profesión. Hasta daba la impresión de tener la misma manera de pensar. Schlichtmann se había fijado en que más de una vez Facher acababa las frases de Skinner, y viceversa. A veces tenía la impresión de estar escuchando una conversación privada (...) Era consciente de no poder competir con Facher en el respeto del juez»[17].

Frente a la indiferencia o desprecio que pueden suscitar los abogados de daños, un veterano abogado de empresa que es, además, profesor de Harvard es un factor que incentiva al juez a mostrar su profesionalidad y sus saberes jurídicos, lo que juega a favor de las propuestas y posiciones de ese abogado académico.

Sólo en una ocasión el juez no falló a favor de Facher. Fue cuando éste le pidió en un affidávit un aplazamiento de seis meses para el comienzo del juicio. A Facher le había costado mucho pedirlo y lo hacía casi como si fuera un favor personal. Sin embargo, Skinner solo le concedió un mes de aplazamiento[18].

No obstante, lo verdaderamente decisivo fue el conocido como «plan de Facher». Este propuso dividir el juicio en dos partes. En lugar de dejar que los demandantes presentaran el caso en su conjunto estableciendo el orden de presentación de pruebas y testigos, Skinner decidió que antes de la declaración de los demandantes el jurado se pronunciara sobre la responsabilidad de las empresas en la contaminación de los pozos de extracción de aguas. Facher fue el que presentó esa idea al juez Skinner diciéndole que de ese modo «nos ahorramos tener a 33 demandantes contándonos como perdieron a sus hijos y lo mucho que sufrieron». Ese planteamiento convenció al juez Skinner que lo hizo suyo ya que «el caso solo tiene sentido si se demuestra el vertido de residuos en las propiedades, y su transmisión al agua. En caso contrario sería absurdo seguir»[19]. Schlichtmann se opuso a ese pronun-

---

17 HARR, pp. 307-308.

18 En la película no sale esta cuestión, pero sí lo relata la novela (HARR, pp. 352-356).

19 «Facher no tenía inconveniente en que Skinner se atribuyera el mérito del plan. Sospechaba que el juez estaba tratando de compensarlo por haber rechazado su petición de seis meses de aplazamiento; y Skinner, de hecho, estuvo a un paso de reconocerlo cuando anunció el plan a los abogados y dijo mirando a Facher: así no tendrán que controlarlo todo a la vez. Podrán tomarse un respiro entre fase y fase» (HARR, pp. 376-377).

ciamiento anticipado del jurado porque ello le impedía subir al estrado a los demandantes. Además, Skinner propone presentar al jurado unas enrevesadas preguntas de índole técnica de muy compleja respuesta.

Schlichtmann se da cuenta, entonces, de que se va a cumplir la advertencia (o amenaza) que le hizo Facher de que los familiares de las víctimas no iban a testificar y acusa al juez de seguir el plan de Facher. El juez lo niega y Schlichtmann insiste con vehemencia. Ello acaba enfadando al juez que ve atacada su autoridad y zanja la cuestión gritando «el plan es mío»[20].

En la novela, se dice que fue Nesson el que se opuso a la decisión del juez y que a Schlichtmann no le preocupó demasiado la decisión: «tenía a su jurado y nunca había perdido un juicio con jurado. A fin de cuentas, Nesson sólo era profesor de derecho. Su experiencia procesal era escasa. Como también lo era la de Schlichtmann en comparación con la de Facher»[21].

En realidad, Facher aventajaba a Schlichtmann en experiencia procesal, en el conocimiento científico del Derecho y, sobre todo, en la sabiduría jurídica que le aportaba tener una visión de conjunto que le permite ver más allá de los códigos procesales.

2.3. Visión de conjunto y sabiduría jurídica: el Derecho va más allá de las leyes

Jerome Facher cuenta con una larga experiencia en la que ha combinado el conocimiento teórico o científico del Derecho como profesor —docente e investigador— y el conocimiento práctico como abogado. En los libros y en los juzgados ha aprendido que el Derecho va mucho más allá de lo contenido en la legislación positiva y en los repertorios jurisprudenciales. Es muy probable que las primeras lecciones sobre la realidad metajurídica del Derecho las recibiera en la Facultad de Derecho de Harvard. Y luego, a lo largo de su dilatada experiencia profesional, habrá podido constatar personalmente la certeza de ese axioma.

Digo que probablemente fuera en Harvard donde lo aprendiera porque en ese tipo de facultades o escuelas de Derecho donde se ofrece a los estudiantes una sólida formación teórica que va más allá de lo establecido en la normativa. Frente a la ridícula pretensión de una formación profesionalizante, propia de leguleyos, esas universidades aportan lo que, Tom Wolfe, denomina una «visión de conjunto»[22].

---

20 El diálogo fue el siguiente: «[Schlichtmann]: Ese es el plan de los demandados. [Juez Skinner]: No, es mi plan. [Schlichtmann]: Es el plan de Facher desde el principio. [Juez Skinner]: Es mi plan. [Schlichtmann]: Él me lo dijo, me amenazó con ello. [Juez Skinner]: ES MI PLAN».

21 Harr, pp 307-308.

22 En su novela *La hoguera de las vanidades* se afirma los abogados formados en Yale gozan de esa «visión de conjunto», lo que les hace especialmente aptos para el asesoramiento

Esa visión de conjunto es la que permite a Facher comprender desde el primer momento las características del caso: «Se trataba de un caso de daños personales: casi siempre eran fáciles en comparación con los litigios comerciales a los que estaba acostumbrado, pero Facher se dio cuenta enseguida de que la demanda no tenía nada de sencilla. La lista de demandantes era larga, y todos ellos corrían presuntamente un riesgo elevado de contraer leucemia y otros tipos de cáncer (...). Suponiendo que fuera posible demostrar cuanto se alegaba, cosa que Facher dudaba muy en serio, la tarea era ingente, por no hablar de los gastos que implicaba»[23].

En esa inicial reflexión afloran ya los dos ejes sobre los que iba a girar el juicio: la doble dificultad probatoria del nexo de causalidad (sobre el origen de la contaminación y sobre la afección a la salud) y los elevados gastos que iban a entrañar los esfuerzos probatorios.

Esa visión global, panorámica y transversal, permite a Facher acertar en el diseño de la estrategia procesal para exonerar a su cliente y en acertar con la táctica necesaria para ejecutar su estrategia.

La línea fundamental de su estrategia será que los familiares de las víctimas no lleguen a declarar ante el jurado. En efecto, tras oír la declaración del padre de un niño fallecido Facher pensó que ese era uno de los casos que no se podría ganar, sobre todo porque dependía de la decisión de un jurado que escucharía las tragedias vividas por los demandantes. Tendría solo una posibilidad de diez para ganar por lo que tendría que alcanzar un acuerdo extrajudicial, idea que le desagradaba. «se dijo que era necesario encontrar un modo de que los demandantes no pudieran subir al banquillo de testigos. Ignoraba cómo conseguirlo sin aceptar un acuerdo, pero todavía era pronto: el proceso de proposición de pruebas acababa de empezar»[24]. Tan confiado está en que encontrará el modo de hacerlo que no duda en anunciárselo a Schlichtmann, tras dialogar con él sobre los elevados gastos en los que está incurriendo para demostrar la contaminación de las aguas y proponerle un acuerdo que le cubriría los costes en que había incurrido. Schlichtmann rechaza la oferta y Facher le dice: «cree que va a llevar a esas familias al banquillo de testigos y que conmoverá hasta a las piedras. Cree que el jurado empezará a sacar pañuelos y enjugarse las lágrimas. Olvídese de ello. Nunca conseguirá que comparezcan». Schlichtmann le dice que «no sabe cómo podrá impedirlo». A lo que Facher contesta: «Por supuesto que no lo sabe».

La forma de lograrlo fue a través del ya comentado plan de Facher (o de Skinner) de dividir el juicio en dos partes, comenzando por el pronun-

de las empresas de Wall Street. En cambio, muy pocos se sienten llamados a la especialización en Derecho penal que es lo que necesita Sherman McCoy, el protagonista de la novela, cuando es imputado por homicidio imprudente.

23 Harr, p. 123.

24 Harr, p. 206.

ciamiento sobre la contaminación y dejando para una segunda fase —si se llegaba a ella— la cuestión de los daños a la salud.

En cuanto a las tácticas para ejecutar esa estrategia destacan dos. La primera es la de no dedicar tiempo ni esfuerzo en maniobras insustanciales dilatorias como las que propone Cheeseman. A Schlichtmann le sorprende que Facher no se sume a esas artimañas y que no se una a Grace para una defensa conjunta. Pero Facher no lo hace por cortesía o por elegancia, sino porque considera que esas actuaciones no conducen a nada efectivo, pueden incomodar al juez y, sobre todo, no le interesa una defensa conjunta con la otra empresa, sino librar a la suya de responsabilidad. La segunda táctica es impedir una prueba directa de la contaminación de los terrenos y de las aguas por la curtiduría de Riley. Todas las pruebas periciales, todos los costosos informes, todas las argumentaciones pueden ser contrarrestadas por Facher. Sabe que el jurado no llegará a conclusiones definitivas ante los estudios geológicos, químicos y toxicológicos. Lo verdaderamente relevante es que no exista un testigo directo de la contaminación. Sabe que eso es lo decisivo. A diferencia de Grace, ningún testigo ha visto que Riley vertiera residuos, por lo que está seguro de que el jurado no le declarará responsable. Se lo advierte a Schlichtmann y es muy persuasivo[25]:

> «Si sigo con el caso será peor para usted —dijo Facher—. Ya tiene a Grace, y con un "bolsillo hondo" le basta. Conmigo solo conseguirá salir perjudicado. Le doy la oportunidad de librarse de mí».

Facher llega a ofrecer 20 millones para llegar a un acuerdo. Pero a Schlichtmann le falta el conocimiento de lo humano que sí tiene Facher y no aceptara el trato.

2.4. Conocimiento de lo humano: los juzgados no son lugares para las emociones

Facher no solo atesora sabiduría jurídica. También es conocedor de las pulsiones humanas. Sabe cómo reflexiona un jurado. Intuye los movimientos de sus adversarios. Sabe tocar las teclas para que los jueces escuchen la melodía que quieren oír. Ese conocimiento humanístico es esencial para un abogado y tampoco se obtiene en las leyes y en los libros jurídicos.

Schlichtmann es consciente de que hay que contener las emociones fuera del ejercicio profesional: «El abogado de un demandante no debe involucrarse nunca con el dolor de su cliente si lo hace, le causa un perjuicio tan grande que debería quitarle la licencia de abogado, le enturbia el criterio, y eso es tan útil para su cliente como un médico que se espanta al ver la sangre».

---

25 Harr, p. 305.

Pero en el caso Woburn, Schlichtmann no logrará sujetar sus emociones. Quiere librarse de la mala fama que tienen los abogados de daños y, por ello, no se arrepiente de la empatía con sus clientes:

> «El Derecho de daños personales tiene mala reputación, nos llaman "cazadores de ambulancias", "alimentadores de fondo", "buitres que se aprovechan de las desgracias de los demás", si eso es cierto, ¿por qué me quedo despierto por las noches preocupándome por mis clientes? ¿mi dolor? Ojalá pudiera encontrar alguna manera de no sentir empatía, sería mucho más fácil».

Pero no solo tiene empatía con sus clientes. Desde el inicio del caso Schlichtmann está acomplejado ante los grandes despachos y los prestigiosos abogados de Harvard que tienen las empresas demandadas:

> «Los pleitos son guerra, es tan simple como ese anuncio y empiezan de la misma manera que la declaración: los conformes, cuando eres una empresa pequeña y una grande cargada de historia y riqueza como siempre, con sus alfombras persas en el suelo y sus diplomas de Harvard colgados en la pared, es fácil dejarse intimidar. No se dejen intimidar, eso es lo que quieren, eso es lo que esperan, como todos los matones así ganan. Yo no huyo de los matones».

Schlichtmann quiere pelear con los matones. Quiere vencerles. Pero ese complejo de inferioridad y el extraordinario ego que tiene le impedirá apreciar las circunstancias del caso y acabará perjudicando a sus clientes y a su propio despacho. Por ello, cuando las empresas muestran una predisposición para llegar a un acuerdo millonario, a Schlichtmann no le satisface. Quiere derrotarles en juicio. Y por ello incrementa la petición hasta una cuantía inasumible: «25 millones en efectivo. Y otros 25 millones para crear una fundación de investigación que estudie los vínculos entre los residuos peligrosos y la salud. Y otro millón y medio para cada familia. Anualmente y durante 30 años».

Con esa desmesurada petición, Schlichtmann está desperdiciando la oportunidad para llegar a un acuerdo ventajoso para sus clientes. Pero fue incapaz de doblegar su orgullo.

Facher es conocedor del peligro que tiene el orgullo de un abogado. Y por ello se lo advierte a sus alumnos:

> «La mayor responsabilidad que puede tener un abogado es el orgullo. Orgullo... El orgullo ha perdido más casos que pruebas pésimas, testigos idiotas y un juez en la horca, todo junto. No hay absolutamente ningún lugar en un tribunal para el orgullo».

Schlichtmann tenía demasiado ego. No supo tenerlo a raya. Y por ello fracasó. Además, finalmente tuvo que soportar la humillación de llegar a un acuerdo muy inferior al que tuvo en sus manos al inicio del proceso. La negociación la realiza directamente con Al Eustis, el vicepresidente ejecutivo de Grace. Eustis es todo lo que no tiene Schlichtmann: estudios en Columbia y la facultad de Derecho de Harvard. Miembro del American Yatch Club y del

Havard Club[26]. Precisamente es en el Harvard Club donde se reúnen. En las conversaciones preliminares Eustis se sorprende de que Schlichtmann no sea «un hombre de Harvard». Luego le tiene que explicar que en el Club no se hacen negocios. Que la negociación se hará en la sede de la empresa. Y allí le explica lo siguiente:

> «Seamos honestos, puedo pagarle casi cualquier cosa que me pida. No es el dinero, es lo que dice el acuerdo: dice que somos culpables, y eso le dice a cada abogado de lesiones personales de Boston, "oye, corramos todos a Woburn y registremos a todos los imbéciles con resfriado". Crea un efecto tiburón, y eso no me lo puedo permitir».

Es decir, Eustis quiere evitar el reconocimiento de responsabilidad. Por eso la cantidad no puede ser elevada. La fija en ocho millones de dólares. Lo justo para pagar los gastos del juicio y para ofrecer algo a las familias. En ese postrero momento, Schlichtmann se ve forzado a aceptar el trato, renunciando a lo que pretendían las familias: el reconocimiento de responsabilidad y una disculpa.

3. Un profesor enseña siempre: en las aulas y en los juzgados

3.1. La inescindible vinculación entre teoría y práctica

Como dijo Alejandro Nieto, «en el ámbito del Derecho el pensamiento teórico y el saber práctico son de hecho inseparables: tan difícil es de imaginar un pensamiento teórico que no desemboque tarde o temprano en un saber práctico, como el manejo de éste sin estar apoyado en aquél»[27].

El conocimiento jurídico está esencialmente vinculado hacia su aplicación. Y el ejercicio práctico del Derecho requiere de unas sólidas básicas teóricas. En Derecho no es posible establecer una diferenciación o separación entre la teoría y la práctica. Una teoría sin aplicaciones prácticas no es una verdadera teoría. Y una práctica sin fundamentos teóricos o es una mala praxis o no es una práctica auténticamente jurídica.

Por ello, no son entendibles las dificultades que pone el sistema universitario español para que exista una fluida permeabilidad entre la enseñanza universitaria y el ejercicio profesional del Derecho. Un profesor que ejerce el Derecho será mejor profesor. Y un abogado que da clases y que investiga será mejor abogado.

---

26 HARR, p. 535.

27 NIETO GARCÍA, A., *Testimonios de un jurista*, cit., p. 324.

En la película Facher aparece como un jurista total: el abogado que también es académico. Su sabiduría jurídica es equilibrada. Ello le diferencia no solo de Schlichtmann —el abogado exclusivamente ejerciente— sino también de Cheesemann. Éste, al igual que Facher, había estudiado en Harvard y su despacho se enorgullecía de su reputación de bufete intelectual, pues casi todos sus miembros publicaban en la revista de la Facultad. Sus informes jurídicos eran extensos y profundos. Pero contaban con pocos abogados litigantes. A Cheesemann y a su bufete les faltaba desarrollar el músculo o la energía con los que la práctica procesal y los juicios fortalecen y estimulan el intelecto. Por eso, se encontraban en desventaja respecto a Facher, quien era un apasionado de los juicios.

3.2. Un profesor que no deja de enseñar en el juzgado

Uno de los mayores aciertos de la película es retratar a un profesor universitario que no deja de enseñar ni siquiera cuando actúa como abogado en el juzgado. Ser profesor universitario es un oficio vocacional. Cuando uno siente la llamada interior que le inclina hacia la investigación y la docencia no es posible desprenderse de ello aun cuando desarrolle otras actividades fuera de las aulas universitarias. Muchos catedráticos ejercen la abogacía. Algunos han sido jueces o magistrados. En esos casos tanto en las demandas como en las sentencias que escriben y dictan unos y otros es habitual encontrar síntomas de que el autor es, ante todo, un académico.

Evidentemente a Zaillian no le interesaba reflejar la vocación docente de Jerome Facher. Sin embargo, la película muestra nítidamente esa faceta del profesor al contraponer las lecciones que da a sus estudiantes en la universidad, con sus actuaciones procesales[28]. Ese recurso cinematográfico le da dinamismo al desarrollo del proceso y acentúa el antagonismo entre las figuras del abogado de daños (Schlichtmann) y el abogado académico (Facher), siendo evidente la superioridad intelectual y estratégica de éste.

Cuatro episodios sirven para ejemplificar esas lecciones que Facher ofrece durante el proceso —y también fuera de él—, a Schlichtmann y que éste no aprovecha debidamente. La primera lección es que se debe protestar continuamente durante el interrogatorio de la contraparte[29]:

---

28 Su vocación docente también se proyectaba sobre sus compañeros de despacho: «Casi todos los miembros asociados tenían miedo a trabajar con él, pero los que sobrevivían solían guardarle gran afecto. En Hale and Dorr eran conocidos como los chicos de Jerry. Lo tenían por el mejor maestro del bufete; aun así procuraban evitar nuevas colaboraciones» (Harr, p. 122).

29 Harr, p. 118.

> «Preguntas nimias. Hasta las paredes más grandes se hacen con ladrillos pequeños. Entre ustedes hay demasiados con miedo a hacer preguntas sencillas. Las herramientas de la profesión son el idioma inglés y las normas de proposición de pruebas».

Se trata con ello de cortar el ritmo de los interrogatorios y de oponerse a todas las pruebas que presente el rival: «elimine todas las pruebas que pueda. Si se duerme, durante el juicio, lo primero que tiene que decir cuando se despierte es ¡Protesto!»[30].

La segunda es la de no preguntar nunca a un demandado el «porqué» si no se conoce la respuesta: «A no ser que conozcan la respuesta nunca pregunten a un testigo ¿por qué?». Este valioso consejo que da Facher a sus estudiantes, no era conocido por Schlichtmann, ya que en el interrogatorio a Riley le pregunta por qué le disgustó conocer que sus terrenos estaban contaminados. Evidentemente no debió hacerlo porque desconocía la respuesta. El arisco e insensible Riley contesta emotivamente que esa tierra, donde han trabajado durante tres generaciones los Riley, «es sagrada». Con esa intervención —que debía haber evitado Schilchtmann—, el presunto contaminador queda reflejado como afectado y como víctima en lugar de responsable de la contaminación.

La tercera y más hiriente lección para Schlichtmann fue la de que se debe impedir el uso de la mejor arma que tenga la otra parte. Como ya se ha visto, Facher quería impedir que los familiares de las víctimas subieran al estrado a declarar. Era la baza ganadora de Schlichtmann y sabía que sería decisiva. Facher se lo había advertido, pero Schlichtmann le dijo no sabe cómo podría impedirlo. A lo que Facher le contestó: «No, claro que no lo sabes». Lo aprendería durante el juicio cuando ya no podría oponerse.

La cuarta lección que Schlichtmann desconoce también se la brinda Facher. Schlichtmann no la entiende y piensa que solo es un truco para llegar a un acuerdo. La complejidad probatoria del caso es inconmensurable. En un momento dado, Facher parece admirar la energía y confianza de Schlichtmann cuando le visita en los terrenos contaminados mientras la maquinaria pesada toma muestras del suelo, el subsuelo y el acuífero del Aberjona. La documentación científica elaborada para probar la contaminación del suelo y de las aguas, los innumerables análisis médicos para probar la incidencia de la contaminación en la salud de los demandantes, y las interminables listas de peritos y de testigos era abrumadora... y carísima. No obstante, Facher no teme que finalmente encuentren responsable a su cliente. Porque a pesar de todos esos análisis químicos, geológicos y médicos, ningún testigo ha visto

---

30 Harr, p. 119. Romper el ritmo del interrogatorio de la contraparte podía tener sus ventajas, pero también tenía el riesgo de no resultar simpático al jurado. Así lo reconoció uno de los miembros del jurado: «De tanto protestar Facher parece un muelle, siempre saltando y saltando» (Harr, p. 507).

personalmente (o, al menos, nadie lo ha confesado) realizar los vertidos contaminantes. Para Facher eso es decisivo. Por mucha prueba pericial que se acumule en el proceso, ningún jurado condenaría en esas condiciones a una empresa. Sobre todo, porque en el caso de Beatrice sí existía un testimonio directo que la incriminaba.

Esta enseñanza forma parte del realismo jurídico que existe más allá de los libros y de las teorías sobre la prueba y que, por su experiencia y su visión de conjunto, conoce bien Facher. A otras enseñanzas que forman parte de ese realismo jurídico me referiré a continuación.

4. Una lección de realismo jurídico

4.1. El precio de la Justicia

La Administración de Justicia no es gratuita. Hace ya tiempo. Alejandro Nieto al referirse a la vocación del Derecho Administrativo contemporáneo hacía una observación elemental pero poco habitual en los trabajos jurídicos: «la justicia no es gratuita, de hecho, sólo puede ocuparse de derechos e intereses patrimoniales individuales de alguna importancia, puesto que en otro caso los gastos del proceso serían superiores a los beneficios económicos litigados. Con lo cual el Derecho administrativo que se invoca ante los Tribunales es un Derecho de ricos»[31].

Esta afirmación es extensiva a todas las jurisdicciones. En la película vemos una guerra entre dos grandes despachos contratados por las empresas demandadas y el pequeño despacho de los demandantes. Los primeros saben que con el elevado coste que entrañan el probatorio, si el juicio se prolonga, pueden lograr el estrangulamiento financiero del despacho de Jan Schlichtmann. Pero la ambición y el ego de éste hacen que desaproveche las diferentes ocasiones que se le presenta para lograr un beneficioso acuerdo extraprocesal.

¿Tenemos, entonces, una Justicia a la que sólo pueden aspirar los ricos y los poderosos? El coste de las pruebas ¿lo tiene que soportar cada parte o debería pagarlo quien resulte vencido en el juicio? ¿Son justas las normas de distribución de las costas procesales o desincentivan la conflictividad judicial a costa de la justicia? Cuando está en juego bienes colectivos, como la calidad ambiental o la salud pública, ¿debería facilitarse el coste de las acciones judiciales, al menos cuando quien interviene no tiene pretensiones personales o son entidades sin ánimo de lucro?

31 NIETO, A., «La vocación del Derecho administrativo en nuestro tiempo», *Revista de Administración Pública*, núm. 76, 1975, pp. 9-30.

Esos son algunos de los interrogantes que plantean los hechos en los que se basa la película y que ésta refleja correctamente.

4.2. La función real de los procesos: no es descubrir la verdad, sino llegar a un acuerdo extraprocesal

4.2.1. La verdad no se descubre en los tribunales

Como exitoso abogado de daños que era, Jan Schlichtmann sabe que la finalidad de su demanda es que las empresas paguen una cuantiosa indemnización. Justo en el inicio de la película, se oye una cruda reflexión del abogado sobre la reducción a términos económicos de las lesiones personales:

> «La víctima perfecta es un hombre blanco, profesional, de 40 años, con gran capacidad de ganar dinero, segado en la flor de la vida. Y la más imperfecta, desde el punto de vista de los baremos de daños personales, lo que menos vale es un niño muerto».

Pero no era dinero lo que buscan las familias de las víctimas de Woburn. Solo querían una disculpa de las empresas responsables. Schlichtmann les dice que el modo de hacer que se disculpen es haciendo que paguen mucho dinero.

Sin embargo, a lo largo del proceso Schlichtmann pretende algo más. Quiere obtener algún tipo de reconocimiento por su noble labor y dejar de aparecer como un simple abogado de daños que actúa como un «cazador de ambulancias» o un buitre que se alimenta de las tragedias ajenas. Para equipararse de algún modo con la aristocracia jurídica formada en Harvard busca el ennoblecimiento de su causa y, por ello, se autoengaña pensando lo que puede encontrar en el juicio.

Mientras esperan la decisión del jurado en el pasillo, Facher se acerca a conversar con Schlichtmann. Le pregunta si es bueno o malo que el jurado tarde tanto en decidirse. Schlichtmann le dice que encontrarán la verdad. Facher tiene que aleccionar, una vez más a Jan, sacándole de sus ingenuos sueños sobre la función de los juicios:

> - «[Facher]: ¿La verdad? Creía que hablábamos de un tribunal de justicia. Hace tiempo que estás en esto para saber que no se busca la verdad en un tribunal. Tienes suerte si encuentras algo que llegue a parecerse a la verdad.
> - [Schlichtmann]: Hay ocho niños muertos, Jerry
> - [Facher]: Jan ese traje te queda mejor que el sentimentalismo. No es así como ganaste tanto dinero, ¿verdad? ¿Sabes cuándo dejó de ser un asunto de niños muertos? En cuanto presentaste la demanda. En cuanto entró en el sistema de justicia. Lo sé, te gusta jugar. Eres un apostador fuerte. Es tu profesión. ¿Por qué no probamos tu nueva fe en la probidad de los tribunales de justicia con una jugada de apuestas altas?

Facher pone sobre el banco un billete de 20 dólares. Jan le dice que si es una oferta de acuerdo no es suficiente. Entonces Facher le dice qué pasaría si le añade seis ceros:
- [Facher]: Serían veinte millones de dólares. ¿Eso pondría las cosas en perspectiva para ti en términos de verdad, justicia y niños muertos?».

Jerome Facher ya había señalado desde el primer momento cual era el objeto del proceso. En su primera declaración en el juicio, tras escuchar el alegato inicial de Schlichtmann, desnuda la realidad del caso advirtiendo al jurado que el objetivo final de la demanda era única y exclusivamente conseguir dinero:

«La idea de un tribunal penal es crimen y castigo. La idea de un tribunal civil y del Derecho de daños personales por naturaleza, aunque a nadie le gusta decirlo en voz alta, y menos aún el propio abogado de lesiones personales, es el dinero. Dinero por el sufrimiento y dinero por la muerte, como si eso pudiera de alguna manera aliviar el sufrimiento, como si de alguna manera pudiera devolver la vida a los niños muertos».

Facher tiene muy claro que «un juzgado no es el lugar idóneo para encontrar la verdad». En otro momento advierte que se va a exigir al jurado «una ficción que supla la verdad, pero que no es la verdad».

Esto no es algo pueda escandalizar a los juristas. Las ficciones y las presunciones son mecanismos típicamente jurídicos para superar las incertidumbres científicas —o de otro tipo— y para poder construir las certezas y la seguridad que se espera del Derecho[32]. Con ellas se alcanzan soluciones jurídicas que no persiguen el establecimiento de una certeza real sino una recreación lo más fiable posible de unos hechos que, por ser ya pasado, son inalcanzables. En un juicio, por tanto, se alcanza una «verdad procesal», que es la que puede construirse o reconstruirse con los siempre limitados medios de prueba lícitos. La función del Derecho es establecer una verdad o unos «hechos probados» con arreglo a los procedimientos y pruebas legalmente establecidos, aunque ello suponga alejarse o prescindir de ciertos aspectos de la «verdad objetiva», si es que eso existe.

4.2.2. La lotería del proceso como estímulo para llegar a un acuerdo extraprocesal

En la película se afirma que los juicios son una lotería. Por eso el objetivo de la demanda es llegar a un acuerdo extrajudicial. Y para llegar a un pacto que convenza a la otra parte es necesario gastar mucho dinero. Schlicht-

32 En la novela el otro abogado académico, Charles Nesson, cuestiona las pruebas basadas en meras estadísticas: «mediante los juicios, la sociedad no sólo busca descubrir la verdad acerca de hechos pasados sino forjar un vínculo entre delito y pena, entre agravio y responsabilidad civil. Todo veredicto persigue reforzar las normas y valores sociales. Para cumplir ese objetivo los ciudadanos tienen que tener fe en que el veredicto del jurado afirme la veracidad de unos hechos, y no meras probabilidades. Perdida dicha fe, una sociedad basada en el imperio de la ley acabaría por hundirse en la anarquía» (HARR, p. 311).

mann lo sabe perfectamente, puesto que como señala en una de las reflexiones iniciales de la película: la probabilidad de ganar una demanda civil es más baja que las de sobrevivir a la ruleta rusa:

> «Las probabilidades de que el abogado de un demandante gane en un tribunal civil son de dos a uno. Sus probabilidades de sobrevivir a un juego de ruleta rusa son mejores que las de ganar un caso en un juicio. 12 veces mejor. Entonces, ¿por qué alguien lo hace? No lo hacen. Se conforman. De los 780.000, sólo 12.000 o el 1,5 por ciento llegan a un veredicto. La idea general de los juicios es llegar a un acuerdo, obligar a la otra parte a llegar a un acuerdo. Y lo haces gastando más dinero del que deberías, lo que les obliga a gastar más dinero del que deberían, y el que entre en razón primero pierde. Los juicios son una corrupción de todo el proceso y sólo los tontos que tienen algo que demostrar terminan atrapados en ellos. Ahora bien, cuando digo probar, no me refiero al caso, me refiero a ellos mismos».

Sin embargo, el ego de Schlichtmann, su espíritu de jugador de altas apuestas, y su deseo de ennoblecer su misión hacen que vaya desaprovechando las distintas ocasiones de llegar a un ventajoso acuerdo con las dos empresas demandadas[33]. Finalmente, deberá conformarse con un pírrico acuerdo de 8 millones con una de las dos empresas, lo que no satisfizo ni a sus clientes, ni a sus socios.

Descontados los gastos del proceso, lo que finalmente queda para las familias demandantes son 375000 dólares. Uno de los padres, pregunta: «Y, además, limpiarán la zona, ¿no?». Schlichtmann tiene que reconocer que no están obligada a hacerlo. La madre de una de las víctimas toma entonces la palabra[34]:

> «- [Anne Anderson]: Cuando usted vino aquí por primera vez, señor Schlichtmann, cuando hablamos por primera vez le dije que no me interesaba el dinero: lo que quería era una disculpa por lo que le hicieron a mi hijo. Usted dijo que el dinero es la disculpa. Así piden perdón. Con el talonario. ¿Te parece esto una disculpa?
> - [Schlichtmann]: No. La única disculpa significativa que recibirá será la mía. Lo siento».

33 Las empresas parecían dispuestas a aceptar en torno a 25 millones de dólares. Pero en el primer intento de arreglo extrajudicial, Schlichtmann pide 25 millones de dólares en indemnización a las familias, 25 millones adicionales para crear una fundación para investigar la relación de los desechos peligrosos y las enfermedades consecuentes y, por último, 1.5 millones por familia anualmente durante 30 años. Luego rechaza los 20 millones que le ofrece Facher por parte de Beatrice. Finalmente, se ve obligado a aceptar los 8 millones de W. R. Grace.

34 En la novela hace hincapié en la falta de declaración de responsabilidad de las empresas: Anne Anderson: «Una cosa es llegar a un acuerdo y otra renunciar al veredicto para obtenerlo, que es lo último que quiero. Son culpables de contaminar la zona. Mi hijo se murió por culpa de su estupidez. Yo no me metí en esto por dinero; me metí porque quiero que los declaren culpables de lo que hicieron. Quiero que lo sepa el mundo entero» (Harr, 585).

4.3. El fracaso de la responsabilidad civil y el éxito de la acción administrativa en los daños ambientales

Entre las peculiaridades que presentan los daños ambientales destacan las dificultades para probar su causalidad que responden a tres razones. En primer lugar, la complejidad de las verificaciones técnicas para demostrarla. En la película se relata muy bien como la prueba de la contaminación de las aguas subterráneas exige el concurso de equipos multidisciplinares de edafólogos, geólogos, hidrólogos, ingenieros, etc. A ello se suma en el caso Woburn la mayor dificultad para acreditar que la causa de la leucemia estaba en el consumo de agua.

Otros motivos que dificultan la prueba de los daños ambientales radican en el posible distanciamiento temporal y espacial entre la fuente de contaminación y la manifestación del daño. En la película se aprecian las dificultades para encontrar pruebas directas de una contaminación histórica como la de Woburn. Un tercer motivo que dificulta la prueba del origen de los daños es que éstos sean resultado de una multiplicidad de fuentes contaminantes, bien porque el daño sea el resultado de la suma de distintas inmisiones o, bien, porque se trate de un daño producido por la sinergia de distintas inmisiones. Esto no se refleja en la película en relación con los daños ambientales. Sí se aprecia, en cambio, cómo las defensas tratan de demostrar que las enfermedades de los demandantes pudieron deberse a una multiplicidad diversa de causas y no únicamente al consumo del agua contaminada.

Para superar esas dificultades probatorias del nexo causal se han ideado diversas técnicas: inversión de la carga de la prueba o presunciones de causalidad de las actividades potencialmente peligrosas; teoría de la proporcionalidad (la reparación será proporcional a la probabilidad de la producción del daño); teoría de la imputación por la cuota de mercado; no exigencia de prueba plena de la causalidad; etc.

Además de las dificultades probatoria de la causalidad, los daños ambientales pueden presentar otros problemas como los relativos a la legitimación (por la titularidad colectiva de los bienes ambientales), a la dificultad técnica de su reparación, a los altos costes de la restauración (con el consiguiente riesgo de imposibilidad de la reparación por la insolvencia del responsable), así como la complejidad de encontrar responsables para los daños históricos y los anónimos.

Esas características de los daños ambientales desbordan la capacidad de las reglas tradicionales de la responsabilidad civil para que ésta resulte eficaz. Se han aprobado por ello normas específicas de responsabilidad ambiental que han configurado un sistema público de responsabilidad por daños ambientales, de carácter objetivo y que impone una garantía financiera obligatoria para hacer frente a posibles daños, y en el que son las Administraciones públicas (y no los tribunales) las que determinan en régimen de autotutela administrativa el sujeto responsable y la forma de reparación de los daños[35].

En la normativa específica de responsabilidad ambiental los daños personales casados por la contaminación están excluidos y, por ello, la única vía de resarcimiento sigue siendo la de la responsabilidad civil. En cualquier caso, la vía administrativa es la más eficaz para lograr que el coste de la reparación y restauración de los daños ambientales recaiga sobre los responsables de las actividades contaminantes.

Así sucede en la película con la vigorosa intervención de la Agencia de Protección Ambiental. En efecto, cuando Schlichtmann consigue nuevas pruebas sobre la responsabilidad de Beatrice en la contaminación de las aguas carece de medios y de fuerzas para apelar. Es consciente de que las probabilidades de ganar en apelación son menores y de que sus recursos se han agotado, por lo que decide enviar todo el expediente a la Agencia de Protección Ambiental[36]:

> «El proceso de apelación es incluso más complejo que el juicio al que se apela, lleva más tiempo, cuesta más, su resultado es aún menos prometedor, sólo cinco casos de cincuenta ganarán una apelación, las probabilidades son tan fáciles de calcular como desalentadoras, son diez a uno en contra, casi cualquier apuesta en cualquier mesa de cualquier casino en cualquier parte del mundo es mejor que eso, tengo las pruebas pero ya no tengo los recursos ni el espíritu de juego para apelar la decisión en el caso Beatrice, no tengo dinero, hasta donde yo sé, no hay socios, ya no hay clientes, el caso Woburn se ha convertido en lo que era cuando me llegó por primera vez, un huérfano, se lo reenvío con toda su dificultad».

La Agencia —como se explica en los títulos finales de la película— aprobó un plan de limpieza del río, reclamando a W. R. Grace y Beatrice el coste de su ejecución que ascendió a 69.400.000 dólares. Además, la curtiduría de

---

35 Directiva 2004/35/CE sobre responsabilidad medioambiental en relación con la prevención y reparación de daños medioambientales y Ley 26/2007, de 23 de octubre, de responsabilidad medioambiental.

36 En la realidad, sí hubo un recurso de apelación por la ocultación de pruebas por parte de Grace que evidenciaban la retirada de residuos y tierras contaminadas de la curtiduría de Riley. Se dio la razón a los apelantes, pero el Tribunal no resolvió la cuestión: reprendió al juez Skinner con severidad por haber abusado de su poder discrecional en la valoración de las pruebas, pero no revisó el contenido de la sentencia, sino que devolvió el caso al propio Skinner para que realizara nuevas y agresivas investigaciones (Harr, p. 615). Skinner aceptó a regañadientes la encomienda y advirtió que no iba a permitir realizar otro juicio, sino que se limitaría a la presentación y valoración de las nuevas pruebas. Finalmente, el juez falló condenando a Riley por perjurio y a una colaboradora de Facher por falta de ética premeditada, exonerando de cualquier infracción a Facher. A pesar de todo ello, no se produjo la condena de Grace ya que no se consideró probado que los residuos retirados ilícitamente hubieran contaminado necesariamente las aguas (Harr, p. 639 y 640).

Riley fue demolida en 1990. Por su parte, W. R. Grace fue condenada por ocultar información y dar falsos testimonios sobre el uso de contaminantes químicos y su planta en Woburn fue clausurada en 1990.

5. El poder de los abogados: «somos como reyes»

Una de las escenas más importantes de la película es la conversación que tienen Facher y Schlichtmann en el pasillo del juzgado mientras esperan el veredicto del jurado sobre la implicación de Beatrice en la contaminación de las aguas. Se trata de esa conversación sobre la inútil búsqueda de la verdad en un proceso. A Facher le sorprende esa nueva actitud de Schlichtmann y por eso le hace una nueva propuesta. Le dice que quiere probar su nueva fe «en la probidad de los tribunales de justicia con una jugada de apuestas altas». Coloca sobre el banco sobre el que están sentados un billete de 20 dólares. Schlichtmann le dice que si es una oferta de acuerdo no es suficiente. Entonces Facher le dice qué pasaría si le añade seis ceros:

> «- [Facher]: Serían veinte millones de dólares. ¿Eso pondría las cosas en perspectiva para ti en términos de verdad, justicia y niños muertos?
>
> - [Schlichtmann]: Si quieres hablar seriamente sobre una oferta de acuerdo, reunamos a los que decidan y hablemos seriamente.
>
> - [Facher]: Los que deciden están aquí ¿no? Estás mirando al sr. Beatrice. No tengo que llamar a nadie. ¿Tú sí? Somos solo tú y yo. Somos como reyes. Somos reyes sentados en nuestro castillo decidiendo cosas importantes. Decidiendo el destino de los demás y contando dinero en nuestra tesorería».

Facher le dice a Schlichtmann que dejará los veinte dólares sobre el banco, regresará a su salón del trono y esperará tu decisión. Y le advierte: «Si buscas la verdad la encontrarás donde siempre está: el fondo del océano más profundo».

Jan no acepta. Por ego, por orgullo, o porque es un jugador que le gusta arriesgarse. El veredicto librará a Beatrice de responsabilidad y Schlichtmann perderá los 20 millones de dólares y una buena forma de disculpa que buscaban sus clientes.

La última lección de Facher es muy valiosa porque destaca el poder que tienen los abogados para decidir el destino de los clientes. Pero, como es sabido, un gran poder implica una gran responsabilidad. Schlichtmann no supo ejercer bien ese poder y falló a sus clientes y a sí mismo. No supo medir bien sus fuerzas, ni supo aceptar las oportunidades que le salieron al paso. El consuelo es que sus esfuerzos acabaron siendo aprovechados por la Agencia de Protección Ambiental y que las empresas tuvieron que pagar el coste de la limpieza y descontaminación de los terrenos. Quizá por ello su fracaso fue solo relativo.

Así lo entendió también el propio Schlichtmann:

«Espero que puedas tener éxito donde yo he fracasado, si calculas el éxito y el fracaso como siempre lo he hecho, en dólares y centavos divididos cuidadosamente. En el sufrimiento humano, la aritmética dice que fallé por completo, lo que no dice, si de alguna manera pudiera regresar, sabiendo lo que sé ahora, sabiendo dónde terminaría si me involucrara con esta gente, conociendo todos los números, todas las probabilidades, todos los números, lo haría de nuevo».

«LA TAPADERA»: A PROPÓSITO DE LA ÉTICA DEL ABOGADO, DEL BLANQUEO DE CAPITALES Y DE LA EVASIÓN FISCAL A TRAVÉS DE LAS JURISDICCIONES NO COOPERATIVAS

David Carrión Morillo
Catedrático de Derecho Financiero y Tributario
Universidad Europea de Madrid
Abogado en ejercicio

1. Introducción

La existencia de jurisdicciones no cooperativas, antes reguladas con el nombre de paraísos fiscales, no es algo nuevo, sino que parece que pudiera existir desde que el ser humano vende, negocia, obtiene beneficios y no quiere pagar todos los impuestos que debiera por ello. Esto es, que, con independencia de que se llamen jurisdicciones no cooperativas o paraísos fiscales, esta clase de territorios intentan servir de refugio a los capitales de las personas físicas y jurídicas ante una tributación que les parece excesiva o que, simple y llanamente, les impide ganar más dinero. Francisco de Quevedo, con su vena siempre satírica, sintetizó esa característica inapelable del dinero en ese poema inmortal llamado «Poderoso caballero es don Dinero»[1], ya que no hay duda de que el dinero, o mejor aún, la ambición de ganar más dinero trastoca a las personas y les abre las puertas donde vayan. Por ello, como Maquiavelo señalaba en una de sus lapidarias reflexiones, «los hombres olvidan antes la muerte del padre que la pérdida del patrimonio»[2] ¿Qué relación, entonces, tienen este tipo de territorios con los abogados?

1 Cuya primera estrofa reza de la siguiente manera: «Madre, yo al oro me humillo;/ él es mi amante y mi amado/ pues de puro enamorado/ de continuo anda amarillo;/ que pues, doblón o sencillo/ hace todo cuanto quiero/» *poderoso caballero/ es don Dinero*. *Vid*. Quevedo y Villegas, F. de: *Poemas satíricos y burlescos*. En *Poesía original completa*, Barcelona, Planeta, 1983, p. 717.

2 Maquiavelo, N.: *El príncipe*, Barcelona, Orbis, 1994, p. 83.

¿Los abogados juegan algún papel importante en ese tránsito de dinero a esos lugares?

Son muchas las dudas sobre la función del abogado en esos casos, pero para poder despejarlas hay que tratar de centrarse en cuáles son los fines del abogado, qué es lo que los abogados representan, qué valores poseen. La primera idea que aparece de modo claro y directo es que el abogado debería actuar de la misma manera con un cliente rico que con un cliente que no lo es, se trata de una persona honrada (o debería serlo) siempre. Es célebre aquella frase de ABRAHAM LINCOLN, uno de los más famosos presidentes de los Estados Unidos de todos los tiempos, en la que ponía en valor para cualquier abogado, por encima de cualquier otro atributo, incluso de su propio trabajo, la honradez de este: «Tomad la decisión de ser honrados en todos los casos y si de acuerdo con vuestro propio juicio no podéis ser abogados honrados, tomad la decisión de ser honrados aunque no seáis abogados»[3].

La honradez, por encima de todo entonces, debe ser un valor imprescindible para el abogado, un pilar sobre el que cimentar su propia ética innegociable; si no la tiene, como decía Lincoln, que deje de ser abogado. Sin embargo, resulta evidente que no son pocos los abogados que no son honrados, como ocurre en cualquier profesión, ya que es tan intrínseca la maldad al ser humano como lo es la bondad, ambas caras de una misma moneda. En cualquier caso, reafirmamos la necesidad de que los ciudadanos, en general, y los abogados, en particular, sean honrados, una especie de caballeros quijotescos cuya vida consiste en impartir justicia, ayudar a los más débiles y los más desamparados desde un raciocinio y un pragmatismo vital. Como ya señalamos en un trabajo anterior[4], «no es don Quijote, como caballero andante, el único personaje de esta novela que pervive dentro del excelente profesional jurídico, también este debe tener dentro de sí otro tanto de Sancho Panza; así que el aspirante a gran jurista, como el dios Jano, tendrá que poseer dos caras: el escepticismo de Sancha Panza y el idealismo de don Quijote».

La figura del abogado tributarista actual, tal y como la concebimos de manera particular, estaría inspirada en aquella icónica escena del comienzo de la novela de RAYMOND CHANDLER *«The Big Sleep»*, donde el famoso detective privado Philip Marlowe se encuentra en el vestíbulo principal de la residencia de los Sternwood, en el que «había una amplia vidriera que mostraba a un caballero de oscura armadura rescatando a una dama atada a un árbol y sin otra ropa que una cabellera muy larga y conveniente. El adalid había levantado la visera del casco para mostrarse sociable, y estaba tratando de deshacer los nudos que aprisionaban a la dama»[5]. A Marlowe le gustaría ayudar a desatar a la dama, como

3 VIDAL, C.: *Lincoln*, Barcelona, Planeta, 2009, p. 89.

4 CARRIÓN MORILLO, D., «Claves jurídicas del Quijote en el siglo XXI», *eHumanista/Cervantes*, Vol. 9-10, 2022 (Ejemplar dedicado a: *El Quijote y el Derecho: análisis jurídico de la obra maestra de Cervantes*, editado por CARRIÓN MORILLO, D.), p. I.

5 CHANDLER, R.: *El sueño eterno*. En *Todo Marlowe*, Barcelona, RBA, 2010, p. 11.

los abogados queremos ayudar a nuestros clientes y liberarles de la justicia, de Hacienda u de otro organismo que les haya atado o castigado indebidamente.

Por todo esto, la honradez del abogado es inexcusable y la ética debe ser imprescindible para su ejercicio profesional. Analizaremos más adelante, entonces, si eso es así en la realidad de un abogado en ejercicio, miembro de su colegio profesional correspondiente, a través, sobre todo, de su normativa deontológica. Este no es el único tema central de este trabajo que redactamos, ya que se quiere comprobar si existe, o no, esa ética del abogado en un caso concreto, un caso extremo que puede poner en claro cómo obra el abogado en verdad; nos referimos a las jurisdicciones no cooperativas. ¿La labor del abogado es ética? ¿Es legal su trabajo en este caso? Estas y otras muchas más preguntas sobre la labor de la abogacía tratarán de ser respondidas a lo largo de este trabajo académico en el que se realizará, además, un amplio y riguroso estudio de los efectos jurídico-tributarios de las jurisdicciones no cooperativas, usando para conseguir todo esto una herramienta tan poderosa como es una importante película que sirve para reflejar, a la perfección, los dos temas centrales que antes hemos mencionado.

2. «La tapadera» como objeto de estudio: la mejor elección

«La tapadera» es una película que tiene una enorme calidad cinematográfica, tanta como la calidad literaria de la novela homónima en la que se basa, a lo que se suma su enorme interés filosófico, ético, penal y tributario, por lo que no cabe mejor obra cinematográfica que esta para ilustrar los temas centrales que queremos analizar y desarrollar. «La tapadera» es, como señalamos en un trabajo anterior, «una película que deben ver todos aquellos que aspiren a ser abogados y que debía ser de obligado visionado, por tanto, en las facultades de Derecho»[6].

En nuestra investigación sobre esta película, en primer lugar, vamos a realizar un análisis cinematográfico para luego poder extendernos, en segundo y último lugar, en el análisis jurídico-tributario que, como veremos, se desdoblará en dos partes bien diferenciadas: una, el estudio de la ética del abogado en un caso como este; la otra, el examen de los efectos tributarios de las jurisdicciones no cooperativas en relación con el delito de blanqueo de capitales. Se trata de un análisis jurídico mucho más amplio y con una perspectiva ligeramente diferente de los análisis que se habían realizado anteriormente sobre esta misma película[7].

---

6 Carrión Morillo, D., «El lobo de Wall Street. A propósito del blanqueo de capitales y la evasión fiscal», *Revista Aranzadi de Derecho de Deporte y Entretenimiento*, núm. 50, 2016, p. 536.

7 Aun así, a la hora de preparar este trabajo nos han resultado sumamente interesantes las reflexiones de Soto Nieto y Fernández, junto con las de Vicente-Arche Coloma, aunque

2.1. «La tapadera»: ficha y breve sinopsis

A la hora de empezar a comentar esta película, es inevitable que expongamos los datos esenciales que se pueden encontrar en la ficha de la misma[8]:

- **Título original**: «The Firm»
- **Año**: 1993
- **Duración**: 154 minutos.
- **País**: Estados Unidos.
- **Dirección**: Sydney Pollack.
- **Guion**: David Rabe, Robert Towne, David Rayfiel.
- **Novela**: John Grisham.
- **Música**: Dave Grusin.
- **Fotografía**: John Seale.
- **Reparto**: Tom Cruise, Gene Hackman, Jeanne Tripplehorn, Holly Hunter, Ed Harris, David Strathairn, Paul Sorvino, Joe Viterelli.
- **Compañías**: Paramount Pictures, Davis Entertainment, Mirage Entertainment, Scott Rudin Productions.
- **Género**: Intriga. Drama | Drama judicial / Abogados/as.
- **Sinopsis**: Mitch McDeere (Tom Cruise), un joven y brillante abogado recién salido de la facultad de Harvard, se deja seducir por las promesas y regalos de un prestigioso bufete de abogados de Memphis. Sin embargo, muy pronto tendrá razones para empezar a sospechar que algo extraño está sucediendo en la poderosa empresa.

2.2. Mitch McDeere: el abogado antihéroe

Si tuviésemos que decir lo más destacable de esta película con respecto al papel del abogado, es que no se trata de un abogado tradicional tal y como ha sido representado en el cine. De hecho, pone en solfa ese verdadero subgénero cinematográfico que es el drama judicial, ya que aquí no hay ningún juicio; la labor del abogado Mitch McDeere, interpretado con gran

---

en menor medida. *Cfr.* Soto Nieto, F. y Fernández, F. J.: «X. La tapadera», en Soto Nieto, F. y Fernández, F. J.: *Imágenes y Justicia. El Derecho a través del cine*, Las Rozas (Madrid), La Ley, 2004, pp. 199-216; y también Vicente-Arche Coloma, P.: «Blanqueo de capitales a través de paraísos fiscales: La Tapadera (The Firm). 1993. Dir. Sydney Pollack», en Ortega Giménez, A. y Cremades García, P. (Coord.): *Cine y Derecho en 13 películas*, Alicante, Editorial Club Universitario (ECU), 2008, pp. 87-94.

8 Extraemos la misma de la web FilmAffinity: https://www.filmaffinity.com/es/film192148.html.

acierto por Tom Cruise, no se lleva a cabo ante los tribunales de justicia, sino en su propio despacho en la gran mayoría de las ocasiones: es un abogado tributarista. Los que nos dedicamos a esta especialidad desde hace muchos años tenemos claro que el ejercicio de nuestra profesión no está ahí habitualmente, la mayoría de las veces trabajamos en nuestro despacho o bien en las sedes de la Agencia Estatal de Administración Tributaria; bien en la Delegación, o bien en sus correspondientes administraciones.

La elección de Tom Cruise como protagonista resulta muy adecuada, pues encarna a la perfección al estadounidense medio, prototipo cinematográfico de honestidad entre otras características, como muchos años antes lo había encarnado perfectamente, en tantas y tantas películas, James Stewart[9], por poner un ejemplo. Mitch McDeere es, pues, un estadounidense normal en los noventa del siglo pasado; es tan normal que se crio en una familia desestructurada, ya que su padre huyó, su madre se casó con otro hombre y su único hermano está en la cárcel, una historia familiar muy repetida en los Estados Unidos entre esa minoría blanca llamada despectivamente *White trash*. McDeere, por tanto, es una persona corriente de origen humilde que, recién acabada su carrera de Derecho, quiere ejercer en el mejor despacho que le quiera contratar. ¿Qué sucederá a partir de ese momento?

Comienza la película mostrándonos varias entrevistas que McDeere tiene con socios de prestigiosos bufetes (pensemos que se graduará en Derecho en la insigne Universidad de Harvard), terminando con una que, a la postre, será la definitiva al hacerle la mejor oferta. Para una persona como él, era irrechazable, ya que no solo era un 20 % superior el montante económico ofrecido, sino que le permitía trabajar y vivir en un ambiente familiar, algo de lo que, como hemos comentado, Mitch había carecido. De esta manera, tras hacerle preguntas sobre su familia, se lo comenta el socio mayoritario del despacho: «La estabilidad de la familia nos parece especialmente importante. Bendini, Lambert & Locke ès un pequeño bufete de Memphis con 41 abogados, pero formamos una gran familia». En la novela homónima en la que se basa la película, este mismo interlocutor profundiza sobre las características económicas del despacho: «El año pasado ganamos más por abogado que cualquier otra empresa de nuestro tamaño o mayor, incluidos todos los

9 Quizá el culmen de todos esos personajes podría ser el que interpretó en «El hombre que mató a *Liberty Balance*» (*The Man Who Shot Liberty Valance*), una película que, como ya destacamos en un trabajo anterior, «no es un Western más, sino que plasma en sus excelsos fotogramas, y a través de sus dos protagonistas, el enfrentamiento que se produjo en la colonización norteamericana entre dos formas diferentes de ver la vida; la de quienes representaban el *espíritu de la frontera* (en este caso, el personaje del valiente vaquero Tom Doniphon, interpretado por John Wayne) y el *espíritu del progreso* (aquí encarnado en el personaje del abogado, y luego político exitoso, Ramson Stoddard, que es interpretado por James Stewart)». Carrión Morillo, D., «Una mirada jurídica al cine de John Ford, maestro de maestros, en el cincuenta aniversario de su muerte», en López Espadafor, C. M. (Dir.): *Elementos de innovación docente en ciencias sociales, jurídicas y otras disciplinas con contenido normativo*, Dykinson, Madrid, 2023, pp. 593-594.

grandes bufetes del país. Sólo aceptamos clientes ricos: compañías, bancos y potentados, que pagan nuestras elevadas tarifas sin rechistar. Nos hemos especializado en tributación internacional, que es muy emocionante y aporta grandes beneficios»[10].

Con esos mimbres durante los primeros compases de la película, como en la escena en la que Mitch y su mujer, Abby (interpretada por Jeanne Tripplehorn), conocen su nueva casa (financiado el préstamo hipotecario a tipo mínimo por obra y gracia del bufete), todo es maravilloso para Mitch, pero enseguida va a descubrir, junto a su mujer, algunas cosas extrañas sobre los miembros de su bufete: todos los abogados están casados, no existen divorcios, no hay mujeres. Son cosas que le comienzan a generar algunas dudas sobre la decisión que ha tomado y el bufete en el que va a trabajar los próximos años, quién sabe si toda su vida laboral. Un rayo de luz recibe Mitch cuando conoce a su mentor en el despacho, uno de los socios del bufete llamado Avery Tolar (que resulta un tipo bastante peculiar), interpretado por Gene Hackman (minuto 16). Este le cuenta la clave de su trabajo como abogado en ese bufete: «Todo depende de la facturación, de cuantas horas pasas, aunque solo sea pensando en tu cliente. Me da igual que sea en un atasco, o afeitándote, o sentado en un banco del parque».

En la novela, el narrador profundiza mucho más sobre este aspecto fundamental: «Las minutas eran la fuente vital de la empresa. Todo dependía de ellas. Las promociones, los incrementos salariales, las primas, la supervivencia y el éxito estaban en función de la precisión con que uno calculara sus minutas. Particularmente en el caso de los recién llegados. La forma más fácil de ganarse una reprimenda consistía en olvidarse de calcular diariamente sus minutas. Avery no recordaba que jamás hubiera ocurrido. Era simplemente inconcebible que un miembro de la empresa lo olvidara». Todos estos son detalles que van incrementando la sensación, tanto en Mitch como en el espectador o el lector, de que «algo extraño pasa en ese bufete»[11]. Esto es algo que resultará fundamental en el desenlace de la película.

Mientras tanto, Tolar le pedirá a Mitch que le eche una mano con algunos casos de varios clientes, por lo que tiene que trabajar mucho más a la vez que estudia para superar el examen de abogacía, ya que aprobarlo es imprescindible para poder ejercer su profesión en los Estados Unidos. En ese momento, además, con Mitch repasando las cuentas de un cliente mientras cena en un bar para no perder tiempo, es interpelado por dos personas de otra mesa que conocen muy bien quién es Mitch y le hablan sobre las extrañas muertes (accidentales) de algunos socios de Bendini, Lambert & Locke. Más tarde sabremos que esas personas son agentes del FBI que le presionarán para que les pase documentación del despacho para poder procesar

10 Grisham, J.: *La tapadera*, Barcelona, Círculo de Lectores, 1993, p. 13.

11 Grisham, J.: *La tapadera*, cit., p. 61.

a todos sus miembros por actividades ilegales, ya que el despacho, como más adelante sabrá el propio Mitch, sirve de tapadera para que la mafia de Chicago pueda blanquear su dinero (de ahí el título en español), en concreto, la familia Morolto. Antes de eso, Mitch contratará a un detective privado para que investigue la extraña muerte de dos abogados del despacho en un accidente en las islas Caimán, detective que será asesinado por llevar a cabo esa investigación, dato del que se enterará Mitch a través de la secretaria del detective que, escondida, pudo ver quiénes lo asesinaron.

De alguna manera, Mitch se encuentra «entre la espada y la pared», es decir, es presionado por el FBI para que denuncie a sus compañeros del bufete y a sus clientes, pero tiene que ser absolutamente discreto sobre su relación con el FBI, más allá de confesar a los dueños del bufete que hay varios agentes federales que le están presionando para que les denuncie (aunque, por supuesto, ocultando las verdaderas conversaciones que tiene con estos agentes). La discreción ya era un valor indispensable para sus jefes que, no es que le hubieran pedido, sino que le habían ordenado que tenía que asumir si quería trabajar y prosperar en Bendini, Lambert & Locke, como se recoge en la novela: «A todo miembro asociado contratado por la empresa se le inculcaban los infortunios de irse de la lengua. Todo era confidencial: sueldos, beneficios, promociones y, muy especial, los clientes. Se advertía a los principiantes que el hecho de divulgar información de la empresa podía retrasar la concesión del santo grial: convertirse en socio. Nada salía de la fortaleza de Front Street. A las esposas se les decía que no preguntaran, o se les mentía. De los miembros asociados se esperaba que trabajaran duro, que mantuvieran la boca cerrada y gastaran sus generosos salarios. Lo hacían todos, sin excepción»[12].

Claramente, Mitch iba a ser esa excepción a la regla de ser discreto, aunque no tenía otra opción, pues la presión que ejerce el FBI sobre él resulta feroz, como se recoge con precisión en la novela: «¿Qué queremos de ti? Sí, señor, buena pregunta. En primer lugar, debes despedirte de tu carrera como abogado. Tendrás que divulgar secretos e información que pertenecen a tus clientes. Esto, evidentemente, basta para que te retiren la licencia, pero no te parecerá importante. Tú y yo tenemos que ponernos de acuerdo para que nos entregues la empresa en bandeja. Cuando nos pongamos de acuerdo, si lo hacemos, lo demás caerá por su propio peso. En segundo lugar, y eso es lo más importante, tendrás que facilitarnos documentación para procesar a todos los miembros de la empresa y a la mayoría de los cabecillas del clan Morolto»[13]. Que tenga que despedirse de volver a ejercer su profesión, divulgar los secretos de los clientes vulnerando el secreto profesional y traicionar a todos sus compañeros pone a Mitch en una situación límite. Sin embargo, la película se engrandece a la par que el propio Mitch, que se crece ante este

12 Grisham, J.: *La tapadera*, cit., p. 20.

13 Grisham, J.: *La tapadera*, cit., p. 267.

desafío y traza un plan para poder salir airoso de todo ello involucrando a varias personas de su total confianza en él; como su mujer, su hermano o la secretaria del detective privado.

Es una tarea «heroica» la que tiene que llevar a cabo Mitch, ya que, como si esta historia ficticia fuese una epopeya, Mitch tiene que pasar una difícil prueba para poder seguir con su vida, aunque esta sea de otro modo a partir de superar el reto. La prueba es un obstáculo que tenía que superar cualquier héroe clásico que se precie. Tal es así que el tema central de las epopeyas, según subrayó HUIZINGA, «se halla en una tarea que el héroe tiene que realizar, una prueba por la que tiene que pasar, un obstáculo que tiene que salvar. (...) La tarea tiene que ser extraordinariamente difícil, casi imposible. Casi siempre va enlazada a un reto o al cumplimiento de un deseo, o también a una prueba, a un voto o a una promesa; (...) el héroe lleva una máscara, se presenta disfrazado, encierra en sí un misterio»[14]. Vemos como este perfil podría encajar en Mitch, a excepción de que Mitch ni lleva una máscara ni se presenta disfrazado, y lo de encerrar un misterio es común a todos los seres humanos. Si no encaja completamente en el perfil descrito por HUIZINGA, menos aún en el que estableció CAMPBELL, siempre centrado en cuestiones de la psique: «La primera misión del héroe es retirarse de la escena del mundo a aquellas zonas causales de la psique que es donde residen las verdaderas dificultades, y allí aclarar dichas dificultades, borrarlas según cada caso particular (o sea, presentar combate a los demonios infantiles de cada cultura, local) y llegar hacia la experiencia y la asimilación no distorsionada de las que C. G. Jung ha llamado *imágenes arquetípicas*»[15].

Mitch, no tiene tiempo de «retirarse de este mundo», por ir contrarreloj para resolver la situación límite a la que se ha visto impelido. Por su instinto de supervivencia y su inteligencia pragmática sale airoso de esa situación extrema, y ya no puede ser considerado un héroe, sino un antihéroe, como así le hemos titulado en este mismo epígrafe. Por su astucia, concretamente, y por la «odisea» que tiene que pasar tiene más que ver con Ulises que con los héroes arquetípicos. SAVATER pone palabras en boca del protagonista de *La odisea* para aclararnos que Ulises (y Mitch) no es ya un héroe, al resultar astuto, taimado, pícaro incluso, para así conseguir superar los grandes obstáculos que le ponen en su camino; es un «héroe curvo, cóncavo, héroe que sabe plantarse frente a su enemigo y herirle por detrás. No soy sable ni lanza, soy la red o la muerte inopinada que viaja en la saeta: no desgarro ni trituro, sino que envuelvo, sujeto y asfixio»[16].

---

14 HUIZINGA, J.: *Homo Ludens*, Barcelona, Altaya, 1997, p. 34.

15 CAMPBELL, J.: *El héroe de las mil caras: Psicoanálisis del mito*, México, Fondo de Cultura Económica, 2014, p. 20.

16 SAVATER, F.: *Criaturas del aire*, Madrid, Taurus, 2004, p. 18.

No estamos, por tanto, ante un héroe, sino ante un antihéroe (el abogado antihéroe hemos denominado a Mitch), máxime, después de todo lo que hemos explicado, por la razón última de que, como CIORAN sentenció, «un héroe solo es realmente héroe en el hundimiento, que es su glorioso castigo»[17]; y Mitch triunfará finalmente tanto en la película como en la novela con finales distintos pero ambos exitosos. A eso se une la gran importancia que tienen las islas Caimán en la película, no solo por ser el lugar donde se cometen la mayor parte de los delitos, sino por resolverse allí la trama.

3. La ética del abogado

Mitch, al comienzo de «La tapadera», aún no ha realizado el examen que le habilita para ser abogado si lo supera, pero ya conoce los principios éticos que debe cumplir por haberlos estudiado en Harvard. Por ello, no tiene ninguna duda después de hablar con los federales de que, si les ayuda en la manera en que ellos le piden hacerlo, no podrá ejercer nunca más su profesión. Vamos a comentar ahora cuáles son los principios éticos que debe cumplir, entonces, para más adelante saber lo que hace Mitch finalmente.

3.1. Principios éticos y códigos deontológicos

En la película «La tapadera» no se hace mención directa alguna a la cuestión de la ética del abogado, pero en la novela homónima encontramos una reflexión curiosa sobre ese tema a propósito de las ideas del fundador del bufete: «Anthony Bendini construyó esta empresa a base de mucho trabajo, talento y una ética incuestionable. Éstos son los valores que nos han sido inculcados. Algunos de nuestros clientes no han sido unos santos, pero ningún abogado puede dictar la moral de su cliente»[18].

Esta frase sirve de botón de muestra de lo que sucede con mucha frecuencia, esto es, que la ética y la moral se entremezclen y confundan, incluso que, en no pocas ocasiones, se consideren la misma cosa. Aunque en este trabajo no podamos detenernos con profundidad en diferenciar uno y otro concepto al ser una cuestión más filosófica que jurídica, vamos a dar unas pautas genéricas para que se puedan entender y diferenciar una y otra, y su relación con el Derecho.

Por su claridad, recordemos que LÓPEZ ARANGUREN afirma de la Ética que es «especulativamente práctica», pues es una disciplina que contiene dos dimensiones: una especulativa y otra práctica. Podemos afirmar, entonces, que la Ética «es puramente teorética, se limita a estudiar unas estructuras

17 CIORAN, E.: *Cuadernos: 1957-1972*, Barcelona, Tusquets, 2020, p. 741.

18 GRISHAM, J.: *La tapadera*, cit., p. 125.

humanas. Pero la Ética no puede ser *solo* eso, so pena de quedarnos en un puro "formalismo" (...). La "forma" ética está siempre demandando un "contenido" con el que llenarse. ¿De dónde procede ese contenido? De la "idea del hombre" vigente en cada época. Pero esta idea del hombre se nutre de elementos religiosos y de "inclinaciones" naturales —ligación a la felicidad, obligación a la ley moral natural, etc.—, así como de otros condicionamientos situacionales e históricos. Esta es la "materia" moral»[19]. Por acudir a una fuente de mucho más peso en la historia de la filosofía, podemos recordar la diferencia explícita que hizo HEGEL de los conceptos «eticidad» y «moralidad»: la eticidad se refiere al orden ético objetivo, lo que incluiría todas las circunstancias de las relaciones sociales o la organización política, por ejemplo, mientras que la moralidad se refiere al aspecto subjetivo, en el concepto más habitual de lo moral[20]. Según comprobamos, por tanto, Ética y moral, o eticidad y moralidad, resultan magnitudes con diferentes matices.

Aclarada esta cuestión, es preciso explorar su relación con el ejercicio del Derecho. Si antes estábamos en el análisis de la ética en un plano más teórico y abstracto, ahora hay que centrarse en un plano más subjetivo, más práctico podríamos precisar. En concreto, nos adentramos en la exploración de la deontología profesional, ya que la abogacía, como cualquier profesión colegiada, tiene su código deontológico. De hecho, los principios éticos que van a regir nuestra profesión son los contenidos en los códigos deontológicos, ya que, al ser abogado español, no solamente hay que cumplir con las normas deontológicas del Código Deontológico de la Abogacía Española, aprobado por el Pleno del CGAE el 6 de Marzo de 2019, sino que también hay que tener en cuenta el Código Deontológico de los Abogados de la Unión Europea, adoptado en la Sesión Plenaria del CCBE de 28 de Octubre de 1988, y modificado en las Sesiones Plenarias de 28 de Noviembre de 1998, 6 de Diciembre de 2002 y 19 de Mayo de 2006.

En cualquier caso, los principios éticos que figuran en el Código Deontológico de la Abogacía Española han sido trasladados al Estatuto General de la Abogacía Española vigente, que fue aprobado por el Real Decreto 135/2021, de 2 de marzo (BOE de 24 de marzo)[21]. Esa integración ha provocado modificaciones del contenido de algunos de ellos, como comprobaremos con el secreto profesional. El artículo 1.3 del Estatuto General de la Abogacía Española, por tanto, establece que «son principios rectores y valores superiores del ejercicio de la Abogacía los de independencia, libertad, dignidad e integridad, así como el respeto del secreto profesional». Dejando a un lado la

19 LÓPEZ ARANGUREN, J. L.: *Ética*, Madrid, Alianza editorial, 1981, p. 54.

20 HEGEL, G. W. F.: *Principios de la filosofía del derecho o Derecho natural y ciencia política*, Barcelona, Edhasa, 1999, pp. 111 y ss.

21 En vigor desde el 1 de julio de 2021. Este nuevo Estatuto General de la Abogacía Española derogó el antiguo Estatuto que había sido aprobado por Real Decreto 658/2001, de 22 de junio.

explicación del secreto profesional, que vendrá después, con respecto a los demás principios, merece la pena dedicarles algunas palabras. Independencia y libertad son cuestiones que van unidas[22], pues el abogado puede decidir si llevar o no un asunto de un cliente, y llevarlo de la manera que él crea que es mejor para defender los intereses de su representado, pudiendo renunciar en cualquier momento de su relación si ve menoscabada su independencia y libertad; la dignidad e integridad son cuestiones que se añaden a las anteriores, en cuanto suponen que no se discrimine a compañeros, testigos o clientes ni al propio abogado, precisamente por resultar digno[23].

Podemos decir para concluir con este epígrafe, que los códigos deontológicos de ética profesional y las normas legales que contienen regulaciones éticas son esenciales para que los abogados puedan desempeñar correctamente su profesión. Los códigos deontológicos señalan los principios éticos y las normas de conducta que deben cumplir los abogados en el desempeño de su profesión, mientras que las normas legales integran las regulaciones éticas de los códigos y otras cuestiones de calado estableciendo un verdadero marco regulatorio de la abogacía, al menos, en España.

3.2. El secreto profesional: una obligación para el abogado y una garantía para el cliente

Llegamos a la primera cuestión capital de nuestro análisis, ya que el secreto profesional resulta ser un pilar esencial para el ejercicio de la profesión de abogado. Sin embargo, el secreto profesional no es absoluto y los legisladores de no pocos estados en los últimos tiempos han ido recortándolo en aras de conseguir información de los clientes a través de sus abogados en ciertos casos de especial gravedad o relevancia, como luego desarrollaremos.

3.2.1. Aspectos fundamentales

No está clara cuál ha sido la primera regulación del secreto profesional en la Historia, pero sí sabemos que la primera regulación del secreto profesional

22 *Cfr.* los artículos 1, 20, 36, 47, 50 y 58 del Real Decreto 135/2021, de 2 de marzo, por el que se aprueba el Estatuto General de la Abogacía Española.

23 Algún aspecto del principio ético de «dignidad» resulta muy discutible, en concreto, la obligación de que los abogados tengan que vestir toga cuanto intervengan ante los juzgados y tribunales. La razón de ello es que adecúa su indumentaria a la dignidad de su función, según se establece en el artículo 56 del Real Decreto 135/2021, de 2 de marzo, por el que se aprueba el Estatuto General de la Abogacía Española. Esta obligación parece que ha quedado muy anticuada, por no decir casi ridícula hoy en día, como si un abogado fuera indigno por no vestir toga, calificando la dignidad por el continente y no por el contenido. Quizá deberíamos aprender, en esto, de los Estados Unidos y de sus abogados, que visten sus trajes habituales en los juicios.

en España tuvo lugar en el siglo XIII y fue obra del «rey sabio», ALFONSO X DE CASTILLA (1221-1284), en una de sus famosas Partidas, concretamente, en la tercera. La Ley IX, del Título VI, de la Tercera Partida así se titulaba: «Cómo el abogado no debe descubrir la poridad del pleito de su parte a la otra», y establecía una clara obligación sobre guardar secreto profesional: «los abogados, a quien dicen los hombres las poridades de sus pleitos, que las guarden y que no las descubran»[24]. Evidentemente, hoy no tenemos en vigor esa regulación. Veamos cuál la ha sustituido.

La propia Constitución de 1978, nuestra norma suprema, en su artículo 24, tras consagrar el derecho fundamental a la tutela judicial efectiva (tan importante para los abogados a la hora de fundamentar los recursos de amparo), hace mención del secreto profesional de la siguiente manera: «La ley regulará los casos en que, por razón de parentesco o de secreto profesional, no se estará obligado a declarar sobre hechos presuntamente delictivos». Resulta patente, por tanto, que en nuestra Carta Magna no se establece el contenido del secreto profesional, y que se deja para que se desarrolle más adelante por ley. Sin embargo, no existe tal ley específica, y la siguiente mención del secreto profesional la encontramos en la Ley Orgánica 6/1985, de 1 de julio, del Poder Judicial, en concreto, en su artículo 542.3: «Los abogados deberán guardar secreto de todos los hechos o noticias de que conozcan por razón de cualquiera de las modalidades de su actuación profesional, no pudiendo ser obligados a declarar sobre los mismos». Este artículo podría entenderse como una actualización del que se establecía en las Partidas, donde pareciera que tuviera sus raíces.

Es interesante destacar que en el artículo 542.3 de la Ley Orgánica 6/1985, de 1 de julio, del Poder Judicial citado, cuyo contenido se replica en el artículo 21.1 del Estatuto General de la Abogacía Española, aprobado por Real Decreto 135/2021, de 2 de marzo, se obliga a los abogados a guardar secreto con independencia de cualquiera que sea la modalidad de su actuación profesional. Sobre este punto, recordemos que muchas actuaciones de los abogados no son ante juzgados y tribunales, y si uno es abogado tributarista, además, probablemente sean muchísimas más sus actuaciones ante la Agencia tributaria que ante la jurisdicción contencioso-administrativa.

El nuevo Estatuto General de la Abogacía Española mencionado no solo trata del secreto profesional en el artículo 21 que acabamos de citar, sino que le dedica todo el capítulo IV de su Título II. Una vez establecida la obligación para el abogado de guardar secreto profesional, del artículo 21 al 24 inclusive se concretará qué es lo que no puede revelar el abogado, que es la cuestión principal, y otros aspectos más secundarios. Por ello, en el artículo 22.1 EGAE se establecerá que el abogado tendrá que guardar el secreto

24 SÁNCHEZ-ARCILLA, J. (Ed.): *Las Siete Partidas (el libro del Fuero de las Leyes)*, Madrid, Reus, 2004, p. 416.

de «todos los hechos, comunicaciones, datos, informaciones, documentos y propuestas que, como profesional de la Abogacía, haya conocido, emitido o recibido en su ejercicio profesional».

Este es el núcleo primordial del secreto profesional en España: el contenido que no puede revelar el abogado, y esta obligación no puede ser incumplida ni en el caso de que se contase con la autorización del cliente para ello, ¿o esto no es así? El artículo 5.10 del Código Deontológico de la Abogacía Española señalaba que «el consentimiento del cliente no excusa de la preservación del secreto profesional». Es un artículo taxativo, no deja ninguna duda sobre su interpretación. No obstante, al igual que MONTERDE GARCÍA, pensamos que «llama la atención aquí una aparente contradicción entre el último precepto y el art. 22.6 EGAE. Este último precepto dispensa al abogado del deber de secreto sobre los asuntos de su cliente, siempre que el mismo autorice expresamente a aquel». Sostenemos también, como este autor, que «debido al rango normativo del EGAE (aprobado por Real Decreto) y el carácter corporativo del CDAE (aprobado por el Pleno del CGAE), entendemos que debe prevalecer en este supuesto la regulación de la primera norma»[25]. Con esto, podemos comprobar, según lo anunciamos anteriormente, que existían algunas modificaciones en el contenido del secreto profesional en su integración en el Estatuto General de la Abogacía Española.

Con todos estos aspectos comentados, podemos dar una definición de secreto profesional, haciendo nuestra la suministrada por CÁNOVAS ÁLVAREZ, al sumar a los aspectos relevantes que hemos descrito algunos otros que, aunque particulares, podrían tener cierta relevancia también: «el secreto profesional es la institución que impone a todos los Abogados, sin distinción, el derecho y el deber de guardar confidencialidad respecto de todos los hechos, noticias, datos y comunicaciones obtenidas por cualquier medio, únicamente en el seno de la relación profesional e interacción que tiene con su cliente, el adversario, el Abogado contrario, los compañeros, los componentes de las Juntas de Gobierno de los Colegios de Abogados, los miembros de la Administración Pública, entre ellos los distintos integrantes de la Administración de Justicia, sin que se le pueda obligar a revelar su contenido, salvo los casos de especial gravedad regulados por Ley, y siempre que se entienda que los mismos deben tener una mayor protección a los intereses derivados de la relación profesional de asesoramiento y defensa que asume el Abogado, en cuyo supuesto puede quedar exonerado. Dicho secreto, en todo caso, debe garantizar y respetar los derechos fundamentales de defensa e intimidad del cliente, basándose en la confianza y la independencia del Abogado en su ejercicio profesional»[26].

---

25 MONTERDE GARCÍA, J. C., «Reflexión sobre la evolución histórica del principio de secreto profesional del abogado: el caso español», *Revista de derecho UNED*, núm. 31, 2023, p. 250.

26 CÁNOVAS ÁLVAREZ, G.: «La independencia de los abogados y el secreto profesional», *Revista jurídica de la Región de Murcia*, núm. 49, 2015, pp. 69-70.

No quedaría cerrado del todo este apartado sin comentar qué ocurre si el abogado incumple la obligación de guardar secreto profesional. En este supuesto, dependerá del caso específico, pues pueden ser desde sanciones, en casos menores, al caso más grave que se produce en el ámbito penal, cuando el letrado quiebra la confidencialidad de las informaciones suministradas por su representado. En consecuencia, lo castiga duramente el artículo 199.2 de la Ley Orgánica 10/1995, de 23 de noviembre, del Código Penal: «El profesional que, con incumplimiento de su obligación de sigilo o reserva, divulgue los secretos de otra persona, será castigado con la pena de prisión de uno a cuatro años, multa de doce a veinticuatro meses e inhabilitación especial para dicha profesión por tiempo de dos a seis años».

3.2.2. El secreto profesional desafiado: el blanqueo de capitales y la planificación fiscal agresiva

El primer gran desafío al secreto profesional de los abogados, tal y como se había concebido y regulado tradicionalmente, se produjo con la publicación de la Ley 10/2010, de 28 de abril, de prevención del blanqueo de capitales y de la financiación del terrorismo. En su artículo 2.ñ) se indica que los abogados son sujetos obligados por ella «cuando participen en la concepción, realización o asesoramiento de operaciones por cuenta de clientes relativas a la compraventa de bienes inmuebles o entidades comerciales, la gestión de fondos, valores u otros activos, la apertura o gestión de cuentas corrientes, cuentas de ahorros o cuentas de valores, la organización de las aportaciones necesarias para la creación, el funcionamiento o la gestión de empresas o la creación, el funcionamiento o la gestión de fideicomisos ("trusts"), sociedades o estructuras análogas, o cuando actúen por cuenta de clientes en cualquier operación financiera o inmobiliaria». Además, en el 2.o) también se incluye a los abogados como sujetos obligados si prestasen alguno de estos servicios por cuenta de terceros: «constituir sociedades u otras personas jurídicas; ejercer funciones de dirección o de secretarios no consejeros de consejo de administración o de asesoría externa de una sociedad, socio de una asociación o funciones similares en relación con otras personas jurídicas o disponer que otra persona ejerza dichas funciones; facilitar un domicilio social o una dirección comercial, postal, administrativa y otros servicios afines a una sociedad, una asociación o cualquier otro instrumento o persona jurídicos; ejercer funciones de fiduciario en un fideicomiso *(trust)* o instrumento jurídico similar o disponer que otra persona ejerza dichas funciones; o ejercer funciones de accionista por cuenta de otra persona».

Conviene resaltar que se configura a los abogados como sujetos obligados «cuando participen», por lo que podría distinguirse, como plantea sabiamente SÁNCHEZ-STEWART, entre un asesoramiento puro y un asesoramiento participativo[27]. El asesoramiento puro consiste en «informar al cliente de sus derechos y obligaciones, dar su opinión jurídica sobre unos hechos y emitir su parecer». El asesoramiento puro, entonces, como afirma este autor, «no sitúa al Abogado en la posición de sujeto obligado»[28].

¿Qué supone que el abogado, si participa en alguna de esas funciones comentadas, que no son pocas precisamente, sea sujeto obligado a la Ley 10/2010, de 28 de abril, de prevención del blanqueo de capitales y de la financiación del terrorismo? El artículo 18 de la misma norma lo aclara al exigir a los sujetos obligados que comuniquen al Servicio Ejecutivo de la Comisión de Prevención del Blanqueo de Capitales e Infracciones Monetarias (SEPBLAC, en adelante), «por iniciativa propia», cualquier hecho, aun en grado de tentativa, con respecto al que «exista indicio o certeza de que está relacionado con el blanqueo de capitales o la financiación del terrorismo». En particular, se aclara en este artículo lo que se consideran indicios, que son los casos donde «el sujeto obligado conozca, sospeche o tenga motivos razonables para sospechar que tengan relación con el blanqueo de capitales, o con sus delitos precedentes o con la financiación del terrorismo, incluyendo aquellos casos que muestren una falta de correspondencia ostensible con la naturaleza, volumen de actividad o antecedentes operativos de los clientes».

Aun así, la propia Ley 10/2010, de 28 de abril, de prevención del blanqueo de capitales y de la financiación del terrorismo, en su artículo 22, establece tres excepciones: «a) La información que reciban de uno de sus clientes u obtengan sobre él al determinar la posición jurídica en favor de su cliente; b) Desempeñar su misión de defender a dicho cliente en procesos judiciales o en relación con ellos; y c) El asesoramiento sobre la incoación o la forma de evitar un proceso, independientemente de si han recibido u obtenido dicha información antes, durante o después de tales procesos». Solo estas tres excepciones, entre tantos supuestos, a la obligación de comunicar al SEPBLAC cualquier indicio de que el supuesto esté relacionado con el blanqueo de capitales o la financiación del terrorismo. Y esta obligación, en definitiva, ¿no supondría, sorprendentemente, que el abogado quebrantaría el secreto profesional que, precisamente, está obligado a guardar?

Ante esta aparente contradicción, compartimos el planteamiento que lleva a cabo Gómez Requena: «Se detecta un conflicto de deberes por parte del abogado, el cual se sitúa en estos casos ante la tesitura de comunicar la ope-

---

27 En una línea similar, Najem García de Vinuesa agrupa las actuaciones del abogado en asesoramiento jurídico o asesoramiento de gestión: «Este distingo alcanza trascendencia cuando se pone en relación con el instituto del secreto, de modo que este es relativo cuando aquel sea de gestión, y es absoluto cuando el asesoramiento sea jurídico» (Najem García de Vinuesa, P., «Secreto profesional y blanqueo de capitales. Luces y sombras de la normativa preventiva», *Anuario jurídico Villanueva*, núm. 11, 2017, p. 231).

28 Sánchez-Stewart, N.: *Abogados y prevención del blanqueo de capitales. Manual básico*, Málaga, Ley 57, 2014, p. 67.

ración sospechosa pero lesionando la confianza de su cliente ocasionándole indefensión y fisura en su derecho constitucional a la defensa; o bien, no comunicar la operación, continuar asistiendo a su cliente y correr el riesgo a enfrentarse a una sanción administrativa *ex* LPBC o, pasar a un estadio más grave, como sería verse investigado/encausado por un delito de blanqueo imprudente o incluso doloso si el letrado conocía *ex ante* la contaminación criminal»[29]. ¿Cómo se puede resolver este grave conflicto? ¿Cómo puede solucionar el abogado este conflicto de deberes?

A nuestro juicio, cumpliendo con lo obligado en uno y otro caso, ya que la labor del abogado se lleva a cabo en esferas diferentes. Informando, si es un abogado que realice un asesoramiento participativo, pero no haciéndolo si llevase a cabo un asesoramiento puro. Esto quiere decir que, aunque no nos guste a los abogados, como señala SÁNCHEZ-STEWART, «hay que reconocer que, mientras en la vertiente de la defensa, el secreto es esencial, ya que sin respetarlo no hay defensa posible, en las demás vertientes de la actividad profesional, el secreto es dispensable y la ley puede limitarlo»[30]. Con todo ello, se puede concluir esta cuestión con que el ordenamiento jurídico español, como bien destaca COCA VILA, «permite compatibilizar el privilegio de la confidencialidad de la relación abogado-cliente y los deberes de información y colaboración con los que puntualmente pueden quedar también gravados los abogados»[31]. A pesar de esto, resulta evidente que quedan algunas zonas difusas en relación con esta cuestión, ya que, en la práctica, se entremezclan varias funciones y varios tipos de asesoramiento, por lo que convendría que la regulación futura sobre tal aspecto fuera mucho más precisa.

El otro gran desafío al secreto profesional de los abogados ha sido planteado en los últimos tiempos por la legislación europea que trata de combatir la planificación fiscal agresiva de las empresas trasnacionales.

La Directiva 2018/822/UE, del Consejo, de 25 de mayo de 2018, que modificaba la Directiva 2011/16/UE por lo que se refiere al intercambio automático y obligatorio de información en el ámbito de la fiscalidad en relación con los mecanismos transfronterizos sujetos a comunicación de información[32], entre otras obligaciones en sus apartados 5 y 6, estableció que los abogados (y otros

29 GÓMEZ REQUENA, J. A.: «Blanqueo de capitales y abogacía. Una visión desde el ejercicio profesional», *Revista Aranzadi de Derecho y Proceso Penal*, núm. 42, 2016, p. 86.

30 SÁNCHEZ-STEWART, N.: *Abogados y prevención del blanqueo de capitales. Manual básico*, cit., p. 68.

31 COCA VILA, I., «El abogado frente al blanqueo de capitales ¿Entre Escila y Caribdis?: Comentario a la sentencia del Tribunal Europeo de Derechos Humanos de 6 de diciembre de 2012 (TEDH 12323/11) Caso *Michaud* contra Francia», *Indret: Revista para el Análisis del Derecho*, núm. 4, 2013, p. 15.

32 La Directiva 2018/822/UE es llamada «DAC-6» por ser la sexta directiva en materia de intercambio de información, modificando por quinta vez la conocida por sus siglas en inglés como «DAC» (Directiva 2011/16/UE).

asesores e intermediarios) tienen que informar a las administraciones tributarias de los Estados miembros de la Unión Europea sobre aquellos asuntos que pudieran indicar una planificación fiscal agresiva a los efectos de un posterior intercambio estatal de la información recibida. Estas nuevas obligaciones informativas se incorporaron al ordenamiento jurídico español a través de la Ley 10/2020 de 29 de diciembre, por la que se modifica la Ley 58/2003, de 17 de diciembre, General Tributaria, en transposición de la Directiva 2018/822/UE[33]. En concreto, con la Disposición adicional vigésima tercera: Obligación de información sobre mecanismos transfronterizos de planificación fiscal.

Sin entrar en profundidad en la cuestión y precisar en qué consistían esas informaciones concretamente y cómo transmitirlas, por no ser tema principal de este trabajo, hay que comentar que la Sentencia del Tribunal de Justicia de la Unión Europea (STJUE, en adelante), de 8 de diciembre de 2022, declaró que la obligación de comunicación impuesta por el art. 8 bis ter.5 de la «DAC 6» supone una injerencia en el derecho al respeto de las comunicaciones entre los abogados y sus clientes, que es parte del derecho a la intimidad que está garantizado por el artículo 7 de la Carta de los Derechos Fundamentales de la Unión Europea, y en consecuencia lo invalidaba.

En cuanto a la fundamentación del contenido del secreto profesional de los abogados en esta STJUE, hacemos nuestra la síntesis realizada por Menéndez Moreno: «De acuerdo con los apartados 28 y 60 de la señalada STJUE, el secreto profesional de los abogados comporta sobre todo obligaciones a cargo de estos y «se justifica por el hecho de que se les encomienda un cometido fundamental en una sociedad democrática, a saber, la defensa de los justiciables»; en línea, por otra parte, con lo proclamado por el Tribunal Europeo de Derechos Humanos, en sentencia de 6 de diciembre de 2012, además de que resulta una exigencia prevista en el ordenamiento de los Estados miembros de la UE, por la cual todo justiciable puede dirigirse «con entera libertad a su abogado», exigencia esta que es «correlativa de la lealtad del abogado hacia su cliente». Se indica también, en los apartados 30 y 59 de la referida STJUE, que no respetar el secreto profesional del abogado «supone una injerencia en el derecho al respeto de las comunicaciones entre los abogados y sus clientes», que garantiza el artículo 7 CDFUE. En sus apartados 46 y 58, la STJUE a que se viene aludiendo considera, asimismo, que la excepción al contenido del secreto bancario no puede considerarse necesaria para alcanzar los objetivos que se propone la Directiva 2011/16, en concreto el de «garantizar que la información relativa a los mecanismos transfronterizos sujetos a comunicación de información se transmita a las

33 Y a través de su desarrollo reglamentario: el Real Decreto 243/2021, de 6 de abril, que modificó el Reglamento general de las actuaciones y los procedimientos de gestión e inspección tributaria y de desarrollo de las normas comunes de los procedimientos de aplicación de los tributos, aprobado por Real Decreto 1065/2007, de 27 de julio, y la Orden Ministerial HAC/342/2021, de 12 de abril, que aprobó los modelos de declaración informativa a la Agencia tributaria.

autoridades competentes»; como tampoco es necesario eximir del secreto profesional, según el apartado 51 de la STJUE, «para la consecución de los objetivos de lucha contra la planificación fiscal agresiva»[34].

En realidad, de la fundamentación sobre el fallo de esta STJUE, se comprueba que no se tuvo en cuenta principios superiores y derechos que forman parte del Derecho primario de la Unión Europea, por lo que creemos que la conclusión más importante que puede sacarse de esta STJUE es, como plantea Marín Benítez, que «el derecho secundario de la Unión Europea no está exento de un análisis de validez de sus disposiciones a la luz de los principios, derechos y libertades reconocidos por normas de rango superior: el Tratado de la Unión Europea, el Tratado de Funcionamiento de la Unión Europea y la Carta de Derechos Fundamentales»[35]. Algo similar se puede decir del secreto profesional en general, que sin duda no es absoluto si no se encuentra amparado bajo el manto del derecho de defensa consagrado por la Constitución, pero que los legisladores nunca pueden perder de vista los principios superiores a la hora de limitarlo, ya que estamos seguros de que habrá más regulaciones en el futuro que afecten a esta cuestión primordial para el ejercicio de la abogacía.

4. El blanqueo de capitales y la evasión fiscal a través de las jurisdicciones no cooperativas

Las jurisdicciones no cooperativas, antes llamadas paraísos fiscales, tienen un papel principal en «La tapadera». Particularmente, una de ellas: las Islas Caimán, donde, en su isla principal, transcurre una buena parte de la trama, resultando verdaderamente importantes, además, las consecuencias jurídicas que se pueden extraer de ella. Vamos a ir desgranando todas ellas a lo largo de este epígrafe, en el que se relacionarán directamente los aspectos jurídicos con varias escenas de la película, o de la novela, en las que los diálogos resultan imprescindibles para perfilar cada una de las cuestiones jurídicas que se comentarán, ya sea con respecto al blanqueo de capitales, la evasión fiscal, o con ambas.

4.1. Las Islas Caimán: de ser un paraíso fiscal a una jurisdicción no cooperativa

Como acabamos de apuntar, en las Islas Caimán transcurre la gran trama financiera de la película, en particular, en Gran Caimán, que es la más grande de las tres islas existentes. En la novela (demostrando lo buen documen-

34 Menéndez Moreno, A., «Consideraciones sobre el secreto profesional de los abogados asesores fiscales. A propósito de la Sentencia del Tribunal de Justicia de la Unión Europea de 8 de diciembre de 2022», *Revista Quincena Fiscal*, núm. 7, 2023, pp. 9-10.

35 Marín Benítez, G., «La DAC-6 y su validez bajo el derecho de la Unión Europea», *Actualidad Jurídica Uría Menéndez*, núm. 61, 2023, p. 36.

talista que es Grisham a la hora de preparar sus novelas), se dan algunos datos importantes de esta isla: «Gran Caimán tenía dieciocho mil habitantes, doce mil compañías registradas y trescientos bancos. (...) Georgetown, la capital, se había convertido últimamente en un paraíso tributario, con banqueros tan discretos como los suizos. Allí no se pagaban impuestos sobre la renta, impuestos de sociedades, impuestos gananciales, impuestos estatales ni impuestos transaccionales. Ciertas empresas y ciertos inversores recibían garantías sobre la exención de impuestos durante un período de cincuenta años. Las islas eran un territorio dependiente de Gran Bretaña, con un gobierno inusualmente estable. Los ingresos procedentes de los impuestos de importación y del turismo bastaban para financiar todos los gastos gubernamentales. No había delitos ni desempleo»[36].

Si nos quedase alguna duda de cuál es la verdadera razón por la que Bendini, Lambert & Locke, o sus dueños, habían escogido este lugar, Avery, en la novela, nos lo aclara: «Aquí hay bancos de todos los lugares del mundo: Alemania, Francia, Gran Bretaña, Canadá, España, Japón, Dinamarca; incluso de Arabia Saudí e Israel. Más de trescientos según el último inventario. El lugar se ha convertido en un paraíso financiero. Los banqueros son sumamente discretos. A su lado los suizos parecen charlatanes»[37].

Aunque la novela sea de los noventa del siglo pasado, se mantienen, en esencia, las mismas características en cuanto a su fiscalidad se refiere. ¿Qué son, entonces, los paraísos fiscales? Esta es una cuestión realmente difícil de responder con total precisión, ya que no existe una definición del concepto a nivel legislativo español o europeo, por lo que, al menos técnicamente, puede considerarse un concepto jurídico indeterminado. Sin embargo, sí se pueden establecer unos rasgos generales que integrarían este concepto. Por ende, en palabras de Tovillas Morán, los rasgos distintivos de los paraísos fiscales consisten siempre en la existencia «de una jurisdicción con competencia en materia tributaria, con una tributación privilegiada en la que se limita el acceso a la información con trascendencia tributaria por parte de los órganos de otras jurisdicciones con la finalidad de promover la llegada de capitales provenientes del exterior»[38].

La cuestión clave, a nuestro entender, reside, fijándonos en la característica de la limitación del acceso a la información tributaria, en la opacidad de esta clase de territorios. Aún resulta más claro si nos referimos exclusivamente a nuestro país. Como resumieron, con referencia a la Ley 36/2006,

36 Grisham, J.: *La tapadera*, cit., pp. 144-145.

37 Grisham, J.: *La tapadera*, cit., p. 146.

38 Tovillas Morán, J. M., «De los paraísos fiscales a las jurisdicciones no cooperativas: definición y régimen jurídico», en Merino Jara, I. (Dir.) y Suberbiola Garbizu, I. (Coord.), *Prevención y fraude: nuevas medidas tributarias (adaptado a la Ley 11/2021, de 9 de julio, de medidas de prevención y lucha contra el fraude fiscal)*, Madrid, Wolters Kluwer, 2021, p. 647.

de 29 de noviembre, de medidas para la prevención del fraude fiscal, López Espadafor y Lombardero Expósito: «para España, la opacidad, es decir, la no entrega de información a nuestro país, es lo que caracteriza a un paraíso fiscal»[39]. En esta materia, de todas formas, las labores más importantes de impulsar medidas que combatan la existencia de los paraísos fiscales han partido de la Organización para la Cooperación y el Desarrollo Económico (OCDE, en adelante), el Fondo Monetario Internacional, el Grupo de Acción Financiera Internacional y, por último (sobre todo en lo tocante a España, lógicamente), la Unión Europea. A pesar de ello, la indefinición del concepto hace que se le puedan sumar más o menos características en función de que los estados así lo determinen, en no pocos casos en función de sus intereses exclusivos.

Una consecuencia de esto es que existan diferentes listas de paraísos fiscales, tanto nacionales como internacionales; unas listas que se crearon para estigmatizar a los estados o territorios que figurasen en ellas, pero que no parece que hayan conseguido demasiados resultados en la lucha contra el blanqueo de capitales y la evasión fiscal internacional, incluso aunque pudiera haber parecido lo contrario, como explica con finura González Martín: «Aun cuando pudiera considerarse que las "blacklists" fueron eficaces, puesto que la mayor parte de los territorios incluidos en las mismas firmaron compromisos de transparencia y reformas de sus sistemas financieros y fiscales, lo cierto es que dichas reformas y compromisos fueron asumidos dentro de una estrategia que algunos autores han denominado "cumplimiento simulado" a través de la que se comprometían con las iniciativas propuestas y aceptaban la formula del cumplimiento para evitar las "blacklists", pero finalmente no implementaban el contenido de las iniciativas lo que les permite conservar las características de su atractivo régimen regulatorio. Este "cumplimiento simulado" ha provocado que, una y otra vez, continúen apareciendo los mismos territorios en las sucesivas "blacklists" que desde el año 2000 se han ido publicando, siendo difícil demostrar que las mismas hayan provocado un deterioro económico en las jurisdicciones en ellas incluidas»[40].

En cuanto a la lista de paraísos fiscales española, las Islas Caimán son un verdadero «clásico», ya que ha permanecido, desde el principio, en la primera lista contenida en el Real Decreto 1080/1991, de 5 de julio, por el que se determinan los países o territorios a que se refieren los artículos 2.º, apartado 3, número 4, de la Ley 17/1991, de 27 de mayo, de Medidas Fiscales Urgentes, y 62 de la Ley 31/1990, de 27 de diciembre, de Presupuestos Generales del Estado para 1991. Una lista que no se actualizó incluso aun-

39 López Espadafor, C. M. y Lombardero Expósito, L. M., «Revisión de la problemática de los paraísos fiscales y su incidencia en el blanqueo de capitales», *Estudios financieros. Revista de contabilidad y tributación: Comentarios y casos prácticos*, núm. 323, 2010, p. 9.

40 González Martín, J. M., «¿Son realmente efectivas las "listas negras" contra los paraísos fiscales?», *Anduli: Revista Andaluza de Ciencias Sociales*, núm. 19, 2020, p. 26.

que el territorio señalado firmase un Acuerdo de Intercambio de Información Tributaria o Convenio para evitar la Doble Imposición, con cláusula de intercambio, en cuyo caso tendría que excluirse, según una disposición del Real Decreto 116/2003, de 31 de enero, por el que se modifican el Reglamento del Impuesto sobre la Renta de no Residentes, aprobado por el Real Decreto 326/1999, de 26 de febrero, y el Real Decreto 1080/1991, de 5 de julio, por el que se determinan los países o territorios a que se refieren los artículos 2.o, apartado 3, número 4, de la Ley 17/1991, de 27 de mayo, de Medidas Fiscales Urgentes, y 62 de la ley 31/1990, de 27 de diciembre, de Presupuestos Generales del Estado para 1991.

En concreto, para poder saber qué incidencia tienen los paraísos fiscales en España, debemos saber al menos cuáles son las materias precisas en que la legislación española incluye peculiaridades relacionadas con los paraísos fiscales. PAREDES GÓMEZ reduce las más importantes a cinco[41]: 1) La definición de contribuyente y la condición de residencia fiscal. 2) La limitación de la exención de rentas como mecanismo corrector de la doble imposición internacional. 3) La obligación de tributar por rentas imputadas, que no han sido obtenidas por el contribuyente. 4) La limitación a la deducibilidad de gastos o a la aplicación de reducciones. 5) Las obligaciones de información. Comprobamos, por tanto, el importante impacto y peso que tiene esta materia en nuestro ordenamiento jurídico.

La Ley 11/2021, de 9 de julio, de medidas de prevención y lucha contra el fraude fiscal, de transposición de la Directiva (UE) 2016/1164, del Consejo, de 12 de julio de 2016, por la que se establecen normas contra las prácticas de elusión fiscal que inciden directamente en el funcionamiento del mercado interior, de modificación de diversas normas tributarias y en materia de regulación del juego, ha sustituido el nombre de paraíso fiscal por el de jurisdicción no cooperativa. Esto no es un mero maquillaje o una simple actualización del concepto de paraíso fiscal, sino que la jurisdicción no cooperativa incrementa el contenido que tenía el concepto anterior, adaptándolo a las nuevas circunstancias mundiales y al contenido más moderno de esta clase de territorios a nivel internacional.

Ahora, en este nuevo concepto de jurisdicción no cooperativa, como recoge MÁLVAREZ PASCUAL, «se incluyen en el concepto aquellos países y territorios caracterizados por facilitar la existencia de sociedades extraterritoriales dirigidas a la atracción de beneficios sin actividad económica real en los mismos (normalmente establecen regímenes fiscales preferenciales a las sociedades no residentes) o por la existencia de baja o nula tributación (hasta ahora solo se hacía referencia al concepto de nula tributación). También se incluyen los territorios caracterizados por su opacidad y falta de

41 PAREDES GÓMEZ, R., «Los paraísos fiscales en el Sistema Fiscal Español», *Revista de fiscalidad internacional y negocios transnacionales*, núm. 16, 2021, p. 168.

transparencia, lo que ocurrirá cuando no exista con dicho país una normativa de asistencia mutua en materia de intercambio de información tributaria que sea de aplicación, por la ausencia de un efectivo intercambio de información tributaria con España, por los resultados de las evaluaciones sobre la efectividad de los intercambios de información con dichos países y territorios o porque no exista un efectivo intercambio de información sobre el titular real de los bienes o derechos»[42].

La sustitución del concepto de paraíso fiscal por el de jurisdicción no cooperativa a raíz de esa Ley ha supuesto la aprobación de una nueva lista. De este modo, la Orden HFP/115/2023, de 9 de febrero, determina los países y territorios, así como los regímenes fiscales perjudiciales, que tienen la consideración de jurisdicciones no cooperativas: «1. Anguila, 2. Bahréin, 3. Barbados, 4. Bermudas, 5. Dominica, 6. Fiji, 7. Gibraltar, 8. Guam, 9. Guernsey, 10. Isla de Man, 11. Islas Caimán, 12. Islas Malvinas, 13. Islas Marianas, 14. Islas Salomón, 15. Islas Turcas y Caicos, 16. Islas Vírgenes Británicas, 17. Islas Vírgenes de Estados Unidos de América, 18. Jersey, 19. Palaos, 20. Samoa, por lo que respecta al régimen fiscal perjudicial *(offshore business)*, 21. Samoa Americana, 22. Seychelles, 23. Trinidad y Tobago, 24. Vanuatu». Según podemos comprobar, las Islas Caimán es una de las jurisdicciones no cooperativas en la actualidad.

Sin embargo, sigue existiendo el problema de la existencia de multitud de listas, incluso dentro de la Unión Europea, en la que cohabitan las listas de los Estados miembros con la de la propia organización. ¿Por qué existe este problema? ¿Por qué los Estados miembros de la Unión Europea no se ponen de acuerdo en una cuestión tan importante para su propia economía? En respuesta a estas preguntas, compartimos la opinión de Muñiz Pérez, al considerar que lo que «subyace en la negativa de los Estados miembros a la homogeneización de las listas es la utilización discrecional e irregular de la figura del paraíso fiscal/jurisdicción no colaboradora por los Estados miembros, utilizada con fines recaudatorios, de oportunidad política o de relaciones exteriores, así como el establecimiento de medidas proteccionistas encubiertas. Unos fines que resultan interesantes para los Estados miembros reacios a ceder competencias a la hora de determinar qué elementos debe reunir una jurisdicción para ser paraíso, o al menos, asumir la lista de paraísos fiscales de la Unión como única»[43].

Por todo lo expuesto en esta materia, con las luces y sombras comentadas, podemos entender perfectamente el uso que hacía el bufete de Mitch de

42 Málvarez Pascual, L. A., «Comentarios al Proyecto de Ley de Medidas de Prevención y Lucha contra el Fraude Fiscal (I)», *Revista Quincena Fiscal*, núm. 3, 2021, p. 146.

43 Muñiz Pérez, J. C., «De los paraísos fiscales a las jurisdicciones no cooperativas en las medidas adoptadas por la Unión Europea contra la evasión fiscal», en López Espadafor, C. M. (Dir.), *Los nuevos retos de la fiscalidad de la Unión Europea*, Jaén, Universidad de Jaén, 2023, pp. 216-217.

las Islas Caimán, pues resultaba ser un instrumento imprescindible y necesario para poder ahorrarse cantidades ingentes de dinero, aunque, para ello, tuvieran que cometer el delito de blanqueo de capitales y la evasión fiscal que ahora explicaremos.

4.2. El blanqueo de capitales y la evasión fiscal

Definir el blanqueo de capitales y la evasión fiscal es una labor realmente compleja, en cuanto la legislación que los regula es continuamente modificada, en función de que las cuestiones que se legislan son múltiples y con graves consecuencias para la recaudación de los Estados que padecen esta lacra. La legislación española, particularmente, no solo se ha centrado en los tipos penales del delito fiscal y el delito del blanqueo de capitales, modificados en varias ocasiones, sino que también existe mucha regulación sobre la prevención del blanqueo de capitales específicamente. Por ello, debemos desgranar esta materia en varios apartados para hacer más comprensible la dificultad del tema y los problemas existentes.

4.2.1. Una interpretación polémica: La relación entre el delito fiscal y el delito de blanqueo de capitales

No siempre ha sido polémica la relación jurídica existente entre el delito fiscal y el delito de blanqueo de capitales; para empezar, no siempre han existido estos delitos. El delito fiscal, sin ir más lejos, en España no existió hasta que se introdujo en nuestro ordenamiento jurídico por la Ley 50/1977, de 14 de noviembre, de Medidas Urgentes de Reforma Fiscal; es decir, ni tan siquiera se hizo a través de una modificación directa del Código Penal. Hoy en día, los delitos contra la Hacienda Pública se encuentran regulados en los artículos 305 y siguientes de la Ley Orgánica 10/1995, de 23 de noviembre, del Código Penal, siendo los más importantes el delito fiscal propiamente dicho (o por excelencia) del artículo 305 y del artículo 305 bis (agravado).

En este art. 305 se regula este delito consistente en defraudar a la Hacienda Pública eludiendo el pago de tributos, cantidades retenidas o que se hubieran debido retener o ingresos a cuenta de retribuciones en especie, obteniendo indebidamente devoluciones o disfrutando también indebidamente de beneficios fiscales, siempre que la cuantía de lo defraudado exceda de 120.000 euros. Se trata de un delito doloso, que requiere en su autor la existencia de dolo o ánimo de defraudar; por tanto, no basta la mera cuantía de la deuda superior a 120.000,00 € para que exista delito[44]. El art. 305 bis agrava

44 La pena de este delito es de prisión de uno a cinco años y multa del tanto al séxtuplo de las cantidades defraudadas.

la pena[45] cuando se haya cometido el delito concurriendo alguna de las siguientes circunstancias: a) Que la cuantía de la cuota defraudada exceda de 600.000 euros; b) Que la defraudación se haya cometido en el seno de una organización o de un grupo criminal; y c) Que la utilización de personas físicas o jurídicas o entes sin personalidad jurídica interpuestos, negocios o instrumentos fiduciarios o paraísos fiscales o territorios de nula tributación oculte o dificulte la determinación de la identidad del obligado tributario o del responsable del delito, la determinación de la cuantía defraudada o del patrimonio del obligado tributario o del responsable del delito. Esta tipificación actual en el Código Penal es el resultado de varias reformas, que no es necesario que conozcamos en detalle, pero que es una muestra de la viveza de esta materia y de la importancia que tiene para la Unión Europea, en general, y para el legislador español en particular.

Cuando Mitch se reúne con el jefe del FBI en Washington, en la novela[46] se nos aportan más datos importantes para saber que el FBI no tiene pruebas, pero tiene sospechas de que se está cometiendo tanto delito fiscal como delito de blanqueo de capitales. A la pregunta de Mitch de qué tipo de delitos cometen, el jefe del FBI le responde: «Fraude fiscal. Se ocupan de todo el trabajo fiscal de la pandilla Morolto. Todos los años presentan unas bonitas e impecables declaraciones, en las que sólo consta una fracción de sus ingresos. Blanquean cantidades industriales de dinero. Fundan empresas legales con dinero negro. Ese banco de Saint Louis, que es cliente de la empresa, (...) propiedad de la mafia. La empresa se ocupa de todas sus gestiones jurídicas. Los ingresos de Morolto se estiman en unos trescientos millones anuales, procedentes del juego, la droga, la prostitución y todo lo demás. Todo al contado, por supuesto. La mayor parte del dinero va a esos bancos de las Caimán. ¿Cómo lo trasladan de Chicago a las islas? ¿Usted lo sabe? Sospechamos que utilizan el avión».

De todo esto, podemos concluir que el bufete Bendini, Lambert & Locke resulta cooperador necesario de delito fiscal y de delito de blanqueo de capitales, en cuanto este bufete oculta el patrimonio ilícito de los hermanos Morolto, que va desde la mera defraudación tributaria al tráfico de drogas, la prostitución y todo lo demás, para blanquearlo a través de infraestructuras jurídicas que crea en las Islas Caimán, principalmente. En este caso, el delito fiscal agravado y el blanqueo de capitales van de la mano, ¿siempre es así? En España parece que ese podría ser el final del camino de la relación entre estos dos delitos, donde el legislador y el Tribunal Supremo han tenido unos papeles estelares en esa concepción.

---

45 La pena será de prisión de dos a seis años y la multa del doble al séxtuplo de la cuota defraudada.

46 Grisham, J.: *La tapadera*, cit., p. 228.

Desde luego, esto no era así. En los primeros tiempos de la existencia del delito fiscal en España, este no tuvo relación jurídica alguna con el blanqueo de capitales, que se introdujo posteriormente en nuestro ordenamiento jurídico, concretamente, a través de la Ley Orgánica 1/1988, de 24 de marzo, de Reforma del Código Penal en materia que añadía al Código Penal de 1973, ya derogado como bien sabemos, un nuevo artículo 546 bis f): «El que con conocimiento de la comisión de alguno de los delitos regulados en los artículos 344 a 344 bis b) de este Código recibiere, adquiriere o de cualquier otro modo se aprovechare para sí o para un tercero de los efectos o ganancias del mismo, será castigado con prisión menor y multa de un millón a 100 millones de pesetas». Se refería a un caso particular del blanqueo de bienes procedentes del tráfico de drogas. A partir de ahí, el contenido del blanqueo de capitales fue ampliándose en sucesivas modificaciones. Muñoz Villarreal nos recuerda los primeros cambios: «El tipo penal que inicialmente restringió el Blanqueo de Capitales a los fondos procedentes de los delitos relacionados con el narcotráfico (Ley 19/1993)[47] y que (...) incluye los bienes que procedan de cualquier actividad delictiva (Ley 10/2010)[48] y contempla como delitos antecedentes, el narcotráfico, el terrorismo y la delincuencia organizada»[49].

Hoy, el delito de blanqueo de capitales se regula en el artículo 301.1 de la Ley Orgánica 10/1995, de 23 de noviembre, del Código Penal: «El que adquiera, posea, utilice, convierta, o transmita bienes, sabiendo que éstos tienen su origen en una actividad delictiva, cometida por él o por cualquiera tercera persona, o realice cualquier otro acto para ocultar o encubrir su origen ilícito, o para ayudar a la persona que haya participado en la infracción o infracciones a eludir las consecuencias legales de sus actos, será castigado con la pena de prisión de seis meses a seis años y multa del tanto al triplo del valor de los bienes». Resulta, como mínimo, muy curioso que en el tipo penal del blanqueo de capitales no se concrete a qué clase de actividades delictivas se refiere. Se indica que los bienes tengan «su origen en una actividad delictiva» sin más, no se precisa cuáles son esas actividades delictivas, como tampoco se especifica cuáles son los bienes provenientes de una actividad delictiva.

Por ello, hay que complementar este artículo del Código Penal con el artículo 1.2 de la Ley 10/2010, de 28 de abril, de prevención del blanqueo de capitales y de la financiación del terrorismo, en el que se recogen expresamente cuáles son las actividades delictivas que constituyen blanqueo de

47 Ley 19/1993, de 28 de diciembre, sobre determinadas medidas de prevención del blanqueo de capitales.

48 Ley 10/2010, de 28 de abril, de prevención del blanqueo de capitales y de la financiación del terrorismo.

49 Muñoz Villarreal, A., «El delito de blanqueo de capitales y los delitos contra la Hacienda Pública», *Revista jurídica de Castilla y León*, núm. 34, 2014, p. 3.

capitales[50]; pero aún más importante, se precisan cuáles son los bienes concretos provenientes de la actividad delictiva, que son exclusivamente estos: «A los efectos de esta Ley se entenderá por bienes procedentes de una actividad delictiva todo tipo de activos cuya adquisición o posesión tenga su origen en un delito, tanto materiales como inmateriales, muebles o inmuebles, tangibles o intangibles, así como los documentos o instrumentos jurídicos con independencia de su forma, incluidas la electrónica o la digital, que acrediten la propiedad de dichos activos o un derecho sobre los mismos, con inclusión de la cuota defraudada en el caso de los delitos contra la Hacienda Pública». Comprobamos, por tanto, que se ha incluido entre esos bienes que procedan de una actividad delictiva «la cuota defraudada en el caso de los delitos contra la Hacienda Pública».

Conforme con esta normativa se mostró la Sentencia del Tribunal Supremo de 5 de diciembre de 2012, que estableció (parece que definitivamente), que el delito fiscal es delito precedente del blanqueo de capitales, determinando que la cuota tributaria puede ser objeto de blanqueo, a nuestro juicio, y a pesar del respeto máximo que tenemos al Alto tribunal, erróneamente. Ya comentamos anteriormente, en un trabajo que tuvo cierta repercusión, que no compartimos ese criterio en el caso de la cuota defraudada, no en otros casos del tipo del delito fiscal del artículo 305 como podían ser la obtención indebida de devoluciones o el disfrute indebido de beneficios fiscales, pues «la simple tenencia de dinero no declarado procedente del trabajo legal y legítimo no significa que su origen sea ilícito. En ese caso concreto, su opacidad es ilícita, no su origen»[51]. Más claro todavía, que no se declaren algunos ingresos o ganancias que tienen su origen en una actividad económica lícita no puede generar blanqueo de capitales.

En contra de la opinión mayoritaria de la Sala Segunda del Tribunal Supremo en la sentencia citada, el magistrado Antonio del Moral García formuló voto particular planteando *mutatis mutandis* la misma tesis que nosotros sostenemos, siendo, a nuestro parecer, el razonamiento jurídico más brillante que se ha realizado sobre esta polémica cuestión. La conclusión a la que llega este

---

50 a) La conversión o la transferencia de bienes, a sabiendas de que dichos bienes proceden de una actividad delictiva o de la participación en una actividad delictiva, con el propósito de ocultar o encubrir el origen ilícito de los bienes o de ayudar a personas que estén implicadas a eludir las consecuencias jurídicas de sus actos; b) La ocultación o el encubrimiento de la naturaleza, el origen, la localización, la disposición, el movimiento o la propiedad real de bienes o derechos sobre bienes, a sabiendas de que dichos bienes proceden de una actividad delictiva o de la participación en una actividad delictiva; c) La adquisición, posesión o utilización de bienes, a sabiendas, en el momento de la recepción de los mismos, de que proceden de una actividad delictiva o de la participación en una actividad delictiva; y d) La participación en alguna de las actividades mencionadas en las letras anteriores, la asociación para cometer este tipo de actos, las tentativas de perpetrarlas y el hecho de ayudar, instigar o aconsejar a alguien para realizarlas o facilitar su ejecución.

51 Carrión Morillo, D., «Una aproximación a los problemas actuales del blanqueo de capitales y el delito fiscal», *Revista de Estudios Jurídicos*, núm. 15, 2015, p. 13.

eximio magistrado consiste en la inidoneidad del delito de defraudación tributaria en su modalidad de elusión del pago de tributos para erigirse en presupuesto del delito de blanqueo de capitales, entre otras cosas, por razón de que «el delito de defraudación tributaria no genera "bienes" y por tanto no obliga a restituirlos o a indemnizar. (...) No habrá nunca bienes procedentes de un delito, sino provenientes en este caso de la actividad empresarial en su día desarrollada. Los bienes sobre los que se construye el delito de blanqueo subsiguiente a un delito de fraude tributario serán siempre bienes lícitamente adquiridos (producto del propio trabajo, de una herencia, de una donación...)»[52].

4.2.2. El delito de blanqueo de capitales y la evasión fiscal: antes, ahora, y ¿siempre?

«La tapadera» es una película de 1993, como antes hemos señalado, centrada en un caso de blanqueo de capitales de una familia mafiosa de Chicago mediante empresas creadas por un bufete de abogados de Memphis que se domiciliaban u operaban en jurisdicciones no cooperativas, concretamente, en las Islas Caimán. Hay que plantearse si, hoy en día, estos posibles ilícitos se podrían llevar a cabo de la misma forma. La respuesta es que así es, solo que se ha ampliado el espectro en dos vertientes: por un lado, no son solo los mafiosos o delincuentes los que usan los paraísos fiscales o jurisdicciones no cooperativas, sino que lo hacen también las empresas multinacionales; por otro, la tecnología ha abierto nuevos caminos de impunidad para los delincuentes, permitiéndoles blanquear su dinero, por ejemplo, a través de compañías de intercambio de criptomonedas con sede en este tipo de territorios opacos, lo que, como resalta Bracero, «debería ser una señal de alarma»[53]. Si la película es estadounidense y el análisis jurídico lo estamos realizando con la legislación española, ¿qué ocurre en España? ¿Somos un país de evasores fiscales?

A este respecto, compartimos las palabras de Fernández Méndez de Andés y Poza Lara, al afirmar estos autores que «contrariamente a lo que se piensa y escribe regularmente, España no tiene unos niveles de evasión fiscal inusualmente elevados. Como puede comprobarse en el último estudio comparado de fiscalidad en Europa producido por Eurostat, donde por ejemplo el coste de la evasión del IVA en Alemania era superior al español. La menor recaudación en términos de consumo se explica porque en España solo el 60 % del mismo está sujeto al tipo normal, frente a más del 80 %

52 Obviamente, no podemos extendernos más en el comentario de este magnífico voto particular de la STS 974/2012, de 5 de diciembre, pero recomendamos encarecidamente su lectura a todo aquel que quiera tratar la cuestión del delito fiscal como delito precedente del blanqueo de capitales.

53 Bracero, F.: *Bicicletas para la mente. El viaje desde el primer PC hasta la inteligencia artificial*, Barcelona, Península, 2023, p. 240.

en Alemania (FMI, 2017)». Como aclaran estos autores, además, «eso no es evasión sino un diseño deliberado, y parece que políticamente deseado, del impuesto. No nos hagamos trampas y llamemos evasión fiscal a lo que es la captura del regulador por determinados grupos sociales y económicos muy exitosos en conseguir que otros paguen impuestos por ellos»[54]. Esto no quiere decir que exista un nivel bajo de evasión fiscal en España, solo que no es tan elevado como se dice, muchas veces, interesadamente. De todas formas, como demostró ROCAFORT, tras haber investigado las cuentas anuales de las empresas del IBEX 35 entre el 2009 y 2017, las empresas españolas más importantes, que son las de mayor fortaleza bursátil referenciadas en ese índice, «tienen en torno a mil filiales en los Paraísos Fiscales, para beneficiarse de la opacidad y el tratamiento fiscal privilegiado que allí imperan»[55].

Ahora bien, volvamos al comentario de la película, ya que hay que saber cuál es la solución que Mitch encontró para salir airoso del trato ofrecido por el FBI (que le impediría volver a ejercer la abogacía y le obligaría a desempeñar una vida «normal», al amparo del programa de protección de testigos) y de la traición a los mafiosos hermanos Morolto y a sus compañeros de bufete (lo que supondría poder perder la vida en cualquier momento). Cómo resuelve Mitch, finalmente, esta situación no deja de causar cierta perplejidad, ya que la solución de la película es diferente de la solución de la novela, aunque ambas sean plausibles. En ambos casos, Mitch encuentra una vía para escapar del FBI y de la mafia que lo persigue, aunque pensamos que la resolución de la película resulta más brillante que la de la novela, que es más simple. En la novela, Mitch tiene que huir en un yate del FBI y de sus mafiosos perseguidores, sabiendo que está condenado a navegar con el yate por todo el mundo, a estar en alta mar continuamente para escapar de sus perseguidores. Como Mitch se grabó un video declarando la autenticidad de todas las pruebas y se lo envió al FBI, cree que esto es suficiente para condenar a los Morolto y a sus compañeros, por lo que será perseguido de por vida. A su favor, cuenta con una fuerte suma de dinero para poder gastar lo que pueda necesitar durante los años que le resten por vivir a él, a su mujer y a su hermano.

En la película, sin embargo, a Mitch se le ocurre obtener pruebas para demostrar que sus compañeros del bufete han cometido delito de fraude postal organizado al engordar todas las minutas en sus facturas (facturas que son enviadas por correo a los clientes), facturando más horas de las que trabajaban en realidad en los casos, por lo que fotocopia expedientes y facturas

---

54 FERNÁNDEZ MÉNDEZ DE ANDÉS, F. Y POZA LARA, C., «La fiscalidad como instrumento de política económica: fiscalidad y crecimiento económico», en VICENTE-TUTOR RODRÍGUEZ, M. (Dir.), *Retos de la fiscalidad española: cuestiones controvertidas en materia tributaria*, Navarra, Thomson Reuters Aranzadi, 2017, pp. 68-69.

55 ROCAFORT, G.: *La depredación de España. Clase política, fondos buitre y paraísos fiscales. Manual para la reconstrucción económica,* Madrid, SND editores, 2020, p. 185.

y pide autorización a todos los clientes (incluidos los hermanos Morolto) para poder usar sus facturas y mandárselas al FBI para que se pueda denunciar a todos sus compañeros. Cuando Mitch regresa a su casa tras haber arreglado todo, se encuentra con el agente del FBI que, tras haber analizado la documentación que les envió Mitch, le echa en cara muy enfadado el hecho de que va a dejar sueltos a los Morolto y así dejar que se salve la mafia, a lo que Mitch le responde, escueta y tranquilamente, «son mis clientes». Y añade: «¿Quiere coger a la mafia?, coja a sus abogados. Sin ellos los Morolto solo pueden blanquear su dinero en la lavadora». Para concluir diciéndole que tiene cogidos a todos los abogados del bufete por facturar de más, pues «son 250 casos de fraude postal. Eso es fraude organizado, está castigado con 1.250 años de cárcel y multas por valor de 2.500.000 dólares».

La ingeniosa solución a la que llega Mitch en la película le permitirá recuperar su vida: puede seguir ejerciendo la abogacía y contar con clientes importantes. Ha demostrado un profundo conocimiento jurídico del Derecho Penal y una gran inteligencia que le ha permitido plantear el caso de la magnífica manera que lo hace. No obstante, terminar con el blanqueo de capitales y la evasión fiscal a través de las jurisdicciones no cooperativas, en la realidad, resulta mucho más complejo. «La tapadera» nos muestra el uso de las Islas Caimán para defraudar tributariamente es los 90, pero hoy en día se ha extendido la brecha de la evasión fiscal más allá de las jurisdicciones no cooperativas, y no precisamente por la gran pericia de los abogados en muchos casos.

Los increíbles avances tecnológicos han supuesto para las empresas más importantes, además de poder engordar sus cuentas, muchas más opciones para trasladar u ocultar parte de sus beneficios, de manera legal o ilegal, haciéndose realmente difícil poder luchar contra las estrategias fiscales de gran parte de las empresas multinacionales. Si resumimos los motivos de ello, podemos clasificar los principales, según Calvo Ortega, de la siguiente manera: «Primero, por la presión y planteamientos de estas entidades, que constituyen una estrategia fiscal agresiva en el sentido de que buscan como único y supremo valor la menor tributación global. Segundo, por las numerosas posibilidades que ofrece una normación fiscal muy dispersa y compleja. Tercero, por las diferencias que ofrecen los ordenamientos fiscales de los distintos países. Se puede actuar directamente sobre los beneficios, sobre los gastos deducibles, sobre la imputación de operaciones y resultados, etc.»[56].

Sin duda, todo esto supone un verdadero reto a nivel global para que las sociedades tributen en los países lo que en verdad deben, ya que la competencia fiscal es feroz, y si un país sube la presión fiscal, otros pueden reducirla, y al operar en todos esos países, las grandes empresas pueden utilizar

56 Calvo Ortega, R., «Pactos Fiscales: Estado *versus* Multinacionales», en VV. AA., *Real Academia de Jurisprudencia y Legislación. Estudios*, Navarra, Thomson Reuters Aranzadi, 2017, p. 282.

estrategias para reducir su factura fiscal, sobre todo, usando la erosión de la base imponible del Impuesto de Sociedades y el desplazamiento de los beneficios fiscales a otros países de baja tributación o a jurisdicciones no cooperativas, preferentemente. Algunas de las herramientas que utilizan las empresas multinacionales para llevar a cabo estas operaciones son, como destaca MARTIN WOLF, «trasladar la propiedad intelectual a paraísos fiscales; cargar deuda deducible de impuestos contra beneficios acumulados en jurisdicciones con impuestos más altos; y con el fin de trasladar los beneficios a jurisdicciones con baja carga impositiva, amañar los precios de transferencia dentro de la empresa»[57].

Con todo, no es el único problema para evitar el fraude fiscal la capacidad de las empresas multinacionales de eludir, y evadir en su caso, las legislaciones nacionales, también existen otros muchos indicadores de fraude fiscal, de los que, siguiendo a JIMÉNEZ RUBIO, podemos resumir los más importantes: 1) Corrupción política. 2) Gestión y justicia tributaria efectiva y real. 3) Complejidad de las normas tributarias. 4) Normativa inadecuada (o ausencia) de represión del fraude. 5) Proteccionismo comercial. 6) Elemento sociológico. 7) Presión fiscal/curva de Laffer. 8) Gestión de tributos[58]. Hay que entender que estos son solo indicadores del fraude fiscal, en función de cómo se regulen, se lleven a cabo y otras muchas variables que, aunque queden fuera del objeto de este trabajo, sería muy interesante investigar. Por último, con respecto a los casos de fraude fiscal, es decir, a los métodos de cómo se lleva a cabo el fraude fiscal, en este trabajo nos hemos limitado a analizar este fenómeno defraudatorio cuando se lleva a cabo a través de paraísos fiscales o jurisdicciones no cooperativas, pero la casuística es enorme también. Todo ello hace que, a nuestro pesar, seguirá persistiendo el fraude fiscal en el futuro con independencia de las medidas que se tomen para erradicarlo.

5. A modo de conclusiones

Después de haber analizado en profundidad tanto la ética del abogado como el blanqueo de capitales y la evasión fiscal a través de las jurisdicciones no cooperativas, es posible extraer una serie de importantes conclusiones y algunas reflexiones sobre todo ello.

La película elegida, «La tapadera», ha demostrado su completa idoneidad para el estudio sobre las materias elegidas: por un lado, contiene importan-

57 WOLF, M.: *La crisis del capitalismo democrático: Por qué el matrimonio entre democracia y capitalismo se está diluyendo y qué debemos hacer para solucionarlo*, Barcelona, Deusto, 2023, p. 204.

58 JIMÉNEZ RUBIO, R., «Fraude fiscal y blanqueo de capitales. Normativa comunitaria y control registral», en LÓPEZ ESPADAFOR, C. M. (Dir.), *Los nuevos retos de la fiscalidad de la Unión Europea*, Jaén, Universidad de Jaén, 2023, pp. 145-155.

tes cuestiones deontológicas, que se concentran en las consecuencias que puede tener el que el protagonista (Mitch McDeere), abogado tributarista, denuncie a sus compañeros de bufete y a sus clientes, quebrantando, entre otras cosas, el secreto profesional; y por otro, muestra, con un enorme y sorprendente realismo, cómo se puede llevar a cabo el blanqueo de capitales y la evasión fiscal a través de las jurisdicciones no cooperativas con toda la trama, que es realmente importante en la película, que se desarrolla en las Islas Caimán.

A la luz de nuestro análisis, se puede afirmar que el secreto profesional no es absoluto en España, y que, por ende, se puede quebrantar en ciertos supuestos que sean establecidos por la legislación. Por tanto, dentro del secreto profesional, a raíz de la de la Ley 10/2010, de 28 de abril, de prevención del blanqueo de capitales y de la financiación del terrorismo, se pueden diferenciar dos clases posibles de asesoramiento jurídico que lleve a cabo el abogado: el asesoramiento jurídico puro y el asesoramiento jurídico participativo. El asesoramiento puro consiste, principalmente, en que el abogado informe al cliente de los derechos y obligaciones que este posee, le transmita su opinión jurídica sobre unos hechos y emita su parecer al respecto. Estas son labores propias del abogado, donde el secreto profesional es un verdadero pilar del derecho de defensa reconocido constitucionalmente, lo que conlleva que el abogado no pueda romper su secreto profesional en este supuesto. El asesoramiento participativo, sin embargo, implica la participación del abogado en la gestión de alguno de los supuestos regulados en la ley citada, por lo que, si llevase a cabo alguna de esas funciones, como crear sociedades por cuenta de su cliente que puedan servir presumiblemente para cometer blanqueo de capitales, estaría obligado a quebrantar el secreto profesional y denunciar a su cliente.

El análisis realizado sobre el blanqueo de capitales y la evasión fiscal a través de jurisdicciones no cooperativas arroja luz sobre algunos aspectos debatidos por la doctrina durante mucho tiempo. Para empezar, tras estudiar el delito fiscal como precedente del blanqueo de capitales, seguimos defendiendo que, si se trata de la modalidad de defraudación de la cuota tributaria, el delito fiscal no puede ser delito precedente del delito del blanqueo de capitales: que una persona no declare algunos ingresos o ganancias que tengan su origen en una actividad económica lícita no puede generar blanqueo de capitales, ya que su opacidad es ilícita, no su origen.

En cuanto a los paraísos fiscales, ahora denominados como jurisdicciones no cooperativas, comprobamos que las Islas Caimán, al menos para España, sigue contando con ese estatus y cuenta con las características propias de esta clase de territorios, como la falta de transparencia y la tributación privilegiada. Después de enunciar qué territorios se encuentran con ese estatus en las listas españolas (antes y ahora) y exponer la dificultad de homogeneizar estas listas existentes a nivel europeo, y aún más, a nivel internacional, debido sobre todo a los intereses particulares de cada Estado, hemos comentado los sujetos que llevan a cabo el fraude fiscal a nivel internacional, fundamentalmente las empresas multinacionales con las numerosas posibilidades que les han aportado las nuevas tecnologías además, lo que les permite llevar a cabo multitud de estrategias fiscales que provocan, en muchos casos, el desplazamiento de los beneficios fiscales a otros países de baja tributación o a jurisdicciones no cooperativas, fundamentalmente.

Este blanqueo de capitales y defraudación tributaria a través de jurisdicciones no cooperativas ofrece tantas posibilidades, tantas vertientes, tantas variables, que todo parece indicar que, en el mejor de los casos, solo se podrá reducir en el futuro, pero que no se va a poder erradicar del todo, incluso aunque los países que conforman la sociedad internacional hiciesen el máximo esfuerzo y consiguieran ponerse de acuerdo en la adopción de medidas globales que cumpliesen todos ellos. A nivel internacional, el único consuelo que nos puede quedar es que existen otros problemas, ya sean políticos o sociales, incluso más graves.

6. Bibliografía

Bracero, F.: *Bicicletas para la mente. El viaje desde el primer PC hasta la inteligencia artificial*, Barcelona, Península, 2023.

Calvo Ortega, R., «Pactos Fiscales: Estado *versus* Multinacionales», en **VV. AA.**, *Real Academia de Jurisprudencia y Legislación. Estudios*, Navarra, Thomson Reuters Aranzadi, 2017, pp. 271-284.

Campbell, J.: *El héroe de las mil caras: Psicoanálisis del mito*, México, Fondo de Cultura Económica, 2014.

Cánovas Álvarez, G., «La independencia de los abogados y el secreto profesional», *Revista jurídica de la Región de Murcia*, núm. 49, 2015, pp. 60-101 (puede consultarse en https://dialnet.unirioja.es/servlet/articulo?codigo=5498387).

Carrión Morillo, D.:

— «Claves jurídicas del *Quijote* en el siglo XXI», *eHumanista/Cervantes*, Vol. 9-10, 2022 (Ejemplar dedicado a: El *Quijote* y el Derecho: análisis jurídico de la obra maestra de Cervantes, editado por **Carrión Morillo, D.**), pp. I-VI (puede consultarse en https://www.ehumanista.ucsb.edu/sites/default/files/sitefiles/cervantes/volume9-10/ehumc.carrion.pdf).

— «El lobo de Wall Street. A propósito del blanqueo de capitales y la evasión fiscal», *Revista Aranzadi de Derecho de Deporte y Entretenimiento*, núm. 50, 2016, pp. 525-536.

— «Una aproximación a los problemas actuales del blanqueo de capitales y el delito fiscal», *Revista de Estudios Jurídicos*, núm. 15, 2015, pp.

1-14 (puede consultarse en https://abacus.universidadeuropea.com/bitstream/handle/11268/8161/CARRI %C3 %93N_MORILLO_2015.pdf?sequence=2).

— «Una mirada jurídica al cine de John Ford, maestro de maestros, en el cincuenta aniversario de su muerte», en **López Espadafor, C. M.** (Dir.), *Elementos de innovación docente en ciencias sociales, jurídicas y otras disciplinas con contenido normativo*, Madrid, Dykinson, 2023, pp. 571-600.

Cioran, E.: *Cuadernos: 1957-1972*, Barcelona, Tusquets, 2020.

Coca Vila, I., «El abogado frente al blanqueo de capitales ¿Entre Escila y Caribdis?: Comentario a la sentencia del Tribunal Europeo de Derechos Humanos de 6 de diciembre de 2012 (TEDH 12323/11) Caso *Michaud* contra Francia», *Indret: Revista para el Análisis del Derecho*, núm. 4, 2013, pp. 1-29 (puede consultarse en https://indret.com/wp-content/themes/indret/pdf/1003.pdf).

Chandler, R.: *El sueño eterno*. En *Todo Marlowe*, Barcelona, RBA, 2010.

Fernández Méndez De Andés, F. y **Poza Lara, C.**, «La fiscalidad como instrumento de política económica: fiscalidad y crecimiento económico», en **Vicente-Tutor Rodríguez, M.** (Dir.), *Retos de la fiscalidad española: cuestiones controvertidas en materia tributaria*, Navarra, Thomson Reuters Aranzadi, 2017, pp. 29-71.

Gómez Requena, J. A.: «Blanqueo de capitales y abogacía. Una visión desde el ejercicio profesional», *Revista Aranzadi de Derecho y Proceso Penal*, núm. 42, 2016, pp. 81-107.

González Martín, J. M., «¿Son realmente efectivas las "listas negras" contra los paraísos fiscales?», *Anduli: Revista Andaluza de Ciencias Sociales*, núm. 19, 2020, pp. 1-33 (puede consultarse en https://institucional.us.es/revistas/anduli/19/1_Gonzalez-Martin.pdf).

Grisham, J.: *La tapadera*, Barcelona, Círculo de Lectores, 1993.

Hegel, G. W. F.: *Principios de la filosofía del derecho o Derecho natural y ciencia política*, Barcelona, Edhasa, 1999.

Huizinga, J.: *Homo Ludens*, Barcelona, Altaya, 1997.

Jiménez Rubio, R., «Fraude fiscal y blanqueo de capitales. Normativa comunitaria y control registral», en **López Espadafor, C. M.** (Dir.), *Los nuevos retos de la fiscalidad de la Unión Europea*, Jaén, Universidad de Jaén, 2023, pp. 139-194.

López Aranguren, J. L.: *Ética*, Madrid, Alianza editorial, 1981.

López Espadafor, C. M. y **Lombardero Expósito, L. M.**, «Revisión de la problemática de los paraísos fiscales y su incidencia en el blanqueo de capitales», *Estudios financieros. Revista de contabilidad y tributación: Comentarios y casos prácticos*, núm. 323, 2010, pp. 5-54.

Málvarez Pascual, L. A., «Comentarios al Proyecto de Ley de Medidas de Prevención y Lucha contra el Fraude Fiscal (I)», *Revista Quincena Fiscal*, núm. 3, 2021, pp. 133-158.

Maquiavelo, N.: *El príncipe*, Barcelona, Orbis, 1994.

Marín Benítez, G., «La DAC-6 y su validez bajo el derecho de la Unión Europea», *Actualidad Jurídica Uría Menéndez*, núm. 61, 2023, pp. 23-36 (puede consultarse en https://www.uria.com/documentos/publicaciones/8348/documento/ajum61.pdf?id=13276&forceDownload=true).

Menéndez Moreno, A., «Consideraciones sobre el secreto profesional de los abogados asesores fiscales. A propósito de la Sentencia del Tribunal de Justicia de la Unión Europea de 8 de diciembre de 2022», *Revista Quincena Fiscal*, núm. 7, 2023, pp. 1-12.

Monterde García, J. C., «Reflexión sobre la evolución histórica del principio de secreto profesional del abogado: el caso español», *Revista de derecho UNED*, núm. 31, 2023, pp. 243-274 (puede consultarse en https://dialnet.unirioja.es/servlet/articulo?codigo=9053150).

Muñoz Villarreal, A., «El delito de blanqueo de capitales y los delitos contra la Hacienda Pública», *Revista jurídica de Castilla y León*, núm. 34, 2014, pp. 1-14 (puede consultarse en https://dialnet.unirioja.es/servlet/articulo?codigo=5337189).

Muñiz Pérez, J. C., «De los paraísos fiscales a las jurisdicciones no cooperativas en las medidas adoptadas por la Unión Europea contra la evasión fiscal», en **López Espadafor, C. M.** (Dir.), *Los nuevos retos de la fiscalidad de la Unión Europea*, Jaén, Universidad de Jaén, 2023, pp. 195-218.

Najem García de Vinuesa, P., «Secreto profesional y blanqueo de capitales. Luces y sombras de la normativa preventiva», *Anuario jurídico Villanueva*, núm. 11, 2017, pp. 203-232 (puede consultarse en https://dialnet.unirioja.es/servlet/articulo?codigo=6354294).

Paredes Gómez, R., «Los paraísos fiscales en el Sistema Fiscal Español», *Revista de fiscalidad internacional y negocios transnacionales*, núm. 16, 2021, pp. 157-170.

Quevedo y Villegas, F. de: *Poemas satíricos y burlescos*. En *Poesía original completa*, Barcelona, Planeta, 1983, pp. 543-1157.

Rocafort, G.: *La depredación de España. Clase política, fondos buitre y paraísos fiscales. Manual para la reconstrucción económica,* Madrid, SND editores, 2020.

SÁNCHEZ-ARCILLA, J. (Ed.): *Las Siete Partidas (el libro del Fuero de las Leyes)*, Madrid, Reus, 2004.

SÁNCHEZ-STEWART, N.: *Abogados y prevención del blanqueo de capitales. Manual básico*, Málaga, Ley 57, 2014.

SAVATER, F.: *Criaturas del aire*, Madrid, Taurus, 2004.

SOTO NIETO, F. y **FERNÁNDEZ, F. J.**: «X. La tapadera», en **SOTO NIETO, F.** y **FERNÁNDEZ, F. J.**: *Imágenes y Justicia. El Derecho a través del cine*, Las Rozas (Madrid), La Ley, 2004, pp. 199-216.

TOVILLAS MORÁN, J. M., «De los paraísos fiscales a las jurisdicciones no cooperativas: definición y régimen jurídico», en **MERINO JARA, I.** (Dir.) y **SUBERBIOLA GARBIZU, I.** (Coord.), *Prevención y fraude: nuevas medidas tributarias (adaptado a la Ley 11/2021, de 9 de julio, de medidas de prevención y lucha contra el fraude fiscal)*, Madrid, Wolters Kluwer, 2021, pp. 647-669.

VICENTE-ARCHE COLOMA, P.: «Blanqueo de capitales a través de paraísos fiscales: La Tapadera (The Firm). 1993. Dir. Sydney Pollack», en **ORTEGA GIMÉNEZ, A.** y **CREMADES GARCÍA, P.** (Coord.): *Cine y Derecho en 13 películas*, Alicante, Editorial Club Universitario (ECU), 2008, pp. 87-94.

VIDAL, C.: *Lincoln*, Barcelona, Planeta, 2009.

WOLF, M.: *La crisis del capitalismo democrático: Por qué el matrimonio entre democracia y capitalismo se está diluyendo y qué debemos hacer para solucionarlo*, Barcelona, Deusto, 2023.

MUJERES ABOGADAS EN LA HISTORIA: DE LA LITERATURA CLÁSICA *(HORTENSIA)* AL CINE *(ON THE BASIS OF SEX)*. DOS DISCURSOS EJEMPLARES

Esther Domínguez López
Profesora Titular de Derecho romano
Universidad de Málaga

1. Introducción

Es de sobra conocida la función fundamental que actualmente juega en el proceso el abogado, profesional a quien corresponde la dirección y defensa de las partes, garantizando así el derecho constitucional a la tutela judicial efectiva, sancionado en el artículo 24 de nuestra Carta Magna. El Diccionario de La Real Academia Española de la Lengua define al abogado, del latín *ad vocatus*[1] (literalmente el llamado para auxiliar: *auxilium vocare*), como el «Profesional del derecho que presta asesoramiento jurídico y está habilitado para actuar ante los tribunales o entidades administrativas»[2]. Sabido es también que para ejercer la abogacía se precisa actualmente, entre otras, la acreditación de una formación jurídica previa, que solo se obtiene cursando y superando el correspondiente Grado Universitario. Quizá sea menos conocido que tal exigencia (nos referimos a la necesidad de cursar un Plan de estudios reglamentado) encuentra su primera formulación teórica en el s. V d.C., siendo posible que ya se exigiese en la práctica tiempo atrás. No pretendemos en este estudio abordar todas las fases históricas por las que atraviesa la regulación de esta figura, desde las primeras referencias localizadas en las fuentes romanas, hasta la actualidad[3]. Porque además de ser una

---

1 De Miguel, R., *Diccionario latino-español etimológico*, Madrid, 1914, s.v. advocatus: «El que asiste al litigante con su consejo, presencia o de otro modo (lo que era propio de los Jurisconsultos)».

2 *Diccionario de la Lengua Española*, Real Academia española, ed. 2023 versión online, voz «abogado».

3 Sobre el particular, nos remitimos al detenido estudio realizado por López-Rendo, C. «La importancia del Derecho romano en la formación del abogado», en *Fundamentos roma-*

tarea imposible de acometer en un artículo, se aparta del objetivo central de este trabajo. Lo que sí nos parece conveniente y oportuno, y a ello vamos a dedicar estas líneas introductorias, es trazar unas pequeñas pinceladas sobre su origen y primera configuración histórica, que nos sirvan para contextualizar la cuestión a tratar. Para ello, hemos de partir de las primeras referencias que nos llegan, de los últimos tiempos de la República, cuando la abogacía era una actividad que se ejercitaba libre y espontáneamente por parte de reconocidos oradores, cuya misión era persuadir al Tribunal mediante el uso de la palabra, hasta su reconocimiento a partir del s. III d.C., como una profesión o servicio público, controlado y regulado ya por el Estado. A continuación, nos centraremos en lo que constituye el núcleo del presente trabajo, cual sea analizar las concretas referencias que las fuentes romanas nos proporcionan a propósito de mujeres oradoras, que se atrevieron a defender públicamente sus intereses; dicho más claramente, que ejercieron como abogadas *postulando pro aliis*. Por último, confrontaremos uno de los testimonios que las fuentes nos reportan al respecto, con el alegato final de la protagonista del conocido film *On the Basis of Sex* («Cuestión de género» en España), por encontrarnos en ambos casos ante discursos ejemplares, que supusieron además un hito histórico en el papel de la mujer en la lucha por el respeto o la consecución de derechos. Si bien, como también veremos, bajo planteamientos diametralmente opuestos que se conectan con los diversos condicionamientos sociales y culturales en que cada uno de los mismos se desenvolvió.

Qué se entendía en Roma por «abogar» nos lo explica el jurista Ulpiano: *Postulare autem est desiderium suum, vel amici sui in iure apud eum, qui iurisdictione praeest, exponere, vel alterius desiderio contradicere*[4]. La *postulatio pro sui* o *pro aliis* estaba en un principio íntimamente conectada al ejercicio de la oratoria que, habiendo sido importada de Grecia a partir del s. III a.C., aprendían los romanos en las escuelas superiores de la mano del *rhetor*, que les instruía en general en el arte de discurrir públicamente[5]. El *rhetor* no tenía como misión específica formar abogados, en el sentido que después adquirirá el término de persona experta o docta en leyes (letrada), sino preparar al ciudadano romano para la vida pública. De hecho, Cicerón, conocido como «el príncipe de los oradores»[6], no era experto en leyes, aunque tuviera

nísticos del derecho contemporáneo, Vol. IV *Derecho procesal romano*, Madrid, 2000, pp. 219-270.

4 D. 3.1.1.2 (*Ulp.* VI *ad ed.*): «Abogar es exponer en derecho ante el que tiene jurisdicción, la pretensión propia o la de su amigo, o contradecir la pretensión de otro».

5 Sobre el surgimiento y evolución de las escuelas de retórica en Roma, *vid.* ampliamente Agudo, A., *Abogacía y Abogado. Un estudio histórico-Jurídico*, La Rioja, 2022, pp. 30 ss.

6 De Cicerón podemos decir que destacaron por igual su oratoria y su patriotismo, lo que le valdría en igual medida también admiración y recelo. Sobre la primera por ser más evidente no vamos a hablar (puede consultarse de forma resumida sobre el argumento Jimé-

ciertos conocimientos jurídicos[7]. El Arpinate era un maestro en el arte de la oratoria y la elocuencia, sobre las que escribió algunos tratados que se nos han transmitido (fundamentalmente *De inventione* y *Partitiones oratoriae*)[8]. Los expertos en la materia jurídica eran los jurisconsultos, a quienes particulares, magistrados y después los propios emperadores se dirigían para que les orientaran en cuestiones jurídicas, mediante su triple actividad del *respondere, agere* y *cavere*[9]. Pero a la hora de ganar un pleito, como el propio Cicerón advierte *apertis verbis*, era más importante la labor del orador, que la del jurisprudente[10].

NEZ DELGADO, J., «Supervivencia de Cicerón», en *HELMANTICA, Revista de Humanidades Clásicas*, Univ. de Salamanca, núm. 30, 1958, pp. 351-362). Sí me referiré sucintamente a la exacerbada crítica a toda su labor por parte del insigne romanista T. Mommsen, pieza clave de la historiografía alemana del s. XIX y expresión del nacionalismo de corte más liberal, quien como es sabido localizaba en César el primer y admirable ejemplo de proyecto unificador de Italia, mientras que a Cicerón lo veía como un mediocre periodista: «Como estadista sin entendimiento, opinión e intención ha figurado sucesivamente como demócrata, como aristócrata y como instrumento de los monarcas y nunca ha sido más que un egoísta miope» (MOMMSEN, T., *Römische Geschichte* III, Berlin 1920, pp. 570 ss.). Reproducimos resumida la respuesta, quizá también exagerada, de MENÉNDEZ PELAYO, M., *Historia de las Ideas estéticas en España*, Edición nacional de las Obras Completas, Madrid, 1940, p. 118: «Mucho sentimos diferir de la opinión de Mommsen, historiador tan grande como apasionado, y en quien no es acaso el sentido de lo bello la cualidad dominante. Sea por exaltado cesarismo, que llega a considerar a los enemigos del Dictador como enemigos personales suyos, sea por amor a la paradoja o por mera antipatía de gusto individual, o por afán de buscar en la historia armas para la polémica contemporánea, Mommsen se ha ensangrentado con la memoria de Cicerón, negándole, no toda fortaleza moral y política, sino hasta el talento literario, del cual la humanidad entera le ha considerado siempre como uno de los tipos más perfectos. A los ojos de Mommsen, Cicerón no es más que un abogado y un periodista en el peor sentido de la palabra. Si hay algún periodista en este negocio, el periodista no es ciertamente Marco Tulio, sino Teodoro Mommsen...».

7 Sobre las estrategias oratorias en algunas de sus causas más célebres, *vid.* particularmente, FUHRMANN, M., «Cicerón y la retórica. La moral de abogado de Cicerón y su evaluación en los siglos XIX y XX», en *Anuario filosófico*, núm 34, 2001, pp. 347-367.

8 Quintiliano, en sus *Institutiones oratoriae*, uno de los principales textos sobre el argumento que se nos han transmitido (el más antiguo de que disponemos es la conocida *Rhetorica ad Herennium*, de autor anónimo, si bien durante mucho tiempo atribuida a Cicerón), reconoce a Cicerón como el modelo a seguir: «Hunc igitur spectemus. Hoc propositum sii nobis exemplum. Ille se profecisse sciat, cui Cicero valde placebit» (X.1.12).

9 Sobre el particular, con amplias referencias bibliográficas, *vid.* LÓPEZ-RENDO, C., «La importancia del Derecho romano» cit., pp. 423-425.

10 Cic. *de offic.* 2.19: «Éstos —se refiere a la labor de los juristas— son unos servicios muy agradables a todos, y muy a propósito para tener a los hombres obligados con ellos. La inmediata a ésta es la facultad de la elocuencia más majestuosa, más benéfica y brillante. Porque ¿qué cosa más excelente, así por la admiración de los núm. 6, 1887, pp. 139-150. que oyen, como por la esperanza de los necesitados, y por el agradecimiento de aquéllos a quien favorece? Y así la dieron nuestros mayores el lugar primero en los empleos de la toga. Son, pues, de grandísima extensión los beneficios y patrocinio de un hombre elocuente, afable en su trabajo, y que según las primitivas costumbres toma a su cargo la defensa de muchas causas, sin dificultad y con desinterés». Sobre el carácter gratuito

A las escuelas de retórica accedían los ciudadanos romanos entre los 17 y los 20 años[11], y allí aprendían las técnicas de composición de un discurso (*inventio, dispositio, elocutio, memoria* y *actio*) y se les ejercitaba en la *declamatio*. Primero sobre temas deliberativos (*suasiones*), más propios de la oratoria política, en los que se proponía un asunto ficticio o se hacía una consulta imaginaria a fin de que llegaran a una conclusión. Y después se pasaba a las más complejas propuestas de debate sobre temas jurídicos (*controversiae*), ya más específicamente relacionadas con la práctica forense. Durante la República, la enseñanza de la retórica se circunscribió al ámbito estrictamente privado: el *rhetor*, inicialmente de origen griego, y después también latino[12], desarrollaba su actividad al aire libre, normalmente en «locales» habilitados en los pórticos de los foros o en sus propias casas, no contando con más fuente de ingreso que los emolumentos de sus alumnos, que no siempre recibían. Ello no obstante y dado el prestigio y la demandada en alza de sus servicios, aunque la situación económica pudiera ser delicada para muchos, el oficio de retórico les podía aportar otras muchas ventajas; *ad exemplo*, en orden a obtener una alta magistratura[13]. A partir del Principado comienza el intervencionismo del Estado sobre estas escuelas de retórica, consciente de su importancia como centros de formación de futuros funcionarios de la Administración y abogados. Se crean las primeras escuelas públicas controladas por el Estado (a tales efectos se proporcionan grandes salas en el foro con forma de hexedro, las *exedrae*)[14], que proliferarán por toda Italia, al tiempo que se regulan los salarios de los *rhetores* y se

---

de las profesiones liberales y particularmente, sobre los honorarios de los abogados, *vid.* Rodríguez-Ennes, L., «Motivos que determinaron la introducción de la remuneración de la oratoria forense», en *Revista Xurídica da Universidade de Santiago de Compostela,*

11 No era una edad fija, pues a decir de Quintiliano, *Inst. orat.* 2.1.7., sería cuando estuvieran dispuestos según el nivel de formación de cada uno, a recibir la educación superior: «... Nuestro intento principal es señalar el tiempo en que estará en sazón el niño para aprender la retórica. Para lo cual no hemos de atender a la edad que tiene, sino a lo que ha aprovechado en sus conocimientos...». Agudo, A., *Abogacía y Abogado* cit., p. 32.

12 Hubo varios intentos por parte de las *nobilitas* romana de frenar el fuerte influjo helenizante de estos retóricos y filósofos que empezaron a irrumpir a partir del s. III a.C. Todos fallidos, pues como explica Agudo, A., *op. cit.*, pp. 29-30, la retórica había prendido ya con gran fuerza entre la sociedad romana: «...los jóvenes romanos ya no se conformarán con los maestros de que podían disponer en Roma, sino que viajarán a la propia Grecia para completar allí su formación en las escuelas de los filósofos y los retóricos de Atenas o de Rodas, los dos centros universitarios más importantes del mundo griego...». La primera escuela de retórica latina fue abierta en el a. 93 a.C., por un cliente de Mario, Plocio Galo.

13 A propósito, *vid.* Bonner, S., *La educación en la Roma antigua, desde Catón a Plinio el Joven*, Barcelona-Herder, 1984, pp. 196 ss.

14 Adriano creará la primera red de escuelas por toda Italia, además de mandar construir en Roma el primer edificio dedicado a la enseñanza superior, conocido como Athenaeum (a. 135 d.C.). Posteriormente, Teodosio II creará en Bizancio la famosa Escuela de Constantinopla (425 d.C.). También comienzan a proliferar las bibliotecas públicas, destacando la de Constantinopla, creada por Constantino I en el 330 d.C.

les otorgan una serie de privilegios fiscales, básicamente relacionados con los *munera personalia*. En una palabra, se profesionaliza el oficio del *rhetor* y paralelamente a la creación de escuelas, se crean las cátedras oficiales, bajo el mecenazgo de los emperadores[15].

En cuanto a la formación del abogado, a partir del Bajo imperio y sobre todo en la parte oriental[16], comienza la especialización de los estudios de Derecho —separados ya de otras disciplinas como la retórica o la gramática—, en Escuelas creadas *ad hoc*, destacando las de Berito y Constantinopla. El Plan de estudios constaba de cinco años, al término de los cuales los alumnos debían acreditar sus conocimientos con un examen final[17]. Una constitución del 460 del emperador León I exigió por primera vez para poder ejercer como abogado la correspondiente acreditación[18], exigencia que es confirmada en la legislación imperial posterior. Al mismo tiempo, surgen los *Collegia advocatorum*, reglamentados por el emperador Valentiniano III mediante la *Constitutio de postulando*[19], a los que necesariamente debían adscribirse para desarrollar su actividad los *advocati*[20]. El emperador Justiniano remodelará en su Constitución *Omnen rei publicae* (a. 533) el Plan de estudios que se seguía en las Escuelas de Derecho, manteniendo por lo demás el régimen establecido en la legislación Bajo-imperial precedente[21].

Centrándonos ya en la situación de la mujer, obvio es que para localizar las primeras manifestaciones históricas a la misma postulando *pro sui* o *pro aliis*, o lo que es lo mismo, ejerciendo como abogada, nos tenemos que situar antes y al margen de la profesionalización de tal oficio, y de su reglamentación como función pública (lo que acontece como hemos visto a partir del

15 Se debe a Vespasiano la creación en Roma de las dos primeras cátedras de retórica, una latina que asigna a Quintiliano, y otra griega, dotándolas de un salario de cien mil sestercios cada una. La experiencia es repetida en Atenas por Marco Aurelio, que dotará a la ciudad con una cátedra de retórica y cuatro de filosofía. Sobre el particular, Agudo, A., *Abogacía y Abogado* cit., pp. 62 ss.; y Salazar, M., «De la enseñanza superior a la enseñanza del derecho en el marco de la sociedad romana (s. III a.C.-s. VI d.C.)», en *REJIE Nueva Época*, núm. 22 Extraordinario-febrero, 2020, pp. 20-21.

16 Como explican Churruca, J-Mentxaca, R., *Introducción histórica al derecho romano*, Bilbao, 2015, p. 226, en la parte Occidental no hay constancia de la existencia de escuelas propiamente jurídicas, sino que el derecho se continuó enseñando junto a las técnicas oratorias y a interpretación gramatical de los textos. Por lo que en esta parte del Imperio el abogado seguía siendo ante todo un orador, que precisaba de la ayuda de un jurista (Schulz, F., *Storia della giurisprudenza romana*, Firenze, 1968, pp. 487 ss.).

17 Más detenidamente sobre el asunto, Salazar, M., *op. cit.*, pp. 27-31.

18 C. 2.7.11.1 (*Imp. Leo A. Viviano*). En el mismo sentido, C. 2.7.22 (*Imp. Anastasius A Constant. P.P.*, a. 507); o C. 2.7.24 (*id. A. Sergio P.P.*, a. 517).

19 C. 2.7.13 (*Imp. Leo et Anthem. AA Alexandro*, a. 468).

20 A propósito, Arias Ramos, J., «"Advocati" y "collegia advocatorum" en la actividad legislativa justinianea», en *Homenaje a N. Pérez Serrano*, vol. I, 1959, pp. 47-61.

21 Sobre el particular, ampliamente, Agudo, A., *Abogacía y Abogado* cit., pp. 107-118.

s. III d.C.). Es impensable en efecto que las mujeres se hubieran podido inscribir en un Colegio de Abogados, pues estaban legalmente excluidas de todos los asuntos públicos (ya fuera ejercer como juez, desempeñar una magistratura, representar a alguien o defenderlo en un pleito), al ser considerados como *virilia officia*, como seguidamente expondremos. Más aun, tampoco hubiera sido posible que recibieran la formación necesaria en las escuelas superiores, pues una vez alcanzados los doce años, edad núbil, la mujer asumía su rol de matrona, dedicada por entero al cuidado del hogar. Contamos además como fecha tope con la promulgación en la primera mitad del s. I a.C. del *edicto de postulando*, que prohibió tajantemente que en adelante las mujeres pudieran ejercer como abogados en causas ajenas (*postulare pro aliis*). Prohibición que se perpetuará en nuestro derecho histórico a través de las Partidas y las Leyes del Espéculo[22], hasta las constituciones liberales de 1869 y 1876[23].

Sentadas estas premisas, procedemos a abordar el estudio comparado de los discursos de dos mujeres, «abogadas», que hicieron historia: uno, el de la oradora romana Hortensia ante una Asamblea popular presidida por los triunviros (s. I a.C.), y otro el de Ruth Baderg Ginsburg ante una Corte de Apelaciones de los EE. UU. (a. 1972). Se trata como veremos de dos intervenciones ejemplares, que presentan además la paradoja de ser, respectivamente, la última de que tenemos constancia en Roma antes de que se las silenciara, y una de las primeras o más notables después de que se les devolviese la palabra[24]. No pretendemos, ni podríamos en estas breves líneas, analizar la problemática relativa a la lucha histórica de la mujer contra la discriminación. Nuestro objetivo es, antes, al contrario, poner en evidencia las numerosas similitudes que se localizan entre ambos discursos, desde

---

22 Título VI, Partida 3, ley 3.ª: *Ninguna muger, quatoquier q sea sabidora, non puede ser abogado e juyzio por otri* (=Especulo Libro IV, Título IX, *de los vozeros*).

23 En nuestro país, no será hasta 1910 cuando se permitirá el acceso de las mujeres a los Estudios Superiores, y hasta 1920 cuando el Colegio de Abogados de Madrid reconocerá en sus Estatutos, de forma expresa, el derecho de las mujeres a ser inscritas como abogadas. Sobre la recepción de las normas relativas al oficio del abogado en el derecho castellano hasta las modernas codificaciones: LÓPEZ-RENDO, C., «La importancia del Derecho romano» cit., pp. 440 ss.

24 Como se verá, el film se sitúa cronológicamente en los primeros momentos de acceso de las mujeres a la prestigiosa y elitista Universidad de Harvard, lo que acontecerá después de un siglo de encendidas reivindicaciones. Los primeros logros de las mujeres se remontan a 1879, cuando se funda el llamado «Anexo Harvard», rebautizado en 1894 como «Radcliffe College», centro privado de estudios superiores femenino, dependiente de la Universidad de Harvard, donde éstas recibirán su formación por parte de los profesores de la prestigiosa institución, pero de manera independiente de los cursos regulares de la misma. En 1943 se permitirá por primera vez a las mujeres tomar clases en Harvard, y desde 1963 las mujeres ya recibirán diplomas oficiales de esta Universidad. Pese al progresivo avecinamiento entre ambas instituciones, el convenio definitivo no llegará hasta 1999, cuando Radcliffe será plenamente absorbido por Harvard, convirtiéndose desde entonces en un Instituto de Estudios Avanzados.

el punto de vista de los recursos retóricos y las herramientas y estrategias oratorias empleadas por sus protagonistas, con la finalidad de mostrar la enorme fuerza persuasiva que puede lograr un discurso bien estructurado y una oratoria elocuente. Del prestigioso orador Quintiliano (s. I d.C.) aprendimos que la retórica es *bene dicendi scientia*, esto es, el arte de bien decir, y que su objetivo es el de enseñar, mover y deleitar. Pongamos en práctica la teoría, y aprendamos con el ejemplo de estas mujeres.

2. Mujeres oradoras romanas

Son prácticamente inexistentes las referencias a oradoras romanas hasta el s. I a.C., y las pocas que nos han llegado son siempre indirectas, en boca de hombres. Tres son concretamente, siguiendo el testimonio de Valerio Máximo, escritor romano del s. I d.C., en su obra *Factorum et dictorum memorabilia*, las mujeres que se habrían atrevido a defender en público sus intereses. Lo que significaba romper el pacto de silencio que desde siempre se habrían autoimpuesto las matronas romanas, a cambio de obtener el respeto y la admiración de una comunidad en que los roles estaban perfecta y rígidamente definidos *ab initio,* como si de una norma de derecho natural se tratase[25]. Y a ellas correspondía indiscutiblemente el cuidado del hogar, la educación de los hijos, y la más estricta observancia de las virtudes morales dentro de la familia.

Mesia Sentina, Afrania y Hortensia. Estos son los nombres de las mujeres que, según afirma el historiador en tono despectivo, debían ser recordados pues: «No podemos guardar silencio sobre aquellas mujeres a quienes, ni la modestia de su sexo ni las insignias de su pudor, pudo impedirles que hablaran en el foro y en los tribunales»[26]. De la primera, Mesia Sentina, son pocas las noticias que tenemos. Veamos lo que nos cuenta Valerio Máximo:

> *Val. Max., Fact. et dict. Mem., VIII.3.1 Amesia Sentinas rea causam suam L. Titio praetore iudicium cogente maximo populi concursu egit modosque omnes ac numeros defensionis non solum diligenter, sed etiam fortiter executa, et prima actione et paene cunctis sententiis liberata est. quam, quia sub specie feminae uirilem animum gerebat, Androgynen appellabant.*

25 Numero insignificante que contrasta con el de los muchos oradores, hombres, que menciona en el resto de los capítulos del mismo Título. Entre los que destacamos, por su trascendencia pública: el discurso que siendo ya viejo pronunciara Catón contra Servio Galba (Cap. VIII, 1 y 7) y que insertó en su obra *Origines* (de la noticia nos dan testimonio también: Cicerón, *Brutus* XXII; Plutarco, *Vit. Cat.;* y Tito Liv, XXXIX); el discurso que en defensa de su yerno Aulo Atilio Calatino, acusado de haber traicionado a la ciudad de Sora durante las guerras samnitas, pronunciara Quinto Máximo, con el que obtuvo la absolución (Cap. VIII,1); o la infructuosa acusación que sostuvo ante el pretor Publio Escipión contra Lucio Cota (Cap. VIII,1).

26 Así comienza el fragmento de Val. Max., *Fact et dic. mem.* VIII,3, intitulado «De las mujeres que se defendieron delante de los magistrados».

Según el escritor, habiendo sido acusada, Mesia Sentina defendió su causa ante un tribunal de jueces presididos por el pretor Lucio Ticio. Y la sostuvo con tal diligencia y firmeza en todas sus partes, que resultó absuelta por decisión casi unánime de los mismos, en la primera instancia. También nos dice que se la llamó a partir de entonces «Androgynes», porque siendo mujer representaba ánimo varonil (...*virilem animun gerebat*...). Se evidencia así el juicio desfavorable que socialmente recibían las mujeres que tomaban la palabra en público, y ello pese a que se reconociese y alabase —como es el caso— su formación intelectual y habilidad oratoria[27]. Por lo demás, desconocemos la causa del juicio, aunque la referencia a un tribunal de jueces hace pensar en una *quaestio* penal.

El caso de Afrania, o Caya Afrania, o finalmente Carfania[28], es sin duda el más llamativo. Según nos cuenta Valerio, se trataba de la esposa del senador Licinio Bucón, la cual, dispuesta siempre a pleitear, se habría atrevido a abogar por sí ante el pretor. Y no porque le faltasen abogados que pudieran actuar por ella, sino porque era muy desvergonzada, descaradísima diríamos. De manera que se presentó ante el tribunal haciendo temblar el foro con gritos desacostumbrados («latritus», ladridos), y para afrenta de las mujeres —concluye— el nombre de Afrania quedaría ligado desde entonces al de las malas costumbres. Tan es así, explica a modo de epílogo, que si bien no sabemos cuándo nació, conocemos que murió en el segundo consulado de Cayo César y el primero de Publio Servicio (a. 49 a.C.), pues de un monstruo semejante[29] se ha de conservar más memoria de su muerte, que de su nacimiento[30]:

---

27 Como advierte Cantarella, E. *Pasado próximo. Mujeres romanas de Tácita a Sulpicia*, Trad. M.ª Isabel Nuñez Paz, Madrid,1997, pp. 134-5: «lo que dice Valerio sobre su habilidad retórica da a entender, o sugiere al menos, que Mesia procedía de una familia acomodada y que había recibido una buena educación: que era, en consecuencia, una mujer culta, capaz de manejar las armas de la retórica hasta el punto de arrancar una absolución a un tribunal masculino que —no es difícil de imaginar— debía de estar desconcertado por su audacia».

28 Con la contracción Carfania se refiere a ella Ulpiano en D. 3.1.1,5, comentando el *edicto de postulando,* en que el pretor se habría visto obligado, precisamente por la desvergüenza de la misma, a prohibir en adelante a las mujeres *postulare pro aliis*: *...origo vero introducta est a Carfania improbissima femina, quae inverecunde postulans et magistratum inquietans causam dedit edicto...*

29 No se debe, en opinión de Cantarella, E., *op. cit.,* pp. 136-7, infravalorar la utilización en el texto del término monstruo, que en latín se empleaba para designar a aquél nacido con tales deformidades que más que una persona, parecería un animal. Y de ahí que Livio dijera que Afrania labraba más que hablaba: porque era un monstruo.

30 En este punto, reproduzco las oportunísimas reflexiones que a propósito de la lectura del texto nos ofrece López, A., «Las matronas romanas ante la vida pública: utilización de la palabra», en *Revista Internacional de Culturas y Literaturas*, núm. 15, 2014, p. 55: «¿Cómo hay que leer el texto de Valerio Máximo? Yo he escrito que, para hacerlo quizá con más ecuanimidad, puede ser de gran provecho, por ejemplo, la lectura del libro de Clara

Val. Max., Fact. et dict. Mem., VIII, 3.2. Afrania vero Licinii Bucconis senatoris uxor prompta ad lites contrahendas pro se semper apud praetorem verba fecit, non quod advocatis deficiebatur, sed quod inpudentia abundabat. itaque inusitatis foro latratibus adsidue tribunalia exercendo muliebris calumniae notissimum exemplum evasit, adeo ut pro crimine inprobis feminarum moribus C. Afraniae nomen obiciatur. prorogauit autem spiritum suum ad C. Caesarem iterum Seruilium consules: tale enim monstrum magis quo tempore extinctum quam quo sit ortum memoriae tradendum est.

Decíamos que es el caso más llamativo, porque si atendemos al testimonio del jurista Ulpiano, habría sido precisamente el descaro de esta mujer el que habría motivado que, cuando el pretor emanó en el s. I a.C. un edicto en el que fijaba los requisitos necesarios para ejercer como abogado *(edicto de postulando)*, incluyese a las mujeres —junto a los ciegos, los homosexuales pasivos, los condenados a pena capital y otros condenados por infamia—, entre las personas a las que les estaba prohibido *postulare pro aliis*[31]:

D. 3.1.1.5 (Ulp. 6 ad Ed): Secundo loco Edictum proponitur in eos qui «pro aliis ne postulent»; in quo Edicto excepit Praetor sexum et casum, item notavit personas in turputudine notabiles. Sexum, dum feminas prohibet pro aliis postulare; et ratio quidem prohibendi ne contra pudicitiam sexui congruentem alienis causis se immisceant, ne virilibus oficiis fungantur mulieres. Origo vero introducta est a Carfania, improbissima femina quae inverecunde postulans et Magistratum inquietans causam dedit Edicto...

Como puede apreciarse, Ulpiano prácticamente parafrasea a Valerio Máximo cuando explica el motivo de la interdicción. En lugar de decir —como de hecho hace en otro lugar de su obra— que las mujeres estaban excluidas del ejercicio de la abogacía por tratarse de un *officium virilis*[32] (igual que ser

Campoamor, significativamente titulado *Mi pecado mortal. El voto femenino y yo*, donde descubrimos la reacción masculina de los diputados de las Cortes españolas, en el año 1931, ante un hecho perturbador, una mujer utilizando la palabra políticamente, y ante una propuesta inquietante, pedir el voto para las mujeres. En las tumultuosas sesiones parlamentarias que entonces tuvieron lugar, no era Clara Campoamor, cuando hablaba, la que llenaba de ladridos la sala, sino sus compañeros varones desde los escaños, dispuestos a apagar su voz y reducirla al silencio». Sobre el edicto *vid.* particularmente Resina Sola, P. «Una voz femenina en el foro romano y un edicto mordaza», en *Experiencias jurídicas e identidades femeninas,* Rodríguez López, Rosalía y Bravo Bosch, M.ª José (coord.), Madrid, Dykinson, 2010, p. 523.

31 De la prohibición se hace eco también Juvenal, *Satur.* 2.69: *Stoicidae; quid enim falsi Laronia? sed quid non facient alii, cum tu multicia sumas, Cretice, et hanc uestem populo mirante perores in Proculas et Pollittas? est moecha Fabulla; damnetur, si uis, etiam Carfinia: talem 70 non sumet damnata togam. 'sed Iulius ardet,aestuo.'.*

32 D. 50.17.2 pr. (Ulp. 1 ad Sab): *Feminae ab omnibus officis civilibus vel publicis remotae sunt et ideo nec iudices esse possunt nec magistratus gerere nec postulare nec pro alio intervenire nec procuratores existere.*

juez, magistrado o procurador), se remite a la *pudicitiam sexui* y al carácter desvergonzado (*improbissima femina*) de Carfania quien, faltando al decoro correspondiente a su sexo, abogó descaradamente importunando al magistrado, dando por ello razón a este edicto[33].

Son muchas las sospechas de interpolación que rodean al texto, motivadas entre otras por el discurso que se atribuye al jurista, y que se considera más propio de un erudito glosador[34]. Con todo, lo cierto es que el edicto muestra una realidad social en que las mujeres gozaban ya de una autonomía e independencia, tanto familiar como económica (sobre todo económica)[35]. Hasta el punto de que se atrevían a acudir libremente al foro a defender sus intereses. Y eso indudablemente las alejaba de aquellos roles que la tradición les había asignado, *ab antiquo* y *ab initio*; desde que nacían, cuando eran criadas y educadas única y exclusivamente para ser esposas y madres virtuosas. En definitiva, el prototipo *lanifica* y *casta*[36]. En este contexto, consi-

33 Sobre las posibles interpolaciones del texto, pueden *cfr.*, entre otros: OLLANDINI, E., *La donna e l'avvocatura*, Genova, 1913, pp. 375 ss.; LABRUNA, L., «Un editto per Carfania?», en *Synteleia Arangio-Ruiz*, Napoli, 1964, pp. 415 ss.; y AGUDO, A., *Abogacía y Abogado* cit., pp., 213 ss.

34 A propósito, *vid.* AGUDO, A., *op. cit.*, p. 213.

35 Uno de los principales factores que propiciaron la «emancipación» de la mujer, a partir sobre todo de los últimos siglos de la República, fue el hecho de adquirir las mismas una notable capacidad patrimonial. Tal circunstancia, detenidamente estudiada por CANTARELLA, E., *Pasado próximo* cit., pp. 114-119, fue debida, de un lado —siguiendo a la autora—, a los nuevos derechos sucesorios que el régimen de la *bonorum possessio* pretoria les otorgó, lo que unido a la difusión en paralelo de los matrimonios libres, propició que las mujeres pudieran heredar de dos familias (la de origen y la del marido), así como disponer libremente de sus bienes; hecho este último favorecido a la vez por la relajación del instituto de la tutela. De otro lado, factor crucial serían las incesantes guerras de conquista en que estaba Roma inmersa por aquellos tiempos, que habían diezmado a la población masculina, siendo así que de repente nos encontramos con una enorme cantidad de mujeres titulares de un patrimonio propio, o cuando menos de un patrimonio familiar que, en ausencia del marido o del padre, debían administrar ellas. Y todo esto —siguiendo a Cantarella—, habría de favorecer su injerencia en asuntos públicos, hasta entonces vetados a las mismas, más por la costumbre y la tradición, que por una norma jurídica. Sobre el particular, *vid.* también BOÉLS-JANSENN, N., «La vie des matrones romaines à fin de l´époque républicaine», en *Egypte-Grèce-Rome. Les différents visages des femmes antiques. Travaux et colloques du séminaire d´épigraphie grecque et latine de l´IASA 2002-2006,* Bern, 2008, pp. 260 ss.

36 Sobre el papel de la mujer en Roma, y entre la amplísima bibliografía disponible, pueden consultarse, entre otros: PEPPE, P., *Posizione giuridica e ruolo sociale della donna romana in età repubblicana*, Milano 1984; RESINA SOLA, P., «La condición jurídica de la mujer en Roma», en *La mujer en el mundo mediterráneo antiguo*, A. LOPEZ, C. MARTINEZ, A. POCINA (eds.), Granada 1990, pp. 98-119; CANTARELLA, E., *La calamidad ambigua. Algunas observaciones sobre la condición femenina en Roma,* Trad. A. POCIÑA, Madrid, 1991; *Id., Pasado próximo* cit.; CASTRESANA, A., «Algunas observaciones sobre la condición femenina en Roma», en *Seminarios Complutenses* III, Madrid, 1992, pp. 53 ss.; *Id., Catálogo de virtudes femeninas*, Madrid, 1993; y ALVARO BERNAL, M., *De «puella» a «nupta»: ser niña en Roma*, Oviedo, 2023.

deramos fácilmente imaginable y entendible un movimiento de reacción, por parte sobre todo de los núcleos masculinos más conservadores[37], tendente a coartar o limitar esa incipiente libertad de las matronas romanas. Y aquí es donde creemos debe más propiamente contextualizarse la emanación del edicto que comentamos, prohibiendo a las mujeres abogar por otros. Antes que en el comportamiento más o menos descarado o desvergonzado de una de ellas.

A continuación, nos ocuparemos de Hortensia, la tercera mujer oradora referida por Valerio Máximo, y a cuyo discurso, por su brillantez formal y sustancial, punto de referencia del presente trabajo, preferimos dedicar un apartado independiente.

2.1. Hortensia. Un discurso ejemplar

El discurso que se nos ha conservado y que se atribuye a la oradora latina ha despertado desde siempre un enorme interés, tanto entre filólogos como entre juristas, siendo incluso ya merecedor de admiración por parte de sus contemporáneos. De Hortensia sabemos que era hija del célebre orador Quinto Hortensio Hórtalo (y probablemente de Lutacia, su primera esposa), el más grande antes de Cicerón; hombre culto y también acaudalado, lo que sin duda influyó en la esmerada formación que recibió su hija, y que se evidencia en el discurso en examen. La educación de las niñas en Roma se limitaba por lo general a la primera etapa de alfabetización básica (lectura, escritura y rudimentos de la aritmética) que, junto con los niños, recibían a partir de los siete años en las escuelas públicas, a manos del *litterator* o *primus magister*. En el caso de las familias más acaudaladas podía ser en el propio hogar, a través de *paedagogus* y *praeceptores*, en muchos casos esclavos o libertos griegos[38]. En todo caso, se trataba de una formación orientada a preparar a la mujer como esposa y como madre, en la medida en que se entendía que una matrona culta estaría en mejor condición de educar a sus hijos y compartir en público el *honor*

37 De sobra conocidos son los recelos del viejo Catón hacía las mujeres, que muestra en el discurso pronunciado con ocasión de la polémica derogación de la *Lex Oppia*, cuando advertía: «Nuestra libertad ha sido vejada en casa por la intemperancia de las mujeres, y ahora es aplastada y pisoteada también aquí, en el Foro» (Liv., *Hist*. XXXIV 2,2).

38 Hasta los siete años, es sabido que niñas y niños permanecían en la casa para ser criados por la madre, que normalmente contaba con la ayuda de *nutrices/nutritores/educatores/paedagogus*, y otros familiares *(tatae/mammaeamitae/materterae...)*. Ampliamente sobre el cuidado de las niñas en sus primeros años de vida, Alvaro Bernal, M., *De «puella» a «nupta»* cit., pp. 21-73.

matrimonii o dignidad de su marido[39]. Esto explica que, a partir de los doce años, los caminos de unos y otras se separaran: los niños continuaban su formación media con el *grammaticus* hasta los diecisiete, para finalmente completarla en las escuelas superiores de retórica, que —como líneas atrás avanzábamos— comenzaron a florecer en Roma a partir del s. I a.C[40], y cuya misión era prepararlos para su futura labor pública. Y en cuanto a las niñas, ya en edad núbil a partir de los doce, quedaban desde ese momento relegadas al cuidado de la casa y la educación de los hijos, pues siendo éste el rol que tenían preasignado no habría tenido sentido que continuasen con su formación fuera del hogar. De aquí que solo las mujeres pertenecientes a familias acomodadas, de estrato social elevado, pudieran tener acceso a una formación intelectual superior, fomentada en el ámbito de la propia familia, donde con la ayuda de preceptores privados podían ejercitarse en campos tan diversos como la literatura, la filosofía o la música[41].

Veamos ahora la noticia que sobre Hortensia nos transmite primeramente Valerio Máximo, para después completar su testimonio con el más amplio y detallado que nos ofrece Apiano, historiador romano del s. II d.C:

> *Val. Max., Fact. et dict. memor. VIII.3.3: Hortensia uero Q. Hortensi filia, cum ordo matronarum gravi tributo a triumviris esset oneratus quisquam virorum patrocinium eis accommodare auderet, causam feminarum apud triumviros et constanter et feliciter egit: repraesentata enim patris facundia impetrauit ut maior pars imperatae*

39 Por todos, destaco el reclamo ejemplar de las fuentes a Cornelia, madre de los Gracos, de la que el propio Cicerón alababa el hecho de haber influido tan positivamente en la educación de sus hijos, gracias a su gran formación intelectual (*Brut.* 58,211). Para mayor honra suya, en su tumba se hizo figurar un gráfico epitafio que rezaba: «Cornelia, madre de los Gracos», sic (Plul. *Gracch.* 4.3). Para otras y de diverso tinte historias ejemplares, *vid.* CANTARELLA, E., *Pasado próximo* cit., pp. 72-77.

40 Sobre la evolución de las escuelas latinas de retórica, *vid.* AGUDO, A. *Abogacía y Abogado* cit., pp. 30 ss. Para el «sistema» educativo romano, con especial referencia a la educación femenina, pueden consultarse, entre otros: MARROU, H., *Histoire de l'éducation dans l'Antiquité*. Paris, 1948; BONNER, S. F., *La educación en la Roma antigua*, Barcelona, 1984; CENERINI, F., *La donna romana. Modelli e realtà*. Bologna 2002; y CID. LÓPEZ, R. M., «La educación de la niña romana: de "puella" a "matrona docta"», en *Bien enseñada: la formación femenina en Roma y el occidente romanizado*, Virginia Alfaro Bech y Rosa Francia Somalo (edits.), Universidad de Málaga, pp. 21-44.

41 Existe una amplia documentación, sobre todo epigráfica, que ha sido cuidadosamente seleccionada y recogida por ALVARO BERNAL, M., *De «puella» a «nupta»* cit., 82-90, que testimonia el respeto y alabanzas que en Roma recibían las mujeres cultas *(doctae)*, y que se refleja en los numerosos *carmina* y epitafios que ensalzan la particular instrucción, talento e inteligencia, de las mismas. De entre las fuentes literarias destaca el caso relatado por Plinio (*Ep.* 5.16.3), de la hija de su amigo, el cónsul G. Mincio Fundano, muerta a temprana edad, y de la que el escritor elogiaba, entre otras virtudes, su aplicación al estudio (ALVARO, *op. cit.*, p. 84). A propósito de la matrona docta, *vid.* particularmente HEMELRIJK, E. A., *'Matrona docta'. Educated women in the Roman elite from Cornelia to Julia Domna*, Londres, 1999.

pecuniae his remitteretur. revixit tum muliebri stirpe Q. Hortensius verbisque filiae aspirauit, cuius si virilis sexus posteri uim sequi voluissent, Hortensianae eloquentiae tanta hereditas una feminae actione abscissa non esset.

Los triunviros, explica el escritor, habían gravado al orden de las matronas con grandes impuestos, y como quiera que ningún hombre quiso defenderlas, tomó la palabra ante ellos, en nombre de todas, Hortensia. Y con la elegancia y elocuencia de sus palabras, que reflejaban las de su padre y ya hubieran querido para sí los descendientes varones del mismo —arguye—, consiguió que se les perdonase gran parte del dinero que se les había obligado a pagar.

Antes de ir a los hechos, llamamos la atención sobre varios puntos interesantes que nos sugiere la lectura del texto. Primeramente, debemos resaltar el dato de que se hable de «*ordo matronarum*» en relación a las mujeres, lo que nos trae a la memoria rápidamente los otros dos órdenes *ab antiquo* reconocidos: el de los caballeros, *ordo aequestrum*, y el de los senadores, *ordo senatorium*, con los que ahora —al menos formalmente— aparecen equiparadas las matronas. Sin llegar a pretender su reconocimiento como clase ya en aquel momento, consideramos natural que gozaran de una cierta estructura organizativa, en principio limitada a cuestiones de tipo religioso y circunscrita al ámbito privado[42]. Y en un momento posterior, cuando empiezan a gozar de una mayor autonomía y su presencia comienza a hacerse más notable, también para temas de interés público. Es el caso que ahora tratamos y otro también muy célebre y conectado al mismo, que se relaciona con la derogación de la *Lex Oppia*, y del que a continuación nos ocuparemos[43].

Por otra parte, hasta en tres ocasiones menciona Valerio Máximo al padre de la oradora, insistiendo de esta forma en la idea de que su elocuencia y elegancia eran heredadas del mismo. Parecía, dicho con otras palabras, como si el que hablase fuere el propio Quinto Hortensio y no su hija[44]. Suerte tuvo la misma de que el célebre orador hubiera muerto antes de la fecha del discurso, pues de otra forma no habría faltado quien le hubiera atribuido al mismo su autoría[45].

---

42 A propósito, López, A., «Hortensia, primera oradora romana», en *Florentia Iliberritana*, núm. 3, 1992, pp. 320-1; y Cenerini, F., *La donna romana* cit., p. 21.

43 A propósito de las *Matronalia* y el *ordo matronarum*: Cid López, R. M., «El "Ordo matronarum" y los espacios femeninos en la Roma Antigua: las fiestas de "Matronalia" y "Fortuna Muliebris"», en *Pautas históricas de sociabilidad femenina. Rituales y modelos de representación*, Servicio Publicaciones Universidad de Cádiz, 1999, pp. 47-57.

44 Se trataba, en definitiva, como tan tanto acierto advierte Cantarella, E., *Pasado próximo* cit., 139-40, de reconocer los méritos de la oradora como si de una cualidad masculina se tratase: «...la habilidad mostrada por Hortensia podía ser explicada y se justificaba por el hecho de ser una herencia paterna; una herencia que lleva a Valerio a identificar prácticamente a Hortensia con su padre...».

45 Obsérvese como el propio Valerio Máximo, en la parte final del fragmento transcrito, llega

En cuanto a los hechos concretos que motivaron la intervención en el foro de la oradora, se resumen como sigue:

Nos encontramos en el año 42 a.C. En este momento Roma ha sufrido ya una guerra social, tres guerras civiles, y dos triunviratos además de varias dictaduras, que han hecho temblar la constitución republicana. Desde mitad del s. III (a partir de las guerras púnicas, con las que comienza su expansión fuera de la península), se encuentra inmersa también en numerosas guerras de conquista, que han debilitado enormemente su estructura económica. En el momento de los hechos a los que se refiere Valerio, está reciente el asesinato de César (en los Idus de marzo del a. 44 a.C.) y la formación entre sus seguidores del segundo triunvirato (Octavio, Maco Antonio y Lépido). En el interior de Roma se respira por tanto un clima de enorme tensión política, debido a los cruentos enfrentamientos entre *liberatores* (seguidores de César, *populares*) y *optimates* (conservadores, miembros de la clase senatorial y caballeros, a la postre partidarios de Pompeyo, el principal enemigo de César), que se resolverán finalmente a favor de los primeros en la batalla de Filipos (octubre del a. 42 a.C.): además del poder político, los triunviros recuperarán el control de las provincias orientales. Esta victoria pondrá no obstante en evidencia también las desavenencias y tensiones internas entre ellos, cuya lucha por el poder y por el control sobre los dominios romanos, terminará siendo decisiva en la desintegración de la República romana. Pero esto es ya otra historia.

Volviendo al año 42 a.C., el elevado coste económico de todas las campañas militares en las que Roma estaba inmersa hacía siglos, agravado ahora por las necesidades económicas derivadas de los mencionados enfrentamientos entre cesarianos y republicanos, lleva a los primeros a imponer un tributo a las mujeres más ricas de Roma, a fin de que ayudasen a sufragar los elevados gastos militares y los de la inminente guerra civil que amenazaba (a la sazón la cuarta)[46]. Tal medida se sumaba a la de las famosas proscripciones de los declarados como enemigos de la República (es decir, suyos); aunque en el fondo con una y otra disposición perseguían idéntico interés

a afirmar que parecía como si el padre hubiera resucitado en el discurso de su hija: «... *revixit tum muliebri stirpe Q. Hortensius verbisque filiae aspirauit, cuius si virilis sexus posteri uim sequi voluissent, Hortensianae eloquentiae tanta hereditas una feminae actione abscissa non esset*».

46 El régimen impositivo se desarrolló por parte de los dos bandos, pues mientras que lo recaudado en las provincias orientales iba dirigido a sostener el ejército de los «cesaricidas», que controlaban esta parte del Imperio, los de las provincias occidentales se emplearon para sostener las tropas de los populares o cesarianos. Y en cuanto al tributo que afectaba a las mujeres, hay que tener en cuenta, volviendo a una idea ya expuesta (*vid*. nt. 35), que las innumerables guerras habían tenido el efecto dejar un incontable número de mujeres con grandes patrimonios. Sólo en la ciudad de Roma, advierte CANTARELLA, E., *Pasado próximo* cit., p. 139, había miles de mujeres ricas, de las cuales al menos 400 contaban con más de cien mil denarios de patrimonio propio, y fue a las que finalmente se obligaría a pagar el impuesto, al no existir —se sobreentiende— ascendientes ni descendientes varones a quienes gravar con el mismo.

recaudatorio[47]. No en vano, la mayoría de las mujeres de la lista eran familiares de los proscritos. El impuesto en cuestión, que como advierte M.E. ORTUÑO vulneraba un principio básico de la fiscalidad romana, cual sea la exención de las mujeres[48], afectaba a un total de 1400 matronas, quienes considerándolo injusto, comenzaron a movilizarse. Primeramente, buscaron sin encontrarlo el respaldo de las mujeres de los triunviros; según parece, una de ellas —Fulvia—, la esposa de Marco Antonio las habría rechazado de malas maneras cuando acudieron en su ayuda. Y al no encontrar a nadie que saliese en su defensa, fue Hortensia la que se decidió —como nos decía Valerio— a plantear el asunto ante los propios triunviros (*Hortensia uero Q. Hortensi filia, cum ordo matronarum gravi tributo a triumviris esset oneratus quisquam virorum patrocinium eis accommodare auderet, causam feminarum apud triunviros*...).

Para conocer con detalle el contenido del discurso pronunciado con tal ocasión por Hortensia, nos basamos en el resumen que del mismo nos ha transmitido Apiano (s. II d.C.), lo que de alguna forma probaría que tal discurso llegó a publicarse[49]. Utilizamos la traducción al español que de la original versión en griego nos ofrece Antonio SANCHO ROYO[50]:

> «En aquello que correspondía a unas mujeres de nuestro rango solicitar de vosotros, recurrimos a vuestras mujeres, pero en lo que no estaba acorde, el ser ultrajadas por Fulvia, nos hemos visto empujadas a acudir, todas juntas, al foro, por su causa. Vosotros nos habéis arrebatado a nuestros padres, hijos, maridos y her-

---

47 Como explica la autora, «La oratoria femenina y la fiscalidad en la segunda mitad del s. I a.C.: un caso singular», en *RGDR, IUSTEL*, núm. 25, 2015, p. 8, con el edicto de *proscriptiones* promulgado por los triunviros (noviembre a. 43 a.C.), perseguían los mismos un doble objetivo: «...por una parte, amparados en la legalidad, se deshacían de sus enemigos, matándolos; y, por otra parte, tenían un objetivo recaudatorio, ya que, en base a dicha disposición, se procedería a la confiscación de todos sus bienes..». Sin embargo, como quiera que como advierte la misma Ortuño se quedaron cortos en las previsiones en doscientos millones de dracmas, tuvieron que complementar la medida con el impuesto a las mujeres titulares de grandes fortunas. Sobre las proscripciones, *vid.* también TORRENT, A., «Proscriptio», en *Diccionario de Derecho Romano*, Madrid, 2005, p. 1006.

48 ORTUÑO, M. E., *op. supra cit.*, p. 9. Siguiendo a la misma autora, el edicto se apartaba también del normal funcionamiento del censo en Roma, basado en una lista elaborada por el censor sobre la base de las declaraciones de los ciudadanos *sui iuris*, a partir de la cual realizaba una estimación de su patrimonio. Sin embargo, parece desprenderse del discurso de Apiano que en este caso se habría obligado a las mujeres a prestar declaración y a auto-valorar sus riquezas, quizá por la necesidad de obtener una recaudación inmediata. Por lo demás, sí se habrían respetado los principios básicos de proporcionalidad y capacidad económica que informaban generalmente el sistema tributario romano (*op. cit.*, 9-10).

49 En opinión de BARDON, H., *La litérature latine inconnue* 1-11, París, 1952-1956, p. 211, que LÓPEZ, A., «Hortensia, primera oradora romana», p. 328 comparte (tomo la referencia de esta autora, al no haber podido consultar directamente la obra del escritor francés): «...le discours survécut, parce qu'il fut admiré».

50 APIANO, *Historia romana. Guerra civiles* III., Madrid, ed. Gredos, 1985, pp. 133-135.

manos acusándolos de que habíais sufrido agravio por ellos; pero si, además, nos priváis también de nuestras propiedades, nos vais a reducir a una situación indigna de nuestro linaje, de nuestras costumbres y de nuestra condición femenina. Si afirmáis que habéis sufrido agravio de nosotras, igual que de nuestros esposos, proscribidnos también a nosotras como a aquéllos. Pero si las mujeres no os declaramos enemigos públicos a ninguno de vosotros, ni destruimos vuestras casas, ni aniquilamos vuestros ejércitos o condujimos otros contra vosotros o impedimos que obtuvierais magistraturas y honores, ¿por qué participaremos de los castigos, nosotras que no participamos en las ofensas? "¿Por qué hemos de pagar tributos nosotras que no tenemos participación en magistraturas, honores, generalatos, ni, en absoluto, en el gobierno de la cosa pública, por las cuales razones os enzarzáis en luchas personales que abocan en calamidades tan grandes? ¿Porque decís que estamos en guerra? ¿Y cuándo no hubo guerras? ¿Cuándo las mujeres han contribuido con tributos? A éstas su propia condición natural las exime de ello en toda la humanidad, y nuestras madres, por encima de su propio ser de mujeres, aportaron su tributo en cierta ocasión y por una sola vez, cuando estabais en peligro de perder todo el imperio e, incluso, la misma ciudad, bajo el acoso cartaginés. Pero entonces realizaron una contribución voluntaria, y no a costa de sus tierras o campos, o dotes, o casas, sin las cuales cosas resulta imposible la vida para las mujeres libres, sino sólo con sus joyas personales, sin que éstas estuvieran sometidas a una tasación, ni bajo el miedo de delatores o acusadores, ni bajo coacción o violencia, y tan sólo lo que quisieron dar ellas mismas. Y, además, ¿qué miedo tenéis ahora por el imperio o por la patria? Venga, ciertamente, la guerra contra los galos o los partos y no seremos inferiores a nuestras madres en contribuir a su salvación, pero para luchas civiles no aportaríamos jamás nada ni os ayudaríamos a unos contra otros. Pues tampoco lo hicimos en época de César o Pompeyo, ni nos obligaron a ello Mario ni Cina, ni siquiera Sila, el que ejerció el poder absoluto sobre la patria, y vosotros afirmáis que estáis consolidando la República"».

Sobre el discurso de Hortensia se han vertido ríos de tinta, y siempre para alabar su extraordinaria brillantez, tanto desde el punto de vista formal como por la agudeza intelectual que desprende su argumentación. El alegato sorprende también por su modernidad[51]; ha llegado a conside-

51 Para el estudio del discurso de Hortensia en clave filológica, resultan fundamentales las aportaciones de Aurora López López, a través de los numerosos y valiosísimos trabajos dedicados por la filóloga al estudio de su obra. Entre ellos: «Hortensia, primera oradora romana» cit., pp. 317-332; e *Id.*, «Las matronas romanas ante la vida pública» cit., pp. 52-55. Destacamos también las oportunísimas contribuciones de la historiadora Cid López, R. M., «Mujeres y actividades políticas en la República. Las matronas rebeldes y sus antecesoras en la Roma antigua», en *Mujeres en la Antigüedad clásica. Género, poder y conflicto*, Domínguez Arranz, A. edit., Madrid, 2010, pp. 125-151; *Id.*, «Las matronas y los "agmina mulierum" en la Roma antigua. Del matriotismo a la protesta»; en *Cartografía de género en las ciudades antiguas*, Martinez, C. y Ubric, P. edts, Granada, 2017, pp. 207-232. Para el estudio del discurso en clave jurídica, resultan muy oportunas las observaciones de Ortuño, M. E., «La oratoria femenina y la fiscalidad» cit., 1-30; e *Id.*, «Hortensia. Su discurso contra la imposición fiscal femenina», en *Mujeres en tiempos de Augusto: realidad social e*

rarse como uno de los textos fundamentales en defensa de la mujer en el Mundo Antiguo[52]. El discurso, único pronunciado en público por una mujer que se nos ha trasmitido, y de marcado trasfondo político, pertenece al *genus deliberativum*[53], del que, hasta el momento, y más por costumbre que por imperativo legal, habían quedado excluidas las mujeres[54]. Más precisamente, y siguiendo a Aurora LÓPEZ[55], se localizan en él los mismos elementos de la escuela asiánica, cuyo máximo representante habría sido el propio Quinto Hortensio, al que su hija trataba de emular. Se trataba de un modelo de oratoria desarrollado en las ciudades del Asia menor, que se caracterizaba por su tono florido, grandilocuente, exagerado, con abundancia de figuras estilísticas. Frente a la misma y como tendencias importadas también de Grecia, se encontraban: la «escuela ática», o «neoática», caracterizada por su mayor sencillez y espontaneidad y carencia de artificios, que sería adoptada por otros grandes oradores romanos, entre ellos el propio César; y la «escuela de Rodas», en la que se formó Cicerón[56], que aun próxima al asianismo, presentaba rasgos más moderados. Entre estos elementos de la retórica asiánica, se encontraría la antítesis *vos/nos* (hombres/mujeres) con la que se inicia el discurso y sobre la que

imposición legal, RODRÍGUEZ, R. Y BRAVO, M.ª J. coords, Valencia, 2016, pp. 367-400.

52 LÓPEZ, A., «Hortensia, primera oradora romana» cit., p. 326: «el resumen de Apiano deja entrever un discurso articulado con gran pericia oratoria, redactado con gran elegancia y precisión de vocabulario, y lleno de ideas interesantes, algunas sorprendentes por su modernidad, hasta tal punto que yo me atrevería a definirlo como uno de los textos fundamentales en defensa de la mujer en el Mundo Antiguo».

53 De los tres géneros de la oratoria, el *deliberativum* o político busca convencer al auditorio de una determinada tesis, con lo que se emplean principalmente las técnicas de la *suasio* y la *disuasio.* Frente al mismo, se encuentran el *genus iudiciale*, focalizado en la defensa o acusación ante un tribunal de una determinada causa, y el *genus demonstrativum* (epidíctico), basado en la alabanza *(laudatio)* o vituperio en público de una persona, sin ninguna otra finalidad práctica.

54 En opinión de LÓPEZ, A., *op. supra cit.*, p. 318, que compartimos, resulta tanto arriesgado como exagerado atribuir a la figura de Lelia, y sus hijas y sus nietas, a las que Cicerón presupone una elevada educación y una *sermonis elegantia* que las habría capacitado para ser oradoras (*Brutus*, 211) el calificativo de «dynastie d´oratrices», con las que pretende reconocerlas HERRMANN, C., «Le róle judiciaire et politique des femmes sous la République romaine», Bruxelles, 1964, p. 89. En efecto, y pese a los elogios que recibieron por parte del orador, y aunque consta la existencia de una minoría de mujeres cultas y bien capacitadas para el ejercicio de la oratoria (Lelia, las Mucias, las Licinia, Cornelia), es igualmente claro —y las propias fuentes así lo confirman— que las mismas estaban excluidas de los asuntos públicos, de los *virilia officia*. La prohibición aparece expresamente sancionada en el citado texto de Ulpiano, contenido en D. 50.17.2 pr. (Ulp. 1 ad Sab): *Feminae ab omnibus officis civilibus vel publicis remotae sunt ...*

55 LÓPEZ, A., «Hortensia, primera oradora romana» cit., pp. 325-6.

56 Sobre los modelos y habilidades oratorias de Cicerón, BELLIDO, F. J., «Los modelos del pasado en los escritos retóricos de Cicerón: un estudio sobre su valor moral y formativo», en *Diánoia* vol. 66., núm. 87, noviembre 2021-abril 2022, pp. 3-23.

gira esencialmente el mismo, a la que sigue —en palabras de la filóloga—: «una trabajada enumeración, en valoración decreciente desde el punto de vista típicamente romano (*patres et filios et viros et frates*), todo ello en unión de un llamativo polisíndeton que proporciona mayor entidad a la enumeración»[57].

2.1.1. Análisis del discurso. Estructuración y herramientas oratorias.

Apartándose de la típica estructuración cuatripartita que se suele seguir en los discursos, Hortensia prescinde del *exordium,* con que habitualmente se indica el inicio y se busca atraer la atención del público, pues por razones obvias no tenía necesidad de ello, y pasa directamente a la *narratio* o exposición de los hechos, que resuelve de manera muy sucinta, pues también los mismos eran de sobra conocidos. Después, en la *argumentatio,* encadenará una serie de preguntas retóricas en las que domina la antítesis hombre/mujer, para acabar con la *peroratio* o conclusión, con la que se trata de inclinar la voluntad del auditorio, y en la que Hortensia hará uso del brillante y muy hábil recurso a la memoria del pueblo, a la *memoria rerum Romanarum.* Obsérvese además cómo la oradora no habla en ningún momento en nombre propio, sino utilizando un pronombre personal colectivo, para indicar que lo hace en nombre de todas las mujeres de su rango, esto es, de las matronas. La condición femenina es presentada además por Hortensia como una cualidad positiva, equiparable a la pertenencia a un linaje que, aunque les impone ciertos deberes —entre ellos el de mantenerse alejadas de los asuntos públicos—, les otorga al tiempo ciertas prerrogativas, como la exención de impuestos. Y es precisamente sobre esta idea, que expone ya desde el inicio, sobre la que hace girar todo su alegato. No en vano, comenzará disculpando su presencia en el foro, al no ser propio de las mujeres de su rango:

> ...En aquello que correspondía a unas mujeres de nuestro rango solicitar de vosotros, recurrimos a vuestras mujeres, pero en lo que no estaba acorde, el ser ultrajadas por Fulvia, nos hemos visto empujadas a acudir, todas juntas, al foro, por su causa...

En la *narratio,* la oradora evita descender a los detalles por entender también que las circunstancias que la habían llevado al foro eran perfectamente conocidas por el auditorio. En su lugar, expone lo que la adopción de la medida va a suponer para las mujeres, y su falta de fundamento:

> Vosotros nos habéis arrebatado a nuestros padres, hijos, maridos y hermanos acusándolos de que habíais sufrido agravio por ellos; pero si, además, nos priváis

57 LÓPEZ, A, *op. supra cit.*, p. 326.

también de nuestras propiedades, nos vais a reducir a una situación indigna de nuestro linaje, de nuestras costumbres y de nuestra condición femenina...

Hortensia no entra a valorar el fondo de la compleja situación política que atravesaba Roma en aquel momento, una de las más convulsas y cruentas de su historia, marcada por los mentados enfrentamientos entre cesarianos y republicanos. Aunque desde luego no oculta el tono cierto de reproche en sus primeras palabras, cuando asegura que los triunviros y sus seguidores les han arrebatado a sus «hombres». Pero muy sagazmente saca partido al argumento y lo utiliza para justificar su presencia en la *contio*[58]: habéis sido vosotros —les viene a decir— los triunviros, los que al privarnos de parientes masculinos que nos defiendan, me habéis obligado a tomar la palabra comprometiendo mi propia *pudicitia*. Nótese además cómo identifica la *dignitas matronalis* con la posesión de bienes y riquezas: no poseer riquezas —sugiere un poco más adelante cuando dice que sin tales cosas no puede vivir una mujer libre—, equivaldría en la práctica a reducirlas a la esclavitud. Se trata sin duda de un argumento de una enorme fuerza persuasiva.

A renglón seguido, focaliza su discurso en la puesta en relieve del carácter injustificado del tributo que se les quiere imponer, por considerarlo algo incluso *contra natura*, pues su propia naturaleza femenina las ha eximido en todo momento del pago obligatorio de cualquier tributo. *A fortiori* y para enfatizar la idea (en su argumentación recurre continuamente a esta figura), asevera: *Si afirmáis que habéis sufrido agravio de nosotras, igual que de nuestros esposos, proscribidnos también a nosotras como a aquéllos*[59]. Y partiendo de ahí, comienza su *argumentatio* a partir de una concatenación de preguntas que gira en torno a la continua antítesis hombres/mujeres, utilizada de manera positiva, como fundamento de la exención de tributos de las matronas. Recordemos la parte central del discurso:

---

58 Como explica ORTUÑO, M. E., «La oratoria femenina y la fiscalidad» cit., pp. 17 ss., se trataba de una Asamblea informativa en la que los triunviros pretendían dar a conocer públicamente el contenido del edicto, sin someterlo a votación. Salvo casos puntuales —apostilla— no se tiene constancia de la presencia de mujeres en este tipo de Asambleas (ni en ninguna otra, podríamos añadir).

59 Recordemos cómo tras el asesinato de César y la consiguiente instauración del segundo triunvirato, se renovaron las proscripciones de Sila; listas de personas la mayoría pertenecientes al rango senatorial o de los caballeros, y todos partidarios de Mario y Cina, a las que el dictador declaraba enemigos, autorizando su ejecución sumaria, y la consiguiente confiscación de sus bienes. En represalia por la muerte de César, los triunviros renovaron aquel clima de terror elaborando igualmente diversas listas de proscritos (se piensa que fueron asesinados alrededor de 300 senadores y más de 2000 caballeros; el célebre Cicerón fue una de la últimas víctimas) con las que, volviendo a una idea ya expuesta, se perseguía el doble objetivo de eliminar a los enemigos, y subvenir las necesidades económicas provocadas en gran medida por las recientes guerras civiles, supuesto que las citadas proscripciones llevaban aparejada la confiscación del patrimonio de las víctimas, del que se hacían lotes que se sacaban a pública subasta (ORTUÑO, M. E., «La oratoria femenina y la fiscalidad» cit., p. 8).

> ...Pero si las mujeres no os declaramos enemigos públicos a ninguno de vosotros, ni destruimos vuestras casas, ni aniquilamos vuestros ejércitos o condujimos otros contra vosotros o impedimos que obtuvierais magistraturas y honores, ¿por qué participaremos de los castigos, nosotras que no participamos en las ofensas? ¿Por qué hemos de pagar tributos nosotras que no tenemos participación en magistraturas, honores, generalatos, ni, en absoluto, en el gobierno de la cosa pública, por las cuales razones os enzarzáis en luchas personales que abocan en calamidades tan grandes?[60]

La oradora no discute ni cuestiona el orden natural de las cosas que ha situado a la mujer fuera el contexto político: ellas no han participado en ningún complot ni en ninguna lucha; están excluidas de las magistraturas, de los cargos públicos, del mando, del gobierno de la *res publica*[61]. Pero siendo así, pregunta entonces: ¿por qué deben sufrir ignominias, si no han dado

---

60 Se aprecia una clara similitud entre la argumentación de Hortensia y la de Lucio Valerio, en su discurso pronunciado en representación de las mujeres para exigir la derogación de la Lex Oppia, del que tenemos conocimiento preciso por Tito Livio (*Hist.*, XXXIV 1-8). Como es sabido, la citada *lex*, votada en el 215 a.C., establecía una serie de limitaciones a las matronas (como la prohibición de llevar vestidos de colores llamativos, exceso de joyas, o de circular en carroza por Roma), con la finalidad de evitar la ostentación en un momento de grave crisis socio-económica (la ley fue votada pocos meses después del desastre de Cannas). La enérgica oposición de las mujeres provocó que se abriera un debate acerca de su derogación (a. 195 a.C.), que se centró en dos discursos antagónicos: el del cónsul Marco Porcio Catón, a favor de la ley y advirtiendo del peligro que representaba para la estabilidad de la República la revuelta de las mujeres, que incluso asimilaba a la sedición de la plebe; y el del tribuno Lucio Valerio Flaco, que hablaba en nombre de las mujeres abogando por su derogación, y fundamentaba tal petición precisamente en el hecho de carecer las mismas de magistraturas, sacerdocios, triunfos, insignias o botín de guerra: «sus insignias son munditae hornatus et cultus». Sobre el particular, ampliamente: PEPPE, P., *Posizione giuridica e ruolo sociale della donna romana* cit., pp. 42 ss.; y CUENA BOY, F., «Leges in aeternum latae y leges mortales: el debate sobre la derogación de la Lex Oppia según Tito Livio 34.1-8», en *Ars boni et aequi* 13, n.º 2, 2017, pp. 157-189, según el cual: «...el severo Catón es tradicionalista hasta el punto de considerar que la lex, una vez ha intervenido en el campo de los mores, resulta en adelante imprescindible para que los propios mores no acaben siendo desbordados, mientras el "tecnócrata" Valerio, curiosamente, piensa y defiende que los mores puedan volver a bastarse por sí solos, sin ayuda de ninguna ley...» (*op. cit.*, p. 179).

61 Como acertadamente observa ORTUÑO, M. E., «La oratoria femenina y la fiscalidad» cit., p. 27, «...No se opone a las proscripciones y acepta como válida la justificación de los triunviros, en el sentido de que se trata de un castigo por los agravios realizados contra ellos. Y, precisamente, basándose en dicha premisa, la oradora plantea la imposición fiscal también como un castigo, poniendo en evidencia que a ellas se les impone injustamente porque no han participado en ningún acto de ofensa contra ninguno de los triunviros. Presenta las posibles ofensas contra ellos y no contra la República, de lo que puede deducirse el sentimiento del momento en el que la personalización del poder político estaba por encima de la propia República romana...».

ningún motivo para ello?, ¿por qué han de contribuir a las cargas fiscales, si no participan en los beneficios?[62]

Seguidamente y mediante el sagaz recurso a la *anteoccupatio*, la oradora se adelanta con una respuesta que priva de valor la posible argumentación de los triunviros a favor de la imposición del tributo:

> ...¿Por qué decís que estamos en guerra? ¿Y cuándo no hubo guerras? ¿Cuándo las mujeres han contribuido con tributos? A éstas su propia condición natural las exime de ello en toda la humanidad...

Nunca antes las mujeres —les recrimina— han sufragado ninguna campaña bélica, que por lo demás han sido una constante, pues están exentas por razón de su propia condición o «naturaleza femenina». Por ello y solo cuando lo estimaron oportuno —añade utilizando como estrategia argumentativa la *memoria rerum Romanarum*—, contribuyeron voluntariamente con su patrimonio a las empresas militares:

> ...y nuestras madres, por encima de su propio ser de mujeres, aportaron su tributo en cierta ocasión y por una sola vez, cuando estabais en peligro de perder todo el imperio e, incluso, la misma ciudad, bajo el acoso cartaginés. Pero entonces realizaron una contribución voluntaria, y no a costa de sus tierras o campos, o dotes, o casas, sin las cuales cosas resulta imposible la vida para las mujeres libres, sino sólo con sus joyas personales, sin que éstas estuvieran sometidas a una tasación, ni bajo el miedo de delatores o acusadores, ni bajo coacción o violencia, y tan sólo lo que quisieron dar ellas mismas...

En este momento se está refiriendo a la situación en que se encontraba Roma cuando fue asediada por Cartago, y recuerda cómo entonces, considerando las matronas legítimas la lucha defensiva frente al acoso extranjero, decidieron colaborar económicamente. Pero lo hicieron —aclara— sin riesgo de sufrir una merma esencial en su status económico, como la que sin embargo supondría la aceptación del impuesto en discusión. Siguiendo la misma táctica argumental, trae a la memoria otros casos del pasado en que las matronas no dudaron en prestar su ayuda económica: ... *Venga, ciertamente, la guerra contra los galos o los partos y no seremos inferiores a nues-*

62 Muy interesante en este punto me resulta la comparativa apuntada por CANTARELLA, E., *Pasado próximo* cit., p. 138, entre la reacción de las matronas y el movimiento *No taxation without representation* que hizo estallar en Boston la revuelta del té (1770), pero sin dejar de reconocer las diferencias entre uno y otro caso: mientras que los colonos ingleses reivindicaban su derecho al voto, lo que las matronas representadas por Hortensia pedían era no pagar los impuestos. Como es sabido, la revuelta del té, preludio de la Revolución americana (1775), fue un movimiento de protesta de los colonos británicos contra la Ley del Té (1773), promulgada para beneficiar a la Compañía británica de las Indias orientales, que podía vender libremente té en las Trece colonias, sin pagar aranceles, lo que les permitía vender a un precio bastante más bajo que el ofrecido por los colonos comerciantes, sobre los que pesaban gravosos impuestos.

tras madres en contribuir a su salvación... [63]. Trataba con todo ello, no sólo de mostrar la buena disposición de las matronas en las causas que consideraban justas y su capacidad económica, sino también y sobre todo su fuerza y poder de reacción como grupo ante determinadas circunstancias.

Ahondando en la responsabilidad política de las mujeres y su compromiso con las causas que consideran justas, Hortensia vuelve de nuevo muy sagazmente la mirada a un pasado cercano, en este caso para recordar a los triunviros que nunca participaron, ni participarán, en el sostenimiento de una lucha fratricida, como la que amenazaba en aquel momento:

> ...pero para luchas civiles no aportaríamos jamás nada ni os ayudaríamos a unos contra otros. Pues tampoco lo hicimos en época de César o Pompeyo, ni nos obligaron a ello Mario ni Cina, ni siquiera Sila, el que ejerció el poder absoluto sobre la patria...

Y remata a modo de epílogo final: *¿...y vosotros afirmáis que estáis consolidando la República?* Crítica mordaz a una actitud que considera tan negativa que ni siquiera un dictador como Sila se había atrevido a exhibir frente a las mismas.

Hasta aquí el magistral discurso de la oradora, según la versión resumida que del mismo que se nos ha transmitido; más que suficiente sin embargo para apreciar sus brillantes cualidades oratorias. Nos consta que su intervención fue seguida con enorme interés y muestras continuas de apoyo por parte del público, particularmente femenino, concentrado en el Foro. Tanto que, siguiendo con el relato de Apiano, los triunviros trataron sin éxito al término del mismo de expulsar a las mujeres de la Asamblea, pues estaban importunando con sus voceríos:

> ...Mientras Hortensia pronunciaba el discurso, los triunviros se irritaron de que unas mujeres, cuando los hombres permanecían en silencio, se atrevieran a hablar en la asamblea y a enjuiciar los actos de los magistrados y a negarse a contribuir con dinero, en tanto que los hombres servían en el ejército. Ordenaron a los lictores que las expulsaran del tribunal, pero, al producirse un clamor entre la multitud del exterior del recinto, los lictores desistieron de su labor y los triunviros anunciaron que el asunto se posponía para el día siguiente... [64]

---

63 De la ayuda prestada en el caso de la campaña contra los galos contamos con el testimonio de Liv., *Hist.* V.50.7. Seguimos el resumen de los hechos que nos ofrece CANTARELLA, E., *Pasado próximo* cit., p. 196: «En el 390 a.C., cuando Roma había sido asediada y después conquistada por los galos, el oro público había sido insuficiente para pagar el precio que los vencedores exigían a cambio de la liberación de la ciudad. Entonces las matronas ofrecieron su oro. Como consecuencia de esto, además de ser honradas públicamente en señal de gratitud, se les reconoció el derecho a la *laudatio funebris*, es decir, el honor de recibir a su muerte, al igual que los varones, el elogio fúnebre realizado ritualmente».

64 Ap., *Hist. Rom.* 133-135.

Finalmente, y pese a la excelencia tantas veces laureada del discurso: por su elegante oratoria y su brillante elocuencia; por la fuerza persuasiva de sus argumentos; por el puntual conocimiento de la realidad política presente y pasada que demuestra, hemos de advertir que el efecto práctico fue solo parcial. Consistió en definitiva en reducir a 400 (de las 1400 inicialmente previstas) el número de mujeres que debían declarar sus patrimonios a fin de gravarlas en su caso con el tributo. Si bien y en contrapartida, se impuso la obligación a los hombres de una cierta capacidad económica e independientemente de su condición de ciudadanos romanos, libertos o peregrinos, de contribuir a los gastos de la guerra durante un año, con una quinta parte de su patrimonio:

> ...En este día confeccionaron una lista pública de cuatrocientas mujeres, en vez de las mil cuatrocientas, que debían presentarles la evaluación de sus bienes, y decretaron que cualquier hombre que tuviese más de cien mil dracmas, ciudadano o extranjero, libre o sacerdote y de cualquier nacionalidad, sin exclusión de nadie, debería prestar de inmediato una cincuentava parte de su patrimonio y aportar para la guerra la renta de un año con igual temor a los castigos que a los delatores...[65]

Cosa distinta es el impacto de la oratoria de Hortensia. Casi un siglo más tarde Quintiliano recomendará a los padres leer el discurso a sus hijos, no por galantería hacia el sexo de su autora, sino por su alto nivel formativo: *Hortensiae Q. filiae oratio apud triumviros habita legitur non tantum in sexus honorem*[66]. Y pasado y con mucho el tiempo, el discurso de Hortensia sigue considerándose una suerte de «literatura de lucha»[67], totalmente insólito en aquellos momentos, y difícil de repetir. Ahora bien, y para concluir, no debemos perder de vista que fue pronunciado en unas circunstancias socio-políticas muy distintas a las actuales, y bajo unas perspectivas muy distintas a las actuales. Reproduzco por compartirla plenamente la reflexión final de Eva CANTARELLA:

> ...Su razonamiento, no fácilmente comprensible a nuestros ojos, encajaba perfectamente en el planteamiento del recíproco intercambio. Si las mujeres respetaban los pactos, también los hombres debían respetarlos. Hablar de reivindicaciones feministas, con referencia a las mujeres romanas, parece estar ciertamente fuera de lugar[68].

3. *On the Basis of Sex* («Una cuestión de género»)

65 Ap., *op. et loc. supra cit.*

66 Quint, *Inst. orat.* I.1.6.

67 LÓPEZ, A., «Las matronas romanas ante la vida pública» cit., p. 52.

68 CANTARELLA, E., *Pasado próximo* cit., pp. 205-6.

On the Basis of Sex («Una cuestión de género» en España y «La voz de la igualdad» en Hispanoamérica) es un biopic sobre los fulgurantes inicios profesionales de Ruth Bader Ginsburg, entonces joven abogada y madre de familia, que llegaría a convertirse en jueza del Tribunal Supremo de los EE. UU, y ante todo abanderada de las causas liberales e icono de la defensa de los derechos de las mujeres[69]. El film, ambientado principalmente en Nueva York (aunque la mayor parte se rodó en Montreal) entre los 50 y los años 70, gira precisamente en torno a un particular caso de discriminación de género del que se hizo cargo Ruth (*Moritz v. Commissioner of Internal Revenue, 1972)*. Se trató de una causa que marcó un hito en la lucha contra la desigualdad en los tribunales norteamericanos, pues por vez primera se declaraba la inconstitucionalidad de una ley que discriminaba por razón de sexo, sentando un precedente que abrió las puertas para una reforma estructural legislativa en materia de género.

Unos breves apuntes sobre la vida de la jueza para contextualizar, antes de pasar al examen de la cinta. Ruth nació en Brooklyn en 1933, en el seno de una modesta familia judía. Se graduó en Derecho como primera de su promoción en la Universidad de Cornell en 1954, a la que había accedido con una beca, consiguiendo después que la admitieran en la Universidad de Harvard, siendo una de las nueve únicas mujeres de su promoción, entre casi 600 hombres. Posteriormente completó su formación en la Escuela de Derecho de la Universidad de Columbia, donde se graduó en 1959. Pese a los muchos obstáculos impuestos por una sociedad dominada por los hombres, consiguió gracias a su increíble talento y brillantez, plaza como profesora de Derecho en esta última Universidad, en la que ejerció la docencia entre 1963 y 1972. Tras su éxito en el caso Moritz, cofundó en 1972 el Proyecto de Derechos de la Mujer de la Unión Estadounidense de los Derechos Civiles (ACLU), del que fue nombrada directora ejecutiva un año más tarde, y desde donde participaría en casos históricos de discriminación por razón de género[70]. Su brillante carrera primero como profesora de Derecho y después como abogada, le valió el nombramiento en 1980 por el presidente Carter como miembro del Tribunal de Apelaciones de los Estados Unidos. Y en 1993 el Presidente Bill Clinton la designó como asociada de la Corte Suprema de los EE. UU., siendo la segunda jueza (tras Sandra

69 «Es la primera vez —indicaba *Cine Premier* en su sitio web— que su historia es llevada al cine de forma ficcionalizada, convirtiéndose en un merecido homenaje en vida para su protagonista».

70 Ginsburg lideró seis de los principales casos por discriminación ante la Corte Suprema, de los que ganó cinco. Entre ellos: el conocido *Reed vs. Reed* (1971), que fue el primero en que actuó en nombre de la ACLU ante la Corte Suprema, sobre discriminación de las mujeres en la administración de las propiedades; *Frontiero vs Richardson* (1973), en que se negaba a una mujer perteneciente a la Fuerza Aérea el subsidio por vivienda, al estar previsto el mismo en la legislación entonces vigente solo para los hombres; el emblemático *Weinberger vs. Wiesenfeld* (1975) en que defendía a un padre viudo al que se le excluyó de los beneficios de la seguridad social establecidos solo en caso de fallecimiento del padre, a favor de la mujer; y el emblemático *Estados Unidos vs Virginia (1996)*, con el que consiguió el acceso de las mujeres al Instituto Militar De Virginia.

Day O'Connor) en servir en el alto Tribunal, y una de las cuatro únicas mujeres en toda la historia en ocupar tal puesto, en el que permanecería durante 27 años, hasta su fallecimiento en 2020.

3.1. Breve ficha técnico-artística. Sinopsis

FICHA. La película fue dirigida por Mimi Leder, directora y productora de televisión y cine estadounidense *(Urgencias, El pacificador; Deep Impact...)*[71], con el guion de un debutante Daniel Stiepleman, también productor ejecutivo junto a Betsy Danbury y Karen Loop, y a la sazón sobrino en la vida real de la jueza Bader Gingsburg. Fue coproducida por Robert W. Cort (Robert Cort Productions) y Jonathan King, y distribuida por Focus Features y Alibaba Pictures Group. Tuvo su premier en el AFI Fest el 8 noviembre de 2018 y fue finalmente estrenada el 25 de diciembre del mismo año. A las pantallas de nuestro país llegaría el 22 de febrero de 2019.

El reparto está encabezado por la actriz británica Felicity Jones *(Rogue One: una historia de Star Wars)*[72], en el papel de *Ruth Bader Ginsburg* y el actor norteamericano Armie Hammer *(Call Me by your Name)*, como *Martin Ginsburg*, marido de Ruth. Completan el reparto principal: Kathy Bates, Justin Theroux, Sam Waterson, Jack Reynor, Stephen Root y Cailee Sapeny. Aunque fue merecedora de 4 premios y 12 nominaciones, la cinta ha recibido reseñas mixtas por parte de la crítica y de la audiencia desde el momento de su estreno[73]. Quizá uno de los principales fallos que se pueden achacar a la película es el hecho de haber querido concentrar en 120 minutos de metraje una intensa trayectoria profesional de casi 20 años, lo que obliga

71 «Tengo que hacer esta película. Fue lo primero que pensé tras leer el guion. Tengo que contar esta historia. Me sentí inmediatamente identificada con la trayectoria de la jueza Ginsburg hasta llegar a convertirse en la persona que estaba destinada a ser. Quería contar su historia porque yo también sufrí adversidades y discriminación, y he tenido que luchar por trabajos que han conseguido hombres inferiores...». Entrevista a Mimi Leder (*vid.* en *decine21.com*).

72 Consta que, para encarnar el papel, Jones hubo de cambiar su marcado acento inglés (se había graduado en Literatura Inglesa en la Universidad de Oxford), por el de una chica judía criada en Brooklyn. Y para dotar de mayor realismo al personaje, además de acceder a un extenso material de archivo, tuvo la ocasión de entrevistarse con la jueza Ginsburg, en un encuentro que Jones llegaría a calificar de sumamente conmovedor: «El feminismo va de hombres y mujeres unidos luchando por la igualdad. En el filme eso queda claro al ver todo lo que consiguieron unidos Ruth y Martin» (*vid.* en *elmundo.es*, metrópoli cine).

73 Los principales sitios web de reseñas cinematográficas arrojan los siguientes datos (fecha última de consulta 26/06/2024): «Filmaffinity» (de la que hemos extraído los registros que se muestran en la nota 76), le atribuye una puntuación de 6.3 sobre 10, en un total de 4644 votos; según los datos más positivos de «IMDb», la cinta habría obtenido una valoración de 7.1/10 entre 39 mil votos; el sitios web «Metacritic» le ha dado una puntuación de 54/100; mientras que según «Sensacine», la película habría obtenido una valoración de 3 sobre 5 por parte de los medios, y de 3.6 por parte de la audiencia.

a dar continuos saltos en el tiempo que a veces dificultan el seguimiento de la trama. Se localizan también diversos errores argumentales sobre las fechas de hechos que se narran, algunos de cierta importancia. Como la referencia que hace *Dorothy Canyon* (Kathy Bates) a la carta que Abigalil Adams le habría enviado en 1776 a su marido, John Adams (segundo presidente de los EE. UU.), pidiéndole que se acordara de las mujeres «ahora —le vino a decir— que estás redactando esta nueva Constitución». El dato histórico, de enorme trascendencia, se refiere a la «Convención Constitucional», o «Gran Convención de Filadelfia», que sin embargo tuvo lugar en 1787, y resultado de la cual fue la Constitución de los Estados Unidos de América; lo que estaba redactando en 1776 John Adams era la «Declaración de la Independencia de los EE. UU.», movimiento que de hecho lideró. Destacamos otro error de cierta envergadura, que creemos que en este caso se introduce de manera consciente para dotar de mayor fuerza persuasiva el alegato final de Ruth ante la Corte de Apelación. Nos referimos al momento en que uno de los miembros del Tribunal argumenta que en la Constitución de los EE. UU. no se menciona ninguna vez la palabra «mujer», pretendiendo así fundamentar la negativa al reconocimiento de sus derechos; entonces se pone en boca de Ruth la siguiente *refutatio*: «Tampoco aparece la palabra Libertad». Craso error, pues la palabra libertad, «Freedom», aparece incluida en la Primera Enmienda, en que se reconoce la libertad de expresión[74]; distinto es el problema de la interpretación que la jurisprudencia ha hecho históricamente del citado derecho constitucional[75].

En todo caso, y prescindiendo de los defectos argumentativos y otras carencias de dirección y/o interpretación que indiscutiblemente pueden localizarse en la cinta[76], que impiden que podamos en modo alguno hablar de un

74 A propósito, Gascón Cuenca, A., «La Primera Enmienda de la Constitución de los Estados Unidos de Norteamérica y la protección del discurso racista», en *Anales de la Cátedra Francisco Suárez*, núm. 47, 2013, pp. 163-182.

75 Se localizan también ciertos anacronismos de bastante menor relieve, que en modo alguno repercuten en la trama. *Ad exemplo*: la sala de ordenadores en la que se ambienta una escena con el *profesor Brown* (Stephen Root) y el *Fiscal Jim Bozart* (Jack Reynor), situada cronológicamente en 1970, que en modo alguno responde a la realidad del momento, que precisaba de secciones removibles con suelos elevados donde situar los equipos; o la escena localizada en 1959 en la que la pequeña *Jane Ginsburg* (Cailee Sapeny) aparece bebiendo en un *Sippy cup*, cuando los biberones con asas no fueron comercializados por la firma Playtex hasta 1981.

76 Por traer algunas de las críticas más representativas, en su crónica publicada en el *The New Yorker* (13 de diciembre de 2018), afirmaba Brody, R, que el film: «Sacrifica algo de desarrollo de los personajes para centrarse en las complejas —y generalmente fascinantes— maniobras legales que tienen lugar en la sombra. Pero sobre todo enfatiza la importancia del activismo social». Por su parte, por las mismas fechas publicó el *The New York Times* un artículo Scott, A.O., según el cual «La narrativa histórica funciona especialmente bien cuando despierta nuestra curiosidad al tiempo que la satisface, y este es un claro ejemplo de un trabajo exhaustivo y meticuloso». En el argentino *Diario Ámbito Financiero* (7 de marzo de 2019) dejó por su parte escrito Curubeto, D.: «La historia de

capolavoro, también es indiscutible que la película narra una historia sumamente interesante desde el punto de vista de la consecución de derechos femeninos, que creemos está enfocada y tratada de forma aceptable y que a nosotros nos da particularmente mucho juego para nuestro estudio. Fuera de la misma y para ulteriores detalles sobre la vida de la protagonista, contamos con un extraordinario documental biográfico, titulado *RGB*, dirigido y producido en 2018 por Betsy West y Julien Cohen, totalmente recomendable[77].

SINOPSIS. La película arranca en 1956, en los años de estudiante de Derecho de Ruth en la prestigiosa Universidad de Harvard, junto a su marido Martin, y narra las numerosas vicisitudes por las que atraviesa, primero como estudiante, y después como activista de los derechos civiles de las mujeres, desde su posición de profesora universitaria y abogada. El nudo central de la trama se desarrolla en torno a un caso de discriminación fiscal que le llega en 1972 de manos de su marido, afamado abogado tributario, del que se harán cargo conjuntamente y que abrirá el camino para la igualdad por razón de género en los tribunales norteamericanos. Aunque se centra más en los aspectos jurídicos del caso, la película no descuida el lado humano de la protagonista, que presenta tratando de armonizar su triple faceta de madre, esposa y profesional comprometida con la lucha de las mujeres.

3.2. Análisis de «Una cuestión de género»

En la película, que resume 20 años de la vida de Ruth Bader Ginsburg, podemos diferenciar dos partes. La primera, que arranca en 1956 y narra los años de estudiante de Ruth en la «Harvard Law School», Universidad a

Ruth Bader Ginsburg, una de las primeras mujeres en entrar en la Corte Suprema de los Estados Unidos, sin duda es fascinante e inspiracional además de perfecta para recordar a las mujeres del #MeeToo cómo se cimentó la igualdad por la que aún se lucha. Pero, a cargo de la televisiva directora Mimi Leder y en la piel de una actriz que no está a la altura del personaje, como Felicity Jones, el asunto no tiene ni la fuerza testimonial ni la intensidad dramática adecuadas», al tiempo que se lamentaba de que el tema no hubiere sido tratado por un experto en cuestiones tribunalicios, como Sidney Lumet. En cuanto a la prensa nacional, también encontramos críticas dispares, como la publicada en el *Diario El Mundo* (21 de febrero de 2019), bajo la firma Marinero, F. donde se resaltaba como dato positivo del film el hecho de llevar la reivindicación de la igualdad ante la Ley a un caso histórico especial, sin caer en la idealización heroica ni en el discurso doctrinal y entre sus aspectos negativos la dificultad a la hora de entender el sistema procesal y judicial. Excesiva me resulta la crítica de Salvà, N. *El Periódico* (21 de febrero de 2019), según el cual «Mientras relata el ascenso profesional de su heroína, la película está demasiado ocupada ensalzando su brillantez como para molestarse en presentarla como un verdadero ser humano». Muy templada y acertada a mi juicio me parece, sin embargo, finalmente, la visión de Costa, J., *Diario El Pais* (21 de febrero de 2019), para quien «La película cuenta bien la historia de la protagonista, pero Leder solo logra transmitirla, no trascenderla».

77 Fue galardonado con el *OSCAR* al Mejor largometraje documental y con el *BAFTA* al Mejor Documental.

la que había conseguido acceder siendo una de las nueve únicas mujeres de su promoción (la 6.ª en la que admitían mujeres). Y la segunda, ya centrada en su ascenso profesional en New York (salto a 1970), donde la familia había trasladado su residencia tiempo atrás debido al trabajo de Martin. En sus comienzos la vemos como profesora en la Universidad de Columbia, impartiendo la asignatura «Discriminación sexual y la ley», donde debate con sus alumnos casos señalados de discriminación de la jurisprudencia de la Corte Suprema, de los que tiene un conocimiento preciso ya que colabora con la *American Civil Liberties Union* (ACLU).

El hilo conductor de toda la película, tal como reza en el propio título, es visualizar la discriminación que por aquel entonces sufrían las mujeres norteamericanas. Ya en los primeros minutos de metraje se evidencia tal situación en la escenificación de la memorable cena de bienvenida del Decano de la Facultad, *Erwin Grinswol* (Sam Waterston) a las nueve estudiantes femeninas. En un momento de la velada, el Decano les pide que se presenten una a una y expliquen el motivo que los ha llevado a estudiar Derecho: «¿qué hace ud aquí ocupando una plaza que podría haber sido para un hombre?», parece que les preguntó. Existía en efecto una suerte de preasignación de roles del que aquellas mujeres se estaban apartando, y de alguna forma se les quería hacer ver que no se lo iban a poner fácil. Cuando le llega el turno de respuesta a Ruth, ésta contesta con gran sarcasmo y agudeza: «Estoy en Harvard para saber más sobre el trabajo de mi marido y convertirme en una esposa más paciente y comprensiva». Después de sortear todo tipo de obstáculos (incluida la grave enfermedad de su marido y que la obligaría a maximizar sus esfuerzos en sus tiempos como estudiante en Harvard), Ruth logra graduarse con honores en la Universidad de Columbia. Pero sus sueños de ser abogada se verán frustrados al ser rechazada hasta en trece bufetes neoyorkinos, dada su triple condición de mujer, madre y judía. En el último, ella misma cuenta cómo le han tratado en los anteriores: «... La semana pasada me dijeron que las mujeres somos muy sensibles para ser abogadas. Y esa misma tarde, que una mujer primera de su promoción es muy dominante y que no sería buena compañera de trabajo. Me han preguntado cuándo tendré a mi segundo bebé. Y si respeto el *shabbat*. Un entrevistador me dijo que tenía un currículo impecable pero que el año pasado habían contratado a una mujer y ¿cómo iban a querer tener dos?». También fue rechazada en este bufete.

El movimiento de la sociedad norteamericana por la consecución de los derechos civiles y la igualdad ante la ley estaba en plena ebullición en aquellos momentos. Pese a que la Decimocuarta Enmienda a la Constitución norteamericana (aprobada en 1866 y ratificada en 1868) incluía una Cláusula sobre Protección Igualitaria que en teoría impide la discriminación bajo ninguna circunstancia[78], las mujeres sufrirían aun durante mucho tiempo numerosas

78 En realidad, la Enmienda se introdujo para luchar contra el problema de la segregación racial y los recortes a los derechos de la población afroamericana que se habían legalizado

discriminaciones en lo que a derechos civiles se refiere[79]. El problema de base, tal como se denuncia en varias ocasiones a lo largo de la cinta, es que la discriminación por razón de sexo era legal: «en EE. UU. hay 178 leyes que discriminan por razón de género. No trabajamos horas extra; no somos titulares de tarjetas de crédito; no podemos ser mineras —les explica Ruth a sus alumnas—. Quiero convencer a los tribunales federales de que esas leyes son inconstitucionales»[80]. Para revertir el problema, lo primero era insertar en la conciencia colectiva la idea de que la igualdad de género es un derecho civil, y que por tanto ni las leyes ni los tribunales pueden discriminar por razón de género: que la discriminación, en definitiva, no puede ser legal. Pues como también se denuncia reiteradamente en la película, ciertos sectores vivían de espaldas a la realidad y a los profundos cambios que se estaban operando: «Para otros profesores —les explica la propia Ruth a sus alumnos— la discriminación sexual no existe, equivale a estudiar los derechos de nomos y hadas». Y peor aún, ocurría también que los núcleos más conservadores de poder se negaban a aceptar esos cambios. Se cuenta en efecto, en boca de *Dorothy Kenyon*, que en un caso de discriminación que estaba llevando ante la Corte Suprema, la pregunta directa que formuló a los miembros del Tribunal: «Si la Ley diferencia por razones de género, ¿cómo va a haber igualdad entre hombres y mujeres?», habría obtenido como respuesta la tajante aseveración: «no la habrá». Por ello, la propia abogada le aconseja a Ruth cuando acude a pedirle opinión acerca del caso que pretende llevar: «Cambie las mentes primero, luego cambie la Ley».

Ruth tiene claro que hay que dotar de sustento teórico al movimiento de repulsa social contra la discriminación, y para ello el camino consistirá en demostrar la inconstitucionalidad una a una de las leyes discriminatorias, para al final lograr «dinamitar» todo el sistema. La ocasión de oro le llega en 1972 de la mano de su marido, con un caso que resultará decisivo para su futuro desarrollo profesional. Martin, joven abogado especializado en dere-

---

a través de los conocidos como «Códigos negros», cuerpos legales emanados en algunos Estados norteamericanos después de abolirse la esclavitud (13.ª Enmienda, a. 1865), que restringían los derechos civiles de las personas negras.

79 Las primeras reivindicaciones comenzarían en la década de los 50 del pasado siglo XIX con el movimiento sufragista propulsado por Elisabeth Cady Stanton. Tras muchos esfuerzos, las mujeres consiguieron que se introdujera una enmienda Constitucional (la 19.ª) que garantizase su derecho al voto. Aunque la misma fue presentada en 1878, el Congreso tardó 41 años en enviarla a los distintos Estados para su ratificación. En nuestro país, el voto femenino fue aprobado por el Congreso en 1931.

80 En febrero de 1947 se reúne por primera vez en Nueva York la «Comisión de la Condición Jurídica y Social de la mujer», con el objetivo de introducir medidas a nivel internacional que suprimiesen las leyes discriminatorias y sensibilizaran a la población mundial sobre las cuestiones de género, algunas de cuyas observaciones fueron recogidas ya en la «Declaración Universal de los Derechos Humanos» (1948). Desde entonces y hasta la actualidad, han organizado numerosas Conferencias Internacionales sobre los derechos de la mujer, con el objetivo de eliminar toda forma de discriminación hacia las mismas.

cho tributario, le habla de un asunto de un particular contra la Hacienda pública, del que ha tenido conocimiento leyendo el Boletín de jurisprudencia y cuya defensa quiere que asuman conjuntamente. Martin tiene que insistirle en que lo lea, pues inicialmente ella lo rechaza al no ser el tipo de asunto en que está interesada. Cuando lo lee, Ruth percibe inmediatamente que se trata de una oportunidad única en la lucha por la igualdad. Se trataba de la causa de Charles Moritz, un hombre soltero que tenía bajo su cargo a su madre, una persona dependiente, y a quien se le había denegado la deducción fiscal de 296 dólares por el sueldo que pagó a la enfermera para que la cuidase, que sin embargo sí le habría correspondido de ser mujer. El Tribunal Fiscal *(Tax Court)* había confirmado en primera instancia el criterio de la Administración Tributaria Federal Americana *(IRS)*. La apoyatura legal la proporcionaba el artículo 214 del Código tributario norteamericano, que establecía que las «hijas solteras» que trabajasen fuera de casa, podían deducirse en el impuesto de la renta los gastos por contratar enfermeras al cuidado de los padres. Pero la ley no hablaba de los «hijos». Ruth ve rápidamente —como decimos— una ocasión única para comenzar a desmontar todo el sistema de discriminación: «Si un tribunal federal fallara que esta ley es inconstitucional podría convertirse en el precedente en el que se basaran en el futuro». Pues en efecto, el citado precepto legal presuponía, en su tenor literal, que la cuidadora era siempre una mujer, y ello suponía un claro caso de discriminación hacia los hombres, que chocaba con lo que debería ser la finalidad última de la norma. Al darse además la particularidad de que el perjudicado era un hombre, se podría demostrar que la discriminación por género puede afectar por igual a hombres y mujeres, lo cual constituía un importantísimo punto a favor para obtener una sentencia favorable, teniendo en cuenta que los tribunales estaban compuestos exclusivamente por hombres.

Tras convencer a su viejo amigo y colega *Mel Wulf* (Justin Theroux), en ese momento jefe de la ONG, ACLU, e incluso al propio interesado, Charles Moritz, Ruth decide llevar el caso ante la Corte de Apelaciones. La Procuraduría del Estado eleva entonces una oferta de conciliación, que consiste en pagar la deducción fiscal a su defendido y «olvidarse del caso». Tras consultar con Moritz, Ruth contraoferta la declaración de inconstitucionalidad del mentado precepto legal; ante la negativa de la Procuraduría, el caso es puesto finalmente en manos de la Corte de Apelaciones del Décimo Circuito de Denver (Colorado). El fallo favorable al apelante del Tribunal declarando la inconstitucionalidad de la regla contenida en la Sección 214 del Código tributario acabará con una tradición jurisprudencial de más de cien años que reconocía la legalidad de las normas discriminatorias, sentando un precedente básico en la lucha para la igualdad.

3.3. El alegato final. Recursos oratorios

El discurso final de la protagonista del film ante la Corte de Apelaciones ha sido ampliamente alabado por su brillantez, elegancia y fuerza persuasiva. En palabras del productor Cort, se trata de «uno de los discursos más largos que ha tenido nunca una mujer en el cine americano, y con mucho el más inspirador y más genial». Su duración es de exactamente 5 minutos y 32 segundos, a lo largo de los cuales podemos decir que la actriz protagonista da lo mejor de sí: logra transmitir una imagen de gran seguridad y de propio convencimiento de la importancia y trascendencia del momento histórico que se estaba viviendo, pero sin perder al mismo tiempo la imagen tierna, dulce y muy humana, desprovista de toda arrogancia o superficialidad. Muy encomiable resulta también el enfoque que le da la directora a la escena. Mimi Leder prescinde de los estereotipos de películas del género y cuida mucho la imagen que quiere proyectar de los hombres que componen el Tribunal, a los que consigue presentar no como «los malos de la película», sino como hombres buenos que lo único que quieren es lo mejor para su país, pero que se han quedado trasnochados: «Creo que una de las cosas que me encantan de Una Cuestión de género —declaró el productor Robert Cort— es que recuerda un tiempo en el que la gente con fuertes discrepancias sobre cuestiones morales básicas y esenciales del país podían verse en un tribunal y debatir con sensatez sobre la validez de sus argumentos. Y tomar en última instancia la decisión de que hace falta cambiar la ley»[81].

En la intervención de Ruth ante el Tribunal, formado por los jueces *Holloway* (Ben Carlson), *Doyle* (Gary Werntz) y *Daugherty* (F. McCarthy), se distinguen nítidamente dos momentos: el primero, cuando toma la palabra a continuación de su marido (que se ha encargado de exponer los detalles técnico-jurídicos del caso), en que vemos a una Ruth insegura, leyendo un guion inconsistente ante los requerimientos y apreciaciones del Tribunal, acorralada e incluso perdiendo en ocasiones los papeles; y la segunda, que se corresponde con los más de cinco minutos de su alegato final, donde Ruth proyecta una imagen absolutamente distinta. La vemos ahora alejada ya de cualquier guion escrito, con la mirada fija en los miembros del Tribunal, desmontando con un tono de voz firme, pero sin caer en la arrogancia, los argumentos a favor de la constitucionalidad del precepto en discusión, esgrimidos por el Tribunal. Analicemos las claves de este cambio discursivo:

Tanto Martin, como sobre todo Ruth, parten en sus respectivas argumentaciones iniciales de una idea clave que subyace en sus discursos: toda exclusión es discriminatoria, y la discriminación es inconstitucional. Pero tal argumentación presenta un fallo de base importante, que el Tribunal utilizará a su favor: es cierto que el principio básico de igualdad de oportunidades,

81 Referencias tomadas de diversos sitios web especializados en crítica cinematográfica, como *Sensacine*, *Filmaffinity* o *LaHiguera.net.*

que está sancionado en la Decimocuarta Enmienda a la Constitución norteamericana (Cláusula de Protección igualitaria), impide que una ley discrimine arbitrariamente a cualquier colectivo. Pero es igualmente cierto que no todos somos iguales ni tenemos las mismas competencias o habilidades y que por tanto la ley debe contemplar y tener en cuenta esta desigualdad; en otras palabras, la discriminación positiva sí respeta los derechos. Y en el caso en cuestión, la discriminación —arguye el Tribunal— favorece a la mujer en cuanto le permite salir al mercado laboral, rompiendo su encasillamiento como ama de casa. Por tanto, es una discriminación positiva. Pero tras la primera e infructuosa intervención de Ruth y su marido, toma la palabra el abogado de la parte apelada, el profesor Bozarth, quien, sin quererlo, dará a Ruth el argumento definitivo en que basar su contrarréplica. Parte el profesor Bozarth de que leyes como la citada, que presuponen que la cuidadora es siempre una mujer, responden al «orden natural de las cosas» y cuentan con una centenaria tradición a favor en sus tribunales, contradiciendo la idea de «cambio social radical» por la que aboga la defensa.

Ya en su turno de palabra, Ruth arranca su alegato muy sagazmente repitiendo lentamente estas tres palabras: «cambio», «social», «radical». A continuación, trae a la memoria del auditorio hitos del pasado reciente que demuestran que la sociedad ha cambiado: en primer lugar, recuerda cómo cuando ella comenzó a estudiar ni siquiera había baño en las Escuelas para las mujeres, y no podían quejase porque el logro, lo asombroso, era estar ahí. Seguidamente trae el recuerdo de Myra Colby Bradwell, a la que hace cien años se le había negado el derecho a ejercer como abogada, por su doble condición de mujer y casada (tras muchos años de batallar se le permitiría finalmente colegiarse)[82]. Una generación atrás, prosigue, habrían detenido a sus alumnas por indecencia de atuendo; 65 años antes hubiera sido impensable que su hija aspirase a tener una carrera, igual que 100 años atrás —concluye— ella no habría tenido derecho a presentarse ante el Tribunal. Y, sin embargo, y con esto viene a concluir esta primera parte de su brillante réplica, el gobierno les está pidiendo a los jueces que ratifiquen las tradiciones, costumbres y moral de una América que ya no existe. Como se puede apreciar, Ruth ha cambiado totalmente su estrategia discursiva: en lugar de comenzar atacando directamente la ley en cuestión (lo que como vimos la había llevado a un callejón sin salida), hace uso en su exordio inicial, para atraer la atención del auditorio y orientar su voluntad, del recurso a la memoria histórica, que se emplea muy frecuentemente en la oratoria de calidad por su fuerza persuasiva. Se trata en efecto de demostrar con hechos y no con

82 En nuestro país y aunque desde 1910 las mujeres ya podían acceder a la Universidad, habrá que esperar a 1922 en que tiene lugar el primer caso de una mujer colegiada: fue Ascensión Chirivella, en el Colegio de Abogados de Valencia. Victoria Kent sería la segunda mujer en colegiarse en 1925, en el Colegio de Abogados de Madrid, seguida en el mismo año y Colegio por Clara Campoamor, que fue además la primera mujer en defender una causa ante el Supremo.

simples palabras, que la sociedad ha cambiado indiscutiblemente y que leyes y tribunales no pueden permanecer estáticos y de espaldas a la realidad.

A partir de ahí, desarrolla su *argumentatio* haciendo ver al Tribunal que existen leyes que discriminan a la mujer (hasta un total de 178) y que lo que tratan es de perpetuar esa realidad social que ya no existe, obstaculizando las aspiraciones de las futuras generaciones. No se trata tanto de romper con un siglo de tradición jurisprudencial, sino de adecuar la ley a los cambios sociales: de sentar un precedente, como ya hicieron —les recuerda— otros Tribunales ante leyes que habían quedado desfasadas. Como refuerzo de su argumentación y centrándose en la ley tributaria en cuestión, Ruth apela a lo que debería ser el sentido de la norma, y es favorecer el acceso al mundo laboral de los cuidadores por igual, sin distinción de sexo. Y concluye su *peroratio*, con las siguientes palabras: «No les pedimos que cambien el país. Eso ya ha pasado sin el permiso de ningún tribunal. Les estamos pidiendo que protejan el derecho del país a cambiar. A nuestros hijos e hijas se les arrebatan oportunidades basándose en suposiciones sobre sus capacidades. ¿Cómo van a refutar esas suposiciones si las leyes como el artículo 214 no se modifican? Todos tenemos que oponernos a estas leyes, una a una, el tiempo que haga falta, por su bien. Tienen el poder de sentar el precedente que marque el inicio. Pueden enmendar este error». Un epílogo final brillante, en que introduce una pregunta retórica para apelar a la responsabilidad e incluso sentido común del tribunal y enfatizar la fuerza de su argumentación.

Como se nos cuenta en los últimos minutos de metraje, el Supremo anuló la decisión del Tribunal *a quo*, y falló por unanimidad a favor del derecho de Moritz a la desgravación, declarando al mismo tiempo la inconstitucional del citado precepto fiscal, con lo que sentaban un precedente en la lucha a favor de la igualdad de género en los tribunales norteamericanos.

4. Oratoria ejemplar: pasado y presente. Consideraciones conclusivas

Una vez analizados ambos discursos, paso ahora a señalar de manera resumida (pues se han ido explicando a lo largo del trabajo) las similitudes apreciables entre los mismos, que sorprenden particularmente teniendo en cuenta la enorme brecha temporal que los separa. Se trata en ambos casos de mujeres que toman la palabra públicamente para defender sus derechos como colectivo y que sentarán, cada una a su manera, un importante precedente: Hortensia, como única mujer abogada que postula *pro aliis*, de la que se tiene constancia en Roma; Ruth Bader Ginsburg, como la primera mujer que consigue que un Tribunal norteamericano declare la inconstitucionalidad de una ley por discriminación de género. Paradójicamente, y como también advertíamos en las páginas introductorias, el de Hortensia es el primero, y el último discurso que conocemos, antes de que la historia silenciara a las mujeres prohibiéndoles ejercer la abogacía, mientras que el de Ruth es de los primeros o más notables de una mujer ante un Tribunal, después de que consiguieran que se les devolviese la palabra. Pasamos ya a reseñar las concretas similitudes:

-Si atendemos a la finalidad, el discurso de Hortensia se encuadraba —como vimos— en la categoría del *genus deliverativum*, mientras que el de Ruth habría que encajarlo más propiamente en el *genus forense* o *iudiciale*. Sin embargo, en el fondo ambos discursos se aproximan, pues lo que subyace en uno y otro caso es una problemática social de la que tratan de persuadir al tribunal para obtener el resultado deseado. Más precisamente, Hortensia propugnaba —como se recordará— el mantenimiento o conservación del orden natural de las cosas, según el cual la mujer quedaba apartada de los asuntos públicos, por considerarse tal situación como algo casi consustancial a su propia naturaleza o condición femenina. Mientras que el discurso de Ruth pretende justamente lo contrario: convencer al tribunal de que la sociedad ha cambiado y que deben eliminarse todos los obstáculos legales que se interponen entre la realidad y el derecho.

-Aunque las premisas sobre las que se asientan sean diametralmente opuestas, si nos fijamos en la estrategia discursiva, vemos como en uno y otro caso se sigue idéntica técnica: la inducción de ideas. Es decir, se trata de partir del relato de hechos o datos singulares que lleven al auditorio a una idea o conclusión general, que es la que finalmente se pretende probar. Como vimos, Hortensia recurre a tales efectos al encadenamiento de una serie de preguntas retóricas, con las que trata de demostrar los efectos negativos que tendría la imposición del tributo, y el carácter injustificado del mismo. Por su parte, la protagonista del film en cuestión prefiere enfocar su argumentación desde un punto de vista positivo, trayendo a la memoria una cuidadísima selección de hitos históricos que han ido marcado el profundo cambio social, y que chocan con la interpretación que legislador y jurisprudencia se empeñan en seguir manteniendo, perpetuando unas tradiciones ya superadas.

-Ahondando en la estrategia argumentativa, ninguna de las dos presenta la cuestión como una lucha abierta entre hombres y mujeres. Al contrario, Hortensia utiliza muy sagaz y astutamente a su favor la diversa posición social y jurídica que tenían en Roma las mujeres en relación a los hombres, debido precisamente al rol asignado consuetudinariamente a las primeras: eran *materfamilias,* encargadas del cuidado del hogar y de los hijos, compañeras *silentes* de sus maridos y, en definitiva —es a lo que pretende llegar— personas apartadas de toda actividad pública. A fuer de lo expuesto, y cuando se dirige a los triunviros en el foro, les conmina expresamente a someterlas a los castigos o puniciones que se merezcan *(proscriptiones)*, si es que fuera el caso que se hubieran comportado como enemigas. Se trata de una estrategia oratoria que ya hemos visto anteriormente y que consiste en introducir una pregunta u observación, o que no tiene respuesta, o cuya respuesta contradice la razón del oponente y refuerza la pretensión del orador. Pues en efecto, la respuesta era negativa, como bien expone a continuación la propia Hortensia: ellas jamás se han involucrado en ningún conflicto político ni en ninguna guerra, nunca se han opuesto a que fueran los hombres los que ostentaran honores y desempeñaran magistraturas. Y si eso no ha cambiado —éste es el argumento de fondo— ninguna razón hay entonces para imponerles unos tributos, de los que el estado natural de las cosas las ha siempre exonerado.

Siguiendo similar orientación, tampoco Ruth plantea el caso abiertamente como una lucha de las mujeres contra los hombres, sino como un asunto de profunda transformación social ya operada *de facto*, a la que las leyes deben adaptarse, pues de no hacerlo se estaría perjudicando por igual a unos y a otras. Como vimos, una de las razones que le impulsan firmemente a llevar la apelación es que no se trata de un caso de discriminación de una mujer ante la ley, sino de discriminación de un hombre. La sociedad, hombres y mujeres, ha cambiado, y no se puede seguir manteniendo el reparto tradicional de roles: hay hombres que quieren asumir faenas hasta entonces reservadas a las mujeres (como la de cuidador), y hay mujeres que quieren salir al mercado laboral y desempeñar funciones hasta entonces impensables para ellas (como ser mineras). Adaptar las leyes y los Tribunales a los cambios; éste es en su caso el nudo argumental, aunque en el fondo se sabe que late el problema de la discriminación de la mujer por razón de género, por el que la magistrada lucharía toda su vida.

-Continuando con el fondo de sus argumentaciones, ambas mujeres son perfectamente conocedoras de los condicionamientos sociopolíticos que subyacen, y esto les permitirá desarrollar una oratoria efectiva y elocuente *(genus sublime)*, con la que logran llegar al auditorio. Sus argumentaciones son lógicas y buscan convencer mediante hechos irrefutables de la verdad de las cosas. «Reason is the soul of all Law»: es el lema que preside la sala donde se desarrollará la vista en la película y es también el que podría haber figurado en el foro romano. Los hechos, la realidad social, nos muestran el camino para interpretar y aplicar las normas, porque son los que determinan cual haya de ser función y su esencia. Partiendo de tal premisa, recurren continuamente a la formulación de preguntas retóricas con las que buscan deliberadamente anticiparse y refutar las objeciones del oponente *(anteoccupatio)*: los triunviros, en un caso, y el Tribunal, en otro.

-Finalmente y en cuanto al estilo, ambos discursos presentan un alto nivel de *perspicuitas* o grado de comprensión, si bien se siguen modelos distintos. Volviendo a la tradicional clasificación de las escuelas de retórica, frente al «asianismo» que impregnaba como vimos gran parte del discurso de Hortensia, el de la protagonista de *Una Cuestión de Género* habría que encajarlo mejor en la «escuela neo-ática», importada a Roma bajo el modelo de los escritores de la Atenas clásica, que propugnaba un tipo de oratoria mucho más espontánea y directa, en la que se prescinde de florituras que dificultan la comprensión.

Y hasta aquí el examen comparado de los discursos de estas dos grandes abogadas de las mujeres. Dos realidades sociales distintas. Dos maneras opuestas de defender sus derechos. Y dos ejemplos históricos de los que aprender.

EL LETRADO DE LA ADMINISTRACIÓN DE JUSTICIA COMO GUIONISTA Y DIRECTOR DE LOS PROCESOS JUDICIALES

Diego Fierro Rodríguez
Letrado de la Administración de Justicia
diego.fierro.ius@juntadeandalucia.es

RESUMEN: El letrado de la Administración de Justicia, anteriormente conocido como secretario judicial, desempeña un papel fundamental en el sistema judicial español, comparable al de un guionista y director en el cine. Este profesional asegura la correcta tramitación de los procesos judiciales, actuando bajo principios de legalidad e imparcialidad, autonomía e independencia, y unidad de actuación y dependencia jerárquica. Su labor incluye la documentación y certificación de actos procesales, la coordinación de actuaciones y recursos, y la colaboración con otros profesionales del sistema judicial. La formación continua y el desarrollo de habilidades profesionales son esenciales para mantener la calidad e integridad del sistema judicial. Esta analogía con el cine destaca la importancia de su función en la Administración de Justicia.

ABSTRACT: The counselor of the Court, formerly known as the judicial secretary, plays a fundamental role in the spanish judicial system, comparable to that of a screenwriter and director in cinema. This professional ensures the proper handling of judicial processes, acting under principles of legality and impartiality, autonomy and independence, and unity of action and hierarchical dependence. Their work includes the documentation and certification of procedural acts, coordination of actions and resources, and collaboration with other judicial system professionals. Continuous training and the development of professional skills are essential to maintaining the quality and integrity of the judicial system. This analogy with cinema underscores the importance of their function in the Administration of Justice.

PALABRAS CLAVE: Letrado de la Administración de Justicia, secretario judicial, proceso judicial, legalidad, imparcialidad, autonomía, independencia, unidad de actuación, dependencia jerárquica, formación continua, cine, guionista, director.

KEYWORDS: Counselor of the Court, judicial secretary, judicial process, legality, impartiality, autonomy, independence, unity of action, hierarchical dependence, continuous training, cinema, screenwriter, director.

1. Introducción: el proceso judicial como una película

1.1. Consideraciones generales sobre el proceso judicial como película

El proceso judicial se configura mediante una estructura esencial en el marco del Derecho, concebida como un conjunto de actos concatenados y regulados por la legislación para garantizar la tutela judicial efectiva de los ciudadanos ante los juzgados y tribunales[1]. Este conjunto de actos se despliega principalmente por órganos jurisdiccionales de diversas ramas del derecho: civil, penal, contencioso-administrativo o social, entre otros. La finalidad del proceso es proporcionar un cauce formal que permita conocer y resolver un asunto controvertido, con la intervención o no de otras personas, culminando en una resolución final jurídicamente fundada[2]. Esta resolución, típicamente adoptada en forma de sentencia, también puede manifestarse como auto o decreto, dependiendo de las circunstancias y particularidades del caso en el marco del régimen jurídico-procesal aplicable[3].

Cada proceso judicial se inicia con la presentación de una demanda, petición o querella, dependiendo del tipo de jurisdicción y la naturaleza del conflicto[4]. En la jurisdicción civil, el proceso comienza generalmente con la interposición de una demanda, en la que una parte, conocida como el demandante, expone sus pretensiones y los hechos en los que basa su reclamación[5]. La demanda o la querella debe cumplir con ciertos requisitos forma-

1 En Gimeno Sendra, J. V.: *Constitución y Proceso*, Tecnos, Madrid, 1988, p. 137, se indica que el derecho fundamental a la tutela judicial efectiva es «un derecho subjetivo constitucional de carácter autónomo aunque instrumental del derecho a la tutela que asiste a todos los sujetos de Derecho privado que hayan sido parte en un procedimiento judicial y que se dirige frente a los órganos del Poder Judicial, aun cuando en su ejercicio han de estar comprometidos todos los demás poderes del Estado, creando en él la obligación de satisfacer dentro de un plazo razonable las pretensiones y resistencias de las partes o de realizar sin demora la ejecución de las sentencias».

2 Véase la Sentencia del Tribunal Constitucional 102/1984, de 12 de noviembre.

3 Véanse los artículos 245 y 456 de la Ley Orgánica del Poder Judicial.

4 Ciertamente, la demanda es la fórmula general para el inicio de los procesos civiles, contencioso-administrativos y sociales o laborales, sin perjuicio de los casos de petición —como ocurre con los procesos monitorios y los recursos contencioso-administrativos— y de los expedientes de jurisdicción voluntaria. En los procesos penales, se puede dar inicio de oficio —para los delitos cuya persecución se puede efectuar sin necesidad de denuncia o querella— y por querella, denuncia o atestado, siendo ésta última fórmula obligatoria para el enjuiciamiento rápido de determinados delitos.

5 La demanda destaca, en general, como herramienta formal por la que se articula la pretensión procesal. Es interesante, en este sentido, comprobar las explicaciones contenidas

les establecidos por la ley procesal, tales como la identificación de las partes, la exposición clara y detallada de los hechos y la fundamentación jurídica de las pretensiones.

Centrándonos en la demanda por la jurisdicción civil o los órdenes jurisdiccionales contencioso-administrativo y social, una vez presentada, el órgano judicial competente debe admitirla a trámite[6]. En este punto, el letrado de la Administración de Justicia verifica que la demanda cumple con los requisitos legales y que no existen motivos de inadmisibilidad, para lo cual lleva a cabo lo que se conoce como minuta: se plasma en la documentación de cada expediente los pasos a seguir según el procedimiento legalmente adecuado de cara a su admisión y tramitación o inadmisión[7]. Si la demanda es admitida, se notifica a la parte demandada para el emplazamiento, teniendo la oportunidad de contestar a la demanda, exponiendo sus argumentos y defensas. Este intercambio inicial de escritos es fundamental para delimitar los términos del conflicto y plasmar las bases sobre las cuales se desarrollará el proceso[8].

En la jurisdicción penal, el proceso puede iniciarse de diversas maneras, dependiendo de la gravedad del delito y del procedimiento legalmente adecuado[9]. En los delitos graves, el proceso suele comenzar con una querella presentada por el Ministerio Fiscal o por un particular, o bien por una denuncia policial que da lugar a la apertura de diligencias previas. En los casos de delitos menos graves, el proceso puede iniciarse directamente mediante un juicio rápido[10]. Independientemente de la forma de inicio, el objetivo es

---

en Barona Vilar, S.: «Lección 8.ª: La demanda. Proceso Civil», en *Derecho Procesal II / coord. por Juan Luis Gómez Colomer, Silvia Barona Vilar*, 2022, pp. 168-182, p. 170.

6 Siempre y cuando concurran los presupuestos fijados por la ley, como afirma expresamente la Sentencia del Tribunal Constitucional 102/1984, de 12 de noviembre, que se encuentra perfectamente reflejada en el artículo 5 de la Ley de Enjuiciamiento Civil. Son presupuestos procesales la jurisdicción y competencia, así como los elementos recogidos en el artículo 416 de la Ley de Enjuiciamiento Civil, como la postulación. En torno a este tema, resulta esclarecedor el análisis contenido en de Lucchi López-Tapia, Y.: «La capacidad de postulación», en *Conceptos de derecho procesal civil / coord. por Juan Antonio Robles Garzón*, 2017, pp. 266-272, p. 267.

7 La regulación procesal impone, en los casos de dudas sobre la admisibilidad de la demanda, la dación de cuenta para el juez a fin de que resuelva sobre la admisión o inadmisión. Véase, a modo de ejemplo, el artículo 404.2 de la Ley de Enjuiciamiento Civil.

8 Ello se vincula habitualmente con el objeto del proceso. Véase el planteamiento recogido en Banacloche Palao, J.: «El objeto del proceso civil», *Aspectos fundamentales de derecho procesal civil / Julio Banacloche Palao (aut.), Ignacio José Cubillo López (aut.)*, 2016, pp. 237-252, pp. 238 y 239.

9 En este sentido, hay que atender principalmente a lo previsto para el procedimiento ordinario, el procedimiento abreviado, el procedimiento de enjuiciamiento rápido y el procedimiento con tribunal de jurado.

10 Véase el artículo 795 de la Ley de Enjuiciamiento Criminal.

siempre el mismo: investigar los hechos, determinar la existencia de un delito y, en su caso, identificar y juzgar a los responsables.

Una vez iniciado el proceso, ya sea civil, penal, contencioso-administrativo o social, el juzgado o tribunal competente debe llevar a cabo una serie de actuaciones procesales encaminadas a esclarecer los hechos y garantizar un juicio justo[11]. Estas actuaciones pueden incluir la práctica de pruebas, la celebración de juicios o vistas y la realización de otras diligencias necesarias para la correcta instrucción del caso. La prueba es un elemento esencial del proceso, ya que permite al tribunal formar su convicción sobre los hechos controvertidos. Las partes tienen el derecho de proponer y practicar pruebas, y el juez o tribunal debe valorar las pruebas presentadas de acuerdo con los principios de contradicción e igualdad de armas[12].

El desarrollo del proceso está regulado por una serie de normas procesales que buscan garantizar la legalidad y la justicia de las actuaciones judiciales. Estas normas establecen los plazos y términos para la realización de las diferentes actuaciones procesales, los derechos y obligaciones de las partes y las garantías procesales fundamentales. El respeto a estas normas es esencial para asegurar la validez y la legitimidad del proceso.

La fase culminante del proceso es la resolución final, que puede adoptar la forma de sentencia, auto o decreto, dependiendo del tipo de jurisdicción, la clase de procedimiento y de la naturaleza del conflicto[13]. La sentencia es la forma más común de resolución y se caracteriza por ser una decisión judicial que pone fin al proceso y resuelve de manera definitiva el conflicto sometido a juicio. En la sentencia, el tribunal analiza los hechos y el derecho aplicable, y dicta una resolución fundada en derecho, que puede ser favorable o desfavorable para las partes.

El auto es otra forma de resolución judicial, que se utiliza para decidir cuestiones incidentales o preliminares del proceso, así como para resolver recursos interpuestos contra decisiones de trámite. El decreto, por su parte, es una resolución dictada por el letrado de la Administración de Justicia, que resuelve cuestiones procesales de gran entidad que, en muchos casos, puede servir para poner fin a la tramitación.

---

11 Debe atenderse al artículo 24 de la Constitución en relación con los artículos 6 del Convenio Europeo de Derechos Humanos y 15 del Pacto Internacional de Derechos Civiles y Políticos.

12 Véase la Sentencia del Tribunal Constitucional 48/2008, de 11 de marzo.

13 Por poner un ejemplo, un proceso civil puede acabar por acuerdo de las partes en los términos del artículo 19 de la Ley de Enjuiciamiento Civil si el objeto en ese proceso es plenamente dispositivo, pero ello será imposible en un proceso penal en el que se verifique la inexistencia de delito o la imposibilidad de atribuir los hechos a persona conocida, correspondiendo el sobreseimiento por los artículos 637 y 641 de la Ley de Enjuiciamiento Criminal.

Independientemente de la forma que adopte cada resolución procesal, es fundamental que esta esté debidamente fundamentada en derecho y que respete las garantías procesales de las partes. La resolución debe ser clara, precisa y comprensible, y debe contener una exposición detallada de los hechos probados, los fundamentos jurídicos y la decisión final. Además, debe ser notificada a las partes[14], que tienen el derecho de recurrirla si consideran que vulnera sus derechos o intereses legítimos, en el marco de lo señalado por la legislación procesal[15].

El proceso judicial no solo tiene una función resolutiva, sino también una función garantista, ya que permite a las partes ejercer sus derechos y defender sus intereses en un marco de legalidad y justicia. Además, el proceso contribuye a la seguridad jurídica, al establecer un cauce formal y regulado para la resolución de los conflictos y a el mantenimiento de la convivencia social[16], al proporcionar un mecanismo institucionalizado para la solución de las controversias.

Precisamente, una película se desarrolla como un proceso judicial, con la intervención de las partes que se hallan en la contienda con la asistencia de sus abogados y procuradores ante el juez, existiendo un guion que debe seguirse a través de las reglas propias del procedimiento legalmente adecuado, cuya ordenación e impulso para la tramitación corresponde al letrado de la Administración de Justicia, que actúa como guionista al marcar la pauta y como director para lograr el avance.

1.2. El guion del proceso: estructura del procedimiento legalmente adecuado y el orden de tramitación

En el proceso judicial, al igual que en una película, el guion es un elemento fundamental y estructural. En el ámbito cinematográfico, el guion establece los diálogos, las acciones y las escenas que los actores deben seguir para contar una historia de manera coherente y atractiva. De manera similar, en el

14 Martín González, M., Moretón Sanz, M. F. (pr.) & Calaza López, S. (pr.): *Los actos procesales de comunicación y su vinculación con el efectivo ejercicio del derecho de defensa*, Dykinson, Madrid, 2023, p. 24.

15 El recurso es un medio de impugnación de las resoluciones judiciales, que permite a las partes solicitar a un tribunal superior que revise la decisión impugnada. Los recursos pueden ser ordinarios o extraordinarios, dependiendo de la naturaleza de la resolución y de los motivos invocados para su impugnación. Entre los recursos ordinarios se encuentran la apelación y la queja, mientras que entre los extraordinarios destacan el recurso de casación. El recurso de amparo y el recurso al Tribunal Europeo de Derechos Humanos no son recursos, pues son demandas.

16 Gimeno Sendra, J.V.: *Constitución y Proceso*, *ob. cit.*, p. 34.

ámbito judicial, el procedimiento legalmente adecuado actúa como la base del guion que determina cómo debe desarrollarse cada etapa del proceso, desde la presentación inicial de la demanda hasta la emisión de la sentencia final que resuelve el conflicto[17].

El letrado de la Administración de Justicia, en su rol de guionista del proceso judicial, tiene la responsabilidad crucial de asegurarse de que cada paso del proceso se siga conforme a las normas y reglas previamente fijadas[18]. Este guion procesal no es arbitrario ni flexible, sino que está cuidadosamente diseñado para garantizar la equidad y la correcta aplicación de la legislación. Cada acto procesal debe cumplir con los principios jurídicos fundamentales, como el derecho a un juicio justo, la igualdad de las partes, y el debido proceso, asegurando que todas las partes involucradas tengan la oportunidad de presentar sus argumentos y pruebas de manera idónea[19].

La estructura del guion procesal incluye múltiples etapas y documentos esenciales. Desde la preparación para la articulación de alegaciones, pasando por la fase probatoria donde se presentan y evalúan las pruebas en el marco de las vistas y juicios donde se escuchan los testimonios y se realizan los alegatos finales. Cada una de estas etapas está cuidadosamente definida y configurada para asegurar que el proceso judicial se desarrolle de manera ordenada y previsible.

Además, el guion procesal debe prever y gestionar posibles imprevistos y complicaciones. El letrado de la Administración de Justicia debe estar preparado para resolver cualquier problema que surja durante el proceso, ya sea la necesidad de suspender un juicio, vista o audiencia, la dación de cuenta por presentación de nuevas pruebas, o la resolución de conflictos entre las partes[20]. Esta capacidad de adaptación y resolución es esencial para mantener la integridad y fluidez del proceso judicial, garantizando que se respeten los derechos de todas las partes y que se llegue a una resolución adecuada del caso.

---

17 Aquí entra en juego la ordenación del proceso como conjunto de actos realizados para el ejercicio de la actividad jurisdiccional, cuestión muy correctamente tratada en SEOANE CACHARRÓN, J.: *La ordenación en el proceso civil e incidencias de la ley orgánica del poder judicial*, Colex, La Coruña, 1986, p. 83.

18 El artículo 237 de la Ley Orgánica del Poder Judicial dispone lo siguiente: «Salvo que la ley disponga otra cosa, se dará de oficio al proceso el curso que corresponda, dictándose al efecto las resoluciones necesarias». En tal sentido se reitera el artículo 456 de la misma ley orgánica.

19 Debe insistirse en lo razonado por la Sentencia del Tribunal Constitucional 48/2008, de 11 de marzo.

20 Precisamente, hay que atender a la cláusula del artículo 456.6 de la Ley Orgánica del Poder Judicial, donde se abre el marco competencial del letrado de la Administración de Justicia.

1.3. La dirección del proceso: coordinación de los medios personales y materiales y control del funcionamiento del órgano judicial

El letrado de la Administración de Justicia asume también el papel de director en la «película» del proceso judicial. Mientras que el juez es la figura encargada de dictar la sentencia final, el letrado de la Administración de Justicia es quien dirige y coordina el flujo de la tramitación del proceso. Este rol implica la coordinación de las actuaciones de la oficina judicial todos los sujetos involucrados en el proceso: abogados, procuradores, testigos, peritos y demás intervinientes. Asegurarse de que cada uno cumpla su papel según lo estipulado en el guion procesal es fundamental para el buen desarrollo del proceso.

La dirección del letrado de la Administración de Justicia es crucial para evitar dilaciones indebidas y garantizar que el proceso avance de manera fluida y ordenada[21]. Su labor incluye la gestión de plazos, la notificación de resoluciones judiciales, y la organización de vistas y juicios o audiencias. Cada uno de estos aspectos debe ser cuidadosamente coordinado para asegurar que el proceso judicial se desarrolle en el momento adecuado y bajo las condiciones previstas por la ley.

Además de la coordinación, el letrado de la Administración de Justicia debe ejercer un control riguroso sobre el funcionamiento del órgano judicial. Ello implica supervisar que todos los actos procesales se realicen conforme a la normativa vigente y que se respeten los principios de legalidad e imparcialidad en todo momento. Cualquier desviación o irregularidad debe ser detectada y corregida de inmediato para preservar la integridad del proceso judicial.

La habilidad del letrado para dirigir el proceso judicial de manera efectiva es esencial para garantizar que se respeten los principios de legalidad, imparcialidad y justicia. Su capacidad para gestionar los recursos disponibles, tanto humanos como materiales, y para coordinar las actuaciones de todas las partes involucradas, es fundamental para el éxito del proceso judicial. En última instancia, su dirección asegura que el proceso judicial se desarrolle de manera justa, transparente y eficiente, protegiendo los derechos de todas las partes y garantizando la correcta administración de justicia.

21 Debe atenderse a la ya ratificada lentitud de los procesos judiciales en España, grave problema existente desde hace décadas, como se puede ver con el reflejo de ALCALÁ-ZAMORA Y CASTILLO, N.: *Estampas procesales de la literatura española, Ediciones jurídicas Europa-América*, Buenos Aires, 1961, p. 62.

1.4. Los actores: partes procesales, otros intervinientes y sus correspondientes roles

En una película, los actores interpretan sus personajes siguiendo el guion y las indicaciones del director. Cada actor tiene un rol específico que desempeñar, y su actuación contribuye al desarrollo de la trama y al éxito de la película. De manera similar, en el proceso judicial, las partes procesales y otros intervinientes actúan como los actores que desempeñan roles específicos dentro del marco del guion procesal.

Las partes procesales principales, el demandante y el demandado, son los protagonistas del proceso judicial. El demandante es quien inicia el proceso presentando su demanda, en la que expone los hechos y fundamentos jurídicos de su pretensión. El demandado, por su parte, debe responder a la demanda, presentando sus argumentos y pruebas para refutar las alegaciones del demandante. Ambos deben seguir los tiempos y formas establecidos por la ley, asegurando que sus actuaciones se realicen de manera oportuna y conforme a derecho.

Los abogados de las partes desempeñan un papel crucial en el proceso judicial, representando a sus clientes y defendiendo sus intereses de manera efectiva. Su labor incluye la preparación y presentación de escritos, la recopilación y presentación de pruebas, y la realización de alegaciones orales en los juicios y vistas. Los abogados deben actuar con diligencia y profesionalismo, respetando siempre las normas éticas y deontológicas de su profesión.

Además de las partes y sus abogados, el proceso judicial cuenta con otros intervinientes relevantes, como los testigos y peritos. Los testigos son personas que tienen conocimiento directo de los hechos controvertidos y que pueden aportar información relevante para la resolución del caso. Los peritos, por su parte, son expertos en determinadas materias que son llamados a emitir dictámenes técnicos o científicos que ayuden al juez a comprender aspectos complejos del caso.

Cada uno de estos actores tiene derechos y obligaciones definidos que deben respetar durante todo el proceso. Los testigos y peritos deben proporcionar testimonios y evidencias científicas veraces y relevantes, respectivamente, contribuyendo así a la formación de la convicción del juez para la formación de un relato coherente[22]. Su colaboración es esencial para garantizar que el proceso judicial se desarrolle de manera justa y que la decisión final esté basada en una evaluación completa y objetiva de los hechos y pruebas presentadas.

---

22 Calvo González, J.: «La verdad de la verdad judicial (construcción y régimen narrativo)», *Verdad, (consultado el día narración)*, 1998, p. 6.

1.5. El escenario: la oficina, la sala de vistas y la documentación

El escenario donde se desarrolla la acción es también crucial en el proceso judicial. En primer lugar, la oficina es el lugar donde se realiza gran parte de las actuaciones relacionadas con la tramitación del proceso. En este espacio, el letrado de la Administración de Justicia dirige y supervisa la tramitación de los expedientes judiciales, asegurándose de que todas las actuaciones se realicen conforme a la normativa y dentro de los plazos fijados[23].

La oficina judicial es también el lugar donde trabajan los gestores procesales, tramitadores procesales y auxilios judiciales. Estos funcionarios llevan a cabo los actos materiales necesarios para el desarrollo del proceso, como la recepción y registro de documentos, la notificación de resoluciones, y la gestión de los expedientes. Su labor es fundamental para el correcto funcionamiento del proceso judicial y para garantizar que se respeten los derechos de las partes.

En segundo lugar, la sala de juicio es el lugar físico donde se presentan y evalúan las pruebas, se escuchan los testimonios y se realizan los alegatos. Estos espacios deben ser neutrales y estar preparados para permitir el desarrollo ordenado y eficaz del proceso judicial. La organización y disposición de la sala de vistas deben facilitar la participación de todas las partes y garantizar que las actuaciones se realicen de manera transparente y pública, sin perjuicio de los errores que se puedan cometer por los abogados en sala[24].

Además del espacio físico, la documentación procesal actúa como un escenario paralelo que refleja cada paso del proceso. Los expedientes, actas y certificaciones son elementos esenciales que documentan todas las actuaciones realizadas y las decisiones adoptadas[25]. El letrado de la Administración de Justicia, en su papel de director, supervisa que esta documentación sea precisa y completa, garantizando así la transparencia y la integridad del proceso[26].

23 A ello se refieren principalmente las cuestiones sobre impulso procesal, a tenor de los artículos 237 y 456.1 de la Ley Orgánica del Poder Judicial.

24 ACHÓN BRUÑÉN, M. J.: «Equivocaciones más habituales de los profesionales en los juicios o vistas», *Diario La Ley*, N.º 10353, 2023.

25 Véanse los artículos 229, 453 y 454.4 de la Ley Orgánica del Poder Judicial.

26 En cualquier caso, sí que es cierto que se debe actuar con diligencia en cuanto a la protección de datos en el sentido de los artículos 236 bis a 236 decies de la Ley Orgánica de Protección de Datos. En la era digital actual, la titularidad y el tratamiento de los datos personales se han convertido en un tema de creciente relevancia y preocupación. Estos datos no solo son fundamentales para entender y predecir comportamientos individuales, sino que también son altamente valorados por entidades públicas y grandes empresas del sector privado por su capacidad de conocer mejor a las personas e influir en sus decisiones y conductas. Sin embargo, este poderoso recurso conlleva serios riesgos éticos

La correcta gestión de la documentación procesal es fundamental para asegurar que todas las partes tengan acceso a la información relevante y que puedan ejercer sus derechos de defensa de manera efectiva[27]. Además, la documentación procesal permite que el proceso judicial sea revisado por instancias superiores en caso de recurso, asegurando así el control y la legalidad de las actuaciones judiciales.

1.6. La edición: resoluciones procesales

Al igual que en una película, donde la edición final define cómo se presenta la historia al público, en el proceso judicial las resoluciones procesales representan la culminación de cada etapa del trabajo realizado. La sentencia es el resultado de la de la consecuencia jurídica correspondiente a los hechos inferidos de la evaluación de todas las pruebas y argumentos presentados durante el proceso, y su emisión marca la conclusión del caso.

El letrado de la Administración de Justicia juega un papel clave en la fase de edición del proceso judicial, asegurando que todas las actuaciones y resoluciones previas sean correctamente compiladas y documentadas. Esta labor es esencial para que el juez pueda estudiar el caso de manera completa y emitir una decisión informada y justa.

Además, el letrado de la Administración de Justicia verifica que las resoluciones procesales se notifiquen a todas las partes implicadas de manera oportuna y conforme a los plazos establecidos. La correcta notificación de las resoluciones es fundamental para garantizar que las partes puedan ejercer sus derechos de recurso y que se cumplan las decisiones del órgano jurisdiccional.

La fase de edición también incluye la revisión y corrección de cualquier error o inconsistencia en la documentación procesal. El letrado de la Administración de Justicia debe asegurarse de que todos los documentos y expedientes estén completos y precisos, garantizando así la transparencia y la integridad del proceso judicial[28].

---

y legales. La recopilación indiscriminada, el almacenamiento inseguro y el uso indebido de estos datos pueden resultar en violaciones de la privacidad y en riesgos como el robo de identidad o la discriminación basada en perfiles digitales. Es crucial, por tanto, establecer marcos regulatorios robustos que promuevan la transparencia, el consentimiento informado y la responsabilidad en el manejo de datos personales, como se observa en el Reglamento General de Protección de Datos de la Unión Europea. La implementación de prácticas de privacidad desde el diseño y la conciencia pública creciente sobre estos temas son vitales para garantizar que el uso de datos personales contribuya al progreso sin comprometer los derechos individuales y la dignidad personal en la sociedad digitalizada de hoy. A este respecto, debe acudirse a lo expresado en Harari, Y. N.: *21 lecciones para el siglo XXI*, Debolsillo, Barcelona, 2018, pp. 101 a 103.

27 Véase el artículo 454.4 de la Ley Orgánica del Poder Judicial.

28 Véanse los artículos 234 a 236 de la Ley Orgánica del Poder Judicial.

1.7. Críticas y audiencia: el control de legalidad y la opinión pública

Una película es evaluada por la crítica y el público, y su éxito depende en gran medida de estas opiniones. En el ámbito judicial, el control de legalidad y la opinión pública cumplen una función similar. Las partes pueden impugnar las resoluciones mediante recursos, y los tribunales superiores revisan estas decisiones para asegurar que se haya respetado el derecho y la justicia.

El control de legalidad es esencial para garantizar que el proceso judicial se desarrolle conforme a la ley y que se respeten los derechos de todas las partes. Los tribunales superiormente fijados, al revisar las resoluciones impugnadas, aseguran que se corrijan posibles errores y que se garantice una Administración de Justicia adecuada[29].

Además, la transparencia en los procesos judiciales permite que la opinión pública ejerza un control indirecto sobre el sistema judicial[30]. La publicación de sentencias y la accesibilidad a los expedientes judiciales fomentan la confianza en la justicia y garantizan que el proceso se mantenga bajo escrutinio público. Esta transparencia es fundamental para asegurar que el sistema judicial sea percibido como justo y legítimo por la sociedad.

1.8. La magia del cine... y del proceso judicial

El proceso judicial, al igual que una película, es una obra compleja que requiere la coordinación y el esfuerzo de múltiples actores bajo la guía experta de un director. El letrado de la Administración de Justicia, en su doble papel de guionista y director, asegura que cada parte del proceso se desarrolle conforme a las normas aplicables, garantizando la equidad y la justicia en cada caso.

Este enfoque cinematográfico nos permite apreciar la intricada y meticulosa naturaleza del proceso judicial, destacando la importancia de cada paso y la interrelación de todos los elementos que lo componen. Así, al igual que una película logra emocionar y transmitir un mensaje, el proceso judicial busca, en última instancia, proteger los derechos subjetivos vulnerados a partir de la infracción del Derecho objetivo y mantener el orden social, enviando un mensaje de respeto al ordenamiento jurídico.

29 Resulta ineludible atender a la configuración legal del derecho al recurso, que se puede ejercer en los términos legalmente fijados, no siendo obligatoria la segunda instancia, salvo en el orden jurisdiccional penal a la luz del artículo 14.5 del Pacto Internacional de Derechos Civiles y Políticos. Véase la Sentencia del Tribunal Constitucional 37/1995, de 7 de febrero.

30 Esta cuestión es muy relevante en la Carta de Derechos de los Ciudadanos.

La magia del proceso judicial reside en su capacidad para resolver conflictos y garantizar la justicia, protegiendo los derechos de las personas y asegurando que se cumpla la ley. Cada etapa del proceso, desde la presentación de la demanda hasta la emisión de la sentencia, contribuye a la construcción de un sistema cuidadosamente configurado, en el que se respetan los derechos de todas las partes y se garantiza una Administración de Justicia eficiente y transparente.

2. Ideas generales sobre la comparación entre los letrados de la Administración de Justicia y los guionistas y directores

2.1. El rol del letrado de la Administración de Justicia en el sistema judicial

El letrado de la Administración de Justicia, conocido tradicionalmente como secretario judicial[31], es una figura esencial en el engranaje del sistema judicial integrado en un «Cuerpo Superior Jurídico, único, de carácter nacional, al servicio de la Administración de Justicia, dependiente del Ministerio de Justicia, y que ejercen sus funciones con el carácter de autoridad, ostentando la dirección de la Oficina judicial»[32]. Este profesional se encarga de una serie de funciones esenciales que garantizan el correcto desarrollo de los procesos judiciales y aseguran que la Administración de Justicia sea eficiente, eficaz y garantista.

Tradicionalmente, la figura del secretario judicial estuvo principalmente conectada con su papel en la dación de fe pública judicial, papel que se ha ido manteniendo muy unida con la de documentación[33]. La Decretal de Inocencio III denominada *De probat*, dictada en el año 1216, marcó un hito en la materia al implementar la presencia obligatoria de una persona pública, o en algunos casos dos personas idóneas, que certifiquen fielmente todos los actos procesales, dejando constancia de aspectos como lugares, tiempos y personas involucradas, señalando lo siguiente: *«Ne falsitas non laedat veritati vel mali aequitati praevaleat, statuimus ut in iudiciis ordinariis et extraordinariis, iudicem semper praesentem personam publicam vel duos idoneos homines, qui omnia iudicii actis fideliter subsignent, locis indicandis; temporibus et*

31 El cambio de denominación se produjo por la Ley Orgánica 7/2015, de 21 de julio, por la que se modifica la Ley Orgánica 6/1985, de 1 de julio, del Poder Judicial.

32 Véase el artículo 440 de la Ley Orgánica del Poder Judicial.

33 Martín Contreras, L.: «Sobre la fe pública y la documentación», *Indret: Revista para el Análisis del Derecho*, N.° 3, 2011, 21, p. 6.

hominibus»[34]. Este documento recoge una clara voluntad de crear un fedatario que garantice la integridad del proceso judicial[35]. Asimismo, destaca la capacidad expansiva que resultó tener, al terminar extendiéndose más allá del marco del Derecho canónico e influyendo en otras ramas del ordenamiento jurídico[36], que perdura hoy en día[37] y podría tener que ir adaptándose a la evolución tecnológica[38].

Para lograr el máximo provecho de los medios materiales y personales de los juzgados y tribunales se aprobó la Ley 13/2009, de 3 de noviembre, de reforma de la legislación procesal para la implantación de la nueva Oficina judicial, cuyo preámbulo afirma lo siguiente: «el Secretario judicial, cuando se encuentre al frente del servicio común de ordenación del procedimiento, estará en mejores condiciones para impulsar el procedimiento, permitiendo

---

34 Esta regla se ha llegado a traducir frecuentemente del siguiente modo: *«Para que la falsedad no perjudique la verdad o la maldad prevalezca sobre la equidad, establecimos que tanto en el juicio ordinario como en el extraordinario, el juez presente siempre una persona pública o dos personas idóneas que fielmente suscriban todos los autos del juicio, señalando lugares, tiempos y personas».* Véase Fernández Nieto, J.: «La fe pública no ha muerto: es garantía y seguridad jurídica del Estado dentro del proceso jurisdiccional», *Diario La Ley*, N.° 10301, 2023. Asimismo, cabe atender a lo señalado en Utrilla Hernán, R.: «La fe pública judicial y el Secretario Judicial», *Estudios jurídicos. Cuerpo de Secretarios Judiciales*, N.° 3, 2000, pp. 433-454, p. 436.

35 Monserrat Molina, P. E.; Bernabeu Pérez, I. C.: *El reto del Letrado de la Administración de Justicia en la nueva Oficina Judicial*, Juruá Editorial, Madrid, 2021, p. 14.

36 Ya se consagró en el ámbito procesal y supuso interesantes novedades en la redacción original de la Ley de Enjuiciamiento Civil. En relación con este asunto, es de interés lo explicado en Villagómez Cebrián, M. A.: «Funciones del Secretario Judicial en el proceso civil: Análisis de la nueva Ley de Enjuiciamiento Civil», *Boletín del Ministerio de Justicia*, Año 54, N.° 1867, 2000, pp. 1365-1399.

37 Existen posturas pesimistas sobre la fe pública judicial, como se puede contemplar a partir de Olaso Arrillaga, F. J.: «Réquiem por la fe pública judicial en España», *Diario La Ley*, N.° 10043, 2022. Sin embargo, hay una posición doctrinal más coherente que refleja, simplemente, la necesidad de adaptación, como se expresa en Fernández Nieto, J.: «La fe pública no ha muerto: es garantía y seguridad jurídica del Estado dentro del proceso jurisdiccional», ob. cit. Igualmente, debe tenerse en cuenta lo afirmado en Martínez Guerrero, A.: «Análisis del artículo 743 de la Ley de Enjuiciamiento Criminal», *Diario La Ley*, N.° 10138, 2022. También es de interés lo expresado en García-Varela Iglesias, R.: «Hacia una nueva etapa en la administración judicial electrónica», en *Digitalización de la justicia: prevención, investigación y enjuiciamiento / coord. por José Carlos Muinelo Cobo; Mercedes Llorente Sánchez-Arjona (dir.), Sonia Calaza López (dir.)*, 2022, pp. 269-308, p. 282.

38 A ello se refiere con profundidad lo indicado hace unos años en Suárez-Quiñones y Fernández, J.C.: «Administración de Justicia y Nuevas Tecnologías: presente y futuro», *Diario La Ley*, N.° 7421, 2010. Más recientemente, se han realizado análisis novedosos sobre los últimos avances, como el consignado en Perea González, Á.: «Blockchain y proceso civil: más allá de la jurisdicción y la fe pública judicial», *Actualidad civil*, N.° 6, 2020. Igualmente, habrá que atender al punto hasta el que llega la integración de numerosas ideas recogidas sobre inteligencia artificial para la Administración de Justicia en Nieva Fenoll, J.: *Inteligencia artificial y proceso judicial*, Marcial Pons, Madrid, 2018.

que el Juez o Tribunal pueda dictar las resoluciones de fondo en tiempo y forma». Después, el texto profundiza: «Para que esto ocurra es indispensable que se lleve a efecto la reforma de las leyes procesales de modo que a los Secretarios judiciales les sean atribuidas no sólo las funciones de impulso formal del procedimiento que tenían hasta ahora, sino también otras funciones que les permitirán adoptar decisiones en materias colaterales a la función jurisdiccional pero que resultan indispensables para la misma». Como efecto de la aprobación de la norma, se incrementaron las funciones y las competencias de los Letrados de la Administración de Justicia de una manera muy contundente.

Téngase en consideración lo afirmado en la Sentencia del Tribunal Constitucional 15/2020, de 28 de enero, que llega a exponer lo siguiente:

> «La jurisprudencia constitucional sobre la afectación al derecho a la tutela judicial efectiva del régimen de recurribilidad de determinadas decisiones de los letrados de la administración de justicia. La jurisprudencia constitucional establecida en las citadas SSTC 58/2016, 72/2018 y 34/2019 consiste en que:
>
> (i) No merece reproche de inconstitucionalidad la opción tomada por el legislador, en el marco del modelo de oficina judicial que diseñó la Ley Orgánica 19/2003, de 23 de diciembre, desarrollada posteriormente en las diversas normas procesales de cada uno de los órdenes jurisdiccionales, de distribuir la toma de decisiones en el proceso entre jueces y magistrados, por un lado, y letrados de la administración de justicia, por otro. De modo tal que se reserva a los primeros, como es obligado, las decisiones procesales que puedan afectar a la función o potestad estrictamente jurisdiccional, que les viene constitucionalmente reservada en exclusiva (art. 117.3 CE); y se atribuye a los segundos, que asumen la dirección de la oficina judicial, aquellas funciones que no tienen carácter jurisdiccional, lo que incluye dictar las resoluciones procesales que no comportan el ejercicio de la potestad jurisdiccional.
>
> (ii) Esta distribución de funciones no elude poner de relieve el lugar preeminente que ocupa el juez o tribunal, como titular de la potestad jurisdiccional, con respecto al que corresponde al letrado de la administración de justicia, como director de la oficina judicial, que sirve de apoyo a la actividad jurisdiccional de jueces y tribunales (art. 435.1 de la Ley Orgánica del Poder Judicial), ya que son los jueces y magistrados quienes ejercen en exclusiva la función de juzgar y de hacer ejecutar lo juzgado (art. 117.3 CE). De ese modo, en última instancia, debe quedar garantizado que toda resolución del letrado de la administración de justicia en el proceso pueda ser sometida al control del juez o tribunal. Esto constituye una exigencia ineludible del derecho a la tutela judicial efectiva garantizado por el art. 24.1 CE, así como en los textos internacionales sobre derechos fundamentales y libertades ratificados por España (art. 10.2 CE). Por tanto, queda vedado que el legislador excluya de manera absoluta e incondicionada la posibilidad de recurso judicial contra los decretos de los letrados de la administración de justicia, ya que entenderlo de otro modo supondría admitir la existencia de un sector inmune a la potestad jurisdiccional, lo que no se compadece con el derecho a la tutela judicial

efectiva y conduce a privar al justiciable de su derecho a que la decisión procesal del letrado de la administración de justicia sea examinada y revisada por quien está investido de jurisdicción, esto es, por el juez o tribunal, lo que constituiría una patente violación del derecho a la tutela judicial efectiva.

(iii) En este contexto, la garantía de control judicial puede establecerse tanto de modo directo, a través del recurso de revisión contra los decretos del letrado de la administración de justicia que pongan fin al proceso o impidan su continuación, como, indirectamente —es el caso de los decretos del letrado de la administración de justicia resolutorios del recurso de reposición contra sus propias decisiones—, mediante la posibilidad de que su objeto, aun no siendo recurrible en revisión ante el juez o tribunal, puede ser sometido de una manera real y efectiva a la consideración de los titulares de la potestad jurisdiccional dentro del proceso a través de instrumentos o remedios alternativos al régimen de recursos. En este último caso, sin embargo, es preciso descartar la eventualidad de que existan supuestos en los que la decisión del letrado de la administración de justicia excluida por el legislador del recurso de revisión ante el juez o tribunal concierna a cuestiones relevantes en el marco del proceso, que atañen a la función jurisdiccional reservada en exclusiva a jueces y magistrados (art. 117.3 CE), a quienes compete dispensar la tutela judicial efectiva sin indefensión que a todos garantiza el art. 24.1 CE».

Sus responsabilidades abarcan desde la documentación y certificación de actos procesales hasta la dirección técnico-procesal de la oficina judicial, actuando siempre bajo los principios de legalidad e imparcialidad[39]. Este rol polifacético y crítico puede ser comparado con el de un guionista y director en el mundo del cine.

Precisamente, los letrados de la Administración de Justicia tienen responsabilidad civil, responsabilidad penal y responsabilidad disciplinaria por aquellos actos ilícitos que pudieran cometer en el ejercicio de sus funciones.

2.2. Comparación con el guionista: la articulación y desarrollo del proceso judicial

Al igual que los letrados, los guionistas desempeñan una labor crucial en la creación y desarrollo de una película. El guionista es el responsable de escribir el guion, que incluye diálogos, descripciones de escenas y desarrollo de personajes. Este guion es la base sobre la cual se construye toda la película. De manera similar, el letrado de la Administración de Justicia es responsable de estructurar y guiar el proceso judicial, asegurándose de que se sigan todas las normas y procedimientos establecidos.

39 Véanse los artículos 452 de la Ley Orgánica del Poder Judicial y 3 del Reglamento Orgánico del Cuerpo de Secretarios Judiciales de 2005.

El guionista debe tener una visión clara de la historia que quiere contar, anticipando cómo se desarrollarán los eventos y cómo reaccionarán los personajes. De igual manera, el letrado debe tener una comprensión profunda del caso y de las leyes aplicables, anticipando posibles complicaciones y asegurando que todas las partes involucradas actúen conforme a derecho. Ambos roles requieren una planificación meticulosa y una capacidad para prever el curso de los acontecimientos.

2.3. Comparación con el director: la coordinación y el impulso del proceso judicial

El director de una película toma el guion y lo convierte en una obra visual, coordinando a los actores, el equipo técnico y los recursos disponibles para realizar la visión del guionista. De manera similar, el letrado de la Administración de Justicia toma el marco legal y lo aplica al caso concreto, coordinando a las partes procesales, los tiempos y las actuaciones necesarias para que el proceso avance de manera ordenada y eficiente.

En el cine, el director debe asegurarse de que cada escena se filme según lo planeado, resolviendo cualquier problema que surja durante la producción. En el ámbito judicial, el letrado debe garantizar que cada fase del proceso se desarrolle conforme a lo previsto, resolviendo incidentes procesales y asegurando que se cumplan los plazos y formalidades legales. Ambos roles requieren una habilidad excepcional para la gestión y coordinación, así como una capacidad para tomar decisiones rápidas y efectivas bajo presión.

2.4. Visibilidad y reconocimiento de los letrados de la Administración de Justicia

A pesar de la importancia crítica de su trabajo, los letrados de la Administración de Justicia a menudo no reciben el reconocimiento público que merecen. Este fenómeno es similar al que enfrentan muchos guionistas en la industria cinematográfica, cuyo trabajo es fundamental, pero a menudo queda eclipsado por la notoriedad de directores y actores. En muchas películas y series de televisión, especialmente las influenciadas por el cine estadounidense, se da mayor visibilidad a jueces, fiscales y abogados, mientras que el papel del letrado de la Administración de Justicia es minimizado o malinterpretado.

En algunas obras cinematográficas, como «No habrá paz para los malvados», los letrados de la Administración de Justicia son presentados de manera reduccionista, prácticamente como «ayudantes» del juez, a pesar de que sus funciones son de directivo y su tratamiento general es el de «señoría»[40]. Esta falta de representación precisa y digna en los medios cinematográficos refleja

40 Véase el artículo 97 del Reglamento Orgánico del Cuerpo de Secretarios Judiciales de 2005.

una falta de comprensión y apreciación del papel esencial que juegan en el sistema judicial y que se puede entender porque los letrados de la Administración de Justicia siempre se encuentran entre bastidores, pendientes del escenario y de que el ciudadano, que se encuentra en el centro de todo, pueda ver satisfecho su interés en el marco instalado por el ordenamiento jurídico[41].

2.5. La configuración del proceso judicial como guion meticuloso

El guion de una película debe ser meticuloso y detallado, proporcionando una estructura clara para el desarrollo de la historia. De igual manera, el proceso judicial está estructurado en una serie de actos procesales bien definidos, cada uno con sus propias reglas y procedimientos. El letrado de la Administración de Justicia asegura que esta estructura se siga de manera precisa, certificando cada acto procesal y garantizando que se respeten los derechos de las partes[42].

Esta estructura no solo proporciona orden y claridad, sino que también garantiza la imparcialidad y la objetividad en el proceso judicial. Cada acto procesal es documentado y registrado, creando un rastro claro y transparente de todo el procedimiento. Al igual que un guion bien escrito puede hacer que una película sea coherente y convincente, una estructuración precisa del proceso judicial garantiza un resultado bien dado.

2.6. La dirección del proceso con coordinación eficaz

Dirigir una película implica coordinar múltiples elementos: actores, cámaras, iluminación, sonido, etc. El director debe asegurarse de que todos estos elementos trabajen juntos de manera armoniosa para crear una obra coherente. En el ámbito judicial, el letrado de la Administración de Justicia coordina las actuaciones de las partes procesales, los plazos y los recursos judiciales, asegurando que el proceso avance de manera ordenada y eficiente.

La dirección del proceso judicial requiere una habilidad excepcional para la gestión y la resolución de problemas. En este sentido, el letrado debe ser capaz de anticipar y dirigir la resolución de incidentes procesales, asegurando que se cumplan los plazos y que cada actuación se realice conforme a derecho. Esta capacidad de dirección es esencial para garantizar que el proceso judicial se desarrolle de manera fluida y adecuada.

41 A ello se refiere precisamente la Carta de Derechos de los Ciudadanos.

42 En este sentido, tiene una gran relevancia el papel del artículo 456 de la Ley Orgánica del Poder Judicial.

2.7. La importancia del letrado de la Administración de Justicia para el proceso judicial en clave cinematográfica

En el ámbito procesal civil, los letrados de la Administración de Justicia desempeñan un papel fundamental, asumiendo una variedad de competencias que abarcan desde la gestión y tramitación de expedientes hasta la adopción de decisiones que pueden concluir anticipadamente los procesos judiciales. Algunas de las tareas más destacadas de los letrados de la Administración de Justicia incluyen la emisión de decretos por terminación anticipada del proceso debido al desistimiento del demandante o la carencia sobrevenida de interés, lo cual incide en la sucesión procesal. Los letrados de la Administración de Justicia también son responsables del apoderamiento por comparecencia *apud acta*, los actos de comunicación y la jura de cuentas para la reclamación de honorarios de abogados y remuneración de procuradores.

Asimismo, los letrados de la Administración de Justicia tienen competencias específicas en la suspensión del proceso por prejudicialidad y por declinatoria, el tratamiento de oficio de la competencia, y el reparto de asuntos. También controlan y tramitan la acumulación de acciones y de procesos, la abstención y recusación tanto de ellos mismos como de los peritos, y se encargan de la dación de cuenta y la tasación de costas. En los procesos civiles declarativos, los letrados de la Administración de Justicia desempeñan funciones clave como la admisión de la demanda y la contestación a la demanda, la tramitación de recursos y la rescisión de sentencias firmes, el desarrollo de procesos de desahucio y el impulso de los procesos monitorios, juicios cambiarios, y procesos de división judicial de patrimonios. Según el artículo 748 de la Ley de Enjuiciamiento Civil, los letrados de la Administración de Justicia también pueden acordar el divorcio o la separación de los cónyuges en determinados supuestos.

En los procesos de ejecución, los letrados de la Administración de Justicia emiten decretos que actúan como títulos ejecutivos en muchos casos, especialmente en la ejecución dineraria. Emiten decretos de medidas ejecutivas que suelen ir seguidos del requerimiento de pago y la localización y embargo de bienes del deudor para su posterior realización forzosa mediante subasta u otros medios. Aunque su papel en la ejecución no dineraria y en las medidas cautelares es más secundario, los letrados de la Administración de Justicia son esenciales para la tramitación efectiva de estos procesos.

En el ámbito procesal penal, los letrados de la Administración de Justicia tienen una responsabilidad crucial en la tramitación y práctica de actos de comunicación, así como en la realización de diligencias de investigación como la entrada y registro y los cotejos durante la instrucción. Se encargan de la tramitación en el periodo intermedio del procedimiento abreviado tras la finalización de diligencias previas y señalan la fecha para la celebración del juicio. Además, tienen un papel importante en el control de las anotaciones en el SIRAJ, una plataforma diseñada para garantizar la comunicabilidad de medidas cautelares y penas impuestas en procesos penales, asegurando que las Fuerzas y Cuerpos de Seguridad del Estado estén informados.

En los ámbitos procesales contencioso-administrativo y social, los letrados de la Administración de Justicia asumen competencias similares a las del ámbito procesal civil, destacando en la fe pública, la documentación y la ejecución. En la Jurisdicción Social, los actos de conciliación adquieren una especial relevancia.

En el marco de la jurisdicción voluntaria, los letrados de la Administración de Justicia tienen competencias para resolver numerosos expedientes que no involucran contienda entre partes, requiriendo la intervención de una autoridad pública[43]. La Ley de Jurisdicción Voluntaria de 2015 implementó esta visión, otorgando a los letrados de la Administración de Justicia la resolución de varios expedientes, incluyendo la habilitación para comparecer en juicio, la declaración de ausencia y fallecimiento, el albaceazgo, la designación de contadores-partidores dativos, la consignación, el deslinde de fincas, las subastas voluntarias, y otros procedimientos relacionados con la administración de sociedades y la conciliación.

Además de sus funciones procesales, los letrados de la Administración de Justicia también desempeñan un papel crucial en la gestión del Registro Civil. Según la Ley del Registro Civil de 2011, las plazas de Encargados del Registro Civil se proveerán entre los letrados de la Administración de Justicia, gestionadas por el Ministerio de Justicia. Este rol incluye la administración de la Oficina Central del Registro Civil y otras oficinas generales ubicadas en localidades con Registros Civiles Exclusivos, también gestionadas por el Ministerio mediante libre designación.

En definitiva, los Letrados de la Administración de Justicia son esenciales para el funcionamiento eficiente y justo del sistema judicial español. Su amplio rango de competencias en diversas áreas procesales y su creciente responsabilidad en la jurisdicción voluntaria y el Registro Civil reflejan su importancia y la necesidad de su papel en la administración de justicia.

La figura del letrado de la Administración de Justicia es crucial para el buen funcionamiento del sistema judicial. Al igual que un guionista y un director son esenciales para la creación de una película, el letrado es esencial para la tramitación y resolución de los asuntos que se encuentran en manos de los juzgados y tribunales. Su trabajo garantiza que los procesos sean justos, eficientes y conformes a derecho.

43 La Consulta de la Fiscalía General del Estado 1/2004 subrayó la necesidad de una mayor atribución de competencias decisorias a los letrados de la Administración de Justicia en procedimientos no contenciosos, como actos de conciliación y jurisdicción voluntaria, para aliviar la carga de trabajo de los jueces y aprovechar la formación jurídica de los letrados de la Administración de Justicia.

El reconocimiento de la importancia del letrado de la Administración de Justicia es fundamental para una comprensión completa del sistema judicial. Su labor no solo facilita el desarrollo ordenado del proceso, sino que también garantiza la protección de los derechos de las partes y la correcta aplicación de la ley. Al igual que una película exitosa depende de un buen guion y una dirección eficaz, un proceso judicial justo y eficiente depende del trabajo diligente y competente del letrado de la Administración de Justicia.

2.8. Un enfoque integral para la Administración de Justicia

Ciertamente, la comparación entre los letrados de la Administración de Justicia y los guionistas y directores en el mundo del cine nos permite apreciar mejor la complejidad y la importancia de su labor. Ambos roles son esenciales para el éxito de sus respectivos campos, proporcionando estructura, dirección y coherencia. Reconocer y valorar la contribución de los letrados de la Administración de Justicia es crucial para una comprensión completa y justa del sistema judicial.

Al igual que una película bien hecha puede emocionar y entretener, un proceso judicial bien llevado puede impartir justicia y mantener el orden social. El letrado de la Administración de Justicia, en su doble papel de guionista y director, asegura que cada parte del proceso se desarrolle conforme a las normas establecidas, garantizando la equidad y la justicia en cada caso. Esta perspectiva cinematográfica nos ayuda a valorar la intricada y meticulosa naturaleza del proceso judicial, destacando la importancia de cada paso y la interrelación de todos los elementos que lo componen.

3. Principios que informan la actuación del letrado de la Administración de Justicia

3.1. Consideraciones generales

Para comprender la labor del letrado de la Administración de Justicia, resulta fundamental analizar los principios que guían su actuación. Estos principios no solo aseguran la correcta tramitación de los procesos judiciales, sino que también garantizan la integridad y la equidad del sistema judicial. Al igual que un guionista y un director en el cine, el letrado de la Administración de Justicia desempeña un papel central en la narrativa judicial, estructurando y dirigiendo cada fase del proceso con el fin de asegurar un resultado justo y conforme a la ley. Estos principios actúan como el marco que orienta su conducta y decisiones, asegurando que el sistema judicial funcione de manera eficiente y justa.

El letrado de la Administración de Justicia tiene la responsabilidad de documentar y certificar todos los actos procesales del órgano jurisdiccional, asegurando que cada etapa del proceso se realice de acuerdo con la ley. Este rol es comparable al del guionista que, aunque tiene la libertad de desarrollar la historia, debe hacerlo dentro de los límites establecidos por el género y las expectativas del público. De esta manera, ambos profesionales aseguran que el producto final, ya sea una película o un proceso judicial, sea coherente y satisfactorio.

Además, la labor del letrado de la Administración de Justicia implica una constante interacción con otros profesionales del sistema judicial, como jueces, abogados y procuradores, similar a cómo un guionista o un director trabaja en estrecha colaboración con los actores y otros miembros del equipo de producción. Esta colaboración es esencial para garantizar que todas las acciones se realicen de manera coordinada y eficiente, asegurando que se respeten los derechos de todas las partes implicadas.

En el ámbito judicial, esta colaboración permite que el letrado desempeñe su función de manera efectiva, asegurando que cada acto procesal esté documentado de manera precisa y que se mantenga un registro claro de todas las actuaciones. Esta documentación es crucial para mantener la transparencia y la trazabilidad del proceso judicial, permitiendo que todas las partes tengan acceso a la información necesaria y protegiendo los derechos de las partes implicadas.

3.2. Legalidad e imparcialidad

Los letrados de la Administración de Justicia deben desempeñar sus funciones con sujeción a los principios de legalidad e imparcialidad en todo momento[44]. Este compromiso asegura que todas sus acciones se desarrollen dentro del marco legal establecido, garantizando así que sus decisiones sean ajustadas al ordenamiento jurídico. La importancia de estos principios radica en mantener la confianza del público en el sistema judicial. Los letrados deben actuar sin favoritismos y sin dejarse influenciar por intereses externos, lo que les permite tomar decisiones objetivas y basadas únicamente en la ley y los hechos alegados y acreditados en el marco de sus competencias.

La legalidad es el pilar que sostiene la estructura del sistema judicial. Al adherirse estrictamente a las leyes y reglamentos, los letrados aseguran que el proceso judicial se desarrolle de manera ordenada y predecible, protegiendo los derechos de todas las partes involucradas. Este principio es esencial para garantizar que el resultado del proceso sea cuidadosamente configurado. Los letrados deben estar constantemente actualizados con las reformas legislativas y los desarrollos jurisprudenciales para asegurar que sus decisiones reflejen el estado actual del Derecho.

44 Véase el artículo 452.1 de la Ley Orgánica del Poder Judicial.

La imparcialidad, por otro lado, es crucial para mantener la objetividad en la toma de decisiones. Los letrados deben evitar cualquier tipo de influencia externa que pueda comprometer su juicio. Al actuar de manera imparcial, aseguran que todas las partes tengan una oportunidad justa de presentar sus argumentos y pruebas. Ello es similar a cómo un guionista debe garantizar que la narrativa de la película sea coherente y justa, respetando las reglas del género y las expectativas del público.

En el cine, el guionista también debe seguir ciertas normas y convenciones para asegurarse de que la historia que está contando sea coherente y fiel a la visión original del proyecto. Aunque el guionista tiene la libertad de crear y desarrollar la trama, debe hacerlo de manera que respete las expectativas del público y las reglas establecidas por el género cinematográfico. Por ejemplo, en una película de misterio, el guionista debe garantizar que los elementos clave de la trama se desarrollen de manera lógica y que el desenlace sea satisfactorio y coherente con los eventos anteriores. De manera similar, el letrado de la Administración de Justicia debe asegurar que cada acto procesal se realice conforme a las normas legales, creando un «guion» judicial que garantice un proceso justo y transparente.

3.3. Autonomía e independencia

Los letrados de la Administración de Justicia actúan con autonomía e independencia en el ejercicio de la fe pública judicial[45]. Ello significa que tienen la autoridad exclusiva para documentar y certificar actos procesales sin necesidad de testigos adicionales. Esta autonomía es crucial para garantizar la autenticidad y la integridad de los procedimientos judiciales. Los letrados deben ser capaces de tomar decisiones independientes basadas en su propio juicio y conocimiento profesional, lo que les permite actuar de manera imparcial y objetiva.

La autonomía les permite ejercer su función sin interferencias, asegurando que los actos procesales se realicen de acuerdo con la ley y sin presiones externas[46]. De manera similar, un guionista y el director deben tener la libertad creativa para desarrollar la historia según su visión. Aunque deben colaborar con los productores y otros miembros del equipo, el guionista necesita un espacio considerable para explorar su creatividad y asegurar que la narrativa sea auténtica y original. Esta independencia creativa permite al guio-

45 Véase el artículo 452.1 de la Ley Orgánica del Poder Judicial en relación con el artículo 3.2 del Reglamento Orgánico del Cuerpo de Secretarios Judiciales de 2005.

46 Ello es fundamental para mantener la confianza del público en el sistema judicial, ya que asegura que las decisiones sean ajustadas a la norma aplicable. La independencia del letrado garantiza que sus certificaciones y documentación sean fiables y auténticas, proporcionando una base sólida para la Administración de Justicia.

nista desarrollar personajes complejos y tramas intrigantes que capturen la atención del público. Al igual que el letrado en su ámbito, el guionista debe garantizar que su trabajo sea fiel y coherente, respetando la integridad de la historia.

La autonomía y la independencia del letrado de la Administración de Justicia son esenciales para garantizar que el proceso judicial se desarrolle de manera justa y transparente. Al actuar con independencia, los letrados aseguran que sus decisiones y certificaciones sean objetivas y basadas únicamente en los hechos y la ley. Ello es similar a cómo un guionista debe tener la libertad de desarrollar la trama de la película sin interferencias, asegurando que la narrativa sea coherente y auténtica.

3.4. Unidad de actuación y dependencia jerárquica

En sus funciones de dirección técnico-procesal, los letrados deben actuar bajo los principios de unidad de actuación y dependencia jerárquica[47]. Este equilibrio es fundamental para asegurar que las actividades de la oficina judicial se desarrollen de manera eficiente y coordinada. Los letrados deben colaborar con otros profesionales del sistema judicial y seguir las directrices de sus superiores jerárquicos para garantizar que todas las acciones se alineen con los objetivos generales de la administración de justicia. Esta colaboración es esencial para mantener la coherencia y la calidad del servicio de justicia.

La unidad de actuación asegura que todos los letrados trabajen de manera coordinada, siguiendo los mismos protocolos y normas reglamentarias[48]. Ello es crucial para mantener la consistencia y la predictibilidad en la administración de justicia. Al actuar de manera unificada, los letrados pueden asegurar que los procesos judiciales se desarrollen de manera ordenada y eficiente, minimizando los errores y las inconsistencias.

La dependencia jerárquica, por otro lado, asegura que los letrados sigan las directrices y políticas establecidas por sus superiores[49]. Ello es esencial para asegurar que todas las acciones se alineen con los objetivos y prioridades de la administración de justicia. La dependencia jerárquica proporciona un marco estructurado dentro del cual los letrados pueden ejercer su auto-

47 Véanse los artículos 440 y 452 de la Ley Orgánica del Poder Judicial y 3.3 del Reglamento Orgánico del Cuerpo de Secretarios Judiciales de 2005.

48 El problema es que, muchas veces, no se trabaja con los mismos medios, ocasionando ello grandes desigualdades, como se señala en Dolado Pérez, A.: «Hacia una administración de justicia asimétrica», *Práctica de tribunales: revista de derecho procesal civil y mercantil*, N.° 83, 2011, p. 3. También resalta lo indicado en Velilla, N.: *Así funciona la Justicia. Verdades y mentiras en la Justicia española*, Arpa, Barcelona, 2021, pp. 110 y 111.

49 Véase el artículo 463 de la Ley Orgánica del Poder Judicial.

nomía y tomar decisiones independientes. Este equilibrio entre autonomía y jerarquía es crucial para asegurar que el sistema judicial funcione de manera eficiente y justa.

En el mundo del cine, el director y el guionista también deben encontrar un equilibrio entre su autonomía creativa y la necesidad de colaborar con otros miembros del equipo de producción. Aunque el guionista tiene la responsabilidad de crear y desarrollar la trama, al igual que el director tiene que coordinar las interpretaciones y las grabaciones, debe hacerlo de manera que se alinee con la visión del director y las expectativas de los productores. Esta colaboración asegura que todos los elementos de la película, desde la narrativa hasta la dirección artística, estén cohesivamente integrados. Al igual que en el ámbito judicial, esta unidad de actuación y dependencia jerárquica es crucial para la coherencia y el éxito del proyecto cinematográfico.

La unidad de actuación y la dependencia jerárquica en el ámbito judicial aseguran que los letrados trabajen de manera coordinada y eficiente, siguiendo las mismas normas y procedimientos. Ello es esencial para mantener la coherencia y la calidad del servicio judicial. Al colaborar estrechamente con otros profesionales del sistema judicial y seguir las directrices de sus superiores, los letrados pueden asegurar que el proceso judicial se desarrolle de manera ordenada y justa.

Ciertamente, la labor del letrado de la Administración de Justicia está guiada por principios fundamentales que aseguran la integridad y la equidad del sistema judicial. Estos principios, que incluyen la legalidad, la imparcialidad, la autonomía, la independencia, la unidad de actuación y la dependencia jerárquica, son esenciales para garantizar que el proceso judicial se desarrolle de manera justa y transparente. Al igual que un guionista y un director en el cine, el letrado desempeña un papel central en la narrativa judicial, estructurando y dirigiendo cada fase del proceso para asegurar un resultado justo y conforme a la ley.

4. El papel del letrado de la Administración de Justicia como guionista y director

4.1. La elaboración del guion procesal

En una película, el guionista tiene la tarea crucial de desarrollar la trama, los diálogos y las descripciones que servirán como base del proyecto cinematográfico. Este rol implica no solo creatividad, sino también una meticulosa planificación y atención al detalle. De manera similar, el letrado de la Administración de Justicia desempeña una función análoga en la elaboración del «guion» procesal, asegurando que cada fase del proceso esté claramente definida y que se sigan los procedimientos establecidos con precisión y exactitud.

El guion procesal incluye la preparación de actas, la organización y presentación de pruebas, la coordinación de vistas y juicios o audiencias, así como la gestión de otros aspectos fundamentales del proceso judicial. La precisión y la claridad en la elaboración del guion procesal son esenciales para garantizar que todas las partes involucradas comprendan claramente sus roles y responsabilidades. Un guion bien estructurado y detallado permite que el proceso judicial se desarrolle de manera ordenada y eficiente, minimizando el riesgo de errores y asegurando que se respeten los derechos de todas las partes implicadas.

Al igual que un buen guionista debe prever cómo se desarrollarán los eventos en una película y anticipar posibles giros en la trama, el letrado de la Administración de Justicia debe anticipar posibles complicaciones en el proceso judicial. Ello implica estar preparado para resolver cualquier problema que pueda surgir de manera efectiva y rápida, manteniendo siempre la integridad y fluidez del proceso. Así, el letrado actúa como una figura clave que garantiza que el desarrollo del caso se lleve a cabo sin contratiempos, respetando los principios de legalidad y justicia.

Además, la elaboración del guion procesal requiere una comprensión profunda de las leyes y reglamentos aplicables, así como una capacidad para comunicarse de manera efectiva con todas las partes involucradas, incluidos jueces, abogados, testigos y otras figuras procesales. Esta comunicación efectiva es fundamental para asegurar que el proceso judicial se desarrolle de manera transparente y justa, facilitando la resolución de conflictos y la administración de justicia de manera equitativa.

4.2. La dirección del proceso judicial

El director de una película toma el guion y lo transforma en una obra visual, coordinando a los actores, el equipo técnico y los recursos disponibles para realizar la visión del guionista. Este rol implica no solo una comprensión artística y técnica del cine, sino también habilidades de liderazgo y gestión de equipos. De manera similar, el letrado de la Administración de Justicia toma el marco legal y lo aplica al caso concreto, coordinando a las partes procesales, los tiempos y las actuaciones necesarias para que el proceso avance de manera ordenada y eficiente.

En su papel de director del proceso judicial, el letrado de la Administración de Justicia debe asegurarse de que cada acto procesal se realice según lo planeado, resolviendo cualquier problema que surja durante la tramitación. Ello incluye la gestión de plazos, la notificación de resoluciones, la organización de la agenda de señalamientos en coordinación con el juez o tribunal, y la supervisión de la ejecución de las resoluciones procesales, resaltando los procesos judiciales de ejecución, especialmente en el ámbito civil[50]. La habilidad

50 Robles Garzón, J. A.: «Los procesos de ejecución: actividad ejecutiva», en *Conceptos de derecho procesal civil* / coord. por Robles Garzón, J. A., 2017, pp. 551-566, p. 557. La tras-

del letrado para dirigir el proceso judicial de manera efectiva es crucial para garantizar que se respeten los principios de legalidad, imparcialidad y justicia.

El letrado de la Administración de Justicia debe poseer una comprensión detallada y profunda del derecho, así como la capacidad para aplicar este conocimiento a situaciones concretas y diversas. Esta aplicación práctica del derecho requiere no solo conocimientos técnicos, sino también habilidades interpersonales y de gestión. Por ejemplo, el letrado debe coordinar y comunicarse con jueces, abogados, partes implicadas y otros empleados de la Administración de Justicia, asegurando que todos estén alineados y que el proceso judicial se desarrolle sin contratiempos.

Además, el letrado debe ser capaz de manejar situaciones imprevistas y adaptarse rápidamente a cambios en el caso o en la legislación aplicable. Esta capacidad de adaptación es esencial para mantener la integridad del proceso judicial y asegurar que todos los actos procesales se lleven a cabo de acuerdo con la ley. En resumen, el letrado de la Administración de Justicia actúa como el director de una compleja obra judicial, guiando y coordinando cada aspecto del proceso para garantizar una administración de justicia eficiente, adecuada.

5. La importancia de la documentación y la certificación de actos procesales

5.1. El rol del letrado de la Administración de Justicia en la documentación

La documentación precisa y detallada de los actos procesales es una de las funciones más importantes del letrado de la Administración de Justicia[51]. Al igual que un guionista documenta cada detalle de la trama y los diálogos de una película, el letrado debe registrar cada acto procesal de manera clara y exhaustiva. Esta documentación incluye actas de audiencias, resoluciones judiciales, y cualquier otro documento relevante para el caso. La meticulosidad y la atención al detalle en esta tarea son cruciales para asegurar que todos los aspectos del proceso judicial queden reflejados de manera fiel y completa en los registros oficiales.

Una documentación adecuada garantiza la transparencia y la trazabilidad del proceso judicial, permitiendo que todas las partes tengan acceso a la información necesaria y que se mantenga un registro claro de todas las actuaciones. Ello es fundamental no solo para la correcta administración de

cendencia de la ejecución de resoluciones judiciales es ineludible, como se manifiesta en DE DIEGO DÍEZ, L. A.: *Sin ejecución del fallo no hay justicia*, *Fe d'Erratas*, Madrid, 2016, p. 27.

51 Véanse los artículos 453, 454 y 456 de la Ley Orgánica del Poder Judicial.

justicia, sino también para la protección de los derechos de las partes implicadas. Cuando cada acto procesal está debidamente documentado, cualquier revisión posterior del caso puede llevarse a cabo con una comprensión completa y precisa de lo que ocurrió en cada etapa del proceso.

Además, la documentación detallada facilita la supervisión y el control de las actuaciones judiciales, asegurando que se cumplan las normas procesales y que las decisiones judiciales se basen en un registro claro y detallado de los hechos y procedimientos. Esta función es esencial para asegurar que el proceso judicial sea cuidadosamente configurado, y para proteger los derechos de las partes implicadas. Un letrado que realiza esta tarea con diligencia contribuye significativamente a la integridad del sistema judicial.

En el mundo del cine, un director debe hacer algo muy similar con la ayuda de sus asistentes, controlando el metraje, las escenas grabadas y regrabadas, y las que quedan pendientes. Este control meticuloso asegura que la visión del guionista se materialice de manera coherente en la película final. Cada toma debe ser registrada y organizada para que el proceso de edición pueda desarrollarse sin problemas, garantizando que cada escena se ensamble en el orden correcto y con la intención narrativa deseada.

El letrado de la Administración de Justicia, en su papel de documentador, también debe asegurarse de que todos los documentos sean accesibles y comprensibles para las partes implicadas y para cualquier otra persona que pueda necesitar consultarlos en el futuro. Ello incluye la preparación de actas claras y concisas, la organización de pruebas documentales, y la elaboración de resoluciones judiciales que expliquen de manera detallada y fundamentada las decisiones tomadas.

5.2. La certificación de actos procesales

La certificación de actos procesales es otra función crucial del letrado de la Administración de Justicia[52]. Esta actuación garantiza la autenticidad y la integridad de los actos procesales, asegurando que se realicen conforme a derecho y que sean válidos a todos los efectos legales. Al igual que un guionista debe asegurarse de que cada elemento de la trama sea coherente y creíble, el letrado debe certificar que cada acto procesal se realice conforme a las normas legales establecidas. Esta tarea requiere un profundo conocimiento de la legislación vigente y una atención meticulosa a los detalles para asegurar que cada acto procesal cumpla con todos los requisitos legales necesarios.

Debe tenerse presente que la certificación de actos procesales también proporciona una garantía adicional de imparcialidad y objetividad, ya que asegura que todas las actuaciones se realicen de manera adecuada. Esta función es esencial para mantener la confianza del público en el sistema judi-

52 Véanse los artículos 453.2 y 454.3 de la Ley Orgánica del Poder Judicial.

cial y para garantizar que el proceso judicial se desarrolle de manera transparente y conforme a derecho. Cuando un letrado certifica un acto procesal, está atestiguando que se ha llevado a cabo de manera correcta y que cumple con todas las normativas aplicables, lo cual es crucial para la validez y legitimidad del procedimiento judicial.

Por ejemplo, la certificación de la recepción y entrega de documentos importantes, como citaciones, notificaciones y resoluciones judiciales, es una parte integral de esta función. El letrado debe asegurarse de que todos estos documentos se entreguen y reciban correctamente, y que se mantenga un registro preciso de estas transacciones. Esta certificación asegura que todas las partes implicadas estén debidamente informadas de las actuaciones procesales y que puedan ejercer sus derechos y cumplir con sus obligaciones en el proceso judicial.

Además, la certificación de los actos procesales también implica la verificación de la autenticidad de los documentos presentados en el proceso. Ello incluye la comprobación de firmas, sellos y cualquier otro elemento que pueda ser necesario para asegurar que los documentos sean genuinos y válidos. Esta tarea es esencial para prevenir fraudes y asegurar que el proceso judicial se base en pruebas y documentos auténticos.

En el mundo del cine, un guionista y un director deben asegurar que cada elemento de la trama sea coherente y creíble. Ello implica una revisión constante y meticulosa de cada detalle de la historia, los personajes y los diálogos, asegurando que todo tenga sentido dentro del contexto de la película. De manera similar, el letrado de la Administración de Justicia debe revisar y certificar cada acto procesal para asegurar que se realice conforme a las normas legales establecidas y que sea válido a todos los efectos legales.

La certificación de actos procesales también incluye la elaboración de informes y certificaciones oficiales que documentan el cumplimiento de las normativas legales y procesales. Estos informes son esenciales para proporcionar un registro claro y detallado de las actuaciones procesales, y para asegurar que todas las partes tengan acceso a la información necesaria para defender sus derechos y cumplir con sus obligaciones en el proceso judicial.

6. La colaboración y la coordinación para el proceso judicial

6.1. La colaboración con otros profesionales del sistema judicial

El letrado de la Administración de Justicia no opera en un entorno aislado; su labor se desarrolla en un contexto de colaboración constante con diversos profesionales del sistema judicial, incluyendo jueces, fiscales, abogados, procuradores y otros empleados de la Administración de Justicia[53]. Esta colaboración es fundamental para asegurar que todas las actuaciones procesales se lleven a cabo de manera coordinada y eficiente, y para garantizar que se respeten plenamente los derechos de las partes implicadas en el proceso.

La interacción entre el letrado de la Administración de Justicia y los jueces es especialmente crucial. Los jueces, como máximos responsables de dictar sentencia, dependen en gran medida del trabajo preparatorio y la gestión del proceso realizada por el letrado. Este último se encarga de preparar los expedientes, organizar las pruebas y coordinar las vistas, asegurándose de que toda la documentación necesaria esté disponible y en orden. Una relación de colaboración fluida y eficiente entre el letrado y el juez contribuye significativamente a la calidad y celeridad de la administración de justicia.

Los fiscales, encargados de velar por la legalidad y de representar el interés público, también son colaboradores esenciales del letrado de la Administración de Justicia. En muchos casos, es necesario coordinar con los fiscales la presentación de pruebas, la preparación de testimonios y la organización de juicios o audiencias. Esta colaboración permite que el proceso se desarrolle de manera ordenada y que se respeten los derechos tanto de la acusación como de la defensa, garantizando un juicio justo y equilibrado.

Además, los abogados y procuradores, como representantes legales de las partes, trabajan estrechamente con el letrado de la Administración de Justicia. Estos profesionales presentan documentos y solicitudes que deben ser gestionados y tramitados de manera eficiente por el letrado. La comunicación constante y la cooperación entre el letrado y los abogados y procuradores son fundamentales para asegurar que todas las actuaciones procesales se realicen conforme a derecho y dentro de los plazos establecidos.

Por último, el letrado de la Administración de Justicia coordina la labor de los funcionarios de la oficina judicial, los gestores procesales, tramitadores procesales y auxilios judiciales[54]. Estos empleados públicos desempeñan tareas esenciales para el desarrollo del proceso, como la recepción y registro de documentos, la notificación de resoluciones y la gestión de expedientes. La coordinación y supervisión de estas actividades por parte del letrado aseguran que el proceso judicial se desarrolle de manera fluida y eficiente, respetando siempre los principios de legalidad y transparencia.

---

53 Debe aludirse en este sentido a la configuración de la oficina judicial como elemento organizativo que se dirige por el letrado de la Administración de Justicia.

54 Véase el artículo 457 de la Ley Orgánica del Poder Judicial.

6.2. La coordinación de actuaciones y recursos personales y materiales

La coordinación de actuaciones y medios es otra función crucial del letrado de la Administración de Justicia[55]. Al igual que un director de cine coordina a los actores, el equipo técnico y los recursos disponibles para realizar la visión del guionista, el letrado debe coordinar las actuaciones de las partes procesales, los plazos y los recursos judiciales para asegurar que el proceso avance de manera ordenada y eficiente.

El letrado de la Administración de Justicia debe tener una habilidad excepcional para la gestión y la resolución de problemas. Esta capacidad es esencial para anticipar y resolver incidentes procesales, asegurando que se cumplan los plazos y que cada actuación se realice conforme a derecho. En este sentido, el letrado debe estar preparado para enfrentar y gestionar cualquier tipo de contingencia que pueda surgir durante el proceso judicial, desde la necesidad de reprogramar una audiencia hasta la incorporación de nuevas pruebas o la resolución de conflictos entre las partes.

La coordinación efectiva de los recursos personales y materiales es fundamental para el buen desarrollo del proceso judicial. Ello incluye la gestión del personal al servicio de la Administración de Justicia, como los gestores procesales, tramitadores y auxilios judiciales, quienes desempeñan funciones esenciales en la tramitación de los expedientes y en la realización de los actos procesales. El letrado debe asegurarse de que estos funcionarios cuenten con la información y los recursos necesarios para desempeñar sus funciones de manera eficiente y conforme a la normativa vigente.

Además, el letrado de la Administración de Justicia debe coordinar el uso de los recursos materiales disponibles, como las salas de juicios, equipos de grabación y otros medios tecnológicos. La correcta gestión de estos recursos es esencial para asegurar que los juicios y vistas se realicen en las condiciones adecuadas y que todas las actuaciones procesales queden debidamente documentadas.

La capacidad del letrado para coordinar el proceso judicial de manera efectiva resulta crucial para garantizar que se respeten los principios de legalidad e imparcialidad. Esta labor de coordinación contribuye a asegurar que el proceso se desarrolle de manera transparente, protegiendo los derechos de todas las partes implicadas y garantizando una administración de justicia eficiente y equitativa. La habilidad para gestionar los recursos y coordinar las actuaciones procesales de manera eficiente permite que el proceso judicial avance sin dilaciones indebidas y que se alcance una resolución justa y oportuna del caso.

55 Ello guarda relación con el artículo 454.2 de la Ley Orgánica del Poder Judicial.

7. La formación y el desarrollo profesional del letrado de la Administración de Justicia

7.1. La importancia de la formación continua

La formación continua es un pilar fundamental para garantizar que los letrados de la Administración de Justicia puedan desempeñar sus funciones de manera efectiva y conforme a derecho. Este aspecto de su carrera profesional no solo les permite mantenerse actualizados con las últimas reformas legales y los desarrollos jurisprudenciales, sino que también asegura que sus conocimientos y habilidades evolucionen al ritmo de los cambios en el sistema judicial.

En el ámbito cinematográfico, tanto los guionistas como los directores deben estar al tanto de las nuevas tendencias y técnicas emergentes para crear películas que resuenen con el público actual. Del mismo modo, el letrado de la Administración de Justicia debe estar al día con las últimas modificaciones legislativas, avances en la interpretación de las leyes y las innovaciones tecnológicas que puedan impactar su trabajo diario. Este compromiso con la formación continua no es opcional, sino una necesidad imperiosa para garantizar que los procedimientos judiciales se lleven a cabo con la máxima eficiencia y precisión.

La formación continua permite a los letrados de la Administración de Justicia desarrollar y perfeccionar sus habilidades y conocimientos, proporcionando las herramientas necesarias para anticipar y resolver problemas de manera efectiva. Este enfoque proactivo en su desarrollo profesional asegura que puedan gestionar el proceso judicial de manera adecuada, respetando siempre los derechos de las partes implicadas. Por ejemplo, la formación en nuevas tecnologías de la información puede permitir a un letrado manejar de manera más eficiente los sistemas de gestión de expedientes judiciales, lo cual resulta en una tramitación más rápida y segura de los casos[56].

Además, la formación continua fomenta una cultura de aprendizaje y adaptación constante, lo que es crucial en un entorno legal que está en cons-

---

56 Esta materia, precisamente, constituye un desafío, como puede verse con lo indicado en González Caballero, C. J. & Gimeno Ruiz, Á.: «La era de la justicia digital y las nuevas tecnologías en la Administración de Justicia», *Revista Acta Judicial*, N.º 1, 2018, pp. 72-88, p. 75. Además, existe el problema del reparto de competencias en materia de justicia y de aportación de medios, incluso los digitales, como se resalta en Berbell, C.: «¿Interoperabilidad o integración de los sistemas de gestión procesal? El Ministerio y las 12 consejerías de Justicia ante la decisión», *Confilegal*, 5 de octubre de 2020. Recuperado de https://confilegal.com/20201105-interoperabilidad-o-integracion-de-los-sistemas-de-gestion-procesal-el-ministerio-y-las-12-consejerias-de-justicia-ante-la-decision/ (consultado el día 7 de julio de 2024).

tante evolución. Nuevas leyes, modificaciones de las existentes y cambios en la interpretación de las normativas judiciales son aspectos que los letrados deben comprender y aplicar de inmediato en su trabajo. Sin una formación continua, los letrados corren el riesgo de quedar desactualizados, lo que podría afectar negativamente la calidad de sus decisiones y su acierto en los procesos que supervisan[57].

La formación continua también tiene un impacto significativo en la motivación y la moral del personal al servicio de la Administración de Justicia. Al ofrecer oportunidades de desarrollo profesional, se promueve un entorno de trabajo más dinámico y estimulante, donde los letrados se sienten valorados y apoyados en su crecimiento profesional. Ello no solo mejora su desempeño individual, sino que también contribuye a la eficiencia y la eficacia del sistema judicial en su conjunto.

7.2. El desarrollo de habilidades profesionales

Además de la formación continua, el desarrollo de habilidades profesionales específicas es crucial para el éxito del letrado de la Administración de Justicia. Este desarrollo no se limita a la adquisición de conocimientos técnicos y legales, sino que abarca una amplia gama de competencias que son esenciales para la gestión efectiva del proceso judicial. Estas habilidades incluyen la gestión del tiempo, la resolución de problemas, la comunicación efectiva, la toma de decisiones, y la capacidad de trabajar en equipo, entre otras[58].

Por ejemplo, las habilidades de gestión son vitales para que un letrado de la Administración de Justicia pueda coordinar eficientemente las múltiples tareas y responsabilidades que conlleva su rol. Ello incluye la organización del equipo de la oficina, la supervisión de la tramitación de expedientes y la coordinación con otros profesionales del sistema judicial. Una buena gestión del tiempo permite a los letrados cumplir con los plazos legales y asegurar que todas las actuaciones procesales se realicen de manera oportuna y efectiva.

La resolución de problemas es otra habilidad clave que los letrados deben desarrollar. El proceso judicial está lleno de desafíos imprevistos y situaciones complejas que requieren soluciones rápidas y efectivas. En este sentido, los letrados deben estar capacitados para identificar los problemas a medida

57 Precisamente, puede atenderse al artículo 454.5 de la Ley Orgánica del Poder Judicial.

58 Todo ello se deriva de las necesidades propias que se deducen del artículo 457 de la Ley Orgánica del Poder Judicial, por el que se determina lo siguiente: «Los letrados de la Administración de Justicia dirigirán en el aspecto técnico-procesal al personal integrante de la Oficina judicial, ordenando su actividad e impartiendo las órdenes e instrucciones que estime pertinentes en el ejercicio de esta función».

que surgen, analizar las posibles soluciones y tomar decisiones informadas que garanticen la continuidad y la justicia del proceso judicial[59].

La comunicación efectiva es igualmente esencial para el rol de un letrado de la Administración de Justicia. Este profesional debe ser capaz de comunicarse claramente con jueces, abogados, fiscales y otros empleados de la Administración de Justicia, así como con las partes implicadas en el proceso. Una comunicación clara y precisa ayuda a evitar malentendidos y asegura que todas las partes comprendan sus roles y responsabilidades[60]. Además, una comunicación eficaz puede facilitar la resolución de conflictos y mejorar la cooperación entre los distintos actores del sistema judicial.

El desarrollo de habilidades de toma de decisiones también es fundamental. Los letrados de la Administración de Justicia frecuentemente se enfrentan a decisiones críticas que pueden tener un impacto significativo en el curso del proceso judicial. Desarrollar la capacidad de tomar decisiones bien formadas y adecuadas, basadas en un análisis cuidadoso de los hechos y las leyes aplicables, es esencial para garantizar la equidad y la justicia en cada caso.

Finalmente, la capacidad de trabajar en equipo es una competencia crucial. El sistema judicial es un entorno colaborativo en el que la cooperación y la coordinación entre diferentes profesionales son esenciales para el buen funcionamiento del proceso. Los letrados deben ser capaces de trabajar eficazmente con otros miembros del personal al servicio de la Administración de Justicia, así como con los abogados, fiscales y demás partes implicadas, para asegurar que el proceso judicial se desarrolle de manera ordenada y conforme a derecho.

8. Conclusión

El letrado de la Administración de Justicia desempeña un papel fundamental en el funcionamiento del sistema judicial, asegurando que todos los procesos judiciales se desarrollen de manera eficiente, eficaz y transparente. Este profesional actúa bajo principios de legalidad, imparcialidad, autonomía y coordinación, gestionando una amplia gama de funciones que son esenciales para la administración de justicia. De manera similar, el guionista y el director en el mundo del cine desempeñan una labor crucial en la creación

59 Por ejemplo, en caso de que, en un proceso civil, un medio de prueba que se pueda considerar relevante no esté disponible el día del juicio o la vista, el letrado de la Administración de Justicia debe ser capaz de encontrar una solución que no comprometa la integridad del proceso, comunicando tal circunstancia al juez y valorando la posibilidad de suspensión o abrir un canal de comunicación con las partes.

60 Se trata, en definitiva, de garantizar un correcto cauce para la comunicación, evitando distorsiones perjudiciales en la transmisión del mensaje o falta de claridad.

y desarrollo de una película, documentando y estructurando la narrativa de manera que todos los miembros del equipo de producción puedan seguir y realizar la visión del proyecto.

En el sistema judicial español, el letrado de la Administración de Justicia tiene la responsabilidad de preparar y supervisar la documentación necesaria de cada asunto. Este acto incluye la minuta, la elaboración de actas, la organización de escritos, la celebración de comparecencias, la coordinación de audiencias y vistas o juicios y la gestión de plazos. La precisión y la claridad en la elaboración de estos documentos son esenciales para garantizar que todas las partes implicadas comprendan sus roles y responsabilidades, teniendo vital importancia la labor de los componentes de la oficina judicial. Un letrado que realice estas funciones de manera efectiva contribuye a que el proceso judicial se desarrolle sin contratiempos y de acuerdo con la ley.

Por otro lado, en el mundo del cine, el guionista es responsable de crear la historia, desarrollando los personajes y escribiendo los diálogos que serán interpretados por los actores. El director, a su vez, toma este guion y lo convierte en una obra visual, coordinando a los actores, el equipo técnico y los recursos disponibles para realizar la visión del guionista. Ambos roles requieren una comprensión profunda de los elementos narrativos y técnicos necesarios para producir una película de calidad. La colaboración entre el guionista y el director es crucial para asegurar que la película final sea coherente, emocionante y bien estructurada.

Estos profesionales, aunque operan en contextos muy diferentes, comparten la responsabilidad de asegurar la autenticidad, coherencia y efectividad de sus respectivos procesos. La comparación entre estas profesiones destaca la importancia de su labor y la necesidad de reconocimiento y valoración de su contribución esencial al sistema de justicia y al arte del cine, respectivamente. Al comprender y apreciar las complejidades y responsabilidades de sus «papeles», podemos valorar mejor el impacto significativo que tienen en la sociedad y en la cultura.

En el ámbito judicial, el letrado de la Administración de Justicia trabaja en estrecha colaboración con jueces, fiscales, abogados y otros profesionales para garantizar que el proceso se lleve a cabo de manera ordenada y conforme a derecho. Esta colaboración es esencial para mantener la integridad del sistema judicial y asegurar que se respeten los derechos de todas las partes implicadas. El letrado debe estar preparado para anticipar posibles complicaciones y resolverlas de manera efectiva, asegurando que cada fase del proceso se complete sin dilaciones indebidas y con el máximo respeto por los principios de legalidad e imparcialidad.

De manera similar, en la industria cinematográfica, el guionista y el director deben colaborar con un equipo diverso de profesionales, incluidos productores, actores, diseñadores de producción y técnicos de sonido y edición, entre otros. Cada miembro del equipo de producción tiene un papel específico que desempeñar en la creación de la película, y es responsabilidad del guionista y el director asegurarse de que todos trabajen en armonía para realizar la visión del proyecto. La coordinación efectiva de estos esfuerzos es esencial para producir una película que sea coherente, atractiva y fiel a la visión original del guion.

La comparación entre el letrado de la Administración de Justicia y los roles de guionista y director en el cine nos ayuda a comprender mejor la importancia de la colaboración y la coordinación en ambos contextos. Mientras que una película bien hecha puede emocionar y entretener al público, un proceso judicial bien llevado puede impartir justicia y mantener el orden social. Ambas profesiones requieren una atención meticulosa a los detalles, la capacidad de anticipar y resolver problemas y una comprensión profunda de los principios y normas que rigen su trabajo.

El letrado de la Administración de Justicia, en su doble papel de guionista y director, asegura que cada parte del proceso se desarrolle conforme a las normas establecidas, garantizando la equidad y la justicia en cada caso. Este enfoque meticuloso y estructurado permite que el sistema judicial funcione de manera eficiente y justa, protegiendo los derechos de las personas y manteniendo la confianza pública en la justicia.

Esta perspectiva cinematográfica nos ayuda a valorar la intricada y meticulosa naturaleza del proceso judicial, destacando la importancia de cada paso y la interrelación de todos los elementos que lo componen. Al igual que en una película, donde cada escena y cada línea de diálogo contribuyen a la historia global, en el sistema judicial cada actuación procesal, cada documento y cada decisión judicial juegan un papel crucial en la Administración de Justicia.

En «El secreto de sus ojos», la secretaria judicial Irene Menéndez Hastings, interpretada por Soledad Villamil, llega a afirmar que «mi vida entera fue mirar para adelante; atrás no es mi jurisdicción». Realmente, al igual que ocurre con guionistas y directores, el letrado de la Administración de Justicia mira hacia el futuro para tratar asuntos del pasado.

9. Bibliografía

Achón Bruñén, M.J.: «Equivocaciones más habituales de los profesionales en los juicios o vistas», *Diario La Ley*, N.º 10353, 2023.

Alcalá-Zamora y Castillo, N.: *Estampas procesales de la literatura española*, Ediciones jurídicas Europa-América, Buenos Aires, 1961.

Banacloche Palao, J.: «El objeto del proceso civil», *Aspectos fundamentales de derecho procesal civil* / Julio **Banacloche Palao** (aut.), Ignacio José **Cubillo López** (aut.), 2016, pp. 237-252.

Barona Vilar, S.: «Lección 8.ª: La demanda. Proceso Civil», en *Derecho Procesal II* / coord. por Juan Luis **Gómez Colomer**, Silvia **Barona Vilar**, 2022, pp. 168-182.

Berbell, C.: «¿Interoperabilidad o integración de los sistemas de gestión procesal? El Ministerio y las 12 consejerías de Justicia ante la decisión», *Confilegal*, 5 de octubre de 2020. Recuperado de https://confilegal.com/20201105-interoperabilidad-o-integracion-de-los-sistemas-de-gestion-procesal-el-ministerio-y-las-12-consejerias-de-justicia-ante-la-decision/ (consultado el día 7 de julio de 2024).

Calvo González, J.: «La verdad de la verdad judicial (construcción y régimen narrativo)», *Verdad*, (consultado el día narración), 1998.

De Diego Díez, L. A.: *Sin ejecución del fallo no hay justicia*, Fe d'Erratas, Madrid, 2016.

De Lucchi López-Tapia, Y.: «La capacidad de postulación», *Conceptos de derecho procesal civil* / coord. por Juan Antonio **Robles Garzón**, 2017, pp. 266-272.

Dolado Pérez, A.: «Hacia una administración de justicia asimétrica», *Práctica de tribunales: revista de derecho procesal civil y mercantil*, N.° 83, 2011.

Fernández Nieto, J.: «La fe pública no ha muerto: es garantía y seguridad jurídica del Estado dentro del proceso jurisdiccional», *Diario La Ley*, N.° 10301, 2023.

Garcia-Varela Iglesias, R.: «Hacia una nueva etapa en la administración judicial electrónica», en *Digitalización de la justicia: prevención, investigación y enjuiciamiento* / coord. por José Carlos **Muinelo Cobo**; Mercedes **Llorente Sánchez-Arjona** (dir.), Sonia **Calaza López** (dir.), 2022, pp. 269-308.

Gimeno Sendra, J. V.: *Constitución y Proceso*, Tecnos, Madrid, 1988.

González Caballero, C. J. & Gimeno Ruiz, Á.: «La era de la justicia digital y las nuevas tecnologías en la Administración de Justicia», *Revista Acta Judicial*, N.° 1, 2018, pp. 72-88.

Harari, Y. N.: *21 lecciones para el siglo XXI*, Debolsillo, Barcelona, 2018.

Martín Contreras, L.: «Sobre la fe pública y la documentación», *Indret: Revista para el Análisis del Derecho*, N.° 3, 2011, 21 pp.

Martín González, M., **Moretón Sanz, M. F.** (pr.) & **Calaza López, S.** (pr.): *Los actos procesales de comunicación y su vinculación con el efectivo ejercicio del derecho de defensa*, Dykinson, Madrid, 2023.

Martínez Guerrero, A.: «Análisis del artículo 743 de la Ley de Enjuiciamiento Criminal», *Diario La Ley*, N.° 10138, 2022.

Monserrat Molina, P. E.; **Bernabeu Pérez, I. C.**: *El reto del Letrado de la Administración de Justicia en la nueva Oficina Judicial*, Juruá Editorial, Madrid, 2021.

Nieva Fenoll, J.: *Inteligencia artificial y proceso judicial,* Marcial Pons, Madrid, 2018.

Olaso Arrillaga, F. J.: «Réquiem por la fe pública judicial en España», *Diario La Ley*, N.º 10043, 2022.

Perea González, Á.: «Blockchain y proceso civil: más allá de la jurisdicción y la fe pública judicial», *Actualidad civil*, N.º 6, 2020.

Robles Garzón, J. A.: «Los procesos de ejecución: actividad ejecutiva», en *Conceptos de derecho procesal civil* / coord. por **Robles Garzón, J. A.**, 2017, pp. 551-566.

Seoane Cacharrón, J.: *La ordenación en el proceso civil e incidencias de la ley orgánica del poder judicial*, Colex, La Coruña, 1986.

Suárez-Quiñones y **Fernández, J. C.**: «Administración de Justicia y Nuevas Tecnologías: presente y futuro», *Diario La Ley*, N.º 7421, 2010.

Utrilla Hernán, R.: «La fe pública judicial y el Secretario Judicial», *Estudios jurídicos. Cuerpo de Secretarios Judiciales*, N.º 3, 2000, pp. 433-454.

Velilla, N.: *Así funciona la Justicia. Verdades y mentiras en la Justicia española*, Arpa, Barcelona, 2021.

Villagómez Cebrián, M. A.: «Funciones del Secretario Judicial en el proceso civil: Análisis de la nueva Ley de Enjuiciamiento Civil», *Boletín del Ministerio de Justicia*, Año 54, N.º 1867, 2000, pp. 1365-1399.

GESTORES, TRAMITADORES Y AUXILIOS COMO PERSONAJES INDISPENSABLES EN LAS TRAMAS CINEMATOGRÁFICAS DEL SISTEMA JUDICIAL

Diego Fierro Rodríguez
Letrado de la Administración de Justicia
diego.fierro.ius@juntadeandalucia.es

RESUMEN: En el sistema judicial, los cuerpos de Gestión Procesal y Administrativa, Tramitación Procesal y Administrativa y Auxilio Judicial son héroes anónimos detrás del telón, como los personajes secundarios esenciales en una película con contenidos jurídicos. Los gestores procesales, con su meticulosa llevanza de procedimientos y documentación de embargos, son los que garantizan que la trama avance sin contratiempos. Los tramitadores procesales, clasificando documentos y asegurando que todo esté en orden, son como los asistentes incansables que preparan el escenario para los momentos clave. Los auxilios judiciales, manteniendo el orden y realizando notificaciones, son los guardianes del tribunal que aseguran que cada escena se desarrolle con precisión. La Ley Orgánica del Poder Judicial, en sus artículos 470 a 478, establece claramente sus roles, proporcionando el guion que les permite brillar en sus funciones, garantizando que la justicia se administre eficazmente.

ABSTRACT: In the judicial system, the corps of Procedural and Administrative Management, Procedural and Administrative Processing and Judicial Assistance are unsung heroes behind the scenes, akin to essential supporting characters in a courtroom drama. Procedural managers meticulously handle procedures and document seizures, ensuring the plot moves forward seamlessly. Procedural processors, by classifying documents and keeping everything in order, are like tireless assistants setting the stage for pivotal moments. Judicial assistants maintain courtroom order and deliver notifications, acting as the guardians ensuring each scene unfolds precisely. The Organic Law of the Judiciary, in articles 470 to 478, clearly defines their roles, providing the script that allows them to shine in their duties, ensuring justice is administered effectively.

PALABRAS CLAVE: Gestión Procesal, Tramitación Procesal, Auxilio Judicial, Administración, Justicia, procedimientos, documentos, notificaciones, ley orgánica.

KEYWORDS: Procedural Management, Procedural Processing, Judicial Assistance, Administration, Justice, procedures, seizures, documents, notifications, organic law.

1. Introducción

En el vasto y complejo entramado de la Administración de Justicia, existen figuras que, aunque a menudo permanecen invisibles para el público general, son absolutamente cruciales para el correcto y eficiente funcionamiento del sistema judicial en su totalidad. Estos profesionales, conocidos como gestores, tramitadores y auxilios, desempeñan una serie de tareas y funciones que, aunque pueden parecer secundarias o menos importantes a simple vista, son en realidad absolutamente esenciales para el adecuado desarrollo de los procedimientos judiciales.

Imaginemos por un momento el funcionamiento del sistema judicial como una gran obra de teatro o una producción cinematográfica. En este escenario, los jueces, fiscales y abogados serían los protagonistas que capturan la mayor parte de la atención del público y de los medios de comunicación. Sin embargo, al igual que en cualquier película, los personajes secundarios y el equipo de apoyo juegan un papel vital para que todo se desarrolle correctamente. Así, los gestores, tramitadores y auxilios pueden ser comparados con esos personajes secundarios en las películas sobre Derecho y juicios. Aunque no siempre están en el centro de la trama ni reciben los reflectores, su trabajo es fundamental para que la historia avance de manera coherente y efectiva. Sin ellos, el sistema no podría funcionar de manera ordenada ni alcanzar sus objetivos de impartir justicia de manera equitativa y oportuna.

La importancia de estos roles se encuentra meticulosamente detallada en la Ley Orgánica del Poder Judicial, específicamente en sus artículos 470 a 478, existiendo dependencia del Ministerio de Justicia o de la Comunidad Autónoma según la administración pública que tenga las competencias sobre la administración de la Administración de Justicia[1]. En estos preceptos, se define con gran

1 Resulta de utilidad observar el análisis recogido en Berbell, C.: «¿Interoperabilidad o integración de los sistemas de gestión procesal? El Ministerio y las 12 consejerías de Jus-

extensión cuáles son las funciones, enmarcadas como actuaciones materiales bajo la responsabilidad del letrado de la Administración de Justicia de estos cuerpos de profesionales. Este marco legal establece un conjunto claro de directrices y normas que aseguran su correcta integración y desempeño dentro del sistema judicial. De esta manera, se garantiza que cada uno de estos actores cumpla con su rol de manera eficiente, contribuyendo así al engranaje completo que es la Administración de Justicia. Este entramado normativo no solo reconoce la importancia de estos profesionales, sino que también establece las bases para su formación, desarrollo y valoración dentro del ámbito judicial.

Velilla llega a ser muy precisa en su explicación sobre los cuerpos generales de la Administración de Justicia[2]:

> «No voy a entrar en explicaciones farragosas sobre las clases de funcionarios que existen, solo decir que hay de tres tipos: gestores, tramitadores y auxilio. Los dos primeros son los que, en puridad, tramitan los asuntos con competencias diferenciadas en la Ley Orgánica del Poder Judicial, que, sin embargo, quedan indefinidas en la práctica ante la dificultad de organizar la oficina en la forma prevista por falta de medios y por exceso de litigiosidad. Estos funcionarios son los que dan cuenta al juez o al LAJ de las cuestiones que deben ser resueltas y se ocupan de tramitar las órdenes de uno y otro, notificar y emplazar a las partes. Son la cara visible del juzgado, los que tratan con los profesionales (abogados y procuradores) y los que se llevan las quejas, las malas caras y las exigencias».

Como ya se ha indicado, los gestores, tramitadores y auxilios judiciales pueden depender del Ministerio de Justicia o de la Comunidad Autónoma, según el ente competente. La Sentencia del Tribunal Constitucional 163/2012, de 20 de septiembre de 2012, afirma, por un lado, que el artículo 149.1.5 de la Constitución reserva al Estado como competencia exclusiva la Administración de Justicia, lo que «"supone, en primer lugar, extremo éste por nadie cuestionado, que el Poder Judicial es único y a él le corresponde juzgar y hacer ejecutar lo juzgado, y así se desprende del art. 117.5 de la Constitución; en segundo lugar, el gobierno de ese Poder Judicial es también único, y corresponde al Consejo General del Poder Judicial (art. 122.2 de la Constitución)", de modo que "la competencia estatal reservada como exclusiva por el art. 149.1.5 termina precisamente allí". Por el otro, establece que "no puede negarse que, frente a ese núcleo esencial de lo que debe entenderse por Administración de Justicia, existe un conjunto de medios personales y materiales que, cier-

ticia ante la decisión», *Confilegal*, 5 de octubre de 2020. Recuperado de https://confilegal.com/20201105-interoperabilidad-o-integracion-de-los-sistemas-de-gestion-procesal-el-ministerio-y-las-12-consejerias-de-justicia-ante-la-decision/ (consultado el día 7 de julio de 2024). A esta cuestión se hace plena referencia en el Real Decreto 1451/2005, de 7 de diciembre, por el que se aprueba el Reglamento de Ingreso, Provisión de Puestos de Trabajo y Promoción Profesional del Personal Funcionario al Servicio de la Administración de Justicia.

2 Velilla, N.: *Así funciona la Justicia. Verdades y mentiras en la Justicia española*, Arpa, Barcelona, 2021, p. 94.

tamente, no se integran en ese núcleo, sino que se coloca, como dice expresamente el art. 122.1, al referirse al personal, 'al servicio de la Administración de Justicia', esto es, no estrictamente integrados en ella". También indica la resolución que, en la medida en que no resultan un elemento esencial de la función jurisdiccional y del autogobierno del Poder Judicial, "cabe aceptar que las Comunidades Autónomas asuman competencias sobre esos medios personales y materiales. Ciertamente, deslindar los elementos básicos del autogobierno era una tarea difícil de realizar en el momento en que se aprobaron los Estatutos de Autonomía y eso explica que se dejara ese deslinde al legislador orgánico, sin perjuicio del hipotético control de constitucionalidad de este Tribunal", deduciendo que "lo que la cláusula subrogatoria supone es aceptar el deslinde que el Estado realiza entre Administración de Justicia en sentido estricto y 'administración de la Administración de Justicia'; las Comunidades Autónomas asumen así una competencia por remisión a ese deslinde, respetando como núcleo inaccesible el art. 149.1.5 de la Constitución, con la excepción de lo dispuesto en el art. 152.1, segundo párrafo (STC 105/2000, de 13 de abril, FJ 2)" (STC 253/2005, de 10 de octubre, FJ 5)».

Es evidente que, sin la presencia y el trabajo diligente de los gestores, tramitadores y auxilios, muchos de los procesos judiciales se verían entorpecidos o incluso paralizados, al ser eslabones una cadena en la que todos los profesionales, desde el auxilio judicial hasta el letrado de la Administración de Justicia o el juez, deben obrar de forma armónica y en consonancia con los medios y las necesidades de los ciudadanos[3]. Desde la gestión de documentos y expedientes hasta la asistencia en sala y la tramitación de procedimientos, cada una de estas tareas contribuye de manera indispensable al correcto funcionamiento de los tribunales y juzgados. Por ello, es fundamental reconocer y valorar el papel que desempeñan estos profesionales, asegurando que cuenten con los recursos y el apoyo necesarios para realizar su labor de manera óptima. Solo así podremos tener un sistema de justicia robusto, eficiente y justo para todos los ciudadanos.

2. Los Cuerpos de Gestión Procesal y Administrativa y Tramitación Procesal y Administrativa

El Cuerpo de Gestión Procesal y Administrativa desempeña una función vital en la actividad procesal de nivel superior, realizando tareas procesales propias y colaborando estrechamente con los letrados de la Administración

3 Ello guarda una gran importancia en la configuración de la Administración de Justicia que se intenta implementar, en teoría, para el futuro. Véase lo manifestado en ESPÍN LÓPEZ, I.: «Eficiencia organizativa y funcionarios de los cuerpos generales al servicio de la Administración de Justicia», *Horizonte justicia 2030: reflexiones críticas sobre los proyectos de eficiencia del Servicio Público de Justicia* / María PAULA DÍAZ PITA (dir.), 2023, pp. 90-123, p. 94.

de Justicia. Estos gestores procesales son responsables de una amplia gama de actividades que aseguran el funcionamiento eficiente y ordenado del sistema judicial. Entre sus responsabilidades, se encuentran la gestión de la tramitación de los procedimientos judiciales, la documentación de embargos y lanzamientos, y la expedición de copias de documentos no reservados. De acuerdo con el artículo 476 de la Ley Orgánica del Poder Judicial, estos gestores deben dar cuenta de los procedimientos al letrado de la Administración de Justicia, especialmente cuando ciertos aspectos requieran una interpretación de leyes o normas procesales. Además, practican y firman comparecencias, documentan embargos y lanzamientos, y elaboran notas de referencia, resumen de autos y exámenes de trámite.

Por su parte, los funcionarios y demás empleados públicos[4] pertenecientes al Cuerpo de Tramitación Procesal y Administrativa desempeñan una variedad de actividades fundamentales que son cruciales para el apoyo y la gestión procesal dentro del sistema judicial. Estos profesionales manejan la tramitación general de los procedimientos judiciales, lo que incluye la clasificación de correspondencia y la formación de expedientes. Además, son responsables de la confección de documentos, actas, diligencias, notificaciones y otros escritos necesarios, utilizando para ello medios mecánicos u ofimáticos apropiados, tal como lo establece el artículo 477 de la Ley Orgánica del Poder Judicial.

Bajo la supervisión del letrado de la Administración de Justicia estos funcionarios aseguran que cada expediente y auto esté correctamente formado, ordenado y clasificado, permitiendo así un flujo de trabajo eficiente y organizado dentro de la oficina judicial. Este trabajo minucioso y detallado es esencial para el funcionamiento fluido del sistema judicial, ya que garantiza que toda la documentación necesaria esté disponible en el momento adecuado y en el lugar preciso.

Los gestores procesales y los tramitadores procesales no solo se limitan a las tareas procesales y administrativas, sino que también desempeñan fun-

---

4 Se utiliza este término con absoluto respeto, debiendo añadirse cierta indignación, para dar cuenta de la excesiva interinidad en la Administración de Justicia. En Velilla, N.: *Así funciona la Justicia. Verdades y mentiras en la Justicia española*, ob. cit., pp. 93 y 94 se llega a decir lo siguiente: «El principal problema de los juzgados en España —especialmente en Madrid, región que conozco mejor— es la interinidad y precariedad del personal adscrito al juzgado. En mis destinos de pueblo, entre el 50 y el 80 % de los funcionarios que me han asistido eran interinos, una tasa muy superior a la que el sentido común y el lógico margen de discrecionalidad de la Administración justifica. Según fuentes de la Asociación de Interinos de Justicia (AIJ), la administración de justicia mantiene a miles de interinos con contratos temporales desde hace décadas, cifrando aproximadamente en un 30 % el total de la plantilla, aunque en algunos juzgados el porcentaje es muy superior. Lo llamativo es que la plantilla temporal de Justicia está formada por trabajadores que llevan prestando servicios para la Administración desde hace décadas, solventando las carencias estructurales o necesidades permanentes de personal, en edades, muchos de ellos, de entre 45 y 65 años».

ciones de apoyo y protección a las víctimas. Su participación en actuaciones de justicia restaurativa y de solución extraprocesal refleja su dedicación a una justicia más humana y comprensiva. Estos profesionales están capacitados para ofrecer un apoyo crucial a las víctimas, asegurando que reciban el tratamiento y la protección que necesitan durante el proceso judicial. Precisamente, este aspecto de su trabajo es particularmente importante, ya que ayuda a crear un sistema judicial más equitativo y sensible a las necesidades de todas las partes involucradas.

La labor de estos funcionarios puede compararse con la de los administrativos en los despachos de los juzgados que vemos en las películas, quienes manejan una cantidad impresionante de documentos y datos. Estos personajes en las películas suelen ser representados lidiando con plazos estrictos, buscando documentos cruciales en el último minuto y asegurándose de que nada se pierda en el caos de un caso importante. Sin su apoyo logístico, los casos se desmoronarían antes de llegar a juicio, demostrando así la importancia de su rol en el ámbito legal.

La Ley Orgánica del Poder Judicial reconoce la importancia de estos profesionales y establece un marco claro para su actuación[5]. Este reconoci-

5 Realmente, se les llega a considerar por la doctrina como personal al servicio de la Administración de Justicia. Ello se debe al Real Decreto 1451/2005, de 7 de diciembre, por el que se aprueba el Reglamento de Ingreso, Provisión de Puestos de Trabajo y Promoción Profesional del Personal Funcionario al Servicio de la Administración de Justicia. La citada norma profundiza en la cuestión de la oficina judicial. En este sentido, la promulgación de la Ley Orgánica 19/2003, de 23 de diciembre, de modificación de la Ley Orgánica 6/1985, de 1 de julio, del Poder Judicial, supone una profunda transformación en la organización de la Administración de Justicia y en la del personal al servicio de la misma. Desde esta perspectiva puede decirse que dicha reforma, plasmada, en lo que aquí interesa, en la modificación del libro V de la Ley Orgánica debe implicar una honda transformación de la oficina judicial. La reorganización de la oficina judicial resulta una tarea de indudable complejidad debido, entre otras razones, a que en esta realidad concurre un cúmulo de peculiaridades que la singularizan frente a cualquier otro órgano de gestión. En primer lugar, la evolución de las formas de trabajo desempeñado en las oficinas judiciales exige nuevas estructuras con mejor diseño organizativo, imprescindible no sólo por la progresiva incorporación de nuevas tecnologías a este ámbito, sino fundamentalmente para prestar una atención de calidad a los ciudadanos. En segundo lugar, las oficinas judiciales no pueden ser ajenas a la realidad del Estado autonómico, especialmente cuando se ha producido un intenso proceso de traspaso de funciones y servicios en este ámbito que obliga a una detallada delimitación de los ámbitos competenciales de las Administraciones implicadas en la dotación de medios personales y materiales al servicio del Poder Judicial. Finalmente, la confluencia en la oficina judicial de varios ámbitos de decisión que recaen sobre una única realidad ha demostrado con frecuencia ser fuente de conflictos, sin que las normas que ahora se sustituyen establecieran mecanismos oportunos de colaboración, coordinación y garantía que aseguraran la autonomía funcional y orgánica de unos y otros centros de decisión. El nuevo modelo de oficina judicial arranca con el propósito claro de que su funcionamiento garantice la independencia del poder al que sirve, conjugando al tiempo, y sin merma alguna de lo anterior, una adecuada racionalización de los medios que utiliza. A fin de armonizar estos objetivos, en el plano exclusivamente organizativo se define a la oficina judicial como la organización de carácter instrumental que de forma exclusiva

miento legal subraya la relevancia de su trabajo y asegura que cuenten con el respaldo necesario para desempeñar sus funciones de manera efectiva. Los artículos 470 a 478 de la ley detallan sus responsabilidades, competencias y derechos, proporcionando una guía sólida para su desempeño. Este marco legal es esencial para garantizar que los gestores procesales puedan llevar a cabo su trabajo con la máxima eficiencia y profesionalidad.

En la práctica diaria de los órganos jurisdiccionales, la línea que divide las funciones de los gestores procesales y los tramitadores procesales a menudo se difumina debido a la sobrecarga de trabajo y la necesidad imperiosa de mantener el funcionamiento del sistema judicial a pesar de los desafíos. El colapso de los juzgados y tribunales, exacerbado por el aumento de la carga de casos y la escasez de personal, obliga a que ambos cuerpos trabajen codo a codo, asumiendo roles y tareas que en teoría están claramente definidas, pero que en la práctica requieren de flexibilidad y colaboración.

Los gestores procesales, aunque están preparados para ejecutar tareas de mayor complejidad y responsabilidad, frecuentemente deben involucrarse en labores más rutinarias que típicamente serían manejadas por los tramitadores procesales. Esta situación se da especialmente en momentos de alta demanda o cuando el volumen de trabajo supera la capacidad del personal de tramitación procesal. Por su parte, los tramitadores procesales, cuyo rol principal es el manejo administrativo de los procedimientos judiciales, a menudo se ven obligados a intervenir en tareas de gestión procesal para aliviar la carga de sus compañeros, demostrando así una adaptabilidad admirable pero que, a largo plazo, puede generar tensiones y una percepción de inequidad en la distribución del trabajo.

Esta superposición de funciones puede resultar en dificultades para diferenciar claramente las responsabilidades de cada cuerpo. En un entorno ideal, los gestores procesales se concentrarían exclusivamente en la ejecución de actos procesales complejos y la supervisión de la tramitación administrativa, mientras que los tramitadores procesales se enfocarían en la preparación y manejo de expedientes, correspondencia y documentación. No obstante, la realidad del colapso judicial exige una cooperación estrecha y una disposición para asumir responsabilidades fuera de las asignadas por la ley.

El colapso de los juzgados y tribunales, además, no solo impacta la carga de trabajo, sino también el ambiente laboral. La presión constante por cum-

presta soporte y apoyo a la actividad jurisdiccional. Por su singularidad se recoge expresamente la necesaria reserva de función, de suerte que sólo los funcionarios de los Cuerpos al servicio de la Administración de Justicia podrán desempeñar los puestos de trabajo de los que está dotada la oficina judicial. En su diseño se ha optado por un sistema flexible que permita que cada oficina judicial se adapte a cualquier tipo de necesidades de la Administración de Justicia, siendo el criterio diferenciador que permite singularizarla de otras organizaciones administrativas el que su actividad se encuentra regida principalmente por normas procesales.

plir plazos y gestionar un volumen abrumador de casos puede afectar el bienestar y la moral de los funcionarios. En este contexto, la capacidad de todos los miembros del equipo judicial para arrimar el hombro y compartir responsabilidades se vuelve crucial. Esta colaboración estrecha, aunque necesaria, también puede llevar a una difuminación de las competencias específicas, generando confusión y posibles conflictos sobre la delimitación de funciones.

A pesar de estas dificultades, la disposición de gestores y tramitadores para apoyarse mutuamente refleja un compromiso profundo con la justicia y el servicio público. Esta actitud de colaboración es esencial para mantener el sistema judicial operando a pesar de las adversidades. Sin embargo, para evitar el desgaste y garantizar una distribución equitativa del trabajo, es fundamental que se realicen esfuerzos continuos para mejorar la dotación de personal y la infraestructura judicial. Además, la formación y el desarrollo profesional constante pueden ayudar a estos funcionarios a manejar mejor la sobrecarga de trabajo y a realizar sus funciones de manera más eficiente y menos estresante.

Realmente, aunque la diferenciación de las funciones de los gestores procesales y los tramitadores procesales está claramente establecida en la Ley Orgánica del Poder Judicial, en la práctica diaria de los órganos jurisdiccionales esta distinción se vuelve borrosa debido a la necesidad de enfrentar el colapso judicial. La colaboración y la flexibilidad son esenciales para mantener el funcionamiento del sistema judicial, pero es crucial también que se tomen medidas para asegurar que esta situación no derive en una sobrecarga insostenible para los funcionarios. Una mayor dotación de recursos y una gestión más efectiva del personal son fundamentales para que tanto gestores como tramitadores puedan desempeñar sus funciones de manera óptima, manteniendo así la eficiencia y la justicia en el sistema judicial.

3. El Cuerpo de Auxilio Judicial

El Cuerpo de Auxilio Judicial desempeña una serie de tareas esenciales que apoyan de manera directa la actividad de los órganos judiciales. Sus responsabilidades abarcan desde la notificación de actos procesales hasta la ejecución de embargos y lanzamientos, asegurando que las decisiones judiciales se implementen de manera efectiva. De acuerdo con el artículo 478 de la Ley Orgánica del Poder Judicial, estos auxilios judiciales son responsables de llevar a cabo diversos actos de comunicación, tales como notificaciones, citaciones, emplazamientos y requerimientos. Tienen capacidad de certificación y disponen de las credenciales necesarias para validar estos actos, lo cual es crucial para el desarrollo transparente y ordenado de los procedimientos judiciales.

Además de estas funciones, los miembros del Cuerpo de Auxilio Judicial actúan como Policía Judicial, lo que llega a implicar mantener el orden para el acceso a las salas de vistas y su intervención en los actos de comunicación y lanzamientos, pudiendo apoyarse en las Fuerzas y Cuerpos de Seguridad. Esta labor es esencial para garantizar que las labores judiciales se desarrollen sin interrupciones ni alteraciones que puedan comprometer la justicia, asistiendo al juez en sala y ejecutando la grabación de las actuaciones judiciales.

Más allá de las tareas de comunicación y seguridad, los auxilios judiciales también desempeñan funciones de archivo de autos y expedientes judiciales bajo la supervisión del letrado de la Administración de Justicia. Esta responsabilidad incluye velar por el correcto almacenamiento y disposición de los documentos, asegurando que la información esté disponible y en buenas condiciones cuando sea necesaria. Además, estos funcionarios se encargan de comprobar que los medios técnicos necesarios para el proceso judicial estén en condiciones óptimas de uso, y si es necesario, requieren la presencia de servicios técnicos para resolver cualquier inconveniente. Su capacidad para desempeñar diversas funciones muestra su flexibilidad y adaptabilidad, características esenciales para garantizar el funcionamiento eficiente y continuo del sistema judicial.

Merece la pena atender a unas sabias palabras de VELILLA[6]:

> «Me permito dedicarle una especial mención al auxilio, el funcionario de menor categoría del juzgado, que, sin embargo, tiene una función fundamental, hasta el punto de que el trabajo del gestor o del tramitador puede ser suplido en un determinado momento por el compañero, mientras que la función del auxilio, no. Suele haber uno o dos en cada juzgado, depende del año de creación del órgano, y provee de ojos y manos al juez en sala, aunque también ejerce otras funciones primordiales como los actos de comunicación, actos de ejecución, correo y registro. Desde hace años el LAJ no entra en los juicios a asistir al juez, sino que es el funcionario de auxilio el que maneja la grabación del juicio y quien llama a los testigos, ayuda al juez y pone orden en la sala, ejerciendo la policía de estrados. Es también el nexo de unión del juez con el exterior, "señoría, parece que los siguientes van a alcanzar un acuerdo", "el abogado de la parte actora no ha venido, dice que le esperemos diez minutos", "hay una testigo que se está poniendo muy nerviosa fuera...". El auxilio es imprescindible para el desarrollo de las vistas y es mi máximo apoyo en mi trabajo. Un buen funcionario de auxilio evita muchos conflictos y agiliza la administración de justicia».

Desde una perspectiva más cinematográfica, los auxilios judiciales pueden ser vistos como los protectores del orden dentro de la sede del juzgado, grandes defensores del órgano jurisdiccional ante el caos y el desorden. Su trabajo incluye la organización y manejo de los expedientes y documentos que entran y salen del juzgado, asegurando que todo esté en su lugar y

6 VELILLA, N.: *Así funciona la Justicia. Verdades y mentiras en la Justicia española*, ob. cit., pp. 94 y 95.

se maneje de manera eficiente. En una narrativa de cine, estos personajes podrían ser representados como los firmes y discretos custodios que atienden al público, cuidan el archivo y garantizan que el ambiente judicial se mantenga ordenado y seguro. Su presencia constante y su disposición para manejar cualquier situación inesperada añaden un nivel de seguridad y estabilidad al proceso judicial, permitiendo que la historia se desarrolle sin interrupciones ni contratiempos.

Además, es importante destacar que estos empleados públicos no solo cumplen con las tareas asignadas, sino que también tienen la capacidad de adaptarse a situaciones cambiantes y a las necesidades específicas de cada caso. Su habilidad para manejar diferentes tipos de situaciones, desde la gestión de documentos hasta la seguridad en la sala de vistas, refleja su importancia dentro del sistema judicial. Sin ellos, muchas de las operaciones diarias de los tribunales y juzgados se verían significativamente afectadas, lo que subraya aún más la vitalidad de su rol en la administración de justicia.

4. El valor de los personajes aparentemente secundarios en la trama de la Administración de Justicia

Los profesionales analizados pertenecen a cuerpos generales cuya tarea principal es procesal y administrativa. Según el artículo 475 de la Ley Orgánica del Poder Judicial, estos cuerpos incluyen el Cuerpo de Gestión Procesal y Administrativa, el Cuerpo de Tramitación Procesal y Administrativa, y el Cuerpo de Auxilio Judicial, cada uno con diferentes niveles de titulación y responsabilidades. La diversidad de funciones y competencias entre estos cuerpos permite una distribución efectiva del trabajo, asegurando que todas las áreas del sistema judicial estén cubiertas de manera eficiente. Todos ellos son indispensables para el correcto funcionamiento del sistema judicial.

El Cuerpo de Gestión Procesal y Administrativa está compuesto por profesionales con un alto nivel de titulación y formación específica, con grado o diplomatura como mínimo. Estos gestores son responsables de tareas complejas que necesitan un conocimiento profundo de los procedimientos judiciales y la normativa aplicable. Su trabajo incluye la supervisión y coordinación de los procesos judiciales, la elaboración de informes y daciones de cuenta. Este cuerpo actúa como el puente entre los aspectos administrativos y procesales, asegurando que cada fase del procedimiento se lleve a cabo conforme a la ley y los protocolos establecidos.

El Cuerpo de Tramitación Procesal y Administrativa se encarga de la tramitación de los expedientes judiciales. Estos tramitadores, que requieren como mínimo el título de bachillerato, son los encargados de manejar la documentación, preparar y redactar escritos procesales, y mantener actualizados los archivos. Su labor es fundamental para que los expedientes estén completos y accesibles, facilitando el trabajo de jueces, fiscales y abogados. La precisión y meticulosidad en su trabajo garantizan que los procedimientos se desarrollen sin contratiempos, evitando retrasos y errores que podrían afectar el curso de la justicia.

El Cuerpo de Auxilio Judicial realiza tareas de apoyo directo a los órganos judiciales. Estos profesionales se encargan de la práctica de actos de comunicación, la ejecución de embargos y lanzamientos, y el mantenimiento del orden en las salas de vistas. Actúan como Policía Judicial, asegurando que los procedimientos se desarrollen en un ambiente seguro y ordenado. Además, su capacidad de certificación y las credenciales que poseen les permiten validar actos, lo cual resulta crucial para la transparencia y legitimidad del proceso judicial.

En las películas, aunque los gestores, tramitadores y auxilios de justicia aparecen esporádicamente y de forma anónima, su trabajo proporciona el soporte técnico necesario para tramitar los casos, desempeñando un papel crucial en la búsqueda de la verdad[7] y el desenvolvimiento de la Administración de Justicia. Los guionistas suelen representar a estos profesionales como los que, con su conocimiento y habilidades, realizan las tareas de seguimiento del caso.

Estos profesionales actúan como el enlace crítico entre los componentes del sistema judicial y los ciudadanos, asegurando que toda la información relevante se maneje de manera adecuada y se comunique eficazmente a las partes pertinentes. Su labor puede compararse con la de los asistentes legales de jueces y fiscales que se ven en las películas, quienes realizan averiguaciones y preparan documentos cruciales para el desarrollo del caso, aunque rara vez reciben el reconocimiento que merecen. En las escenas oficinas judiciales o fiscales o en la antesala a juicio, a menudo vemos a estos personajes revisando pilas de documentos, redactando notas sobre los asuntos y gestionando recursos, asegurándose de que cada aspecto procesal esté en orden antes de que el caso llegue a manos del letrado de la Administración de Justicia o el juez. Sin su diligencia y meticulosidad, muchos de los giros argumentales que mantienen al espectador al borde de su asiento simplemente no serían posibles.

Además de sus tareas en la llevanza de asuntos judiciales, los gestores procesales y los tramitadores procesales también desempeñan un papel esencial en la gestión administrativa y la asunción de un amplio trato con las aplicaciones de la Administración de Justicia[8]. Ello incluye la supervisión de los

7 Hablamos de verdad como «verdad judicial». Véase lo indicado en Calvo González, J.: «La verdad de la verdad judicial (construcción y régimen narrativo)», *Verdad*, (consultado el día narración), 1998, p. 4.

8 Ello ya era perceptible hace más de diez años, como se expresa en Suárez-Quiñones y Fernández, J. C.: «Administración de Justicia y Nuevas Tecnologías: presente y futuro»,

negociados y la coordinación de las actividades administrativas, asegurando que todo el engranaje judicial funcione sin problemas. Su capacidad para manejar tanto las funciones procesales como administrativas en un ámbito cada vez más digitalizado demuestra su versatilidad y compromiso con el sistema de justicia. Su trabajo es fundamental para el mantenimiento del orden y la eficiencia dentro de los tribunales, proporcionando el soporte necesario para que los casos se desarrollen de manera efectiva y sin contratiempos.

En términos cinematográficos, estos personajes secundarios aportan la profundidad necesaria para que la trama avance de manera coherente y creíble, encargándose de todas las tareas que se hallan atribuidas a los que trabajan detrás de las cámaras como personal de apoyo, especialistas de fotografía, sonido, escenografía y otros elementos. Son héroes anónimos que, con su trabajo detrás de escena, permiten que los protagonistas brillen y que la tutela judicial efectiva prevalezca[9]. Sin ellos, los protagonistas quedarían desprovistos del apoyo esencial que necesitan para triunfar en la sede judicial. La meticulosidad y dedicación de los gestores procesales aseguran que cada aspecto del caso se maneje con la máxima precisión, permitiendo que el sistema judicial funcione de manera eficiente y justa.

Imaginemos por un momento una película de juicio sin estos personajes teóricamente secundarios. Los jueces, fiscales y abogados, aunque brillantes, estarían perdidos sin el soporte y la estructura proporcionada por los gestores, tramitadores y auxilios, que deben actuar coordinados bajo la dirección del letrado de la Administración de Justicia. La trama se volvería caótica y desorganizada, reflejando un sistema judicial ineficaz y desordenado. Sin embargo, con la presencia de estos gestores, cada detalle se cuida, cada documento se maneja adecuadamente y cada procedimiento se sigue al pie de la letra. Son los cimientos sobre los que se construye todo el caso, proporcionando la estabilidad y el orden necesarios para que la justicia se administre de manera correcta.

Los empleados públicos de las oficinas judiciales pueden ser vistos comprobando documentos, revisando pruebas basadas en documentos clave o asegurando que los procesos se sigan con todos sus pasos bajo la supervi-

---

Diario La Ley, N.° 7421, 2010. Posteriormente, ha habido más avances, como se indica en García-Varela Iglesias, R.: «Hacia una nueva etapa en la administración judicial electrónica», en *Digitalización de la justicia: prevención, investigación y enjuiciamiento / coord. por José Carlos Muinelo Cobo; Mercedes Llorente Sánchez-Arjona (dir.), Sonia Calaza López (dir.)*, 2022, pp. 269-308, p. 284. En cualquier caso, queda mucho por hacer en materia de dotación de medios tecnológicos, como se infiere de lo explicado en González Caballero, C. J. & Gimeno Ruiz, Á.: «La era de la justicia digital y las nuevas tecnologías en la Administración de Justicia», *Revista Acta Judicial*, N.° 1, 2018, pp. 72-88, p. 77.

9 Debe tenerse presente que, de un modo u otro, el proceso judicial se debe articular con especial atención, considerando su complejidad y la relevancia que tiene la gestión y tramitación para alcanzar la tutela judicial efectiva de las partes. Véase Gimeno Sendra, J. V.: *Constitución y Proceso*, Tecnos, Madrid, 1988, p. 137.

sión del letrado de la Administración de Justicia. Su labor es la chispa que enciende la resolución de los casos más complicados, proporcionando el apoyo logístico y administrativo que permite a los protagonistas avanzar en sus investigaciones y llegar a la verdad.

La interrelación entre los cuerpos generales asegura una colaboración efectiva y eficiente, donde cada uno contribuye con sus habilidades y conocimientos específicos al desarrollo de los procedimientos judiciales. Esta colaboración es esencial para el funcionamiento armonioso del sistema judicial, ya que permite una distribución adecuada de las tareas y una respuesta rápida y eficaz a las necesidades del proceso judicial. Cada cuerpo tiene un papel definido, pero todos trabajan juntos hacia un objetivo común: la administración de justicia de manera proporcionada, con respeto pleno por las garantías.

La labor de estos cuerpos generales es fundamental no solo por las tareas específicas que realizan, sino también por el impacto que tienen en el sistema judicial en su conjunto. Su trabajo asegura que los procesos puedan avanzar, proporcionando una base sólida sobre la cual se pueden tomar decisiones judiciales informadas. Sin ellos, el sistema judicial no podría funcionar de manera efectiva, y la Administración de Justicia se vería gravemente afectada.

Ciertamente, los gestores, tramitadores y auxilios al servicio de la Administración de Justicia son como los personajes secundarios en las películas de juicios: su labor, aunque no siempre visible, es fundamental para el desarrollo de la trama judicial. Estos profesionales desempeñan funciones cruciales que garantizan que el sistema judicial opere de manera eficiente y ordenada. Sin ellos, el sistema se paralizaría, ya que son responsables de asegurar que los procedimientos se lleven a cabo de manera efectiva, manteniendo la integridad y el flujo constante en la actividad de los órganos jurisdiccionales.

La Ley Orgánica del Poder Judicial, particularmente en sus artículos 470 a 478, subraya la importancia de estos cuerpos y detalla sus funciones, enmarcadas como actuaciones materiales bajo la responsabilidad del letrado de la Administración de Justicia. Este marco legal proporciona una estructura sólida y clara para el desempeño de sus tareas. Los artículos no solo establecen las bases legales para su operación, sino que también aseguran que se reconozca la importancia de su contribución al sistema judicial. De esta manera, se garantiza que estos profesionales cuenten con un marco de referencia que los guía y respalda en su labor diaria.

Los gestores, tramitadores y auxilios asumen una variedad de tareas que, aunque puedan parecer secundarias, son esenciales para la Administración de Justicia en su día a día. Desde la gestión y clasificación de expedientes, la confección de documentos judiciales, la ejecución de notificaciones y la organización de archivos, hasta el mantenimiento del orden en las salas de vistas, cada acción que realizan contribuye significativamente al funcionamiento eficiente del sistema judicial. Sin su diligencia y esfuerzo, muchos de los procesos judiciales se verían entorpecidos, lo que subraya aún más la vital importancia de su rol en la administración de justicia.

En una película, estos personajes secundarios pueden no estar en el centro de los focos, pero su presencia se siente en cada escena. Ellos sostienen, bajo la dirección del letrado de la Administración de Justicia, el andamiaje de la narrativa judicial, permitiendo que los protagonistas brillen y que la eficacia procesal prevalezca. Su dedicación y esfuerzo, aunque a menudo pasan desapercibidos, son lo que verdaderamente impulsa la historia hacia su resolución.

Estos profesionales aseguran que cada documento esté en su lugar, que cada procedimiento se siga al pie de la letra y que el orden se mantenga en todo momento dentro del juzgado o tribunal. Sin ellos, tanto en la vida real como en la ficción, la aplicación judicial de la ley sería una tarea mucho más ardua y menos eficaz.

La importancia de estos roles va más allá de la simple ejecución de tareas procesales o administrativas. Su trabajo diario crea un entorno donde la justicia puede prosperar. Los gestores, tramitadores y auxilios son la base sobre la cual se construye la administración de justicia, proporcionando la estructura y el soporte necesario para que los procedimientos judiciales se lleven a cabo de manera adecuada y garantista. Son los encargados de mantener la maquinaria judicial en funcionamiento, asegurando que cada componente esté en su lugar y funcione correctamente.

Cabe inferir que los gestores, tramitadores y auxilios judiciales resultan esenciales para el sistema judicial. Aunque a menudo trabajan detrás de escena, su contribución es indispensable para el desarrollo de la justicia. La Ley Orgánica del Poder Judicial reconoce y valora su trabajo, proporcionando un marco claro para sus funciones bajo la dirección del letrado de la Administración de Justicia. En la gran obra de la justicia española, estos profesionales son héroes silenciosos y anónimos que permiten que todo pueda marchar con menos problemas de los que podría haber, garantizando que la actividad procesal se desarrolle de manera efectiva y eficiente. Sin ellos, el sistema judicial no podría operar de manera tan fluida, y la justicia sería mucho más difícil de alcanzar.

5. Bibliografía

Berbell, C.: «¿Interoperabilidad o integración de los sistemas de gestión procesal? El Ministerio y las 12 consejerías de Justicia ante la decisión», *Confilegal*, 5 de octubre de 2020. Recuperado de https://confilegal.com/20201105-interoperabilidad-o-integracion-de-los-sistemas-de-gestion-procesal-el-ministerio-y-las-12-consejerias-de-justicia-ante-la-decision/ (consultado el día 7 de julio de 2024).

Calvo González, J.: «La verdad de la verdad judicial (construcción y régimen narrativo)», *Verdad*, (consultado el día narración), 1998.

Espín López, I.: «Eficiencia organizativa y funcionarios de los cuerpos generales al servicio de la Administración de Justicia», *Horizonte justicia 2030: reflexiones críticas sobre los proyectos de eficiencia del Servicio Público de Justicia* / María Paula Díaz Pita (dir.), 2023, pp. 90-123.

García-Varela Iglesias, R.: «Hacia una nueva etapa en la administración judicial electrónica», en *Digitalización de la justicia: prevención, investigación y enjuiciamiento* / coord. por José Carlos **Muinelo Cobo**; Mercedes **Llorente Sánchez-Arjona** (dir.), Sonia **Calaza López** (dir.), 2022, pp. 269-308.

Gimeno Sendra, J. V.: *Constitución y Proceso*, Tecnos, Madrid, 1988.

González Caballero, C. J. & **Gimeno Ruiz, Á.**: «La era de la justicia digital y las nuevas tecnologías en la Administración de Justicia», *Revista Acta Judicial*, N.° 1, 2018, pp. 72-88.

Suárez-Quiñones y Fernández, J.C.: «Administración de Justicia y Nuevas Tecnologías: presente y futuro», *Diario La Ley*, N.° 7421, 2010.

Velilla, N.: *Así funciona la Justicia. Verdades y mentiras en la Justicia española*, Arpa, Barcelona, 2021.

SERPICO Y *VEREDICTO FINAL*. CINE, ÉTICA Y DERECHO. DEL POLICÍA AL ABOGADO

Juan Manuel Garrido Roldán
Graduado en Criminología

RESUMEN: En este trabajo de investigación se va a estudiar a Sidney Lumet y su filmografía, como lo que consideramos que es, un auténtico manual ético de Criminología y Derecho. Hemos elegido dos películas, *Serpico* del año 1973 y *Veredicto Final* de 1982; y dentro de ellas varias secuencias que consideramos de especial interés: en Serpico la de la fábula que le cuenta su compañera y su posterior ruptura; en Veredicto Final la del alegato final del abogado y su escena final.

ABSTRACT: In this research work we are going to study Sidney Lumet and his filmography, as what we consider it to be, an authentic ethical manual of Criminology and Law. We have chosen two films, *Serpico* from 1973 and *The Verdict* from 1982, and within them, several sequences that we consider to be of especial interest; in Serpico the fable told by his partner and their subsequent break-up; in The Verdict the lawyer´s closing argument and his final scene.

PALABRAS CLAVES: Lumet, *Serpico*, *Veredicto Final*, fábula, alegato.

KEYWORDS: Lumet, *Serpico*, *The Verdict*, closing argument, fable.

1. Introducción

En este trabajo de investigación vamos a estudiar el cine de Sidney Lumet haciendo especial referencia a su singular interés por el tema jurídico. Para ello hemos elegido dos películas muy relevantes para el tema que analizamos: una es *Serpico* de 1973 y la otra *Veredicto Final* de 1982, dos películas separadas por una década y que han tenido tanto éxito de público como de crítica. Dos películas y dos décadas muy diferentes, pero que tienen en común los valores que defienden en marcos históricos, policiales y de seguridad, judiciales y sociales distintos; *Serpico* en la década de los años setenta y en un marco policial; y *Veredicto Final* en la década de los años ochenta del pasado siglo, en un marco judicial propiamente dicho. Pero ambas le sirven a Lumet para analizar la sociedad norteamericana.

El núcleo de este trabajo de investigación está dividido en cuatro bloques: Sidney Lumet, *Serpico*, *Veredicto Final* y Similitudes y diferencias importantes entre las dos películas. A su vez los bloques dedicados a las películas se han dividido en dos, tres y cuatro epígrafes donde abordamos la investigación desde varios puntos de vista: el contexto cinematográfico, el histórico-policial, el artístico, las escenas de especial interés, y las más importantes la visión jurídica y las escenas más importantes.

En un quinto capítulo trataremos de estudiar las Similitudes y diferencias entre las dos películas. Es obvio que el tema judicial y su corrupción institucionalizada son una semejanza, pero existen algunas otras similitudes que merecen una aproximación y análisis. También existe una diferencia esencial en la forma artística que trataremos de aproximarnos.

En el cine de Lumet muchas de sus mejores películas tienen interés jurídico, hay películas policiacas, caso de *Serpico* de 1973 y *El príncipe de la ciudad* de 1981; películas sobre abogados y abogadas, como es el caso de *Veredicto Final* de 1982 y *El abogado del diablo* de 1993, —películas que se complementan entre sí—. Su primera y mítica película *Doce hombres sin piedad* de 1957, que toca el tema de la institución del jurado; *Daniel* de 1983 que toca el tema de los delitos políticos; los delincuentes y sus víctimas que es el tema central de *Tarde de perros* de 1975; también toca el tema del fiscal en *La noche cae sobre Manhattan* de 1997. Es decir, toca todos los temas judiciales en sus películas, y esos temas los aprovecha muy bien dramáticamente. Todos estos textos audiovisuales que tocan el tema judicial, —aun sabiendo que Lumet no tiene estudios jurídicos—, nos interesan porque dan una visión muy particular de los distintos tipos de argumentos que abordan.

La idea inicial y la hipótesis de trabajo es que consideramos a Sidney Lumet, por lo anteriormente expuesto, como un auténtico manual ético y audiovisual del Derecho y la Criminología. Y el objetivo es que, mediante el análisis de las dos películas elegidas podamos demostrar que Lumet tiene una mirada sobre el Derecho y la Criminología muy sugerente y digna de ser estudiada.

2. Sidney Lumet

Sidney Lumet nace en Filadelfia, Estados Unidos, el 25 de junio de 1924, y fallece en Manhattan, New York, el 9 de abril de 2011, con casi 86 años. Por lo tanto, tiene una experiencia vital importarte y ha podido hacer una amplia carrera cinematográfica hasta casi sus últimos días. Su carrera cinematográfica se extiende durante 50 años y consta de 44 películas, que van desde *Doce hombres sin piedad* de 1957, donde ya nos muestra un estilo muy personal de realizar las películas, y su preferencia por los temas jurídicos e institucionales como es el jurado; a *Antes que el diablo sepa que has muerto* de 2007, rodada cuando contaba con la edad de 82 años[1], donde nos demuestra una gran capacidad de trabajo y, sobre todo, una pasión y un gran amor por su profesión y el cine. En definitiva, empieza con una verdadera obra maestra y termina con una espléndida obra de madurez creativa. El círculo se cierra plenamente. Como él mismo escribe «quizá sea el trabajo mismo el tema central de mi vida»[2].

En sus mejores películas Lumet hace un análisis y crítica del poder establecido en relación con la etapa política en las que están realizadas y, en todo caso, conecta a los espectadores con su época para que tomen conciencia y sean críticos con la realidad que les ha tocado vivir. En última instancia lo que hace es poner a la sociedad ante un espejo.

Lo consideramos un cronista de su época y un auténtico humanista donde la persona y sus valores son el centro de la narración, además, su obra cinematográfica al tocar temas jurídicos, policía, fiscalía, jurado, juez, victimas y delincuentes y abogados son, como he expresado anteriormente, un auténtico **viaje ético** por el Derecho y la Criminología de su país.

2.1. Contexto cinematográfico

En la década de los cincuenta y los sesenta del pasado siglo, la industria del entretenimiento en Estados Unidos va a sufrir una gran transformación con la aparición de la televisión, y el cine responde a esa competencia con grandes producciones que requieren la incorporación de los grandes for-

1 En ese aspecto me recuerda a Clint Eastwood, otro gran director que nos está dejando una excelente filmografía en su etapa más madura.

2 LUMET, Sidney. *Así se hacen las películas*. Ediciones Rialp, Madrid, 2000, p. 23. Para un conocimiento más en profundidad del cine de Lumet, el lector puede consultar esta obra.

matos en la proyección en los cines, como son el formato panorámico, el cinerama o el 3D. Paralelamente, una generación de creadores y directores de cine está emergiendo, como son Robert Mulligan[3], John Frankenheimer[4], Stanley Kramer[5], Robert Altman, Martín Ritt y Arthur Penn, entre otros, que van a dar su salto al cine. Entre ellos está Sidney Lumet. Por lo tanto, su estilo creativo realizando proviene del teatro, pero también de su trabajo en la televisión. Se le ha llamado a esta generación de cineastas, «la generación de la televisión»; no es más que una etiqueta que alude a su contexto histórico, que era la primera gran crisis del cine con la aparición de la televisión, que supo afrontar esta generación de cineastas muy heterogénea con una gran creatividad.

Era una generación de directores de muy distinta personalidad, pero que tenían un elemento esencial común, y es **su compromiso social**. Sus películas tratan de forma realista los principales temas de la sociedad norteamericana, siendo uno de ellos la corrupción, tema que interesa particularmente a Sidney Lumet.

2.2. Visión artística de sus películas

Las películas de Lumet se pueden considerar naturalistas y realistas, aunque tomen argumentos idealistas, se aproxima mucho a lo que llamaríamos **el realismo mágico**[6].

Hay tres características esenciales en su estilo, como muy bien escribe Sidney Lumet en su libro «Así se hacen las películas»: la primera, su gran respeto por el guion; en sus rodajes no se improvisa y los actores deben atenerse al guion escrito, así la palabra es el protagonista; la segunda es el control de la puesta en escena, que viene de su trabajo como director de teatro, es decir, que para Lumet el plató representa un espacio donde puede controlar todas las variables que surgen durante rodaje, sin olvidar que en espacios abiertos también maneja la cámara y el rodaje con pulso firme: y

3 Rivaya, Benjamín. *Derecho y Cine en cien películas*. Tirant lo Blanch, Valencia, 2.° Edición año 2021, pp. 325-328. En la película *Matar a un ruiseñor* 1962, Mulligan nos ofrece, quizás, la que sería el mejor film de tema jurídico que se ha rodado, con una magnífica interpretación de Gregory Peck en el papel del abogado Atticus Finch.

4 Rivaya, Benjamín.: *Cine y Derecho en cien películas,* cit. pp. 313-316. Con su película de 1962 *El hombre de Alcatraz*, Frankenheimer toca el tema de que la reinserción social es posible.

5 Rivaya, Benjamín.: *Cine y Derecho en cien películas*, cit. pp. 305-311. Kramer en su película de 1961 *¿Vencedores y Vencidos?*, toca el tema de los crímenes de guerra y crímenes contra la humanidad, dentro de lo que podemos definir como los orígenes del Derecho Internacional y, de lo que es hoy, el Tribunal Penal Internacional de Justicia.

6 Mariño Ferro, Xosé Ramón. *Los cuentos maravillosos: realismo mágico*. Editorial Ronsel, Barcelona, 2004.

la tercera son los movimientos de cámara dentro de ese espacio cerrado y controlado, que son sutiles, sugerentes y siempre relacionados con el estado de ánimo del actor, del guion y el espectador, que procede de su trabajo en la televisión.

También el cine de Lumet y más en concreto la película Serpico representa una historia que se opone a la narrativa cinematográfica dominante en esos momentos. Como expone el profesor Rivaya[7] esta narrativa dominante, tomamos como ejemplo las películas *Harry el sucio* con Clint Eastwood y *El justiciero de la ciudad* con Charles Bronson, podríamos definirlas como **el cine de la venganza**, apela a un sistema de convivencia en la sociedad no-garantista, buscando la justicia a toda costa. Contra todo este estado de cosas reacciona una película como *Serpico.*

Como dice, Lumet en su libro, la realización de una película es construida por un equipo y es fundamental que todo el equipo debe de estar perfectamente coordinado; la fotografía, los actores, el diseño de la producción, la elección de los exteriores, la música, etc., en definitiva, todos los departamentos deben confluir hacia un mismo objetivo, que es conseguir la película que desea Lumet. Y todo ello hace que lo podamos considerar un autor con un marcado estilo creativo, aunque él mismo no se consideraba un autor. Pero hay que admitir su estilo es invisible al espectador, pero, al mismo tiempo, se siente y emociona.

En general las películas de Lumet tienen éxito de crítica y público, por lo cual las productoras se sienten muy cómodas trabajando con él y, a su vez, él se siente muy cómodo con los productores; no hay que olvidar que el cine es también una industria que persigue un beneficio económico. Como decía Alfred Hitchcock[8] «para mí, el cine son cuatrocientas butacas que llenar», frase que también es aplicable a Sidney Lumet.

2.3. Contexto histórico

Lumet es un testigo de su época, que sabe analizar con una mirada de historiador los principales acontecimientos. La escalada en la guerra del Vietnam y la posterior retirada de tropas terminando en una clamorosa derrota; la dimisión, —sin precedentes—, del presidente Nixon; la revolución islámica en Irán; la revolución conservadora de Reagan; hasta los acontecimientos del 11S y la guerra contra el terrorismo, en la que intervinieron los presidentes Bush, padre e hijo.

7 Rivaya, Benjamín. *Los derechos humanos en el cine*. Editorial Palestra, 2024, pág. 70.

8 Truffaut, François. *El cine según Hitchcock*. Alianza Editorial, Madrid, 1.° edición 1974.

En 1972, año de realización de *Serpico*, los acontecimientos más importantes son[9], la activa escalada de Estados Unidos en la guerra de Vietnam, una guerra que está perdiendo; paralelamente a la guerra, la introducción de la droga y especialmente de la heroína en la sociedad norteamericana; y el caso de espionaje electoral del Watergate[10] durante la presidencia republicana de Richard Nixon (1969- agosto de 1974) y que hace que dimita. Todo ello conduce a que la sociedad norteamericana profundice en su **declive ético** y favorezcan la aparición de películas como *Serpico* que haga una crítica muy profunda a esa deriva moral.

Durante la administración republicana de Gerald Ford (agosto 1974-enero 1977), —vicepresidente de Nixon y sucesor tras la dimisión de éste—, donde se realizó las películas *Tarde de perros (1975)* basada en un hecho real y *Network, un mundo implacable* (1976), donde realiza un análisis de la televisión y los medios de comunicación, y su papel en la sociedad. La televisión es un medio que Lumet conoce bien, pero la televisión de los años setenta ya no es la televisión que él conocía.

En la presidencia del demócrata de Jimmy Carter (1977-1981), es donde triunfa la revolución islámica de Jomeini de 1979 y se secuestra la embajada de Estados Unidos en Irán, realiza la muy sugerente película *Equus* (1977), basada en la obra teatral de Peter Shaffer, y que es un drama psicológico y religioso.

Durante la presidencia republicana de Ronald Reagan (1981-1989) —que fue un actor secundario no muy destacable—, realiza *Veredicto Final* (1982). En esa etapa se inicia una auténtica revolución conservadora, revolución que es económica pero que, no debemos olvidar, también es cultural, trata de cambiar los valores de la sociedad. Estamos en los primeros momentos de la era de la post-verdad o de la imposición de la mentira en la sociedad norteamericana.

Es decir, que *Serpico* (1973) está en un contexto histórico, donde impera la corrupción en las altas esferas políticas, que incluso llegan a la presidencia; y *Veredicto Final* (1982) está realizado en un contexto donde los valores sociales empiezan a ser cambiados por contravalores.

Para finalizar lo que nos interesa de Sidney Lumet es su mirada sobre las cuestiones jurídicas en sus películas. Es una visión dramatizada y artística, pero a su vez, aun no siendo un jurista ni tener conocimientos profundos sobre el tema; **es una mirada limpia, autodidacta** sobre las cuestiones de leyes y delitos, **alejada de todo dogmatismo**, porque a él le interesa más las personas en su entorno, que la técnica jurídica que se pueden infringir impunemente.

---

9 ZINN, Howard. *La otra historia de Estados Unidos*. Editorial Siglo XXI, Madrid, 1999.

10 *todos los hombres del presidente* es una excelente película de Alan J. Pakula que narra estos hechos y que es realizada en los años setenta igual que *Serpico*.

3. *Serpico*

Serpico es una película del año 1973 y del género policíaco, que tiene la singularidad de que va mucho más allá del género. *Serpico* es el retrato de un auténtico rebelde con causa[11].

Frank Serpico nació el 14 de abril de 1936 en el barrio de Brooklyn, New York, donde su padre Vicenzo pudo montar una zapatería con la cual pudo sacar adelante a su familia. Después ingreso en las Fuerzas Armadas, estuvo en Corea y así logró la nacionalidad norteamericana. En 1959 Serpico ingreso en el Departamento de Policía de New York. Primero estuvo de patrulla uniformada en el Distrito 81. Después pasó al BCI (Bureau of Criminal Identification) donde se dedicó a la identificación y archivo de huellas dactilares. Posteriormente paso a luchar contra la delincuencia, ya sin uniforme. Primero contra el juego ilegal y después contra los estupefacientes en el Bronx. Al no coger **el sobre** con dinero negro muy pronto estuvo en el punto de mira de sus compañeros policías. Y la atmosfera de trabajo se hacía irrespirable para él[12].

3.1. Contenido y visión artística

Está basada en el libro de Peter Mass *Serpico*, y sus guionistas Waldo Salt[13] y Norman Wexler[14] respetaron bastante el espíritu y la letra del libro, de la cual es un fiel reflejo.

La película está perfectamente narrada y estructurada; va desde las pequeñas corrupciones como comer gratis a cambio de no multar la furgoneta en doble fila, hasta la persecución de la droga y el reparto de grandes cantidades de dinero entre los policías del departamento de narcóticos y es en una intervención antidroga donde cae herido sin que sus compañeros le presten ayuda. El film no hace distinciones y deja bien claro que no hay diferencia entre la delincuencia y la policía, la policía corrupta es parte de la delincuencia organizada.

La vida profesional de Serpico está guiada por los valores de **integridad, decencia, honestidad** y **amor al trabajo bien hecho**, valores en los que se apoya para rechazar el dinero negro. La primera pregunta que debemos hacernos es **¿de dónde de aprendió esos valores?**

---

11 LUMET, Sidney.: *Así se hacen las películas*, cit. Comentario a la fotografía número 12.

12 Para una información más detallada de Serpico, se puede consultar el libro de MAAS, Peter. *Serpico*. Editorial Grijalbo, Barcelona, 1974.

13 Waldo Salt es autor del guion de las excelentes películas *Cowboy de Medianoche*, de John Schlesinger 1969, y *El regreso* de Hal Ashby 1978.

14 Norman Wexler es autor del guion de *Joe, ciudadano americano,* de John G. Avildsen 1970.

La respuesta es de la educación recibida desde niño dentro de su familia. Frank tiene en sus padres Vicenzo y María un referente esencial. Sus padres pertenecían a la segunda oleada de inmigrantes italianos que llegaron a Estados Unidos en las décadas 30 y 40 del pasado siglo, y que se integraron sin perder las raíces tradicionales de su tierra natal. Vicenzo y María junto con la familia que estaban formando huyo de las presiones racistas contra los inmigrantes que a muchos italianos hacían que eligieran la Mafia como salida a su precaria situación, el libro lo recoge perfectamente:

> «Vicenzo y María Giovanna habían escogido otro camino y proporcionado a su descendencia un legado muy distinto, compuesto por valores que trascendía de las consideraciones étnicas: frugalidad, integridad, independencia y propia estimación»[15].

También tiene una especial importancia que el libro de Peter Maas está dedicado a los padres de Serpico, Vicenzo y María Giovanna, que son el verdadero origen de esta increíble historia. Hemos de escribir que en la novela está mejor descrita la época de la infancia y el aprendizaje de valores que en la película, donde no existe alusión a la infancia de Serpico, y el carácter de sus padres apenas quedan dibujados brevemente.

Entre esos valores es fundamental resaltar el concepto de **autoridad** que había aprendido de sus padres y como él lo expresa:

> *«Authority is supposed to help people, to give them direction. You don´t pick on people, especially people who can´t defend themselves. My father taught me to never run away if you didn´t do anything wrong. So I was getting all these Little messages»*[16].

Un concepto de autoridad clásico y totalmente opuesto a la generalizada e interiorizada dentro de la policía de New York, y que le acarrearía importantes problemas personales y profesionales.

Desde el punto de vista estético hay que resaltar dos aspectos:

> Primero la extraordinaria interpretación del Al Pacino como Serpico. Sidney Lumet escribiría «con Serpico me sentía ambivalente con el protagonista todo el rato. A veces era como un grano en el culo. Siempre incordiando. Al Pacino logró que le amara a *él*, no al personaje que figuraba en el guion»[17].

15 MAAS, Peter. *Serpico*. Cit., pág. 30.

16 DILLON, Nike. «Frank Serpico. The roots of carácter». *F&L Primo*, noviembre-diciembre 2002, pp. 20-26.
En enlace: https://web.archive.org/web/20060721171949/http://www.frankserpico.com/documents/flprimo_nov2002.pdf. Traducción: «La autoridad supone ayudar a la gente, darles una orientación, no te metas con la gente especialmente la que no su puede defenderse. Mi padre me enseñó a no huir si no has hecho nada malo. Así estaba recibiendo todos estos mensajes».

17 LUMET, Sidney.: *Así se hacen las películas*, cit. p. 25.

El segundo aspecto a resaltar es su música cuyo autor es MikisTheodorakis, que se integra perfectamente con un ambiente latino. Al principio no estaba previsto que la película llevara música, pero Lumet a lo largo del rodaje se convenció de lo contrario, la película necesitaba música. Una buena banda sonora ayuda siempre a la dramatización de una película y así lo entiendo Lumet al afirmar que «*Serpico* no debería haber tenido música, pero le puse unos catorce minutos de banda sonora, como protección personal y de la película»[18] ante esa gran interpretación de Al Pacino.

3.2. Contexto histórico-policial

El contexto de seguridad y policial en la que se movió Serpico, (década de los sesenta principios de los setenta del pasado siglo), fue especialmente difícil. La heroína y la droga, procedente principalmente del sureste asiático y especialmente Vietnam, hizo acto de aparición en las calles de New York; y asociado a la heroína sus graves consecuencias sociales, especialmente en los barrios marginales de New York, donde las bandas juveniles y la Mafia tenía su centro de operaciones, llegó la corrupción a gran escala dentro del Departamento de Policía. La llegada del consumo de la droga a gran escala supuso un gran deterioro de las condiciones de vida de las clases más desfavorecidas de la sociedad norteamericana. Esto supuso un incremento de la criminalidad en New York que necesitaba de un Departamento de Policía distinta y bien formada, pero este tipo de policía no es la que se encontró Serpico.

Serpico se tuvo que enfrentar a un contexto policial y criminológico en la ciudad de New York dantesco. A medida que la corrupción en la policía iba en aumento y se hacía cada vez más estructurada, los delitos se incrementaban en cantidad y en gravedad.

En lo profesional fue herido en una operación anti-droga y sus compañeros no hicieron nada por ayudarle, lo que tuvo como consecuencia su dimisión de su trabajo como policía en el año 1972.

3.3. Escenas de especial interés de la película

En cuanto al coste personal, hay dos secuencias que hay que destacar:

La primera escena transcurre en un ambiente muy relajado dentro de la casa de Serpico. Están hablando con Lauri de su trabajo en la policía y de la corrupción que está viviendo, Lauri contesta que no se escandaliza demasiado por ello, y Serpico se pregunta a si mismo porque a él si **le escandaliza**. Y a continuación Lauri le cuenta la siguiente fábula que se encuentra en la

18 LUMET, Sidney.: *Así se hacen las películas*. cit. Comentario a la fotografía 11.

película y no en la novela; en cambio la novela expresa así en palabras de Lauri en su relación con Serpico:

> «-Lo peor —dijo ella— era verle ir a trabajar con temor. Pero no podía dejar de ir tampoco. Yo creo que lo que más deseaba, en realidad, era ser un buen policía. Nadie pensaría que ello pudiera ser tan difícil»[19].

Así consideramos que está fábula sintetiza bastante bien la naturaleza de las relaciones sentimentales entre Lauri y Serpico. Y representa un hallazgo del guion de la película con una puesta en escena de una sencillez y honestidad irreprochable.

El cuento dice así:

> «Había una vez un rey que reinaba en un bellísimo país, y justo en la mitad del país había un pozo donde iban a beber todos; y una noche llegó una bruja y envenenó el agua.
>
> Al día siguiente todos bebieron excepto el rey, y todos se volvieron locos; se reunieron en la calle y dijeron: 'Tenemos que echar al rey porque el rey está loco'
>
> Pero al llegar la noche el rey salió a la calle y también fue a beber del pozo.
>
> Al día siguiente toda la población se alegró porque el rey había cobrado la razón»[20].

La fábula nos está tratando de decir que para vivir de una forma «normal» a los ojos de sus compañeros policías, tiene que coger el «sobre» del dinero o será considerado un loco que va contra los intereses de sus compañeros. Pero, además, su compañera quiere una vida en pareja «normal», o sea, tener hijos y formar una familia. Pero Serpico no elije ese camino, prefiere ser el rey sabio que no ha bebido del pozo envenenado. Es elegir toda una opción ética.

La segunda secuencia está relacionada con su ruptura, que transcurre más adelante, y que se desarrolla en una cafetería. Su compañera Lauri, interpretada por Barbara Eda-Young, con la que compartió todos los sinsabores de su lucha contra la corrupción, rompe definitivamente con Serpico en una corta pero emotiva y sensacional secuencia en una cafetería, donde podemos observar que incluso Serpico para no irse sin pagar, paga la cuenta de los cafés, aunque esté perdiendo a su compañera y sale corriendo detrás de ella, una vez la alcanza, le responde **«que no comprende el porqué»** de esa ruptura[21].

---

19 MAAS, Peter. *Serpico*. Cit., pág. 198.

20 La secuencia se encuentra en 47m. 10s, teniendo una duración de 1m. 49s. En el DVD editado por Universal Pictures Internacional Limited, España, Madrid 2007.

21 La secuencia se encuentra en 1h. 17m. 42s., con una duración de 2m. 57s. y la música de Mikis Theodorakis enfatiza la escena dramáticamente en las dos secuencias.

3.4. Visión jurídica. La Comisión Knapp

Desde el punto de vista jurídico la lucha de Serpico y el sargento David Durk contra la corrupción policial en New York y su publicidad generada por el New York Times al publicar la noticia, dio lugar a que se formara la comisión de investigación Knapp[22]. El alcalde de New York Lindsay nombró al juez Whitman Knapp presidente de dicha comisión.

La comisión Knapp empezó sus investigaciones en abril de 1970, pero no comenzó sus audiencias públicas hasta octubre de 1971. En ella declararon una gran cantidad de afectados, tanto policías como víctimas del abuso y la extorsión policial.

La película se centra en la corrupción generada por las actividades ilícitas como el juego y las drogas; pero hay un aspecto que la película recoge de pasada y que considero importante resaltar, ya que la comisión Knapp también lo investigó.

Son el cobro o los privilegios de los policías relacionados con las actividades legales, tales como los bares, restaurantes y negocios de todo tipo. En la película esto se puede ver en los primeros días de trabajo de Serpico como patrullero; con su compañero entran en un restaurante y Serpico se niega a comer lo que le ponen gratis, a cambio de no multarlo por estacionar la furgoneta de reparto del restaurante en doble fila.

En muchas ocasiones los dueños de estos negocios preferían que la policía consumiera en sus negocios gratis, a pagar una multa por incumplir las ordenanzas municipales o las normas de tráfico. La multa le salía mucho más cara que esta sutil forma de corrupción. Es una auténtica cultura de la corrupción, al principio tan sutil que apenas nos damos cuenta.

Las condenas penales que se lograron se pueden considerar pocas y leves, pero dicha comisión redactó una serie de recomendaciones, que son las siguientes: los mandos son responsables de los actos de sus subordinados; los mandos elaboraran informes periódicos sobre aspectos que puedan generar corrupción; oficiales de asuntos internos en todas las comisarias e informantes de incognito; mejorar los métodos de selección del personal y cambiar la actitud policial.

Aunque puedan parecer pobres los resultados prácticos de la comisión Knapp, es en este último aspecto de **cambiar la actitud policial**, donde se logró mayores resultados.

En la policía de New York se empezó a apartar la cultura de la corrupción a todos los niveles, por la cultura de un trabajo policial correctamente hecho y con todas las garantías legales para el infractor.

22 Knapp, Whitman. *The Kapp Comission report on police corruption*. G. Braziller, New York, 1973.

Un **cambio cultural** que requiere su tiempo y que es lento, pero a su vez es el más efectivo, y las medidas adoptadas por la propia comisión Knapp ayudarían a interiorizar en los policías.

Por otro lado, en la actualidad se han dado casos de maltratos e incluso muertes contra personas de color, por parte de la policía; lo que nos hace preguntarnos: ¿es la policía norteamericana racista? o ¿es la misma sociedad norteamericana racista y la policía es su reflejo?

4. *Veredicto Final*

Veredicto Final es una película que podríamos denominar del género de abogados y juicios, aunque, ampliamente, traspasa los límites del género. El tema principal de la película es **la búsqueda de la verdad**, y a través de esa búsqueda que realiza el abogado de la acusación, redimirse de su pasado. Pero también tiene un segundo final en relación con la redención personal, al que aludiremos más adelante.

4.1. Contenido y visión artística

Desde el punto de vista artístico hay que resaltar varios aspectos que considero importantes. Primero son los títulos de créditos del principio de la película elegidos por Lumet. Su estilización con letras de formas antiguas y en rojo, ya nos hace trasladarnos al pasado, al mundo de la memoria y los recuerdos no superados, que es el tema esencial de la película.

Segundo es el guion de David Mamet basado en el libro de Barry Reed *The Verdict,* y nos presenta «un drama que contiene todos los elementos básicos de la novela de Barry Reed, pero ha reformulado lo central de la acción y han sido mucho menos fiel a los aspectos jurídicos contenidos en la novela»[23]. Se podría decir que hace una versión libre respetando el espíritu de la novela.

Tercero es el diseño de la producción que tiene como responsable a Edward Pisoni, todos los decorados son de un estilo antiguo, e incluso los exteriores son de una arquitectura clásica, no hay edificios o decorados modernos o futuristas como en la película *El abogado del diablo*[24] *(Guilty as sin)* 1993.

Cuarto aspecto, —y que considero más importante—, sería el de la fotografía de Andrzej Bartkowiak, y como cuenta Lumet «un día lleve a Andrzej

23 ZOLEZZI IBÁRCENA, Lorenzo.: «Tecnicismos procesales y convicción en el juicio con jurado: el caso de la película Veredicto Final». En O´NEILL DE LA FUENTE, Cecilia. *Intersecciones entre la visión artística y la visión jurídica de los problemas sociales*. Universidad del Pacífico, Lima, 2020, p. 244.

24 Película que se puede considerar como complementaria en muchos aspectos a Veredicto Final.

un estupendo catálogo de cuadros de Caravaggio, le dije: "Andrzej esto es lo que busco"»[25]. Y Bartkowiak, —que es un excelente director de fotografía y que tenía una estrecha colaboración con Lumet desde 1981—, pone sus recursos técnicos para lograr esa atmósfera e iluminación especial que tiene los cuadros de Caravaggio; con una iluminación que entra lateralmente por las ventanas de los decorados, un fuerte contraste de claroscuros, y la utilización de las sombras de los personajes producida por esta sugerente iluminación. La atmosfera que se logra es una reinterpretación del ambiente barroco llevado al cine y el siglo XX.

En el sentido simbólico esa luz que consigue Bartkowiak, es la luz del camino que alumbra el conocimiento y la toma de conciencia del abogado Frank Galvin para superar su pasado.

El argumento de la película es el siguiente:

Frank Galvin (Paul Newman) es un abogado fracasado que pasa el día buscando casos en los velatorios, tratando de convencer, con poco éxito, a los familiares de que pongan una demanda. La película poco nos dice del pasado de Frank Galvin, pero lo que dice es importante para saber sus motivaciones de llevar a juicio el caso que va a caer en sus manos, por una negligencia médica que ha llevado a una joven mujer a un coma profundo y postrada en una cama de por vida.

En su pasado en Galvin era un abogado de éxito, —es relatado en la película por el asesor del seguro del obispado y, posteriormente, por su amigo el abogado Morrisey (Jack Warden)—. Galvin trabajaba para el bufete de abogados Stearns, Harrington y Pierce, una importante firma de abogados de la que llegó a ser socio y casarse con Patricia, la hija de Harrington. Pero se vio envuelto en el oscuro caso de Lillibridge, por la compra del jurado realizado por Stearms, socio del bufete. Acusado falsamente de compra del jurado, estuvo detenido y en la cárcel, e iba a ser inhabilitado como abogado; pero la influencia del bufete hizo que se retirara los cargos; pero tuvo que abandonar el bufete y divorciarse de Patricia Harrington. Morrisey llega a acusar a este bufete de abogados de malas prácticas y ser unos tiburones. Desde aquellos hechos Galvin se encuentra en el pozo del alcoholismo y buscando pequeños casos para sobrevivir.

A través de su amigo y antiguo profesor Mikey Morrisey le llega el caso de Deborah Anne Kaye, una mujer joven que estaba embarazada de su tercer hijo y que, en principio, por administrarle una anestesia equivocada queda en coma. Pero tenemos que detenernos un momento en el papel de Mikey Morrisey interpretado por Jack Warden. En primer lugar, Jack Warden hizo de jurado en la primera película de Lumet, *12 hombres sin piedad;* en segundo lugar, se podría afirmar que el personaje que interpreta Jack Warden en *Veredicto Final* es un «alter ego» del propio Sidney Lumet, que está para aconsejar

25 LUMET, Sidney.: *Así se hacen las películas*, cit., p. 98.

a Frank Galvin para que tome un camino razonable y no vaya a juicio. Camino que Galvin no tomará, pero a pesar de todo Morrisey le ayuda y apoya[26].

Seguidamente Galvin a al hospital donde Deborah yace postrada en la cama[27]. Le hace fotografías con su Polaroid, y mientras éstas se están revelando, Galvin toma conciencia del caso y toma la determinación de ir a juicio para poder ayudar a Deborah, se podría considerar una escena profundamente simbólica, se podría decir que es una secuencia de cine mudo, en la época del cine sonoro; pero también tiene una gran importancia el ruido del respirador artificial de Deborah, que con ese ritmo de respiración hace aún más profunda y dramática la escena. Las fotografías al revelarse, el ruido del respirador y los primeros planos de Galvin hablan por sí solas; es el cine en sus orígenes. También se podría definirse esta escena como **realismo mágico**, ya que un objeto cotidiano como es una cámara de fotografía y su posterior revelado hace despertar en la conciencia de Frank el conocimiento de que debe de llevar a juicio el caso.

A continuación, tiene una reunión en la archidiócesis con de Boston con el obispo Brophy (Edward Binns), otro actor que actúo como miembro del jurado en *12 hombres sin piedad*. El obispo le ofrece 210.000 dólares para un acuerdo y no ir a juicio. Galvin lo rechaza con la siguiente argumentación, «vine aquí para aceptar su dinero, traje estas fotos para enseñarlas y conseguirlo; no puedo aceptarlo, porque si lo tomo estoy perdido, no seré más que un rico aspirante a la muerte»[28]. Galvin aun en contra de lo que quiera la familia de Deborah, tiene la firme determinación de llevar a juicio el caso.

Galvin llega a afirmar con convicción, «No habrá otros casos, este es el caso»[29], repitiendo varias veces.

Al llevar el caso a juicio Galvin entra, —como ya lo hizo Serpico en el terreno policial con la constitución de la comisión Knapp—, en un mundo judicial corrupto, donde todo vale para ganar por parte de la defensa del obispado.

La película nos muestra un paisaje en ruinas del sistema judicial norteamericano.

---

26 También podemos ver a Jack Warden como ayudante, en este caso de una abogada, en la película *El abogado del diablo (Guilty as sin)*. En esta película Jack Warden interpreta el personaje de Mo que ayuda y aconseja a la abogada, en un personaje muy similar al que interpreta en *Veredicto Final*. Se podría afirmar que ambas películas son las dos caras de una misma moneda —de una misma ética—.

27 La secuencia se encuentra en la película en el 22m. 10s., con una duración de 2m. Se emplea el DVD Editado por Twentieth Century Fox Home Entertaiment, España, Madrid 2006.

28 La escena se desarrolla en 27m. 10s., con una duración de 31s.

29 La secuencia se encuentra en 1h. 26m. 56s., con una duración de 18s.

Por un lado, tenemos a un gran bufete de abogados con Concannon (James Meson) al frente, que no duda en utilizar cualquier medio para ganar. Utiliza los medios de comunicación, —prensa y televisión—, y la infiltración de una informante, Laura Fischer (Charlotte Rampling) dentro de la vida sentimental de Galvin, lo que supone una importante ilegalidad.

También nos dibuja un juez totalmente parcial, —juez Hoyle (Milo O'Shea)—, e inclinado a favor de la defensa.

La pérdida de su testigo pericial principal, el médico Gruber (Lewis Standlen), que en el último momento antes de iniciarse el juicio desaparece y no se presenta para hacer la declaración; aunque no aparece en la película es sobornado por el bufete de Concannon.

En definitiva, el bufete de Concannon es igual al bufete de Harrington. Son unos tiburones a los que Galvin se debe de enfrentar.

En el juicio declara como perito judicial otro médico, el doctor Thompson (Joe Seneca) menos experto que Gruber, cuyo testimonio no es muy afortunado por la intervención del juez. Tras lo sucedido Galvin se apoya en la única enfermera que no declara en el juicio Laura Rooney (julie Bovasso) que tras una tensa entrevista en la que se niega a ayudarle, pero una pista del registro de llamadas telefónicas en la factura de Rooney le lleva a la clave del caso, que es la enfermera de admisión Kaitlin Costello Price (Linsay Crouse), y logra averiguar que trabaja en una guardería de New York.

Galvin se entrevista con Costello en New York y le pide su ayuda para averiguar la verdad de lo que paso realmente en el Hospital la noche en que Deborah ingreso.

Paralelamente Morrisey descubre que Laura es una infiltrada que informa Concannon y se lo comunica a Galvin en New York en otra escena, rodada desde la distancia y que podemos considerar como de cine mudo[30]. Y cuando Galvin se reúne con Laura en la cafetería de un hotel le agrede físicamente.

En el avión de regreso a Boston, Morrisey le dice a Galvin que tiene muchas posibilidades de pedir un juicio nulo, pero éste no acepta el juicio nulo y va a por **la sentencia del jurado.**

En el juicio la declaración de Costello ante Concannon es contundente, va a contradecir al doctor Towler, (Wesley Addy). Acusa al médico anestesista Towler, que, tras la entrada en coma de Deborah, de haberle presionado para que cambiara la hora de la última comida, que en vez de un uno pusiera un nueve, ya que anteriormente había tenido varios partos muy difíciles y por descuido no había leído el impreso de admisión, amenazándola de que si no lo hace perderá su empleo. Y que lo puede demostrar porque tiene una copia del original.

---

30 La secuencia se encuentra en 1h. 39m. 51s., con una duración de 47s.

Es decir, el error no estaba en la administración de un anestésico equivocado sino en el tiempo que trascurre en la administración de ese anestésico, tras comer una hora antes no se le podía administrar la anestesia, cuestión que va contra la práctica médica habitual y que el propio Towler escribe en su libro.

A pesar de que el juez Hoyle ha dejado declarar a Costello, después de su declaración Concannon utilizando los procedimientos dentro la ley, solicita al juez que anule la prueba de la copia y la propia declaración de Costello del juicio. Cuestión que el juez apoya, e instruye al jurado de que la declaración de Costello no ha existido judicialmente, y que deben **borrarlo** de su memoria (como si eso fuera posible).

Una vez acabado el juicio, el obispo en la archidiócesis en su despacho le hace la siguiente y fundamental pregunta al representante del seguro: **¿usted se ha creído la declaración?**[31]

4.2. Contexto histórico

Antes de pasar a las escenas finales de la película me van a permitir, estimados lectores, un breve paréntesis para introducir el contexto histórico en la cual se realiza la película.

Veredicto Final fue producida en el año 1982, y desde el plano histórico y social está inserta en la época de la presidencia de Ronald Reagan, que llevó a cabo una auténtica revolución conservadora en lo político, económico, social y cultural.

En el terreno de la cultura y el cine, Sidney Lumet lo que hace en *Veredicto Final* es una contra-narrativa al cine dominante de los años ochenta, que era «un cine de diseño, basado en el *High Concept* que habitualmente adquiría la forma de *blockbuster* versión evasión en la jungla tipo Indiana Jones o recorte futurista a lo *Terminator*»[32]. Con *Veredicto Final* Lumet hacía una fuerte crítica contra la ola conservadora ofreciendo otra narración alternativa, intimista y a su vez con un fuerte contenido religioso, o si se quiere espiritual.

Es una etapa histórica donde se intenta implantar **el final de la historia**[33], más en concreto por Francis Fukuyama en la década de los años noventa[34],

---

31 La secuencia se encuentra en 1h. 54m. 40s.

32 Gómez, Iván.: «Escenarios neoliberales y corrupción institucional en el cine policiaco y judicial de Sidney Lumet: Veredicto Final (1982) y La noche cae sobre Manhattan (1996)». En Martín Escriba, Alex y Sánchez Zapatero, Javier. *La expansión del género negro*, Editoral Andavira, Santiago de Compostela, A Coruña, 2020, p. 486.

33 Fukuyama, Francis. *El fin de la Historia y el último hombre*. Editorial Planeta, Barcelona, 1992.

34 Como si fuera posible el final de la Historia. Años más tarde con los atentados del 11-S, nos demostraría que la historia y el ser humano está inseparablemente unidos.

e instaurar la época de la post-verdad, **la mentira** o los bulos. Esta película con la búsqueda de **la verdad** representa una fuerte contraposición a la revolución conservadora.

4.3. Escenas de especial interés de la película

Prosiguiendo con el argumento de la película se llega a la secuencia que recoge el alegato final del abogado Galvin con todo en contra, en lo que considero la mejor secuencia de la película, que se desarrolla así:

> «Bueno, como ustedes saben, la mayor parte del tiempo estamos perdidos. Decimos: "Por favor Señor, dinos lo que es correcto y dinos lo es verdad".
>
> No hay justicia, los ricos ganan, los pobres están indefensos.
>
> Nos cansamos de oír mentir a la gente y, poco a poco, vamos muriendo, parte de nosotros muere. Nos vemos como víctimas y nos convertimos en víctimas.
>
> Nos hacemos..., nos hacemos débiles, dudamos de nosotros mismos, de nuestras creencias, de nuestras instituciones y dudados de la Ley.
>
> Pero hoy ustedes son la Ley, ustedes son la Ley. Ustedes son la ley.
>
> No unos libros, ni los abogados, ni la estatua de mármol que adorna el tribunal, eso son solo símbolos de nuestro deseo de ser justos.
>
> Pero sin son, en efecto, una plegaria, una ferviente y temblorosa plegaria.
>
> En mi religión. Se dice:
>
> "Actúas como si tuvieras fe y la fe te será dada".
>
> Si vamos a tener fe en la justicia, tan solo hemos de creer en nosotros mismos y actuar con justicia.
>
> Y yo creo que hay justicia en nuestros corazones»[35].

La secuencia está estudiada al detalle por Lumet. En la sala del juicio, la cámara está situada un poco elevada en la zona del jurado; entre el público asistente se encuentran enfermeras interesadas en el juicio, y lo más importante Galvin, la familia de Deborah y el jurado forman un perfecto triángulo dentro del encuadre de la secuencia.

Galvin, al decir **«ustedes son la ley»**, se acerca al jurado y con una perfecta sincronización entre la palabra y la cámara se va aproximando lentamente a Galvin, terminando en un primer plano del rostro.

Como ya hemos mencionado durante la película Lumet hace guiños a *12 hombres sin piedad.* Hemos visto que actores secundarios como Edward Binns (el obispo Brophy) y Jack Warden (Morrisey) en un papel de ayudante y antiguo profesor de Galvin ya participaron como jurados en *12 hombres sin piedad.* Ahora 25 años después nos vuelve a recordar esa película. Lo que cambia es el personaje de Henry Fonda que está dentro del jurado y aporta

---

35 La secuencia se encuentra en 1h. 54m. 53s., teniendo una duración de 3m. 23s. En esta secuencia se ha elegido la versión original inglesa.

una visión muy crítica del juicio, por el personaje del abogado Paul Newman que es exterior al jurado, y que aporta un alegato muy intimista.

La deliberación del jurado en *Veredicto Final* no se ve en la película, se podría decir que está «fuera de campo», pero en una obra de arte, tan importante es lo que se ve y dice como lo que no se ve. Para dar un veredicto a favor de Deborah, había que introducir en el jurado de *Veredicto Final* el mismo **sentido crítico** que el jurado de *12 hombres sin piedad*.

Y el jurado da un veredicto a favor de los demandantes.

Pero con ganar el juicio no termina la película. Laura desolada y bebiendo trata de ponerse en contacto con Galvin por teléfono; en una secuencia magistral, Lumet nos deja un extraordinario final, sin duda; «dejaría *impresa* su *firma*»[36] .Porque los dos son víctimas de unos bufetes de abogados sin escrúpulos. Laura es víctima de Concannon, Galvin fue víctima de Stearm. Galvin al ganar el juicio logra superar su pasado, redimirse y resucitar a la vida. Laura trata de redimirse de su pasado y reconciliarse con Galvin, la llamada suena en su despacho, Galvin duda en cogerlo.

¿Cogerá el teléfono Galvin?

Afirma Aguilera: Galvin «en última instancia retira la mano, consciente de que no puede haber reconciliación ni perdón. Él ha logrado su "salvación" a pesar de las adversidades, y no parece en disposición de "salvar" a quién le ha traicionado»[37].

Aquí Aguilera da un final cerrado. Nosotros no lo analizamos igual.

Nosotros pensamos que este final es totalmente abierto, y es **el espectador** quién lo resuelve, según los valores que ha visto en la película.

Porque en el perdón, en esta civilización occidental judeo-cristiana, está la base de toda resurrección.

En nuestra interpretación de la película, Galvin cogerá el teléfono y ambos superaran el pasado.

4.4. Visión jurídica

Desde el punto de vista judicial hay que resaltar los siguientes aspectos.

En la película queda bastante claro que una cosa es la película, una ficción artística, y otra es la verdad del proceso con sus normas y procedimientos. Si se sigue la verdad del proceso no hay duda de que el juicio se hubiera perdido y, paradójicamente, la mentira se hubiera impuesto a la verdad y la justicia.

36 AGUILERA, Chistian. *Sidney Lumet, una conciencia progresista*. Kane Ediciones, Barcelona, 2023, pág. 54

37 *Idem*.

Afortunadamente esto no sucede en la película.

El primer aspecto jurídico a resaltar es la relación abogado-cliente. Galvin no acepta lo que piensan los familiares y llevado por un afán de hacer justicia a Deborah lleva a juicio el caso. Esto implica una falta para sus clientes y, «no deja de ser otra situación paradójica: el abogado traiciona a sus clientes para buscar justicia»[38] . Podemos hacer la lectura de que Galvin está buscando un interés personal, la superación de su pasado y resurrección personal. Pero lo que motiva a Galvin, además del interés personal, es el interés superior de hacer **justicia** a través de buscar **la verdad** de lo que pasó. Creo que esta situación concreta no se recoge en los códigos éticos de los abogados, pero si se contempla que el abogado debe de abandonar el caso si no coincide los intereses de sus clientes. Galvin sigue su conciencia y la búsqueda de la verdad, aunque sea un interés personal en contra los intereses de la familia de Deborah.

En segundo lugar, es que Galvin se encuentra con un juez totalmente parcial[39]. Ya desde la reunión en el despacho del juez se ve esta parcialidad. El abogado Concannon se encuentra departiendo con el juez en ausencia de Galvin, cuando Galvin entra en el despacho no encuentra sitio para dejar su abrigo, mientras en el juez y Concannon tiene su chaqueta y abrigo en el armario que usa el juez, y en otra ocasión donde Galvin reprocha al juez, en su propio despacho, su parcialidad. En el juicio interviene con una pregunta al Doctor Thompson que perjudica claramente a la parte demandante.

En tercer lugar, es muy corriente en las películas judiciales que se presente un testigo sorpresa, ayuda a la dramatización y crea suspense. Este es el caso de Costello que se presenta como testigo de refutación con una copia del registro de admisión de Deborah. Aunque posteriormente anule la prueba de la copia del registro de admisión de Costello y su propia declaración siguiendo los procedimientos judiciales y legales a propuesta de Concannon. La declaración de Costello se ha producido y la oralidad es esencial en los juicios con jurado, porque se trata de convencer a personas que no tienen un conocimiento judicial grande. Han escuchado a Costello y van a escuchar a Galvin.

En la actualidad en España han aumentado los casos denunciados por negligencia médica. En el Código Penal español la responsabilidad médica por imprudencia vía penal, son principalmente, los siguientes artículos: el

38 Zolezzi Íbarcena, Lorenzo.: «Tecnicismos procesales y convicción en el juicio con jurado: el caso de la película Veredicto Final», cit., p. 239-240. En O´Neill de la Fuente, Cecilia. *Intersecciones entre la visión artística y la visión jurídica de los problemas sociales.*

39 Zolezzi Íbarcena, Lorenzo.: «Tecnicismos procesales y convicción en el juicio con jurado: el caso de de la película "Veredicto vinal"», p. 241. En O´Nell de la Fuente, Cecilia. *Intersecciones entre la visión artística y la visión jurídica de los problemas sociales.*

artículo 142 en los apartados 1 y 3; el artículo 152, el 158 y el artículo 621. Por la vía civil viene regulada en el artículo 1.902 del Código Civil[40].

La búsqueda de la verdad de Galvin implica la búsqueda de la prueba de la negligencia médica. Como escribe Cremades «el principio sobre el que se sustenta la responsabilidad por actividades médico-sanitarias es la culpa, desechando de esta forma cualquier responsabilidad de tipo objetivo, lo que a su vez implica que no se produce la inversión de la carga de la prueba y, por tanto, corresponde al perjudicado, probar la impericia del profesional médico o sanitario»[41].

Por último, hay que mencionar al jurado. Encontramos diferencias notables entre el jurado en España y en Estados Unidos. La más importante es la libertad de conciencia con que se encuentran los jurados estadounidenses.

En España con la aprobación de la Ley Orgánica 5/1995 de 22 de mayo, del Tribunal de Jurado, se logra que los ciudadanos puedan participar en la Administración de Justicia.

Indudablemente la introducción del jurado representó un hito en la democracia española. Pero la institución del jurado no queda exenta de cometer errores. Y este es el caso de Rocío Wanninkhof, donde se condenó a Dolores Vázquez por su muerte, y es lícito preguntarse «¿hasta qué punto es razonable que esa suprema decisión radique en las mentes y voluntades de personas que nunca han tenido que ver con la Administración de Justicia? ¿hasta qué punto podemos confiar en ellos?»[42].

En el caso de Rocío Wanninkhof el jurado se dejó presionar por los medios de comunicación, y se puede decir que ya antes de la condena del jurado, los medios de comunicación habían influido en la opinión pública a favor de la condena. Y la investigación policial, bajo esta presión social era manifiestamente mejorable y no estuvo a la altura que requería el caso.

Y se puede afirmar: «en pocas palabras, pienso que se hizo un uso de la justicia y que dejó mucho que desear. Pues una mujer inocente fue a la cárcel por algo que no había hecho, e incluso cuando salió, la gente seguía creyendo que ella era la asesina. Quiero pensar que todo fue debido a los perjuicios de la época, a la presión a la que estaba sometida

40 Cremades García, Purificación.: «Una aproximación a la responsabilidad civil médica y sanitaria a propósito de la película *Veredicto Final*», pp. 48-49. En Ortega Jiménez, Alfonso y Cremades García, Purificación (Coord). *Cine y Derecho en 13 películas*. Editorial Club Universitario y Universidad Miguel Hernández, Elche, Alicante, 2008.

41 Cremades García. Purificación.: «Una aproximación a la responsabilidad civil médica y sanitaria a propósito de la película Veredicto Final», cit. p. 56. En Ortega Jiménez, Alfonso y Cremades García, Purificación (Coord.): *Cine y Derecho en 13 películas*.

42 Carolina Sanchis, Crespo. «El jurado y la presunción de inocencia. A propósito de la película Veredicto Final». *Estudios penales y criminológicos*, n.º 25, 2004, cit. pp. 325-326.

la Policía, y los errores que se cometieron, pero que eso a día de hoy está cambiando»[43].

Creemos que la institución del jurado en España está demasiado encorsetada y dirigida por el juez principal. Se debería de dejar la libertad de conciencia a sus componentes para examinar las pruebas y dictar un veredicto con plena libertad de conciencia.

5. Similitudes y diferencias entre las dos películas

Es interesante hacer una comparación entre estas dos películas. Las siguientes similitudes y diferencias son las más importantes.

5.1. Similitudes

Como hemos visto, *Serpico* trata de la corrupción policial generalizada y estructurada dentro del Departamento de Policía de New York; *Veredicto Final* trata sobre la redención personal y la superación de su pasado de un abogado, en un marco de corrupción judicial. Añadir que la corrupción es el cine un elemento dramático muy destacado y que está muy bien aprovechado por el sentido estético de Sidney Lumet.

Por otro lado, ambas están conectadas por el nombre de sus protagonistas, que consideramos que no es casual. El policía Frank Serpico y el abogado Frank Galvin. El nombre de Frank define a dos personajes de fuerte carácter, pero trágicamente atrapados por las circunstancias personales y sociales del tiempo que le ha tocado vivir.

También resulta muy relevante añadir que ambas superan la definición de género cinematográfico. *Serpico* supera el género policial mediante una narración realista dentro de la policía, y *Veredicto Final* supera el al género de juicio y abogados con una narración muy cercana a la religiosidad o espiritualidad.

También están unidas por el concepto de **sobre** —y este concepto es especialmente relevante—. En *Serpico* es más claro porque era cotidiano en la policía de New York, está inserto en su vida profesional; en *Veredicto Final* **el sobre** está representado por la baja indemnización que quiere pagar el hospital y, es mucho más sutil. En ambos casos el coger **el sobre simboliza** para Serpico la muerte de su condición de policía, y para Galvin representa la muerte en su condición de abogado.

43 OJEDA GARCÍA, Raquel. *Análisis crítico del Tribunal del Jurado. Especial referencia al llamado Caso Wanninkhof*. Trabajo de Fin de Grado cuya tutora es la Prof.ª Dr.ª M.ª Paula DÍAZ PITA, Departamento de Derecho Procesal. Universidad de Sevilla, curso académico 2021-2022, cit. p. 50.

También hay una no menos importante similitud en los actores secundarios. En «Veredicto Final» el abogado ayudante de Frank Galvin, Nikey Morrissey interpretado por Jack Warden, y en «Serpico» el jefe de policía Sidney Green interpretado por John Randolph, que es un papel corto pero muy significativo, del cual puede decirse que es uno de sus pocos amigos. También es obligado mencionar al papel de Moe, ayudante de la abogada, interpretado por Jack Warden en «el abogado del diablo» de 1993. Tres personajes del que podrían decirse que son **«alter ego»** de Sidney Lumet, es como Sidney Lumet estuviera aconsejando dentro de la película a sus tres personajes.

5.2. Diferencias

En el apartado de las diferencias podemos destacar: El origen literario de la historia. En *Serpico* los guionistas Waldo Salt y Norman Wexler respetan bastante el contenido del libro de Peter Maas *Serpico*; en cambio el guionista David Manet hace una versión libre del libro de Barry Reed *The Verdict*. Se podría decir que en Serpico el guion respeta el espíritu de la novela, y en *Veredicto Final* David Manet aprovecha distintas circunstancias dramáticas de la novela, no respetando su contenido jurídico del cual se aleja bastante.

La atmósfera creativa en las dos películas. Siendo **el realismo** de *Serpico* y **la espiritualidad** *de Veredicto Final* una diferencia, entre ambos, de gran importancia artística. En *Serpico* todo está girando en el tiempo presente; en *Veredicto Final* todo nos hace recordar el pasado, está muy presente la memoria.

En el terreno jurídico es donde está la mayor diferencia. *Serpico* trata de todo tipo de delitos cometidos por la policía, el abuso de autoridad, los malos tratos a los delincuentes y la recogida de sobres con dinero negro, producto de los sobornos y las amenazas a gran escala. *Veredicto Final* es mucho más concreto, es un caso de personal de negligencia médica, aunque también queda dibujada una gran corrupción en el sistema judicial, y aunque Lumet no tenía conocimientos jurídicos toca el tema de la negligencia médica con gran verosimilitud aunque se aparta de los procedimientos y tecnicismos jurídicos.

Otra diferencia es que *Serpico* es una película con un final cerrado y concluyente; y *Veredicto Final* es una película con un final abierto, es cierto que ganan el juicio, pero tiene otro final en la que podemos apreciar **lo humano**, que no es otra cosa que la decisión a tomar.

Pero ambas películas tienen un objetivo en común: **la búsqueda de la verdad** en el contexto más apropiado para buscarla, **el contexto jurídico y de seguridad**.

6. Fichas técnicas

Serpico

- **Título original:** «Serpico».
- **Director:** Sidney Lumet.

- **Nacionalidad:** Italia-Estados Unidos.
- **Año**: 1973.
- **Duración:** 130 minutos.
- **Productora**: Produzion De Laurentiis International Manufacturing Vompany SPA.
- **Productor** ejecutivo: Dino de Laurentiis.
- **Productor:** Martin Bergman.
- **Guion:** Waldo Salt y Norman Wexler, según el libro *Serpico* de Peter Maas.
- **Música:** Miki Theodorakis.
- **Fotografía:** Arthur J. Ornitz.
- **Montaje:** Dede Allen.
- **Reparto:** Al Pacino (Serpico), John Randolph (Sidney Green), Jack Kehoe (Ton Keough), Tony Roberts (Bob Blair), Barbara Eda-Young (Lauri), Cornelia Sharpe (Leslei) y Biff McGuire (Capitan McClain).
- **Distribuidora:** Paramount a Gulf+Western Company.
- **Sinopsis:** Basada en hechos nos, narra la vida de Frank Serpico cuando ingresa en el Departamento de Policía de New York. Donde no participa de la corrupción que domina el departamento, y que se simboliza en la cogida de el sobre con dinero negro. Esta situación lo llega a un enfrentamiento con sus compañeros de funestas consecuencias.

Veredicto Final

- **Título original:** «The Verdict».
- **Director:** Sidney Lumet.
- **Nacionalidad:** Estados Unidos.
- **Año:** 1982.
- **Duración:** 124 minutos.
- **Productora:** Fox-Zanuck/Brown Production.
- **Productor:** Burt Harris.
- **Guion:** David Mamet, basada en la novela «The Verdict» de Barry Reed.
- **Música:** Johnny Mendel.
- **Montaje:** Peter Frank.
- **Fotografía:** Andrzej Bartowiak.
- **Diseño de producción:** Edward Pisoni.

- **Reparto:** Paul Newman (Frank Galvin), Charlotte Rampling (Laura Fischer), Jack Warden (Nikey Morrissey), James Mason (Ed Concannon), Milo O´Shea (judge Hoyle), Linsay Crouse (Kaitlin Costello Price), Edward Binns (Bishop Brophy) y Julie Bovasso (Maureen Rooney).
- **Distribuidora:** Twentieth Century Fox Film Corporation.
- **Sinopsis:** Nos cuenta la búsqueda de la verdad de un abogado en un caso de negligencia médica. Siendo a su vez un proceso o camino de redención que para el abogado significa una superación de su pasado.

7. Bibliografía

Aguilera, C.: *Sidney Lumet. Una conciencia progresista*. Kane Ediciones, Manresa-Barcelona, 2023.

Cela Ramilla, A.I.: «Llámame Paco: la historia de un policía, Frank Serpico». *Cuadernos de Criminología: Revista de Criminología y Ciencias Forenses*, n.º 31, 2015, pp. 3-8.

Cremades García, P. y **Madaria Ruvira, J.**: «Una aproximación a la responsabilidad civil médica y sanitaria: a propósito de la película Veredicto Final». En **Cremades García**, Purificación y **Ortega Jiménez**, Alfonso. (Coord.). *Cine y Derecho en 13 películas*. Editorial Club Universitario y Universidad Miguel Hernández, Elche, Alicante, 2008, pp. 43-62.

Dillon, N.: «Frank Serpico. The roots of character». *F&L Primo*, noviembre-diciembre 2002, pp. 20-26. En el enlace: https://web.archive.org/web/20060721171949/http://www.frankserpico.com/documents/flprimo_nov2002.pdf.

Fukuyama, F.: *El fin de la Historia y el último hombre*. Editorial Planeta, Barcelona, 1992.

Gómez García, I.:

— «El cine policiaco de Sidney Lumet y la crisis de los valores liberales: de Serpico a El príncipe de la ciudad». En **Martín Escribá**, Alex y **Sánchez Zapatero**, Javier. *Género negro sin límites*. Editorial Andavira, Santiago de Compostela, A Coruña, 2019, pp. 431-438.

— «Escenarios neoliberales y corrupción institucional en el cine policiaco y judicial de Sidney Lumet. Veredicto Final (1982) y La noche cae sobre Manhattan (1996)». En **Martín Escribá**, Alex y **Sánchez Zapatero**, Javier. *La expansión del cine negro*. Editorial Andavira, Santiago de Compostela, A Coruña, 2020, pp. 483-490.

Jimena Sáenz, M.: «Derecho…¡al cine!: crónicas de experiencias cinematográficas en el aula». *Academia. Revista sobre enseñanza del Derecho*, año 13, n.º 25, 2015, pp. 217-234.

KNAPP, W.: *The Knapp Comission report on police corruption*. G. Braziller, New York, 1973.

LUMET, S.: *Así se hacen las películas*. Ediciones Rialp, Madrid, 2.° edición año 2000. pp. 23, 25 y 98.

MAAS, P.: *Serpico*. Editorial Grijalbo, Barcelona, 1974.

MARIÑO FERRO, X. R.: *Los cuentos maravillosos: realismo mágico*. Editorial Ronsel, Barcelona 2004.

OJEDA GARCÍA, R.: *Análisis crítico del Tribunal del Jurado. Especial referencia al llamado caso Rocía Wanninkhof.* Trabajo de Fin de Grado no publicado cuya tutora es la profesora María Paula Díaz Pita, Departamento de Derecho Procesal de la Universidad de Sevilla, curso 2021-2022, p 50, Versión online. https://idus.us.es/bitstream/handle/11441/135796/TFG %20Ojeda %20Garc %C3 %ADa %2C %20Raquel.pdf?sequence=1&isAllowed=y.

PERÉZ MILLÁN, J.A. y **PERÉZ MORÁN,E.**: *Cien abogados en el cine de ayer y hoy*. Ediciones Universidad de Salamanca, Salamanca, 2010.

REED, B.:*The Verdict*. St. Martín´s Press, New York, 1992.

RIVAYA GARCÍA, B.:

— «Algunas preguntas sobre Derecho y Cine». *Anuario de filosofía del derecho*. 2010, pp. 219-230.

— *Derecho y Cine en 100 películas*. Editorial Tirant lo Blanch, Valencia, 2.° Edición año 2021. Pp. 305-311,313-316 y 325-328.

— *Los derechos humanos en el cine*. Editorial Palestra, Lima, 2024.

SANCHIS CRESPO, C.: «El jurado y la presunción de inocencia: a propósito de la película Veredicto Final». *Estudios penales y criminológicos*, n.° 25, 2004, pp. 311-330.

SOTO NIETO, F. y **FERNÁNDEZ, F. J.**: Capítulo XX. Veredicto Final. En **SOTO NIETO**, Francisco, y **FERNÁNDEZ**, Francisco J. En *Imágenes y Justicia. El Derecho a través del cine*. La Ley-Actualidad, Madrid, 2004, p. 383-389.

TANFORD, S. y **PERNORD, S.**: «Las deliberaciones del jurado: contenido de la discusión y procesos de influencias en la toma de decisiones de un jurado». *Estudios de Psicología*, n.° 42, 1990, pp. 75-98.

TRUFFAUT, F.: *El cine según Hitchcock*. Alianza Editorial, Madrid, 2020.

ZINN, H.: *La otra Historia de Estados Unidos*. Siglo XXI Editores. Madrid, 1999.

ZOLEZZI IBÁRCENA, L.: «Tecnicismos procesales y convicción en el juicio con jurado: el caso de la película Veredicto Final». En **O´NEILL DE LA FUEN-**

TE, Cecilia. *El Derecho va al cine. Intersecciones entre la visión artística y la visión jurídica de los problemas sociales*. Universidad del Pacífico, Lima, 2020, pp. 223-245.

UTOPÍA Y DESENCANTO EN LA ABOGACÍA: LA LUCHA POR LA JUSTICIA FRENTE AL CAPITAL

Carlos Gil Gandía
Profesor Ayudante Doctor de Derecho Internacional Público y Relaciones Internacionales de la Universidad de Las Palmas de Gran Canarias

1. Introducción

La interpretación de una película al igual que la lectura de una novela tiene muchos más pliegues de los que el esquematismo tanto de su argumento como de sus personajes permite sospecha. Por ello, permite enseñar el derecho a través del cine, convirtiéndose en un complemento adecuado para la metodología general utilizada en España, que se basa en la clase magistral para transmitir conocimientos jurídicos[1]. Cine y Derecho forman una buena combinación para observar cómo opera el fenómeno jurídico y qué problemas plantea, especialmente en lo que se refiere a la práctica del Derecho, como se ejemplifica en el cine de juicios, para el caso en cuestión del presente trabajo, el film *Acción Civil.* Esta película, dirigida por Steven Zaillian (1998), está inspirada en hecho reales y en el libro homónimo de Jonathan Harr. La protagonizan John Travolta (abogado demandante Jan Schlichtmann), Robert Duvall (abogado defensor J. Facher), Bruces Norris (abogado defensor W. Cheeseman), entre otros.

La trama sigue al abogado Jan Schlichtmann, especialista en derecho de daños de Boston que inicialmente es atraído por un caso que parece prometedor en términos económicos. Se trata de una demanda contra dos grandes

1 *Vid.*, GIL GANDÍA, Carlos: «La enseñanza del Derecho a través de las artes», *Academia. Revista sobre enseñanza del derecho de Buenos Aires*, año 19, núm. 38, 2021, pp. 73-91.

corporaciones, Beatrice Foods y W.R. Grace, a las que se acusa de haber contaminado el agua en Woburn, Massachusetts, lo que resultó en la muerte de varios niños por leucemia y otros enfermos.

2. Deontología de la abogacía

Comencemos por una idea básica. El Derecho se desarrolla y progresa a partir de la contradicción y la crítica técnico-jurídicas, principalmente de origen doctrinal y, en gran parte, jurisprudencial. Este proceso no está exento de influencias contextuales, incluidas las ideológicas, ya que el Derecho actúa como una herramienta utilizada en las relaciones y conflictos sociales. Pero, en cualquier caso, tanto la existencia del derecho como sus contenidos específicos encuentran su fundamento en la dignidad humana, que es, además, el fundamento del orden político y de la paz social. Por eso, incluso en ciertas ocasiones, la rebelión frente a la ley ejerce una defensa de esa dignidad humana: es el caso de la desobediencia civil.

Ese fundamento de la dignidad humana se adhiere a los códigos deontológicos de la abogacía, que contribuye significativamente en preservar el Estado de Derecho. Desde una perspectiva histórica, la cultura del ejercicio de la abogacía ante tribunales o cualquier otra instancia jurídico-administrativa o cuasi-jurisdiccional ha sido siempre, de manera congénita, un instrumento en búsqueda de la victoria, de ganar, que emula a la competición de los juegos en el campo de la controversia jurídica con partes enfrentadas, en esa fórmula dual entre acusación y defensa, como nos enseñó Gernet en su *Droit et société*.

Tanto el personaje de Travolta como el de Duvall representan dos enfoques de la abogacía que, aunque al principio del filme son similares (incluso se puede observar el respeto que el personaje del primero profesa al segundo), se vuelven opuestos a medida que la historia avanza, porque el abogado Schlichtmann experimenta una transformación a lo largo de la película (el Hyde dentro del Jekyll), pasando de ser un jurista cínico y materialista, que ve el juicio como una guerra iniciada con la demanda, sin considerar el sufrimiento de sus clientes, a convertirse en alguien que busca justicia en un mundo jurídico desconectado del sufrimiento humano (como hace el abogado Bryan Stevenson en la película *Cuestión de Justicia*, de Destin Cretton) y, en el caso del proceso civil norteamericano reflejado en el filme, centrado en el dinero. Este cambio de mentalidad conlleva un alto precio que el personaje asume: pues lo pierde todo (compañeros y bienes materiales), por la Causa. Facher, por el contrario, se mantiene firme en su pragmatismo (por encima de la ética), en su visión del derecho como un negocio; es el ejemplo claro del abogado empresarial que criticaba Dunkan Kennedy en los *Critical Legal Studies*[2]. Para él, no existe una causa de justicia genuina, sino

2 Kennedy, Duncan. *Legal Education and the Reproduction of Hierarchy,* NYU, 2007.

un deseo de ganar a toda costa utilizando cualquier táctica necesaria. Esto incluye intimidar con su reputación como jurista y empresario de prestigio, al frente de uno de los despachos de abogados más grandes, ricos y destacados de Estados Unidos, además de ser profesor en la Facultad de Derecho en Harvard, lo cual menciona en uno de los momentos del filme delante de las demás partes (para intentar llegar a un acuerdo que no se logró) para certificar su pedigrí jurídico. También recurre a artimañas basadas en su poder e influencia sociales (el juez muestra empatía hacia él, comprometiendo su imparcialidad en el caso) y económicas.

Facher muestra una actitud despectiva hacia Schlichtmann durante todo el proceso. Incluso intenta «comprarlo» para que abandone el caso, subestimando su capacidad para ganar el juicio y tratando de demostrar su superioridad con actos de condescendencia, como ofrecerle dinero para que se compre una taza de café, reflejando así su mentalidad calculadora respecto al sistema legal estadounidense mostrada en el filme, que está cercano al sistema burocrático, opaco y absurdo que Kafka escribe en El Proceso. Aunque el personaje de Travolta no gana el juicio de manera directa, lo hace indirectamente. Gracias a las pruebas que remitió a la Agencia de Protección Ambiental de Estados Unidas, esta logra ganar su propio juicio, cerrar las dos empresas contaminantes y responsabilizarlas económicamente por la contaminación del agua. Como resultado, se repara el ecosistema dañado en Wobum (Massachusetts) y se otorga una cuantiosa indemnización a las familias cuyos hijos fallecieron de leucemia a causa del agua contaminada.

3. Medioambiente y derechos humanos

La ciencia, los organismos judiciales nacionales e internacionales, las organizaciones internacionales, los mecanismos jurídicos nacionales e internacionales, entre otros, han reconocido la innegable relación entre la protección del medioambiente y la realización de los derechos humanos[3]. Este vínculo ha sido reconocido en el derecho humano a un medioambiente sano, lo que incorpora la dimensión ambiental a la doctrina de los derechos humanos. Este derecho se refiere al derecho de todas las personas a vivir en un entorno saludable, limpio y sostenible, donde se garantice el acceso al agua potable, el aire limpio, biodiversidad y la protección contra la contaminación y la degradación ambiental. La protección ambiental se describe tanto como un valor en sí mismo, como una condición esencial para el disfrute efectivo de otros derechos humanos, tales como el derecho a la vida, la salud, la alimentación, el agua, la vivienda y el trabajo digno. ¿Acaso la contamina-

3 En julio de 2022, las Naciones Unidas acogió el reconocimiento de la Asamblea General de un ambiente limpio, saludable y sustentable como un derecho humano. Este reconocimiento siguió la resolución 48/13 del Consejo de Derechos Humanos de las Naciones Unidas que reconoció el derecho en octubre de 2021.

ción de las aguas de Woburn por las empresas demandadas no afectó a los derechos humanos de las víctimas? Sin duda. Tanto el derecho a la salud como el derecho a la vida fueron vulnerados, especialmente los derechos de los niños y las niñas, de conformidad con la Convención de los Derechos del niño (1989), que Estados Unidos no ha firmado ni ratificado.

El filme nos muestra un litigio civil (aunque lo más adecuado sería litigio ambiental), en el que el petitum muestra que la contaminación de las aguas afecta a las personas residentes en la zona (también afecta al ecosistema, pero la mirada fílmica es antropogénica, no ecocéntrica)[4], similar a lo que ocurre en la película Erin Brockovich (2000), dirigida por Steven Soderbergh y protagonizada por Julia Roberts o el filme murciano Sofía Volverá: la primera refugiada por causa medioambiental del Mar Menor (2019), dirigida por Joaquín Lisón. Además, reafirma, por un lado, la obligación de los Estados de garantizar y respetar un medioambiente sin riesgos, limpio, saludable y sostenible, con el fin de proteger y hacer efectivos los derechos humanos, tal como lo demuestra la EPA en la película. Por otro lado, confirma el principio ambiental de «quien contamina, paga», vinculado al principio de prevención y a la necesaria reparación del daño ambiental causado. En el ámbito específico del derecho de aguas, este principio se relaciona, como muestra el filme, expresamente con el principio de recuperación de costos. Asimismo, la mala praxis del juez de la película, a sabiendas de las pruebas mostradas, podría hacer incurrir a Estados Unidos en responsabilidad internacional, ya que, en cuestión ambiental y climática, se incluye el principio de responsabilidad común pero diferenciada de las administraciones públicas y las empresas, reconocido, por ejemplo, en la Convención Marco de las Naciones Unidas sobre el Cambio Climático (1992), aunque ya se vislumbraba en la Declaración de Estocolmo (1972).

4. Las víctimas en el filme

Los padres y las madres de los niños fallecidos como consecuencia de la contaminación de las aguas son víctimas indirectas, que merecen justicia, reparación y verdad. Hay dos escenas de progenitores que cabe destacar porque, merced a ellas, el abogado demandante cambia su perspectiva respecto a las víctimas, humanizándolas, y no mirándolas como un mero objeto en el juicio. La escena se desarrolla dentro de un coche, donde un padre sostiene a su hijo pequeño, que ha fallecido a causa de la leucemia, enfermedad provocada por la contaminación de las aguas. El dolor y la impotencia del padre se manifiestan en su expresión corporal mientras abrazo el cuerpo

4 Una mirada ecocéntrica es la regulada en la Ley 19/2022, de 30 de septiembre, para el reconocimiento de personalidad jurídica a la laguna del Mar Menor y su cuenca, ya que sitúa al ecosistema en el centro de protección como sujeto de derecho. En este sentido, se pronuncia la denominada jurisprudencia de la Tierra.

sin vida de su hijo. En otro momento del filme, se presenta a una madre que se encuentra en situación similar de angustia y sufrimiento. Ella, frente a los abogados del bufete de Schlichtmann y al lado de los demás padres y madres, afirma que no busca una indemnización *(quota litis)*, sino una forma de reparación simbólica, pero más poderosa en términos restauradores que el dinero: el perdón. Esta forma de reparación ha sido reconocida tanto por la Corte Interamericana de Derechos Humanos[5] como por la Corte Penal Internacional[6] en caso de violaciones masivas y sistemáticas a los derechos humanos y crímenes internacionales.

Las víctimas no participan activamente en el juicio; los protagonistas son los abogados y el juez. Son simples testigos del desarrollo del proceso, como en el filme *Los Juicios de Núremberg* de Stanley Kramer (1961). Esto difiere con la posición activa que adoptan en películas como Argentina, 1985 de Santiago Mitre (2022) y la ya mencionada *Cuestión de Justicia.* Sin embargo, se podría decir que Schlichtmann asume la perspectiva del dolor y de la búsqueda de la justicia, al igual que Atticus Finch en Matar a un ruiseñor, intentando identificarse lo más posible con las víctimas directas e indirectas. A pesar de soportar la presión de sus compañeros y de las demás partes involucradas en el juicio, se mantiene firme en sus convicciones, consciente de que no es un santo, ya que siempre buscaba acuerdos extrajudiciales con el símbolo del dólar y de la victoria, independientemente de hacer realmente justicia. De este modo, y a pesar de conocer el desaliente, la frustración y el abandono, trasciende la visión egoísta y evita la instrumentalización del dolor de sus clientes, quienes al principio del filme eran reducidos a meras fotografías de los fallecidos frente a las cámaras. Al final, su narrativa y perspectiva prevalecen como la verdad. De hecho, en la escena final, la fuerza para que el personaje de Travolta siga adelante se la transmite un niño, quizá les recuerda a los fallecidos, que dejan de ser fenómenos aislados en un proceso civil que, por su propia configuración técnica, no permite la participación activa de las víctimas como lo hacía el modelo de justicia retributivo (centrado en la pena y en el reo, no en la víctima). Así, las víctimas dejan de ser el precio silencioso de los procesos y de la historia.

En suma, Schlichtmann reconoce que la ni ley ni el derecho, por sí solos, son suficientes, incluso si la normativa es formalmente correcta. Para que una sociedad sea verdaderamente justa, se necesitan —como se afirma en la mayoría de las veces en códigos deontológicos y demás— principios éticos y personas que desarrollen una personalidad independiente y crítica, capaces de establecer y fundamentar valores en los que creer, y de definir criterios para discernir el bien y el mal, lo adecuado e inadecuado, lo justo e injusto,

5 Sentencia de la Corte Interamericana de Derechos Humanos caso Aloeboetoe et. Surinam (1993), reparaciones y costas, serie C, núm. 15, p. 35.

6 Sentencia de la Corte Penal Internacional, caso Al Mahdi (ICC-01/12-01/15-236), 17 de agosto de 2017.

y actuar en consecuencia. Si el individuo carece de esta voluntad y fuerza, sobre todo en épocas de zozobra o en causas donde la masa y todo está en contra, ningún sistema jurídico podrá proporcionarle la capacidad de orientarse en la vida ni de vivir de manera libre y creativa en su interacción con los demás y con su propio destino cuán Quijote. Ninguna relación jurídica, de negocios, o cualquier otra, puede transformar a una persona en un verdadero ser humano, con humanidad.

5. Bibliografía

Gil Gandía, C.:

— *Sofía Volverá. La necesidad de nuevos planteamientos jurídicos ambientales*, Tirant lo Blanch, 2024.

— «La enseñanza del Derecho a través de las artes», Academia. *Revista sobre enseñanza del derecho de Buenos Aires*, año 19, núm. 38, 2021, pp. 73-91.

Gernet, L.: *Droit et Société dans la Grèce ancienne, publications de l´Institute de droit romain de l´Université de Paris*, T. XII, Paris, 1955.

Kennedy, D.: *Legal Education and the Reproduction of Hierarchy*, NYU, 2007.

LA DOCENCIA UNIVERSITARIA, AL HILO DE «UNA RAZÓN BRILLANTE»: ¿EL ARTE DE CONVENCER O DE ENSEÑAR?

Cristina Guisasola Lerma
Catedrática de Derecho Penal
Universidad de Valencia

FICHA TÉCNICA:

Nacionalidad:

Francesa

Director: Yvan Attal

Duración: 95'

Año: 2017

Dedicado a Jose Berné, catedrático de la UPV y amigo, quien alejado de las aulas por una grave enfermedad y caminando por el precipicio de la vida escribió un bello poema «Se que volveré», superando todos los obstáculos con una fuerza infinita.

1. Introducción: el cine como recurso didáctico en la docencia universitaria

Cuando hace un año Antonio J. Quesada me propuso participar en este bello proyecto sobre profesiones jurídicas a través de la mirada cinematográfica no dudé en contestarle afirmativamente.

Para el citado proyecto escogí la profesión de docente universitario, profesión que abarca de manera simultánea actividades docentes, de investigación, gestión y transferencia de conocimiento. No obstante, en esta contribución y al hilo de la película escogida, voy a centrarme en la función docente, que es, como ya dijo Ortega[1], la primera misión que, como universitarios, nos compete. El presente trabajo me ha servido para poner de manifiesto lo que expuse en mi proyecto docente de la cátedra, donde reflexionaba sobre el modo de desarrollar la tarea que tenemos encomendada.

Desde hace años vengo utilizando los relatos cinematográficos como uno de los recursos docentes, como vehículo de visualización de los fenómenos jurídicos ya que el Derecho regula las normas de convivencia social y el cine relata historias sociales; por ese motivo, desde una perspectiva amplia más allá del denominado «cine de juicios», el recurso jurídico estaría allí donde, con independencia del género cinematográfico de que se trate, se utilicen argumentos jurídicos que sirvan para la reflexión y el debate.

1 Ortega y Gasset: *Misión de la Universidad y otros ensayos de educación y pedagogía* (Madrid, Alianza/Revista de Occidente), 1982.

Con este planteamiento integrador del Derecho como un elemento social[2] se pueden extraer conclusiones jurídicas de ficciones que resultan pertinentes para ilustrar problemas relativos a los distintos sectores del Derecho: por ejemplo, en el ámbito del Derecho Penal, aquellas en las que en el relato surge, aunque sea tangencialmente, una conducta delictiva, permiten debatir sobre temas relacionados con la parte general —como las modalidades de conducta, la autoría y participación, circunstancias modificativas o eximentes o la pena— o sobre determinados aspectos de algunos delitos en particular; también en la rama del derecho penitenciario, aquellas ficciones que reflejan por ejemplo las condiciones penitenciarias, o en las que se discute acerca del tratamiento penitenciario (imprescindible, la excelente *La naranja mecánica* de Stanley Kubrick), o se aborda el tema de la resocialización, la lucha contra la discriminación o contra la pena de muerte. Todas ellas pueden servir de espejo para analizar los principios básicos del Derecho Penal, ya que la legalidad, proporcionalidad, presunción de inocencia o humanidad confluyen habitualmente en dichas narraciones[3].

En el contexto que nos ocupa escogí la película francesa *Una razón brillante. El arte de convencer*[4] por diversos motivos: cuando la vi en su estreno, me sedujo de entrada su ambientación en la Universidad Paris II (Panthéon-Assas), prestigioso centro universitario donde tuve la fortuna de poder realizar mi primera estancia de investigación durante la elaboración de mi tesis doctoral sobre los delitos contra el patrimonio cultural; allí tuve el honor de conocer y trabajar con dos reconocidas docentes y juristas, Marie-Elisabeth Cartier y Mireille Delmas-Marty. Adicionalmente la propuesta del cineasta israelí, nacionalizado francés, Yvan Attal, muestra el diálogo y correspondencia entre exigencia & enseñanza & aprendizaje, bebiendo del «efecto Pigmalión», aplicado al ámbito educativo.

Ahora bien, el motivo principal de su elección obedece a que en el filme se abordan cuestiones como el lenguaje, la razón y la verdad, estudiadas en profundidad por nuestro insigne maestro Tomás Vives Antón, en una de las obras

2 Como nos recuerda García Cívico («Imágenes cinematográficas para una teoría del derecho de inspiración sociológica» en *Teoría y Derecho*, 2022, p. 3) el uso didáctico del cine se ha revelado como un instrumento para comprender, a través de su vinculación con lo cotidiano, la condición social del Derecho.

3 Valga como ejemplo el libro homenaje al Prof. Orts Berenguer publicado con ocasión de su jubilación administrativa en el que se proyectaron una serie de miradas al crimen y a su castigo, con las que se pretendía un acercamiento al Derecho, y en particular al Derecho penal, a partir de una manifestación artística o cultural ya fuera una novela, una película. En mi caso se abordaron cuestiones de política criminal y penitenciaria a partir de una obra cinematográfica, la película «Horas de Luz», en particular el régimen penitenciario español y los departamentos especiales y del régimen FIES (Fichero de Internos de Especial Seguimiento) que en su origen provocó importantes restricciones de derechos sin ningún apoyo legislativo. VV. AA.: *Crímenes y castigos. Una mirada al Derecho Penal a través del arte y la cultura,* Valencia 2014.

4 Interesante el comentario de Tello Díaz sobre la película, titulado «El cine aborda el pensamiento crítico contra la amenaza de lo políticamente correcto» en *Nueva Revista*, abril 2018.

más relevantes de los últimos decenios, sus *Fundamentos del sistema penal*[5], al que nos referiremos más adelante.

Por último, el filme cuenta con una magnífica banda sonora original, en particular los temas del cantante y compositor Marvin Gaye, icono del soul (los acordes de *«Inner City Blues»* acompañan los pasos de la estudiante), al que se le han otorgado a título póstumo premios y distinciones, incluyendo el Grammy a la carrera artística.

2. «Una razón brillante. El arte de convencer»: la película

Ambientada en París, el film está protagonizado por Camelia Jordana (premio César 2018) interpretando a Neïla Salah, una joven de origen árabe que vive en el extrarradio parisino y que en su primer día de clase en la facultad de derecho al entrar con la clase iniciada es cuestionada por el profesor Mazard (interpretado por Daniel Auteil), controvertido docente y con ciertos prejuicios raciales. Comienza entonces una tensa y creciente discusión entre ambos, que se ve interrumpida por un alumno cuya voz grita: «¡Es racismo! ¡No hay derecho!». El momento comienza a ser grabado por los estudiantes, compartido y difundido en redes llegando el asunto al rector de la Universidad, quien cita al profesor en su despacho. Este le advierte de que la apertura del expediente disciplinario es inevitable pero que una manera de causar buena impresión al tribunal pasaría por preparar a Neïla para el concurso interuniversitario de oratoria. Sin que ella sepa cuál es la verdadera intención que mueve al docente, Mazard se reúne con ella y le anuncia su propósito. Comienza así la formación de la joven y su inmersión de lleno en el mundo de la retórica y la oratoria, superando los prejuicios que les distanciaban y adentrándola en las diversas estrategias argumentativas en la litigación de los hechos con aplicación a las técnicas argumentativas del alegato judicial[6].

3. Consideraciones acerca de la enseñanza universitaria

3.1. El Plan de Bolonia y la labor docente

No resulta exagerado afirmar que las Universidades se han visto sometida en los últimos años a reformas de gran calado con ocasión del proceso de convergencia al que obligó la pertenencia al Espacio Europeo de

5 VIVES ANTÓN, T.S.: *Fundamentos del sistema penal*, 1.ª ed. 1996, 2.º ed. 2010.

6 Sobre el particular, a través de cuatro documentos cinematográficos seleccionados, el trabajo de CALVO GONZÁLEZ, J.: «Cine y argumentación jurídica: estrategias y técnicas argumentativas y para-argumentales del alegato judicial en la litigación sobre hechos» en *Teoría y Derecho*, 2014.

Educación Superior (EEES). El mencionado proceso, proyectado desde la Declaración de Bolonia, en alusión a la sede del acuerdo que firmaron los ministros europeos de educación el 19 de junio de 1999, supuso una profunda transformación en dicho ámbito.

El EEES exigía la adopción de un sistema de titulaciones universitarias fácilmente comparable en toda Europa, que permitiera la movilidad de los estudiantes por las universidades europeas, también de los profesores e investigadores, a la vez que fomentara el aprendizaje continuado y la calidad. Se acuñan así los vocablos que pretenden marcar la transformación de la Universidad: movilidad y calidad. Dicho proceso de convergencia no sólo se presentaba complejo, sino que partía de una realidad educativa muy diversa entre los distintos Estados europeos. Desde el proceso de Bolonia, la enseñanza superior francesa, al igual que la española, funciona con el Sistema Europeo de Transferencia y Acumulación de Créditos (créditos ECTS), sistema utilizado por las universidades europeas para convalidar asignaturas.

Sin embargo, gran parte de los objetivos expuestos difícilmente se pudieron cumplir en la universidad española ya que el momento de la implantación (2010) coincidió con el auge de la crisis económica, lo que lejos de aplazar la exigencia de todos los objetivos señalados, no impidió el calendario de reformas, pese a la ausencia de un debido soporte económico e institucional, de manera que no se generalizaron los grupos reducidos, ni la reducción de horas de clase presencial, provocando como consecuencia una extraordinaria sobrecarga de trabajo en los docentes que fue el caldo de cultivo para el desencanto a todo el proceso, y con ello el bloqueo de gran parte de los objetivos de la reforma.

Lamentablemente los escasos aspectos positivos de la reforma carecieron, como dije, de un adecuado apoyo económico, lo que provocó una implantación muy irregular, por ello el sentir general era que todo había cambiado para que todo siguiera igual y que el cambio no dejaba de ser una operación de maquillaje y apariencia de modernidad de cara al exterior, que ocultaba una decadencia sin precedentes de los contenidos científicos universitarios[7].

Con este escenario como base para representar la obra de un nuevo modelo de enseñanza plasmado en la reforma de los planes de estudio, su recepción, implantación y seguimiento fue muy desigual ya que en ello confluía la diversidad económica, social y política entre los diversos Estados europeos y entre las Comunidades Autónomas, a nivel nacional, e incluso entre las distintas Universidades, ya que el modelo público o privado iba a ser relevante en la apuesta por el cambio ya que en cierto modo este éste último permitía rentabilizar los recursos.

7 Quintero Olivares, G.: *La enseñanza del Derecho en la encrucijada*, Navarra, 2010, p. 105.

Casi quince años después se puede concluir que la precipitación y la falta de la necesaria financiación han hecho que sean escasos los objetivos de fondo alcanzados y numerosos los inconvenientes generados. Entre ellos observamos una deriva de nuestro oficio en beneficio de la burocracia que está minando de forma lenta pero cierta la profesión y el alma de quienes en su día la escogimos. Me sumo a ese movimiento del «basta ya de burocratización» porque, no sólo se nos exige y se nos involucra en procesos de control, verificación y certificación infinitos, sino que no se distingue entre lo que es una labor meramente administrativa —que, por digna que sea, no requiere un juicio académico— y lo que no lo es, optándose por descargar cada vez más todo y de forma indiferenciada sobre el profesor[8]. La falta de soporte presupuestario e institucional ha tenido como consecuencia una sobrecarga de trabajo por parte de los docentes y una no menos exagerada burocratización de nuestras tareas que, como tendremos ocasión de ver, no se ha visto traducida en una mayor ni mejor formación de los principales destinatarios.

Expuestas sucintamente algunas de las carencias del sistema universitario, paso a exponer algunos de los retos que pueden estimular y reforzar el proceso de aprendizaje de las enseñanzas jurídicas.

3.2. La enseñanza del Derecho: acerca de la metodología docente

Pese a las dificultades expuestas, he venido participando muy activamente durante muchos años tanto con mis compañeros/as del área de Derecho Penal en la Universidad Jaume I (UJI) como actualmente en el Departamento de Derecho Penal de la Universidad de Valencia (UV) en un constante proceso de mejora educativa que se ha visto plasmado en una multiplicidad de proyectos y en reconocimientos diversos a la excelencia docente. En realidad, no inventamos nada, ni nos sumamos a ese discurso que se pierde entre definiciones de «competencias», «habilidades» y «destrezas». Nos limitamos a enseñar con honestidad intelectual y rigor a quienes exigimos idéntica actitud ante el estudio y el esfuerzo. Naturalmente, nuestro proyecto metodológico, además de renunciar a escindir teoría y práctica, persigue, dicho de manera muy simple, potenciar la capacidad de autoaprendizaje, desarrollar las dotes de **reflexión crítica** y de argumentación y, en suma, estimular la participación del estudiante en su proceso de formación.

Como decía en el citado proyecto docente, los años de experiencia en la docencia universitaria nos llevan al firme convencimiento de que la tarea del profesor universitario no puede quedar limitada a la formación de buenos técnicos, expertos conocedores de la legislación positiva.

---

8 RUBIO, R./MARTIN, S.: «El profesorado universitario en peligro de extinción», en *el Diario.es*, publicado el 20 de febrero de 2020.

Los métodos de enseñanza empleados no pueden desconectarse de la concepción de la Universidad en la que se imparten, y por ello, no sólo es el marco legal, sino la función que se espera que desarrolle la Universidad en la sociedad la que indicará el camino a seguir. De esta forma no dejará de ser nuevo, actual y adecuado todo aquel instrumento educativo que se esfuerce en la formación en **valores democráticos y sociales** más allá del mero aprendizaje de técnicas profesionales, porque una de las cautelas a tener en cuenta es que las facultades de derecho no deben transformarse en escuelas profesionales de abogados, sino en mantenerse como instituciones de formación de juristas en sentido amplio[9]. Ese es el mensaje que quiero transmitir a mis estudiantes, tanto del Grado de Derecho, como del Máster en Abogacía y Procura.

En segundo lugar, tampoco se desconocen otros problemas que afectan al nivel de formación del estudiante. El recurso excesivo a la memoria, mantenido en las oposiciones españolas, olvida la importancia de una educación integral que contribuya eficazmente a la convivencia democrática, a la tolerancia y, en general, a fomentar un espíritu crítico, solidario y cooperativo ante un **mundo competitivo, en rápido y profundo cambio**. Ante ello, es la tradición humanística, propia de la Europa continental, la que está en mejores condiciones de partida. De todo ello habla la cinta francesa.

Por lo expuesto, como dijo Ken Bain las preguntas son cruciales puesto que nos ayudan a **construir conocimiento**, *«cuando podemos estimular con éxito a nuestros estudiantes para que se formulen sus propias preguntas, estamos justo en la base del aprendizaje»*[10]. Por ello, la función del docente no debe ser la de ofrecer una respuesta, sino la de enseñar el camino para su búsqueda.

Una vez adoptado éste como objetivo común, nuestro magisterio debe ir orientado a mostrar los medios para alcanzarlo, los cuales, a mi juicio, podríamos resumir en dos: introducir, de un lado, en el discurso el elemento de la argumentación, y, de otro, contribuir a rasgar el velo de neutralidad social que tradicionalmente —y, a veces injustamente— se ha atribuido al jurista; se trata, en suma, de impulsar, como avancé, el desarrollo del pensamiento crítico. Posibilitar que el estudiante alcance este segundo objetivo me parece, por otra parte, especialmente importante en un momento como el actual, caracterizado por un retroceso de las garantías en aras de una política criminal cuya eficacia está aún por demostrarse.

El modelo tradicional del profesor como experto en la materia que transmite conocimientos a los estudiantes se encuentra en un imparable pro-

9 En contra del utilitarismo de la enseñanza, «Emilio Lledó y Nuccio Ordine, encuentro de dos filósofos: las Universidades educan para crear empleo y no para formar ciudadanos cultos» en *El País*, 20 septiembre 2021

10 Bain, K.: *Lo que hacen los mejores profesores universitarios*, 2004, p. 42 y ss.

ceso de cambio porque parte de la base de que el alumno es un destinatario pasivo de la información que le aporta el profesor, siendo su misión retener y memorizar el discurso para poder reproducirlo en el momento de la evaluación. Este modelo tradicional de enseñanza tiene dificultades para superar la pasividad del receptor, lo que explica que el EEES se proponga como objetivo mejorar los resultados con un nuevo enfoque que dote de mayor protagonismo y participación al alumno y dinamice los procesos de comunicación e información a través de nuevas metodologías docentes para **potenciar el aprendizaje activo**.

En esta dirección, subraya MASFERRER[11] la importancia de un método docente que estimule y promueva el afán de superación pues, *«de poco serviría que el docente lograra contagiar su ilusión a los estudiantes, hacerles ver el sentido de la asignatura y dar pruebas palpables de su confianza hacia ellos, si luego no empleara una buena metodología con retos asequibles que estimularan y fomentaran en el estudiante su afán de superación. Cada sesión de clase debe ser un reto para el estudiante, una oportunidad de mejora»*.

El problema es que las nuevas metodologías docentes requieren una dedicación que el profesor universitario no siempre tiene la posibilidad de poder cubrir: la unión de funciones docentes e investigadoras enriquece sin ninguna duda la exposición crítica de los contenidos, pero exige compatibilizar la preparación necesaria para mantener un nivel actual y crítico de conocimientos para las tareas docentes con la dedicación a la actividad investigadora, confluencia de actividades de no siempre fácil conciliación.

Por ello debe ser el profesor el que determine el método más adecuado para la docencia, siempre teniendo en cuenta que la metodología se debe a la materia y no a la inversa, es decir, el método empleado es un instrumento que permite transmitir los contenidos, pero no puede ser una finalidad, por ello cuando el método cobra excesivo protagonismo se puede producir una hipervaloración en detrimento de los contenidos.

De entre los instrumentos metodológicos para alcanzar los objetivos de aprendizaje señalados —el conocimiento del Derecho positivo, de un lado, y el desarrollo de la capacidad para el razonamiento y la crítica, de otro— vengo sirviéndome de varios instrumentos pedagógicos, a los cuales se concede mayor o menor preferencia dependiendo del ciclo en que deban impartirse las enseñanzas.

En cuanto a la **lección magistral**, tan injustamente criticada en ocasiones, constituye el centro de la tarea docente. La elección de este método responde en mi caso a una auténtica opción, es decir, no se adopta como alternativa resignada ante la masificación, que, por otra parte, es relativa en esta Universidad, por cuanto el número de alumnos por profesor no suele superar

11 MASFERRER, A.: «Vocación docente», en *ABC*, 21 agosto de 2023

los setenta. Así pues, si se opta por la clase magistral, se hace por entender que representa un método adecuado para exponer, en mi caso el Derecho penal como un sistema coherente y dotado del necesario rigor lógico. La clase magistral no representa, pues, un obstáculo para alcanzar los dos objetivos señalados, sino que es plenamente idónea —aunque no suficiente— para alcanzarlo.

A través de ella, se le muestran al estudiante los problemas básicos que encierran cada uno de los temas fundamentales y se le invita a que él mismo trate, guiado por el docente, de encontrarlos. Asimismo, se le ofrecen los distintos puntos de vista a partir de los cuales han tratado de solventarse dichos problemas, sin que ello represente el intento subrepticio de convencerle de que «mi» solución —que, sin embargo, sí hago explícita— es la única o que, aun no siéndolo, es la verdadera. Se anima, pues, al discente a que participe también en la búsqueda de soluciones y a que sea él quien racionalmente se convenza de la mayor o menor bondad de una u otra doctrina.

Precisamente con el fin de favorecer el que la clase magistral sea también una **discusión abierta** y evitar esa **falsa dicotomía entre clases teóricas y clases prácticas**, facilito al estudiante diversos materiales —bibliografía o jurisprudencia— que, de algún modo, avive su interés a participar en el debate. Hace ya casi dos décadas que los profesores que integrábamos el área de Derecho penal de la Universidad Jaume I publicamos un pequeño libro de casos prácticos cuyo modesto propósito era servir como material docente en la enseñanza del Derecho penal con el objetivo de que el estudiante se ejercitase en algo tan elemental como es aplicar los conocimientos teóricos a los problemas con que deberá enfrentarse en su realidad profesional. Desde entonces, y con el firme convencimiento de que no es posible escindir la teoría de la práctica, la resolución de casos se ha convertido en un instrumento metodológico insustituible en nuestra tarea docente[12].

También en la organización de la enseñanza universitaria francesa, las clases se imparten de dos maneras: los *Cours magistraux* son clases teóricas de tipo conferencia, en las cuales no suele haber mucha interacción entre el profesor y los estudiantes, dado que se imparten en aulas muy grandes con numerosos estudiantes presentes y los *Travaux dirigés ou Travaux pratiques* son clases con un número de estudiantes reducido para que se puedan hacer tareas más prácticas y fomentar una mayor interacción entre el profesor y los alumnos.

Volviendo al papel del **cine** como instrumento metodológico de análisis y reflexión de temas jurídicos, éste le dota de valor en el estudio y enseñanza del Derecho por su fácil accesibilidad y altos niveles de aceptación. Por ello

12 VV. AA. (Cuerda Arnau, Coord): *Derecho Penal. Parte General (casos prácticos)*, Valencia 2004.
VV. AA. (Cuerda Arnau/Fernández Hernández): *Vistas penales. Casos resueltos y guías de actuación en sala*, 4.ª ed. 2023

recomiendo a mis estudiantes la colección «Cine y Derecho», una apuesta cultural de la editorial Tirant lo Blanch, que recibió en 2020 la Medalla al Mérito en Bellas Artes por el Consejo de Ministros. Alma Mater de dicha iniciativa fueron de un lado el filósofo del derecho Javier de Lucas (quien propuso cuando todavía Bolonia no había aterrizado en el sistema educativo, una asignatura de libre opción sobre Cine y Derecho) codirector hoy junto con el constitucionalista Fernando Flores, y de otro Candelaria López, fundadora de la editorial y esposa de nuestro maestro.

Las posibilidades de trabajo entre el considerado el séptimo arte y la justicia son muy variadas y van desde realizar una sesión con el formato de cinefórum en la que tras una breve exposición introductoria de la obra cinematográfica y el tema a tratar, se plantean cuestiones que los alumnos han de resolver en la discusión en grupo al final, o bien, utilizar el cine como clase práctica ya que el camino de la abstracción al caso concreto que lleva una cinta permite plantearlo exactamente igual que la resolución de un caso práctico. El reto de esta metodología es transmitir al alumnado que más allá del espectáculo o entretenimiento en el cine hay conflictos personales, denuncias sociales, discursos argumentativos y en definitiva todo un campo de información que requiere para obtener la máxima rentabilidad académica que los objetivos de aprendizaje estén bien definidos, que se realice una preparación previa para centrar la temática a tratar, que los alumnos deban aplicar lo aprendido a un trabajo guiado con objetivos precisos y que se evalúe de forma adecuada.

En suma, el cine, así como también el arte o la literatura permiten ofrecer recursos pedagógicos al que los docentes podemos acudir para abordar cuestiones jurídicas. Como afirmaba Esteban Bara: *«...un clásico, sea de hace siglos o de hace diez años, un libro o una película, es un clásico porque nunca acaba de decir lo que está diciendo, porque siempre nos interpela»*[13].

Con las metodologías referidas se pueden conseguir grandes ventajas, como la capacidad de adquirir habilidades para encontrar soluciones, lo que exige un gran esfuerzo por el profesor en preparar casos, plantear cuestiones y por parte de los estudiantes un compromiso de participación y rendimiento en clase, y por parte de estos últimos un compromiso de participación y rendimiento en clase. De las observaciones vertidas en las evaluaciones docentes se advierte gratamente que hay alumnos que agradecen de forma explícita estas metodologías, reconociendo que una materia densa y extensa les resulta así atractiva y la disfrutan, lo que motiva al profesor a seguir en dicha línea docente[14].

---

13 ESTEBAN BARA, F.: «Como fomentar el espíritu crítico en los jóvenes sin convertirlos en opinadores de todo» en *El Confidencial*, 2010.

14 De manera que cuando recibes mensajes de estudiantes en las evaluaciones finales tales como *«sus clases son muy dinámicas y participativas, llama a la reflexión, hace que pienses y entiendas el origen y las causas de las disposiciones legales. Sin ninguna duda, Cristina es*

3.3. La oratoria: el arte de usar la palabra/el lenguaje

Según el diccionario de la lengua Española, **oratoria** es «el arte de hablar con elocuencia», entendiendo por esta «la facultad de hablar o escribir de modo eficaz para deleitar, conmover o persuadir».

La cinta francesa se centra en las bondades y en las ventajas de saber expresarse con corrección en público y en el poder de la oratoria. Sin embargo, en el estudiante de la Universidad española hay un generalizado rechazo ante los sistemas de **evaluación oral**, motivado quizás por el miedo, la tensión emocional que la actuación oral genera y la falta de tradición de este tipo de pruebas en colegios e institutos. Según el reciente estudio *«La formación en comunicación oral sigue siendo una asignatura pendiente entre los universitarios españoles»*, el 77'5 % de los estudiantes universitarios no ha recibido nunca formación en comunicación oral en ninguna de sus etapas educativas[15], contrastando dicha situación con la de países como Italia o Francia donde desde el bachillerato se examinan oral.

Pese a ello, la escuela valenciana de Derecho Penal venimos optando desde hace décadas (y así fue cuando me examiné como joven estudiante de la UV), al menos en las asignaturas troncales, por un sistema de evaluación oral que bien pudiera calificarse de mixto, por cuanto al alumno se le concede un tiempo prudencial para que piense sobre el esquema que, ulteriormente, debe desarrollar oralmente. Desde luego, no es que se desconozca la tensión que tales pruebas generan, pero son éstas las que se prefieren, ante todo, porque se estima que son las que, con mayor índice de fiabilidad, demuestran si el estudiante ha comprendido la materia o si, por el contrario, se ha limitado a memorizarla[16]. Secundariamente, tal método de evaluación contribuye —aunque no sea ni el único, ni el mejor—, a ejercitar al estudiante en la **retórica**, esto es, en el arte de la argumentación en público, instrumento íntimamente ligado a importantes actividades profesionales del mundo del Derecho. Cita obligada en materia de argumentación es el profesor Atienza quien en su Curso de postgrado de argumentación jurídica analiza a lo largo de los diferentes capítulos las etapas de los procesos argumentativos (identificación y análisis de un problema, propuesta de una solución, organización del discurso y su expresión) y la evaluación de las mismas (¿existe o no una única respuesta correcta a los problemas jurídicos?)[17].

---

una gran profesora», se siente una gran satisfacción, al ayudarles a pensar de forma crítica y libre desde el conocimiento.

15 La muestra ha sido de 2.400 alumnos residentes en España de entre 18 y 25 años. Rodero, E.: «La formación en comunicación oral sigue siendo una asignatura pendiente entre los estudiantes universitarios», *Observatorio Social Fundación La Caixa*, 2024.

16 Acerca de las ventajas del examen oral, Morgado Bernal, I.: «En defensa del examen oral», *El País*, 6 marzo 2019

17 Atienza Rodriguez, M.: *Curso de argumentación jurídica*, Alicante 2012, p. 547 y ss.

Sin embargo, en términos generales la oratoria no recibe una atención especial en los programas educativos, al no formar parte como asignatura específica obligatoria en los planes de estudio, pese a que la capacidad de hablar bien en público es una de las habilidades para el escenario laboral; por ello se están impulsando actividades complementarias tanto en grados como postgrados o clubs de debate, con el objetivo de ser capaces de defender ideas sólidas. A nivel global, Obama y sus discursos tuvieron mucho que ver en el resurgimiento del poder de ambas disciplinas porque su ejemplo hizo comprender al mundo entero que hablar bien, de forma ordenada y con las palabras justas, podría ser parte de la victoria.

En las lecciones de oratoria de la película no faltan las críticas a ciertos usos del lenguaje *(«Esa manía de hacer frases largas y alambicadas»; «Cuando uno habla bien a veces se olvida cómo hablar de forma simple»)*; ni los consejos *(«¿Por qué tiene tanta prisa? Tómese su tiempo. La oratoria también es saber usar los silencios»; «Usted cree que no se nos juzga por nuestra apariencia? ¿Que la manera como nos presentamos ante el mundo no importa?»)*. Seguramente la respuesta debería ser no, pero lo cierto es que la manera en la que nos presentamos ante el mundo hace que el mundo se haga una opinión de lo que somos. Además de la imagen, una de las primeras cosas que exhibimos de nosotros mismos es la manera de hablar[18].

Sobre el particular, leyendo el último libro Nuccio Ordine, una de las voces más destacadas de la filosofía contemporánea y profesor de literatura italiana en la Universidad de Calabria, éste dedica un capítulo a Cicerón y su obra «El orador» (escrita en el 46 a. C.) última obra de una importante trilogía dedicada a la retórica donde muy sintéticamente sostuvo que *«Quien conozca el arte de decir sin conocer el arte de pensar nunca será un orador perfecto»*[19]. Ciertamente, existe un común interés de filósofos y juristas en torno a la discusión de conceptos básicos, filosóficos, relacionados con problemáticas jurídicas específicas[20].

En el filme el profesor cita a Schopenhauer en su tratado ***«El arte de tener razón»***, basado en los Tópicos de Aristóteles, y desglosa las treinta y ocho estrategias o estratagemas para vencer con la retórica —para instruir a su alumna en el arte de la oratoria—; en él se establecen relaciones con las propuestas de los sofistas, evolucionado los personajes principales, en el

---

18 En nuestro país, comparto la opinión de expertos en oratoria y comunicación, cuando afirman que la reina Letizia es un magnífico ejemplo de dicción perfecta en sus discursos, cercanos y persuasivos.

19 *El orador*, M. T. Cicerón en Ordine, N. *Los hombres no son islas. Los clásicos nos ayudan a vivir*, Barcelona 2022, p. 148 y ss. Gracias Jesús García Cívico, querido amigo y gran filósofo del derecho, por tan bello regalo.

20 Así lo aborda Jiménez Redondo; «Estudio Preliminar», en Vives Antón: *Fundamentos del sistema penal,* 1.ª ed 1996, 2.° 2010.

desarrollo de la trama en función de esa máxima. *«Él resucitó a Cicerón y las normas de la oratoria clásica y, actualmente, sólo falta un detalle más: tener razón»*. Concretamente una de las respuestas del profesor, citando a Schopenhauer, es *«la verdad da igual»*, *«lo importante es tener la razón»*.

Pues bien, como dije al principio, cuestiones como **el lenguaje, la razón y la verdad** son abordadas por el maestro Vives Antón en su obra, *Fundamentos del Sistema Penal*. En particular, relata Vives como con ocasión de un congreso en 1992 en el Consejo General del Poder Judicial tuvo una conversación con Toulmin, discípulo directo de Wittgenstein, donde subrayó la influencia que sobre este había tenido Schopenhauer, si bien en su segunda época observó que se había alejado de sus principales ideas, acercándose más a Kant. Concretamente en un pasaje de la *Crítica a la razón pura* desarrolló una idea sobre la misma, muy próxima al pensamiento de Wittgenstein. Vives destaca su impronta en el pensamiento jurídico-penal contemporáneo[21], como referencia fundamental de muchas de las preguntas y respuestas en torno a las que gira el debate intelectual, introduciendo notas adicionales en torno a la *concepción significativa de la acción*, propuesta sistemática formulada en sus *Fundamentos*.

En el recorrido de dicho camino analiza la conexión del **lenguaje y la razón**. En concreto, en relación a los límites de la justificación racional, admite que *«las razones solo operan a partir de ciertos presupuestos que están ahí, que vienen dados por nuestra forma de vida y que, en cada época y en cada cultura, son los que son, aunque ciertamente puedan y deban cambiar, pues no son igualmente válidos»*[22]. Consecuentemente propone el regreso a una sencillez en el lenguaje, donde el mejoramiento de la terminología para evitar malentendidos en el uso práctico o para formular oraciones más precisas es un perfeccionamiento posible.

Adicionalmente, Vives aborda la amplísima temática que puede suscitarse en torno al tema de **la verdad**, vinculada al proceso penal, distinguiendo entre verdad *material*, que descansa sobre una concepción descriptiva de la misma y verdad *formal*, específica del proceso penal. Y en este sentido, el respeto a la presunción de inocencia — cuyo núcleo duro se enuncia diciendo que el imputado ha de ser tenido por inocente en tanto su culpabilidad no resulte probada «más allá de toda duda razonable» tras un proceso justo — ha de ser el primer criterio rector del contenido y estructura del proceso penal[23].

No obstante, asume que es un parámetro difícil de precisar, si bien objetivo, afirmando que no basta la certeza subjetiva del juez o tribunal para cumplir con las exigencias de la presunción de inocencia, sino que es necesaria «una

21 Vives Antón, T. S: «Lenguaje común, derechos fundamentales, filosofía y dogmática penal» en *Pensar la libertad. Últimas reflexiones sobre el Derecho y la Justicia*, Valencia 2019.

22 Vives Antón, T. S: *Fundamentos...*, cit, p. 535 y 549.

23 Ob. cit., p. 873 y ss.

certeza objetiva de la que a menudo se habla como verdad: la presunción de inocencia quedaría así satisfecha, cuando las premisas fácticas y jurídicas de las que deriva la declaración de culpabilidad fueran *verdaderas*»[24].

De ese modo, debemos transmitir a nuestros estudiantes que el proceso en un Estado de Derecho —y muy especialmente el proceso penal— no se dirige la búsqueda de la llamada verdad material a cualquier precio. La verdad material no es, no puede ser independiente del proceso mismo, porque si así fuera la dignidad del imputado y el resto de derechos fundamentales quedarían a merced del poder estatal[25].

Por lo expuesto, y consciente de que la apelación a la verdad comporta algunas confusiones, Vives considera imprescindible profundizar en un relato acerca de la verdad para aclarar aquellas. En particular, en lo que Vives denomina el «empleo cauteloso de la verdad»[26], una cautela que afecta fundamentalmente hacia las tentaciones totalitarias que genera la *verdad* en quienes creen poseer, con ella, un absoluto. Así también, Hanna Arendt, una de las filósofas más influyentes del siglo XX, historiadora, politóloga, socióloga y profesora de universidad, posteriormente nacionalizada estadounidense, de religión judía, reflexiona en sus discursos y ensayos, en particular en su obra «Sobre los orígenes del totalitarismo», acerca de cómo dichos movimientos totalitarios transforman la percepción de la realidad de la sociedad. Resulta por ello esencial detectar el totalitarismo para evitar cualquier repetición del fenómeno, el cual va en contra de la libertad y pluralidad de los seres humanos. Una verdad absoluta no existe, ya que, en el intercambio con los demás, se convierte en una parte del diálogo infinito de la humanidad, en un espacio donde hay muchas voces.

Recientemente, la escritora y filóloga española Irene Vallejo nos recordaba que *«Olvidamos que, a veces, las cataratas de certezas brotan de los labios más intransigentes»* y citando a la gran Mafalda no le falta razón cuando afirma que *«El problema de las mentes cerradas es que siempre tienen la boca abierta»*[27].

4. A modo de reflexión

La cinta comentada puede servir como perfecta herramienta didáctica para todos aquellos que creen en el debate y en la importancia de la oratoria. En un mundo anegado por las acciones carentes de juicio, por el populismo y por las *deep fake* no está de más que nos recuerden el valor de la palabra,

24 Ob. cit., p. 931 y ss.

25 Cuerda Arnau/ Fernández Hernández: «Presentación» en *Vistas penales*, cit, p. 14.

26 Vives Antón, Ob. cit., p. 941.

27 Vallejo, I.: «Quizás, quizás, quizás» en *El País*, 28 julio 2024.

el pensamiento crítico y la argumentación. Como decía Jordi Llobet en su libro *Adiós a la Universidad. El declive de las humanidades,* es importante *«retroceder hasta formas pretecnológicas de la enseñanza, de la información y de la discusión intelectual, en las que haya quedado incólume la dignidad de la palabra y la posibilidad de generar razonamiento, conocimiento, conversación y sabiduría comunal».*

Finalizo con el testimonio de como un magnífico y apasionado docente puede cambiar la vida de un estudiante de cualquier condición: volviendo a Ordine, éste relata como Albert Camus (huérfano de padre y criado por su madre sorda y analfabeta y su abuela), pocas semanas después de recibir la noticia de la concesión del Premio Nobel de Literatura, dio las gracias a su profesor Monsieur Germain a través de una carta donde le recordaba cómo, pese a la presión de sus familiares para que dejara el estudio y buscara un trabajo, con apenas once años fue preparado de forma gratuita por él, para el concurso de una beca de estudios en el Liceo Bugeaud. Treinta y tres años después expresa su gratitud al docente, dedicándole el discurso que pronunció en la ceremonia de Estocolmo, convirtiéndose el premio Nobel en una oportunidad de encuentro entre alumno y maestro, en cuyo discurso dice que la misión esencial de un escritor —y añado, también de un jurista— debe ser hablar por quienes no tienen la oportunidad de hacerlo[28].

5. Bibliografía

Arendt, H.: *Los orígenes del totalitarismo*, 1951

Atienza Rodriguez, M.: *Curso de argumentación jurídica*, Alicante 2012

Bain, K.: *Lo que hacen los mejores profesores universitarios*, 2004

Calvo González, J.: «Cine y argumentación jurídica: estrategias y técnicas argumentativas y para-argumentales del alegato judicial en la litigación sobre hechos» en *Teoría y Derecho*, 2014.

Cicerón, M. T.: *El orador*, Madrid, 2013.

Cuerda Arnau/Fernández Hernández, Dir; **VV. AA**: *Vistas penales. Casos resueltos y guías de actuación en sala*, 4.ª ed.2023

De Lucas, J.: *Nosotros, que quisimos tanto a Atticus Finch. De las raíces del supremacismo al Black Lives Matter*, Valencia 2020

28 «El abogado, la voz de quienes no tienen voz ante el Derecho» en De Lucas: *Nosotros, que quisimos tanto a Atticus Finch. De las raíces del supremacismo al Black Lives Matter*, Colección Cine y Derecho, Valencia 2020.

Esteban Bara, F: «Como fomentar el espíritu crítico en los jóvenes sin convertirlos en opinadores de todo» en *El Confidencial*, 2010

García Civico, J.: «Imágenes cinematográficas para una teoría del derecho de inspiración sociológica» en *Teoría y Derecho*, 2022

Jiménez Redondo: «Estudio Preliminar» en **Vives Antón**: *Fundamentos del sistema penal*, 1.ª ed. 1996, 2.º ed. 2010

Llobet, J.: *Adiós a la Universidad: El eclipse de las humanidades*, 2011.

Masferrer, A.: «Vocación docente», en *ABC*, 21 agosto de 2023

Morgado Bernal, I.: «En defensa del examen oral», *El País*, 6 marzo 2019

Rodero, E.: «La formación en comunicación oral sigue siendo una asignatura pendiente entre los estudiantes universitarios», *Observatorio Social Fundación La Caixa*, 2024.

Ortega y Gasset, J.: *Misión de la Universidad y otros ensayos de educación y pedagogía*, Madrid 1982.

Ordine, N.: *Los hombres no son islas. Los clásicos nos ayudan a vivir*, Barcelona 2022.

Quintero Olivares, G.: *La enseñanza del Derecho en la encrucijada*, Navarra, 2010.

Rubio, R./Martin, S.: «El profesorado universitario en peligro de extinción», en el *Diario.es*, 20 de febrero de 2020.

Schopenhauer, A.: *El arte de tener razón expuesta en 38 estratagemas*, Madrid, 2013.

Tello Díaz, L.: «El cine aborda el pensamiento crítico contra la amenaza de lo políticamente correcto» en *Nueva Revista*, abril 2018.

Vallejo, I.: «Quizás, quizás, quizás» en *El País*, 28 julio 2024.

Vives Antón, T.S.:

— *Fundamentos del Sistema Penal*, 1.ª ed. 1996, 2.º ed. 2010.

— «Lenguaje común, derechos fundamentales, filosofía y dogmática penal» en *Pensar la libertad. Últimas reflexiones sobre el Derecho y la Justicia*, Valencia 2019.

VV. AA: *Crímenes y castigos. Una mirada al Derecho Penal a través del arte y la cultura*, Valencia 2014.

VV. AA: *Colección Cine y Derecho*, Tirant lo Blanch.

LA FIGURA DEL OPOSITOR A LAS PROFESIONES JURÍDICAS EN EL CINE

Dr. Jesús Martín Fuster
Profesor Derecho Civil UMA

SUMARIO: 1. INTRODUCCIÓN. 2. LA PREOCUPACIÓN POR EL TIEMPO Y LA FASE DE «CANTE». 3. LA DESILUSIÓN. 4. LA FACTURA PSICOLÓGICA. 5. LA OBTENCIÓN DEL TRABAJO. 6. LA DUDOSA UTILIDAD. 7. ESTADÍSTICAS DE INTERÉS. 8. CONSIDERACIONES FINALES.

1. Introducción

Cuando se habla de las profesiones jurídicas en el cine, suele venir a la mente la figura de jueces como en «¿Vencedores o vencidos? (El juicio de Nuremberg)», que será tratada en otros capítulos de esta obra, en donde se aprecia la figura del juez y su importancia como institución encargada de impartir justicia. Ahí apreciamos la solemnidad y la grandeza de este tipo de profesiones, así como la gran responsabilidad que conlleva un puesto de tal estilo. Y es que no cabe duda de la trascendencia que tienen determinadas profesiones jurídicas que desempeñan cargos públicos, de gran importancia para la sociedad y para el Estado de Derecho. Sin embargo, poco se suele tratar en el cine la etapa previa a la llegada a esas profesiones, como es la etapa de la oposición.

Esta es la etapa formativa en la que el sujeto, ya licenciado o graduado en Derecho, y durante varios (o muchos) años de su vida, se «forma» para obtener un determinado puesto público, a través de una convocatoria pública para dicha profesión.

Ante la precariedad laboral existente en nuestro país, en donde es difícil poder encontrar un puesto laboral que se adapte a la formación recibida, con vocación de perpetuidad y, mucho más difícil aún, con un sueldo digno, muchas personas jóvenes (y no tan jóvenes) optan por estudiar unas oposiciones, con el fin de poder conseguir ese ansiado trabajo que le vaya a proporcionar estabilidad laboral.

Como se comenta en el blog opositatest.com[1], en este año 2024 «1 de cada 4 españoles ha preparado o está preparando oposiciones. Concretamente, 2.414.561 personas han opositado en el último año, 3.273.588 personas han opositado hace más de un año, por lo que podemos hablar de 5.688.149 opositores. Además, 2 de cada 10 españoles entre 18 y 55 años está pensando opositar próximamente».

Por ello, consideramos de interés el tratamiento de esta figura del opositor, para ver cómo se encarna a través de producciones cinematográficas y audiovisuales, así como examinar y analizar de un modo crítico el sistema actual que tenemos en nuestro país. Especialmente, se contará y pondrá el foco en aquellas cuestiones que suelen estar más ocultas y no son tan agradables de contar, pero que sin duda están ahí, siendo de utilidad su conocimiento por parte de los potenciales opositores, con el fin de afrontar lo mejor posible esta nueva etapa en la formación de los estudiantes.

Sin perjuicio de mencionar otras obras de ficción creadas con esta temática, nos centraremos en cómo se recoge esta figura del opositor en un cortometraje denominado «El Opositor», protagonizado por el actor Fran Perea, y dirigido por María Giráldez y Miguel Provencio. El motivo de esta elección es que, en dicha producción, de corte satírico y con cierto humor negro, se recoge de modo acertado la experiencia por la que pasa el protagonista, que como indica el propio nombre, es el opositor.

Ficha del corto

- Título: El opositor
- Categoría: Cortos de ficción
- Géneros/Temáticas: Comedia, Comedia negra
- Duración: 15:03
- Año: 2009
- Dirección: María Giráldez, Miguel Provencio
- Guion: Lidia Provencio, María Giráldez, Miguel Provencio
- Reparto: Cesáreo Estébanez, Fran Perea, Gloria del Corral, Jonathan Torrente, Juan Lombardero, Lidia Provencio, Luis Bermejo, Luis Dos Santos, María Jesús Quesada, Pepa Castillo, Petra Martínez, Rosario Estebañez, Rubén Millán
- Producción: La Flaka Films
- Nacionalidad: España

1 https://blog.opositatest.com/estudio-peso-opositor-espana-2024/#:~:text=Concretamente %2C %202.414.561 %20personas %20han,a %C3 %B1os %20est %C3 %A1 %20pensando %20opositar %20pr %C3 %B3ximamente.

- Idioma: Español
- Palmarés:
  - Mejor Actor, Fran Perea, y Mejor Corto Nacional en el Festival Internacional de Cortometrajes de Móstoles (Madrid).
  - Primer premio Festival de Melilla.
  - Mejor corto en el III Festival de Cine Realizado por Mujeres. Tres Cantos (Madrid).
  - Premio del Público en el XV Certamen de Cortos Villa de Errenteria (Guipúzcoa).
  - Premio del Público y Mejor Banda Sonora, Festival de Cine Ibérico de Badajoz.
  - Mejor Cortometraje, Festival de Alicante.
  - Mejor Actor, Fran Perea, Cinemalaga (Málaga).
  - Premio del Público al Mejor Cortometraje, Festival de Cine Iberoamericano 'La Chimenea de Villaverde' (Madrid).
- Enlace: https://www.youtube.com/watch?v=T1v79voGdRQ

2. La preocupación por el tiempo y la fase de «cante»

Tic, tac,tic,tac,tic,tac...comienza el corto con la imagen del cronómetro que el opositor Emilio (protagonizado por Fran Perea) lleva colgado al cuello, mientras espera a ser llamado en la puerta de las dependencias donde va a ser examinado.

Vemos aquí ya desde el comienzo uno de los principales elementos que más preocupan a los opositores, como es el tiempo, en sus diversos sentidos.

- ¿Cuánto tiempo tengo que estudiar las oposiciones?
- ¿Cuál es el número de años de media con el que se suele conseguir una plaza?
- ¿Cuántos días tengo que estudiar a la semana?
- ¿Cuántas horas tengo que estudiar al día?
- ¿Cuánto tiempo dura el examen?
- ¿Cuánto tiempo tengo para exponer cada tema?

Cuestiones todas estas vitales para la vida y la preparación del opositor, el cual tiene que organizarse muy bien desde el principio, teniendo muy claro todas estas cuestiones con carácter previo al comienzo de esta etapa, para decidir si le merece la pena embarcarse en esta aventura, cuyo objetivo final es tan deseado, pero que sólo está al alcance de unos pocos.

Supone en todo caso la etapa de las oposiciones una lucha contra el tiempo, puesto que nadie puede garantizar que una determinada oposición se pueda superar en un número determinado de años, por lo que iniciar estos estudios supone «hipotecar» una serie de años de tu vida, con resultado incierto. Lo más duro al enfrentarse a estas situaciones no es ya el número de años que tardes en aprobarlas, sino el hecho de que transcurrido unos cuantos años el estudiante decida dejarlo y buscar otra alternativa laboral. Es en estos casos donde dicho estudiante puede sentir sensación de fracaso, algo nada deseable, generando todo ello cierta ansiedad por superar esta etapa de las oposiciones, como comentaremos más adelante.

Esta situación mencionada es necesaria para conocer la actitud y posición de nuestro protagonista en este cortometraje.

Nuestro protagonista es llamado para entrar en la sala. No se especifica en ningún momento qué tipo de oposición es en concreto a la que se está presentando. Por la temática pudiera ser cualquiera en el que la defensa sea la exposición oral de un temario sacado al azar, siendo este temario relativo al Derecho.

En este caso, se le pregunta por el «Tema 41. El Procedimiento administrativo». Una vez enunciado, nuestro protagonista empieza a «cantar» los temas, como se denomina comúnmente. O, como también se suele decir, a «recitar como un papagayo» la lección que se ha aprendido.

Este «cante» de los temas que se refleja en el cortometraje es muy interesante y de recomendable visionado para todo aquel que tenga cierta curiosidad por ver cómo funcionan las oposiciones en las que se requiere esta exposición oral. Como hemos expuesto anteriormente, los temas deben ser expuestos en un tiempo muy concreto y determinado.

A modo de ejemplo, en el examen para la carrera judicial o fiscal, que en la última convocatoria se componía de un total de 328 temas, el opositor debe exponer, en dos sesiones distintas, 5 temas seleccionados al azar de las diferentes materias objeto de estudio: En el primer ejercicio oral, se trata de un tema de Derecho Constitucional y de la Unión Europea, dos temas de Derecho Civil, y otros dos de Derecho Penal. En el segundo ejercicio, se trata de dos temas de Derecho Procesal Civil, un tema de Derecho Procesal Penal, un tema de Derecho Mercantil y un tema de Derecho Administrativo o Derecho Laboral. En ambos casos, esos 5 temas los debe exponer en un tiempo máximo de 60 minutos, sin que ninguno de los temas pueda rebasar los 15 minutos de duración.

Si uno examina el contenido de dichos temas, verá que muchos de ellos son realmente muy amplios, con una extensión que realmente dificulta exponer todo lo que se pide en los 12 minutos necesarios (y 15 como máximo). Ello conlleva a que en la práctica haya que hablar a toda velocidad para decir el máximo de contenido posible en el tiempo a encajar.

En este sentido, este corto del opositor refleja muy bien este trámite, que puede llamar la atención a muchos que desconozcan cómo funcionan estas exposiciones de temas. Cierto es que no en todas las oposiciones se necesitará alcanzar la velocidad que se muestra en el vídeo, pero no es nada descabellado lo que se muestra, pudiendo ser perfectamente un ejemplo real de determinadas oposiciones de alto nivel, como las de judicatura o notaría y registro.

En la mayor parte del cortometraje se deja como «voz en off» de fondo a Emilio, nuestro opositor, cantando los temas. Refleja muy bien ese estado en el que se quedan muchos opositores de cierta obsesión, repetición, y no poderte sacar los temas de la cabeza, que es lo que se representa en esta producción, ya que el protagonista no puede parar de pensar en ello.

3. La desilusión

Emilio, tristemente, comprueba cómo tras examinar la lista de aspirantes que han superado la prueba, se encuentra como primer suplente. Se observa la tristeza en su cara, desangelado tras haber perdido su oportunidad. Hay que destacar también la caracterización del personaje, que podemos verlo en todo momento con la piel pálida y ciertas ojeras. Las oposiciones más exigentes pueden implicar estar durante 10 o 12 horas al día estudiando encerrado en una habitación, sin tomar apenas el sol ni salir a la calle.

Sacrificio personal que, en este caso, vemos que no dio los frutos deseados. Además de ello, para mala fortuna de nuestro protagonista, recibe la triste noticia del fallecimiento de su padre, acudiendo a su misa funeral. Todo ello, mientras sigue la voz en off cantando los temas, incluso se pone dicha voz por encima de las palabras del sacerdote que oficia la misa. Sigue el protagonista encerrado en su mundo.

Hasta tal punto es así, que cuando es llamado por el sacerdote para decir algunas palabras, Emilio empieza a exponer la vida de su padre como si fuera un temario, con ese estilo recitado y a toda velocidad, como si estuviera ante el examen de las oposiciones, ante la estupefacta mirada de los asistentes y familiares.

Terminado el evento, vuelve el protagonista a casa en taxi, mientras le cuenta tristemente a la taxista que ha suspendido las oposiciones, tras 8 años estudiando, 10 horas al día. Finalmente, para remediar tal situación, decide buscar algún candidato que haya aprobado las oposiciones, para acabar con su vida y coger su puesto.

Esta dramática decisión, de hacer cualquier cosa por conseguir la ansiada plaza, incluso acabar con la vida de otra persona, es lo mismo que se plantea como temática principal en la película «Para toda la muerte» (2020), dirigida por Alfonso Sánchez, protagonizada por Alberto López y el propio Alfonso Sánchez, conocido también como «Los compadres». En la propia sinopsis de la película nos indica que lleva 8 años estudiando oposiciones («ocho años preparándote una oposición...tú estás loco» se oye al comienzo del tráiler de esta película), viviendo mantenido por su familia y la de su novia.

En dicha obra de Alfonso Sánchez, tras la celebración tras las oposiciones, ya que las había aprobado («ahora sí que te van a dar la hipoteca», dice uno de los familiares), recibe una llamada donde se le comunica que hay un error, y que realmente es el primer suplente, donde la comunicante le indica que no hay manera de arreglarlo, «como no se muera el anterior...», y a partir de ahí viven sus aventuras y desventuras en esta alocada tarea de matar al otro candidato.

Se pone el foco así en esta producción en el deseo que supone para el opositor superar el examen y obtener la plaza a toda costa, ello debido al alto coste personal y de sacrificio que ha supuesto durante años de estudios, así como a las expectativas personales propias y de las personas cercanas y familiares del estudiante, donde la única salida posible parece ser el obtener la plaza deseada.

Este anhelo por el éxito se puede ver reflejado también en la novela «La Colmena» (1951) de Camilo José Cela, llevada a la gran pantalla por la película del mismo nombre en el año 1982, dirigida por Mario Camus. En ella aparece un personaje, Ventura Aguado Sans, interpretado en la película por Emilio Gutiérrez Caba, que es opositor a notarías.

Al igual que ocurre con el protagonista del corto comentado, el señor Ventura lleva muchos años opositando, comentándose en la novela que «lleva ya siete años, sin contar los de la guerra, presentándose a Notarías sin éxito alguno». Confiesa este opositor que desea una plaza en un buen puesto, Madrid o Barcelona, ya que «En Notarías, el prestigio es una cosa muy importante, papá». El éxito de este opositor queda pendiente de superar estas oposiciones, «¡si algún día llegas a notario!» comenta el padre, respondiendo el hijo «No se tomó Zamora en una hora, papá». A ello, el padre le contesta «No, hijo, pero mira, en siete años y pico ya hubo tiempo de levantar otra Zamora al lado».

Igualmente, el éxito es esperado por parte de la novia de Ventura, Julita, quien le comenta a su madre que su novio estudia para notario, «¡Si sacase una plaza!», le dice la madre, contestando la hija «Ya veremos si tiene suerte, mamá. Yo he ofrecido dos velas si saca una Notaría de primera, y una si no saca más que una de segunda».

Igualmente se comenta en la obra sobre el estudio de memoria, en donde comentan Ventura y su padre:

- ¿Te sabes ya el Castan de memoria?
- No, de memoria, no; es de mal efecto.
- ¿Y el código?
- Si, pregúntame lo que quieras y por donde quieras.
- No, era sólo por curiosidad.

De modo similar, comentando sobre esta obra de Cela, Quesada Sánchez relata en su trabajo «Una inoculación pretendida: la inserción de la cultura en la impartición de docencia jurídico-civil»[2]: «es conocido el derroche de memoria de que suelen hacer gala los opositores a Notarios y/o Registro. Conocí un caso de un profesor de Derecho Civil, ex opositor de Notarías, que retaba a citarle un artículo del Código Civil, pues él era capaz de recitarlo... desde la última palabra a la primera, en ese orden inverso».

Como luego igualmente comentaremos, este procedimiento casi enfermizo de memorizar textos no es sino hacer «malabares» o cuestiones artificiales que de poco sirven para el aprendizaje y conocimiento de una materia.

4. La factura psicológica

Esta factura psicológica a la que se encuentran sometidos los opositores es algo que no suele mostrarse públicamente, siendo un tema que no se trata a menudo al ser poco agradable, pero a su vez se oculta una parte importante que conlleva el adentrarse en estas oposiciones.

Como se publica en la reciente publicación de «información.es»[3], titulada *La factura psicológica de las oposiciones se dispara*, «la culpabilidad, la baja autoestima, la ansiedad o el estrés son algunos de los sentimientos más comunes con los que tienen que lidiar los opositores, según apuntan los expertos».

Por ello, es importante que las personas que se vayan a enfrentar a esta nueva etapa sean conscientes de todos los aspectos que pueden verse afectados de su vida, de forma que sería muy recomendable tener una buena preparación y consejos a nivel psicológico y emocional, para poder superar con éxito estas dificultades.

Es muy frecuente que, alumnos que han estado acostumbrados a ser brillantes, a sacar muy buenas notas y tener un excelente rendimiento en la carrera, se encuentren en esta nueva etapa con un muro que no pueden superar. Esto se debe a que, como se ha comentado, el sistema de estudio y el modo de funcionar es completamente distinto a como estaban acostumbrados. En esta nueva etapa hay que ser conscientes de que no es suficiente con ser un buen alumno, o tener una mente brillante. Lo importante es, como se ha visto, tener muy buena memoria y acostumbrarse a trabajar con ella, lo demás queda a un lado. Esto puede generar frustración cuando quien ha estado sacando excelentes calificaciones en la carrera, ve que no puede afrontar este método de estudio y llevar semanalmente los temas de memoria en la forma que debería llevarlo.

---

2 QUESADA SÁNCHEZ, Antonio: «Una inoculación pretendida: la inserción de la cultura en la impartición de docencia jurídico-civil» En *Cultus et Ius. Revista de Derecho, Cultura y Bellas Artes.* N.º 1. 2023. Atelier.

3 https://www.informacion.es/alicante/2023/10/08/factura-psicologica-oposiciones-dispara-93050549.html

Suelen ser personas con un alto nivel de auto-exigencia y de perfección, pero ante la imposibilidad de poder llevar de manera solvente el estudio como se supone que deberían hacerlo, se les produce una situación que les causa frustración.

Hay que ser conscientes de que es una etapa dura en la vida de las personas, en donde el modo en que está configurado no ayuda a las personas, especialmente a aquellas que finalmente no consiguen obtener una plaza. E incluso a aquellas que sí lo logran, en ocasiones pueden acabar afectados psicológicamente por esta etapa. Como concluye el breve corto de humor de Pantomima Full denominado «opositor»[4] (2019), se trata en muchas ocasiones de «vida sin vida» (comenta al vídeo el usuario @letallettuce816: «Eso de vida sin vida me duele demasiado cada vez que lo veo, es increíblemente acertado»).

En el mismo sentido se expresa una opositora en la publicación de rtve.es *Abandonar la oposición tras «paralizar» la vida durante años: ni fracaso ni pérdida de tiempo*[5], manifestando «Cuando dejé las oposiciones fue de los peores momentos de mi vida, te sientes vacía». Se narra en dicho artículo que la opositora se sentía capaz de sacar la plaza de jueza, pero que el proceso pasa factura y tuvo que plantearse si el esfuerzo merecía la pena. «A las 7 me levantaba, desayunaba y me ponía a estudiar», comentaba. En total pasaba 12 horas diarias estudiando, a veces en casa y otras en la biblioteca, a costa de su propia vida personal.

Y además de la esfera personal de cada uno, el opositor ve cómo el mundo a su alrededor sigue avanzando, mientras dicho estudiante sigue estancado, sin saber si avanzará o no. Se comenta en esa misma publicación por otra opositora que «Mis amigos ya empezaban a trabajar, todo el mundo empezaba ya un poco su vida y yo seguía ahí. Creo que eso también psicológicamente me afectó mucho».

Estamos haciendo referencia a una serie elevada de años para sacarse estas oposiciones. No obstante, no es de extrañar ver de vez en cuando alguna noticia al respecto donde indica que determinada persona se saca algunas oposiciones de perfil alto en un tiempo escaso de 1 o 2 años. No obstante, debemos advertir de cierta «trampa» que ocurre en la mayoría de estos casos.

Normalmente, suelen ser hijos de profesionales que han pasado por estas oposiciones o que tienen conocidos cercanos que han pasado por ello, y lo que se suele hacer es, desde muy pronto, durante la carrera, empezar a estudiar las oposiciones y a memorizar el temario, dando incluso más importancia a este estudio memorístico de los temas que a las clases en sí y al

4 https://www.youtube.com/watch?v=Et6qjicqUBM

5 https://www.rtve.es/noticias/20230418/abandonar-oposicion-tras-paralizar-vida-durante-anos/2436072.shtml

rendimiento de las mismas. Nótese que en la mayoría de estas oposiciones no tienen en cuenta el expediente académico, siendo lo único que cuenta el examen realizado.

Así, en estos casos, aunque desde que acaben la carrera la persona haya conseguido aprobar al cabo de 2 años, realmente no suele ser ese poco tiempo de estudio el empleado, sino que hay que sumar la etapa anterior, que normalmente no se suele contar, y que pueda pillar de sorpresa al «novato» que se enfrenta a este mundo de las oposiciones por primera vez, y se pueda sentir algo desanimado al ver que alguien consigue resultados tan pronto.

5. La obtención del trabajo

Tras esta drástica decisión de Emilio de llevar a cabo su plan de matar a otro candidato, que lleva a efecto, finalmente consigue su ansiado trabajo.

A pesar de la lucha por conseguir tan anhelado puesto, muestra la obra con cierta sátira el trabajo de estos funcionarios, ya que, en el despacho donde trabaja Emilio, se nos muestra a dos compañeras, con caras aburridas, sin otro propósito que estar ojeando las páginas de una revista. Suena el teléfono, y lejos de atenderlo, una de ellas lo levanta y lo vuelve a colgar. Refleja así ese tópico de que los funcionarios son vagos y no quieren trabajar.

Se aprecia de este modo un contraste con esa etapa tan dura anterior y tan sacrificada para obtener el objetivo. Una vez llegado ahí, ya todo da igual, ya que no hay que esforzarse, ya se tiene un trabajo con la nómina a final de mes, sin que el mejor o peor desempeño vaya a cambiar nada, y sin que el mal trabajo vaya a afectar al puesto de trabajo. Lógicamente, sobra decir que esto no es reflejo de la realidad con carácter general, aunque sí que puede haber algunos casos de ciertas personas que, careciendo de profesionalidad alguna, tenga esta actitud de desidia.

Nuestro protagonista Emilio se muestra feliz ante tal lugar, habiendo alcanzado su propósito. Se le muestra su despacho, un pequeño habitáculo donde apenas hay sitio. Tras la presentación, le comunica que en media hora bajan a desayunar, por si se apunta, a lo que accede encantado Emilio.

Mientras tanto, Emilio se dedica a ocupar el tiempo, para lo que abre en su ordenador el juego el solitario, con el que se entretiene hasta que llegue la hora del desayuno. Incide así en esta idea que hemos referido de la vagancia y poca profesionalidad.

Como hemos comentado, no se puede generalizar, aunque obviamente siempre se pueden encontrar casos así por desgracia. En la conocida página Filmaffinity se puede encontrar comentarios a este corto, donde algún usuario comenta que: «El último minuto es magistral, (...), en cómo retrata la Función Pública española, (dicho esto por un "insider")» (usuario «peleon»).

Con motivo de esta percepción de los empleados públicos, y con el fin de mejorar la calidad de los servicios públicos y su evaluación, se dictó recientemente el Real Decreto-ley 6/2023, de 19 de diciembre, por el que se aprueban medidas urgentes para la ejecución del Plan de Recuperación, Transformación y Resiliencia en materia de servicio público de justicia, función pública, régimen local y mecenazgo.

Se pretende con ello mejorar la evaluación del desempeño de los empleados públicos, regulándose el mismo en el Título III, donde se detalla que la «evaluación del desempeño es el procedimiento mediante el cual anualmente se valora la conducta profesional y se mide el rendimiento o el logro de resultados de las empleadas y empleados públicos, con la finalidad de mejorar la productividad de las diferentes unidades y la calidad de los servicios públicos».

No obstante, hay que tener en consideración que, según se informó por parte del Gobierno, publicado por elPaís.com[6], estas evaluaciones «se plantean en positivo», ya que «en ningún caso implicarán la pérdida de la condición de funcionario para quienes no las superen. En el caso de que los empleados públicos no tengan resultados satisfactorios en las mismas, se fomentarán medidas de formación para dotarles de herramientas que les permitan un mejor desempeño».

Asimismo, para quienes superen estas evaluaciones, «habrá beneficios directos en distintas variables, como la remuneración del complemento de desempeño, que sustituye al complemento de productividad. Además, se fomentará su progresión en la carrera profesional al ser clave en los concursos de méritos para la provisión de puestos de trabajo y para el acceso a las formaciones que plantee». Se pretende así fomentar lo que se denomina la «carrera horizontal», siendo este un sistema a través del cual se pueden mejorar las condiciones laborales sin cambiar de puesto de trabajo.

6. La dudosa utilidad

Más allá de esta visión satírica de los funcionarios públicos como seres aburridos y que no quieren realmente trabajar, lo cierto es que muchas de estas oposiciones conllevan finalmente puestos de gran relevancia social y para el Estado de Derecho, como pueden ser los jueces o fiscales.

Cabe plantearse la utilidad de este tipo de oposiciones, en donde lo principal y primordial es este «cante» de temas, esta recitación a la máxima velocidad posible de temas de memoria. A modo de ejemplo, en el examen para el acceso a la carrera judicial y fiscal, que hemos referido anteriormente que

6 https://elpais.com/economia/2023-12-21/los-cambios-en-la-evaluacion-del-desempeno-de-todos-los-empleados-publicos-entran-hoy-en-vigor.html

tiene 328 temas, se compone de 3 fases. Una primera es un tipo test que sólo sirve de criba, para eliminar a buena parte de los aspirantes y reducir el número de los que se van a examinar oral, no teniendo mayor incidencia ni importancia alguna la nota obtenida en dicho primer examen, más allá de pasar o no el corte que se establece con posterioridad a dicho examen.

Aparte de este primer ejercicio, el grueso y la dificultad de verdad estriba en superar los otros dos ejercicios, que son los exámenes orales que se detallaron anteriormente, en donde hay que exponer 5 temas en 60 minutos.

El hecho de que los temas tengan que aprenderse de memoria palabra por palabra, y ser expuesto de la manera que se refleja en el corto comentado, hace que sea bastante cuestionable la utilidad de este sistema de oposiciones como elemento adecuado de aprendizaje.

La cuestión radica en que el hecho de que una persona se memorice literalmente un texto no implica que realmente lo entienda, sino simplemente que lo tiene en la memoria. Pero la vida práctica y real no funciona así. El juez, al tener que resolver un caso, debe no sólo conocer el contenido literal de los artículos (que a su vez los tendrá a su disposición), sino saber qué quieren decir, qué implicaciones tiene determinada figura jurídica, qué problemas se han suscitado por la jurisprudencia, etc. Sin embargo, nada de esto se fomenta en este tipo de oposiciones, donde la vertiente más práctica brilla por su ausencia, sin que se ponga a prueba la capacidad de razonamiento, análisis, y búsqueda de soluciones de los problemas que se puedan plantear en la vida diaria, que será la cuestión que tendrán que desempeñar en su día a día en el futuro una vez aprobado las oposiciones.

No queremos decir con esto que el estudio de memoria no sirva de nada y se deba eliminar en su totalidad, sino que la memoria debe ser un «medio» a través del cual se puede obtener unos conocimientos y ser usada para exponer o resolver determinadas cuestiones de forma razonada y fundamentada. Pero lo que no puede ser este estudio de memoria es un «fin» en sí mismo, donde esto sea lo único que importe.

Nótese que en todo este proceso de «estudio» de las oposiciones, la tarea única del opositor es memorizar. No cabe otra función que seguir el plan establecido de «x» número de temas a la semana, estando todo calculado para el estudio durante todas las horas del día, sin que prácticamente haya espacio más que para comer y dormir, y volver al estudio. Esta llevanza férrea de los temas implica que, en la práctica, los opositores no tienen tiempo para realmente aprender lo que memorizan. Da igual si tienen dudas, si algo no lo entienden, si desean buscar jurisprudencia sobre un determinado caso, todo eso no importa, ya que no va a ser valorado en ningún momento, y el tiempo que le dediquen a aclarar dudas, o formarse de manera real, implica retrasarse en su tarea principal, que es memorizar los temas.

Cada cierto tiempo surgen voces críticas con este sistema de oposiciones, proponiéndose cambiar en el sentido indicado de acabar con esta tarea puramente memorística, y buscar alguna alternativa más práctica. Aparte de lo que luego se dirá, es difícil que ocurra este cambio real, ya que tenemos un sistema muy instaurado y asentado en esta metodología.

Tenemos a unos «preparadores» que se dedican a ello, estando cómodos con tal función. Estos preparadores suelen ser profesionales de la materia objeto de examen (ya sean jueces, fiscales, notarios, etc.), que se dedican a preparar a personas que quieran pasar por tal trámite. Con esto tienen garantizado unos ingresos extras, a la par que resulta relativamente cómodo su llevanza, consistente principalmente en escuchar a los alumnos cantar los temas y organizarles los repasos y llevanza de los temas.

A su vez, tenemos por un lado las editoriales que se dedican a sacar los temarios de manera más o menos adaptadas para ser cantadas en el tiempo que hay que exponerlo, así como algún que otro profesional, de los anteriormente mencionados, que también se dedica a elaborar temas y venderlos, consiguiendo su importe extra. Y nótese que estos temas van referidos y destinados a encajar el contenido en el tiempo de exposición, dejando muchas veces que desear en cuanto a su elaboración y contenido. Así, por ejemplo, en algunos casos se pueden ver como los profesionales que elaboran los temas simplemente se dedican a coger artículos de la legislación, y cambiar el orden de las frases o de los párrafos, para que así tenga su «impronta personal», y poder venderlos como de su autoría, aunque flaco favor hace este tipo de actuaciones al estudiante, que en ocasiones dificulta aún más el estudio.

Y, por último, tenemos a los miembros del tribunal que van a examinar a los opositores, también profesionales de la materia. Es realmente cómodo para ellos este sistema, por el que ellos mismos han pasado. Tan fácil como escuchar y ver si dicen «la cantinela» que están acostumbrados, poniendo después la nota que consideren.

Y es que, como hemos dicho, aquí el contenido y lo que realmente se sepa está en un segundo plano o, mejor dicho, en un plano inexistente. Todo consiste más en un ejercicio «técnico», de mostrar buena memoria. De hecho, si se observa el temario de los temas de las oposiciones elaborado por las distintas editoriales o profesionales, se observa en muchas ocasiones una elaboración cuestionable del contenido, no ya por culpa de ellos como creadores del mismo, sino del propio sistema que hace imposible lo que realmente se pretende.

Así, a modo de ejemplo, y consecuencia de tener que exponer los temas en 12-15 minutos, se puede comprobar como la realidad del contenido de muchos temas son algo artificiales. Ello se debe a que, en muchas de las materias, al entrar muchos artículos de cierta extensión en el temario, lo que se hace es coger los primeros párrafos o partes de los artículos, y exponerlos literalmente, dejando de lado el resto del articulado, cuyos otros párrafos pueden ser igual o más interesantes que el comienzo de dicho artículo. Como decimos, todo se vuelve un tanto artificial, en donde lo que importa no es el contenido en sí, sino la tarea mecánica de exponer y estar 60 minutos hablando de la temática que toque.

Somos consciente de que intentar buscar una alternativa a tal método no es fácil. Es difícil y complejo tener que plantear y corregir supuestos prácticos (que en algunas oposiciones existen en una de sus fases, como en notarías), con el grado de subjetividad que puede conllevar en ocasiones, siendo más complejo de elaborar y corregir, que el trámite de cantar los temas. No obstante, entendemos que alguna solución debe darse, velando por el buen funcionamiento del sistema y de su utilidad.

Ya que un opositor va a estar años de su vida dedicado a ello, debería ser para que esa persona adquiera una formación amplia y buena sobre la materia objeto de estudio, que le lleve a destacar respecto del resto de gente por sus conocimiento y habilidades a la hora de resolver los problemas, pero no por el mero hecho de que tenga mejor memoria, aunque realmente no entienda nada de lo que se memoriza.

Son funciones públicas que tienen una alta importancia social, como hemos referido, y debemos de garantizar porque los que lleguen a esos cargos sean los que estén mejor formados. Igualmente, aunque finalmente no se consiga el propósito de aprobar y conseguir una plaza, el tiempo invertido debe ser de utilidad, además de tener un enfoque más «sano» de trabajo.

7. Estadísticas de interés

A modo de ejemplo de lo que conlleva el estudio de unas oposiciones a profesiones jurídicas, podemos observar y analizar los datos que se presentan para la carrera judicial y fiscal. El Consejo General del Poder Judicial publica cada año unas estadísticas basadas en unas encuestas realizadas a aquellos que aprueban las oposiciones.

De los datos publicados anualmente, así como de los datos acumulados, y del análisis realizado por la web Maldita.es[7] de los últimos años, se pueden observar algunos datos de interés en este ámbito, así:

- La tasa de aprobados por géneros arroja que el porcentaje de mujeres suele ser cercano al 70 %, siendo en la última promoción del curso 2024-2025 del 70 % (84 mujeres frente a 36 hombres)
- La media de preparación en la promoción 2024-2025 mostró un resultado de 5 años y 4 meses. La media desde el curso 1996 está en 4 años y 6 meses.

7 https://maldita.es/malditodato/20210914/nuevos-jueces-edad-origen-familia/

- La edad media desde el curso 1996 suele estar en torno a los 29 años, siendo en la última promoción de 29 años.
- En la promoción 2024-2025, sólo el 3,3 % de los encuestados (4 de 120) contestaron que habían publicado previamente algún trabajo o estudio jurídico.
- Desde el año 1999, el 64,35 % no habían trabajado previamente, siendo el dato del último curso del 57,5 %.
- Solo el 57,5 % de la última promoción declara conocer o saber consultar bases de datos jurídicas.
- Sobre las áreas que les gustaría ejercer, en el último curso se suele preferir penal y civil, y destaca el escaso interés en el ámbito Laboral-social (2,24 %), contencioso (2,88 %), y mercantil (3,21 %), siendo porcentajes parecidos en años anteriores,
- En torno al 26 % declara tener algún familiar de 2.º grado de consanguinidad que trabaja en el mundo jurídico, siendo juez/magistrado en torno al 6 % (en el último curso, 21,55 % y 5,8 %, respectivamente).
- En torno al 37 % declara que ninguna de sus padres tiene estudios superiores. El 63 % tiene al menos uno de sus padres con estudios superiores, siendo el porcentaje de ambos progenitores con estudios superiores en torno al 35 % (en el último curso, 38,79 %, 61,21 %, 35,34 % respectivamente).
- En torno al 95 % ha contado con el soporte económico de sus padres durante las oposiciones, siendo el dato del último curso de 93,97 %.

En conclusión, se puede observar cómo el perfil de la persona que aprueba las oposiciones suele ser de género femenino mayormente, en torno a los 29 años, sin que generalmente se haya trabajado previamente, con alguno de sus progenitores con estudios superiores, habiendo casi en la totalidad de los casos dependido económicamente de sus padres.

No se ha referido anteriormente, pero como se puede comprobar, el hecho de poder contar con el sustento familiar es un requisito determinante en este camino de las oposiciones, ya que, como hemos referido, las oposiciones suelen consumir la práctica totalidad del tiempo disponible, por lo que difícilmente se pueden compatibilizar con tener un empleo.

Esto genera una situación de dependencia económica que no todas las familias se pueden permitir afrontar, a la vez que hace que el estudiante no tenga recursos propios, ni cotización al sistema de la Seguridad Social para efectos futuros, situación que se agrava por cada año que transcurre.

La existencia de becas en estos casos no es algo que haya sido establecido de manera permanente y segura, habiendo transcurrido diversos años sin ningún tipo de ayuda o beca, a la vez que en otros años sí se han ofrecido becas estatales. A su vez, el número de becas es muy escasa, teniendo en cuenta que, en 2022, para las Carreras Judicial y Fiscal, a los Cuerpos de Letrados de la Administración de Justicia, y para Abogados del Estado (3 oposiciones distintas) sacaron 245 becas. El importe previsto de la beca en estas últimas convocatorias es de 6.611 euros, en pago anual.

Hay que tener en cuenta, a modo de ejemplo, que sólo en la carrera judicial y fiscal se presentan cada año en torno a 4.000 aspirantes, a cuyo número hay que añadir aquellas personas que estén empezando a estudiar y no se presenten a esa convocatoria. Como se puede comprobar, el número de becas es muy reducido en proporción. En la última convocatoria de 2023 sí que se aumentó dicho número, a un total de 792 becas para esas 3 oposiciones. Aunque, como decimos, aparte de este baile de números, lo que genera más inseguridad es el hecho de no tener certeza de su convocatoria, a la vez que se señala que la beca concedida se podrá renovar hasta 3 años (siendo, como se ha visto, la regla general que la oposición conlleve más tiempo).

Aparte de estos datos económicos, sí que llama la atención y puede resultar algo más grave algunos datos acerca de la preparación que tienen estos opositores. De ellos, el dato que parece más preocupante es que cerca de la mitad de todos los que han conseguido aprobar desconocen las bases de datos jurídicas.

Hay que enfatizar que no sólo se pregunta si sabe utilizarlas y si suele consultarlas, que sería también recomendable, sino simplemente si las «conoce», siendo un número elevado de respuestas negativas.

Y referimos esta preocupación porque el uso de las bases de datos es un instrumento totalmente imprescindible y esencial en los operadores jurídicos que se tienen que enfrentar a tratar, buscar, o resolver los problemas prácticos que se plantean. Debemos hacer también autocrítica los profesores universitarios que formamos a estos juristas, si salen de la carrera y declaran no conocer las bases de datos.

Esta importancia de la base de datos se debe, no ya sólo a que conozcan de su existencia y de cómo funciona, que esto se puede solucionar de forma rápida, sino al hecho de que no están acostumbrados a algo tan básico como buscar sentencias, leerlas, intentar dar con la respuesta a un problema jurídico a través de la lectura de muchas de ellas, y de intentar fundamentar correctamente la posición que se fije, cuestiones todas ellas básicas para una profesión como la de juez o fiscal.

Y aquí es donde se puede comprobar esta divergencia que hemos mencionado con anterioridad sobre el trabajo real que tienen que desempeñar estos jueces en su trabajo diario, frente a la «formación» recibida durante su etapa como opositor. Se valora y evalúa como elemento principal y único la capacidad memorística del opositor, sin embargo, en la práctica diario del trabajo, se tienen los Códigos delante, con una facilidad muy grande para localizar textos a través de los medios informáticos. Por el contrario, nada se forma sobre esa tarea de búsqueda, análisis y resolución de casos a través de la jurisprudencia, que es lo que harán en su nuevo puesto, y es cuyos resultados resultaría más interesante de valorar.

También llama la atención el escaso número de personas que desean trabajar en las áreas de Derecho laboral-social, contencioso administrativo o mercantil, siendo un porcentaje ínfimo. Puede estar esto relacionado con el modo de organizar los temas que antes hemos igualmente cuestionado. Precisamente estas ramas de conocimiento son las que menos temas ocupan en el temario de la carrera judicial y fiscal, a la vez que los temas que lo componen son muy pobres de contenido, centrándose en recitar artículos «mutilados» para rellenar el tiempo preciso, sin una verdadera formación integral sobre la materia.

Si un juez no tiene formación idónea sobre estas ramas, ni desea estar en ellas, cabe cuestionarse una vez más la idoneidad de estas oposiciones para el desempeño del cargo que realmente tendrán que realizar el día de mañana.

8. Consideraciones finales

Como se expuso al comienzo de este trabajo, la idea era mostrar una visión crítica del estado actual de las oposiciones en nuestro país, especialmente en las de Justicia, utilizando para ello diversos ejemplos de producciones relacionadas con el cine.

No se pretende con esto desalentar ni eliminar las ilusiones que los aspirantes a opositor puedan tener. Lo que se pretende es dar a conocer aspectos que no se suelen contar, que suelen estar ocultos, y del que se tiene conocimiento en muchos casos ya demasiado tarde, cuando se está sumido en ello. Este conocimiento es básico para saber a qué se va a enfrentar uno, para tener la adecuada preparación para ello.

Ante los alumnos que manifiestan su deseo de presentarse a unas oposiciones como judicaturas o similares, jamás optaríamos por las posturas de «sí, claro, hazlo que es tu futuro y lo vas a conseguir», ni la de «ni se te ocurra, huye de eso». La postura que entendemos más adecuada para estos alumnos es «si te gusta esa profesión, prueba las oposiciones», pero con advertencia de que, si ven que este sistema no va con ellos, se pueden retirar sin remordimientos y buscar otra salida.

Entendemos perjudicial esos comentarios de «lo vas a conseguir sí o sí», «quien lo sigue lo consigue», o «tu lucha que obtendrás el resultado», porque se le está metiendo a dicho alumno una presión para conseguir un resultado que no depende únicamente de él, sino de otros muchos factores, teniendo en cuenta que no todo el mundo puede conseguir un puesto de este calibre, por muy buenos que sean. A modo de ejemplo, en judicaturas se suelen presentar unas 4000 personas, para conseguir una de las entre 50 y 200 plazas, según las convocatorias de los últimos años.

Y, como hemos dicho, no todo el mundo es apto para este sistema puramente memorístico, en el que no se premia «al más brillante» intelectualmente hablando, sino al que tenga mejor memoria. Por ello hay que quitar desde el primer momento ese sentimiento de culpa o de fracaso si no consiguen la plaza, o si deciden retirarse.

Igualmente perjudicial entendemos la postura contraria, de asustar a la gente y evitar que se presenten a las oposiciones. Hay muchas personas que se presentan a las oposiciones y las acaban aprobando, estando satisfechos con su profesión y habiendo obtenido el trabajo tan deseado. Cierto es que en este trabajo nos hemos centrado en la vertiente más «oscura», pero de sobra es conocida las bondades de obtener una plaza, como suele ser el tener un trabajo fijo para toda la vida, un sueldo aceptable, y un prestigio profesional, además de sentirte realizado con la profesión por la que sientes una vocación.

Por ello, como hemos referido, la idea es que todo aquel que quiera presentarse a unas oposiciones que las haga, que las pruebe, que nadie se quede sin al menos intentarlo, porque puede ser que se les dé bien y consigan su plaza. Lo importante es que se sea consciente de cómo funciona todo, que esto es una opción más entre muchas otras oportunidades laborales, y que la vida no depende ni acaba con estas oposiciones. Si finalmente descubre que este camino no es el suyo, no hay que martirizarse y continuar sufriendo años tras años, porque el daño personal y psicológico que se sufre puede ser bastante elevado.

En las oposiciones se suele tener un preparador para que el opositor les lleve semanalmente los temas que está estudiando. Pero igualmente importante es que se tenga un preparador psicológico o emocional que sepa gestionar esta nueva etapa y ayudar al opositor en todo aquello que necesite, más allá de la llevanza y el cante de las lecciones.

Y sobre el método de las oposiciones, como hemos referido con anterioridad, consideramos que no es el más apto para la formación de los opositores, ya que este sistema memorístico que predomina en nuestro país resulta artificial y poco práctico.

Se convierte el «estudio» en una tarea mecánica memorística, donde esto es lo único que importa, quedando a un lado los conocimientos reales adquiridos, la capacidad de razonamiento jurídico y la facultad de solucionar de manera solvente los posibles conflictos reales.

Este sistema es lo que hace que esta tarea de opositar se vuelva más dura de lo debido, ya que a efectos prácticos es poco gratificante y útil, conllevando un sacrificio personal que suele tener un alto coste. Por ello, creemos conveniente en avanzar en construir un sistema de oposiciones de mayor utilidad y formación, a la vez en que se avance porque sea un sistema más llevadero a nivel personal.

Como señala el psicólogo Andrés Herraiz en la entrada de su web *¿Cómo opositar sin dañar la salud mental?*[8] (donde se dan algunos consejos de utilidad para los opositores o futuros opositores), «Aunque se han hecho algunos esfuerzos por dotar a los procesos selectivos de mayor transparencia y objetividad, resultan del todo insuficientes, sigue quedando mucho por hacer, ya que a nadie parece importarle demasiado cuál es la factura psicológica que hay que pagar o cuáles pueden ser las consecuencias emocionales de invertir tanto en un futuro que no es certero».

Se anunció por parte del Gobierno en el año 2021 el deseo de reformar las oposiciones a favor de la aptitud de los alumnos, en vez de la memorización[9], sin embargo, hasta ahora no se ha materializado tal propósito. Sí que es cierto que muy recientemente se ha publicado alguna noticia de la incorporación de lo que algún sector de nómina «oposiciones light», como es el caso del elMundo.es con la noticia titulada *El Gobierno ya recorta temario en las oposiciones «light» a funcionario y permite que los candidatos hagan «quinielas» para estudiar menos*[10].

Toda reforma tendrá sus detractores ya que, como hemos dicho, habrá gente que les interese o se sientan cómodas con el sistema actual. No obstante, sí que entendemos de modo claro que la solución no pasa únicamente por aligerar el número de temas que entran en el examen, o de dejar permitir que el opositor pueda descartar algún tema. Esto, a su vez, puede conllevar que se dejen al margen temas que pueden ser de interés, que serán totalmente desconocidos para el opositor, o el hecho de poder «jugar» y descartar otros temas si hay opción de elegir, lo que conllevará, como algunos denuncian, una degradación aún mayor de la función pública. Y es que, como hemos referido anteriormente, no se puede ni debe construir el sistema de oposiciones como un sistema totalmente falso o artificial donde el objetivo sea un trámite que deban superar determinadas personas, sino que ese trámite debe ser útil y necesario para la formación de los aspirantes.

Por ello, el propósito no debe ser quitar temas como remedio (sin perjuicio de que un estudio serio del temario lleve a esa solución como una de las medidas a adoptar), que sin duda es cierto que facilitará las oposiciones, sino que debe ser un sistema que valore debidamente los conocimientos adquiridos sobre los diferentes temas. No es cuestión de bajar la cantidad, sino de mejorar la calidad.

8 https://andresherraiz.es/psicologia-organizacional-rrhh/como-opositar-sin-danar-la-salud-mental

9 https://www.elmundo.es/economia/macroeconomia/2021/04/28/60897b0ffc6c83c3218b45dc.html

10 https://www.elmundo.es/economia/macroeconomia/2024/03/31/66093eb6e9cf4afb218b4595.html

JUECES O MAGISTRADOS ENCARGADOS DEL REGISTRO CIVIL EN ESPAÑA Y EL CONTROL DE LOS MATRIMONIOS DE CONVENIENCIA (A PROPÓSITO DE *GREEN CARD* Y DE *LA PROPOSICIÓN*)[1]

Alfonso Ortega Giménez
Profesor Titular de Derecho internacional privado
Universidad Miguel Hernández de Elche (Alicante)
alfonso.ortega@umh.es
ORCID: 0000-0002-8313-2070

SUMARIO: 1. PLANTEAMIENTO: EL AUGE DE LOS MATRIMONIOS DE CONVENIENCIA Y EL CINE. 2. LOS MATRIMONIOS DE CONVENIENCIA EN EL CINE. 2.1. *Green card*. 2.2. *La proposición*. 3. CONCEPTO DE «MATRIMONIOS DE CONVENIENCIA». 4. MATRIMONIO Y REGISTRO CIVIL ESPAÑOL. 5. INDICIOS DE MATRIMONIOS DE CONVENIENCIA. 6. EL JUEZ O MAGISTRADO ENCARGADO DEL REGISTRO CIVIL EN ESPAÑA COMO PROTAGONISTA EN LA LUCHA CONTRA LOS MATRIMONIOS DE CONVENIENCIA.

1. Planteamiento: el auge de los matrimonios de conveniencia y el cine

Un fenómeno muy común en los países sometidos a fuerte inmigración y que comienza a tener bastante importancia en España, —que ha pasado de ser un país de emigración al extranjero, a ser un país receptor de ciudadanos que llegan de otros países para vivir aquí—, es el problema de los denominados «matrimonios de conveniencia».

1 Este trabajo ha sido realizado en el seno del PIE22-022, «Grupo Permanente de Innovación Educativa en Cine y Enseñanza del Derecho: el reto de la orientación profesional de los alumnos de titulaciones jurídicas desde el cine», de la Universidad de Málaga, cuyo Coordinador es Antonio J. Quesada Sánchez.

Los Jueces o Magistrados Encargados del Registro Civil en España creen que mediante tales enlaces no se busca en realidad contraer matrimonio entre un nacional y un extranjero, sino que se pretende y, generalmente previo precio, que un extranjero se aproveche de las ventajas de la apariencia matrimonial para facilitar la entrada o regulación en territorio nacional u obtener con facilidad la nacionalidad del contrayente.

Al fin y al cabo, uno de los objetivos que se persiguen con un matrimonio por conveniencia es obtener los derechos propios del estado de casado sin las obligaciones que de esto deriva. Por ejemplo, una pensión de viudedad tras la muerte del cónyuge, o el arrendamiento de una vivienda. También existen beneficios en materia de Derecho de la nacionalidad o extranjería, como «aquél en el que un español contrae matrimonio con un extranjero con el fin de que dicho extranjero pueda obtener un permiso para residir en España o para conseguir la nacionalidad española, sin que ninguno de los cónyuges pretenda llevar a cabo un proyecto de vida en común»[2]. Por lo tanto, son una forma de fraude a las normas de Extranjería y Nacionalidad[3].

La simulación del matrimonio tiene lugar cuando a las declaraciones formales de los contrayentes, de querer contraer matrimonio el uno con el otro, se superpone un pacto privado, en cuya virtud ambos excluyen la causa típica del negocio matrimonial, que consistente en la instauración de una plena comunidad de vida tendencialmente perpetua entre dos personas, asumiendo estas las obligaciones conyugales establecidas en los artículos 67 y 68 del Código Civil[4] (en adelante, CC). Por el acuerdo simulado, los contrayentes convienen entre sí en no adquirir el estatus de cónyuge, por lo que habrá un supuesto de divergencia consciente entre la voluntad real y la declarada ante el funcionario autorizante, dando lugar a una falta de consentimiento, que provocará la nulidad del matrimonio según lo establecido en el artículo 45 del CC[5].

Por su parte, hoy en día, resulta una obviedad decir que el Cine juega un papel mucho más amplio para la sociedad que el de mero entretenimiento. Es indudable afirmar que este arte funciona como un espejo y reflejo de realidades tan complejas como la filosofía, la política, la economía y, por supuesto, el Derecho.

---

2 *Vid.* R. Arenas García, «Algunos problemas relativos al reconocimiento matrimonial en los supuestos internacionales (Matrimonios blancos y matrimonios convenidos en DIPr.)», disponible en http://adipr.files.wordpress.com/2007/07/matrimonios-convenidos1def2.pdf, 2007.

3 *Vid.* B. Audit, *Droit International privé*, Economista, París, 3.ª edición, 2000, pp. 547.

4 Real Decreto de 24 de julio de 1889, por el que se publica el Código Civil. (Gaceta de Madrid núm. 206, de 25 de julio de 1889).

5 *Vid.*, en sentido amplio, A. Ortega Giménez, «A vueltas con los "matrimonios de conveniencia" en España, comentario de las Sentencias de la Audiencia Provincial de Barcelona de 19 de noviembre de 2019 y 29 de enero de 2020», en *Diario LA LEY*, número 9618, Wolters Kluwer, Madrid, 22 de abril de 2020, pp. 1-23.

El Cine refleja diversas facetas de la vida que tienen que ver con disciplinas científicas y humanísticas (como, entre otras muchas, la historia, la literatura o la medicina), entre las cuales ocupa un lugar destacado el Derecho, lo que parece lógico dada su constante presencia en la vida social y sus posibilidades dramáticas.

El carácter reflexivo y de debate del Cine, consiguiendo crear perfectas radiografías sociales, hace que sea el medio perfecto para llevar el Derecho al espectador, más cuando el público es estudiante de las titulaciones de la rama de ciencias sociales y jurídicas.

Han sido numerosas también las historias narradas en el Cine sobre la inmigración y que han reflejado la preocupación de la ciudadanía por los inmigrantes que deben vivir en el continente europeo. El Cine también habla de la emigración, tanto interior como hacia el exterior (recordemos la emigración española, en tiempos inmemorables, a Suiza, Francia o a Alemania) dando cuenta, aunque fuera someramente, de una parte, de nuestra historia reciente que desgraciadamente está volviendo a ser de intensa actualidad. No olvidemos que nuestra cultura tiene una importante tradición emigrante/inmigrante, lo que nos ha conformado como una sociedad internacional, un verdadero laboratorio de situaciones privadas internacionales; debemos ser conscientes de que el que tenemos enfrente no es «diferente», sino que, en cierto modo, «todos lo somos» ... porque, como decía el genial Quino, por boca de Mafalda, personaje entrañable que fue/es/será siempre: «Todos somos extranjeros en algún lugar del mundo». Ha sido el Cine quien, desde sus inicios, ha reflejado los dramas humanos de la sociedad, entre ellos la necesidad de los seres humanos de dejar su propia tierra para «sobrevivir» en otro país.

El Cine nos sirve para explicar contenidos de «Derecho internacional privado» y de «Derecho de la Nacionalidad y de la Extranjería» de un modo práctico y efectivo, tales como, entre otros: la celebración y efectos de los matrimonios internacionales; la regularización de extranjeros; el acceso a la justicia desde una perspectiva internacional; la aplicación de las normas procesales del foro a los procedimientos internacionales; la activación del foro de necesidad en Derecho internacional privado; la inmunidad de jurisdicción y sus límites; la integración de la población inmigrante; la «doble discriminación» de la mujer inmigrante; la adopción internacional o el fenómeno de los matrimonios de conveniencia (problemática objeto de este trabajo de investigación).

2. Los matrimonios de conveniencia en el cine

El visionado en clave *ius internacional privatista* de títulos como *Green Card* o *La proposición* nos permite no sólo mostrar el múltiple reflejo del Derecho internacional privado en el Cine a lo largo de todo el siglo XX (sobre todo, en el cine contemporáneo) o analizar las concepciones jurídicas dominantes en el Cine; sino también tomar conciencia de algunos de los muchos aspectos y problemas del Derecho internacional privado través del análisis de su presencia en películas diversas; y fomentar el desarrollo del «punto de vista jurídico» en el análisis de la realidad privada internacional en la que en este mundo globalizado en el que vivimos estamos inmersos.

Pongamos dos ejemplos cinematográficos en Derecho internacional privado, que abordan el fenómeno de los matrimonios de conveniencia:

2.1. *Green Card*[6]

Deliciosa película estadounidense protagonizada por Gérard Depardieu *(Cyrano de Bergerac, El Conde de Montecristo o Wanted)*, Andie MacDowell *(Cuatro Bodas y un funeral, Sexo mentiras y cintas de video o Atrapado en el tiempo)*, y dirigida por Peter Weir *(El Club de los Poetas Muertos, Único Testigo o El show de Truman —Una vida en directo—)*, muestra la historia de George Faurè y Brontë, que se casan sin conocerse. Ella es una neoyorquina que trabaja en proyectos medioambientales, decidiendo formalizar la boda para poder acceder a un apartamento que goza de invernadero —que solo se alquila a casados—. Por su parte, George es un bohemio inmigrante francés, que, varios meses después de su boda se reencontrará casualmente con su «esposa». La llegada de los inspectores del Departamento de inmigración estadounidense llevará al forzoso reencuentro de ambos para poder sortear sus respectivos interrogatorios.

Esta artificiosa convivencia permitirá descubrir en la cuadriculada joven la sensibilidad y vitalidad de George, mientras que éste verá en ella la posibilidad de acceder a un modo de vida más codificado. Esta comedia romántica nos muestra lo que puede ocurrir cuando dos perfectos extraños deciden dar el ¡Sí Quiero! Brontë Parrish, horticultora y ecologista, se casa con Georges Fauré y utiliza sus credenciales matrimoniales falsas para alquilar el apartamento de sus sueños. Georges, que es un inmigrante indocumentado de Francia, las utiliza para quedarse en Estados Unidos.

Este es el argumento de esta simpática comedia de enredos legales y matrimonios por conveniencia. Caracterizada por la magnífica labor de su reparto —en el que destacan sus protagonistas, pero a los que hay que hacer extensivos la definición que le proporcionan sus intérpretes y personajes secundarios—, lo cierto es que esta película permite disfrutar de momentos y secuencias francamente divertidas. Entre ellas cabría señalar todas las incidencias que protagoniza la anciana y chismosa vecina —genial el instante en

6 *Vid.* ORTEGA GIMÉNEZ, A., (Dir.) Y OTROS, *Inmigración y cine, Colección Cuadernos de «Inmigración y Cine» del Observatorio Provincial de la Inmigración de Alicante, 1.2017*, Editorial Thomson Reuters Aranzadi, Cizur Menor (Navarra), 2017.

el que Brontë no la deja entrar en el ascensor, para que no delate la situación a su mejor amiga— pero, sobre todo, el irresistible timming que adquiere la larga secuencia de la fiesta de los padres de la amiga de la protagonista. La cita está protagonizada por adineradas *snobs*, entre las que George entrará como un elefante en una cacharrería. Se le invitará a que interprete una pieza a piano —él es compositor—, alucinando a todas ellas con una composición modernista, aunque luego las conmueva con una pieza más clásica, acompañada con versos.

Tan honesta en sus planteamientos y desarrollo, como insuficiente a la hora de plasmar el drama de tantas personas que han vivido en carne propia estas situaciones, lo cierto es que el guion acierta en lo más complicado que es la elaboración de los personajes y el retrato de situaciones verosímiles y sin embargo falla en lo más simple que es rematar escenas muy bien rodadas y complejas como la última de la entrevista, provocando en el espectador que parezca cierta desilusión, cuando George falla en el examen, se descubre su artimaña, por lo que debe ser expulsado del país.

2.2. *La proposición*[7]

El tema de los «matrimonios blancos» no se agota con *Green Card*. Así, Sandra Bullock arreglará un matrimonio por conveniencia, con el fin de evitar una deportación de los Estados Unidos. *La proposición (The proposal)* es el título de esta simpática comedia que cuenta la historia de una mujer con un cargo de responsabilidad en una empresa que repentinamente enfrenta una deportación a Canadá, por lo que decide pactar un compromiso y matrimonio con un joven asistente. Margaret (Sandra Bullock), una famosa e influyente editora de Nueva York, debido a un problema con su visado, está a punto de ser deportada a Canadá, su país natal. Para evitarlo, la astuta ejecutiva declara que está comprometida con su joven ayudante Andrew (Ryan Reynolds), al que durante años ha sometido a todo tipo de humillaciones. Andrew está dispuesto a participar en la farsa, pero imponiendo algunas condiciones. Así, ambos viajan a Alaska para que Margaret conozca a la peculiar familia de él, mientras que un agente de inmigración sigue los pasos de la pareja, sospechando que la prepotente ejecutiva prepara un enlace de conveniencia.

Margaret Tate (Sandra Bullock) es una poderosa editora que repentinamente se enfrenta a ser deportada a Canadá, su país de origen, tras habérsele acabado la visa y no haberlo renovado pese a la insistencia de su abogado. Para evitarlo, la astuta ejecutiva declara que está comprometida con su asis-

---

7 *Vid.* ORTEGA GIMÉNEZ, A., (Dir.) Y OTROS, *Inmigración y cine, Colección Cuadernos de «Inmigración y Cine» del Observatorio Provincial de la Inmigración de Alicante, 2.2018*, Editorial Thomson Reuters Aranzadi, Cizur Menor (Navarra), 2018.

tente Andrew Paxton (Ryan Reynolds), al que lleva torturando durante años. Andrew acepta participar en la farsa, pero con algunas condiciones. Cuando Margaret las acepta es entonces que la «pareja» se dirige a Sitka, Alaska, para conocer a la peculiar familia de él, la abuela (Betty White), su madre (Mary Steenburgen) y su padre (Craig T. Nelson). La ejecutiva de ciudad, acostumbrada a tener todo bajo control, se encuentra inmersa en situaciones surrealistas que escapan a cualquier lógica conocida. Con planes de boda en camino y el agente de inmigración tras sus pasos, Mr. Gilberston (Denis O'Hare), Margaret y Andrew se comprometen a seguir con el plan previsto pese a las consecuencias, pero finalmente ¿se sentirán atraídos el uno por el otro o sólo quieren llevar a cabo el plan para evitar que deporten a su jefa?

Por último, después de una ingeniosa maniobra propuesta por la abuela de Andrew, al fingir un infarto y hacer que éste se dirigiese al aeropuerto para detener a Margaret, la cual se había negado a casarse por el bien de Andrew, hace que sea imposible y que ella ya se embarque a Nueva York, donde iba a ser deportada después de pasadas las 24 horas, Andrew, va a Nueva York al ver que su intento de acogerla en Alaska fracasó y delante todos proponerle matrimonio, a lo que por último, ella accede y así contrae la nacionalidad americana, pero a diferencia del plan anterior, éste, iba a ser un casamiento sin conveniencias.

La proposición es, en definitiva, una película sobre la construcción de un «matrimonio de conveniencia», sobre una pareja que entre ellos comienzan odiándose y que acaban gustándose.

3. Concepto de «matrimonios de conveniencia»

El crecimiento de los denominados «matrimonios de conveniencia» —aunque Calvo Caravaca y Carrascosa González, prefieran hablar de «matrimonios de complacencia» o de «matrimonios blancos», como hace la doctrina francesa, ya que «con ello se indica no que el matrimonio se ha celebrado "por conveniencia", sino que estos matrimonios son, realmente, matrimonios simulados»[8]—, llevó a la Dirección General de los Registros y del Notariado (DGRN) —hoy día, Dirección General de Seguridad Jurídica y Fe Pública— a dictar una Instrucción con fecha 9 de enero de 1995, sobre el Expediente Previo al Matrimonio cuando uno de los contrayentes está domiciliado en el Extranjero[9]. Con esta Instrucción, el instructor del expediente

8 *Vid.* A. L. Calvo Caravaca y J. Carrascosa González, «Matrimonios de complacencia y Derecho internacional privado», *El Derecho de familia ante el siglo XXI: aspectos internacionales,* citado, p. 121.

9 Instrucción de 9 de enero de 1995, de la Dirección General de los Registros y del Notariado, sobre el expediente previo al matrimonio cuando uno de los contrayentes está domiciliado en el extranjero. (BOE *núm.* 21, de 25 de enero de 1995).

practica un interrogatorio por separado, y de modo reservado, para cerciorarse de la verdadera intención matrimonial o, en su caso, para descubrir posibles fraudes. Es, en sí, un medio de control preventivo, pero que no permite erradicar todo matrimonio de conveniencia[10].

Ahora bien, si queremos dar un concepto de «matrimonios de conveniencia», debemos esperar un par de años, a que el Consejo de la Unión Europea, en 1997, se ocupara de este fenómeno, mediante la Resolución del Consejo, de 4 de diciembre de 1997, sobre las medidas que deberán adoptarse en materia de lucha contra matrimonios fraudulentos[11]. Con arreglo a la presente Resolución se estableció que se entenderá por «matrimonio fraudulento», el matrimonio de un nacional de un Estado miembro o de un nacional de un tercer país que resida regularmente en un Estado miembro con un nacional de un tercer país, con el fin exclusivo de eludir las normas relativas a la entrada y la residencia de nacionales de terceros países y obtener, para el nacional de un tercer país, un permiso de residencia o una autorización de residencia en un Estado miembro[12].

Además, se señalaban como factores que pueden permitir que se presuma que un matrimonio es fraudulento, en particular, los siguientes: a) el no mantenimiento de la vida en común; b) la ausencia de una contribución adecuada a las responsabilidades derivadas del matrimonio; c) el hecho de que los cónyuges no se hayan conocido antes del matrimonio; d) el hecho de que los cónyuges se equivoquen sobre sus respectivos datos personales y profesionales —nombre, dirección, nacionalidad, trabajo—, sobre las circunstancias en que se conocieron o sobre otros datos de carácter personal relacionados con ellos; e) el hecho de que los cónyuges no hablen una lengua comprensible para ambos; f) el hecho de que se haya entregado una cantidad moneta-

---

10 M. P. Diago Diago, «Matrimonios de conveniencia», *Actualidad Civil* n.° 2, 1996, pp. 329-347, se refiere a la Instrucción de 9 de enero de 1995, que tiene por objeto, dar mayor publicidad a unas normas contenidas en el Reglamento del Registro Civil, con la finalidad de evitar matrimonios nulos. Sigue diciendo que, en la Instrucción de 22 de marzo de 1974 sobre expediente previo al Registro Civil, ya se refería a matrimonios mixtos, ahora bien, se ha producido una cierta evolución en la actitud de la Dirección General de los Registros y del Notariado, puesto que en esta última se instaba a que en la medida de lo posible se evitase el amontonamiento de trámites y de exigencias, mientras que en la Instrucción de 9 de Enero de 1995, no se muestra ninguna preocupación por la dilación, y se insta a que se cumpla de forma rigurosa lo previsto en el Reglamento del Registro Civil. También advierte la diferencia entre la Instrucción de marzo de 1974 y de enero de 1995, E. Fernández Masía, «De la ficción a la realidad: La creciente problemática de los matrimonios de conveniencia en España», *Revista de derecho privado*, septiembre 1998, p. 635.

11 DOCE C 382, de 16 de diciembre de 1997.

12 Este concepto de «matrimonio de conveniencia» ha sido seguido por la Fiscalía General del Estado, que, mediante la Circular 1/2002, define los «matrimonios de conveniencia» como «aquellos matrimonios celebrados con la única finalidad de regularizar la situación en España de uno de los contrayentes, mediante el matrimonio con español o con quien ya se encuentra legalmente en el país».

ria para que se celebre el matrimonio —a excepción de las cantidades entregadas en concepto de dote, en el caso de los nacionales de terceros países en los cuales la aportación de una dote sea práctica normal—; o, g) el hecho de que el historial de uno de los cónyuges revele matrimonios fraudulentos anteriores o irregularidades en materia de residencia.

En este contexto, dichos factores, según señalaba, el Consejo de la UE, pueden desprenderse de declaraciones de los interesados o de terceras personas, informaciones que procedan de documentos escritos, o de datos obtenidos durante una investigación.

Así, cuando existieran factores que hicieran presuponer que nos encontrábamos ante un «matrimonio fraudulento», sólo se expedirá una autorización de residencia por causa de matrimonio al nacional del país tercero tras haber mandado comprobar a las autoridades competentes, según el Derecho nacional, que el matrimonio no es un matrimonio fraudulento y, que se cumplen las demás condiciones de entrada y residencia.

Cuando las autoridades competentes según el Derecho nacional establezcan que el matrimonio es un matrimonio fraudulento, se retirará, revocará o no se renovará la autorización de residencia por causa de matrimonio del nacional del país tercero[13].

Con el fin de luchar contra el fraude en esta materia, y erradicar los «matrimonios fraudulentos», la DGRN, dictó la conocida Instrucción de 31 de enero de 2006, sobre los matrimonios de complacencia[14].

De esta forma, la DGRN ha dado a conocer una serie de orientaciones y reglas con el fin de evitar la proliferación de «matrimonios de conveniencia». A los Encargados de los Registros Civiles españoles se les indica, por ejemplo, que «debe considerarse y presumirse que existe auténtico consentimiento matrimonial», cuando un contrayente conoce «los datos personales y/o familiares básicos del otro». Eso sí, teniendo en cuenta ciertas reglas, como que el desconocimiento «debe ser claro, evidente y flagrante», que no es preciso «descender a los detalles más concretos posibles» y que no puede fijarse una «lista cerrada» de datos básicos de obligado conocimiento. Además, la DGRN considera que para acreditar la existencia de auténticas y verdaderas relaciones entre los contrayentes deben tenerse en cuenta seis reglas, como tiempo y tipo de relaciones de convivencia, idioma común, matrimonios simulados anteriores y prueba indubitable de entrega de una cantidad económica.

---

13 Eso sí, el nacional del país tercero tendrá la posibilidad de oponerse a una decisión de denegación, retirada, revocación o no renovación del permiso de residencia o de la autorización de residencia o de solicitar su revisión, con arreglo al Derecho nacional, bien ante un Tribunal, bien ante una autoridad administrativa competente.

14 Instrucción de 31 de enero de 2006, de la Dirección General de los Registros y del Notariado, sobre los matrimonios de complacencia (BOE *núm*. 41, de 17 de febrero de 2006).

Señala la DGRN, que los llamados «matrimonios de complacencia» se celebran, frecuentemente, a cambio de un precio: un sujeto —ciudadano extranjero—, paga una cantidad a otro sujeto —un ciudadano español—, para que este último acceda a contraer matrimonio con él, con el acuerdo, expreso o tácito, de que nunca habrá «convivencia matrimonial auténtica» ni «voluntad de fundar y formar una familia», y de que, pasado un año u otro plazo convenido, se instará la separación judicial o el divorcio. Por lo tanto, uno de los requisitos es la existencia de un elemento de extranjería[15].

La Comisión Europea, en 2014, en su documento *Handbook on addressing the issue of alleged marriages of convenience between EU citizens and non-EU nationals in the context of EU law on free movement of EU citizens*[16], muestra los diferentes tipos de matrimonios de conveniencia que nos podemos encontrar en la práctica:

a) *Matrimonio por conveniencia «estándar»:* Es un matrimonio en el que ambos cónyuges son cómplices complacientes, consintiendo libremente en entrar en una relación diseñada para abusar de la legislación de la UE.

b) *Matrimonio por engaño:* Es el matrimonio donde el cónyuge comunitario es engañado por el cónyuge no comunitario para hacerle creer genuinamente que la pareja llevará una vida matrimonial genuina y duradera.

c) *Matrimonio forzado:* Es el matrimonio en el que el cónyuge comunitario es forzado, contra su voluntad, a contraer matrimonio con el cónyuge no comunitario. En los matrimonios forzados, el cónyuge coaccionado comunitario es una víctima y debe ser protegido y ofrecido asistencia.

d) *Matrimonios falsos:* A veces, los matrimonios de conveniencia son calificados como falsos, pero esto, estrictamente hablando, no es correcto. A diferencia de los matrimonios de conveniencia, que son formalmente válidos, los matrimonios falsos son inválidos o totalmente ficticios. Los matrimonios fraudulentos pueden implicar falsificación o mal uso de documentos relacionados con otra persona.

El verdadero objetivo de estos matrimonios de conveniencia es obtener determinados beneficios en materia de nacionalidad y de extranjería. Los objetivos más usuales de estos matrimonios son los siguientes: a) adquirir de modo acelerado la nacionalidad española, en la medida en que el cónyuge del ciudadano español goza de una posición privilegiada para la adquisición de la nacionalidad

15 *Vid*. P. Orejudo Prieto de los Mozos, «Las uniones registradas: ¿fin del matrimonio de conveniencia?», en S. Álvarez Gonzalez (Ed.), *Estudios de Derecho de familia y de sucesiones*, Santiago de Compostela, Conflictus Legum, 2009, p. 222; V. García Herrera, *Los matrimonios de conveniencia*, Madrid, Universidad Rey Juan Carlos, 2016, p. 31.

16 SWD (2014) 284 final.

española (= artículo 22.2 de nuestro CC): basta un año de residencia en España por parte del sujeto extranjero (= artículo 22.2 del CC), siempre que sea una residencia «legal, continuada e inmediatamente anterior a la petición» (= artículo 22.3 del CC); b) lograr una autorización de residencia en España, ya que el extranjero que ostenta la nacionalidad de un tercer Estado no miembro de la UE ni del EEE y que sea cónyuge o pareja de hecho de un ciudadano español, goza del derecho a residir en España, como indica el artículo 2 del Real Decreto 240/2007, de 16 de febrero, sobre entrada, libre circulación y residencia en España de ciudadanos de los Estados miembros de la Unión Europea y de otros Estados parte en el Acuerdo sobre el Espacio Económico Europeo[17] (en adelante, Real Decreto 240/2007), no siendo preciso que tales extranjeros «mantengan un vínculo de convivencia estable y permanente» con sus cónyuges españoles —tal y como señaló el TS, Sala Tercera, en su Sentencia de 10 de junio de 2004[18]—; o, c) lograr la reagrupación familiar de nacionales de terceros Estados. En efecto, el cónyuge extranjero del ciudadano extranjero puede ser «reagrupado», pues el artículo 53 a) del Real Decreto 557/2011, de 20 de abril, por el que se aprueba el Reglamento de la Ley Orgánica 4/2000, sobre derechos y libertades de los extranjeros en España y su integración social.

En España, por tanto, conforme a las previsiones de las DGRN y de la Fiscalía General del Estado, se presumen «matrimonios de conveniencia», los siguientes[19]:

a) Aquellos matrimonios celebrados en España entre nacionales de Estados miembros de la UE, con nacionales de terceros Estados en situación irregular;

b) Aquellos matrimonios celebrados en España entre nacionales de Estados no miembros de la UE, cuando uno de los contrayentes se encuentra legalmente en el país y el otro contrayente está en situación irregular; y,

c) Aquellos matrimonios celebrados en un país extranjero conforme a la ley del lugar de celebración cuando uno de los contrayentes es español y el otro contrayente es nacional de un tercer Estado no miembro de la UE.

La respuesta jurídica a estos «matrimonios blancos» es la de declararlos nulos, ante la falta de consentimiento matrimonial[20].

---

17 Real Decreto 240/2007, de 16 de febrero, sobre entrada, libre circulación y residencia en España de ciudadanos de los Estados miembros de la Unión Europea y de otros Estados parte en el Acuerdo sobre el Espacio Económico Europeo (BOE *núm.* 51, de 28 de febrero de 2007).

18 *Vid.* en este sentido, A. Ortega Giménez y L. S. Heredia Sánchez, «El nuevo estatuto jurídico de los ciudadanos comunitarios en España», *IURIS. Actualidad y Práctica del Derecho*, n.º 116, mayo 2007, pp. 50-59.

19 *Vid.* S. Salvador Rodríguez, «Registro Civil, inmigración y matrimonio», VV. AA., *Derecho registral internacional*, Madrid, Iprolex, 2003, pp. 261-262.

20 Como señala Mañé-Rigat, «las sentencias más recientes tienen declarado que la nulidad del matrimonio es la sanción civil por ausencia o imperfección de alguna de las condi-

4. Matrimonio y Registro Civil español

Para que el matrimonio tenga plena validez, se hace necesario que «el Encargado del Registro Civil llegue a la convicción de que los interesados intentan realmente fundar una familia y que su propósito no es simplemente, en claro fraude de ley, el de beneficiarse de las consecuencias legales de la institución matrimonial sobre la base de un matrimonio en el cual no ha habido verdadero consentimiento matrimonial y que es, en rigor nulo por simulación». En cualquier caso, existe un trámite esencial e imprescindible, como es la audiencia que el instructor, asistido por el secretario, debe realizar de cada contrayente, reservadamente y por separado, para cerciorarse de la inexistencia del impedimento de ligamen o de cualquier otro obstáculo legal para la celebración. Esta audiencia, que en caso del contrayente domiciliado en otro lugar puede efectuarse ante el Registro Civil del domicilio del mismo, puede y debe servir para que el instructor se asegure del verdadero propósito de los comparecientes y de la existencia en ambos de real consentimiento matrimonial». Para ello, se articula en la ley española un «control del consentimiento anticipado», ejercitado por el Juez o Magistrado Encargado del Registro Civil y que en EE.UU., por el contrario, lo ejercen, de forma preventiva, los funcionarios del Departamento de Inmigración (y como botón de muestra *Green Card* o *La Proposición*). Un interrogatorio bien encauzado puede llegar a descubrir la intención fraudulenta de una o de las dos partes y en tal caso, sin perjuicio del recurso oportuno, el instructor debe denegar la celebración.

5. Indicios de matrimonios de conveniencia

El verdadero objetivo de los matrimonios de conveniencia, como ya hemos señalado, es obtener determinados beneficios en materia de nacionalidad y de extranjería, siendo los objetivos más usuales de estos matrimonios los siguientes: a) adquirir de modo acelerado la nacionalidad española, en la medida en que el cónyuge del ciudadano español goza de una posición privilegiada para la adquisición de la nacionalidad española, basta un año de residencia en España por parte del sujeto extranjero (= artículo 22.2 del CC), siempre que sea una residencia «legal, continuada e inmediatamente anterior a la Petición» (= artículo 22.3 del CC); b) lograr una autorización de residencia en España, ya que el extranjero que ostenta la nacionalidad de un tercer Estado no miembro de la UE ni del EEE y que sea cónyuge o pareja de hecho de un ciudadano español, goza del derecho a residir en España, como indica

ciones legalmente requeridas para la formación del vínculo matrimonial y procede tal declaración de inexistencia de matrimonio, al acreditarse que los cónyuges o uno de ellos no tuvo desde un principio intención matrimonial», disponible en http://www.togas.biz/togas46/mane.htm.

el artículo 2 del Real Decreto 240/2007, de 16 de febrero, sobre entrada, libre circulación y residencia en España de ciudadanos de los Estados miembros de la Unión Europea y de otros Estados parte en el Acuerdo sobre el Espacio Económico Europeo, no siendo preciso que tales extranjeros «mantengan un vínculo de convivencia estable y permanente» con sus cónyuges españoles, tal y como señaló el TS, en su Sentencia de 10 de junio de 2004[21]; o, c) lograr la reagrupación familiar de nacionales de terceros Estados. En efecto, el cónyuge extranjero del ciudadano extranjero puede ser «reagrupado» así lo establece el artículo 53 del Real Decreto 557/2011, de 20 de abril, por el que se aprueba el Reglamento de la Ley Orgánica 4/2000, sobre derechos y libertades de los extranjeros en España y su integración social.

La respuesta jurídica a estos matrimonios de conveniencia es la de declararlos nulos, ante la falta de consentimiento matrimonial. Pues bien, varios son los indicios a señalar que pueden probar la existencia de un «matrimonio de conveniencia»[22]:

- El desconocimiento de circunstancias personales y familiares del otro contrayente, deducidas de la audiencia por separado ante el Encargado del Registro Civil[23].
- Las discrepancias entre las declaraciones de ambos contrayentes, en la audiencia por separado ante el Encargado del Registro Civil, sobre hechos tales como el día en que conocieron, la forma en que se conocieron, la profesión, la existencia de hijos anteriores al matrimonio u otras circunstancias personales y familiares[24].

---

21 *Vid.,* en este sentido, A. Ortega Giménez, y L. S. Heredia Sánchez, «El nuevo estatuto jurídico de los ciudadanos comunitarios en España», *IURIS. Actualidad y Práctica del Derecho*, N.° 116, mayo 2007, pp. 50-59.

22 En sentido amplio, S. Sánchez Lorenzo, «La inconveniente doctrina de la DGRN acerca de los matrimonios de conveniencia», *Derecho registral internacional. Homenaje a la memoria del Profesor Rafael Arroyo Montero*, Madrid Iprolex, 2003, pp. 252-262; y Ortega Giménez, A., *Los matrimonios de conveniencia en España*, Editorial Sepin, Madrid, 2018.

23 Así, p. ej., la Resolución de la DGRN de 21 de septiembre de 2011, una mujer de nacionalidad española y un hombre de nacionalidad nigeriana, presentan escrito ante el Registro Civil de Murcia, para iniciar expediente en solicitud de autorización para contraer matrimonio civil. Ratificados los solicitantes, se procede a celebrar las entrevistas en audiencia privada. El Ministerio Fiscal se opone a la autorización del matrimonio y el encargado del Registro Civil, resuelve mediante auto denegando la autorización del enlace.
De las audiencias, se puede observar que ambos contrayentes no comparten una lengua común, pues ambos declaran que ella solo habla español y que está estudiando inglés, mientras que él apenas se expresa en español. Por otro lado, es patente el desconocimiento mutuo de circunstancias personales importantes, como que él desconoce la fecha y el lugar de nacimiento de ella, no está seguro de su primer apellido y desconoce el segundo. Por parte de ella, no expresa correctamente ni el nombre ni el apellido de su pareja, además desconoce el nombre del padre y los hermanos de él.

24 Así, p. ej., la Resolución de la DGRN, de 19 de junio de 1999, en la que se probó que los contrayentes se conocieron personalmente cuatro días antes de la boda y antes por medio

- La superficialidad de la relación, consecuencia de haberse conocido a través de un intermediario, o unos días antes de la celebración del matrimonio[25].
- La imposibilidad de comunicación a través de una lengua común[26].
- La situación de irregularidad del contrayente extranjero[27].
- La diferencia notable de edad[28].

de unas amigas de ella que viven en España; antes de conocerse personalmente ya habían decidido la boda por teléfono; ella desconoce el domicilio de su esposo, cuál fue su profesión, el lugar de su nacimiento, el nombre de su madre y los nombres y edades de sus hermanos; él por su parte tampoco supo decir el nombre de su suegra, el domicilio de su esposa y su número de teléfono.

25 Así, p. ej., la Resolución de la DGRN, de 23 de marzo de 1996, en la que se consideró «matrimonio de conveniencia» el caso de aquellos contrayentes que se conocieron por teléfono y sólo se vieron tres días antes de la celebración del matrimonio; que uno y otro ignoraban datos elementales sobre la vida de cada uno; que ella nunca había viajado a España; que él era la primera vez que había viajado a la República Dominicana y, sin conocer a la interesada, vino provisto de certificado de nacimiento y de la fe de soltería, y que el mismo no recuerda incluso cuándo y dónde había sido celebrado el matrimonio.

26 Así, p. ej., la Resolución de la DGRN de 21 de julio de 2011, una mujer de doble nacionalidad, española y colombiana junto a un hombre de nacionalidad japonesa, solicitan ante el consulado español en Tokio una autorización para contraer matrimonio civil. Sin haber testigo alguno que acredite la veracidad de la relación se procede a celebrar las entrevistas en audiencia privada. Previo informe desfavorable por parte del Ministerio Fiscal, la encargada del Registro deniega la autorización por falta de consentimiento matrimonial. De las entrevistas celebradas en audiencia privada se concluye que, [la pareja no tiene una lengua común, ya que ambos han reconocido que solo hablan la lengua de sus países de origen respectivamente, español ella y japonés él. Además, existe un gran desconocimiento mutuo sobre importantes circunstancias personales, el interesado desconoce el origen colombiano de ella, así como sus aficiones, las cuales según él son el ordenador y las discotecas mientras que ella declara que le gusta ver tenis en televisión. Así mismo ella desconoce sobre él, los hijos que tiene y qué estudios posee, además al ser preguntada por las aficiones de él, ella asegura que le gusta el golf mientras que él dice que le gustan los billares japoneses

27 Así, p. ej., la Resolución de la DGRN, de 5 de diciembre de 1996, relativa a un expediente para contraer matrimonio civil entre cubano y española, cuya celebración fue denegada por el Encargado del Registro Civil, por entender que no existe verdadero consentimiento matrimonial sino la intención de obtener por parte del contrayente la residencia española.

28 Así, p. ej, la Resolución de la DGRN de 10 de octubre de 2012, mediante escrito civil presentado en el Registro Civil de Algeciras, un hombre de nacionalidad española y una mujer de nacionalidad paraguaya, inician expediente de solicitud. de autorización para contraer matrimonio civil. Ratificados los interesados, comparece un testigo elegido por el instructor entre los propuestos por los solicitantes, dicho testigo declara que tiene el pleno convencimiento de que el matrimonio no incurre en prohibición legal alguna. Se celebran las entrevistas en audiencia reservada. El Ministerio Fiscal informa de manera desfavorable sobre las entrevistas y el encargado del Registro resuelve dictando auto que deniega la autorización del matrimonio proyectado. De las audiencias reservadas se desprende un desconocimiento mutuo de información personal, el interesado desconoce el nombre completo de la interesada, también desconoce la fecha y el lugar de nacimiento

- Las confesiones de los contrayentes, que supongan una confesión de la simulación del matrimonio[29].

Por otro lado, indicios tales como los siguientes, pueden probar la validez del matrimonio[30]:

- La existencia de hijos comunes, o el hecho de que la mujer esté embarazada[31].
- La residencia legal del contrayente extranjero en España o en cualquier otro país de la UE[32].
- El conocimiento de circunstancias personales y familiares del otro contrayente.
- Las concordancias entre las declaraciones de ambos contrayentes.
- La posibilidad de comunicación a través de una lengua común.

Además, deben considerarse intrascendentes circunstancias tales como «que el contrayente extranjero se encuentre en prisión[33], haberse conocido a través de internet[34], tener preparada la documentación para el expediente matrimonial antes de que el contrayente extranjero venga a España y conozca al contrayente español[35], o el hecho de contraer matrimonio por poderes»[36/37].

Si bien es cierto que, en ocasiones los indicios nos llevan a afirmar que nos encontramos (o nos podemos encontrar) ante un «matrimonios de conveniencia», será el Encargado del Registro Civil, la autoridad competente para decidir sobre la celebración o inscripción de un matrimonio.

---

de la interesada, desconocen, además, el número de hermanos de ambos y circunstancias de los mismos, a ello hay que sumar la gran diferencia de edad entre ambos, 52 años.

29 Así, p. ej., en la Resolución de la DGRN, de 25 de junio de 1997, se señala que el contrayente extranjero, al conocer que la contrayente española era invidente, le participa al Encargado del Registro Civil «que era igual, aunque fuese una vieja, que lo que deseaba era salir de su país».

30 En sentido amplio, S. Sánchez Lorenzo, «La inconveniente doctrina de la DGRN acerca de los matrimonios de conveniencia», citado, pp. 262-265.

31 Así, p. ej. las Resoluciones de la DGRN, de 18 de enero de 1999, de 15 de junio de 1999, de 18 de octubre de 1999, de 13 de enero de 2000, o de 3 de julio de 2001.

32 Así, p.ej., las Resolución de la DGRN, de 27 de septiembre de 2000, y de 25 de octubre de 2000.

33 Resolución de la DGRN, de 11 de enero de 2000.

34 Resolución de la DGRN, de 3 de marzo de 2000.

35 Resolución de la DGRN, de 3 de marzo de 2000.

36 Resolución de la DGRN, de 19 de octubre de 1998.

37 *Vid.* S. Sánchez Lorenzo, «La inconveniente doctrina de la DGRN acerca de los matrimonios de conveniencia», *Derecho registral internacional. Homenaje a la memoria del Profesor Rafael Arroyo Montero*, Iprolex, Madrid, 2003, pp. 265-266.

6. El Juez o Magistrado Encargado del Registro Civil en España como protagonista en la lucha contra los matrimonios de conveniencia

No debemos olvidar que, en virtud del ordenamiento jurídico español, son matrimonios inscribibles en el Registro Civil español[38]: a) todos aquellos matrimonios celebrados en forma civil cuya celebración fue autorizada por el propio Encargado del Registro Civil español, en el que los contrayentes son nacionales o extranjeros[39]; b) todos aquellos matrimonios celebrados en España, sin expediente registral previo, sea en forma religiosa católica o islámica, o en forma consular por dos extranjeros, en aplicación de su ley personal, deben inscribirse en el Registro Civil correspondiente al ligar de su celebración para el pleno reconocimiento de sus efectos civiles[40]; y c) todos aquellos matrimonios celebrados fuera de España conforme a la ley del lugar de celebración del mismo, cuando uno de los contrayentes sea nacional español, se exige la previa calificación del Encargado del Registro Civil competente, Registro Consular o registro Central[41].

Así las cosas, son dos los supuestos de control registral de la legalidad de matrimonios inscribibles por parte del Encargado del Registro Civil competente[42]: por un lado, el control registral previo a la celebración del matrimonio. Cuando un nacional español o extranjero pretenda contraer matrimonio, en España o en el extranjero, es necesario tramitar un expediente registral previo a la autorización del matrimonio, con el fin de controlar la concurrencia de los requisitos legalmente establecidos para la validez del matrimonio que se quiere celebrar: capacidad matrimonial, consentimiento y forma; y, por otro lado, el control registral posterior a la celebración del matrimonio. Una vez celebrado el matrimonio, sean contrayentes españoles o extranjeros, para alcanzar la plena validez, se hace necesaria su inscripción en el Registro Civil; en ese momento, es donde la autoridad competente, al igual que el supuesto del expediente registral previo, deberá examinar la concurrencia de los requisitos legales exigidos para la validez del matrimonio.

---

38 *Vid*., en sentido amplio, S. Salvador Rodríguez, «Registro Civil, inmigración y matrimonio», *Registro Civil: incidencia del fenómeno de la inmigración*, Cuadernos de Derecho Judicial, Consejo General del Poder Judicial, 2004, pp. 263-265; y Ortega Giménez, Alfonso, Los «matrimonios de conveniencia» en *España, Práctica doctrinal, jurisprudencial y registral*, Editorial Thomson Reuters Aranzadi, Cizur Menor (Navarra), enero 2022.

39 Dicho control pasa, en virtud de los arts. 49.1.° y 56 de nuestro CC, por la realización de un expediente registral previo.

40 Así lo establecen los arts. 60, 61, 63 y 65 del CC; y, 15 y 16 de la LRC.

41 Así lo establecen los arts. 65 de nuestro CC; y, 256.3.° del RRC.

42 En sentido amplio, S. Salvador Rodríguez, «Registro Civil, inmigración y matrimonio», *Registro Civil: incidencia del fenómeno de la inmigración*, Cuadernos de Derecho Judicial, Consejo General del Poder Judicial, Madrid, 2004, pp. 263-265.

La negativa a la inscripción en el Registro Civil de un matrimonio, abriría la reclamación en sede judicial, con el fin de que «el órgano judicial competente se pronuncie sobre la validez y eficacia del matrimonio celebrado, y, en su caso, acuerde la inscripción del mismo en el Registro Civil español»[43].

Señala la DGRN, en su Instrucción de 2006, que cuando el matrimonio se ha celebrado en el extranjero, se puede proceder a su inscripción en el Registro Civil español a través de dos mecanismos registrales alternativos: a) a través de la certificación extranjera en la que conste la celebración del matrimonio; o, b) en su defecto, a través de un expediente registral para acreditar la legalidad del matrimonio y la certeza de su celebración. No obstante, en ambos casos, el Encargado del Registro Civil en cuestión ha de realizar un control de la «legalidad del hecho con arreglo a la ley española», ya que sólo así se garantiza que accedan al Registro Civil actos válidos y eficaces.

Nos encontramos ante un control a priori, el trámite de audiencia de cada uno de los contrayentes, por separado y de modo reservado, con el fin de «cerciorarse de la inexistencia del impedimento de ligamen o de cualquier otro obstáculo legal para la celebración». Y, cuando el matrimonio ha sido celebrado en el extranjero, los Encargados del Registro Civil deben controlar la legalidad y autenticidad del consentimiento matrimonial con arreglo a la Ley española cuando uno de los contrayentes sea español o, cuando siendo extranjeros ambos, deba igualmente ser aplicada en ejecución de la cláusula de orden público por admitir la Ley extranjera los matrimonios simulados. Así, con la finalidad de facilitar la consecución de este doble objetivo por parte de los Jueces o Magistrados Encargados de los Registros Civiles, la DGRN, en la Instrucción comentada de 2006, ha dado las siguientes orientaciones prácticas:

- Los datos básicos de los que cabe inferir la simulación del consentimiento matrimonial son dos: a) el desconocimiento por parte de uno o ambos contrayentes de los datos personales y/o familiares básicos del otro; y, b) la inexistencia de relaciones previas entre los contrayentes. En cuanto a la valoración de ambos elementos se han de tomar en cuenta los siguientes criterios prácticos: a) debe considerarse y presumirse que existe auténtico consentimiento matrimonial cuando un contrayente conoce los datos personales y familiares básicos del otro contrayente. Si los contrayentes demuestran conocer suficientemente los datos básicos personales y familiares mutuos, debe presumirse, conforme al principio general de presunción de la buena fe, que el matrimonio no es simulado y debe autorizarse o inscribirse, según los casos.

43 *Vid.* S. Salvador Rodríguez, «Registro Civil, inmigración y matrimonio», *Registro Civil: incidencia del fenómeno de la inmigración*, Cuadernos de Derecho Judicial, Consejo General del Poder Judicial, Madrid, 2004, p. 333.

- Para acreditar la existencia de un conocimiento suficiente de los datos personales básicos mutuos de los contrayentes, deben tenerse presentes estas reglas: 1.ª) El Encargado dispone de un necesario margen de apreciación para ajustar las normas jurídicas a los caracteres, circunstancias y rasgos del caso concreto, ponderando necesariamente la equidad en la aplicación de las normas jurídicas; 2.ª) No puede fijarse una «lista cerrada» de datos personales y familiares básicos cuyo conocimiento es exigido, pues ello puede depender de las circunstancias del caso concreto. Sí puede, sin embargo, proporcionarse una «lista de aproximación» con los datos básicos personales y familiares mutuos más frecuentes que los contrayentes deberían conocer el uno del otro; 3.ª) El conocimiento de los datos básicos personales de un contrayente por el otro contrayente debe ser un conocimiento del núcleo conceptual de dichos datos, sin que sea preciso descender a los detalles más concretos posibles; 4.ª) En su caso, el desconocimiento de los datos personales y familiares básicos de un contrayente respecto del otro debe ser claro, evidente y flagrante; y, 5.ª) La existencia de otros datos personales del contrayente que son meramente accesorios o secundarios.
- Para acreditar la existencia de auténticas y verdaderas relaciones entre los contrayentes, deben tenerse presentes estas reglas: 1.ª) Las relaciones entre los contrayentes pueden referirse a relaciones habidas antes o después de la celebración del matrimonio; 2.ª) Las relaciones entre los contrayentes pueden ser relaciones personales, o bien relaciones epistolares o telefónicas o por otro medio de comunicación, como Internet; 3.ª) El hecho probado de que los contrayentes conviven juntos en el momento presente o tienen un hijo común es un dato suficiente que acredita la existencia de relaciones personales; 4.ª) El hecho de que los contrayentes no hablen una lengua que ambos comprenden es un mero indicio de que las relaciones personales son especialmente difíciles, pero no imposibles. Por tanto, de ese mero dato no cabe inferir, por sí solo, que las relaciones personales no existen o no han existido. Será un dato más que el Encargado del Registro Civil español tendrá presente para valorar, junto con otros datos y hechos, la presencia o ausencia de relaciones personales» entre ambos contrayentes; 5.ª) El hecho de que el historial de uno de los cónyuges revele matrimonios simulados anteriores es un poderoso indicio de que no existen auténticas relaciones personales entre los contrayentes, sino relaciones meramente figuradas. 6.ª) El hecho de que se haya entregado una cantidad monetaria para que se celebre el matrimonio, siempre que dicho dato quede indubitadamente probado, es, también, un poderoso indicio de que no existen relaciones personales entre los contrayentes, ni verdadera voluntad matrimonial.

- Los datos o hechos relativos al matrimonio que no afectan al conocimiento personal mutuo de los contrayentes, ni a la existencia de relaciones previas entre los contrayentes, no son relevantes para inferir de los mismos, aisladamente, la existencia de un matrimonio simulado, sin perjuicio de que en concurrencia con las circunstancias antes enumeradas pueda coadyuvar a formar la convicción del Encargado en sentido positivo o negativo respecto de la existencia de verdadera voluntad matrimonial.
- Si se rechaza la autorización o la inscripción del matrimonio al existir sospechas de simulación en el matrimonio, siempre es posible instar posteriormente la inscripción del matrimonio si surgen nuevos datos relevantes, pues en el ámbito del Registro Civil no rige el principio de «cosa juzgada».

El Juez o Magistrado Encargado del Registro Civil debe alcanzar una «certeza moral plena» de hallarse en presencia de un matrimonio simulado para acordar la denegación de la autorización del matrimonio o de su inscripción; y aquel Juez o Magistrado Encargado del Registro Civil que aplica las presunciones judiciales debe incluir en su resolución, de modo expreso, el razonamiento en virtud del cual ha establecido la presunción, evitando la utilización de modelos formularios que, por su generalidad y falta de referencia a las concretas circunstancias particulares del caso concreto, no alcanzan a llenar el requisito imprescindible de la motivación de la resolución.

Si bien es cierto que las instrucciones dadas por el Ministerio de Justicia a los Jueces o Magistrados Encargados de los Registros Civiles para detectar estos matrimonios de conveniencia no dejan de ser medidas de sentido común, que difícilmente garantizan que disminuyan el número de estos matrimonios fraudulentos, la realidad supera la ficción, pues nos encontramos ante medidas desproporcionadas para atajar este fenómeno, desproporción en el sentido de que son los Jueces o Magistrados Encargados de los Registros Civiles quienes deciden sobre la conveniencia o no de un matrimonio (y, por tanto, su celebración/ inscripción y validez) y nadie debería ahondar en la intimidad de una pareja y, por tanto, decidir la conveniencia o no de ese matrimonio.

LA *AUCTORITAS* DE LOS «JURISTAS DE RECONOCIDA COMPETENCIA» Y SU RESPONSABILIDAD PÚBLICA: *¿VENCEDORES O VENCIDOS?* COMO METÁFORA

Antonio José Quesada Sánchez
Profesor Titular de Derecho Civil
Universidad de Málaga

Sobre la aplicación efectiva de lo que deba entenderse por «jurista de reconocida competencia» abrigo severas dudas, porque a mis años he asistido a casi todo, incluyendo sorprendentes certezas ajenas. Por más que pueda poner, un servidor, negro sobre blanco, mi experiencia me confirma que la realidad supera a la ficción.
(EL AUTOR DE ESTE CAPÍTULO)

1. Introducción

Desde que el ser humano es ser humano y tiene conciencia de tal se plantea cuestiones como la de quién debe (o merece) ejercer el gobierno de los grupos y de las sociedades, sobre las élites o sobre cómo se asciende a posiciones que merezcan desempeñar esas tareas. Con mayor o menor profundidad y mayor o menor acierto son temas recurrentes que nunca nos abandonan.

El ordenamiento jurídico español no establece de modo expreso y general un régimen efectivo de «buenos gobernantes», como tales, y seguramente no es mala decisión, como criterio general, aunque parezca recomendable poseer la adecuada formación y la oportuna experiencia para el cargo que se vaya a desempeñar, sobre todo si es público. Conceptos excesivamente indeterminados[1] y, por tanto, sobre los que se ha reflexionado desde antiguo.

---

1 *Vid*. GOSÁLBEZ PEQUEÑO, H.: «En busca del "buen gobierno": la capacidad y la honorabilidad del gobernante», *Cuadernos Manuel Giménez Abad*, núm. 22, 2021, p. 209.

En esta aplicación a cada caso concreto los **méritos** son importantes, aunque la propia idea de mérito, de que **algo es valioso o digno de ser premiado** en algún momento a determinados efectos, varía según el momento histórico en que se valora[2]. No digamos, ya, cuando entramos en la cuestión de posibles falsos prestigios de personajes, bien porque se les ha valorado de un modo incorrecto, bien porque se pretende valorar por militantes, por personas sectarias, por fanáticos, etc., y que dicha valoración sea apreciada, dada por buena y tenida en cuenta a cualquier efecto[3].

Debemos intentar dejar claros algunos criterios sobre el tema, y pretendemos detenernos en la figura del «jurista de reconocida competencia» para desempeñar cargos especialmente relevantes de que habla la Constitución española en un par de ocasiones. Tener en cuenta esa condición, no se puede negar, conecta con la idea homérica de que las hazañas de esos seres excepcionales no pueden ser íntimas, sino que requieren del reconocimiento de los otros. Es necesario, por tanto, «que alguien sepa de su excelencia y la promueva»[4]. Y que, de ese modo, la sociedad pueda beneficiarse de esa excelencia para convertir en algo mejor a dicha sociedad. «Ensayo sobre la ceguera», novela de José Saramago[5], es muy metafórica en este sentido, a la hora de incidir en la responsabilidad de quien tiene ojos en un mundo de ciegos (de extraños ciegos, afectados por una rara ceguera que jamás se había dado antes). En el caso de que uno se quedase ciego se planteaba como posibilidad natural y lógica que los no contaminados lo expulsasen de inmediato[6], pero la mujer del médico protagonista de la novela se hace pasar por ciega, sin estarlo, para poder ayudar al colectivo y guiar a su marido y a quienes estén con ella[7]. Para organizarse y para evitar que manden el hambre y el miedo[8], incluso llegando al tiranicidio, si es necesario[9]. Ella es la que solía ir de avanzadilla, fingiendo ser ciega[10], aunque en ocasiones

---

2 Sobre la concepción del mérito en la antigüedad griega, por ejemplo, *vid.* García Cívico, J.: «La idea de mérito en la Antigüedad griega», *THÉMATA. Revista de Filosofía*, núm. 55, enero-junio 2017, pp. 219-248 (*vid.* especialmente p. 227).

3 Sobre esta cuestión será inevitable reflexionar teniendo cercana la ilustrada obra de Ovejero Lucas, F.: *El compromiso del creador. Ética de la estética*, Galaxia Gutenberg, 2014.

4 García Cívico, J.: «La idea de mérito en la Antigüedad griega», cit., p. 231.

5 Saramago, J.: *Ensayo sobre la ceguera*, Alfaguara, 1998.

6 Saramago, J.: *Ensayo sobre la ceguera*, cit., pp. 51 y 73.

7 Saramago, J.: *Ensayo sobre la ceguera*, cit., p. 52. Así, deshará engaños en los que pretendan hacer incurrir a los suyos (pp. 106-107). *Vid.* también pp. 112, 118, 246, 257, 312, 313, 314, 337 y 345.

8 Saramago, J.: *Ensayo sobre la ceguera*, cit., p. 110. *Vid.* también p. 156.

9 Con la muerte del ciego tirano (Saramago, J.: *Ensayo sobre la ceguera*, cit., pp. 217-220, 234).

10 Saramago, J.: *Ensayo sobre la ceguera*, cit., p. 63. Esto se repetirá durante toda la novela, tras amoldar sus movimientos y vocabulario al de los ciegos (*vid.*, por ejemplo, pp. 72, 86,

tuviese problemas de conciencia por su modo de obrar[11]. Pero es grave que todos sean ciegos y no haya nadie con vista para que les guíe[12]: nos planteamos «la responsabilidad de tener ojos cuando los otros los han perdido»[13], en esa sociedad descrita y que es parecida a la diseñada por MCCARTHY en su novela «La carretera»[14].

Por tanto, pasando de las metáforas literarias a nuestras reflexiones jurídicas, parece interesante valorar cómo se puede aprovechar, por parte de la sociedad, a estas personas especialmente capaces, para que esa sociedad sea mejor. Y cuál es la imprescindible responsabilidad que asumen: nos insertamos en un dilema claramente socrático cuando concluimos que «pensar e intervenir en el mundo no son tareas apacibles y tranquilas»[15]. Vamos a meditar sobre ello analizando un ejemplo bastante extremo descrito en una gran película: el caso de los horrores del nazismo, tal y como se describe en la película «¿Vencedores o vencidos?» (la primera película «en censurar una política de olvido frente a los horrores del nazismo, de acuerdo con las coyunturales necesidades de la geopolítica»)[16]. Nos adentraremos, inevitablemente, en «el problema de la responsabilidad del individuo por sus decisiones cuando actúa dentro de un sistema que formalmente legitima e incluso impone acciones que a cualquier hombre de bien o persona sensata, *mucho más si se trata de prestigiosos juristas*, le deben parecer verdaderos crímenes contra la Humanidad, violaciones inadmisibles de los derechos humanos más elementales, que nadie que esté en su sano juicio puede pensar en cometer impunemente»[17].

En nuestras reflexiones vamos a describir por qué hemos escogido esta película y, a continuación, analizaremos la regulación constitucional (y legal)

94, 97, 104, 105, 108, 137, 138, 176, 230, 240, 241). Darse a conocer hubiese sido desvelar esa ayuda que iba a ofrecer a su círculo y convertirse en la sierva de todos (pp. 107 y 156).

11 «No temo a mirar si los otros no me pueden mirar a mí» (SARAMAGO, J.: *Ensayo sobre la ceguera*, cit., p. 80).

12 SARAMAGO, J.: *Ensayo sobre la ceguera*, cit., p. 145.

13 SARAMAGO, J.: *Ensayo sobre la ceguera*, cit., pp. 287 y 292. Si la esposa fuese ciega no tendría más obligaciones que los demás (SARAMAGO, J.: *Ensayo sobre la ceguera*, cit., p. 351).

14 MCCARTHY, C.: *La carretera*, Random House Mondadori, 2012.

15 AGUILAR, R. DEL: *Sócrates furioso. El pensador y la ciudad*, Anagrama. Colección Argumentos, 2004, p. 15.

16 CASTRO DE PAZ, J. L. Y PAZ OTERO, H.: «*Texto cinematográfico introductorio*. Claroscuros fílmicos (Cine y Derecho en Hollywood: de la Segunda Guerra Mundial a los años 80 del Siglo XX)», en FERNÁNDEZ CARBALLO-CALERO, P. Y VELASCO FABRA, G. J. (Directores): *Clásicos del cine jurídico*, Aranzadi, 2023, p. 53.

17 MUÑOZ CONDE, F. Y MUÑOZ AUNIÓN, M.: *¿Vencedores o vencidos? Comentarios jurídicos y cinematográficos a la película de Stanley Kramer «El juicio de Nuremberg» (1961)*, Tirant lo Blanch, 2003, pp. 11-12.

más interesante que podamos encontrar en España sobre este tema, para finalmente tener argumentos de interés a la hora de exponer ideas ilustrativas respecto del tema que nos ocupa y preocupa.

2. «¿Vencedores o Vencidos?» como objeto de estudio: razones para una elección

«¿Vencedores o vencidos?» es una película que merece atención, tanto por su calidad cinematográfica como por su interés filosófico, histórico y jurídico (esencial, para nosotros). En palabras de PÉREZ MORÁN y PERÉZ MILLÁN, su enorme éxito «la convirtió, durante mucho tiempo, en la película de juicios por excelencia, aunque se tratase de un proceso muy especial»[18]. Desde la doble óptica jurídica y creativa ha merecido un tratamiento especial por parte de MUÑOZ CONDE y MUÑOZ AUNIÓN[19], y también ha sido estudiada por otros autores, como podremos comprobar a lo largo de nuestra exposición[20].

En autorizada opinión de RIVAYA, estamos ante una de las principales películas jurídicas que existen, «porque trata del dualismo clasificatorio, clásico en la historia del pensamiento jurídico, que divide a éste en iusnaturalismo y positivismo jurídico; de la cuestión del deber de obediencia al Derecho; de la del Derecho racista, propio del nacional-socialismo; porque plantea cuál es el papel del juez al desempeñar su misión; cuáles los motivos que influyen en la toma de decisiones jurídicas; porque los principales personajes son juris-

18 PÉREZ MORÁN, E. Y PÉREZ MILLÁN, J. A.: «Juzgar a los jueces. *Vencedores o vencidos* (Stanley Kramer, 1961)», en PÉREZ MORÁN, E. Y PÉREZ MILLÁN, J. A.: *Cien abogados en el cine de ayer y de hoy*, Ediciones Universidad de Salamanca, 2010, p. 120.

19 MUÑOZ CONDE, F. Y MUÑOZ AUNIÓN, M.: *¿Vencedores o vencidos? ...*, cit.

20 Destacamos, como reflexiones de interés sobre la película, Z. JÁUREGUI, G.: «¿Vencedores o vencidos?», *Nosferatu. Revista de cine*, núm. 32, 2000, pp. 64-67; SOTO NIETO, F. Y FERNÁNDEZ, F. J.: «XIX. Vencedores o vencidos», en SOTO NIETO, F. Y FERNÁNDEZ, F. J.: *Imágenes y Justicia. El Derecho a través del cine*, La Ley, 2004, pp. 361-381; DE DOMINGO PÉREZ, T.: «Los jueces ante las leyes injustas. Algunas reflexiones sobre la película "Vencedores o vencidos"», en ORTEGA GIMÉNEZ, A. Y CREMADES GARCÍA, P. (Coordinadores): *Cine y Derecho en 13 películas*, Editorial Club Universitario, 2008, pp. 63-74; TARDÍO PATO, J. A.: «Legalidad nacional en sentido restringido y obediencia jerárquica o sometimiento pleno de los poderes públicos y sus agentes al derecho: algunas reflexiones sobre *¿Vencedores o vencidos?*», en ORTEGA GIMÉNEZ, A., PÉREZ TORTOSA, F. Y PASTOR VALCÁRCEL, M. A. (Coordinadores): *Cine y Derecho en 21 películas. Materiales y recursos para el estudio del Derecho a través del cine*, Editorial Club Universitario, 2013, pp. 13-21; MAÑAS DE ORDUÑA, A.: «Vencedores o vencidos. Los juicios a los juristas del nazismo», en VELASCO FABRA, G. J. (Director): *El nazismo a través del cine jurídico*, Thomson Reuters Aranzadi, 2021, pp. 39-49 y ZÁRATE CONDE, A..: «¿Vencedores o vencidos? (*Judgement at Nuremberg*, Stanley Kramer, 1961)», en FERNÁNDEZ CARBALLO-CALERO, P. Y VELASCO FABRA, G. J. (Directores): *Clásicos del cine jurídico*, Aranzadi, 2023, pp. 241-262.

tas, ya que se trata de jueces que juzgan a jueces, etc.»[21]. Además, no cabe duda de que estamos ante una película sobre las personas que ejercen responsabilidades de carácter público y, por tanto, sobre el poder[22], y permite reflexionar, entre otras cuestiones esenciales, sobre la labor de los miembros del poder judicial y la contemporización de los jueces con quienes ostentan el poder político[23].

En nuestra investigación el análisis que llevaremos a cabo no es el tradicional que suele hacer cualquier estudioso que se acerca a esta película. En este apartado que ahora empezamos, en primer lugar, la ubicaremos, pues merece la pena saber ante qué obra creativa estamos exactamente y, en segundo lugar, nos centraremos en la parte que más nos atañe, como es la figura de Ernest Janning, el personaje representado por Burt Lancaster, metáfora plástica que nos interesa en nuestra investigación. En nuestro tratamiento citaremos minutos concretos de la película, para ubicar adecuadamente cada referencia que hagamos.

2.1. «¿Vencedores o Vencidos?»: la película

A la hora de comenzar a tratar sobre la película no está de más recordar la ficha de la misma, con sus datos esenciales[24].

- **Título original:** «Judgment at Nuremberg»
- **Año:** 1961
- **Duración:** 186 minutos
- **País:** Estados Unidos
- **Dirección:** Stanley Kramer
- **Guion:** Abby Mann.
- **Teatro:** Abby Mann
- **Música:** Ernest Gold
- **Fotografía:** Ernest Laszlo (B&W)

---

21 Rivaya, B.: *Derecho y Cine en 100 películas. Una guía básica.* 2.ª edición revisada y ampliada, Tirant lo Blanch, 2021, pp. 305-306.

22 Z. Jáuregui, G.: «¿Vencedores o vencidos?», cit., p. 65.

23 *Vid.*, especialmente, de Domingo Pérez, T.: «Los jueces ante las leyes injustas...», pp. 67-72 y, sobre todo, Tardío Pato, J. A.: «Legalidad nacional en sentido restringido...», cit., pp. 19-21. Interesante e ilustrado trabajo sobre la tarea de los jueces en Damián Moreno, J.: *El Juez ante la Ley*, Cuadernos de Derecho Registral, Fundación Registral, 2011.

24 Extraemos la misma de la web FilmAffinity: https://www.filmaffinity.com/es/film192148.html.

- **Reparto:** Spencer Tracy. Burt Lancaster, Richard Widmark, Marlene Dietrich, Maximilian Schell, Judy Garland, Montgomery Clift, Edwards Binns, Werner Klemperer, Torben Meyer.
- **Compañías:** Roxlom Films Inc. Distribuidora: United Artists
- **Género:** Drama. Drama judicial / abogados. Histórico. Nazismo. Holocausto. Años 40. II Guerra Mundial
- **Sinopsis:** En 1948, tres años después del final de la Segunda Guerra Mundial (1939-1945), cuatro jueces, cómplices de la política nazi de esterilización y limpieza étnica, van a ser juzgados en Nuremberg. Sobre Dan Haywood (Spencer Tracy), un juez norteamericano retirado, recae la importante responsabilidad de presidir este juicio contra los crímenes de guerra nazis.

En diversas páginas web se pueden encontrar comentarios más o menos livianos y/o sugerentes sobre la película, pero para realizar un adecuado encuadre jurídico-creativo de la misma nos han resultado fundamentales las reflexiones de Muñoz Conde y Muñoz Aunión[25] o Soto Nieto y Fernández[26], así como las de otros autores citados también en nuestro trabajo. Es cierto que pretendemos estudiar un aspecto muy concreto que no ha sido analizado en las investigaciones existentes, pero no cabe duda de que trabajar con ellas es imprescindible para ubicar adecuadamente nuestras reflexiones (y ubicarnos nosotros mismos en ellas).

2.2. Ernest Janning: el personaje interpretado por Burt Lancaster

Si por algo nos interesa la película en nuestro trabajo es por la figura del personaje interpretado magistralmente por Burt Lancaster: el Juez y prestigioso jurista Ernest Janning. El personaje de Janning tiene elementos extraídos de prestigiosas figuras reales de esa época, como Curt Rothenberger, Franz Schegelberger[27] o, incluso, Edmund Mezger[28], y merece nuestra aten-

25 Muñoz Conde, F. y Muñoz Aunión, M.: *¿Vencedores o vencidos? ...*, cit. En el primer capítulo (pp. 17-56) se analiza la película desde el punto de vista jurídico: los procesos de Nuremberg y su importancia, la inserción dentro de los mismos del proceso contra los juristas (acusados, cargos, culpabilidad del pueblo alemán, etc.). En el segundo capítulo (pp. 57-111) se analiza desde el punto de vista cinematográfico, y se valora y ubica al director, Stanley Kramer, el Juicio de Nuremberg desde el punto de vista cinematográfico, la propia película en sí y detalles como la interpretación del gran Montgomery Clift o el estreno en Alemania.

26 Soto Nieto, F. y Fernández, F. J.: «XIX. Vencedores o vencidos», cit., pp. 361-381.

27 Muñoz Conde, F. Y Muñoz Aunión, M.: *¿Vencedores o vencidos? ...*, cit., pp. 24-30.

28 Interesante recorrido por su vida y obra en Muñoz Conde, F.: *Edmund Mezger y el Derecho Penal de su tiempo. Estudios sobre el Derecho penal en el Nacionalsocialismo*, Tirant

ción a la hora de valorar cómo su condición de persona excepcional influye en su modo de razonar, en la sentencia y, en último término, en la mayor reprochabilidad de su conducta.

De entrada, en la película estamos ante el juicio de cuatro jueces (minutos 12 y 16-18), aunque cada uno con una personalidad propia diferenciada. Dentro de esa diversidad se percibe claramente la estatura intelectual de Janning: en su primera intervención no habla y mira al tribunal de modo desafiante, no como los otros, y habla el abogado defensor. No reconoce la autoridad del tribunal y desea presentar una protesta formal en vez de contestar (minutos 14-15). En los minutos 21 y 22 se repasa su biografía y se comprueba que, efectivamente, es una persona excepcional: prestigioso autor doctrinal (el Juez Haywood, de hecho, desea acceder a sus obras, minutos 24-25, e incluso las considera interesantes, minuto 43), Ministro de Justicia, influyente pensador, ejemplo para todos los estudiantes de Derecho (minuto 30), etc. Incluso declara en el proceso un antiguo profesor suyo de la Facultad de Derecho que menciona su gran inteligencia y sus cualidades jurídicas (que no humanas, por cierto) natas y privilegiadas (minuto 31). Se apuntará que juzgarle a él es juzgar, en realidad, al pueblo alemán, en debate profundo e intenso. La defensa asegura que no apelará a sentimentalismos ni a la clemencia del tribunal, y considera que hay que tener valor para condenar a alguien de su talla (minuto 29), alguien que había dedicado su vida al concepto de justicia, como era sabido en toda Alemania y en círculos científicos internacionales (minutos 96 y 122). De hecho, encontrarle como Juez en un asunto era una garantía, de entrada, para los encausados, mientras que encontrar a alguno de sus actuales colegas de banquillo, acusados, era estar seguro de que se encontraban ante un fanático o alguien poco deseable y no imparcial (minutos 95-96).

El fiscal apunta una idea que nos va a interesar en nuestra argumentación: sugiere que los acusados, en general, «son quizás más culpables que algunos de los demás dirigentes, pues habían alcanzado la madurez mucho antes de que Hitler subiera al poder» (minuto 18; *vid.* minutos 40-41, sobre el juramento de fidelidad a Hitler de personas que, por su formación, podían intuir lo que podía venir). Es un primer paso con respecto a la especial responsabilidad que se debe exigir a las personas con una formación y un nivel por encima de lo normal. De hecho, como veremos a continuación, Janning

lo Blanch, 2002. En ella podemos encontrar, además de datos esenciales sobre la vida y obra del gran penalista alemán (pp. 67-170 y 315-361), los antecedentes del Derecho Penal en la República de Weimar (pp. 25-66), así como diversas medidas legales destinadas a «extraños a la comunidad» (pp. 171-259) y «asociales» (pp. 261-314), Todo ello muy interesante para entender adecuadamente la figura del personaje y su encuadre completo en la historia descrita en la película. Sobre el pensamiento jurídico nazi, en general, resulta interesante Rüthers, B.: *Derecho degenerado. Teoría jurídica y juristas de cámara en el Tercer Reich,* Marcial Pons, 2016 y la bibliografía que aporta Rivaya, B.: *Derecho y Cine en 100 películas...*, cit., pp. 188-189.

llega a considerarse, en su declaración, como «el peor de todos ellos, porque sabía lo que eran los otros y, no obstante, siguió a su lado».

En todo caso, se plantea la duda de por qué Janning siguió cumpliendo su tarea como juez, cuando otros no lo hicieron: es cierto que fueron cesados o se marcharon, claro (minutos 31-34). Es evidente que Janning continuó con su labor, luciendo la esvástica en la toga, como mandaba la Ley positiva del momento[29]. El abogado defensor apunta una idea que también puede dar que pensar: Janning se mantuvo en el poder para evitar daños peores (minuto 121).

Janning, durante el proceso, no se mezcla con los otros jueces que son juzgados y los desprecia, pese a que tengan, todos, un destino común (minutos 77-78 y 158). Cuando comen, en prisión, en la misma mesa, está ajeno a ellos (minuto 110). Llega a decirles «no tengo nada en común con usted ni con tipos de su calaña», aunque en realidad no es cierto: sí que tenían en común el ser parte del mismo régimen criminal (por cierto, resultan sobrecogedoras las imágenes reales intercaladas en la película, minutos 105-110; tan horrendas que el Juez Haywood pierde el apetito, tras verlas: minuto 113). Luego les describirá, en su declaración, como comprobaremos, y conoceremos claramente su opinión sobre cada uno de ellos (tan ajenos a su perfil).

Hay un momento en que Janning toma conciencia de lo que sucede en el proceso, al asistir al modo en que su abogado defensor interroga a una testigo (minuto 131), y reacciona. «¿Es que vamos a empezar de nuevo?», sugiere. Solicita, entonces, prestar declaración y es consciente de todo: la situación es tan intensa que se suspende la sesión hasta el día siguiente. Su abogado defensor no logra convencerle de que no declare: desea que, en el proceso, no se desprestigie a hombres como Janning (aunque la mirada de este lo dice todo: minuto 132).

La declaración se encuentra en los minutos 135 a 144 de la película, y no tiene desperdicio, al mostrar a alguien que, intelectualmente, es excepcional: era consciente de que el nazismo se basaba en una mentira, pero participó en todo aquello por amor a su país (minuto 137). Es consciente de su culpabilidad (minuto 140) y, en contra de lo que se ha apuntado en otros momentos (minutos 49, 50 o 75), los alemanes conocían, y «si no conocíamos era porque no lo queríamos saber» (minuto 141). Describe a sus colegas de banquillo en términos pésimos, aunque él se cataloga como «el peor de todos ellos, porque sabía lo que eran los otros y, no obstante, siguió a su lado» (minuto 143). Es claro: convirtió su vida en podredumbre porque permaneció junto a ellos (minuto 143). Cuando se les concede la última posibilidad de comentar

29 Inevitable, en este punto, recordar a aquellos míticos jurados de la novela de SCIASCIA, *Puertas abiertas*, que llevaban en la solapa la insignia del Partido Fascista, aunque su grado de implicación política fuese muy diverso, incluso contrario al Partido y al régimen mussoliniano (SCIASCIA, L.: *Puertas abiertas*, Tusquets Editores, Colección Andanzas, 1988, pp. 85-91).

algo, a diferencia de sus colegas de banquillo (que se amparan en el servicio a su país y en el cumplimiento de la Ley vigente), Janning no la utiliza: «nada tengo que añadir a lo que ya he dicho» (minutos 153-156).

El abogado defensor intenta dar la vuelta al argumento: sin duda, Janning cometió un error al contemporizar con el nazismo, pero como sucedió a tantos otros: incluso al Vaticano, a la URSS, o al propio Churchill. La «culpa de Janning es la culpa del mundo, nada más y nada menos», sentencia (minuto 145). El Tribunal no lo valora de ese modo: «lo grave es haber tomado parte, conscientemente, en un sistema de tremenda crueldad e injusticia impuesto por el Gobierno con absoluto desprecio de todos los principios morales y legales reconocidos en las naciones civilizadas» (minuto 160). Se califica a Janning como una «trágica figura» (minuto 163) y se alude a cómo «hombres capaces y excepcionales pueden engañarse a sí mismos hasta cometer crímenes» (minuto 164). Finalmente, todos son considerados culpables y condenados a reclusión perpetua (minutos 166-167).

Haywood visitará al Juez Janning en prisión (minutos 172-174), y ambos se reconocen estatura intelectual, pese a no estar de acuerdo. Haywood llega a aclararle que el primer paso hacia la barbarie consistió, para él, en condenar a alguien sabiendo que era inocente. Se había plegado a la política, algo que no hizo Haywood, a quien la situación política internacional demandaba mayor benevolencia con los juristas criminales.

Por tanto, en la película se percibe la mayor responsabilidad que debe exigirse a quien posee una mayor formación y un mayor prestigio, y cómo la reprochabilidad de sus actos es de mayor intensidad que en los casos normales, además de que Janning personifica «el tremendo drama del enfrentamiento entre la justicia y la política, entre el imperio de la ley y la voluntad resolutiva de los jueces»[30]. Todo esto nos interesa en nuestras reflexiones.

3. La responsabilidad de los «juristas de reconocida competencia» o «de reconocido prestigio» en la Constitución española. Casos recientes de interés

3.1. Los «juristas de reconocida competencia» en la Constitución española de 1978

La vigente Constitución española alude a los «juristas de reconocida competencia» en un par de ocasiones, y parece oportuno repasarlas, para comprobar a qué se puede estar refiriendo en cada caso.

30 Soto Nieto, F. y Fernández, F. J.: «XIX. Vencedores o vencidos», cit., p. 373.

El **artículo 122.3 de la Constitución española**, al fijar la composición del Consejo General del Poder Judicial, establece que «El Consejo General del Poder Judicial estará integrado por el Presidente del Tribunal Supremo, que lo presidirá, y por veinte miembros nombrados por el Rey por un período de cinco años. De éstos, doce entre Jueces y Magistrados de todas las categorías judiciales, en los términos que establezca la ley orgánica; cuatro a propuesta del Congreso de los Diputados, y cuatro a propuesta del Senado, elegidos en ambos casos por mayoría de tres quintos de sus miembros, *entre abogados y otros juristas, todos ellos de reconocida competencia* y con más de quince años de ejercicio en su profesión». Es la primera mención a los «juristas de reconocida competencia» que hace el texto constitucional, sin mayor dedicación específica al tema[31], y se hace una segunda mención en el **artículo 159.2 de la Constitución española**, primero de los dedicados al Tribunal Constitucional. El apartado primero establece que «El Tribunal Constitucional se compone de doce miembros nombrados por el Rey; de ellos, cuatro a propuesta del Congreso por mayoría de tres quintos de sus miembros; cuatro a propuesta del Senado, con idéntica mayoría; dos a propuesta del Gobierno, y dos a propuesta del Consejo General del Poder Judicial», y el apartado segundo establece de dónde pueden salir esos Magistrados: «Los miembros del Tribunal Constitucional deberán ser nombrados *entre Magistrados y Fiscales, Profesores de Universidad, funcionarios públicos y Abogados, todos ellos juristas de reconocida competencia* con más de quince años de ejercicio profesional» (en regulación que se repetirá en el artículo 18 de la de la Ley Orgánica del Tribunal Constitucional, Ley Orgánica 2/1979, de 3 de octubre).

Parece oportuno reflexionar sobre lo que se ha entendido y debe entenderse por «*juristas de reconocida competencia*» en estos preceptos, es decir, acerca de cómo se llena de contenido este concepto jurídico indeterminado, ya que no existe mayor determinación en la norma[32].

---

31 A un «concepto vago» se refiere Díez-Picazo Giménez, L. M.: «Comentario al artículo 122» en Pérez Tremps, P. y Saiz Arnaiz, A.: *Comentario a la Constitución española. 40 aniversario 1978-2018. Tomo II (Artículo 97 a Disposición Final). Libro-Homenaje a Luis López-Guerra*, Tirant lo Blanch, 2018, p. 1728.

32 También la LOPJ alude en diversas ocasiones a estos **«juristas de reconocida competencia»** a la hora de tratar el ingreso en la carrera judicial y diversas funciones de dirección y supervisión en dicho sector (*vid.*, en este sentido, Exposición de Motivos VII, artículos 236 nonies, 301.5, 311.1.4, 311.3, 313.10, 331, 343, 566,567.2, 586.1, 594.2, 601.2, 603.2 y 612.1). A **«juristas de reconocido prestigio»** se refieren la Exposición de Motivos VII, el artículo 330.4 y la Disposición Transitoria 12, con idéntica finalidad. Además, a la hora de escoger al Presidente del Consejo de Estado se alude a **«juristas de «reconocido prestigio y experiencia en asuntos de Estado»**, conforme al artículo 6.1 de la Ley Orgánica 3/1980, de 22 de abril, del Consejo de Estado (será regulación que nos interesará más adelant). También a la hora de escoger al Fiscal General del Estado se hace referencia a **«juristas españoles de reconocido prestigio»** (artículo 29.1 de la Ley 50/1981, de 30 de diciembre, por la que se regula el Estatuto Orgánico del Ministerio Fiscal).

En el caso del Tribunal Constitucional, conforme a los artículos 2.1.g y 10.1.i de la Ley Orgánica del Tribunal Constitucional, corresponde al Tribunal Constitucional verificar los nombramientos de los Magistrados, «para juzgar si los mismos reúnen los requisitos requeridos por la Constitución y la presente ley». En este sentido, y aunque no es un requisito excesivamente comentado por los intérpretes de esta regulación (son más tratados los del origen de los candidatos y el del tiempo de ejercicio profesional, en los que no entraremos), no cabe duda de que estamos hablando de personas con formación jurídica, pero a la que hay que añadir una cualificación técnica especialmente destacada y destacable, algo que «puede contribuir a equilibrar el peso excesivo que los órganos políticos suelen tener en el proceso de nombramiento de los magistrados constitucionales» y a garantizar la imprescindible tecnicidad de estos órganos[33] (la crítica a la importancia de la política y sus peligros en estos temas es omnipresente y con razón). No es algo novedoso y exclusivo de España, sino que de alguna manera se exige también en los países de nuestro entorno[34]. Por otra parte, es obvio que estamos ante un concepto que debe ser llenado de contenido en cada caso, y que puede generar problemas de determinación e intensos debates mediáticos. En este sentido, FERNÁNDEZ SEGADO ha considerado esa «determinación tan imprecisa como inútil»[35], y cargada de subjetivismo. Considera este autor que no es una condición fiscalizable jurídicamente[36], y que el simple hecho de que un candidato logre ser propuesto por un órgano competente debe conllevar que se considere cumplida dicha condición en los términos constitucionales y de la Ley Orgánica del Tribunal Constitucional[37]. Confirmaremos cómo este

---

33 FERNÁNDEZ SEGADO, F.: *El sistema constitucional español*, Dykinson, 1992, p. 1063. También, en este sentido, ALZAGA VILLAAMIL, O.: «Sobre la composición del Tribunal Constitucional»; *UNED, Teoría y Realidad Constitucional*, núms. 10-11, 2.° semestre 2002, 1.° semestre 2003, p. 172 (quien llega a hablar de que es «fruto del deseo de los constituyentes de construir el más ancho y flexible abanico de los *presentables* de cara a poder elegir miembros del Tribunal Constitucional a un número casi ilimitado de juristas)».

34 Sobre ello, *vid.* FERNÁNDEZ SEGADO, F.: «Comentario al artículo 159», en ALZAGA VILLAAMIL, O. (Director): *Comentarios a la Constitución Española de 1978,* Tomo XII, Cortes Generales, Editoriales de Derecho Reunidas, 1999, pp. 127-132.

35 *Vid.* FERNÁNDEZ SEGADO, F.: «Comentario al artículo 159», cit., p. 146.

36 También en este sentido DE ESTEBAN, J. Y LÓPEZ GUERRA, L.: *El régimen constitucional español. 1*, Labor Universitaria, 1980, pp. 255-256.

37 Sobre ello, *vid.* FERNÁNDEZ SEGADO, F.: *La jurisdicción constitucional en España*, Dykinson, 1984, p. 61; FERNÁNDEZ SEGADO, F.: «Comentario al artículo 159», cit., pp. 146-147 y ALZAGA VILLAAMIL, O.: «Sobre la composición del Tribunal Constitucional», cit., p. 173 (este requisito, «en la vida real sólo parece significar que es el propio nombramiento el que reconoce discrecionalmente la competencia»). MAYOR MENÉNDEZ apunta que esta cuestión «encierra un juicio de valor referida en última instancia a la competencia profesional, cuya apreciación corresponde a quien ha de proponerlos para su nombramiento al Rey, y que ha de ser realizada no con carácter abstracto, sino precisamente en atención al desempeño profesional del concreto candidato que se presente» (MAYOR MENÉNDEZ, P.: «Comentario al artículo 159» en CAZORLA PRIETO, L. M. (Director): *Comentarios*

razonamiento, afortunadamente, no es acertado. Pero no deja de ser complicado llenar de contenido el concepto y fiscalizarlo. ALZAGA VILLAAMIL es muy gráfico cuando sugiere que «Desde luego no ofrece excesivas garantías la coletilla que contiene el párrafo que glosamos, "todos ellos 'juristas de reconocida competencia'", puesto que éste no es criterio objetivo, y como ni que decir tiene que no cabe pensar en exámenes de ingreso a miembro del Tribunal Constitucional, no hay otro reconocimiento de competencia que obtener el nombramiento por las mayorías a que se refiere el párrafo anterior»[38].

SALA SÁNCHEZ ha considerado que es un concepto «de difícil apreciación en versión positiva y que, en realidad, queda en manos de la prudencia y objetividad del órgano proponente. En sentido negativo, sin embargo, podrían estimarse con mayor facilidad situaciones o actos que, de concurrir, servirían para no apreciarla (procesos, sanciones o actuaciones oficialmente calificadas de negativas por los órganos de gobierno o representación al que el propuesto perteneciera)»[39].

Como se puede comprobar, a estos «juristas de reconocida competencia» se les reserva para labores de gran relevancia en nuestro sistema democrático, en ámbitos que suelen estar teñidos de criterios de oportunidad política y en los que dicha condición de la reconocida competencia, difícilmente fiscalizable pero conectada con las exquisitas formación y trayectoria profesional, además de prestigiosas, actúa como contrapeso ante esas posibles influencias políticas que puedan existir. La interpretación relativamente reciente por parte del Tribunal Supremo nos va a servir para ilustrar esta sugerente reflexión.

3.2. Un caso reciente y clarificador: la Sentencia del Tribunal Supremo de 30 de noviembre de 2023

Si durante los gobiernos de Pedro Sánchez se declararon nulos diversos nombramientos realizados para desempeñar funciones de gran relevancia en el organigrama administrativo español (bien por desviación de poder, como en el caso del nombramiento de Dolores Delgado como Fiscal de Sala de Memoria Histórica, bien por extender injustificadamente la excepción a la regla general de que las personas nombradas para esos cargos debían ser funcionarios de carrera), o el cese de algún alto cargo de la Guardia Civil,

a la Constitución Española de 1978. Tomo II (Arts. 97 a Disp. Final), Thomson Reuters Aranzadi, 2018, p. 1694).

38 ALZAGA VILLAAMIL, O.: *Comentario sistemático a la Constitución Española de 1978,* Marcial Pons, 2016, pp. 698-699. A «personas de singularísimo prestigio» se referirá algo más adelante.

39 SALA SÁNCHEZ, P.: «Comentario al artículo 159», en MUÑOZ MACHADO, S. (ed.): *Comentario mínimo a la Constitución española*, Crítica-Editorial Planeta, 2018, p. 690.

como Diego Pérez de los Cobos, entre otros, hay un caso que nos interesa muy especialmente en nuestra investigación, y es el resuelto por la STS (Sala de lo Contencioso-Administrativo), Sección 4.ª) núm. 1611/2023, de 30 de noviembre de 2023[40], que se ocupa de la condición de jurista de reconocido prestigio de Magdalena Valerio, de cara a ocupar el cargo de Presidenta del Consejo de Estado. Para seguir con detalle los hechos y el objeto del recurso, algo que no haremos aquí, se puede acudir al **Fundamento de Derecho Primero**, pero la Sentencia es muy clara y descriptiva, como tendremos ocasión de comprobar (en todo caso, las cursivas en los textos que citemos son nuestras). Este Fundamento termina con la motivación de la condición para Magdalena Valerio. Es la que sigue:

«Magdalena Valerio es una jurista de enorme prestigio, feminista y con un profundo compromiso social. Estudió Derecho en la Universidad Complutense en plena Transición. Su trayectoria tanto profesional como política ha estado siempre muy vinculada al mundo del Trabajo, de la Seguridad Social y de las Políticas Sociales, con una enorme vocación de servicio público: a lo largo de su vida profesional y posteriormente política, ha tenido la oportunidad de realizar tareas muy transversales en todos los niveles de la Administración Pública: en el INSALUD, en el INSERSO, en Fomento de la JCCM, como Concejala del Ayuntamiento de Guadalajara, Delegada Provincial de la Junta de Comunidades de Castilla-La Mancha, como Consejera del Gobierno de la propia Comunidad en diversas Consejerías y como Ministra de Trabajo, Migraciones y Seguridad Social en el primer gobierno de Pedro Sánchez.

Asimismo, aunque su actividad parlamentaria se ha centrado principalmente en su especialización en asuntos relacionados con el Derecho del Trabajo y la Seguridad Social, siendo en estos momentos Presidenta del Pacto de Toledo, también ha tenido una participación importante en la Comisión de Justicia, en la de Políticas de Atención Integral a la Discapacidad, en la Mixta del Defensor del Pueblo y en la de Auditoría de la Calidad Democrática, la Lucha contra la Corrupción y las Reformas Institucionales y Legales, a lo largo de las Legislaturas X, XIII y XIV.

Su trayectoria destaca por su capacidad para forjar amplios acuerdos y consensos bajo un liderazgo participativo, apostando siempre por el trabajo en equipo, la transparencia y el diálogo con los Agentes Sociales y colectivos ciudadanos y profesionales. El ejemplo más reciente ha sido la tercera renovación de las Recomendaciones del Pacto de Toledo en noviembre de 2020.

La búsqueda por la igualdad legal y real entre hombres y mujeres y el apoyo a los colectivos más vulnerables de la sociedad ha sido una seña de identidad en toda su trayectoria personal, política y profesional».

40 JUR/2023/429724. Por Auto 1-2-2024 se desestimó el incidente de nulidad de actuaciones pretendido por la Abogacía del Estado (otro incidente de nulidad de actuaciones, pretendido por la interesada, fue inadmitido a trámite).

El **Fundamento de Derecho Segundo** se ocupa de la demanda de la Fundación Hay Derecho, centrándose tanto en la justificación de su legitimación activa (cuestión que no nos interesa) como en el requisito de la condición de «jurista de reconocido prestigio» de la Señora Valerio, que sí nos interesa. En concreto, el texto de interés es el que sigue:

> «A partir de aquí, la demanda se centra en exponer la infracción de los requisitos del artículo sexto. Uno de la Ley Orgánica 3/1980, pues sostiene que la Sra. Valeria Cordero no puede ser considerada una jurista de reconocido prestigio. Tras reproducir su curriculum, que toma de la web del Consejo de Estado, llega a esta conclusión:
>
> "De una simple lectura de este cv se deduce que estamos en presencia de una funcionaria perteneciente a un cuerpo de gestión con categoría A2, y con una trayectoria política muy relevante así como con amplia experiencia en asuntos de Estado, pero que *difícilmente, por mucha amplitud que se le quiera dar al concepto jurídico indeterminado, puede considerarse como 'jurista de reconocido prestigio'* como intentaremos demostrar a continuación"».

Recuerda que el Consejo de Estado es el más alto cuerpo consultivo del Gobierno (artículo 107 de la Constitución), la objetividad e independencia con la que debe actuar y dice que la exigencia de ser presidido por un jurista de reconocido prestigio con experiencia en asuntos de Estado responde a dos factores: la preservación de dichas objetividad e independencia y el carácter de las funciones propias del órgano: los dictámenes mediante los que se expresa tienen naturaleza técnico-jurídica. Repasa entonces la demanda los supuestos en que debe ser consultado, todos ellos de carácter eminentemente técnico-jurídico y señala entre quiénes se han de nombrar los consejeros natos y electivos, a algunos de los cuales se les exige ser juristas de reconocido prestigio. De todo ello y de los cometidos concretos propios del Presidente del Consejo de Estado deduce la relevancia de que sea efectivamente un jurista de reconocido prestigio.

Por último, la demanda observa que, si bien en España se ha interpretado con generosidad ese requisito en los nombramientos para las altas instituciones del Estado, hay pronunciamientos de este Tribunal Supremo que precisan cómo debe entenderse. Se refiere a la sentencia de 7 de abril de 1995 (recurso n.º 1662) a propósito de nombramientos de magistrado por el cuarto turno, y a la sentencia de la Sección Tercera de esta Sala de 9 de mayo de 2011 (recurso n.º 1962/2009). De ellas extrae la conclusión de que *no basta con la licenciatura en Derecho sino que es precisa una amplia y extensa trayectoria profesional que permita el reconocimiento por la comunidad jurídica, que no se ha de computar el desempeño de cargos políticos para los que no es necesaria la licenciatura en Derecho y que la pertenencia a determinados cuerpos de funcionarios puede comportar per se el carácter de jurista de reconocida competencia*. Ve, en fin, en el artículo 159 de la Constitución una buena orientación.

Entiende la demanda que la Sra. Valeria Cordero no reúne los requisitos exigidos y añade que ella misma es consciente como lo demuestran las manifestaciones que hizo ante la Comisión Constitucional, muy alejadas del objetivo de la comparecencia y en las que reconoció que «nunca se puso la toga» y que sus tareas eran «hacer reseñas de sentencias en despacho» o ser profesora en una academia de oposiciones. Y dice, antes de compararla con sus antecesores:

> «si Doña Valeria puede ser considerada como una jurista de reconocida competencia cualquier funcionario con un bagaje similar (sobre todo si se ha dedicado a la política) puede serlo, vaciando así de contenido uno de los dos requisitos legales (el otro, como es sabido, es tener experiencia en asuntos de Estado) necesarios para presidir el Consejo de Estado».

La argumentación concluye de este modo: «En suma, ser o no una jurista de reconocida competencia no depende de las percepciones subjetivas personales ni de la calidad humana de la candidata —que no se pone en duda— ni de ninguna otra circunstancia ajena a la formación y sobre todo a la experiencia profesional exigible. En definitiva, consagrar este nombramiento como válido supone, nada más y nada menos, que vaciar de contenido el requisito exigido de ser jurista de reconocido prestigio y no solamente en este supuesto, sino en cualesquiera otros similares. Lo que no puede menos de afectar a la imagen, al prestigio y al buen funcionamiento de nuestras instituciones, en este caso a la del Consejo de Estado».

El **Fundamento de Derecho Tercero** se centra en la contestación del Abogado del Estado, que en lo relativo al tema que nos interesa propone una interpretación conjunta de los dos presupuestos del artículo 6 y se expresa en estos términos:

> «A partir de aquí la contestación a la demanda afirma que la persona propuesta es una jurista de reconocido prestigio y tiene experiencia en asuntos de Estado, pues así resulta del expediente, en especial de su curriculum, de su exposición y del dictamen favorable por amplia mayoría de la Comisión Constitucional del Congreso de los Diputados. En este punto vuelve a la visión armoniosa que propugna de los requisitos del apartado sexto de la Ley Orgánica 3/1980. Apunta que, desde su creación en 1526 o en 1522, el Consejo de Estado surge como un órgano consultivo con visión de conjunto de los asuntos de Estado, visión de conjunto que permanece en la Constitución de Cádiz. Y es coherente con tal dimensión que quien lo presida la posea.
>
> De ahí pasa a la sentencia del Tribunal Constitucional n.º 204/1992 para insistir en que el artículo sexto de la Ley Orgánica ha de ser leído considerando conjuntamente los dos requisitos que establece.
>
> Llegado a este punto, el Abogado del Estado vuelve a afirmar que se ha cumplido el requisito de jurista de reconocido prestigio y el de experiencia en los asuntos de Estado e impugna la "visión subjetiva que tiene la Fundación recurrente de la persona nombrada (...) que no tiene otra autoridad que la percepción subjetiva

de la recurrente". Reitera que basta con examinar el curriculum para demostrar que es jurista de reconocida competencia o prestigio y expone cuáles son "los hitos esenciales" que, "en exposición sintética" "determinan la condición de jurista de reconocido prestigio". Son estos: (i) conocimiento del Derecho y actividad de formación en disciplinas que integran el Derecho; (ii) actividad formadora que exige un conocimiento y manejo cotidiano del Derecho; (iii) conocimiento y práctica del Derecho público al ser miembro de un cuerpo de funcionarios; (iv) experiencia en la gestión y aplicación del Derecho. Y relaciona con cada uno de tales hitos la trayectoria profesional de la persona nombrada.

A ello, añade que su trayectoria jurídica durante su vida profesional "también se encuentra constantemente presente y ha presidido su actuación política que también forma parte de su trayectoria profesional"».

El **Fundamento de Derecho Cuarto** fija el juicio de la Sala, y se ocupa de las dos direcciones que debe resolver: la legitimación activa de la Fundación Hay Derecho y la consideración de «jurista de reconocido prestigio» de la protagonista. Obviaremos la primera cuestión y pasamos directamente a la segunda.

«B) Sobre el cumplimiento del artículo sexto de la Ley Orgánica 3/1980 por el Real Decreto 926/2022.

Una vez establecida la legitimación activa de la Fundación recurrente, debemos adentrarnos en el fondo del litigio.

No hay discusión, pues el artículo sexto de la Ley Orgánica 3/1980 no permite duda al respecto, sobre que el nombramiento del Presidente del Consejo de Estado *lo hace libremente el Consejo de Ministros*. Y tampoco la hay en que esa libertad la ha de ejercer entre juristas de reconocido prestigio y experiencia en asuntos de Estado. Se trata, por tanto, de examinar si el nombramiento impugnado respeta la exigencia legal.

Y esto requiere, en primer lugar, y a la vista de las alegaciones del Abogado del Estado, determinar, ante todo, *si el artículo sexto de la Ley Orgánica 3/1980 contiene o no un solo requisito*. A la afirmación de que es una única condición parece conducir la insistencia de la contestación a la demanda en que adoptemos una visión de conjunto, en la que prepondere la exigencia de que quien presida el Consejo de Estado cuente con experiencia en los asuntos de Estado y se vea relativizado el requisito de ser jurista de reconocido prestigio.

Entiende la Sala que la respuesta no puede ser otra que la que se desprende manifiestamente del sentido propio de las palabras de este precepto, de la finalidad que persigue y, en último término, de la naturaleza del Consejo de Estado.

El tenor literal del artículo sexto es cristalino: *son dos las condiciones que debe reunir quien asuma la presidencia de este órgano*. No hay excepción, ni matización, ni preferencia de la una sobre la otra. Y la razón de ser de ambas es distinta pero concurrente: asegurar que quien esté al frente del Consejo de Estado reúna la *doble cualificación que quiere el legislador. Es decir, prestigio jurídico y conocimiento experto de los asuntos de Estado*. La primera condición se explica porque la función consultiva que desempeña el Consejo de Estado para el Gobierno se hace en Derecho, es esencialmente jurídica, de manera que *interesa que su Presidente posea el reconocimiento profesional de la comunidad de los juristas*. La segunda condición obedece a la relevancia política y pública de las cuestiones sobre las que debe informar el Consejo de Estado y del peso que tienen sus dictámenes, así como de la circunstancia de que el destinatario primero y preferente de ellos es el Gobierno, tal como dice el artículo 107 de la Constitución.

Son estos requisitos relacionados, pero diferentes e imprescindibles uno y otro, y el cuidado en cumplir cada uno por separado hace que ambos se proyecten hacia el objetivo perseguido por la Ley Orgánica de excelencia en la labor consultiva. Esta es la única visión de conjunto que cabe, no, desde luego, la que defiende la contestación a la demanda.

La existencia de un Cuerpo de Letrados del Consejo de Estado no priva de sentido al propósito del legislador de que su presidencia la ejerzan *juristas reputados*, precisamente, por la relevante tarea que le confía la Constitución. Es menester insistir en que los suyos son dictámenes técnico-jurídicos y con un elevado nivel de especialización, que el Presidente debe dominar. *Y la circunstancia de que haya consejeros que no tengan por qué ser juristas refuerza la importancia de que lo sea y de que goce de prestigio quien les presida*.

Tampoco desvirtúa cuanto estamos diciendo *la comparación con las exigencias constitucionales y legales para el nombramiento de magistrados del Tribunal Constitucional, del Fiscal General del Estado, de los vocales del Consejo General del Poder Judicial o de los magistrados del Tribunal Supremo, en particular, de los del llamado quinto turno (artículos 159 y 122.3 de la Constitución, 29. Uno del Estatuto Orgánico del Ministerio Fiscal, y 343 de la Ley Orgánica del Poder Judicial)*. Incluyen el ejercicio por, al menos, quince años de profesiones jurídicas pero este requisito se debe a que la pertenencia a un cuerpo superior de funcionarios, a la Carrera Judicial o el ejercicio profesional *por sí solos no denotan el reconocido prestigio que se requiere. Hace falta que dicho reconocimiento se haya asentado y mantenido tras un desempeño continuado*. Es verdad que el artículo sexto que nos ocupa no requiere expresamente un período de ejercicio determinado pero sí *lo reclama implícitamente* porque el reconocimiento del prestigio profesional solamente se gana con el tiempo, con una práctica prolongada gracias a la cual se mantiene y acrecienta el crédito obtenido.

C) La aplicación al caso controvertido de las premisas establecidas.

Llegamos así al momento de concretar las líneas maestras de este concepto indeterminado de jurista de reconocido prestigio y de aplicar el resultado de esa concreción a la controversia que se nos ha sometido.

Por prestigio la Real Academia Española entiende, en la primera acepción de la palabra, la "pública estima de alguien o de algo fruto de su mérito". Y en la segunda acepción "ascendiente, influencia, autoridad". Siguiendo con el diccionario, estima es la "consideración y aprecio que se hace de alguien o algo por su calidad y circunstancias". Y ascendiente, en su tercera acepción, es "predominio moral o influencia". Estos significados apuntan con claridad a valoraciones efectuadas por terceros.

Y jurista, sigue diciendo la Real Academia Española, es la "persona que ejerce una profesión jurídica".

Por tanto, el artículo sexto de la Ley Orgánica 3/1980 exige para presidir el Consejo de Estado, contar con la pública estima obtenida en el ejercicio de una profesión jurídica.

A su vez, cuando la Constitución o las leyes orgánicas imponen el requisito que nos ocupa u otros similares (artículos 159.1 y 122.3 de la primera, 29. Uno del Estatuto Orgánico del Ministerio Fiscal y 343 de la Ley Orgánica del Poder Judicial y) a quienes ocupen los cargos de magistrados del Tribunal Constitucional, de Vocales del Consejo General del Poder Judicial, de Fiscal General del Estado y de magistrados del Tribunal Supremo, *no se contentan con la sola pertenencia a un cuerpo funcionarial o a un colectivo profesional para ingresar en el cual o pertenecer a él se exija la licenciatura en Derecho. Demandan, asimismo, una actividad extendida a lo largo del tiempo —quince años— con el claro propósito de asegurar experiencia y dominio de la técnica jurídica en sus diversas manifestaciones. Y a todo ello añaden el reconocimiento. Esto es la apreciación ajena del quehacer profesional. De esta manera, reiteran algo que ya llevan implícito el prestigio o la competencia. Su reconocimiento enfatiza la cualidad de la estima necesaria.*

Ha de ser la lograda y mantenida a través del ejercicio profesional prolongado de la abogacía o de cualquier función jurídica, judicial, fiscal, administrativa, docente, investigadora, publicística o de cualquier naturaleza *que suponga un dominio del Derecho tan notable que despierte el aprecio profesional.*

Si estos criterios permiten delimitar en positivo el requisito del prestigio reconocido, sabemos que no sirve para establecerlo el desempeño de cargos, aun de gran importancia, que no están reservados a juristas. Así resulta de la sentencia del pleno de esta Sala de 28 de junio de 1994 (recurso 5481/1992).

De este modo, la notoria y sobresaliente trayectoria de doña Magdalena —ministra, diputada, consejera, teniente de alcalde, concejal, entre otras responsabilidades públicas— sin duda alguna acredita su profunda experiencia en asuntos de Estado, pero no sirve para tenerla por jurista de reconocido prestigio. Su curriculum vitae muestra una carrera funcionarial meritoria, pero de ella no se puede deducir ***la pública estima en la comunidad jurídica que implica el prestigio reconocido.*** *Desde luego, nada consta en el expediente en este sentido y tampoco se halla en el procedimiento indicación alguna sobre la misma.*

Es verdad que la Comisión Constitucional del Congreso de los Diputados se pronunció a favor del nombramiento de la Sra. Sonia. Apreció en su dictamen, tal como le impone la disposición adicional tercera 1 a) de la Ley 3/2015, su idoneidad y la ausencia de conflicto de intereses. Ahora bien, ese juicio no es equivalente al que debe hacerse cuando es preciso determinar si quien comparece ante ella reúne o no la condición de jurista de reconocido prestigio. La idoneidad es algo diferente, indica adecuación o la cualidad de apropiado para algo, por seguir con la Real Academia Española, pero no incorpora el requisito específico de la Ley Orgánica, y se corresponde con el carácter político de este órgano parlamentario. Es, pues, la suya una valoración de esa naturaleza, política y no de carácter técnico-jurídico.

El dictamen favorable se explica por la evidente experiencia en asuntos de Estado que posee la Sra. Valeria Cordero y también por el aprecio que de forma prácticamente unánime le manifestaron los portavoces de los grupos que intervinieron en la sesión de la Comisión Constitucional, señal clara de la estima que les merece la labor parlamentaria por ella realizada y la propia Sra. Valeria Cordero.

Pero el juicio que esta Sala debe realizar está sometido únicamente al imperio de la Ley. Es un juicio en Derecho y debemos realizarlo mediante la aplicación del concepto judicialmente asequible que el mismo legislador ha querido incluir en la Ley Orgánica 3/1980. Pues bien, de acuerdo con cuanto hemos explicado, no se ha acreditado que la Sra. Sonia reúna el requisito de ser jurista de reconocido prestigio exigido por el artículo sexto de dicho texto legal aunque sí cuente con amplia experiencia en asuntos de Estado.

En consecuencia, el Real Decreto 926/2022, de 31 de octubre, no es conforme a Derecho, por lo que debemos anularlo».

Con independencia de los argumentos, que nos parecen acertados, aunque también puedan resultar discutibles (que el prestigio se base en esa pública estima en la comunidad jurídica, aunque derivada de una trayectoria cimentada sobre la buena formación y una carrera sólida), resulta especialmente interesante la fiscalización que se lleva a cabo de la condición de «jurista de reconocido prestigio» del candidato a un puesto para el que sea requisito necesario. Entrar a llenar de contenido el concepto jurídico indeterminado y no quedarse en el umbral, respetando que si el candidato es propuesto es porque efectivamente lo es, nos parece un buen paso adelante para que sean juristas de estas características los que ocupen estos cargos.

4. Meditaciones sobre los juristas de reconocida competencia al hilo de la película

Las sugerentes cuestiones tratadas nos inducen, ya, a iniciar las reflexiones a las que esperábamos llegar, ilustradas con las temáticas ya estudiadas. En el presente apartado nos ocuparemos de **tres grandes bloques**, imprescindibles para razonar adecuadamente: en primer lugar, nos adentraremos en las teorías de PLATÓN sobre el gobierno de los mejores, con las que entronca inevitablemente nuestra temática (y dejaremos de lado a MAQUIAVELO y los modos de obrar de su «Príncipe», pues excede de nuestro interés actual, pero daría para un nuevo e interesante trabajo de investigación, sin duda). ¿Podemos depositar tanta confianza en los intelectuales?[41]. Habrá que reflexionar sobre ello. En segundo lugar, nos ocuparemos del modo de utilización de los argumentos de autoridad, ejemplificando con la novela «El nombre de la rosa», por lo pedagógica y gráfica que resulta. Por último, ya pasaremos al tratamiento de las cuestiones que consideramos oportunas, vertebrados en

41 AGUILAR, R. DEL: *Sócrates furioso...*, cit., p. 19.

torno a diversos temas que consideramos de interés y que se basan, entre otras cuestiones, en la importancia de lo que el Tribunal Supremo denominó «la pública estima en la comunidad jurídica que implica el prestigio reconocido».

4.1. Intelectuales y gestión pública: la sombra de Platón es alargada

No se puede reflexionar sobre la preparación de los gobernantes y la selección de los mejores para estas tareas gestoras sin entroncar con PLATÓN[42]. No cabe duda de que el tema que tratamos se enlaza con la filosofía expuesta por PLATÓN en *La república*[43] (y en alguna otra obra, como el *Político* y las *Leyes*). Con esa idea del «filósofo rey» de la que hablan PABÓN y FERNÁNDEZ GALIANO[44], entre otros autores, y que se desarrolla con detalle en el Libro V de la obra (475 e): filósofos, no curiosos, deben asumir estas tareas rectoras (480 a).VI, 484 c, 489 d, 491 e, 496 a y 497 a). No nos detendremos en cuestiones conexas y apasionantes como las formas de gobierno en el pensamiento de PLATÒN, sino que nos limitaremos a analizar ese gobierno de los mejores que propone en la medida en que nos interese para nuestro estudio[45].

Los gobernantes, según se expone, deben recibir una educación especial[46] (se percibe la importancia que PLATÓN concede a la adecuada formación para el desempeño de buen gobierno), deben ser más viejos que los gobernados y deben gobernar los mejores de entre ellos[47], pues una ciudad bien gober-

42 Y tampoco se puede entender la configuración platónica sin tener presente la experiencia vivida y sufrida por su maestro SÓCRATES: a la vista del recelo, juicio y condena de éste es más fácil comprender cómo PLATÓN considera la necesidad de dar poder a los sabios (AGUILAR, R. DEL: *Sócrates furioso...*, cit., p. 43).

43 Manejamos la edición bilingüe PLATÓN: *La República*, PABÓN, J. M. Y FERNÁNDEZ GALIANO, M. (a cargo), tres tomos, Centro de Estudios Constitucionales, 1981.

44 PABÓN, J. M. Y FERNÁNDEZ GALIANO, M: «Introducción», a PLATÓN: *La República*, cit., pp. CV-CVIII.

45 En este sentido, resultan de interés general trabajos como los siguientes: BALLÉN, R.: «Estudio sobre *El Político* de Platón», *Diálogos de saberes: investigaciones y ciencias sociales*, núm. 22, 2005, pp. 13-32; BALLÉN, R.: «Vigencia del pensamiento político de Platón en las formas de gobierno», *Diálogos de saberes: investigaciones y ciencias sociales*, núm. 24, 2006, pp. 69-84; ECHANDI G., M.: «La visión del gobernante en *El Político* de Platón», *Revista Estudios*, núm. 32, I-2016, pp. 1-20 y CREGO, J.: «Del filósofo-rey al imperio de la ley. Una evaluación de las aportaciones de Platón al *rule of law*», *Anuario de Filosofía del Derecho*, núm. 36, 2020, pp. 195-224.

46 Sobre la educación del gobernante, *vid*. PABÓN, J. M. Y FERNÁNDEZ GALIANO, M: «Introducción», a PLATÓN: *La República*, cit., pp. CVIII-CXII. *Vid.* III 413 c.

47 PLATÓN: *La República*, II, cit., Libro III, XIX, 412 c, p. 50.

nada será «prudente, valerosa, moderada y justa»[48]. Un gobernante examina y ordena lo conveniente para el gobernado y no para sí mismo, y siempre está sujeto a su arte[49] (aunque al hombre justo le vaya peor que al injusto, según le opone Trasimaco a Sócrates[50]; Sócrates considera que la justicia debe ser incluida entre las cosas que hay que amar para ser feliz)[51].

Distinguirá PLATÓN, en el gobierno de las ciudades, entre tiranías (se rigen por leyes tiránicas), democracias (se rigen por leyes democráticas) y aristocracias (se rigen por leyes aristocráticas)[52]. Los cuatro gobiernos, según nos destaca en otro momento: «el tan ensalzado por el vulgo, ese de los cretenses y lacedemonios; el segundo en orden y segundo también en cuanto a popularidad, la llamada oligarquía, régimen lleno de innumerables vicios; sigue a éste su contrario, la democracia, y luego la gloriosa tiranía, que aventaja a todos los demás en calidad de cuarta y última enfermedad del Estado»[53]. Un gobernante, en cualquier caso, puede llegar a faltar a la verdad, pues «podrán mentir con respecto a sus enemigos o conciudadanos en beneficio de la comunidad, sin que ninguna otra persona esté autorizada a hacerlo»[54]. Pero uno debe practicar la virtud incluso antes de tener suficientes medios de vida[55]. Así, se considera que el Juez, que «gobierna las almas por medio del alma» debe haberse mantenido puro y alejado de todo ser vicioso, pero conocer lo suficiente como para «conjeturar con sagacidad» en lo tocante a los delitos de los demás, añadiendo que «por eso —seguí— el buen juez no debe ser joven, sino un anciano que, por no tenerla arraigada en su alma como algo propio, sino por haberla observado durante largo tiempo como cosa ajena en almas también ajenas, haya aprendido tardíamente lo que es la injusticia y llegado a conocer bien, por medio del estudio, pero no de la experiencia personal, de qué clase de mal se trata»[56].

Toda una filosofía, no cabe duda: «La maldad jamás podrá conocerse al mismo tiempo a sí misma y a la virtud, y en cambio, la virtud innata llegará con los años y auxiliada por la educación, a adquirir un conocimiento simul-

48 PLATÓN: *La República*, II, cit., Libro IV, VI, 427 e, p. 75 (descrito en 428-445, pp. 75-110).

49 PLATÓN: *La República*, I, cit., Libro I, XV, 342 e, p. 32.

50 PLATÓN: *La República*, I, cit., Libro I, XVI, 343 d, p. 33 (en idea desarrollada con detalle en el debate de los Libros I y II, acerca de la justicia y de las personas justas e injustas). Sobre la importancia de la apariencia, antes que de la realidad, vid, PLATÓN: *La República*, II, cit., IV-IX, 361-367, pp. 62-72.

51 PLATÓN: *La República*, I, cit., Libro II, I, 358 a, p. 57.

52 PLATÓN: *La República*, I, cit., Libro I, XII, 338 d y e, p. 24.

53 PLATÓN: *La República*, II, cit., Libro VI, XXI, 511 e, p. 222.

54 PLATÓN: *La República*, II, cit., Libro III, III, 389 b, p. 7.

55 PLATÓN: *La República*, II, cit., Libro III, XV, 407 a, p. 41.

56 PLATÓN: *La República*, II, cit., Libro III, XVI, 409 a-c, p. 44.

táneo de sí misma y de la maldad. En mi opinión será, pues, sabio el hombre virtuoso, pero no el malo»[57].

Por todo ello, que los filósofos reinen y coincidan filosofía y poder político sería la mejor opción[58], aunque deban ser diferenciados de los que parecen filósofos sin serlo (un profesional solamente yerra porque le falla su ciencia y, en tal medida, no es profesional)[59]: los filósofos son «los que gustan de contemplar la verdad»[60]. Lo esencial sería «que la musa filosófica llegue a ser dueña del Estado»[61]. «... Cuando haya en la ciudad uno o varios gobernantes que, siendo verdaderos filósofos desprecien las honras de ahora, por considerarlas innobles e indignas del menor aprecio, y tengan, por el contrario, en la mayor estima lo recto, con las honras que de ello dimanan, y, por ser la cosa más grande y necesaria, lo justo, a lo cual servirán y lo cual fomentarán cuando se pongan a organizar su ciudad»[62]. Son personas conscientes de las cuatro operaciones que realiza el alma: la inteligencia, el segmento más elevado; el pensamiento, la segunda; la tercera, la creencia y la cuarta, la imaginación[63]. Deben quedar fuera de estas tareas los sofistas, «enormes embaucadores y los más versados en el arte de engañar»[64].

Por tanto, se propone una «aristocracia del saber»[65], que, si nos resulta bien entendida, puede parecer chocar con la democracia tal y como la entendemos hoy, y con el imprescindible voto de la mayoría[66]. Con PLATÓN debemos optar entre el gobierno de los seres humanos y el gobierno de las leyes,

---

57 PLATÓN: *La República*, II, cit., Libro III, XVII, 409 d-e, p. 45.

58 PLATÓN: *La República*, II, cit., Libro V, XVIII, 473 d-e, p. 158.

59 PLATÓN: *La República*, I, cit., Libro I, XIV, 340 d y e, p. 28 y XV, 341 d, p. 29.

60 PLATÓN: *La República*, II, cit., Libro V, XX, 475 e, p. 162. Y en el Libro VI describe las características de **quien es verdadero filósofo**: amar la verdad, correr hacia el saber, huir de la mezquindad de pensamiento y alma que tiende a la totalidad y a la universalidad de lo divino y lo humano, valentía, alma con memoria, mesurada y contemplativa, resumiéndose de este modo: «siendo por naturaleza memorioso, expedito en el estudio, elevado de mente, bien dispuesto, amigo y allegado de la verdad, de la justicia, del valor y de la templanza» (PLATÓN: *La República*, II, cit., Libro VI, II, 487 a, p. 177: *vid.* también algo más adelante, XV, 503 c, p. 206).

61 PLATÓN: *La República*, II, cit., Libro VII, XII, 499 d, p. 200.

62 PLATÓN: *La República*, III, cit., Libro VIII, I, 544 c, p. 51.

63 PLATÓN: *La República*, II, cit., Libro VI, XXI, 511 e, p. 222.

64 BALLÉN, R.: «Estudio sobre *El Político* de Platón», cit., pp. 26-27.

65 En este sentido, *vid.* SUZZARINI BALOA, A.: «Aristocracia del saber y otras formas de gobierno en la doctrina política de Platón», *Dikaiosyne: revista semestral de filosofía práctica*, núm. 33, 2018, pp. 13-28.

66 SUZZARINI BALOA, A.: «Aristocracia del saber...», cit., pp. 24-28.

aseguraba BOBBIO[67], pero nosotros no queremos entrar en esta disquisición, pues no nos interesa[68], pues lo razonable es defender el gobierno de los seres humanos conforme a las leyes. Como tampoco nos detendremos en las profundas críticas de POPPER a PLATÓN[69], quien confesaba que «sigo creyendo necesario juzgar a Platón con un espíritu altamente crítico, precisamente porque la veneración general profesada al "Divino Filósofo" encuentra un fundamento real en su abrumadora obra intelectual»[70]. POPPER realiza una sistemática crítica a PLATÓN basándose en que estamos ante una de esas personas a las que «por su inteligencia y preparación debemos considerar responsables de lo que dicen»[71]. Curiosamente, ello conecta con el respeto a los argumentos de autoridad de personas especialmente dignas de atención intelectual, algo que trabajaremos en el próximo subapartado. En cualquier caso, es importante tener claras las ideas platónicas para razonar sobre los intelectuales y la gestión de lo público.

4.2. «El nombre de la rosa» y los argumentos de autoridad

Interesantes reflexiones sobre los argumentos de autoridad encontramos también en «El nombre de la rosa», la magistral novela de UMBERTO ECO[72], que gira, entre otras cuestiones, en torno al intento de evitar que se divulguen los argumentos de un libro de ARISTÓTELES sobre la risa[73], pues su argumento de autoridad puede ser nefasto, por la respetabilidad que puede inspirar todo texto de este autor y por la divulgación de sus ideas que ello podía provocar. Citar a ARISTÓTELES es elevar a rango de saber cualquier comentario, incluso aquel aparentemente frívolo[74]. Es tan sugerente el trata-

67 *Vid.* la cita de GARCÍA CÍVICO, J.: «La idea de mérito en la Antigüedad griega», cit., pp. 243-244.

68 Sobre ello, *vid.* CREGO, J.: «Del filósofo-rey al imperio de la ley...», cit., pp. 195-224.

69 POPPER, K.: *La sociedad abierta y sus enemigos*, Paidos, 1994, especialmente pp. 21-195.

70 POPPER, K.: *La sociedad abierta y sus enemigos*, cit., p. 9.

71 POPPER, K.: *La sociedad abierta y sus enemigos*, cit., p. 16. Según POPPER, Platón llegó a corromper y confundir «por completo la teoría y la práctica de la educación, al vincularlas con su teoría del liderazgo» (POPPER, K.: *La sociedad abierta y sus enemigos*, cit., p. 130). *Vid.* sus complejas críticas al filósofo-rey y a sus implicaciones políticas en ob. cit., pp. 140-195.

72 Utilizamos la siguiente edición: ECO, U.: *El nombre de la rosa*, DeBolsillo, 2003.

73 Especialmente interesantes, sobre la cuestión de la risa, ECO, U.: *El nombre de la rosa*, cit., pp. 115-122, 138-141, 158-161 y 186-192. También PLATÓN apunta que «no será admitida, por tanto, ninguna obra en que aparezcan personas de calidad dominadas por la risa; y menos todavía si son dioses» (PLATÓN: *La República*, II, cit., Libro III, III, 389 a, p. 7).

74 Se utiliza a ARISTÓTELES como argumento de autoridad, por ejemplo, en ECO, U.: *El nombre de la rosa*, cit., pp. 374-375 y 675 y se reconoce la importancia de la autoridad en pp. 402-403, 451, 643 y 669.

miento de la cuestión que no nos resistimos a incluirlo en estas reflexiones, pese a estar inserto en una novela. No estamos de acuerdo con la idea de que, por ser artista, alguien es automáticamente intelectual: consideramos que por ser un gran creador (novelista, poeta, pintor, escultor, cineasta, etc.) o por trabajar en el mundo de la cultura (como los actores, por ejemplo), uno no se convierte automáticamente en un intelectual, en alguien que maneja con solvencia los conceptos, pero en el caso de Eco podemos unir perfectamente ambos conceptos[75]. CERCAS ha aportado una interesante definición de intelectual, e indica que «Sabemos lo que es un intelectual: se trata de una persona que, además de dedicarse profesionalmente a una actividad intelectual por la que ha adquirido cierto grado de reconocimiento, interviene en el debate público»[76]. OVEJERO LUCAS, que diferencia al intelectual del creador con solvencia conceptual[77], llega a hablar del «mercado de los intelectuales»[78], y no le falta razón, en la medida en que se les pretende atribuir la obligación de «pilotaje social» que no siempre están en condiciones de garantizar con honestidad y rigor, de actuar como reserva moral del debate democrático. Como apunta, siempre tendremos el problema del «reconocimiento de la calidad del producto y de los productores»[79], ya que no gozan de legitimidad de origen, sino que deben ganársela con su ejercicio, con la calidad de sus trabajos.

Merece la pena recordar el apasionante diálogo entre Jorge de Burgos y Guillermo de Baskerville, en la novela: «... La risa fomenta la duda. / -Pero a veces es justo dudar. / -No veo por qué debiera serlo. Cuando se duda hay que acudir a una autoridad, a las palabras de un padre o de un doctor, y entonces desaparece todo motivo de duda»[80]. El diálogo final entre ambos nos ofrece las pautas imprescindibles para saber por qué no debía leerse este «peligroso» libro[81]: Jorge quiso proteger este libro más que otros «porque era del Filósofo. Cada libro escrito por este hombre ha destruido una parte del saber que la cristiandad había acumulado a lo largo de los siglos (...). Cada palabra del Filósofo, por la que ya juran hasta los santos y los pontífices, ha trastocado la imagen del mundo»[82]. Teme tanto al libro, Jorge, porque, aunque no se elimine la risa eliminando el libro, sin él seguiría siendo «algo inferior, amparo de los

75 Interesante defensa en sentido contrario de TABUCCHI, A.: *La gastritis de Platón*, Anagrama, 1999 (sobre todo, pp. 15, 31, 36, 45 y 48). Consideramos, como apunta el propio TABUCCHI (p. 35), que el conocimiento intelectual y el conocimiento artístico pueden combinarse.

76 CERCAS, J.: *El punto ciego*, Literatura Random House, 2016, p. 119.

77 *Vid.* OVEJERO LUCAS, F.: *El compromiso del creador. Ética de la estética*, cit.

78 OVEJERO LUCAS, F.: *El compromiso del creador. Ética de la estética*, cit., pp. 292-332.

79 OVEJERO LUCAS, F.: *El compromiso del creador. Ética de la estética*, cit., p. 295.

80 ECO, U.: *El nombre de la rosa*, cit., p. 189.

81 ECO, U.: *El nombre de la rosa*, cit., pp. 676-684.

82 ECO, U.: *El nombre de la rosa*, cit., pp. 676-677.

simples», pero con este libro «se invierte la función de la risa, se la eleva a arte, se le abren las puertas del mundo de los doctos, se la convierte en objeto de filosofía, y de pérfida teología»[83]. «Si algún día la palabra del Filósofo justificase los juegos marginales de la imaginación desordenada, ¡oh, entonces sí que lo que está en el margen saltaría al centro, y el centro desaparecería por completo! (...) Pero si algún día alguien, esgrimiendo las palabras del Filósofo y hablando, por tanto, como filósofo, elevase el arte de la risa al rango de arma sutil, si la retórica de la convicción es reemplazada por la retórica de la irrisión, si la tópica de la construcción paciente y salvadora de la redención es reemplazada por la tópica de la destrucción impaciente y del desbarajuste de todas las imágenes más santas y venerables... ¡Oh, ese día también tú, Guillermo, y todo tu saber, quedaríais destruidos!»[84] (no se puede confundir la «excepción plebeya» con la «ascesis del docto»)[85].

No podemos dejar de citar cómo PASOLINI criticaba que para escribir algo hubiese que tener «autoridad», que hubiese «algo social y oficial» que fijase dicha autoridad, lo que calificaba de «pensamiento aberrante, generado evidentemente por la deformación de alguien que ya no sabe concebir la verdad fuera de la autoridad»[86]. En todo caso, no cabe duda de que, si bien todos tenemos derecho a ejercitar nuestra libertad de expresión, no todas las opiniones son igualmente valiosas o dignas de ser tenidas en cuenta como admisibles. Eso debe ganarlo el titular de la libertad, con su modo de ser y de estar, su formación, su experiencia y el contraste y solidez de las ideas expresadas.

La importancia de la autoridad a la hora de emitir una opinión es esencial en nuestro ámbito de estudio. Todo un abanico de ideas se abre ante nosotros para reflexionar, a la luz de lo ya tratado y meditado hasta ahora.

4.3. «Juristas competentes»: ¿dependerá / de quien se ponga las lentes?

Es el momento de, con el bagaje acumulado, pasar a centrarnos en las cuestiones que más nos interesan, ilustradas con la película objeto de estudio. Pretenden aportar algunas ideas sobre lo que sea ese «jurista de reconocida competencia», sobre los matices de tan espinoso concepto y sobre su misión en la sociedad en que se inserta.

83 Eco, U.: *El nombre de la rosa*, cit., pp. 677-678.

84 Eco, U.: *El nombre de la rosa*, cit., pp. 679-680.

85 Eco, U.: *El nombre de la rosa*, cit., p. 681.

86 PASOLINI, P. P.: «Chiesa e Potere», *Corriere della Sera*, 6 ottubre 1974 (incluido en sus Scritti corsari). Consultamos la siguiente edición. PASOLINI, P. P.: *Escritos corsarios*, Ediciones del Oriente y del Mediterráneo, 2009, p. 101.

4.3.1. Base de la reconocida competencia

Vamos a comenzar este apartado con una obviedad: si por algo se caracterizan esos «juristas de reconocida competencia» o «de reconocido prestigio» que estudiamos es, obviamente, por ostentar dicha reconocida competencia o reconocido prestigio, dentro del gremio de los juristas. La gran duda es saber **cómo se alcanza** esa competencia o ese prestigio tan reconocidos. Es lo que vamos a tratar, teniendo como ejemplo el del Juez Janning de la película (y sin poder evitar mirar de reojo el mundo en que vivimos y la sugerente Sentencia del Tribunal Supremo con que hemos trabajado).

De entrada, es evidente que para que un jurista posea reconocida competencia o reconocido prestigio debe ostentar, para empezar, **la imprescindible formación jurídica concluida**. Es un paso inevitable y básico, pero que no solamente puede quedarse en ello (de lo contrario, toda persona con los estudios de Derecho terminados cumpliría este requisito y ello no es así). Esa formación, generalmente, debe haber sido realizada de modo **sobresaliente y excepcional**: generalmente estamos ante un alumno brillante[87]. Y no debe haberse quedado tampoco en ello, solamente: parece razonable exigir a ese alumno generalmente brillante una **trayectoria profesional de prestigio** que avale esta carrera, bien porque haya aprobado y conseguido plaza en unas oposiciones difíciles (Judicatura, Notarías, Registro de la Propiedad, Cuerpo Diplomático, Abogado del Estado, Profesor de Universidad, etc.) y esté haciendo un brillante trabajo, bien porque la experiencia profesional y trayectoria en el sector privado avalen esos excelentes resultados (como Abogado, Procurador, etc.). En la Constitución española se incide en el **dato temporal** de más de quince años de ejercicio profesional, y es un indicio interesante para valorar una trayectoria de prestigio, de esa «pública estima en la comunidad jurídica que implica el prestigio reconocido» de que hablara el Tribunal Supremo. Conectamos con esa idea socrática de que procurar la mejora individual de cada persona, sin duda, influirá en la mejora de la sociedad en que se integra[88].

---

87 Esta condición suele pivotar en torno a dos grandes ejes, según nuestra experiencia: por una parte, **inteligencia** y, por otra, **capacidad de trabajo**. El primero de los ejes es más incómodo de explicar, hoy día, pues es innato y no se adquiere como hábito, y en la medida en que supone una desigualdad natural, es difícil de justificar racionalmente en público, en los tiempos que corren. Pero no cabe duda: hay personas inteligentes y otras que lo son menos, y las primeras tienen más posibilidades de convertirse en personas brillantes en la vida. Agrade o no escucharlo y sea prudente o no ponerlo por escrito. El otro eje, imprescindible, es más fácilmente explicable en público, pues sin capacidad de trabajo no se logra mucho en la vida, en general; es otro tópico que encierra una gran verdad. Lo innato ayuda, pero sin capacidad de trabajo no se logra nada. Si se nos permite la aparente frivolidad, Maradona o Messi nacieron siendo genios del fútbol, pero tuvieron que trabajar eficazmente para que ese genio no quedase estéril, como sucede en tantos otros casos. Cristiano Ronaldo es un ejemplo de persona que, sin nacer con ese genio deportivo de los argentinos citados, a base de trabajo duro llegó a conseguir todos los grandes logros de su brillante carrera.

88 AGUILAR, R. del: *Sócrates furioso...*, cit., p. 58.

Repasemos cómo se intuye ese reconocido prestigio en la figura de Janning, **en la película**. Se percibe que no es como los demás (por cierto, todos Jueces, por lo que no basta ser Juez para ostentar esa reconocida competencia), ya desde su primera intervención: altivo, Janning no reconoce la autoridad del tribunal. Cuando se repasa su biografía se comprueba que, efectivamente, es una persona excepcional: prestigioso autor doctrinal (el Juez Haywood, de hecho, accederá a sus obras y las considerará valiosas, a lo largo de la película), fue Ministro de Justicia, además de influyente pensador doctrinal y ejemplo para todos los estudiantes de Derecho. Janning había dedicado su vida al concepto de justicia, como era sabido en toda Alemania y en círculos científicos internacionales. Encontrarle como Juez en un asunto era una garantía, de entrada, para los encausados, mientras que encontrar a alguno de sus actuales colegas de banquillo, acusados, era estar seguro de que se encontraban ante un fanático o alguien poco deseable y no imparcial.

Por tanto, el reconocido prestigio o reconocida competencia debe lograrse con una **mezcla** de excelente formación jurídica y brillante trayectoria profesional posterior: parece lo razonable y es lo que se deduce del personaje de Janning en la película (es cierto que parece un caso químicamente puro de reconocida competencia, pues engloba características de prestigiosas figuras reales de esa época, como Curt Rothenberger, Franz Schegelberger o, incluso, Edmund Mezger). En todo caso, la **vida real** no siempre está a la altura de nuestras expectativas, y la aplicación de estos requisitos muchas veces se queda en valorar la existencia de esos quince años de trayectoria profesional, que será cuando menos razonable y, ante todo, haber sido propuesto por el colectivo oportuno para ostentar el cargo (partido político, Congreso de los Diputados, Senado, CGPJ, etc.). Es difícil fiscalizar esta cuestión, en la práctica, y de ahí vienen esas polémicas de juristas cuya reconocida competencia podría ser puesta, cuando menos, entre comillas, ante un marcado perfil político que es el que los lleva a los más altos cargos públicos. De todas maneras, la STS 30-11-2023 nos debe incitar a perder el miedo a fiscalizar este concepto aparentemente vidrioso.

En cualquier caso, nuestra experiencia nos sugiere que no es difícil encontrar a personas pertenecientes a cuerpos relevantes de la Administración o profesionales reconocidos con un perfil más afín al partido político, ideas o sensibilidades políticas que interesen para nombrarle para el cargo en que se requiera a ese jurista de reconocido prestigio, entre profesionales con un perfil que no cabría denominar de otro modo más que prestigioso. Pero en ocasiones el perfil marcadamente político de alguno ha oscurecido la valoración pública de esos méritos existentes, y eso puede generar problemas de cara a la opinión pública (y a la propia objetividad del órgano en que se inserta el profesional).

Pese a las dudas que puede haber, y que habrá que interpretar caso por caso, la formación y la experiencia profesional contrastada son la base de esta «reconocida competencia» de que hablamos.

4.3.2. La llamada a importantes funciones públicas

Que estas personas que hemos analizado en el primer subapartado, con ese perfil de juristas de reconocida competencia o prestigio, estén llamados a importantes funciones gestoras entronca directamente con las ideas de PLATÓN, como hemos visto, y es acertado que suceda de ese modo, siempre siendo cuidadosos de no caer en lo que sería una tecnocracia que tampoco parece total y absolutamente deseable. Pero que quien realiza ciertas funciones relevantes goce de la formación y experiencia que provoquen que sea un candidato solvente para afrontar dicha tarea parece muy positivo. Además, ello provocará que asuman importantes responsabilidades, no podía ser de otro modo, aunque también estamos partiendo de una base que quizás no siempre sea cierta, como es entender «que la actividad reflexiva produce siempre efectos saludables para las polis», como ya se dilucidara con la falacia socrática[89].

En la película, el fiscal lanza el primer fogonazo y apunta una idea que nos va a interesar en nuestra argumentación: sugiere que los acusados, en general (no solamente Janning: también los otros), «son quizás más culpables que algunos de los demás dirigentes, pues habían alcanzado la madurez mucho antes de que Hitler subiera al poder». Es un primer paso con respecto a la especial responsabilidad que se debe exigir a las personas con una formación y un nivel por encima de lo normal. Mayor formación y mayor desarrollo conceptual pueden conllevar cargos de más alto nivel, y estos exigen mayor responsabilidad, por tanto, y parece correcto que así sea. De hecho, Janning llegará a considerarse, en su declaración, como «el peor de todos ellos, porque sabía lo que eran los otros y, no obstante, siguió a su lado». En cualquier caso, se manifiesta la duda de por qué siguió cumpliendo su tarea como juez, cuando otros no lo hicieron, pues fueron cesados o se marcharon por sí mismos. Interesante duda, que a toro pasado puede ser fácilmente resoluble, pero en su momento no era algo tan sencillo[90]. Su abogado defensor plantea una idea que merece ser reflexionada: Janning se mantuvo en el poder para evitar daños peores que los que provocaría su marcha. El propio Janning, en su declaración, proporcionará su versión de todo: es consciente

89 Sobre el tema, de modo ilustrado, *vid.* AGUILAR, R. del: *Sócrates furioso...*, cit., pp. 124-129. No son pocas las opiniones ilustradas que consideran, precisamente, que los teóricos o filósofos son los menos indicados para gobernar (nombres como SPINOZA, BORGES, BERTRAND RUSSELL o, incluso, CICERÓN o la muchacha risueña que describe ESOPO; recopilados por AGUILAR, R. DEL: *Sócrates furioso...*, cit., pp. 200-212).

90 Situación que entronca con aquellas sugerentes teorías de HANNAH ARENDT, cuando fundamentaba que las personas que mejor se aferraban a un código de valores eran las mejor dispuestas para abrazar otro, y pensaba sobre todo en la sociedad alemana de Weimar (explicado de modo pedagógico e ilustrado en AGUILAR, R. DEL: *Sócrates furioso...*, cit., pp. 69-71). Por cierto, sin salir de Alemania encontramos casos muy pintorescos, dignos de estudio, de personas no poco importantes que pasaron, sin solución de continuidad, de servir al Reich a servir a la RDA.

de que, intelectual y jurídicamente es superior a los demás, y era consciente de que el nazismo se basaba en una mentira, pero tomó parte en él por amor a su país. Es consciente de su culpabilidad y de la de sus conciudadanos (los alemanes conocían, apunta, y si no conocían era porque no lo querían saber). En esta declaración describe a sus colegas de banquillo en términos pésimos, aunque no ahorra críticas para sí mismo, pues él se cataloga como «el peor de todos ellos, porque sabía lo que eran los otros y, no obstante, siguió a su lado».

El abogado defensor intenta dar la vuelta al argumento apuntando que muchas personas, de gran peso intelectual y político, fueron indulgentes con el nazismo, y se cita al Vaticano, a la URSS, o al propio Churchill. La posible culpa de Janning, por tanto, apunta que es la culpa del mundo, en su caso. El Tribunal no lo ve de ese modo, y en su Sentencia llega a aludir a que hombres capaces y excepcionales pueden llegar a engañarse a sí mismos hasta cometer crímenes». Por ello, todos merecen ser considerados culpables y condenados a reclusión perpetua.

Por tanto, en la película se percibe la mayor responsabilidad que debe exigirse a quien posee una mayor formación y nivel, por los cargos relevantes a los que acceden, y cómo la reprochabilidad de sus actos es de mayor intensidad que en los casos normales. Es acertado que sea de ese modo. No cualquiera puede escribir libros del nivel de los escritos por Janning, ni puede impartir sus ilustradas clases, por lo que parece la persona ideal para ser Ministro de Justicia.

4.3.3. La convivencia con las decisiones políticas: ¿mérito y capacidad?

Una de las grandes cuestiones que se debe plantear toda sociedad es la del acceso de las personas a sus funciones directivas, y si bien las personas de las que nos ocupamos parecen haber accedido gracias a su mérito y capacidad, no siempre es exactamente así, y debemos combinar este modo de acceso con otros. Esto nos puede llevar la mente a las ideas de MOSCA, PARETO y MICHELS y a la teoría de las élites, aunque debemos ir más allá, incluso[91]. Pero es interesante tenerlas presentes, precisamente por la concep-

91 Por otra parte, sin ánimo de profundizar en la cuestión, la teoría de las élites viene de más atrás de la sistematización de los tres autores citados, por supuesto (sobre el tema, *vid.* el pedagógico desarrollo de MORÁN CALVO-SOTELO, M. L.: «La teoría de las élites», en VALLESPÍN, F. (editor): *Historia de la Teoría Política, 5. Rechazo y desconfianza en el proyecto ilustrado*, Ciencia Política Alianza Editorial, 2002, pp. 127-181, y el interesante resumen en BOLÍVAR MEZA, R.: «La teoría de las élites en Pareto, Mosca y Michels», *Iztapalapa: Revista de Ciencias Sociales y Humanidades*, núm. 52, 2002, pp. 387-389; añádase el ilustrado recorrido por el tema de GONZALO, E. Y REQUEJO, F.: «Teoría de la democracia», en CAMINAL BADÍA, M. Y TORRENS, X. (Editores): *Manual de Ciencia Política*, Tecnos, 2017, pp. 276-284, en el que se repasa el elitismo clásico mencionado, sino que se completa con el elitismo

ción de que en cualquier sociedad habrá gobernantes y gobernados, demos al tema las vueltas conceptuales que le demos[92], y según quién opine puede defender la existencia de una élite, como MOSCA, o de diversas élites, de tipo económico, intelectual o político (como sucedía con PARETO)[93]. En todo caso es evidente la existencia de élites de distintas naturalezas, por aquí y por allá, que se reparten el control del poder, y que siempre las habrá.

En nuestra opinión, siempre que la regeneración de dichas élites se base en los principios de mérito y capacidad resultará saludable dicho acceso a las posiciones preeminentes, pero si ello no es así no nos parece saludable (y conocemos demasiados casos, en demasiadas partes, en las que parecen predominar el demérito y la incapacidad). En todo caso, es cierto que resulta extremadamente complicado valorar todo ello sin caer en el subjetivismo, y debemos estar por encima de ello, volviendo siempre a las dos claves que nos llevarán a considerar prestigiosa una carrera: buena formación y buen desarrollo profesional. Claves para orientarnos en el difícil laberinto en que estamos y que exigen soluciones personalizadas atendiendo a las peculiaridades de cada caso concreto.

4.3.4. ¿Debe mantenerse esta figura en nuestro ordenamiento jurídico?

La reflexión final es inevitable: parece positivo el concepto estudiado, pero de difícil plasmación práctica, y relativamente fácil de prostituir. ¿Debe mantenerse en nuestra legislación o sería razonable, de una vez por todas, arrojar la toalla definitivamente respecto del mismo?

En nuestra opinión, como decimos, es complicado mantener pura la aplicación del concepto, pero ello no nos debe hacer perder la esperanza. Existen mecanismos para llenar de contenido este concepto jurídico indeterminado, no todo cabe dentro de él, y, además, la reciente Sentencia del Tribunal Supremo debe hacernos abrigar esperanzas: debemos interpretar adecuadamente el concepto, y no tener miedo a dicha tarea.

Tender hacia la excelencia, en todos los sentidos, conlleva un gran beneficio social. Y este concepto que estudiamos, sin duda, ayuda en dicho camino. Que la tarea sea complicada no quiere decir que sea imposible.

---

democrático de WEBER Y SCHUMPETER y las nuevas perspectivas del mismo, tras la Segunda Guerra Mundial, gracias a MILLS, AARONOVITCH, DOMHOFF O MILIBAND.

92 H. CISNEROS, I.: «Gaetano Mosca y los elitistas democráticos», *Estudios Sociológicos*, vol. 14, núm. 40, 1996, pp. 128-129.

93 H. CISNEROS, I.: «Gaetano Mosca y los elitistas democráticos», cit., pp. 131-132.

5. Bibliografía

Aguilar, R. del: *Sócrates furioso. El pensador y la ciudad*, Anagrama. Colección Argumentos, 2004.

Alzaga Villaamil, O.:

— *Comentario sistemático a la Constitución Española de 1978*, Marcial Pons, 2016.

— «Sobre la composición del Tribunal Constitucional»; *UNED, Teoría y Realidad Constitucional*, núm. 10-11, 2.º semestre 2002- 1.º semestre 2003, pp. 149-180.

Ballén, R.:

— «Estudio sobre El Político de Platón», *Diálogos de saberes: investigaciones y ciencias sociales*, núm. 22, 2005, pp. 13-32 (puede consultarse en https://dialnet.unirioja.es/servlet/articulo?codigo=1454515).

— «Vigencia del pensamiento político de Platón en las formas de gobierno», *Diálogos de saberes: investigaciones y ciencias sociales*, núm. 24, 2006, pp. 69-84 (puede consultarse en https://dialnet.unirioja.es/servlet/articulo?codigo=2740970).

Bolívar Meza, R.: «La teoría de las élites en Pareto, Mosca y Michels», *Iztapalapa: Revista de Ciencias Sociales y Humanidades*, núm. 52, 2002, pp. 386-407 (puede consultarse en https://dialnet.unirioja.es/servlet/articulo?codigo=6114156).

Castro de Paz, J. L. y **Paz Otero, H.**: «Texto cinematográfico introductorio. Claroscuros fílmicos (Cine y Derecho en Hollywood: de la Segunda Guerra Mundial a los años 80 del Siglo XX)», **en Fernández Carballo-Calero, P.** y **Velasco Fabra, G. J.** (Directores): *Clásicos del cine jurídico*, Aranzadi, 2023, pp. 25-57.

Cercas, J.: *El punto ciego*, Literatura Random House, 2016.

Crego, J.: «Del filósofo-rey al imperio de la ley. Una evaluación de las aportaciones de Platón al rule of law», *Anuario de Filosofía del Derecho*, núm. 36, 2020, pp. 195-224 (puede consultarse en https://dialnet.unirioja.es/servlet/articulo?codigo=7498768).

Damián Moreno, J.: *El Juez ante la Ley*, Cuadernos de Derecho Registral, Fundación Registral, 2011.

De Domingo Pérez, T.: «Los jueces ante las leyes injustas. Algunas reflexiones sobre la película "Vencedores o vencidos"», en **Ortega Giménez, A. y Cremades García, P.** (Coordinadores): *Cine y Derecho en 13 películas*, Editorial Club Universitario, 2008, pp. 63-74.

De Esteban, J. y **López Guerra, L.**: *El régimen constitucional español*. 1, Labor Universitaria, 1980.

Díez-Picazo Giménez, L. M.: «Comentario al artículo 122» en **Pérez Tremps, P. y Saiz Arnaiz, A.**: *Comentario a la Constitución española. 40 aniversario 1978-2018. Tomo II (Artículo 97 a Disposición Final). Libro-Homenaje a Luis López-Guerra*, Tirant lo Blanch, 2018, pp. 1719-1730.

Echandi G., M.: «La visión del gobernante en El Político de Platón», *Revista Estudios*, núm. 32, I-2016, pp. 1-20 (puede consultarse en https://revistas.ucr.ac.cr/index.php/estudios/article/view/25003/25209).

Eco, U.: *El nombre de la rosa*, DeBolsillo, 2003.

Fernández Segado, F.:

— «Comentario al artículo 159», en **Alzaga Villaamil, O.** (Director): *Comentarios a la Constitución Española de 1978*, Tomo XII, Cortes Generales, Editoriales de Derecho Reunidas, 1999, pp. 61-171.

— *El sistema constitucional español*, Dykinson, 1992.

— *La jurisdicción constitucional en España*, Dykinson, 1984.

García Cívico, J.: «La idea de mérito en la Antigüedad griega», *THÉMATA. Revista de Filosofía*, núm. 55, enero-junio 2017, pp. 219-248 (puede consultarse en http://institucional.us.es/revistas/themata/55/10. %20 Garc %C3 %ADa %20C %C3 %ADvico.pdf).

Gosálbez Pequeño, H.: «En busca del "buen gobierno": la capacidad y la honorabilidad del gobernante», *Cuadernos Manuel Giménez Abad*, núm. 22, 2021, pp. 205-228 (puede consultarse en https://dialnet.unirioja.es/servlet/articulo?codigo=8195395).

Gonzalo, E. y **Requejo, F.**: «Teoría de la democracia», en **Caminal Badía, M. y Torrens, X.** (Editores): *Manual de Ciencia Política*, Tecnos, 2017, pp. 259-302.

H. Cisneros, I.: «Gaetano Mosca y los elitistas democráticos», *Estudios Sociológicos*, vol. 14, núm. 40, 1996, pp. 119-138 (puede consultarse en https://dialnet.unirioja.es/servlet/articulo?codigo=6164252).

Mañas De Orduña, A.: «Vencedores o vencidos. Los juicios a los juristas del nazismo», en **Velasco Fabra, G. J.** (Director): *El nazismo a través del cine jurídico*, Thomson Reuters Aranzadi, 2021, pp. 39-49.

Mayor Menéndez, P.: «Comentario al artículo 159» en **Cazorla Prieto, L. M.** (Director): *Comentarios a la Constitución Española de 1978*. Tomo II (Arts. 97 a Disp. Final), Thomson Reuters Aranzadi, 2018, pp. 1687-1708.

McCarthy, C.: *La carretera*, Random House Mondadori, 2012.

Morán Calvo-Sotelo, M. L.: «La teoría de las élites», en **Vallespín, F.** (editor): *Historia de la Teoría Política, 5. Rechazo y desconfianza en el proyecto ilustrado*, Ciencia Política Alianza Editorial, 2002, pp. 127-181.

Muñoz Conde, F.: *Edmund Mezger y el Derecho Penal de su tiempo. Estudios sobre el Derecho penal en el Nacionalsocialismo*, Tirant lo Blanch, 2002.

Muñoz Conde, F. y **Muñoz Aunión, M.**: *¿Vencedores o vencidos? Comentarios jurídicos y cinematográficos a la película de Stanley Kramer «El juicio de Nuremberg»* (1961), Tirant lo Blanch, 2003.

Ovejero Lucas, F.: *El compromiso del creador. Ética de la estética*, Galaxia Gutenberg, 2014.

Pabón, J. M. y **Fernández Galiano, M.**: «Introducción» a **Platón**: *La República*, **Pabón, J. M.** y **Fernández Galiano, M.** (a cargo), tomo I, Centro de Estudios Constitucionales, 1981, pp. V-CXLII.

Pasolini, P. P.: *Escritos corsarios*, Ediciones del Oriente y del Mediterráneo, 2009.

Pérez Morán, E. y **Pérez Millán, J. A.**: «Juzgar a los jueces. Vencedores o vencidos (Stanley Kramer, 1961)», en **Pérez Morán, E.** y **Pérez Millán, J. A.**: *Cien abogados en el cine de ayer y de hoy*, Ediciones Universidad de Salamanca, 2010, pp. 120-122.

Platón: *La República*, **Pabón, J. M. y Fernández Galiano, M.** (a cargo), tres tomos, Centro de Estudios Constitucionales, 1981.

Popper, K.: *La sociedad abierta y sus enemigos*, Paidos, 1994.

Rivaya, B.: *Derecho y Cine en 100 películas. Una guía básica*. 2.ª edición revisada y ampliada, Tirant lo Blanch, 2021.

Rüthers, B.: *Derecho degenerado. Teoría jurídica y juristas de cámara en el Tercer Reich*, Marcial Pons, 2016.

Sala Sánchez, P.: «Comentario al artículo 159», en **Muñoz Machado, S.** (ed.): *Comentario mínimo a la Constitución española*, Crítica-Editorial Planeta, 2018, pp. 685-695.

Saramago, J.: *Ensayo sobre la ceguera*, Alfaguara, 1998.

Sciascia, L.: *Puertas abiertas*, Tusquets Editores, Colección Andanzas, 1988.

Soto Nieto, F. y **Fernández, F. J.**: «XIX. Vencedores o vencidos», en **Soto Nieto, F. y Fernández, F. J.**: *Imágenes y Justicia. El Derecho a través del cine*, La Ley, 2004, pp. 361-381.

SUZZARINI BALOA, A.: «Aristocracia del saber y otras formas de gobierno en la doctrina política de Platón», *Dikaiosyne: revista semestral de filosofía práctica*, núm. 33, 2018, pp. 13-28 (puede consultarse en http://www.saber.ula.ve/handle/123456789/45609).

TABUCCHI, A.: *La gastritis de Platón*, Anagrama, 1999.

TARDÍO PATO, J. A.: «Legalidad nacional en sentido restringido y obediencia jerárquica o sometimiento pleno de los poderes públicos y sus agentes al derecho: algunas reflexiones sobre ¿Vencedores o vencidos?», en **ORTEGA GIMÉNEZ, A., PÉREZ TORTOSA, F. Y PASTOR VALCÁRCEL, M. A.** (Coordinadores): *Cine y Derecho en 21 películas. Materiales y recursos para el estudio del Derecho a través del cine*, Editorial Club Universitario, 2013, pp. 13-21.

Z. JÁUREGUI, G.: «¿Vencedores o vencidos?», *Nosferatu. Revista de cine*, núm. 32, 2000, pp. 64-67.

ZÁRATE CONDE, A: «¿Vencedores o vencidos? (Judgement at Nuremberg, Stanley Kramer, 1961)», en **FERNÁNDEZ CARBALLO-CALERO, P. Y VELASCO FABRA, G. J.** (Directores): *Clásicos del cine jurídico*, Aranzadi, 2023, pp. 241-262.

EL NOTARIADO EN EL CINE

Francisca Ramón Fernández
Catedrática de Derecho civil
Universitat Politècnica de València
frarafer@urb.upv.es

1. Introducción

Cuando vemos la representación en el cine del notariado muchas veces se aleja de la realidad. Se tiende a mostrar a una persona de edad avanzada, preferiblemente varón (es cierto que localizar una mujer notaria en el cine es harto difícil), poco amable, con una actitud rígida y en un despacho vetusto y poco dado a la tecnología. En definitiva, una persona con un gran estatus económico, y que, aparentemente, solo firma documentos, y está alejado de la sociedad y de sus problemas. Nada más lejos de la realidad del notariado, en el que el notario, la notaria, es una persona cercana, que da fe y que asesora sobre distintas cuestiones en las que interviene la voluntad de un sujeto.

Son muchas las películas y series de televisión donde aparece la figura del notario[1]. Principalmente la encontramos cuando el argumento se desarrolla en torno a la sucesión, es muy habitual la representación en el cine del notario y el testamento, y la herencia, pero también en el caso de compraventas. Resulta habitual ver escenas donde se produce la apertura del testamento y

1 Se ha ocupado de mencionar las diversas películas y series JUSTITO EL NOTARIO: «Películas y series de televisión con «temática» notarial». Disponible en: https://www.justitonotario.es/peliculas-series-television-sobre-notarios/ (Consultado el 15 de julio de 2024); «La imagen del notario en el cine y en la televisión». Disponible en: https://www.justitonotario.es/notarios-cine-television-2/ (Consultado el 15 de julio de 2024). En las diversas entradas del blog, nos da profusa información sobre la recopilación de la aparición del notario en el cine y la televisión, así como la imagen del mismo. Resulta imprescindible la consulta del blog de Justito El notario para tener una visión lo más completa posible. También nos da una buena muestra de la participación del notariado en el cine: ARTERO FELIPE, J. L.: «Sucesiones, herencias y testamentos en la historia del cine. Un estudio de Derecho foral aragonés. Discurso de ingreso en la Academia Aragonesa de Jurisprudencia y Legislación», Academia Aragonesa de Jurisprudencia y Legislación, Zaragoza, 2019. Disponible en: https://raajl.es/wp-content/uploads/2021/04/ACADEMIA-JURISPRUDENCIA-Jose-Luis-Artero-Felipe-discurso2019.pdf (Consultado el 21 de agosto de 2024).

el descontento de los herederos con la voluntad del testador o testadora. No encontramos ante un acto muy formal, en el que la expectación es la nota habitual, para ver lo que se ha dejado a cada uno.

La modernización de la función notarial[2] es muy complicada encontrarla en el cine, y esos ingredientes de profesión antigua, difícil y en la que la figura del notario se limita a firmar documentos, es muy lejos de la realidad actual.

2. El notariado y su acceso

Los notarios/as forman parte de un cuerpo único estatal adscrito al Ministerio de Justicia y bajo el control y la inspección del Colegio de notarios y de la Dirección General de Seguridad Jurídica y Fe Pública —denominada entre 1909 y 2020 Dirección General de los Registros y del Notariado—.

Se trata de un fedatario/a público, da fe. *«Nihil prius Fide»* que significa «Nada antes que la fe», la fe pública se entiende.

El Colegio notarial es gobernado por la Junta General, formada por la totalidad de los notarios en activo en, la Junta Directiva, con mandatos por periodos de cuatro años, y el Decano/a, elegido igualmente de manera directa.

El acceso al notariado está regulado. El Ministerio de Justicia, mediante resolución de la Dirección General de Seguridad Jurídica y Fe Pública, convoca periódicamente la oposición libre para obtener el título de notario. La convocatoria se publica en el BOE, y el examen que consta de cuatro ejercicios. 348 temas. Cada ejercicio es eliminatorio, es decir, es necesario aprobar el primer ejercicio para optar al segundo, y así sucesivamente.

El Ministerio de Justicia suele convocar alrededor de 90 o 100 plazas para obtener el título de notario y se suelen convocar cada dos años.

Se considera una de las oposiciones más duras, en la que la persona emplea varios años de su vida[3], desde 6 hasta ha habido casos de más de 20, con la esperanza de conseguir una plaza.

Se establecen unos requisitos específicos para poderse presentar a las oposiciones[4]:

- Ser español u ostentar la nacionalidad de cualquier país miembro de la Unión Europea.

2 Martínez Carrascosa, J.: «Las Notarías como punto de atención al emprendedor», *Escritura pública*, núm. 86, 2014, pp. 34 y sigs. Disponible en: https://www.notariado.org/liferay/c/document_library/get_file?folderId=12092&name=DLFE-120273.pdf (Consultado el 21 de agosto de 2024).

3 Se puede consultar: Garrido de Palma, V. M.: «El opositor a Notarías», *Revista Jurídica del notariado*, núm. 67, 2008, pp. 707 y sigs.

4 Consejo General del notariado: «¿Cómo ser notario?». Disponible en: https://www.notariado.org/portal/c %C3 %B3mo-ser-notario (Consultado el 14 de agosto de 2024).

- Ser Doctor en Derecho, Licenciado en Derecho o título equivalente en Derecho o haber concluido los estudios relativos a los mismos (en cada oposición se reserva un cupo de plazas para personas con discapacidad).
- Ser mayor de edad.
- No encontrarse comprendido en ninguno de los casos que incapacitan o imposibilitan para el ejercicio del cargo de notario/a.
- Pagar la correspondiente tasa del examen de la oposición (aproximadamente, 31 euros).

Estarán exentas del pago de la tasa las personas a las que se refiere el apartado decimocuarto de la Orden HFP/688/2017, de 20 de julio, por la que se establecen las bases comunes que regirán los procesos selectivos para el ingreso o el acceso en cuerpos o escalas de la Administración General del Estado, que son:

a) Las personas con un grado de discapacidad igual o superior al 33 por ciento, debiendo acompañar a la solicitud certificado acreditativo de tal condición.

No será necesario presentar este certificado cuando la condición de discapacidad haya sido reconocida en alguna de las Comunidades Autónomas que figuran en la dirección http://administracion.gob.es/PAG/PID. En este caso, y salvo que conste oposición expresa de la persona interesada, el órgano gestor podrá verificar esta condición mediante el acceso a la Plataforma de Intermediación de Datos de las Administraciones Públicas ofrecido a través del servicio Inscripción en Pruebas Selectivas.

b) Las personas que figurasen como demandantes de empleo durante, al menos, un mes antes de la fecha de la convocatoria. Serán requisitos para el disfrute de la exención:

I. Que, en el plazo de que se trate, no hubieran rechazado oferta de empleo adecuado ni se hubiesen negado a participar, salvo causa justificada, en acciones de promoción, formación o reconversión profesional.

Estos extremos serán verificados, en todo caso y salvo que conste oposición expresa de la persona interesada, por el órgano gestor mediante el acceso a la Plataforma de Intermediación de Datos de las Administraciones Públicas ofrecido a través del servicio Inscripción en Pruebas Selectivas.

En caso de no dar el consentimiento, la certificación relativa a la condición de demandante de empleo, con los requisitos señalados, se solicitará en la oficina de los servicios públicos de empleo, y el citado certificado deberá presentarse anexo a la solicitud.

II. Que, asimismo, carezcan de rentas superiores, en cómputo mensual, al Salario Mínimo Interprofesional.

En cuanto a la acreditación de las rentas, se verificará por el órgano gestor mediante consulta a la Plataforma de Intermediación de Datos, siempre que la persona interesada haya autorizado expresamente la consulta de sus datos en la Agencia Estatal de Administración Tributaria en la correspondiente casilla de la solicitud.

En caso de no constar el consentimiento expreso al órgano gestor para el acceso, la persona interesada deberá presentar anexo a la solicitud certificado de la declaración presentada del Impuesto sobre la Renta de las Personas Físicas correspondiente al año 2021 y, en su caso, del certificado del nivel de renta del mismo ejercicio, que deberá solicitar a través de la Sede Electrónica de la Agencia Tributaria.

c) Las familias numerosas en los términos del artículo 12.1.c) de la Ley 40/2003, de 18 de noviembre, de protección a las Familias Numerosas. Conforme a ello:

I. Tendrán derecho a una exención del 100 por ciento de la tasa los miembros de las familias numerosas de categoría especial.

II. Tendrán derecho a una bonificación del 50 por ciento de la tasa los miembros de las familias numerosas de categoría general, resultando el importe de la tasa en este supuesto de 15,55 euros.

La condición de familia numerosa se acreditará mediante fotocopia del correspondiente título actualizado, que deberá ser adjuntado a la solicitud.

La aportación del título de familia numerosa no será necesaria cuando el mismo haya sido obtenido en alguna de las Comunidades Autónomas que figuran en la dirección http://administracion.gob.es/PAG/PID. En este caso, y salvo que conste oposición expresa del interesado, el órgano gestor podrá verificar esta condición mediante el acceso a la Plataforma de Intermediación de Datos de las Administraciones Públicas.

d) Las víctimas del terrorismo, entendiendo por tales, las personas que hayan sufrido daños físicos o psíquicos como consecuencia de la actividad terrorista y así lo acrediten mediante sentencia judicial firme o en virtud de resolución administrativa por la que se reconozca tal condición, su cónyuge o persona que haya convivido con análoga relación de afectividad, el/la cónyuge de la persona fallecida y los hijos e hijas de las personas heridas y fallecidas.

En el caso de exención del pago de la tasa o de reducción de esta, si la persona interesada ha realizado oposición expresa a la verificación de datos en la Plataforma de Intermediación de Datos por el órgano gestor o, en los casos que proceda, no ha autorizado expresamente la consulta, deberá adjuntarse escaneada a la solicitud la documentación justificativa relacionada anteriormente; en todo caso, para el supuesto d), deberá adjuntarse escaneada a la solicitud la documentación justificativa relacionada al respecto.

Durante el plazo de subsanación de solicitudes, cuando la causa de exclusión estuviera relacionada con la exención del pago de la tasa, se deberá adjuntar necesariamente a través de IPS la documentación requerida que legitime la subsanación de la misma.

Los ejercicios son los siguientes:

- Primer ejercicio: Oral. Consiste en la exposición durante una hora de cuatro temas: tres temas de derecho civil español, común y foral (uno de parte general o derechos reales; otro de obligaciones o contratos; y el tercero de familia o sucesiones); y uno de fiscal. Se divide en los siguientes bloques:
  - Un bloque de 51 temas, de los que 27 temas son de Parte General y el resto son de Derechos Reales.
  - Un bloque de 32 temas de Derecho de Obligaciones y Contratos.
  - Un bloque de 42 temas, de los que 17 temas son de Derecho de Familia y el resto son de Derecho de Sucesiones.
  - Un bloque de 35 temas de Derecho Fiscal.
- Segundo ejercicio: Oral. Consiste en la exposición durante una hora de seis temas: dos temas de derecho mercantil, dos temas de derecho hipotecario, uno de derecho notarial, y el último de derecho procesal o administrativo. Se divide en los siguientes bloques:
  - 51 Temas de Mercantil, divididos en dos bloques.
  - 65 Temas de Hipotecario, divididos en dos bloques.
  - 34 Temas de notarial.
  - 38 Temas de Procesal y Administrativo.

En ambos ejercicios orales los temas serán sacados a la suerte de los comprendidos en el programa que deberá estar publicado en el «Boletín Oficial del Estado» un año antes de la convocatoria de la oposición. El/a opositor/a dispondrá de cinco minutos, como máximo, antes de comenzar la exposición, para reflexionar y tomar notas por escrito, si lo desea.

- Tercer ejercicio: Escrito. Consiste en resolver, durante un máximo de seis horas, un caso práctico de derecho sustantivo. Es el denominado dictamen.
- Cuarto ejercicio: Escrito. Con una duración máxima de seis horas, consiste en redactar una escritura, realizando la liquidación del impuesto y resolver un supuesto de contabilidad y matemática financiera.

La oposición se convoca aproximadamente cada dos años, rotatoriamente en alguno de los 17 colegios notariales de España. Son convocadas por Resolución de la Dirección General de Seguridad Jurídica y Fe Pública y son oposiciones libres para obtener el título de notaria o notario.

Dicha Dirección General de Seguridad Jurídica y Fe Pública las convoca en ejercicio de las competencias que le están atribuidas por el artículo 7.1.h) del Real Decreto 453/2020, de 10 de marzo, por el que se desarrolla la estructura orgánica básica del Ministerio de Justicia, y de conformidad con lo dispuesto en el artículo 5 del Reglamento de la organización y régimen del notariado, acuerda convocar oposición libre para obtener el título de notaria o notario.

Los textos legales que regulan las oposiciones se recogen en los artículos 5 al 21 del Reglamento notarial vigente (Decreto 2 de junio de 1.944, BOE 7 de Julio de 1.944, reformado por RD 862/2003, de 4 de julio, BOE 12 de Julio de 2.003).

El Tribunal, o cada uno de los Tribunales de la oposición, está compuesto por un Presidente/a y 6 vocales, nombrados/as por orden ministerial a propuesta de la Dirección General de Seguridad Jurídica y Fe Pública, dependiente del Ministerio de Justicia (art. 10 del Reglamento de la Organización y Régimen del notariado).

Existen las denominadas academias de preparación de oposiciones. Todos son notarios/as (ya estén en ejercicio, jubilados/as o aprobados/as sin plaza) que voluntaria y altruísticamente han decidido dedicar unas horas a la semana a la preparación de opositores a notarías.

Los preparadores no cobran por su desinteresada actividad.

Se paga una cantidad mensual a la Academia. Se contempla la existencia de becas y exención de pago de mensualidades.

También hay notarios/as que preparan a título particular y se les paga una cantidad convenida.

Se acude dos veces por semana a «cantar los temas» y luego una vez al mes, dependiendo de la proximidad del examen.

A la pregunta de si se puede ser notario/a joven la respuesta es que sí. Hay que tener en cuenta que es una oposición que tiene en cuenta la memoria, la capacidad de expresión (y sí también la velocidad para «meter los temas en tiempo») y la compresión del Derecho con lo que es muy difícil que exista «la suerte del principiante», ya que el dictamen es un supuesto bastante complejo en el que hay que tener una visión completa del Derecho privado principalmente. Destacar el caso de un opositor de Dos Hermanas que con 24 años se convirtió en notario, pero también ha habido casos de aprobar una oposición con una edad cercana a la jubilación.

Una vez aprobadas las oposiciones, se encuentran las denominadas «oposiciones restringidas» entre quienes ya han accedido al notariado, con la finalidad de realizar una promoción interna en el Cuerpo.

Como indica Madridejos Fernández[5]:

> De hecho, la oposición entre notarios es históricamente el sistema más genuino de promoción interna puesto que en la Ley del notariado de 1862 el único sistema

5 Madridejos Fernández, A.: «La oposición entre notarios», *El notario del siglo XXI*, julio-agosto 2024. Disponible en: https://www.elnotario.es/seccion-corporativa/12711-la-oposicion-entre-notarios (Consultado el 14 de agosto de 2024).

de acceso a una plaza determinada era la oposición directa y cada vez que un notario quería cambiar de plaza tenía que participar en la oposición correspondiente. Este sistema se fue flexibilizando y en el Reglamento de 1874 se recogió la posibilidad de traslación como premio que inicialmente quedaba al arbitrio de los poderes públicos pero que en 1901 se convierte en un sistema de promoción a la clase inmediatamente superior por rigurosa antigüedad, lo que constituye el origen de los actuales concursos. Coexisten así la oposición libre y el concurso como sistemas de traslado de un notario a una nueva plaza, reservándose en 1903 la mitad de las plazas al turno de oposición directa. En 1929 se limitó el acceso de nuevos notarios a las plazas de tercera categoría reservándose la participación en las oposiciones a plazas vacantes de primera y segunda clase a los ya notarios, con lo que se distingue la oposición libre, para plazas de tercera, y la oposición directa entre notarios que es el origen de las actuales restringidas.

3. El notariado en el cine

En el cine y la televisión, podemos mencionar algunos casos donde la figura del notario aparece en distintos contextos.

3.1. *Plácido*, de Luis García Berlanga

Se trata de una emblemática película dirigida por Luis García Berlanga, en 1961. La película resulta muy conocida por la circunstancia de las fechas en las que produce el acontecimiento en el que aparece la figura del notario[6]. Se ambienta en el día de Nochebuena. Se va a realizar una subasta patrocinada por la empresa «Ollas Cocinex» con la finalidad de invitar a cenar a un pobre en una familia rica. Paralelamente, Plácido es contratado para recorrer con un motocarro la ciudad portando una estrella de Navidad, pero surge el incidente de que debe abonar la primera letra del vehículo antes de que se ponga el sol.

Los protagonistas fueron Cassen, en el papel de Plácido Alonso, José Luis López Vázquez, que interpreta al hijo del dueño de la serrería, y Manuel Alexandre, como cuñado de Plácido.

---

6 Véase: AA. VV.: *Casos prácticos jurídicos basados en el humor*, Tirant lo Blanch, Valencia, 2019; Martín Camacho, F. J.: «Los notarios en el cine y la épica de la letra de cambio», *Àpoca: butlletí català d'información notarial*, núm. 11, 2015, pp. 27 y sigs.; Pérez Millán, D.: «La letra de cambio: reflexiones con la excusa de Plácido y el anteproyecto de ley del Código Mercantil», *Derecho mercantil y cine*, Aranzadi, Cizur Menor, 2016, pp. 159 y sigs.; Presno Linera, M. A.: «Bromas y veras en el cine jurídico (V): Plácido», *Blog. El Derecho y el revés*, 21 de agosto de 2017. Disponible en: https://presnolinera.wordpress.com/2017/08/21/bromas-y-veras-en-el-cine-juridico-v-placido/ (Consultado el 15 de agosto de 2024); Presno Linera, M. A. y Rivaya García, B. (cod.): *Una introducción cinematográfica al derecho*, Tirant lo Blanch, Valencia, 2006.

Durante la secuencia el diálogo gira en torno a que Plácido se dirige al banco con la finalidad de pagar la letra de cambio y pregunta si no la habrán llevado todavía al notario. A lo que el empleado le pregunta de por qué no pagan antes de las doce. Plácido indica que le faltaban unas pesetas y que tenía miedo de que la llevaran la letra al notario, con lo que les indica a los del Banco, que va a buscar el dinero y que mientras deja allí su hermano, a modo de garantía. El director del Banco, Don Rodolfo, añade que la letra hay que llevarla al notario, con tiempo, para que proceda antes de la puesta del sol, ya que es lo legislado.

Como señala Rivaya García[7]:

> Especial interés tienen algunas profesiones jurídicas que se muestran en el cine de Berlanga, que en tanto constituye un fresco de nuestro siglo XX, parece que se integran como tópicos de la vida española; como otros personajes: el cura, el marqués, el empresario, etc. Así, sobre todo el notario aparece en muchas ocasiones; en **Plácido**, en **La boutique**, en **Patrimonio nacional**, película donde se hace especial hincapié en la minuta que le pasa al marqués de Leguineche, cuando le dijo que no le iba a cobrar «y me ha presentado una factura de escalofrío», se queja el marqués. A Berlanga (y a Azcona) parece que les hacía gracia el protesto de la letra de cambio en caso de impago (probablemente les resultaba gracioso el término «protesto»), como se reían de la verborrea jurídica en general. Así, cuando Plácido por fin consigue pagar íntegramente la primera letra, el notario le dice: «en esta letra no figura el tenedor», o sea que «si no hubiera querido pagar no le hubiera ocurrido nada» porque «el efecto carece de poder ejecutivo». Aunque «moralmente está usted obligado a pagarla», continúa. Y termina: «Si no la paga usted ahora se la reclamarán en un juicio declarativo». También en **Plácido** aparece un registrador de la propiedad que no tiene tema de conversación que no sea jurídico y que en alguna ocasión dice que acudirá al Aranzadi para ver qué respuesta corresponde a algún asunto. Salvo en **Patrimonio nacional** explicando el procedimiento de incapacitación, en la filmografía del cineasta no aparece el abogado, que bien podría ser un personaje berlanguiano. Lo mismo cabe decir del juez, que no se representa en sus películas, salvo en **Esa pareja feliz**.

3.2. *Harry Potter y las reliquias de la muerte*, Parte I, de David Yates

En esta película, adaptación del libro de J. K. Rowling, es la continuación de la historia que se recoge en «El misterio del príncipe» y nos encontramos con una escena de la lectura de la última voluntad y testamento de Albus

7 Rivaya García, B.: «El Derecho visto por Berlanga», *Cuadernos electrónicos de filosofía del Derecho*, núm. 40, 2019, p. 294. Disponible en: https://turia.uv.es/index.php/CEFD/article/view/14226/pdf (Consultado el 16 de agosto de 2024).

Percival Wulfric Brian Dumbledore que se revela un mes después de morir a Harry Potter, Ron Weasley y Hermione Granger por parte del Ministro de Magia Rufus Scrimgeour.

Con toques de magia vemos en la escena un testamento con diversos sellos lacrados que flota en el aire, y que según lo que va indicando Scrimgeour se les dejan diversos objetos a los personajes de la película, indicando las razones de su adjudicación.

La Snitch Dorada[8]:

Scrimgeour: «"Para Harry James Potter, le dejo la snitch que atrapó en su primer partido de Quidditch en Hogwarts, como un recordatorio de las recompensas de la perseverancia y la habilidad"... me di cuenta de que su torta de cumpleaños tiene la forma de una Snitch ¿Por qué?».

Hermione: «Oh, puede ser una referencia al hecho de que Harry es un gran Buscador, eso es demasiado obvio. ¡Debe haber un mensaje secreto de Dumbledore escondido en el glaseado!».

— Sarcástica reacción de Hermione a la sospecha de Scrimgeour.

Harry recibió una Snitch Dorada de Dumbledore, la primera que capturó jugando como Buscador para el equipo de Quidditch de Gryffindor. Scrimgeour sospechaba que algo estaba dentro de la Snitch, ya que Hermione mencionó que tenían memoria de tacto. Cabe señalar, sin embargo, que esta propiedad de las Snitches no se mencionó en Quidditch a Través de los Tiempos. Cuando Harry tocó la Snitch con la mano, no pasó nada, porque Harry atrapó la Snitch en su boca, por lo tanto tenía que ser tocada con los labios, lo cual reveló una inscripción que decía «me abro al cierre».

En mayo de 1998, después de que Harry vio los recuerdos de Severus Snape y se dio cuenta de que él estaba destinado a permitir que Lord Voldemort le golpeara con la Maldición Asesina, pronunció las palabras «estoy a punto de morir» a la Snitch. Esto hizo que se abriera, dejando al descubierto la Piedra de la Resurrección dentro. Harry utilizó la piedra para hablar con su difunto padre y su madre, así como Sirius Black y Remus Lupin. Ellos estuvieron junto a él mientras se dirigía a lo que él creía que sería su muerte, lo que le ofreció mayor comodidad y apoyo.

El desiluminador[9]:

Rufus Scrimgeour: «"Para Ronald Bilius Weasley, le dejo mi Desiluminador, con la esperanza de que me recordará cuando lo use"... Eso es un objeto muy valioso. Incluso podría ser único. Ciertamente es del diseño propio de Dumbledore... ¿Por

8 Harry Potter Fandom: «Última Voluntad y Testamento de Albus Percival Wulfric Brian Dumbledore». Disponible en: https://harrypotter.fandom.com/es/wiki/ %C3 %9Altima_Voluntad_y_Testamento_de_Albus_Percival_Wulfric_Brian_Dumbledore (Consultado el 15 de agosto de 2024).

9 Harry Potter Fandom: «Última Voluntad y Testamento de Albus Percival Wulfric Brian Dumbledore», cit.

qué será que te ha dejado un artículo tan raro? Dumbledore debe haber enseñado a miles de estudiantes, sin embargo, a los únicos que recordó en su testamento son ustedes tres. ¿Por qué? ¿Qué uso creía que pondría darle al Desiluminador, Sr. Weasley?»

Ron Weasley: «Apagar las luces, supongo ¿Qué otra cosa podía hacer con él?»

— Scrimgeour cuestiona a Ron.

A Ron le fue legado el Desiluminador en el testamento de Dumbledore. El trío lo utilizó cuando fueron atacados por los mortífagos Antonin Dolohov y Thorfinn Rowle en Tottenham Court Road. Ron apagó las luces mientras Hermione borraba los recuerdos de los mortífagos, y él y Harry limpiaban la cafetería. Lo utilizaron de nuevo en la mazmorra de la Mansión Malfoy, como parte de su escape.

Lo más importante, Ron utilizó el Desiluminador para encontrar a Harry y Hermione después de abandonarlos temporalmente en el otoño y el invierno de 1997. Al instante se arrepintió de su decisión de abandonarlos, al estar influenciado por la energía negativa dentro del Guardapelo de Salazar Slytherin, pero no pudo encontrarlos, hasta que el sonido de Hermione diciendo que su nombre provino del Desiluminador, este comenzó a emitir luz y lo llevó de regreso con sus amigos. Ron salvó la vida de Harry y destruyó el Horrocrux del guardapelo. Mientras Ron estaba algo desanimado por la aparente predicción de Dumbledore de que iba a dejar a sus amigos, Harry señaló que eso significaba que Dumbledore sabía que siempre querría regresar.

Los Cuentos del Beedle el Bardo[10]:

Scrimgeour: «"Para la señorita Hermione Jean Granger, le dejo mi copia de Los Cuentos de Beedle el Bardo, con la esperanza de que ella lo encontrará entretenido e instructivo" ... ¿Por qué crees que Dumbledore le dejó ese libro, Señorita Granger?»

Hermione: «Él... Él sabía que me gustaban los libros.»

Scrimgeour: «¿Pero por qué ese libro en particular?... ¿Alguna vez discutieron códigos, o cualquier medio de transmisión de mensajes secretos, con Dumbledore?»

— Scrimgeour cuestiona a Hermione.

Dumbledore le dejó a Hermione una primera edición de Los cuentos de Beedle el Bardo, una colección de cuentos de hadas mágicas. Uno de esos cuentos era acerca de los tres hermanos que al parecer vencieron a la Muerte y recibieron tres objetos que los protegerían de la muerte. Dentro de la cubierta frontal había un símbolo que llevó a Hermione a desear visitar el Valle de Godric, donde vio el símbolo de la tumba de Ignotus Peverell y donde ella y Harry fueron atacados por Nagini. Hermione más tarde quizo visitar a Xenophilius Lovegood, quien había llevado el símbolo en la boda de Bill Weasley y Fleur Delacour. En su casa, Xenophi-

10 Harry Potter Fandom: «Última Voluntad y Testamento de Albus Percival Wulfric Brian Dumbledore», cit.

lius le contó al trío sobre las Reliquias de la Muerte, y escaparon por poco de un intento de emboscada.

Todos estos acontecimientos condujeron a Harry a entender la importancia de la Varita de Saúco, que jugó un papel vital en la derrota final de Lord Voldemort. Además, cuando Harry habló con Dumbledore después de permitir que Voldemort le golpeara con la Maldición Asesina, Dumbledore le reveló que había dado el libro a Hermione con la esperanza de que el trío averiguara sobre la Reliquias de la Muerte, pero sólo de forma gradual, a fin de mantener su enfoque en destruir los Horrocruxes y para prevenir a Harry de ser demasiado tentado por las Reliquias, como fue el propio Dumbledore.

Más tarde en la vida, Hermione tradujo Los Cuentos de Beedle el Bardo de sus runas originales y publicó una nueva edición del mismo.

Espada de Godric Gryffindor[11]:

Scrimgeour: «De acuerdo con las fuentes históricas confiables, la espada puede presentarse a cualquier Gryffindor digno. Eso no significa que sea propiedad exclusiva del Sr. Potter, aunque Dumbledore lo haya decidido. ¿Qué piensa usted?»

Harry: «Dumbledore quería darme la espada. ¿Tal vez pensó que se vería bien en mi pared?»

— Scrimgeour y Harry sobre el segundo objeto legado por Dumbledore.[fuente]

Dumbledore también le legó la Espada de Godric Gryffindor a Harry, pero el Ministerio se negó a dársela, ya que no era propiedad de Dumbledore. Scrimgeour especuló que Dumbledore le dejó a Harry la espada de Godric Gryffindor, ya que podría ser capaz de derrotar el heredero de Salazar Slytherin. Harry se burló de esto alegando que intenten o si han intentado matar a Voldermort con dicha espada en vez de tardar en entregar el testamento y el legado a las personas, investigando cosas «absurdas», y Harry se enojó por la continua sospecha de Scrimgeour sobre el trío y alegando los encubrimientos de los hechos y crímenes por parte del propio Voldemort y sus mortífagos en lugar de realmente trabajar por la derrota de Voldemort por parte del Ministerio. Scrimgeour, muy insultado, dio un salto, y los dos intercambiaron palabras acaloradas antes de ser interrumpidos por Arthur y Molly Weasley. Scrimgeour pronto se marchó.

«Interesante teoría. ¿Alguien ha intentado clavar una espada a Voldemort? Quizás el Ministerio debería poner algunas personas a intentarlo, en lugar de perder su tiempo investigando Desiluminadores o encubriendo fugas de Azkaban... ¡La gente está muriendo —Yo casi fui uno de ellos— Voldemort me persiguió a través de tres condados, mató a Ojoloco Moody, pero no hay una sola palabra de eso desde el Ministerio. ¿Y todavía esperan que cooperemos con usted?!»

Dumbledore puso la espada en su testamento como una pista, a sabiendas que el Ministerio se negaría a dárselo a Harry por el mismo motivo que le dio el Ministro, y esa pista se encontró después, a través del libro de Historia de la Magia de

11 Harry Potter Fandom: «Última Voluntad y Testamento de Albus Percival Wulfric Brian Dumbledore», cit.

la Magia de Bathilda Bagshot sobre la importancia y los poderes de la espada para que Harry y sus amigos descubran sobre la importancia de la espada en su búsqueda para destruir los Horrocruxes de Lord Voldemort. Como quedó impregnada con el veneno de un basilisco, la espada era una de las pocas cosas capaces de destruir un Horrocrux. Más tarde fue utilizada por Ron para destruir el Guardapelo de Salazar Slytherin y por Neville Longbottom para matar a Nagini.

3.3. *Sleepy Hollow*, de Tim Burton

Se trata de una película dirigida por Tim Burton, en 1999 en la que aparece la figura del notario James Hardenbrook, interpretado por Michael Gough. Se basa la película en el libro de Washington Irving que publicó bajo el título «La leyenda de Sleepy Hollow» dentro de su colección de historias cortas y ensayos «Libro de apuntes» (1820) bajo el seudónimo Geoffrey Crayon.

Los principales personajes son[12]:

- Ichabod Crane: Johnny Depp.
- Katrina van Tassel: Christina Ricci.
- Joven Masbath: Marc Pickering.
- Jinete Sin Cabeza: Christopher Walken.
- Lady Van Tassel: Miranda Richardson.
- Baltus Van Tassel: Sir Michael Gambon.
- Reverendo Steenwyck: Jeffrey Jones.
- Doctor Thomas Lancaster: Ian McDiarmid.

La figura del notario Hardenbrook que aparece en la película oculta ciertos documentos[13]:

> Poco a poco Ichabod descubre que hay una conspiración alrededor de las personas asesinadas por el Jinete: Peter Van Garrett hizo un nuevo testamento antes de morir, dejando todas sus pertenencias a su nueva novia secreta, Emily Winship, embarazada de él. Todos los decapitados sabían acerca del testamento, así como de la boda secreta entre Van Garrett yWinship: Peter Van Garrett, Dirk Van Garrett, Emily Winship, el magistrado Samuel Philipse (les dio protección legal), Jonathan Masbath (quien también firmó como testigo del testamento) y la familia de la partera (la mujer le dijo a su marido que Winship estaba embarazada). Aún quedan

12 Cine de Escritor: «Libro versus película: "La Leyenda de Sleepy Holow" (Washington Irving vs. Tim Burton)», 2018. Disponible en: https://cinedeescritor.blogspot.com/2018/04/libro-versus-pelicula-leyenda-sleepy-hollow-washington-irving-tim-burton.html (Consultado el 16 de agosto de 2024).

13 Cine de Escritor: «Libro versus película: "La Leyenda de Sleepy Holow" (Washington Irving vs. Tim Burton)», cit.

algunos que también saben lo que pasó: el doctor Thomas Lancaster (atendió a Emily), el reverendo Steenwyck (celebró la boda) y el notario James Hardenbrook (ocultó los documentos que Van Garrett le confió a su sirviente; se ahorca después de que Crane descubra la conspiración). Si todos mueren, ninguno podrá hablar de la existencia del testamento y el heredero de la fortuna Van Garrett será la familia más próxima: los Van Tassel. Ichabod cree que Baltus Van Tassel es quien controla al Jinete, pero éste mata a Baltus. El reverendo Steenwyck y el doctor Lancaster mueren peleándose entre ellos.

3.4. *Descarrilados*, de Fernando García-Ruiz

Esta película, del año 2021, y dirigida por Fernando García-Ruiz resulta especialmente interesante porque es una de las pocas veces (por no decir la única) en la que aparece una notaria. La película narra las aventuras de varios amigos veinteañeros, Pepo, Roge, Costa y Juan Luis en el interrail. En la primera parada en París, se trunca la amistad. Pasa veinte años y Juan Luis ha fallecido, pero deja como última voluntad su herencia, más que voluminosa, a sus tres antiguos amigos, pero con unas condiciones: que hagan el interrail que no pudieron terminar, y que tienen que llevárselo con ellos, claro está, sus cenizas. Todo ello es comunicado oportunamente por la notaria. Los tres amigos acceden a las condiciones e inician su viaje con su amigo en una urna. Ahora ya no son unos adolescentes, sino que tienen cuarenta años, y se enfrentan a un viaje donde tendrán que resolver sus problemas de convivencia, y cumplir la última voluntad de su amigo difunto, que viaja con ellos.

Los personajes que intervienen son los siguientes:

- Julián López como Roge.
- Arturo Valls como Costa.
- Ernesto Sevilla como Pepo.
- Dafne Fernández como Lisa.
- Ana Milán como notaria.
- Jordi Aguilar como Juan Luis.
- Alicia Fernández como Tina.
- Areta Bolado como Tiffany.
- Alba Bersabé como Cris.
- Alejandro Mesa como Juanjo.
- Juan Ventas como Eric.
- Alejandra Mateo como Jessica.
- Lesley Grant como Jessica.
- Ellen Saliwonczyk como Sophie.

3.5. *Incendies*, de Denis Villeneuve

Esta película del año 2010 y de factura canadiense, y dirigida por Denis Villeneuve. Está basada en la obra basada en la obra de teatro *La mujer que cantaba* de Wajdi Mouawad[14]. La película narra los acontecimientos tras el fallecimiento de Nawal Marwan, mujer inmigrante canadiense, que tiene dos hijos mellizos, Jeanne y Simon. Se reúnen con el notario canadiense Jean Lebel que era el jefe de su madre y amigo de la familia. En el testamento de la madre se hace referencia a una promesa incumplida, negándole a ella una lápida y un ataúd, salvo que Jeanne y Simon rastreen a su misterioso hermano, del que no sabían que existía, y a su padre, al que creían que estaba muerto. El notario les ayuda en la búsqueda de sus orígenes. Destaca en la película la solemnidad de la apertura del testamento en presencia del notario y los dos herederos.

Los personajes que aparecen en la película son los siguientes:

- Lubna Azabal como Nawal Marwan.
- Mélissa Désormeaux-Poulin como Jeanne Marwan.
- Maxim Gaudette como Simon Marwan.
- Rémy Girard como Jean Lebel.
- Abdelghafour Elaaziz como Abou Tarek/Nihad «Nihad de Mai» Harmanni.
- Allen Altman como Notary Maddad.
- Mohamed Majd como Chamseddine.
- Nabil Sawalha como Fahim.
- Baya Belal como Maika.
- Bader Alami como Nicolas.

---

14 Véase: García Ramos, T.: «La violencia simbólica en la película Incendies: ¿Inces-ties o incen-dios?», *El artista: revista de investigaciones en música y artes plásticas*, núm. 10, pp. 36 y sigs. Disponible en: https://dialnet.unirioja.es/descarga/articulo/4685434.pdf (Consultado el 19 de agosto de 2024); Lago Gatto, V.: «Identidad y narración: un acercamiento a "incendios" de Waidi Mouawad», *[sic]: Revista de Literatura y Arte de la Asociación de Profesores de Literatura de Uruguay*, núm. 22, 2019, pp. 28 y sigs. Disponible en: https://dialnet.unirioja.es/descarga/articulo/9211775.pdf (Consultado el 21 de agosto de 2024); Malpartida Tirado, R.: «Historias en la historia: la adaptación de la literatura al cine en incendies (Waidi Mouawad/Denis Villeneuve)», *Cine e historia (s): maneras de relatar el pasado con imágenes*, Université Paris-Sud, París, 2015, pp. 95 y sigs.; Marín Cobos, N.: «La reescritura mítica en "Incendies" (2003), de Waidi Mouawad: Edipo en el contexto de la guerra», *Myth and Emotions*, Cambridge Scholars Publishing, Cambridge, 2017, pp. 223 y sigs.; Martín Bermúdez, S.: «"Incendies", de Waidi Mouawad: recuperación de la tragedia», *Primer acto: Cuaderno de investigación teatral*, núm. 324, 2008, pp. 136 y sigs.; Prieto Nadal, A.: «La guerra en el teatro de Waidi Mouawad: Incendios», *Theatralia: revista de poética del teatro*, núm. 20, 2018, pp. 235 y sigs.

- Karim Babin como Guardia de Chamseddine.
- Anthony Ecclissi como Salvavidas.
- Joyce Raie como Periodista.
- Yousef Shweihat como Sharif.
- Celine Soulier como Periodista francés.
- Mher Karakashian como Asistente de Chamseddine.

3.6. *Puñales por la espalda*, de Rian Johnson

Se trata de una película del año 2019 dirigida por Rian Johnson, en la que participan los siguientes actores:

- Daniel Craig como Benoit Blanc, detective encargado de investigar la muerte de Harlan.
- Chris Evans como Hugh Ransom Drysdale, el nieto de Harlan, hijo de Linda y Richard, un playboy mimado.
- Ana de Armas como Marta Cabrera, la enfermera y amiga de Harlan.
- Jamie Lee Curtis como Linda Drysdale, la hija mayor de Harlan y esposa de Richard. Dirige su propia compañía con ayuda de su marido.
- Michael Shannon como Walter «Walt» Thrombey, el hijo menor de Harlan y esposo de Donna. Es el encargado de manejar el negocio de venta de novelas de su padre.
- Don Johnson como Richard Drysdale, el esposo de Linda y su principal apoyo en el manejo de su compañía.
- Toni Collette como Joni Thrombey, la viuda de Neil, el hijo fallecido de Harlan y una influencer de la vida gurú.
- Lakeith Stanfield como Elliott, un policía local encargado del caso.
- Katherine Langford como Megan «Meg» Thrombey, nieta de Harlan e hija de Joni y Neil que cursa estudios de arte financiados por su abuelo.
- Jaeden Martell como Jacob Thrombey, nieto de Harlan e hijo de Walt y Donna que está muy involucrado con el mundo de la política de derecha.
- Frank Oz como Alan Stevens, abogado de la familia.
- Christopher Plummer como Harlan Thrombey, un escritor de novelas de misterio que es hallado muerto tras celebrar su cumpleaños la noche anterior.
- Riki Lindhome como Donna Thrombey, la esposa de Walt y madre de Jacob.

- K Callan como Wanetta «Nana» Thrombey, la centenaria madre de Harlan y abuela de Walt, Linda y Neil.
- Edi Patterson como Frances «Fran», la ama de llaves de la mansión.
- Noah Segan como el oficial Wagner, policía relacionado con la investigación.
- M. Emmet Walsh como el Sr. Proofroc.
- Marlene Forte como la madre de Marta.
- Joseph Gordon-Levitt como Detective Hardrock (papel de voz).

Destaca en esta película la escena en la que, al haberse introducido cambios en el testamento, el notario lo comunica a los herederos con la consiguiente sorpresa para ellos.

El argumento gira en torno a un novelista de misterio, Harlan Thrombey, que aparece muerto en su mansión después de celebrar su 85 cumpleaños con su familia. Se encarga de la investigación el detective Benoit Blanc que tendrá que descubrir lo que ha sucedido, y que se encontrará con pistas falsas y mentiras antes de poder lograr alcanzar la verdad de lo acontecido.

Antes de leerse el testamento, Ransom, que es el hijo de Richard y Linda, no acudió al funeral, pero sí a la lectura del testamento. En la lectura del testamento de Harlan, deja toda su herencia a Marta, la enfermera y amiga de Harlan. Ante ello, crece el estupor de la familia, y los Thrombey intentan demostrar que es un error y que Marta no debe percibir la herencia. Ransom obliga a Marta a confesar y le ofrece ayuda ante la ira de toda la familia, a cambio de que le dé una parte de la herencia. Los demás, intentan que Marta renuncie a la herencia. Marta sigue los consejos de Walter, el hijo menor de Harlan, y utiliza el dinero de la herencia para pagar abogados y conseguir los papeles para su madre.

3.7. *El Gran Torino*, de Clint Eastwood

Película del año 2008 dirigida e interpretada por Clint Eastwood[15].

En una escena de la película destaca la decepción de los herederos y la imposición de condiciones en el testamento, todo ello orlado de la gran

15 Sobre esta película se puede consultar: BRIONES MARTÍNEZ, I. M.: «Inmigración, cultura y factor religioso en clave de derechos fundamentales: Gran Torino», *El Derecho Eclesiástico en el Cine*, Universidade da Coruña, Servizo de Publicacións, A Coruna, 2013, pp. 73 y sigs.; GARCÍA, C.: «El gran Torino», *Crítica*, núm. 960, 2009, p. 108; SAGRADO GARCÍA, T. Y DÍAZ HUERTA, A.: «Gran Torino», *El clasicismo en el cine: una mirada intergeneracional*, Universidad de Salamanca, Salamanca, 2015, pp. 189 y sigs.; SIERRA NIETO, J. E. Y MARTÍN ALONSO, D.: «Relaciones intergeneracionales y construcción de las masculinidades: Pensando con "Gran Torino" y "Million Dollar Baby"», *Géneros*, vol. 8, núm. 2, 2019, pp. 160 y sigs. Disponible en: https://dialnet.unirioja.es/descarga/articulo/7264060.pdf (Consultado el 21 de agosto de 2024).

solemnidad y la reunión de todos los herederos en torno al despacho del notario. En ese momento todos los posibles herederos se dan cuenta de que la lectura del testamento de Kowalski, protagonista de la película, se convierte en un acto de justicia, porque deja en su lugar a su avariciosa familia biológica y lega sus bienes a la Iglesia Católica y a su joven amigo, Thao, al que le deja el coche Gran Torino del 72, su bien más preciado.

Los personajes que intervienen en el film son los siguientes:

- Clint Eastwood como Walt Kowalski.
- Bee Vang como Thao Vang Lor.
- Ahney Her como Sue Lor, la hermana mayor de Thao.
- Christopher Carley como el Padre Janovich.
- Doua Moua como Fong «Spider».
- Sonny Vue como Smokie.
- Brian Haley como Mitch Kowalski.
- Brian Howe como Steve Kowalski.
- Geraldine Hughes como Karen Kowalski.
- Dreama Walker como Ashley Kowalski.
- Michael E. Kurowski como Josh Kowalski.
- John Carroll Lynch como Martin, un barbero ítaloestadounidense.
- Chee Thao como la abuela Vang Lor.
- Choua Kue como Youa.

3.8. *La Herencia Valdemar*, de José Luis Alemán

Se trata de una película del año 2010, dirigida por José Luis Alemán y que se considera como de terror *noir* donde se suceden los acontecimientos en torno a distintas propiedades a heredar.

Se basa en el universo de ficción de H. P. Lovecraft (conocido como «los mitos de Cthulhu»)[16].

---

16 Véase: Crespo, I.: «Lovecraft vive aquí: "La herencia Valdemar"», *Cinemanía*, núm. 172, 2010, pp. 20 y sig.; McGowan, N.: «La Herencia Valdemar. Gusto por el contraste», *Cameraman: Revista técnica cinematográfica*, núm. 38, 2010, pp. 32 y sigs. Muñoz Casado, R.: *Los mitos de cthulhu como movimiento literario*, Universidad Complutense de Madrid, Madrid, 2000. Disponible en: https://docta.ucm.es/rest/api/core/bitstreams/2e5e126f-cb21-4ce5-b536-69cd1f107205/content (Consultado el 21 de agosto de 2024); Paredes Badía, I.: «Lovecraft revisited: La herencia Valdemar», *Dirigido por... Revista de cine*, núm. 396, 2010, pp. 36 y sigs.; Peregrina Castaños, M.: «De Lovecraft a Alemán: Una adaptación cinematográfica de los mitos de cthlhu», *Fotocinema: revista científica de cine y fotografía*,

Se rodó en el año 2009, siendo su escenario la ciudad de Comillas (Cantabria), en la casa del inglés y en el palacio de Sobrellano, y fue estrenada en España el 22 de enero de 2010. Ese año José Luis Alemán rodó una segunda parte, La herencia Valdemar II: La sombra prohibida, estrenada el 28 de enero de 2011.

El argumento gira en torno a la herencia de una mansión, que se encuentra en un estado de ruina y una tasadora tiene que valorar la misma, dado que el anterior tasador había desaparecido sin dejar rastro. Cuando llega a la casona, la tasadora empieza a experimentar fenómenos extraños y desaparece. La antigua mansión atesora una historia de un matrimonio, Lázaro y Leonor Valdemar que termina en tragedia.

Los principales protagonistas son:

- Daniele Liotti: Lázaro Valdemar.
- Silvia Abascal: Luisa Llorente.
- Laia Marull: Leonor Valdemar.
- Paco Maestre: Aleister Crowley.
- Óscar Jaenada: Nicolás Tramel.
- Paul Naschy: Jervás.
- Jesús Olmedo: Chambelán.
- Eusebio Poncela: Maximilian Colvin.
- Rodolfo Sancho: Eduardo.
- Jimmy Barnatán: Garbea.
- Ana Risueño: Doctora Cerviá.
- Norma Ruiz: Ana.
- Santi Prego: Santiago.
- José Luis Torrijo: Dámaso.

4. El notariado en las series de televisión

4.1. *Turno de Oficio*, de Antonio Mercero

En esta serie muy conocida se inicia la misma con el episodio primero titulado «El hijo del notario». Se emitió entre 1986 y 1987 y fue dirigida por Antonio Mercero. En este episodio se refleja la vida de un opositor a Nota-

núm. 14, 2017, pp. 233 y sigs. Disponible en: https://dialnet.unirioja.es/descarga/articulo/5857331.pdf (Consultado el 21 de agosto de 2024).

rías, Cosme, interpretado por Juan Echanove, hijo de notario, en el que se aprecia la rutina del opositor, con el cante de los temas, el cronómetro en la mano, y el descanso para merendar, donde su madre, Irene Gutiérrez Caba, se preocupa porque ingiera alimentos, a una hora exacta de la tarde, y además vela para que nadie le moleste, ni le distraiga de la oposición. Como dice su madre: «las horas de un opositor son sagradas», y no le pasa ninguna llamada telefónica, especialmente de su novia, Tere. Su madre le recrimina que tiene «demasiadas alegrías» porque sale los sábados y los domingos, y que cuando ella salía con su padre, solamente salía los domingos. «Una vulgar dependienta no es la mejor elección para un futuro notario» afirma la madre mostrando su rechazo a Tere, la novia de Cosme haciendo referencia al futuro status que adquirirá cuando apruebe la oposición.

En las escenas de la vida de opositor, Cosme, pasea por el despacho, repitiendo, una y otra vez, los artículos del Código civil, y con los temas en la mano, que no suelta en ningún momento.

El protagonista acude a «cantar» los temas ante su preparador. Se observa que es un acto formal ya que lo hace vestido con traje y corbata, al igual que el preparador. Al ser hijo de notario, son inevitables las comparaciones con su padre, como le advierte el preparador aludiendo a que su fallecido padre «era un torrente», «cómo desarrollaba los temas», «con qué claridad y precisión», «una máquina perfecta», «todos le admirábamos», a lo que Cosme contesta «yo no soy mi padre».

Se aprecia en el episodio la precariedad económica del opositor, en este caso hijo único de madre viuda, ya que no dispone de ningún tipo de ingresos, y la incertidumbre de cuándo se puede presentar a la oposición, que decidirá su preparador, un conocido notario de Madrid, amigo de su padre. Esta situación es el detonante de la discusión con su pareja, Tere, que ya no aguanta dicha situación y que ve las oposiciones como un camino interminable, sin una fecha fija de superación.

Sin embargo, esa vida de opositor no llegará a fructificar, ya que en una de las salidas de Cosme se ve envuelto en un altercado y termina detenido. Allí conocerá a dos abogados de oficio, Eva, que interpreta Carmen Elías, y «El Chepa», que corre a cargo de Juan Luis Galiardo. Ellos le animan a que deje las oposiciones y se dedique a ser abogado de oficio.

4.2. *La Promesa*, de Josep Cister Rubio

Se trata de una serie de época que se empezó a emitir en el año 2023. Está ambientada en la provincia de Córdoba, a principio del siglo XX, en 1913. El nombre da título a la finca donde vive una familia, los Marqueses de Luján, Cruz y Alonso, con sus hijos tanto del primer matrimonio Catalina y Tomás, y los del segundo matrimonio, Manuel y Leonor, junto con otros familiares y se desarrolla en dos planos, la planta noble, y la zona de servicio con los mayordomos, doncellas, cocineras y lacayos.

Está protagonizada por Ana Garcés, Eva Martín, Manuel Regueiro, Arturo García Sancho, María Castro, Joaquín Climent y Antonio Velázquez, entre otros actores y actrices.

En distintos episodios de la serie aparece un notario principalmente en el ámbito de la celebración de contratos de compraventa, pero que esconden algunas trampas principalmente por parte del cuñado de los Marqueses de Luján, el capitán Lorenzo de la Mata, y se alude a que «El notario pone lo que se le pide», en claro contraste con la realidad, ante un supuesto de cláusulas claramente abusivas en un contrato.

4.3. *Machos Alfa*, de Alberto y Laura Caballero

Se trata de una serie que se empezó a emitir en las plataformas de pago en 2022. Trata de cuatro personajes masculinos que han entrado en la década de los cuarenta años y que ven cómo sus privilegios masculinos se desvanecen por los distintos cambios sociales, y el esfuerzo que les supone adaptarse a la nueva situación de la realidad social actual.

Está protagonizada por Fernando Gil, María Hervás, Raúl Tejón, Kira Miró, Gorka Otxoa, Paula Gallego, Fele Martínez y Raquel Guerrero.

En un episodio aparece un notario y les dice a los protagonistas si van a firmar o no, ya que le van a trastocar el número de protocolo[17]. Nos parece muy interesante la alusión al protocolo notarial, ya que no se suele utilizar la terminología jurídica adecuada en los casos en que aparece un notario en una película o serie. Se trata, también, de acercar el lenguaje notarial al público de una forma amable.

5. Conclusiones

El notariado en el cine, como hemos tenido ocasión de comentar al analizar distintas películas, tiene un tratamiento clásico, como profesión de muy difícil acceso, y representando al notario como una persona de edad bastante avanzada, con una actitud distante y en muchas ocasiones relacionada con la lectura de los testamentos.

Son muchas las películas en las que aparece un notario, y no es una profesión que se acerque a la población, a diferencia de la abogacía, en la que sí que se aprecia la actividad de la misma. En el notariado suele aparecer la figura del notario para firmar o para la lectura del testamento, en la mayoría de los casos. La inclusión de la mujer en el notariado y su representación en el cine es muy escasa, y siempre se ha restringido a ser representado el

17 Justito El notario: «Notarios en el cine y en la televisión». Disponible en: https://x.com/justitonotario/status/1614195882211033091 (Consultado el 15 de agosto de 2024).

notario como un hombre. De hecho, en la película que comentamos, Descarrilados, los protagonistas se extrañan que la notaria sea una mujer.

Sin embargo, el acceso al notariado es cada vez mayor por parte de la mujer, con lo que la percepción de la profesión irá cambiando con el tiempo en el ámbito cinematográfico.

Lo que sí que hemos observado es que la representación de la función notarial en el cine es fidedigna y no se suelen cometer errores de concepto respecto a la actividad del notario o notaria, y también se representa con una aureola de seriedad y formalidad que acompaña a la actividad del notariado, lo cual se corresponde con la realidad.

También interesa destacar que la figura del notario o notaria se suele representar en la notaría, como sede formal donde se desarrollan los actos jurídicos, y se representa con un lugar funcional, con muebles antiguos y situados en zonas céntricas de la ciudad.

Poco a poco también en el cine y las series se va introduciendo el denominado «lenguaje notarial» como una forma de acercamiento de la profesión al público, que puede desconocer muchos de los términos empleados, por ejemplo, el protocolo.

6. Bibliografía

AA.VV.: *Casos prácticos jurídicos basados en el humor*, Tirant lo Blanch, Valencia, 2019.

Artero Felipe, J. L.: «Sucesiones, herencias y testamentos en la historia del cine. Un estudio de Derecho foral aragonés. Discurso de ingreso en la Academia Aragonesa de Jurisprudencia y Legislación», Academia Aragonesa de Jurisprudencia y Legislación, Zaragoza, 2019. Disponible en: https://raajl.es/wp-content/uploads/2021/04/ACADEMIA-JURISPRUDENCIA-Jose-Luis-Artero-Felipe-discurso2019.pdf (Consultado el 21 de agosto de 2024).

Briones Martínez, I. M.: «Inmigración, cultura y factor religioso en clave de derechos fundamentales: Gran Torino», *El Derecho Eclesiástico en el Cine*, Universidade da Coruña, Servizo de Publicacións, A Coruna, 2013, pp. 73-78.

Cine de Escritor: «Libro versus película: "La Leyenda de Sleepy Holow" (Washington Irving vs. Tim Burton)», 2018. Disponible en: https://cinedeescritor.blogspot.com/2018/04/libro-versus-pelicula-leyenda-sleepy-hollow-washington-irving-tim-burton.html (Consultado el 16 de agosto de 2024).

Consejo General del notariado: «¿Cómo ser notario?». Disponible en: https://www.notariado.org/portal/c %C3 %B3mo-ser-notario (Consultado el 14 de agosto de 2024).

CRESPO, I.: «Lovecraft vive aquí: "La herencia Valdemar"», *Cinemanía*, núm. 172, 2010, pp. 20-21.

GARCÍA, C.: «El gran Torino», *Crítica*, núm. 960, 2009, p. 108.

GARCÍA RAMOS, T.: «La violencia simbólica en la película Incendies: ¿Ínces-ties o incen-dios?», *El artista: revista de investigaciones en música y artes plásticas*, núm. 10, pp. 36-43. Disponible en: https://dialnet.unirioja.es/descarga/articulo/4685434.pdf (Consultado el 19 de agosto de 2024).

GARRIDO DE PALMA, V. M.: «El opositor a Notarías», *Revista Jurídica del notariado*, núm. 67, 2008, pp. 707-716.

HARRY POTTER FANDOM: «Última Voluntad y Testamento de Albus Percival Wulfric Brian Dumbledore». Disponible en: https://harrypotter.fandom.com/es/wiki/ %C3 %9Altima_Voluntad_y_Testamento_de_Albus_Percival_Wulfric_Brian_Dumbledore (Consultado el 15 de agosto de 2024).

JUSTITO EL NOTARIO:

— «Películas y series de televisión con "temática" notarial». Disponible en: https://www.justitonotario.es/peliculas-series-television-sobre-notarios/ (Consultado el 15 de julio de 2024).

— «La imagen del notario en el cine y en la televisión». Disponible en: https://www.justitonotario.es/notarios-cine-television-2/ (Consultado el 15 de julio de 2024).

— «Notarios en el cine y en la televisión». Disponible en: https://x.com/justitonotario/status/1614195882211033091 (Consultado el 15 de agosto de 2024).

LAGO GATTO, V.: «Identidad y narración: un acercamiento a "incendios" de Waidi Mouawad», [sic]: *Revista de Literatura y Arte de la Asociación de Profesores de Literatura de Uruguay*, núm. 22, 2019, pp. 28-33. Disponible en: https://dialnet.unirioja.es/descarga/articulo/9211775.pdf (Consultado el 21 de agosto de 2024).

MCGOWAN, N.: «La Herencia Valdemar. Gusto por el contraste», *Cameraman: Revista técnica cinematográfica,* núm. 38, 2010, pp. 32-41.

MADRIDEJOS FERNÁNDEZ, A.: «La oposición entre notarios», *El notario del siglo XXI*, julio-agosto 2024. Disponible en: https://www.elnotario.es/seccion-corporativa/12711-la-oposicion-entre-notarios (Consultado el 14 de agosto de 2024).

MALPARTIDA TIRADO, R.: «Historias en la historia: la adaptación de la literatura al cine en incendies (Waidi Mouawad/Denis Villeneuve)», *Cine e historia (s): maneras de relatar el pasado con imágenes*, Université Paris-Sud, París, 2015, pp. 95-116.

Marín Cobos, N.: «La reescritura mítica en «Incendies» (2003), de Waidi Mouawad: Edipo en el contexto de la guerra», *Myth and Emotions, Cambridge Scholars Publishing, Cambridge*, 2017, pp. 223-232.

Martín Camacho, F. J.: «Los notarios en el cine y la épica de la letra de cambio», *Àpoca: butlletí català d'información notarial*, núm. 11, 2015, pp. 27-42.

Martín Bermúdez, S.: «"Incendies", de Waidi Mouawad: recuperación de la tragedia», *Primer acto: Cuaderno de investigación teatral*, núm. 324, 2008, pp. 136-137.

Martínez Carrascosa, J.: «Las Notarías como punto de atención al emprendedor», *Escritura pública*, núm. 86, 2014, pp. 34-37. Disponible en: https://www.notariado.org/liferay/c/document_library/get_file?folderId=12092&name=DLFE-120273.pdf (Consultado el 21 de agosto de 2024).

Muñoz Casado, R.: Los mitos de cthulhu como movimiento literario, Universidad Complutense de Madrid, Madrid, 2000. Disponible en: https://docta.ucm.es/rest/api/core/bitstreams/2e5e126f-cb21-4ce5-b536-69cd1f107205/content (Consultado el 21 de agosto de 2024).

Paredes Badía, I.: «Lovecraft revisited: La herencia Valdemar», Dirigido por... *Revista de cine*, núm. 396, 2010, pp. 36-37.

Pérez Millán, D.: «La letra de cambio: reflexiones con la excusa de Plácido y el anteproyecto de ley del Código Mercantil», *Derecho mercantil y cine*, Aranzadi, Cizur Menor, 2016, pp. 159-181.

Peregrina Castaños, M.: «De Lovecraft a Alemán: Una adaptación cinematográfica de los mitos de cthlhu», *Fotocinema: revista científica de cine y fotografía*, núm. 14, 2017, pp. 233-253. Disponible en: https://dialnet.unirioja.es/descarga/articulo/5857331.pdf (Consultado el 21 de agosto de 2024).

Presno Linera, M. A.: «Bromas y veras en el cine jurídico (V): Plácido», *Blog. El Derecho y el revés*, 21 de agosto de 2017. Disponible en: https://presnolinera.wordpress.com/2017/08/21/bromas-y-veras-en-el-cine-juridico-v-placido/ (Consultado el 15 de agosto de 2024).

Presno Linera, M. A. y **Rivaya García, B.** (cod.): *Una introducción cinematográfica al derecho*, Tirant lo Blanch, Valencia, 2006.

Prieto Nadal, A.: «La guerra en el teatro de Waidi Mouawad: Incendios», *Theatralia: revista de poética del teatro*, núm. 20, 2018, pp. 235-245.

Rivaya García, B.: «El Derecho visto por Berlanga», *Cuadernos electrónicos de filosofía del Derecho*, núm. 40, 2019, pp. 292-309. Disponible en: https://turia.uv.es/index.php/CEFD/article/view/14226/pdf (Consultado el 16 de agosto de 2024).

Sagrado García, T. y **Díaz Huerta, A.**: «Gran Torino», *El clasicismo en el cine: una mirada intergeneracional*, Universidad de Salamanca, Salamanca, 2015, pp. 189-195.

Sierra Nieto, J. E. y **Martín Alonso, D.**: «Relaciones intergeneracionales y construcción de las masculinidades: Pensando con "Gran Torino" y "Million Dollar Baby"», *Géneros*, vol. 8, núm. 2, 2019, pp. 160-170. Disponible en: https://dialnet.unirioja.es/descarga/articulo/7264060.pdf (Consultado el 21 de agosto de 2024).

EL JUEZ EN EL CINE

Benjamín Rivaya
Catedrático de Filosofía del Derecho
Universidad de Oviedo

1. Sobre el cine judicial

Al igual que hicieron los estudios de Historia y cine en su ámbito, los de Derecho y cine incorporaron la imagen fílmica a la comprensión, la docencia y la práctica del Derecho, porque a veces «el séptimo arte dice más que todos los manuales de Derecho» juntos[1]. En este marco analizaremos la imagen del juez y la jurisdicción en la cinematografía, en el entendimiento de que ese conjunto de películas que podríamos denominar «cine judicial» o «procesal» incorpora datos, noticias, perspectivas y criterios útiles para el conocimiento del Derecho, tanto de su teoría como de su práctica. Así, el cine es más, mucho más que un simple motivo de diversión, aunque no deje de ser divertido y esto traiga consigo interesantes consecuencias.

Resulta obvio que existe una imagen del juez en la pantalla grande[2], como existe una imagen del juez en la literatura, lo que ha de interesar, por lo menos, a los juristas. Si a su manera el cine muestra algo del sentir social, la conciencia colectiva, el espíritu del pueblo o como quiera llamarse, el espectador podría llegar a conclusiones y aprender de lo que narran las películas. Pero entonces nos daríamos cuenta de que la imagen cinematográfica del juez es, curiosamente, secundaria: los jueces no suelen ser los protagonistas de los relatos fílmicos. Quizás en la actualidad, en la vida social los jueces hayan alcanzado unos niveles de visibilidad inéditos, pero en el cine no ocurre lo mismo.

---

1 GARAPON, A.: «El poder inédito de los jueces», en CARBONELL, M., FIX-FIERRO, H., VAZQUEZ, R., eds., *Jueces y Derecho. Problemas contemporáneos*, Porrúa y UNAM, 2008, p. 386.

2 En muchas ocasiones me ocupé del análisis de la presencia de los jueces y de la actividad jurisdiccional en las narraciones cinematográficas, si bien se pueden sintetizar en el libro *Un vademécum judicial. Cine para jueces*, tirant lo blanch, 2012, y en el capítulo titulado «¡No hay Derecho! La imagen fílmica del derecho a un juicio justo», que forma parte de mi libro *Los derechos humanos en el cine*, Palestra, 2024, p. 361-397.

En español, por cierto, no suele hablarse de «cine judicial» sino de «cine de abogados», pareciendo así que se hace girar el argumento procesal en torno a este profesional del Derecho, el abogado, no en torno al juez, como si tuviera cinematográficamente menos importancia. Así resulta que ese subgénero judicial que abarca el drama y el melodrama, pero también la comedia, el western y casi todo el resto de los géneros, no trataría de los jueces sino de los abogados. En efecto, el amante del cine que conozca este tipo de filmografía se dará cuenta de que no suele recordar la imagen de los jueces en la pantalla. Por supuesto hay excepciones (¡cómo olvidarse del juez de *Vencedores o vencidos* o el de *Anatomía de un asesinato*!), pero hasta en una película como *Judge Priest, El juez Priest* (John Ford, 1.934), resulta que éste es recusado y, para el pleito de que se trata, deja de ser juez y se convierte en abogado; algo parecido a lo que ocurre en la que se titula precisamente *The Judge, El juez* (David Dobkin, 2014), en la que el protagonista no juzga, sino que es juzgado por un crimen que habría cometido. ¿Diríamos que cuando los jueces son protagonistas no lo son en tanto que jueces y cuando son personajes secundarios, su imagen queda velada, oscurecida? Pero miremos con más detalle, detengámonos en esta y aquella película, *veamos* qué nos *enseña* el cine de los jueces y magistrados y de cómo aplican el Derecho, porque las conclusiones podrían sorprendernos.

2. Sobre la inevitable posibilidad del error judicial

En *Derecho y razón*, la magna obra de Luigi Ferrajoli, se dice que las «novelas policiacas están llenas de construcciones probatorias aparentemente aplastantes que de pronto, gracias a contrapruebas y contraindicios mejor organizados, se derrumban por el predominio de hipótesis empíricamente alternativas a las acreditadas inicialmente»[3]. Es cierto, pero probablemente muchas personas piensen en el cine, más que en la literatura, cuando se trata de la plasmación del argumento del error y, más en concreto, del error judicial, hasta el punto de que la figura del «falso culpable» se tiene por un tópico cinematográfico. La cuestión tiene una importancia excepcional en lo tocante a la aplicación del Derecho, pues el juez ha de saber que la verdad de los hechos que se juzgan es una verdad *humana*, es decir, probable y, por tanto, siempre susceptible de revisión. Para obtener este conocimiento se pueden estudiar los trabajos de Michele Taruffo[4], Luigi Ferrajoli[5], Perfecto

3 Ferrajoli, L.: *Derecho y Razón. Teoría del garantismo penal*, trad. por Perfecto Andrés Ibáñez y otros, Trotta, 2001, p. 132

4 Taruffo, M.: *Simplemente la verdad. El juez y la construcción de los hechos*, Marcial Pons, 2010; *La prueba de los hechos*, Madrid: Trotta, 2011.

5 Ferrajoli, L.: *Derecho y Razón,* cit.

Andrés Ibáñez[6], Marina Gascón[7], entre otros, pero las muchas películas cinematográficas que versan sobre el tema conseguirán hacer que el espectador/ juez *vivencie*, experimente la posibilidad del error, y no sólo *sepa* que puede ocurrir; conseguirán hacer que el juez *comprenda* que la certeza, la falta de temor a errar, no convierte en imposible el error.

Ya sabemos que el juicio como argumento cinematográfico apareció con el cinematógrafo; creo que por tres razones al menos. Por una parte, porque los juicios en sí resultaban ser entonces, a fines del XIX y principios del XX, auténticos espectáculos públicos[8]. Por otra parte, porque el juicio es un teatro en el que cada uno interpreta el papel que le toca[9], y al comienzo el cine se miró en el teatro. Por fin, porque el juicio trata inevitablemente de la justicia y ésta es, por principio, como el amor, uno de los grandes tópicos narrativos en general y cinematográficos en particular. Dentro del género procesal, probablemente el argumento más común sea el del error judicial, alrededor del cual se han construido tramas muy diversas. Para que se produzca el error en este ámbito tienen que darse dos condiciones: que ante un problema jurídico haya una o varias respuestas correctas, y que el juez opte por otra respuesta que, por tanto, es incorrecta. Es fácil comprender entonces que el error tanto puede ser de hecho, cuando el conocimiento de los hechos no es correcto, como de Derecho, cuando el conocimiento de las normas a aplicar o su interpretación no son correctos[10]. Pues bien, el error del que ha solido ocuparse el cine ha sido el error de hecho, no el de Derecho.

El argumento del error o de la posibilidad del error judicial tienen mucho que ver con esa emoción impaciente (¡tan cinematográfica y tan jurídica a la vez!) que es el suspense, pues en muchos casos el suspense deriva del conocimiento que tiene el espectador de la respuesta correcta o, al menos, de la respuesta incorrecta, conociéndose la verdadera al final de la película; aunque también es verdad que hay ocasiones en que, como si fuera en la vida real, nunca llega a descubrirse. En el ámbito cinematográfico sirve para acrecentar el interés del relato, absorbiendo la percepción del espectador, hipnotizado por lo que pueda ocurrir. En el ámbito judicial, sin duda sufren el suspense las partes que esperan un fallo que les afectará vitalmente, pero también y sobre todo el juez, que puede sentir esa emoción al ir descubriendo

---

6 Andrés Ibáñez, P.: *Tercero en discordia. Jurisdicción y juez del Estado constitucional*, Trotta, 2015.

7 Gascón, M.: *Los hechos en el Derecho. Bases argumentales de la prueba*, Marcial Pons, 2004.

8 Nead, L.: «Courtroom Sketching: Reflections on History, Law and the Image», in Freeman, M., ed.: *Law and Popular Culture. Current Legal Issues Volume 7*, Oxford University Press, 2005, p. 174.

9 Torres Dulce, E.: «El juez en la pantalla», en Toharia, J. J., dir.: *El juez y su imagen en la sociedad: pasado, presente y futuro*, *Estudios de Derecho judicial* 25, 2000, p. 47-48.

10 Malem Seña, J.: *El error judicial y la formación de los jueces*, Gedisa, 2008, p. 101-102

más y más circunstancias del caso que juzga, o nuevas normas y direcciones jurisprudenciales que afectarán a la decisión final. De esta manera, el suspense se convierte en el recurso/ emoción propio del cine judicial, siendo éste generalmente cine de suspense[11].

El error judicial y el suspense adquieren mayor dramatismo en el cine sobre/ contra la pena de muerte, pues el argumento del fallo se refuerza cuando la pena de que se trata es la de muerte, ya que al resultar ésta irreversible, el error no tiene reparación, convirtiéndose entonces en (t)error judicial. Es lo que ocurre en *Intolerance*, *Intolerancia* (Griffith, 1916), en el episodio de la pasión y muerte de Cristo, que sirve para condenar la *justicia democrática*, porque «ni una amplísima mayoría ni siquiera la totalidad de los consensos pueden justificar que se acepte como presupuesto de una decisión penal una tesis no probada o no sometida a prueba»[12]. Es también lo que está a punto de ocurrir en el episodio contemporáneo de la misma superproducción, en el que se condena a muerte y está a punto de ejecutarse esa condena, aunque se evita en el último momento. ¿Por qué se produjo el error, aunque al final se subsanara y no llegara a tener consecuencias fatales? Sin duda porque el conocimiento es difícil, «las apariencias engañan», además de que el abogado del imputado no cumpliera bien su misión: *«Una defensa ineficaz»*, dice un cartel cuando aparece el letrado.

Pero no fue Griffith el único gran cineasta que se valió del falso culpable para elaborar y hacer atractivas sus narraciones. Otros de los mejores directores de la historia del cine utilizaron en muchas ocasiones el caso del error judicial, o de la posibilidad de que se produjera, destacando todos ellos no sólo que la empresa del conocimiento humano es complicada y dificultosa, sino también que puede fracasar. De entre quienes usaron el tópico sobresale por varias razones Fritz Lang: no sólo por su magnífica filmografía sino por la complejidad de los argumentos de las películas que dirigió que versan sobre el error, no sólo judicial, y sobre todo por fijarse en los efectos imprevistos, inimaginables e indeseables, de las decisiones erróneas, pues si bien es verdad que las decisiones acertadas también pueden producir imprevistos y negativos efectos, qué duda cabe de que resultan mucho más lamentables cuando son el resultado de una equivocación que, por principio, no debería haberse producido. En lo tocante al error, de Lang habría que destacar otra vez, sobre todo, *Fury*, *Furia* (1936), *You Only Live Once*, *Sólo se vive una vez* (1937) y *Beyond a Reasonable Doubt*, *Más allá de la duda* (1956).

Otro de los principales cineastas de la historia fue John Ford, quien también dedicó varias de sus películas al mundo judicial, películas en las que se produ-

11 La última película judicial que ha obtenido gran éxito, corroborado con muchos premios, ha sido la francesa *Anatomie d´une chute*, *Anatomía de una caída* (Justine Triet, 2023), que sin embargo no ha logrado alcanzar el suspense de las grandes películas procesales.

12 Ferrajoli, L.: *El garantismo y la filosofía del Derecho*, Universidad Externado de Colombia, 2000, p. 68.

cía o estaba a punto de producirse un error judicial. Lo interesante es que nos preguntemos por qué, por la causa del (posible) error: hay ocasiones en que se produce o casi se produce por lo limitado del conocimiento humano, como pasa en *Young Mr. Lincoln*, *El joven Lincoln* (1939), pero otras veces se debe a (¿inevitables?) sesgos judiciales, como ocurre con el racismo en *Sergeant Rutledge*, *El sargento negro* (1960). Sesgo distinto será el que distorsione el juicio en *The Prisoner of Shark Island*, *Prisionero del odio* (1936), relato de lo que le sucedió al doctor Samuel Mudd, detenido y condenado por participar en el complot que acabó con la vida del presidente Lincoln, cuando únicamente había curado al asesino, pero desconociendo lo que el herido había hecho. En cierta medida, fue el ambiente exaltado que se vivió tras el magnicidio el que hizo que se produjera el error, ambiente que no deja de recordar la psicosis y la merma de garantías que se produjeron en Estados Unidos a raíz de los atentados del 11 septiembre de 2001, merma de garantías que hace que los jueces cometan errores y no se dediquen a lo que debería serles propio, proteger los derechos, sino a vulnerarlos[13]. Un militar se dirigió a los miembros del tribunal en estos términos:

> «"El objeto de este juicio no es determinar la culpabilidad o inocencia de unos rebeldes sino evitar al país más derramamientos de sangre [...] la dureza es lo único que puede salvar al país de los disturbios". Y luego: "Primero, no deben permitir que su juicio en este caso se vea perturbado por tecnicismos legales, ni deben tener en cuenta las habituales normas de las pruebas. Segundo, y lo más importante, no se dejen influir por esa odiosa creación, ese disparate legal que es la duda razonable"·. Por fin, aludirá a la legitimación democrática de la condena: "Resumiendo, la voz del tribunal tiene que ser la voz del pueblo"».

Evidentemente, las películas que giran en torno al error o la posibilidad del error judicial son tantas que no puede pretenderse citarlas todas, pero las que necesariamente han de aparecer en este epígrafe son las de Alfred Hitchcock, pues si antes nos hemos referido al suspense, ese recurso tan cinematográfico que es a la vez una «emoción judicial», nadie lo supo plasmar en el cine como Hitchcock, que rodó películas judiciales (y no judiciales) inolvidables en torno al tópico del falso culpable, tema central de su filmografía, incluyendo algunas sobre el error judicial. Desde luego no extraña que se le haya llamado «el rey del suspense». Conviene recordar la explicación que el director inglés le ofreció a Francois Truffaut acerca de ese interés que sentía por la intriga: «Es que el tema del hombre acusado injustamente produce mayor sensación de peligro a los espectadores, porque se colocan más fácilmente en la situación de este hombre que en la de un culpable que trata de escapar. Siempre tomo en consideración al público»[14]. Por lo demás, el

---

13 En efecto, en momentos de «histeria» es más fácil que el juez, dejándose llevar por el ambiente reinante, se equivoque, como ocurre en esa gran película judicial irlandesa que es *In the Name of the Father*, *En el hombre del Padre* (Jim Sheridan, 1993).

14 TRUFFAUT, F.: *El cine según Hitchcock*, trad. por Ramón G. REDONDO, Alianza editorial, 2007, p. 50.

director satisfacía así en la pantalla su propio interés, pues en alguna ocasión declaró que le habría gustado ser abogado criminalista. Entre sus películas más conocidas que versan sobre la cuestión yo citaría *The Paradine Case*, *El proceso Paradine* (1947), *I Confess*, *Yo confieso* (1953), *Dial M for Murder*, *Crimen perfecto* (1954) y, sobre todo, *The Wrong Man*, *Falso culpable* (1956).

Falso culpable o, tal como se tradujo el título, más literalmente, en Hispanoamérica, *El hombre equivocado*, narra un caso que podríamos calificar de ordinario o cotidiano: debido a su parecido con el culpable verdadero, un hombre es confundido con otro que ha cometido pequeños delitos. Hitchcock no utiliza el recurso de graves crímenes castigados con la pena de muerte, como es habitual en el cine, sino que se vale de algo más plausible, de tal forma que el espectador puede sentir con mayor facilidad empatía hacia Manny Balestrero, un músico de jazz magníficamente interpretado por Henry Fonda, que sabe como nadie expresar en sus gestos la mezcla de tristeza, miedo y asombro que todos sentiríamos en una situación semejante.

Quizás sea inevitable, pero los policías que lo detienen lo tienen por culpable, si no desde el principio, al menos desde el momento en que aparecen indicios contra él; indicios que se tendrán por pruebas; pruebas que se tendrán por evidencias. Le repetirán varias veces que, «si verdaderamente es inocente», no tiene de qué preocuparse, pero los hechos demostrarán que, aun siendo inocente, sí hay motivos para la preocupación. Llama la atención, por otra parte, cómo se desvirtúa el principio de presunción de inocencia, alterando la carga de la prueba: «Queremos darle todas las oportunidades posibles para que demuestre su inocencia». En este sentido, la actuación de la policía resulta reprobable, utilizando procedimientos que hoy nos parecerían completamente irregulares e incorrectos: no le permiten que avise a su familia de la detención y lo llevan a los locales donde se produjeron los atracos de los que se le acusa con el propósito de que alguien lo reconozca. Al final, el error policial se subsanará por una casualidad.

Referidas algunas de las películas más exitosas sobre el error judicial, los espectadores nos damos cuenta de que aquéllas no sólo valen para divertirnos sino también para hacernos conscientes de que nuestras creencias más arraigadas pueden ser erróneas, estar equivocadas; por eso es tan importante que los jueces vean cine. Por último, este cine es ni más ni menos que una llamada al legislador para que organice el proceso de tal forma que minimice la posibilidad del error judicial.

3. Sobre la imposibilidad del error judicial: el efecto *Rashomon* en la jurisdicción

Pero si en todas las películas que se han venido citando existe en el argumento una versión verdadera de los hechos y, por tanto, las demás versiones resultan falsas o erróneas, no ocurre lo mismo en *Rashomon* (Akira Kurosawa, 1950), una de las películas más importantes de la historia del cine que innovó radicalmente la técnica en lo relativo a la filmación, el encuadre, la puesta en escena; que fue discutida por cineastas y teóricos del audiovisual, pero también por psicólogos, sociólogos, antropólogos, historiadores, etc., acuñándose la expresión de «efecto Rashomon» o «problema Rashomon», cuya referencia ya ha desbordado incluso el ámbito de las ciencias sociales para identificarse, en general, con más o menos radicalidad, con el relativismo y el perspectivismo.

El argumento de *Rashomon* se constituye por las cuatro versiones que de unos hechos probablemente criminales ofrecen quienes participan en ellos y un testigo. De lo que hay constancia es de lo siguiente: a) Un matrimonio es abordado por un salteador, b) se produce cierta violencia, c) el asaltante ata al marido, d) mantiene relaciones sexuales con la esposa y e) el esposo fallece de forma no natural, atravesado por un arma blanca. De estos hechos que pudiéramos tener por ciertos (aunque realmente del hecho del que hay completa constancia es el de la muerte no natural de ese hombre, en cuyo cuerpo se podría constatar la existencia de una herida mortal de arma blanca), de esos hechos —decía— se ofrecen cuatro versiones muy diferentes, de tal manera que en algunas de ellas parece que las relaciones sexuales fueron consentidas, mientras que en otra se trató de una violación; al igual que la causación de la muerte del esposo, que o bien fue a consecuencia de un acto de legítima defensa, o bien un suicidio, o bien un homicidio/ asesinato, o bien un caso fortuito.

Aunque los efectos que produce en el espectador el visionado de *Rashomon* pueden ser diversos, en principio éste pensará/ sentirá que de unos mismos hechos pueden existir varias versiones, quizás tantas como participantes y observadores haya, todas igualmente verdaderas, o no. «Finalmente, nada queda claro y eso nos transmite una cierta sensación de vértigo»[15]. En efecto es desorientador porque, según las distintas versiones y más allá de cuestiones de matiz, los hechos no son los mismos. El de *Rashomon* sería, por tanto, un caso de «verdades contradictorias»[16]. No se puede decir que esa tesis relativista fuerte sea la que mantuvo Kurosawa, pero es verdad que la enuncia uno de los personajes de la película, el que escucha la narración del testigo, a quien también le dice que su versión es plausible. Luego, sin embargo, dirigiéndose a otro, al monje budista, le pide que escoja la versión que le parezca más creíble, lo que también puede interpretarse como que no todas las versiones tienen igual valor, que no todas pueden ser igualmente verdaderas o, al contrario, que todas tienen un valor relativo, el que le otorgue cada uno de los espectadores.

15 Muñoz De Baena, J. L.: *Por qué los canallas duermen en paz. Ética, poder y derechos en la obra de Kurosawa*, Sindéresis, 2020, p. 82.

16 Heider, K. G.: «Rashomon Effect: When Etnographers Disagree», *American Anthropologist* 90, 1988, p. 74.

En principio, con la expresión «efecto Rashomon» se hace referencia a la subjetividad y la poca fiabilidad de la memoria que afectan a las descripciones que los seres humanos realizamos, de tal forma que, si varias personas describen «unos mismos hechos», será habitual encontrarnos con descripciones distintas e, incluso, contradictorias. En España quizás fue Alberto Cardín quien, refiriéndola a la etnología, utilizó por vez primera la expresión, que definió de la siguiente forma: «aquella situación constitutiva por la que el etnógrafo se convierte en testigo privilegiado, e incontrastable, en condiciones idénticas, de un objeto que ya nunca más volverá a ser el mismo tras su trabajo de campo, y sobre el que en adelante sólo podrá actuarse interpretativamente»[17].

Sin embargo, en Estados Unidos Marvin Harris se valió de *Rashomon* para ejemplificar lo que denominó «oscurantismo metodológico», tendencia del pensamiento empeñada en que cualquier conducta ética es irreal o que su realidad o irrealidad depende de los criterios emic de la sociedad en que se produce[18]. Según quienes profesan esas ideas, a comprender esos símbolos y significados es a lo que debería dedicarse la ciencia. Dicho de forma más llana: si según Harris, las versiones que aparecen en *Rashomon* pueden ser o todas falsas o todas falsas menos una, que sería la verdadera[19], para la que llama fenomenología, en cambio, y curiosamente, las cuatro contradictorias versiones podrían ser verdaderas: si los participantes y el testigo de los sucesos de la película no mienten, sino que exponen lo ocurrido según su particular sistema de inteligibilidad, de comprensión, entonces las cuatro «versiones» serían igualmente correctas. Para el sentido común y el científico, semejante tesis es inaceptable. Una cosa es que debido a las circunstancias del caso no se pueda conocer cómo se desarrollaron los hechos o que haya varias interpretaciones plausibles de los mismos, y otra bien distinta que dos descripciones absolutamente contradictorias de los mismos datos fácticos, de tal manera que describen hechos distintos, puedan ser igualmente verdaderas. En este sentido, siguiendo a Harris y de acuerdo con él, habría que afirmar que el conocimiento humano «puede aproximarse a lo que ocurrió en un sentido ético»[20], siempre que se conozcan los datos relevantes, evidentemente.

Últimamente, José Luis Muñoz de Baena nos ha dicho que el «efecto Rashomon» se refiere «al modo en que la diferencia de percepciones de diferen-

---

17 Cardín, A.: *Tientos etnológicos*, Júcar, 1988, p. 3.

18 Los conceptos etic/emic fueron acuñados por el lingüista y antropólogo Kenneth Pike, con los que se refirió a la perspectiva que adoptaba un hablante con respecto a su lengua nativa y la perspectiva que adoptaba el lingüista respecto a esa lengua que estudiaba, pero no era la suya. Posteriormente la distinción se trasladó a los estudios socioculturales, siendo la perspectiva emic la del participante y la perspectiva etic la del observador (científico).

19 Evidentemente cabría otra posibilidad, que la historia verdadera tomara elementos de unas y otras versiones.

20 Harris, M.: *El materialismo cultural*, Alianza Editorial, 1987, p. 350.

tes sujetos permite sostener la primacía de las percepciones parciales sobre la supuesta verdad objetiva»; a la vez que ha subrayado cómo ese relativismo es del gusto del pensamiento posmoderno, suspicaz «respecto a la existencia de unos hechos situados más allá del discurso»[21].

Así todo, la expresión «efecto Rashomon» resulta problemática porque se utiliza con matices y objetivos distintos, de tal forma que si es verdad que se identifica con el perspectivismo en general, a veces parece referirse a los hechos (la construcción social de la realidad y su ambigüedad) y a veces a las interpretaciones de los hechos (a su relatividad). Es tan grande el cuerpo de investigaciones sobre la película, hechas además desde tan diversas perspectivas, que se necesitaría un estudio en profundidad que, entre otras cosas, presentara y sistematizara las disciplinas que utilizan el rótulo y la forma en que lo hacen, así como debería proponerse —creo— una definición estipulativa del mismo. Entre otras cosas el «efecto Rashomon» se puede tomar en un sentido fuerte y débil[22], lo que tiene interés para el caso del Derecho porque, con todas estas cautelas, se puede trasladar al ámbito jurídico.

Si interpretamos *Rashomon* como una película de juicios, aunque sin sentencia, rompe con la tradición (sobre todo) estadounidense de ese género. Porque en las películas de juicios se suele tratar de un proceso penal en el que a primera vista el acusado es culpable de la comisión de un hecho delictivo y luego, sin embargo, se demuestra su inocencia. Si interpretamos *Rashomon* como una película de juicios, el llamado «efecto Rashomon» se aplica con tanta propiedad al ámbito de la jurisdicción como al de las ciencias sociales, pues el citado efecto, al menos en su origen, no consiste en que se ofrezcan varias versiones contradictorias de un hecho, ni se produce en cada uno de los personajes que declara los hechos tal como los recuerda o dice recordarlos, sino que el «efecto Rashomon» es el que la variedad de versiones produce en el espectador, que bien puede pensar que todas ellas son igualmente verdaderas o que, en cualquier caso, no hay ninguna posibilidad de decidir cuál es la versión correcta o, al menos, qué versión es falsa. Por «efecto Rashomon» en la jurisdicción ha de entenderse entonces no la situación en que se encuentra cada uno de los testigos o participantes en los hechos que se juzgan, y que puede dar lugar tanto a versiones similares o incluso idénticas cuanto a versiones dispares o hasta contradictorias, sino la situación privilegiada en que se halla un peculiar espectador, el juez, que curiosamente no ha conocido los hechos directamente, pero que ha de reconstruirlos de forma veraz y coherente para luego enjuiciarlos conforme a normas jurídicas. O sea, que siguiendo en parte la definición de Cardín, podemos decir que, referido a la jurisdicción, el «efecto Rashomon» designa aquella situación constitutiva por la que el juez se convierte en el

21 Muñoz De Baena, J. L.: *Por qué los canallas duermen en paz*, cit., p. 82.

22 Anderson, R.: «The Rashomon Effect and Communication», *Canadian Journal of Communication* 41 (2), 2016, p. 265.

narrador privilegiado obligado a describir unos hechos que no ha conocido directamente, absolutamente incontrastables en condiciones idénticas, que ya nunca más volverán a producirse y sobre los que en adelante sólo podrá actuarse interpretativamente. En efecto, porque los hechos, «como parte del pasado, *ya no están*, no son constatables por alguien que como el juez opera en el presente, y que tampoco puede experimentar con ellos, dado su carácter de irrepetibles»[23].

Tomado en un sentido radical, el «efecto Rashomon» haría creer al juez que versiones contradictorias de un mismo hecho, contradictorias hasta el punto de que el hecho deja de ser el mismo, pueden ser igualmente verdaderas. Pero lo que hay que exigirle a quien se dedica a juzgar es que siga investigando hasta llegar a reconstruir la versión verdadera, por la sencilla razón de que, de lo contrario, el juez no podría juzgar sin caer en arbitrariedad. Ninguna decisión puede ser justa si no se funda en una descripción correcta de los hechos juzgados; si los enunciados sobre los hechos no son verdaderos[24]. En este sentido, no es cierto que el «efecto Rashomon» sea un ejemplo de perspectivismo, pues es verdad que diversas perspectivas pueden ser verdaderas, pero no lo es, no puede serlo, que al mismo tiempo unos hechos hayan ocurrido y no hayan ocurrido. Al mismo tiempo y con los mismos actores no puede ser. Si no fuera posible determinar quién llevó a cabo ciertas conductas, contra quién, cómo, cuándo y dónde, entonces no sería posible el juicio, ni el moral ni el jurídico, y ya no en este o en aquel caso, sino en todos. El relativismo, el subjetivismo y el constructivismo a ultranza se compadecen mal con la actividad de juzgar.

Así las cosas, el efecto Rashomon aplicado a la actividad jurisdiccional peca por trivial o por excesivo. Tomado en un sentido débil nos diría que es difícil el conocimiento de los hechos que han de ser juzgados, lo que resulta trivial; tomado en un sentido fuerte, en cambio, significaría que versiones incompatibles de unos mismos hechos podrían ser verdaderas al mismo tiempo, lo que resulta excesivo.

4. Sobre la imposibilidad del acierto judicial: (la crítica de) la crítica socialista del proceso

Rashomon parecía defender una tesis extrema o, al menos, había quien así lo interpretaba, la tesis del relativismo del conocimiento humano. Sin embargo, en general el cine de juicios defiende cierto objetivismo gnoseológico, conforme al cual el conocimiento, aunque difícil y limitado, en muchos casos es posible y por eso es posible el juicio. La conclusión que se sigue de

23 ANDRÉS IBÁÑEZ, P.: *Tercero en discordia*, cit., p. 262.

24 *Vid*. TARUFFO, M.: *Simplemente la verdad*, cit., p. 133 y 136.

semejante tesis objetivista es que quien juzga ha de actuar con prudencia, porque el completo y exacto conocimiento de lo que ocurrió y ahora se juzga es difícil, a veces imposible y, en cualquier caso, se trata de un conocimiento probabilístico, no absoluto. Pronto, sin embargo, iba a aparecer un nuevo cine mucho más descreído, absolutamente escéptico respecto a la función de juzgar, pero ya no porque las capacidades cognitivas humanas resulten limitadas sino porque la posición que los jueces ocupan en el entramado social, en la superestructura jurídica y política, hace que se coloquen siempre de parte de los más poderosos, a los que benefician.

Creo recordar que, en el texto más emblemático de los comunistas, el *Manifiesto*, no se hacía referencia expresa a los jueces, pero la opinión de Marx y Engels resultaba obvia. Si el Estado no es más que el consejo de administración de la burguesía, si los juristas no son otra cosa que «sirvientes a sueldo» de la burguesía, si las leyes no pueden dejar de ser «prejuicios burgueses, tras los cuales se ocultan los correspondientes intereses de la burguesía»[25], resulta claro que también los jueces son gestores de los intereses de esa clase social, a la que ayudan con todas sus decisiones. Los anarquistas fueron más explícitos; sobre todo Kropotkin, quien a lo largo de su vida sufrió en muchas ocasiones los *rigores* de la justicia, que dijo del juez que se trataba de un visionario que vivía en el mundo de «las ficciones jurídicas»[26]. ¿Cómo trasladar a la pantalla esa tremenda crítica de los movimientos socialistas? Evidentemente, no por medio de comedias sino de tragedias en las que los jueces mostraban sin pudor actitudes repugnantes y clasistas.

La película que mejor muestra la crítica marxista a la judicatura es una de las mayores obras de la cinematografía soviética, *La madre* (1926), de Pudovkin, basada en un relato de Máximo Gorki. La cinta es una representación fílmica de la lucha de clases: los trabajadores se enfrentan a los empresarios y, tras huelgas y manifestaciones duramente reprimidas, el conflicto acaba en los tribunales. Da comienzo entonces la escena dedicada a la justicia con una toma completa del majestuoso Palacio de Justicia, precisamente, custodiado por los militares. Ya dentro, esperando la apertura de la vista, en la sala se encuentra la madre del joven revolucionario que va a ser juzgado, una mujer angustiada, enjuta, cuya pequeñez y desamparo contrasta con el imponente edifico que se acaba de enseñar. Aparecen ahora las primeras imágenes de los jueces, charlando animadamente antes del juicio. Pero véase el recurso que utiliza Pudovkin para enseñar la condena que el comunismo hace al proceso judicial. Cuando se inicia la vista, la cámara se para en cada uno de los jueces que componen el tribunal. Primer plano del primer juez, serio y vigilante, pero con cara de aburrido, y el cartel propio del cine mudo que dice «Rectitud». Primer plano del segundo, dormido, y el cartel que dice «Justi-

25 Marx, K. y Engels, F.: *Manifiesto comunista* [1848], Alhambra, 1985, p. 53-54 y 65.

26 Kropotkin, P.: *Palabras de un rebelde* [1885], Pequeña Biblioteca Calamus Scriptorius, 1977, p. 91.

cia». Primer plano del tercero, un juez con un terrible semblante, y el cartel que dice «Piedad». Después, resaltando otra vez la contradicción, toma la pantalla el rostro de la madre sufriente. Comentarios entre los burgueses que acuden a la vista a divertirse. Visión general de la sala. Impactantes primeros planos de los rostros de los soldados que custodian el acto, del acusado, del público, de los jueces, de la madre. El abogado defensor, que venía desde San Petesburgo, ha sido detenido; es sustituido por otro letrado cuya alegórica incapacidad queda patente con el ataque de hipo que sufre, que no cesa. Cuando trate de articular su discurso, el presidente del tribunal le dirá: «No desperdicie su elocuencia, no hay jurado». Nada le había advertido, sin embargo, al fiscal, cuyo incendiario discurso pide la destrucción de los subversivos. Tras la lectura de la condena, a trabajos forzados, la madre gritará: «¿Es esto justicia?». Es el grito del comunismo que se enfrenta a ese entramado de organismos que se dedica a gestionar los intereses de la burguesía, en el que los jueces cumplen un importante papel. Aunque haya diferencias entre el comunismo y el anarquismo, la crítica a la judicatura sería igual, como queda claro en *Sacco y Vanzetti* (1971), de Giuliano Montaldo, cuya escena más llamativa a estos efectos es la del juez que, en un plano subjetivo, mira las sandalias que calza el abogado defensor y piensa, imaginamos, que esa no es forma de que un letrado se presente ante el tribunal; es la crítica que se contiene, en general, en el cine de los perdedores sociales, un cine que muchas veces es negro y versa sobre la pena de muerte y la cárcel.

Valga otro ejemplo entre muchos, el de la película francesa *Le juge et l'assassin*, *El juez y el asesino* (Bertrand Tabernier, 1975), no sólo por las reflexiones directas que se hacen sobre la jurisdicción sino, sobre todo, por la conclusión final: «Entre 1893 y 1898, el sargento Joseph Bourier mató a doce niños. En el mismo período más de dos mil quinientos niños menores de quince años murieron en las minas y en las fábricas de seda asesinados». No se trataría por tanto de que los jueces conscientemente se dediquen a defender los intereses de las clases dominantes y a olvidares de los de las subalternas, sino de que forman parte de un entramado de clase que tiene como objetivo, más allá de la conciencia de quienes forman parte de él, mantener el *status quo*.

Para los juristas, y más en concreto para los jueces, la crítica resulta desoladora. ¿Efectivamente no pueden ser éstos otra cosa que funcionarios de las clases superiores? ¿Ha de ejercer el juez necesariamente esa función represiva y, en el mejor de los casos, juzgar con mala conciencia? El derecho a un juicio justo, ¿es simple ideología? Los juristas y los jueces deberían creer sinceramente ya no que el Derecho y el juicio son justos, sino que al menos pueden serlo.

Valdrían otras, pero quisiera pararme ahora en una conocida película de Sidney Lumet en la que se hace una clara y consciente reivindicación del Derecho, *The Verdict*, *Veredicto Final* (1982), una típica (¿o no tan típica?) película de abogados en la que se enfrentan, como en otras muchas ocasiones, una concepción idealista y otra realista del Derecho. En el trasfondo de la trama no se halla un problema jurídico sino ético, filosófico jurídico, el de la actitud moral que el jurista debe adoptar ante el orden jurídico. De hecho, el abogado Frank Galvin, interpretado sabiamente por Paul Newman, es un profesional fracasado que entró en crisis precisamente por tratar de evitar las prácticas corruptas de sus compañeros, con lo que sólo logró que lo expulsaran del despacho en el que trabajaba, divorciarse de su mujer y alcoholizarse. Ahora trata de sobrevivir repartiendo su tarjeta de visita entre los familiares de quienes aún están de cuerpo presente en los velatorios. No se trata de narrar el caso judicial de la película, un caso en el que parecen enfrentarse David contra Goliat, sino de exponer la tesis del relato, tesis que enuncia el propio abogado protagonista cuando reconoce la fe que tiene en el Derecho: «Los débiles deben tener a alguien que luche por ellos [...] Por eso existen los tribunales, para ayudar a los débiles, dándoles la oportunidad de obtener justicia». Efectivamente, al final David vence a Goliat.

No otra cosa es lo que viene a decir Ferrajoli cuando afirma que el Derecho es (debe ser) *«la ley del más débil»* y, por tanto, la superación del estado de naturaleza en el que el más fuerte establece su ley. Esa sería, al fin y al cabo, la historia del Derecho moderno —dice—, que poco a poco habría ido sometiendo a límites, minimizando y controlando el poder, sustituyendo así el gobierno de los hombres por el gobierno de las leyes[27], conforme a una concepción garantista del Derecho que lo entiende como límite del poder, de todos los poderes, ya sean públicos o privados, para proteger los derechos fundamentales de, en último término, todos los seres humanos[28]. El socialismo, en cambio, repudió el Derecho, cualquier Derecho, con lo que se quedó inerme ante los enemigos de los derechos humanos, de uno y otro signo, incluso de sí mismo:

> «la contribución teórica del marxismo al Derecho ha sido poco más que nula. No sólo eso. Esta carencia teórica ha terminado por avalar —a la sombra de fórmulas vacías como la idea del Derecho como superestructura, la dictadura del proletariado y la predicción de la extinción del Estado— la devaluación, o peor, el desprecio por el derecho que ha representado, creo, una de las razones principales del fracaso histórico de aquella esperanza del siglo que fue el comunismo. Aquella devaluación y aquel desprecio han atacado de hecho el legado más precioso de la tradición liberal: el principio de legalidad, es decir, la idea del derecho y de los derechos como conjunto de reglas, de límites y controles sobre el poder político, sustituida por la confianza en un poder tenido por bueno por ser "rrevolucionari". Ha sido una enésima y lamentablemente trágica versión de la idea del gobierno de los hombres. En lugar del gobierno de las leyes»[29].

27 Ferrajoli, L.: *El garantismo y la filosofía del Derecho*, cit., p. 122-123.

28 *Ibidem*, p. 143.

29 Ferrajoli, L. y García Figueroa, A.: «Entrevista a Luigi Ferrajoli», en Carbonell, M. y Salazar, P.: *Garantismo. Estudios sobre el pensamiento jurídico de Luigi Ferrajoli*, Trotta y UNAM, 2005, p. 521.

Y sin embargo Ferrajoli fue uno de los más conocidos partidarios de la doctrina del uso alternativo del Derecho o, mejor, de la jurisprudencia alternativa, doctrina que se puede encontrar en imágenes en una conocida película, *Z* (Constantin Costa-Gavras, 1969). La opción progresista de la cinta resulta evidente, al igual que la del juez protagonista, un joven inteligente, pulcro y con sangre fría, que decide aplicar el Derecho de forma distinta a como otros muchos lo harían. Pero ¿no eran los jueces funcionarios del *status quo* que pretendían beneficiar a los ya beneficiarios del sistema social y perjudicar a los ya perjudicados? Desde luego, *Z* no exponía con imágenes la tesis clásica del marxismo sobre la función judicial, sino que venía a decir que ésta podía ejercerse de otra forma; que quizás los jueces hicieran habitualmente un uso convencional del ordenamiento jurídico, pero que también cabría un uso alternativo del mismo; entendiendo por alternativo respetuoso con y protector de los derechos humanos. Esta doctrina, entonces, encontraría una razonable plasmación fílmica en esta película de Costa-Gavras, pues en ella puede observarse que, en la sociedad a la que da forma, en la confrontación social, en la lucha de clases, el entramado jurídico político no es neutral, sino que toma partido a favor de las dominantes, perpetuando la situación de las dominadas. Pero el Derecho no ha de ser «un territorio definitivamente abandonado a la dominación de la clase burguesa», en palabras de López Calera[30], sino que «utilizando las posibilidades del mismo ordenamiento jurídico» puede convertirse —según Modesto Saavedra— en otro instrumento de una «práctica emancipadora»[31]. Eso significa que para los juristas alternativistas el Derecho es, por una parte, un fenómeno político, nunca una realidad aséptica, nunca una realidad únicamente técnica; por otra parte, se trata de un objeto moldeable, plástico, que no permite una sola opción práctica sino varias, todas con lectura política, entre las que hay que decidirse. Lo que no debe hacer el juez es negar la evidencia. En cualquier caso, aunque pueda parecer que hay grandes diferencias entre la jurisprudencia alternativa y la teoría garantista del Derecho, en ambas subyacen los mismos valores.

5. La función judicial, *sine ira et studio*

Otra cuestión que inevitablemente ha tratado el cine, sin duda porque permite la dramatización, es la de la construcción de las pruebas, de tal forma que éstas lleven a que se dicte una sentencia injusta. Por supuesto no se puede reducir a este argumento, pero es lo que ocurre en una de las cumbres del séptimo arte, en *La passion de Jeanne d'Arc*, *La pasión de Juana de Arco* (Carl Theodor Dreyer, 1928), que sufrirá el acoso de los religiosos, miembros del tribunal eclesiástico que la juzgará, que se encuentran persuadidos de

30 López Calera, N. M., Saavedra, M. y Andrés Ibáñez, P.: *Sobre el uso alternativo del Derecho*, Fernando Torres, 1978, p. 22.

31 *Ibidem*, p. 40-41.

que es culpable de herejía y hechicería[32]. Es el fanatismo de esos jueces, presentado por medio de multitud de primeros planos de sus expresivos rostros (superioridad, condescendencia, impaciencia, dureza, burla, indignación, más burla, enfado, rabia, ira, cansancio, fastidio, odio) que se enfrentan a la cara angelical de Juana (tristeza, cansancio infinito, sufrimiento, éxtasis); es el fanatismo de esos jueces —decía— el que explica su comportamiento, convencidos como están de su culpabilidad[33]. Se trata de conseguir su confesión, para lo que vale tanto la persuasión como el engaño, tanto la privación del bien como la imposición del mal, el tormento. Pero quizás sea cierto que no se trata únicamente de que confiese sino de que se arrepienta, de que vuelva a la verdad y renuncie al mal[34].

En la obra de Dreyer y en todo el cine de la inquisición, la muerte en la hoguera valdrá como símbolo cinematográfico del extremismo, de la vehemencia, de la radicalidad, contra-virtudes todas ellas de un modelo negativo de juez, frente a otro moderado, ecuánime, prudente, auténtica garantía del derecho a un juicio justo. Del cine de la inquisición, además de varios *biopics* de Galileo y Giordano Bruno, conviene destacar dos impresionantes películas: *Häxan. La brujería a través de los tiempos* (Benjamin Christensen, 1922) y *Kladivo na carodejnice – Witchhammer, Martillo para las brujas* (Otakar Vávra, 1970), porque en ambas se contienen muchas enseñanzas de la historia del proceso que nos hacen reivindicar el que hoy conocemos, que trata de estar sometido a reglas de la razón, porque el previo, en cambio, tenía un carácter mágico religioso que permitía el uso de la ordalía o «juicio de Dios», de la que se nos ofrece un ejemplo en *Häxan*: una mujer sospechosa de herejía es lanzada al agua, en una zona profunda, atada de pies y manos. «Si flota será sacada del agua y quemada. Si se hunde, los jueces darán gracias a Dios por su inocencia». En *Martillo para las brujas* se define a los jueces como «instrumentos en manos de Dios», tal como admite el terrible juez inquisidor de la película. Evidentemente las garantías, si se pueden llamar así, son mínimas: no se reconoce la presunción de inocencia, que debe ser probada; las únicas pruebas que se admiten son la confesión y la testifical; la tortura es práctica usual para arrancar la declaración, precisamente, etc. No extraña que tras semejantes procesos lata la terrible arbitrariedad, que se presenta con gracia en *Häxan*: «Durante la época de la brujería era peligroso ser vieja y fea, pero tampoco era seguro ser joven y guapa».

---

32 *Vid.* Duby, G. y Duby, A.: *Les procès de Jeanne d'Arc*. Gallimard, 1973.

33 La película también podría verse como un documento sobre el patriarcado jurídico, cuando todos los jueces que condenan a Juana son varones que parece que más que juzgarla lo que hacen es abusar de ella.

34 Paredes Castañón, J. M.: «La pasión de Juana de Arco/ Dies Irae. Las políticas de la tortura», en García Amado, J. A. y Paredes Castañón, J. M., eds.: *Torturas en el cine*, Valencia: tirant lo blanch, 2005, p. 62.

En el marco del cine de la inquisición hay que recomendar el documental de Basilio Martín Patino, *Inquisición y libertad* (1982), no sólo por el interés de toda la película sino, sobre todo, por las declaraciones ante la cámara de Francisco Tomás y Valiente. La persecución de la herejía se llevaba a cabo por medio de un proceso que, ante nuestros ojos, resulta impactante: «no hay ninguna presunción de inocencia sino más bien lo contrario», «el presunto culpable no sabe de qué se le acusa hasta la parte final del proceso», uso del tormento como medio de prueba, la hoguera como pena, etc. Aunque hay que advertir también que esas prácticas no eran exclusivas de los tribunales inquisitoriales, siendo utilizadas también por los tribunales civiles de la época.

Tomada la expresión en sentido amplio, dentro del cine de la inquisición deberían incluirse los filmes que hacen una crítica de la práctica procesal del socialismo real, tipo *L´aveu, La confesión* (Constantin Costa-Gavras, 1970), en la que, en la Checoslovaquia comunista, se somete a tormento precisamente a un dirigente comunista para que confiese su desviación, traición o herejía, o *Przeluchanie El interrogatorio* (Ryszard Bugajski, 1989), que trata de un caso parecido, tortura y confesión incluidas, pero en la Polonia del telón de acero.

Todo esto nos lleva a la temática de la adecuación y la corrección de los procedimientos probatorios para obtener la verdad, ya que no sólo pueden ser más o menos eficaces sino también, desde nuestra perspectiva, lícitos o ilícitos. Es más, es que las pruebas también pueden ser falsas, como muy bien supo mostrar Orson Welles en *Touch of Evil, Sed de mal* (1958). Por supuesto, el juez no puede convertirse en un escéptico, pero tampoco puede dar por bueno cualquier medio de prueba, es decir, que los medios que pueden utilizarse para determinar la verdad acerca de los hechos juzgados no siempre lo consiguen y, en cualquier caso, en todos los casos, requieren ser verificados; al igual que requiere ser verificada su licitud. Otra llamada que el cine hace al juez y al legislador: el sistema de pruebas que acoge un ordenamiento jurídico, como parte del derecho a un juicio justo, ha de ser razonable.

En este apartado hay que citar la que creo que es la más conocida película judicial española, la de Pilar Miró, *El crimen de Cuenca* (1979), que narra un proceso judicial que fue objeto a su vez de otro proceso judicial, pues un juzgado militar ordenó el secuestro del filme por injuriar a la guardia civil e inició juicio penal contra Pilar Miró. Desde luego, ninguna otra obra cinematográfica merecería ser citada como ésta en una historia del Derecho españo[35]. Persuadido de que dos hombres han dado muerte a un tercero, el juez que se encarga del caso ordena que sean torturados brutalmente hasta que, efectivamente, confiesan el crimen. Además de por otros motivos, la película tiene

35 *Vid.* Díez Puertas, E.: *Golpe a la transición: el secuestro de El crimen de Cuenca (1978-1981)*, Laertes, 2012.

gran interés para nosotros: por una parte, por la defensa que implica de las garantías procesales más básicas y, por otra, por la enseñanza que se puede extraer: para alcanzar la verdad no vale cualquier procedimiento, además de que haya procedimientos especialmente idóneos para no alcanzarla. En fin, otra defensa del juez moderado, ecuánime, prudente y garantista, que sería el protagonista del derecho a un juicio justo.

Por fin, como el mejor ejemplo de lo que no debe ser un juez ni un proceso valga el del nazi Roland Freisler[36], quien, junto con el fiscal soviético Andréi Vyshinski[37], constituyen algunos hitos jurídicos, judiciales, de la historia universal de la infamia. Freisler fue Presidente del Tribunal Popular alemán y se caracterizó por su trato despiadado hacia los encausados, a los que sometía a parodias de juicio cuya decisión no tenía atisbo alguno de juridicidad, siendo resoluciones simplemente políticas conforme a los criterios del NSDAP aplicados radicalmente, pues incluso entre sus camaradas era tenido por un extremista. Aparece bien representado en *Sophie Scholl: Die letzten Tage*, *Sophie Scholl. Los últimos días* (Marc Rothemund, 2005), presidiendo el tribunal con toga roja, haciendo el saludo a la romana y pronunciando la consigna «Heil Hitler», luego gritando e insultando a los jóvenes encausados por haber distribuidos panfletos críticos con el régimen y, acto seguido, condenándolos a muerte.

6. De cómo no se debe juzgar

Al inicio de la década de los treinta apareció una película de Fritz Lang, *M. El vampiro de Dusseldorf* (1931), en la que se explicaba cómo no se debía juzgar. Un depredador sexual y asesino múltiple en activo es buscado por la policía, pero también por los criminales de Dusseldorf, precisamente porque se ven perjudicados por la presión policial que aquél ha generado. Al peligroso delincuente no lo detendrá la policía sino el hampa, que lo someterá a un juicio del que, aunque el presidente del tribunal diga que será conforme a Derecho, ya de antemano se conoce la sentencia. Sin embargo, el personaje interpretado por un impresionante Peter Lorre alega que es una fuerza irresistible la que le empuja a actuar de la forma en que lo hace, a la vez que pide que le detenga la policía y le juzgue un tribunal de verdad. Realmente aquél no es un tribunal, ni el Derecho que aplica es Derecho. Frente a la arbitrariedad de quienes ni siquiera reconocen que la locura es una circunstan-

36 Una biografía, la de Ortner, H., *El ejecutor Roland Freisler: un asesino al servicio de Hitler*, Sombra, 2010.

37 Vyshinski es uno de los protagonistas del documental *Process*, *El juicio* (Segei Loznitsa, 2018). No conozco su presencia en otras narraciones cinematográficas, pero para comprender su papel en el proceso valga *L´aveu*, *La confesión* (Constantin Costa-Gavras, 1970). Una biografía, la de Vaksberg, A.: *Stalin´s Prosecutor. The Life of Andrei Vyshinsky*, Grove Press, 1990.

cia eximente de responsabilidad, el ordenamiento jurídico se caracteriza por establecer garantías que protegen los derechos, también los del imputado. Pocos años después, John Ford trató el mismo tema en *The Informer*, *El delator* (1935), película que también vale para tratar el tema del concepto de Derecho, en la que se narra la traición que un irlandés comete contra el IRA, el posterior juicio al que esta organización le somete y la ejecución.

Semejantes casos de justicia popular, aun siendo absolutamente ilegítimos, difieren del linchamiento, el ejemplo más sencillo de cómo no se debe juzgar, que ha sido tantas veces llevado a la pantalla en películas que, inevitablemente, promueven un entendimiento positivo del Derecho, al menos frente a otras posibilidades de control social mucho más arriesgadas y cruentas. Además de la ya citada *Furia*, de Fritz Lang, hay dos casos muy interesantes de linchamientos frustrados en dos de las más clásicas películas jurídicas estadounidenses: en *Young Mr. Lincoln*, *El joven Lincoln* (John Ford, 1939) y en *To Kill a Mockingbird*, *Matar un ruiseñor* (Robert Mulligan, 1962). Digo que son muy interesantes porque en ambos casos, para evitar el crimen, se «utilizan» argumentos morales (y jurídicos) frente a la multitud enfurecida, aunque en una ocasión se expliciten y en otra, no. Lincoln, Henry Fonda, utiliza la ironía para ganarse al exaltado auditorio:

> «"Sabéis que soy un abogado novato que intenta prosperar. Queréis robarme mis primeros clientes. Quizás tenéis razón y se merecen la horca, pero si yo llevo el caso no tendréis que sufrir por eso. Sólo quiero que se haga con un poco de pompa legal y todo el montaje". Luego se pondrá más serio: "Si nos tomamos la ley por nuestra cuenta nos arriesgamos a que entre la confusión y la diversión colguemos a un inocente como a un culpable. O nos colguemos unos a otros para divertirnos. Hasta que no podamos pasar bajo un árbol o ver una cuerda sin sentir miedo"».

En cambio, Atticus, Gregory Peck, no llega a explicitar los argumentos; simplemente pide a los exaltados vecinos que se vayan. Será su hija Scout la que, en su inocencia, hará ver a quienes integran el grupo que la acción que pretenden está mal, que no se puede actuar así. La razón básica para rechazar el linchamiento es que se trata de una práctica irreflexiva, *en caliente*, que hace imposible que aquel a quien se trata de linchar pueda ni siquiera aportar pruebas que le sean favorables, vulnerándose así el derecho a la defensa, evidentemente; además impide también el juicio sereno sobre la pena que ha de corresponder al criminal, caso de que efectivamente lo sea. La «pompa legal y todo el montaje», en palabras del joven Lincoln, es decir, el procedimiento legal, constituyen garantías mínimas para que se pueda hacer justicia (se trata de condiciones necesarias, pero no suficientes), que en todo caso exige la imparcialidad y el distanciamiento del juez.

En las clásicas películas que acaban de ser citadas, las de Ford y la de Mulligan, aparece una escena dedicada al linchamiento o al intento de linchamiento, pero hay otras que se dedican por entero, todo su metraje, a un linchamiento, caso de *The Ox-Bown Incident*, *Incidente en Ox-Bown* (William A. Wellman, 1943) y *The Chase*, *La jauría humana* (Arthur Penn, 1966). La primera es una impresionante joya cinematográfica que narra cómo, ante la noticia de un robo con asesinato, en un pueblo de Nevada se prepara una partida de exaltados para perseguir a los criminales: corren tras ellos, les dan alcance, los «juzgan» y los ejecutan... Justo antes de saber que el que se creía asesinado vive y que los verdaderos culpables ya han sido detenidos. El solo argumento que se observa tras la narración ya es suficiente para condenar el linchamiento, pero, como ocurre en el gran cine, importa menos lo que se razona que lo que se muestra, en este caso con una estética que se mueve entre el western y el cine negro, que consigue crear un ambiente opresivo, casi claustrofóbico, aunque los decorados sean exteriores, generando en el espectador emociones de ira y de piedad a un mismo tiempo. Desde luego, el claroscuro estético no se traslada al terreno moral, en el que las posiciones quedan claramente definidas, sin que por ello el relato resulte maniqueo; probablemente como en la realidad, quienes se enfrentan a esta forma expeditiva de hacer justicia se caracterizan no sólo por ser precavidos sino por los sentimientos humanitarios. Las interpretaciones (otra vez de Henry Fonda, de Dana Andrews, Anthony Quinn, etc.), memorables tanto tomadas individualmente como en su conjunto, refuerzan el impacto del drama que constituye la violación del derecho fundamental a un juicio justo, sobre lo que versa la película. Queden para la posteridad las palabras escritas por Donald, el padre de familia linchado por aquella turba, reivindicando la ley como garantía de los derechos de todos:

> «Un hombre no puede tomarse la justicia por su mano sin herir gravemente la conciencia de la humanidad, porque entonces no es que infrinja una ley sino que las infringe todas. La ley es mucho más que las palabras de un libro, o los jueces, abogados y alguaciles encargados de que se cumpla. Es todo aquello que los hombres han determinado acerca de la justicia y de lo que está bien y lo que está mal; es la propia conciencia de la humanidad». Una buena definición esta última, por cierto, de los derechos humanos.

Hay que referirse también a la cinta titulada *The Chase*, mejor titulada todavía en español (lo que no suele ocurrir), *La jauría humana* (Arthur Penn, 1966), emblemática película norteamericana de los años sesenta que, por medio de una ambientación muy cuidada y de unas interpretaciones inolvidables, describe magníficamente el opresivo ambiente de una población del sur de Estados Unidos que resulta alterado cuando llegue la noticia de que un antiguo vecino, que se hallaba preso, se ha escapado de la prisión y que, además, en la huida pudo haber matado a un hombre. El miedo, el alcohol y las ganas de diversión se darán la mano para que una jauría humana persiga al prófugo y «le dé su merecido». En casi todas las películas que tratan del linchamiento se observa, de forma más o menos expresa, una reivindicación del Derecho y de las instancias jurídicas, vulneradas por el comportamiento de los linchadores. En ninguna como ésta, sin embargo, se hace tan clara apología de los procedimientos jurídicos frente a la violencia informal del grupo vengador. Representa esa justificación del Derecho el personaje del sheriff, interpretado por Marlon Brando, que encierra a un vecino en los calabozos para protegerlo y que busca a Bubber, Robert Redford, no sólo para detenerlo, como es normal, sino sobre todo para evitar que lo encuentren «esos salvajes». «Créame, Anna, yo soy su única esperanza de salvación», le dirá al personaje interpretado por Jane Fonda cuando le pida que le convenza para que se entregue. «Te pondré a salvo en la cárcel», le gritará al huido sin pizca de ironía. Luigi Ferrajoli encontraría en esta película la ilustración de la justificación del Derecho penal, que ya sabemos que para él no se halla sólo en la prevención del delito, sino también en la prevención:

> «de otro tipo de mal antitético al delito que suele ser olvidado tanto por las doctrinas justificacionistas como por las abolicionistas. Este otro mal es la mayor reacción —informal, salvaje, espontánea, arbitraria, punitiva pero no penal— que a falta de penas podría provenir de la parte ofendida o de fuerza sociales o institucionales solidarias con ella. Es el impedir este mal, del que sería víctima el reo o incluso personas ligadas a él, lo que representa, me parece, el segundo y fundamental fin justificador del Derecho penal. Pretendo decir que la pena no sirve sólo para prevenir los injustos delitos, sino también los castigos injustos; que no se amenaza con ella y se la impone sólo *ne peccetur*, sino también *ne punietur*; que no tutela sólo a la persona ofendida por el delito, sino también al delincuente frente a las reacciones informales, públicas o privadas»[38].

En este capítulo habría que incluir el cine de los consejos de guerra, una variante del cine judicial que en muchas ocasiones sirve para mostrar, de nuevo, cómo no se debe juzgar. De entre las muchas películas de este subgénero sobresale, incluso sobre otra joya fílmica que es *King and Country, Rey y patria* (Joseph Losey, 1964), una obra maestra de Kubrick, *Paths of Glory, Senderos de gloria* (1957), que resulta imprescindible para los juristas; una clase de casi hora y media de duración sobre el derecho a un juicio justo. Durante la primera guerra mundial, para ocultar la incompetencia de altos mandos militares se inicia un consejo de guerra contra tres soldados a los que se acusa de cobardía. Elegidos no por su comportamiento sino a suertes o por la decisión de algún superior que así venga alguna ofensa, son sometidos a un proceso que vale como modelo de lo que no debe ser un proceso: se prescinde de todo *formalismo* (y así se ve la importancia de los formalismos jurídicos), no se lee la acusación, no se permite presentar pruebas a la defensa, no queda constancia documental de las actuaciones, etc. La farsa, además, será justificada (¡!) por un militar de alta graduación: se trata de mantener la moral de la tropa, para lo que hay que «fusilar de vez en cuando». Precisamente las escenas de la ejecución y las previas a ella habrían de incluirse en una antología de las escenas, de los cortes fílmicos

38 FERRAJOLI, L.: *Derecho y razón*, cit., p. 332.

de más poderosa fuerza visual de la historia del cine. Así, quienquiera conocer los requisitos de un juicio justo, bien puede acudir a un manual donde se enumeren, pero quien pretenda *experimentarlos* ha de ver esta película de Kubrick, conforme al principio de que la misión del cine no es la de decir sino la de *mostrar* lo que otros dicen.

Otra magnífico ejemplo de que el derecho a un juicio justo se puede *ver* en la pantalla es *Section spéciale*, *Sección especial* (Costa Gavras, 1975), en la que, contrariando el principio del juez natural, se crea un tribunal *ad hoc* para juzgar unos hechos, para los que a su vez se crea una ley penal que, por tanto, no estaba en vigor cuando se cometieron, contradiciendo así la prohibición de la ley penal retroactiva, y se acusa a quienes se tiene por enemigos, siendo indiferente que no sean culpables, vulnerándose ahora la proscripción de la arbitrariedad. De nuevo, un tratado sobre el derecho a un juicio justo.

Pero en este punto hay referirse a otra obra de arte, tanto literaria como cinematográfica, que enseña perfectamente lo que no debe ser un juicio, lo que es un juicio absurdo: *The Trial*, *El proceso* (Orson Welles 1962), basada en el conocido relato de Kafka. Por supuesto, puede interpretarse *El proceso* de forma alegórica, marcando distancias el intérprete entre el significante y el significado, olvidando que de lo que se trata es de un proceso judicial, o algo parecido, pero lo que ahora interesa precisamente es que estamos ante un juicio. ¿Efectivamente es un juicio? En cualquier caso no es un juicio justo: hay una evidente, escandalosa, indefensión, no se resuelven razonadamente las pretensiones del procesado, no conocemos qué es lo que puede hacer, qué recursos procesales puede utilizar, ni siquiera cabe esperar una resolución firme; la imparcialidad del juez parece un chiste, el derecho a la publicidad del proceso no existe, no hay asistencia ni siquiera interés del abogado por defender a su cliente, la dilación es la regla, ni siquiera tiene el derecho a presentar los medios de prueba que considere pertinentes; el derecho a conocer la acusación se vulnera, la presunción de inocencia se invierte y pasa a serlo de culpabilidad. En fin, hablar de «proceso» en este caso resulta una broma de mal gusto.

Por último, habría que citar en este apartado la serie que se inicia con *Dirty Harry*, *Harry el sucio* (Don Siegel, 1971), en la que el inspector Callahan, interpretado por Clint Eastwood, es el protagonista. Esta pentalogía vale como paradigma del cine de la venganza, que a su vez es paradigma del cine contra los derechos humanos y, en particular, del cine crítico con el principio de legalidad. Es cierto que Harry es policía, no juez, pero también que en una ocasión su jefe dice de él que es a la vez «juez, jurado y verdugo», en *Magnum Force*, *Harry el fuerte* (Ted Post, 1973), lo que no deja de ser verdad. Por otra parte, la figura del juez sí aparece en estas películas, pero para ser criticada por representar las garantías legales frente a la violencia informal del justiciero, que, por supuesto no respeta el principio de legalidad en sentido amplio, ni los principios de necesidad y humanidad, ni los principios de proporcionalidad, equidad y certeza en su actuación. En fin, pide este cine la quiebra de todos los principios penales humanistas e ilustrados. Ya sabemos que, aunque con ropajes académicos y legalistas, una tesis similar (y muy polémica) ha sido defendida en los últimos tiempos por el penalista Günther Jakobs, la del Derecho penal del enemigo[39].

En fin, tras este breve recorrido no cabe más que declarar otra vez, frente a quienes afirman el estado de naturaleza, nuestra fe en el Derecho y en los jueces garantistas, así como en los procesos sometidos a límites, pautados y pausados, con tiempos para aportar pruebas, para defenderse y argumentar, para reflexionar... Los pleitos no pueden durar eternamente, pero tampoco pueden ser expeditivos; los jueces deberían saberlo.

7. El juicio como argumentación

Llegados a este punto, hay que pararse en la que tengo por una obra maestra del cine de juicios; una película que sin duda cualquier aspirante a la carrera judicial, que cualquier estudiante de Derecho, debería ver: *12 Angry Men*, *Doce hombres sin piedad* (Sidney Lumet, 1957), que daría lugar a posteriores versiones[40]. ¿Por qué *Doce hombres* es un clásico, si no el clásico del cine judicial? Por haber sabido captar cinematográficamente la dinámica del Derecho, la realidad de la argumentación jurídica, la dialéctica del juicio y, ya más en concreto, el principio de presunción de inocencia o la práctica de la institución del jurado, tan importante en los Estados Unidos[41]. Precisamente

---

39 *Vid.* Rivaya, B.: «La filosofía del Derecho penal de Harry el Sucio (Luigi Ferrajoli contra el inspector Callahan)», en Varios: *Cine y justicia penal*, Poder Judicial del Estado de México y tirant lo blanch, 2022, p. 227-242.

40 También debe tenerse en cuenta, por varias razones, un antecedente de esta obra máxima, *Boomerang! El justiciero* (Elia Kazan, 1947). Primero por haber sido una película judicial dirigida por Elia Kazan y por reiterarse muchos de sus motivos en *12 hombres sin piedad*. Segundo, porque trata de lo que es un juicio justo o, mejor, de los factores que pueden afectar al proceso y convertirlo en injusto, precisamente. El crimen de que se trata es, se dice varias veces, un «caso difícil», lo que significa que se desconocen datos importantes de la comisión del delito y, sobre todo, se desconoce quién lo cometió. Sin embargo, existe una gran presión tanto social como política para que se detenga al culpable, lo que quizás hace que la policía actúe precipitadamente. Cuando detengan a un hombre que pudiera ser el criminal y coincidan varios indicios, se darán en los agentes las condiciones psicológicas para que otorguen menos valor a la presunción de inocencia y decidirán entonces *apretarlo* para que confiese. Las garantías del interrogatorio no se verán respetadas: ni habrá un abogado presente ni le permitirán descansar, por ejemplo, sino que, al contrario, lo presionarán tanto que alterarán incluso su declaración. Vulneradas las garantías en la fase de instrucción, el fiscal representado por Dana Andrews tratará de reintegrarlas en la del juicio, analizando detenidamente cada una de las pruebas, como más tarde se hará en *12 hombres*, llegando a la conclusión de que no son concluyentes, precisamente, y siendo el acusado declarado inocente, por tanto.

41 Existe una amplísima bibliografía sobre esta obra que tengo por la mejor película jurídica de la historia del cine. Una brevísima selección: Rivaya, B. y Fernández González-Irún, P.:

uno de los miembros del jurado del filme así lo expresa, cuando dice que se trata de un logro de la democracia, dando por sentada la legitimidad de un órgano que significa la participación popular en el proceso de toma de decisiones jurídicas, lo que recuerda inevitablemente el célebre discurso a favor del jurado, y de todo el sistema judicial estadounidense, que se pronunciará poco después en otro gran clásico de este género, *Anatomy of a Murder, Anatomía de un asesinato* (Otto Preminger, 1959).

Un joven, para el que se pide la pena de muerte, es acusado de haber dado muerte a su padre. Con gran realismo, ¡casi en tiempo real!, la película está centrada en las deliberaciones que, en la sala al efecto, lleva a cabo el jurado. Que la película sea de una sola escena, que se desarrolle en una habitación de reducidas dimensiones para un grupo de doce personas, que el calor sea sofocante, que casi todos los jurados suden abundantemente, que fumen y llenen los ceniceros de colillas, muestra lo asfixiante de una situación que el enfoque de las cámaras potencia, la tensión que se vive cuando el enfrentamiento parece que no permite llegar a un acuerdo. Realmente esas circunstancias valen para subrayar la temática que desarrolla *Doce hombres sin piedad*, la de la argumentación jurídica, pues se trata sobre todo de una película sobre cómo se argumenta para tomar y fundamentar decisiones jurídicas, sobre la elaboración de razones que sirvan para convencer a los demás de lo acertado de una decisión. La visión del Derecho que resulta de la primera película de Lumet es absolutamente moderna, pues se aparta tanto de una concepción racionalista como de otra irracionalista de la práctica judicial, adhiriéndose a perspectivas plenamente actuales[42]. Precisamente en la década de los cincuenta del siglo pasado, cuando se rodó la película a la que nos referimos, se produjo en el pensamiento jurídico el

> «comienzo de un cierto cambio de paradigma que en nuestros días —decía Juan Antonio García Amado a finales del siglo XX— va camino de consolidarse. Ese cambio supone el paso de entender el razonamiento jurídico como monológico a verlo como esencialmente dialógico. No es casual, pues, que en nuestros días haya caído en desuso la expresión "razonamiento jurídico" y en su lugar se hable de "argumentación jurídica". La práctica jurídica decisoria no está primariamente presidida por un razonar subjetivo, sino por un argumentar intersubjetivo. Las razones que cuentan no son las de la razón individual, las de la conciencia

«El Derecho en imágenes. Sidney Lumet (1924-2011)», *Intersexiones* 03, 2012, p. 19-47; Cabra Apalategui, J. M.: «Relato y justificación: en el corazón deliberativo de un jurado (a propósito de *Twelve Angry Men*)», *Teoría y Derecho* 17, 2015, p. 130-145; García Salgado, M. J.: «Argumentación jurídica y veredicto del jurado: a propósito de *Doce hombres sin piedad*», en Varios: *Liber Amicorum. Homenaje al profesor Luis Martínez Roldán*, Universidad de Oviedo, 2016, p. 255-265. *Vid.* también el comentario de la película en Rivaya, B.: *Derecho y cine en 100 películas*, tirant lo blanch, 2021, p. 255-264.

42 Valga como representación de esta dirección el libro de Atienza, M.: *Curso de argumentación jurídica*, Madrid: Trotta, 2018.

> subjetiva del intérprete y/o juez, sino los argumentos intersubjetivos, las razones que se expresan hacia los otros como justificación de las opciones y decisiones. De este modo, la "verdad" jurídica no se averigua subjetivamente, se construye intersubjetivamente; no se demuestra en su certeza inmanente, sino que se justifica o se fundamenta en su "razonabilidad" hacia el exterior, para los demás»[43].

Por eso, como los hechos no están claros, el deber que algunos recuerdan a lo largo del debate es el de hablar, el de seguir discutiendo. Precisamente tras la primera votación, en la que once de los doce miembros votan a favor de la culpabilidad y sólo uno a favor de la inocencia, el personaje que interpreta Henry Fonda dice: «Tendremos que hablar». Y tras la segunda votación, cuando se cambia el sentido de otro voto, y ahora pasan a ser diez contra dos, el jurado que mudó su opinión dice lo mismo, que hay que seguir hablando. Efectivamente, si se quiere llegar a conocer los hechos, si se pretende hacer la luz, el método «más acreditado» de averiguación de la verdad es el de contradicción. «A él se refiere expresivamente la sentencia popular: "de la discusión sale la luz"»[44]. Lo mismo habría que decir para llegar a decidirse, pues sólo cabe el camino de la confrontación de opiniones, y así tratar de convencer con argumentos a los otros. ¿Qué ocurre cuando quien tiene que conocer y decidir no son varias personas sino una sola? La técnica de pensamiento ha de ser similar, como si el juez unipersonal tuviera «doce hombres sin piedad» discutiendo en su cabeza.

Tras la primera votación, los jurados deciden que cada uno exponga su postura. Quienes votaron a favor de la condena siguen dos discursos diversos para argumentar su opción: para unos tiene que ser culpable pues no se demostró lo contrario, y un muchacho así, con sus antecedentes, es capaz de cometer semejante crimen; para otros, los hechos que se le imputan quedaron suficientemente probados a lo largo de la vista. La primera argumentación es refutada fácilmente por el arquitecto: el principio de presunción de inocencia, respaldado constitucionalmente, la impide, sencillamente; lo que hay que probar es la culpabilidad, no la inocencia. La segunda, que las pruebas aportadas son suficientes para condenar al acusado —dice el mismo jurado—, es la que se tiene que discutir. ¿Realmente las pruebas son suficientes? El razonamiento jurídico, por tanto, va a girar sobre los hechos, no sobre las normas a aplicar. El juez ya señaló que la norma aplicable al caso estaba clara, que si el imputado era tenido por culpable la condena sería la de muerte. No se discute de normas (ni de las que corresponde utilizar, ni de su interpretación, ni de su bondad o maldad), sino de hechos. Así, si la resolución judicial es el resultado de un argumento que toma la forma de silogismo (premisa mayor / premisa menor / conclusión), la premisa mayor, la

43 García Amado, J. A.: «Retórica, argumentación y Derecho», *Isegoría* 21, 1999, p. 137.

44 Andrés Ibáñez, P.: «La argumentación y su expresión en la sentencia», *Estudios de Derecho judicial* 32, 2000, p. 13.

norma que conviene al caso, no plantea duda. Lo que no resulta tan fácil en este caso es fijar la premisa menor: determinar los hechos e interpretarlos.

Por otra parte, en un primer momento el caso parece claro. Once de los doce hombres, una abrumadora mayoría, están de acuerdo con el veredicto de culpabilidad. El caso se convierte en problemático una vez que se problematiza, no antes. Si no hubiera habido una persona que, con actitud crítica, estuviera dispuesta a señalar los puntos oscuros, se habría tratado de un asunto simple. En este sentido, la ya referida distinción caso fácil/ caso difícil siempre resulta relativa a un contexto. Ahora, la oscuridad del caso deriva de la inconsistencia de las pruebas y del poco peso que tienen los indicios. Como apunta el protagonista, tal vez el muchacho sea culpable, pero él no tiene razones suficientes para creerlo así: el abogado no demostró demasiada pericia en la defensa, las declaraciones de los testigos no son ni mucho menos definitivas y los varios indicios que se utilizan para suponer su autoría son, por lo menos, insuficientes. A partir de aquí, la discusión va a girar sobre esos tres ejes temáticos.

Las referencias que se hacen a la actuación del abogado, aun siendo pocas, tienen enorme trascendencia. Era de oficio y, además, no creía en el chico, cuando —recuerda el arquitecto— hay «que tener fe en el cliente para organizar una buena defensa». El dato es simple, pero fundamental: quien no tiene interés (porque actúe de oficio o por cualquier otro motivo), quien no se lo toma en serio, no puede utilizar bien el Derecho. Como les dice enfadado el principal protagonista a varios miembros del jurado que se dedican a divertirse: «¡Esto no es un juego!».

En segundo lugar, gran parte de la sesión se centra en debatir sobre los datos aportados en la prueba testifical. Efectivamente los testigos declararon que creían poder afirmar que el hijo de la víctima había sido el causante de la muerte: una lo vio, otro lo oyó. ¿Son suficientes pruebas? Se analiza la visión de la mujer: lo vio a través de un tren en marcha y, además, es miope y lo más seguro es que en aquel momento no llevaba gafas. Se analiza la audición del hombre: se trata de una persona mayor, anciana incluso, y lo que pretendidamente oyó (en ese momento tendría que estar pasando el tren, con lo que sería difícil una audición clara), lo que pretendidamente oyó fue: «Voy a matarte». Pero semejante amenaza —apunta el arquitecto— puede tener distinto sentido e intensidad. De hecho, en una bronca que otro miembro del jurado tiene con el protagonista, aquél, ya exaltado, le dice lo mismo, que va a matarle. «¡No dirá en serio que va a matarme!», le contesta irónico el protagonista.

Tal vez sea cierto lo que afirma uno de los miembros del jurado, que los hechos «se pueden tergiversar como se quiera». Al fin y al cabo, hay que conocerlos e interpretarlos y, por tanto, pueden ser tergiversados. Ésa es precisamente la misión, una de las misiones, del jurista (o de los miembros de un jurado, que en este caso son legos en Derecho), conseguir un relato global y comprensible de los hechos que se juzgan, global y comprensible, pero sobre todo verdadero. En este sentido, el jurista es un investigador, aunque no basta sólo con conocer los hechos, sino que hay que interpretarlos y, conforme a Derecho, juzgarlos.

Hay otra cuestión de corte conceptual que aparece perfectamente expresada en una escena de la película. Avanzadas las deliberaciones, uno de los miembros del jurado, como antes ocurrió con otros, decide cambiar el sentido de su voto, que ahora pasa a ser de inocente. Se trata de un joven que ya desde el comienzo de la sesión manifestó su interés en acabar cuanto antes, puesto que tenía entradas para un partido de béisbol que se celebraría esa misma tarde. Salvo ese detalle (que se repite: una vez que el arquitecto vota, le pregunta que por qué les hace perder el tiempo), y que no se comportaba de forma especialmente educada con los demás compañeros, por lo demás su actuación no fue reseñable. Como todos menos uno, al principio votó culpable, pero probablemente sin un particular interés, sino sólo con la esperanza de acabar cuanto antes; ahora cambia el sentido de su voto «porque está harto», dice. Ante semejante respuesta, otro jurado le increpa y él se defiende señalando que vota lo que quiere y que no tiene ningún derecho a hablarle así. La enfadada respuesta de su crítico será contundente: resulta que primero votó culpable porque tenía prisa y ahora vota inocente porque está harto, ¡como si ésas fueran razones que justifiquen su decisión! Efectivamente, y en cambio sí hay razones para el enfado, pues lo que el jurado debe hacer no es explicar los motivos, las causas, de su decisión sino apuntar las razones, los argumentos, de su voto. En otros términos, quien toma una decisión práctica no está obligado a explicar sus motivos sino a justificar por qué razones tomó esa decisión y no ninguna otra. La distinción es fundamental para comprender la maquinaria jurídica. Es normal que a lo largo de un proceso aparezcan múltiples explicaciones. En *Doce hombre sin piedad* se explican muy diversos sucesos: por qué el testigo que dijo haber oído al acusado amenazar a su padre testificó en ese sentido; por qué no pudo recorrer cierta distancia en cierto tiempo; por qué no pudo oír lo que dijo haber oído; por qué el testimonio de la mujer tampoco era fiable; por qué un determinado tipo de navaja no es peculiar, etc. Una cosa es explicar hechos, por tanto; otra, en cambio, justificar decisiones. En este caso, lo que hay que razonar es por qué debe adoptarse esa decisión y no ninguna otra; por qué esa decisión es la correcta, y para lograrlo hay que apelar a normas. Por eso la respuesta última que, aun de mala gana, ofrece quien cambió el voto es admisible: porque no hay razones para considerar que es culpable o, lo que es lo mismo, porque las pruebas empleadas son demasiado endebles y no se debe condenar a nadie con pruebas no concluyentes.

Pero ¿qué habría ocurrido si el personaje de Henry Fonda no llega a haber estado allí? Ese problema reenvía a la cuestión de la legitimidad del jurado e, incluso, a la del funcionamiento de la Administración de Justicia. En la primera película de Lumet, ¿se justifica o no el jurado?, ¿se lanza un juicio favorable o desfavorable sobre los tribunales? Probablemente el mensaje último sea el de hacernos pensar que, al final, el sistema judicial funciona bien... O tal vez no, pues tampoco es difícil imaginar casos en los que nadie tenga interés en hacer justicia. Quizás ocurra, ¡puede ocurrir!, que los doce miembros del jurado, o el juez, tengan demasiada prisa por marchar, no sea que lleguen tarde al partido de béisbol.

8. La crítica del realismo jurídico al juicio como argumentación

Anatomy of a Murder, Anatomía de un asesinato, es otra de las grandes películas de juicios que hoy todos tenemos por clásicas, tanto por la magnífica dirección como por las interpretaciones de los actores o la música de Duke Ellington. Desde luego, se trata de una película imprescindible si hablamos de cine judicial, una película que narra un proceso seguido contra un militar acusado de dar muerte a una persona que, presuntamente, violó a la mujer de aquel. Lo sucedido, sin embargo, no está claro, con lo que parece que Otto Preminger se permite decir a los juristas que la de juzgar es una actividad especialmente difícil, sencillamente porque los hechos y su interpretación resultan problemáticos; resultando también complicada en este caso la calificación jurídica de los hechos y la determinación de la responsabilidad. Por lo demás, repárese en las cultas referencias que en la película se hacen al realismo norteamericano, al juez Holmes y a la jurisprudencia gastronómica. No cabe duda de que quien escribió el guion (Wendell Mayes), o la novela en que se basa (Robert Traver), sabían del pensamiento jurídico norteamericano, un pensamiento básicamente realista que suele reconocer en Oliver W. Holmes a su fundador. Su pensamiento se puede sintetizar en su definición del Derecho, «las profecías acerca de lo que los tribunales harán en concreto», en su interés por «el Derecho en funcionamiento» más que por las disquisiciones especulativas, en su desconfianza de la lógica y de la certidumbre del resultado, así como en su creencia en la importancia del momento valorativo, aunque sea inconsciente, a la hora de juzgar[45]. Esa tendencia realista está presente en el discurso del juez, que al iniciarse las sesiones advierte con sorna a las partes y al público que es como cualquiera de sus colegas, que todos ellos son iguales: «la única diferencia puede estar en cómo hagan la digestión o en su facilidad para quedarse dormidos. En cuanto a mí, digiero una barra de hierro y, aunque pueda parecer que duermo a ratos, descubrirán que despierto con facilidad, sobre todo si un buen abogado hace una argumentación que a mí me parezca brillante». Resulta así que la argumentación y las reglas cumplen un papel en la labor judicial, pero también lo cumplen la digestión y el sueño.

En tanto que se trata de una de las mejores películas procesales, *Anatomía de un asesinato* sirve para confirmar que el juicio es, por principio, un tea-

45 Holmes, O. W.: *La senda del Derecho* [1897], Abeledo-Perrot, 1975, p. 21-29.

tro donde los papeles están en parte escritos y en parte dejan libertad a los intérpretes para la improvisación. La sala de vistas es el escenario donde se desarrolla una obra en la que suelen repetirse los personajes: la víctima y el criminal, el acusador y el acusado, el juez o el tribunal, en su caso el jurado, y el público. Ese formato cinematográfico ya tiene más de un siglo de historia y, sin embargo, sigue cosechando éxitos.

En el caso de la película de Preminger conviene fijarse, como digo, en la manera realista en que presenta la actividad judicial[46], una actividad que consiste en el manejo de normas positivas, pero no en el manejo teórico (esto «no es un debate universitario», dice el personaje de James Stewart), sino en el práctico, que tiene consecuencias reales, y a veces de enorme trascendencia, en la vida de las personas (como puede ser, en este caso, la perdida de la propia vida). La actividad judicial —decía— consiste, en cierta medida, en utilizar normas jurídicas. En efecto, cuando el cliente le dice a su abogado que la ley no escrita está de su parte, éste le contesta que «la ley no escrita es un mito». ¿Quiere esto decir que en el juicio no cabe apelar a ningún Derecho natural que esté más allá del puesto por los hombres? En principio, parece que el trabajo jurídico utiliza las herramientas legales dadas por el legislador y los jueces. Sin embargo, esa afirmación no es del todo cierta; quizás sea verdad que no existen leyes no escritas, pero lo que sin duda hay es una reacción de simpatía o antipatía en el público y en el jurado, en este caso en relación con el acusado, y esa reacción parece generarse por algún tipo de principio normativo que establece que la conducta del marido que mata al violador de su mujer no es tan grave, no es reprochable con tanta intensidad como en otros casos; o quizás no es reprochable en absoluto. «¿No está justificado matar al hombre que violó a mi mujer?», le pregunta retóricamente el abogado a su cliente. Efectivamente, el defensor conoce las emociones positivas que su defendido genera en el jurado, y lo expresa perfectamente cuando le comenta que lo que necesitan es una «percha legal» para colgar esas simpatías que despierta. Por «percha legal» hay que entender una argumentación jurídica que sirva para dar razones a quienes ya están convencidos de que el acusado lleva razón. No hay que seguir un proceso argumentativo que nos conduzca a una decisión, parece que viene a decírsenos; la decisión ya está tomada y lo que se requiere por tanto es justificar una decisión que existe de antemano. Evidentemente, que una parte en el proceso cuente con las simpatías del público, del juez o del jurado, sobre todo del jurado, convierte en más fácil conseguir un veredicto a su favor pues, salvo que se argumente muy mal, parece más sencillo convencer a quien ya está convencido que a quien no lo está. Las decisiones judiciales, el Derecho verdadero, no son el resultado de un proceso lógico o argumentativo sino el producto de las emociones, que son las que hacen que se tomen ciertas decisiones, que luego habrá que justificar, que argumentar.

46 Chase, A.: *Movies on Trial. The Legal System on the Silver Screen*, The New Press, 2002, p. 9.

La labor de la defensa viene a ser la de influir en los miembros del jurado, convencerlos o persuadirlos, para que se pongan de parte de su cliente. Hay una escena genial que así lo muestra. El abogado realiza preguntas a peritos y testigos, preguntas que a veces, ante las quejas del fiscal, retira. Entonces el juez pide al jurado que no tenga en cuenta la pregunta que se ha retirado. «¿Cómo puede el jurado no tener en cuenta lo que ha oído?», pregunta curioso el acusado. «No puede, teniente, no puede», le contesta irónico su abogado. En efecto, lo que importa no son los formalismos al uso, sino utilizar los medios necesarios para llevar al jurado a tomar la decisión que se pretenda. ¡Ya se le darán después los argumentos! Pero tampoco quisiera excederme pues no se trata de que para el realismo las normas no valgan nada, sean inútiles, sino que hay que «establecer cuál es su función real en cada caso y cuál la incidencia de otros factores que intervienen sistemáticamente en las decisiones judiciales»[47]. Con palabras de Llewellyn: las normas jurídicas no son «el factor operativo de más peso en la producción de decisiones judiciales», aunque eso no quiere decir que no tengan ninguna importancia a la hora de tomar la decisión[48].

La decisión ya está tomada y ahora se trata de vestirla, de justificarla, y colgarla en esa *percha legal* que es el argumento, que en el caso de la película se va a construir a partir del informe pericial de un psiquiatra que asegura que el acusado sufrió un impulso irresistible, en su terminología una «reacción disociativa», que le impidió obrar de forma distinta a como lo hizo. Ahora la cuestión es la de determinar si quien sufre una reacción semejante es capaz o no de distinguir entre el bien y el mal, pues en la jurisprudencia se encuentra aceptado el argumento de que el incapaz de discernir no es responsable. En principio, el impulso irresistible no anula la conciencia sino la voluntad y, por tanto, no valdría como eximente de la responsabilidad (¿?). Ahora, la escena de los abogados buscando en gruesos repertorios jurisprudenciales. ¡Con éxito! Una sentencia de 1886 reconoce el impulso irresistible, aunque no anule la conciencia moral, como eximente. Por fin, se ha encontrado la *percha legal* en la que se pueda colgar la (previa) decisión favorable del jurado. Al final, sin embargo, probablemente el público se identifique con la secretaria del defensor, que expresamente manifiesta que no sabría qué hacer si ella formara parte del jurado. Habitualmente no hay una sola respuesta correcta y, además, aunque haya varias, no deja de ser difícil encontrarla. «La gente no suele ser buena o mala, suele ser ambas cosas», dice el abogado. Lo mismo que les ocurre a las partes de aquellos casos que tienen que ser *resueltos* por las decisiones judiciales.

47 HIERRO, L.: «Realismo jurídico», en E. GARZÓN VALDÉS Y F. LAPORTA, F.: *El derecho y la justicia*, Trotta, CSIC y BOE, 1996, p. 80.

48 LLEWELLYN, K.: *Jurisprudence. Realism in theory and practice*, The Lawbook Exchange, 2000, p. 56.

Pero no sólo el realismo norteamericano encontró su plasmación fílmica sino también el realismo escandinavo, en una película de Ingmar Bergman, nada menos, de enorme interés para nosotros, *Riten*, *El rito* (1969), una película que ya comentó magistralmente Juan Antonio Gómez[49]. Ya hace tiempo dije que, por lo que yo sabía, el cine de Bergman no constituye el mejor material para Derecho y Cine[50], pero en este caso, aunque a primera vista surja la duda, nos hallaríamos ante una excepción; no porque haya una reflexión expresa, verbalizada, sobre el fenómeno jurídico, que casi no la hay, sino porque sí existe otra cinematográfica, en imágenes, que se observa en el ambiente claustrofóbico de la película, en el abundante sudor del personaje del juez, en sus gestos, a veces de superioridad, de compresión o de ira; a veces de miedo, de terror o de humillación. Resulta indiferente que la labor del juez esté pautada, parece que viene a decírsenos, pues el proceso, y la resolución final, por tanto, son un producto de vivencias emocionales y factores psicológicos absolutamente incontrolables. Desde luego, pretender que existe un Derecho preexistente y omnicomprensivo del que se deducen las decisiones judiciales no sería más que una «ilusión»[51]. En efecto, no llama la atención la tendencia bergmaniana al psicologismo y al moralismo, sino que esas perspectivas se utilicen para observar el trabajo de un juez, lo que no es común en nuestra tradición y puede resultarnos hasta escandaloso. En palabras de Juan Antonio Gómez, «la película es una crítica implacable a la concepción positivista, formalista del juez, como ejecutor mecánico de un proceso cognoscitivo lógico-deductivo, como fría, calculadora, aséptica y racional *bouche de la loi*. Es la propia naturaleza psíquica del juez, y su evolución a lo largo del filme, lo que determina el auténtico *modus esendi* de la función judicial, en plena sintonía con los postulados teóricos del realismo jurídico escandinavo»[52]. En la película de Bergman parecen representarse así las tesis de Alf Ross, que afirman tanto el realismo psicológico como el realismo conductista para explicar el Derecho, es decir, que son los hechos psicológicos y las actuaciones de los tribunales los dos elementos con los que hay que contar para dar cuenta de la verdadera realidad jurídica[53]. El derecho a un juicio justo resultaría, en fin, quimérico.

49 Gómez García, J. A.: «Derecho y Cine. *El rito*, o el Derecho y el juez según el realismo jurídico escandinavo», *Revista de Derecho de la UNED* 3, 2008.

50 Rivaya, B. y De Cima, P.: *Derecho y cine en 100 películas. Una guía básica*, tirant lo blanch, 2004, p. 16.

51 Olivecrona, K.: *El Derecho como hecho*, Ariel, 1980, p. 106.

52 Gómez García, J. A.: «Derecho y Cine. *El rito*, o el Derecho y el juez según el realismo jurídico escandinavo», cit., p. 118.

53 Ross, A.: *Sobre el Derecho y la justicia*, Eudeba, 1994, p. 69-72.

9. Juicio a los jueces

Otro representante fundamental del cine judicial es Stanley Kramer, cineasta liberal estadounidense al que se deben dos filmes de enorme importancia en el marco de la cinematografía judicial: *Inherit the Wind, La herencia del viento* (1960) y *Judgment at Nuremberg, ¿Vencedores o vencidos? El juicio de Nuremberg* (1961). El cuanto a la segunda película, a la que ya nos referimos al exponer qué era el positivismo ideológico, al tratar sobre el derecho a la libertad, es una obra que ha de ocupar un lugar destacado en el marco del cine judicial, ya no porque trate de uno de los juicios de Nuremberg, otro juicio al fin y al cabo, sino porque se ocupa con el proceso que se siguió precisamente contra altos magistrados del régimen nacional-socialista; es decir, en esta histórica película histórica se juzga a los jueces que aplicaron el ordenamiento alemán durante aquellos años, por hacerlo. Pero su importancia va incluso más allá:

> «la película de Kramer tiene un interés que desborda el puramente cinematográfico, porque ha dejado planteado para la posteridad, de forma magistral y a través de un medio de masas como es el cine, un problema ético fundamental que no sólo atañe a los juristas, sino a cualquier persona preocupada por los límites del Estado y de sus servidores en el empleo de ese instrumento terrible y al mismo tiempo necesario que es el Derecho»[54].

Aunque se halla lastrada por su excesivamente largo metraje (¡más de tres horas de duración!), creo que innecesario, no puede dejar de recomendarse dados todos sus logros: desde un gran número de interpretaciones inolvidables (las de Spencer Tracy, Burt Lancaster, Richard Widmark, Maximilian Schell, Montgomery Clift, etc.) hasta unos diálogos muy cuidados (el guion se debe a Abby Mann); desde un imaginable buen asesoramiento historiográfico hasta un planteamiento acertado de la polémica entre el positivismo y el iusnaturalismo, al menos en algunas de sus versiones. Por supuesto la película sólo puede insinuar esa pugna filosófica, pero lo hace de forma correcta y, referida ahora a los jueces, interesante. ¿Ha de ser el juez, simplemente, la boca de la ley? ¿Sea cual sea la ley?

Reducido el juez a *homo juridicus*, su único criterio de actuación es el legal, dejando así a un lado otros de mayor importancia. Con palabras del abogado defensor: «Un juez no es quien promulga leyes, es quien hace cumplir las de su país» Por supuesto, el positivismo jurídico no afirma esto, sino sólo que no hay más Derecho que el Derecho positivo. Es una vertiente de la doctrina positivista, la que se ha dado en llamar (muy correctamente) positivismo ideológico, la que afirma que ese Derecho debe ser obedecido en todo caso;

54 MUÑOZ CONDE, F. Y MUÑOZ AUNIÓN, M.: *¿Vencedores o vencidos? Comentarios jurídicos y cinematográficos a la película de Stanley Kramer, «El juicio de Nuremberg» (1961)*, tirant lo blanch, 2003, p. 56.

la que afirma, como hace uno de los jueces juzgados de la película, que el «sentido personal de la justicia debe sacrificarse al orden legal establecido», que *la ley es la ley*. No hace falta decir que ese principio es terrible:

> «Esta atribución de un valor positivo al Derecho existente se realiza a menudo a través de dos tipos diversos de argumentación: 1) el Derecho positivo, por el solo hecho de ser positivo, esto es, de ser la emanación de una voluntad dominante, es justo; o sea, el criterio para juzgar la justicia o injusticia de las leyes coincide perfectamente con el que se adopta para juzgar su validez o invalidez; 2) el Derecho, como conjunto de reglas impuestas por el poder que ejerce el monopolio de la fuerza en una determinada sociedad, sirve con su misma existencia, independientemente del valor moral de sus reglas, para la obtención de ciertos fines deseables, tales como el orden, la paz, la certeza y, en general, la justicia legal. De ambas posiciones se deduce la consecuencia de que las normas jurídicas deben ser obedecidas por sí mismas, en cuanto tales»[55].

No hace falta decir que ese principio es terrible —decía—: una cosa es que valga como principio, precisamente; otra, que valga en todo caso. Que como regla general el juez debe aplicar la ley, resulta evidente, y si no fuera así ningún ordenamiento jurídico podría subsistir. Ahora bien, que ese entendimiento ampare cualquier actuación de un juez resulta no sólo peligroso sino terrorífico. En cualquier caso, no deja de llamar la atención «la gran paradoja que envuelve los juicios de Nuremberg: quienes habían dejado de lado por completo el principio de legalidad, lo invocan ahora en su defensa; quienes por aquellas arbitrariedades los juzgan ahora, difícilmente encuentran la legalidad que les apoye»[56].

Efectivamente, llegados a este punto tenemos que preguntarnos si el juicio de Nuremberg fue justo. Al fin y al cabo, el presidente del tribunal reconocerá que «[n]o todo el mundo opina que deben ser jugados». Por supuesto el abogado cree que no, pero quien mejor lo expresa es el personaje de Marlene Dietrich, para el que semejante proceso no era otra cosa que la «venganza que los vencedores se toman siempre sobre los vencidos». Efectivamente, ¿se trató de un tribunal independiente e imparcial que aplicó un Derecho previamente establecido? Pero si no se creaba un tribunal y una ley para el caso, ¿qué otra posibilidad cabría? Como dijo el fiscal, la causa era «excepcional». Del acontecimiento histórico que se narra cabe extraer, eso sí, una importantísima enseñanza, el deber de crear un tribunal penal internacional y una normativa aplicable para crímenes inimaginables.

---

55 Bobbio, N.: *El problema del positivismo jurídico*, Fontamara, 1992, p. 47.

56 García Amado, J. A.: *La lista de Schindler. Abismos que el derecho difícilmente alcanza*. tirant lo blanch, 2003, p. 54.

10. Las virtudes del juez justo

A comienzos de los sesenta, con el trasfondo de la lucha por los derechos civiles, y al poco tiempo de que apareciera *El sargento negro*, de John Ford, Robert Mulligan rueda una lograda versión de la novela de Harper Lee, *To Kill a Mockingbird*, *Matar un ruiseñor*, en la que se refleja la lucha contra una discriminación racial que forma parte de la moral dominante de al menos una parte de la sociedad norteamericana[57]. La película está narrada por Scout (Mary Badham), pero el protagonismo de la cinta corresponde a la familia de ésta, formada por su padre, Atticus Finch (Gregory Peck), su hermano Jem y, junto a ellos, Calpurnia, la cocinera negra en la que Atticus deposita su plena confianza para educar a sus hijos. Así, se trata de una película familiar, en el amplio significado de la palabra, pues sobre todo transmite los valores típicos de la vida familiar. Pero fijémonos en Atticus un momento: por encima de los otros roles que asume, es un viudo y padre ejemplar que no se despreocupa en ningún momento de sus dos hijos, a los que educa en el respeto al prójimo. Pero Atticus también es un vecino ejemplar y, lo que ahora nos interesa más, un abogado ejemplar. En el aspecto técnico, por declaraciones de sus conocidos sabemos que defiende «los pleitos de sus clientes mejor que nadie». En el humano, resulta que no cobra o cobra en especies a aquellos que no pueden pagarle de otra forma, que es honesto en todas sus actuaciones y que, aun siendo incomprendido por una parte de la población, tiene el valor necesario para actuar como cree que debe y defender a un negro acusado nada menos que de la violación de una joven blanca. La respuesta que Atticus da a su hija Scout, cuando le pregunta por qué defiende a «esos despreciables negros», tiene especial valor y muestra sus ideas acerca de las relaciones entre el Derecho y la moral: «porque si no lo hiciera no podría ir con la cabeza bien alta, ni siquiera podría deciros a ti y a Jem qué es lo que debéis hacer». Se entiende por qué el American Film Institute declaró a Atticus «el héroe popular más excepcional de la historia del cine»[58]. Pero lo que ahora nos interesa es que la película no trata tanto del orden jurídico, aunque inevitablemente también, cuanto de un orden moral tradicional, de la moral convencional y de la moral crítica que se enfrenta a él.

La propia sala en la que se juzga al vecino negro por el delito de violación será la mejor expresión del orden social que acabará siendo juzgado. El público se divide: arriba los negros, abajo los blancos. El juez, el jurado, compuesto por blancos mal encarados que auguran lo peor, el defensor y el acusador (sentado de forma incorrecta, como en las películas de John Ford, con la pierna

57 Una última lectura de esta película, la de DE LUCAS, J.: *Nosotros, que quisimos tanto a Atticus Finch*, tirant lo blanch, 2020.

58 MACHURA, S.: «Procedural Unfairness in Real and Film Trials: Why Do Audiences Understand Stories Placed in Foreign Legal Systems?», en FREEMAN, M., ed.: *Law and Popular Culture. Current Legal Issues Volume 7*, Oxford University Press, 2005, p. 150.

reposando en el brazo de la silla), el acusado, temeroso y expectante. Dato curioso: en ningún momento se adivina qué pena se solicita para el presunto culpable. Atticus realiza una brillante defensa, y demuestra la imposibilidad de que haya sido Robinson el autor del crimen; es más, que no hubo crimen sino un atentado contra el código moral de la sociedad, pero cometido precisamente por la que aparecía como víctima, que fue la que realmente se insinuó al acusado. Ya es inevitable el paralelismo con *El sargento negro*, cuando éste se confiesa culpable no de los delitos que se le imputan sino de «algo contra lo que no podemos luchar», de un asunto con mujeres blancas, quizás el último refugio del racismo. Todo está claro y, sin embargo, el jurado resuelve la culpabilidad. La crítica del realismo jurídico parece evidente y ya la conocemos: han sido los prejuicios raciales los que han dictado la condena. Impresiona la escena siguiente, cuando el público blanco y los funcionarios ya han abandonado la sala y Atticus se dispone a hacer lo mismo: todos los negros asistentes se ponen de pie, en silencio, como muestra de respeto. Acaba de ocurrir lo que nunca debe ocurrir: se ha matado un ruiseñor. La moral social se ha impuesto a la moralidad objetiva; la aplicación arbitraria del Derecho positivo se ha impuesto al Derecho racional.

No extraña que la novela de Harper Lee y, sobre todo, la película de Robert Mulligan, por ser el cine un medio de masas, hayan sido la causa de que muchos estudiantes estadounidenses se decidieran por la carrera de Derecho. Atticus se convirtió en los reivindicativos Estados Unidos de los años sesenta en el perfecto modelo social; también en el perfecto modelo de jurista. El mismo papel había cumplido en el pasado el Lincoln de *El joven Lincoln*. Ambos, Lincoln y Atticus, eran abogados, pero representaban las virtudes que ha de poseer todo jurista y, por tanto, también los jueces. El juez ideal 1) conocería el Derecho positivo, la técnica jurídica, pero por encima de ese conocimiento tendría sentido común, inteligencia práctica; 2) se interesaría por el caso que ha de juzgar, dedicando tiempo y empeño a la investigación; 3) sabría argumentar y convencer con sus argumentos al auditorio; 4) sería un buen vecino, un ciudadano comprometido con su sociedad; 5) y por todo ello se le reconocería autoridad. De Lincoln y de Atticus se podrían predicar más virtudes que las que Dworkin asignó al juez Hércules: «habilidad, erudición, paciencia y perspicacia sobrehumanas»[59], pues además de ésas aquéllos tendrían el reconocimiento y el afecto sociales. Por esta razón, pero también por el tratamiento que ofrece de las relaciones entre el Derecho y la moral social, mostrándose en imágenes un Derecho crítico con la moral positiva, lo que no suele ser cinematográficamente habitual, y por su defensa de la justicia, merece ser leída la novela y vista la película por quienes sientan algún interés por el derecho a un juicio justo, derecho que para convertirse en real precisa no sólo de un reconocimiento legislativo sino también de un juez virtuoso.

59 Dworkin, R.: *Los derechos en serio*, Ariel, 1989, p. 177.

11. El juez Hércules en oriente

Pero una vez que hemos citado al juez Hércules debemos preguntarnos si hay una imagen fílmica de éste, un juez cuyo juicio siempre es justo, que sabe resolver los casos difíciles, y cuanto más difíciles sean, mejor; casos que sin que encuentren solución en el Derecho positivo han de hallar, sin embargo, una respuesta correcta. Curiosamente esa imagen la encontramos en oriente, en un cine que para nosotros resulta etnológico.

Mucho nos interesa una película judicial china (aunque llamarla película judicial puede confundir, pues no se adapta a los patrones occidentales, evidentemente), una película judicial —decía— que fue galardonada en el Festival de Venecia de 2006, *Mabei shang de fating*, *El último viaje del juez Feng* (Lie Liu, 2006). Digo que se encuentra alejada de los patrones occidentales porque narra la actuación de un tribunal ambulante chino que recorre un amplio territorio del gigante asiático, alejado de los centros urbanos y en el que conviven muy diversas etnias, impartiendo justicia por pueblos y aldeas. Película de corte antropológico, por tanto, que explica la actuación de un tribunal primitivo o, mejor, extraño, y pone ante los ojos del espectador los conflictos que surgen entre la ley del Estado y las tradiciones milenarias de aquellos pueblos. No ha de extrañar que el juez Feng, modelo de prudencia, se queje de su profesión: «No es nada fácil ser juez», dice.

Allá adonde llega el tribunal se instala la sala de justicia, una mesa y una silla, presidida por el emblema del Estado chino, las cinco estrellas sobre fondo rojo, y los miembros de la oficina judicial se visten con trajes negros de corte occidental en los que prenden sus insignias. Como se mostrará en la película, el emblema tiene enorme importancia, pues enseña que lo que ocurre bajo su presidencia no es un acto privado, que la decisión de aquel hombre es algo más que su particular opinión, que tiene una autoridad que ha de respetarse.

El tema de la autoridad resulta de vital importancia. Por una parte, se ve en el símbolo: cuando desaparezca el escudo, el juez Feng explicará a los vecinos que ese emblema tiene tanta importancia para él como Buda para ellos. Por otra parte, se observa en la actuación de los integrantes del tribunal (el juez va acompañado por dos funcionarios): cuando uno de éstos actúe de manera impropia, el protagonista le reprochará su conducta por el impacto negativo que tiene en la autoridad del tribunal. Que se reconozca autoridad al tribunal resulta de vital importancia, porque ya apunté que existe un conflicto, muy visible, entre la ley del Estado y la tradición de la tierra. La tradición, sin duda, posee autoridad, pero la ley ha de ganársela, para lo que el juez tiene que conseguir armonizar una y otra. La pretensión no es fácil. Desde luego, no se trata de aplicar sin más la legalidad, desconociendo arraigadas tradiciones, como pretende uno de los funcionarios que acompaña a Feng, un joven que probablemente ha estudiado Derecho pero que desconoce las dinámicas sociales; pero tampoco puede ser que se aplique sin más la tradición (entre otras cosas porque probablemente existen tradiciones enfrentadas que pueden justificar tanto unas conductas como otras), lo que significaría que la ley carece de valor. Por eso el juez Feng tiene algo de Salomón, de nuevo de juez Hércules, que sabe de la importancia de su labor, pero también de su dificultad, como ya he dicho con sus propias palabras. En cuanto a la trascendencia de la función de juzgar, no se trata simplemente de que cada cual haya de realizar bien su labor sino de que, en este caso, al igual que en el de los médicos con las enfermedades, los pleitos han de quedar bien resueltos porque, de lo contrario —dice el protagonista—, estallan y perviven las luchas entre las familias.

La existencia de dos códigos normativos enfrentados resulta de especial interés desde la perspectiva del juez. Por una parte, es cierto que ha de aplicarse el principio de jerarquía normativa, principio que parece que tiene algo de natural, que no ha sido inventado. Como dice el juez Feng, hay códigos superiores «que prevalecen sobre otros códigos populares menores». Por otra parte, en la medida en que puedan evitarse, los conflictos han de ser evitados. Este principio básico para la vida en comunidad, lo argumenta el juez apelando a la buena fe, al parentesco que une a los vecinos, a los perjuicios que para todos significan, etc. Ahora bien, si se aplica la ley estatal como un rodillo, el efecto va a ser precisamente un gran conflicto entre aquellas poblaciones y el Estado. Se tratará, por tanto, de buscar puntos en común entre una y otra normatividad, interpretaciones conciliadoras, moderadas, que alejen perspectivas excluyentes, las que impiden soluciones integradoras. En este punto no puede dejar de recordarse la referencia que se hace en la película al principio de universalización, que aparece como argumento último, definitivo, a la espera de que lo valide el juez: ¿qué ocurriría si todos hicieran lo mismo? Si se trata de tomar decisiones, el razonamiento no puede obviarse. En fin, una bella película que no sólo narra problemas en sede judicial, sino que también dice mucho de las virtudes que ha de poseer el buen juez.

Pero de forma más clara aún encontramos al juez Hércules en Yemen, nada menos, en la película *Ana Nojoom bent alasherah wamotalagah*, que en España se tituló *10 años y divorciada* (Khadija Al-Salami, 2014), donde se narra el matrimonio que el padre de una niña, Nojoom, concierta con un vecino, entre su hija y éste, conforme a la tradición de la tribu. Nojoom acabará escapándose y contando a un juez lo que le ocurre, quien abrirá un proceso ante el que considera un *caso difícil*. En efecto, a nuestros ojos se trata de un caso moral y jurídicamente fácil, pero había razones para que aquel juez lo tuviera por un supuesto difícil.

Para empezar el juez mandará a la policía que haga comparecer en la vista tanto al padre como al marido de Nojoom, a quienes al fin y al cabo se les va a exigir responsabilidad por haber participado en el matrimonio de una niña de diez años. Pero se demuestra que el caso es difícil porque en la sala también se presentará el jeque, la autoridad de la tribu a la que pertenecen aquéllos, increpando al juez, que carecería de legitimidad para «violar los derechos de un miembro de la tribu», conforme a las tradiciones y costumbres tribales, precisamente. El primer problema es, de nuevo, el del pluralismo jurídico; varios ordenamientos normativos e, incluso, jurídicos, entrarían en conflicto: ¿cuál ha de prevalecer? Realmente ése es el primer problema, pero no el principal. El problema primordial es que la ley, el Derecho del Estado, no exige una edad mínima para casarse, como el mismo juez reconoce, luego ese matrimonio no está legalmente prohibido ni hay causa de nulidad alguna que se pueda esgrimir, cuando será lo que el juez acabe resolviendo en la sentencia, la nulidad del matrimonio. Interesa su argumento porque recuerda el que utilizó Dworkin a partir del famoso caso *Riggs versus Palmer* para afirmar la existencia de los principios, otro tipo de normas que, junto a las reglas, constituirían el Derecho.

Las reglas son normas que establecen de manera taxativa cómo se debe obrar, de tal forma que o se cumplen o se incumplen. Por ejemplo, si la ley establece que la edad mínima para contraer matrimonio es de dieciséis años, estamos ante una regla que impide que contraigan matrimonio quienes no alcanzan esa edad, de tal forma que, atendiendo a ese criterio, un matrimonio resulta o no válido. En cambio, los principios no son tan precisos, ordenan alcanzar un resultado en la mayor medida posible y, por tanto, se pueden cumplir o incumplir más o menos, atendiendo a las circunstancias del caso. Así, la obligación que tienen los cónyuges de prestarse ayuda mutua es un principio, pues esa ayuda se puede prestar en mayor o en menor medida, atendiendo a la situación vivida. En muchas ocasiones, como en esta que acabamos de ver, precisamente, los principios, albergan pretensiones morales.

> «Llamo principio a un estándar que ha de ser observado, no porque favorezca o asegure una situación económica, política o social que se considera deseable —dice Dworkin—, sino porque es una exigencia de la justicia, la equidad o alguna otra dimensión de la moralidad»[60].

La distinción tiene gran importancia porque, aunque hay algunos que se plasman en reglas, como por ejemplo la prohibición de someter a cualquier persona a esclavitud, en la mayoría de las ocasiones los derechos humanos se formulan a través de principios, como la vida, la libertad, la igualdad, el honor, etc. que tratan de conseguirse en la mayor medida posible, atendiendo a las circunstancias del caso. Además, al tener los principios un contenido moral parece que contradicen la tesis básica del positivismo jurídico que dice que una cosa es el Derecho y otra, su justicia o injusticia; que el Derecho y la moral son ordenamientos normativos distintos y no necesariamente conectados. Esta tesis positivista se expresa bien en *Children Act, El veredicto* (Richard Eyre, 2017), en la que la magistrada interpretada por Emma Thompson manifiesta lo que le resulta obvio, que en su «tribunal se aplica el

60 *Ibidem*, p. 72.

Derecho, no la moral». Pero la existencia de principios vendría a poner en tela de juicio esa pretendida incomunicación entre los órdenes jurídico y moral.

Me refería al proceso Riggs versus Palmer, que le sirvió a Dworkin para explicar cómo funcionaban los principios. Había ocurrido que un nieto, tras matar a su abuelo, pretendía ser nombrado su heredero, cuando no había ley alguna en el Estado de New York, donde se había cometido el delito, que prohibiera que el homicida heredara al causante al que había arrebatado la vida. Según Dworkin el asunto podría resolverse conforme al principio (no positivo, que ninguna autoridad había establecido) que diría que nadie puede/ debe beneficiarse del crimen que ha cometido. Ahora, en *10 años y divorciada*, se trata de un supuesto diferente: una niña de diez años se ha casado (ha sido casada, debería decirse); pero igual, al menos a los ojos del espectador occidental, pues también resulta escandaloso y (también igual porque) no parece que conforme a la ley pueda encontrarse una solución justa, precisamente porque no hay ley alguna que prohíba que una mujer contraiga matrimonio a esa edad. Por supuesto, podríamos imaginar un caso más extremo aún: que se permitiera el matrimonio con una recién nacida, dado que no hay ningún límite legal de la edad. El principio que podría evitar la injusticia vendría a decir que los niños deben ser tratados conforme a su edad o, en términos más amplios, que los niños deben ser protegidos. El juez, en efecto, evitará aplicar la ley (que parece que no prohíbe ese matrimonio, reitero): no debemos pensar en esos términos, dirá refiriéndose a los términos legales, sino conforme a «la conciencia de todos los seres humanos», a la conciencia de la humanidad. El problema sería el del conocimiento de esa conciencia humana o, lo que es lo mismo, de aquellos principios antes citados o, utilizando palabras más clásicas, del Derecho natural, para el que no sería correcto que los niños (y las niñas, que es el caso del que se ocupa la película y el verdaderamente problemático) puedan contraer matrimonio.

Un apoyo para esa decisión lo ofrecerá la abogada de la niña en su intervención oral, cuando dice que «la sharía condena lo que hizo el marido», con lo que parece que se refiere a una norma religiosa/ moral que prohíbe mantener relaciones sexuales con niños, norma que entraría en contradicción con la otra que no establece una edad mínima para contraer matrimonio, es decir, que permite cualquier matrimonio sin atender a la edad de los contrayentes. El conflicto podría resolverse extrayendo de la regla establecida por la sharía un principio más amplio, el ya citado conforme al cual los niños deben ser protegidos y, por tanto, el matrimonio anulado. En fin, utilizando la expresión de Radbruch, habría un *Derecho supralegal*, por tanto, compuesto en buena medida por principios, un Derecho que el juez Hércules sería capaz de conocer y así resolver con justicia el caso. Pero entonces, llegados a este punto, habría que preguntarse si el derecho a un juicio justo depende de la teoría del Derecho que se mantenga, nada menos; de tal forma que habría teorías del Derecho especialmente formalistas, que reivindicarían aplicar estrictamente la letra de la ley y así podrían impedir, en ocasiones, una solución justa del caso concreto.

12. Filmografía citada

- *10 años y divorciada*. T.O. *Ana Nojoom bent alasherah wamotalagah*. Yemen, 2014. D. Khadija Al-Salami.
- *Anatomía de un asesinato*. T.O. *Anatomy of a Murder*. EE. UU., 1959. D. Otto Preminger.
- *Anatomía de una caída*. T.O. *Anatomie d´une chute*. Francia, 2023. D. Justine Triet.
- *Confesión, La*. T.O. *L´aveu*. Francia, 1970. D. Constantin Costa-Gavras.
- *Crimen de Cuenca, El*. España, 1979. D. Pilar Miró.
- *Crimen perfecto*. T.O. *Dial M for Murder*. EE. UU., 1954. D. Alfred Hitchcock.
- *Delator, El*. T.O. *The Informer*. EE. UU., 1935. D. John Ford.
- *Doce hombres sin piedad*. T.O. *12 Angry Men*. EE. UU., 1957. D. Sidney Lumet.
- *En el nombre del padre*. T.O. *In the Name of the Father*. Irlanda, 1993. D. Jim Sheridan.
- *Falso culpable*. T.O. *The Wrong Man*. EE. UU., 1956. D. Alfred Hitchcock.
- *Furia*. T.O. *Fury*. EE. UU., 1936. D. Fritz Lang.
- *Harry el fuerte*. T.O. *Magnum Force*. EE. UU., 1973. D. Ted Post.
- *Harry el sucio*. T.O. *Dirty Harry*. EE. UU., 1971. D. Don Siegel.
- *Häxan. La brujería a través de los tiempos*. T.O. *Häxan*. Suecia, 1922. D. Benjamin Christensen.
- *Herencia del viento, La*. T. O. *Inherit the Wind*. EE. UU., 1960. D. Stanley Kramer.
- *Incidente en Ox-Bown*. T.O. *The Ox-Bown Incident*. EE. UU., 1943. D. William A. Wellman.
- *Inquisición y libertad*. España, 1982. D. Basilio Martín Patino.
- *Interrogatorio, El*. T.O. *Przeluchanie*. Polonia, 1989. D. Ryszard Bugajski.
- *Intolerancia*. T.O. *Intolerance*. EE. UU., 1916. D. David W. Griffith.
- *Jauría humana, La*. T.O. *The Chase*. EE. UU., 1966. D. Arthur Penn.
- *Joven Lincoln, El*. T.O. *Young Mr. Lincoln*. EE. UU., 1939. D. John Ford.
- *Juez, El*. T.O. *The Judge*. EE. UU., 2014. D. David Dovkin.
- *Juez y el asesino, El*. T.O. *Le juge et l´assassin*. Francia, 1976. D. Bertrand Tavernier.

- *Juicio, El*. T.O. *Process*. Holanda, 2018. D. Segei Loznitsa.
- *Justiciero, El*. T.O. *Boomerang*. EE. UU., 1947. D. Elia Kazan.
- *M. El vampiro de Dusseldorf*. T.O. *M*. Alemania, 1931. D. Fritz Lang.
- *Madre, La*. T.O. *Mat*. URSS, 1926. D. Vsévolod Pudovkin.
- *Martillo para las brujas*. T.O. *Kladivo na carodejnice – Witchhammer*. Checoslovaquia, 1970. D. Otakar Vávra.
- *Más allá de la duda*. T.O. *Beyond a Reasonable Doubt*. EE. UU., 1956. D. Fritz Lang.
- *Matar un ruiseñor*. T.O. *To Kill a Mockingbird*. EE. UU., 1962. D. Robert Mulligan.
- *Pasión de Juana de Arco, La*. T.O. *La passion de Jeanne d´Arc*. Francia, 1928. D. Carl Theodor Dreyer.
- *Prisionero del odio*. T.O. *The Prisoner of Shark Island*. EE. UU., 1936. D. John Ford.
- *Proceso, El*. T.O. *The Trial*. Francia, 1962. D. Orson Welles.
- *Proceso Paradine, El*. T.O. *The Paradine Case*. EE. UU., 1947. D. Alfred Hitchcock.
- *Rashomon*. Japón, 1950. D. Akira Kurosawa.
- *Rey y Patria*. T.O. Kung & Country. GB, 1964. D. Joseph Losey.
- *Rito, El*. T.O. *Riten*. Suecia, 1969. D. Ingmar Bergman.
- *Sacco y Vanzetti*. T.O. *Sacco e Vanzetti*. Italia, 1971. D. Giuliano Montaldo.
- *Sargento negro, El*. T.O. *Sergeant Rutledge*. EE. UU., 1960. D. John Ford.
- *Sección especial*. T.O. *Section spéciale*. Francia, 1975. D. Costa-Gavras.
- *Sed de mal*. T.O. *Touch of Evil*. EE. UU., 1958. D. Orson Welles.
- *Senderos de gloria*. T.O. *Paths of Glory*. EE. UU., 1957. D. Stanley Kubrick.
- *Sophie Scholl. Los últimos días*. T.O. *Sophie Scholl: Die letzten Tage*. Alemania, 2005. D. Marc Rothemund.
- *Sólo se vive una vez*. T.O. *You Only Live Once*. EE. UU., 1937. D. Fritz Lang.
- *Último viaje del juez Feng, El*. T.O. *Mabei shang de fating*. China, 2006. D. Lie Liu.
- *¿Vencedores o vencidos? El juicio de Nuremberg*. T.O. *Judgment at Nuremberg*. EE. UU., 1961. D. Stanley Kramer.
- *Veredicto, El (La Ley del menor)*. T.O. *The Children Act*. D. Richard Eyre.

- *Veredicto Final*. T.O. *The Verdict*. EE. UU., 1982. D. Sidney Lumet.
- *Yo confieso*. T.O. *I Confess*. EE. UU., 1953. D. Alfred Hitchcock.
- *Z*. Argelia, 1969. D. Constantin Costa-Gavras.

13. Bibliografía

Anderson, R.: «The Rashomon Effect and Communication», *Canadian Journal of Communication* 41 (2), 2016, p. 249-270.

Andrés Ibáñez, P.:

— «La argumentación y su expresión en la sentencia», *Estudios de Derecho judicial* 32, 2000, p. 9-34.

— *Tercero en discordia. Jurisdicción y juez del Estado constitucional*, Trotta, 2015.

Atienza, M.: *Curso de argumentación jurídica*, Trotta, 2018.

Bobbio, N.: El problema del positivismo jurídico, Fontamara, 1992.

Cabra Apalategui, J. M.: «Relato y justificación: en el corazón deliberativo de un jurado (a propósito de *Twelve Angry Men*)», *Teoría y Derecho* 17, 2015, p. 130-145.

Cardín, A.: *Tientos etnológicos*, Júcar, 1988.

Chase, A.: *Movies on Trial. The Legal System on the Silver Screen*, The New Press, 2002.

De Lucas, J.: *Nosotros, que quisimos tanto a Atticus Finch*, tirant lo blanch, 2020.

Díez Puertas, E.: *Golpe a la transición: el secuestro de El crimen de Cuenca* (1978-1981), Laertes, 2012.

Duby, G. y **Duby, A.**: *Les procès de Jeanne d'Arc. Gallimard*, 1973.

Dworkin, R.: *Los derechos en serio*, Ariel, 1989.

Ferrajoli, L.:

— *Derecho y Razón. Teoría del garantismo penal*, trad. por Perfecto Andrés **Ibáñez y otros**, Trotta, 2001.

— *El garantismo y la filosofía del Derecho*, Universidad Externado de Colombia, 2000.

Ferrajol, L. y **García Figueroa, A.**: «Entrevista a Luigi Ferrajoli», en **Carbonell, M.** y **Salazar, P.**, *Garantismo. Estudios sobre el pensamiento jurídico de Luigi Ferrajoli*, Trotta y UNAM, 2005, 515-536.

Garapon, A.: «El poder inédito de los jueces», en **Carbonell, M., Fix-Fierro, H., Vazquez, R.**, eds.: *Jueces y Derecho. Problemas contemporáneos*, Porrúa y UNAM, 2008, 47-66.

García Amado, J. A.:

– *La lista de Schindler. Abismos que el derecho difícilmente alcanza*. Tirant lo Blanch, 2003.

– «Retórica, argumentación y Derecho», *Isegoría* 21, 1999, p. 131-147.

García Salgado, M. J.: «Argumentación jurídica y veredicto del jurado: a propósito de Doce hombres sin piedad», en **Varios**, *Liber Amicorum. Homenaje al profesor Luis Martínez Roldán*, Universidad de Oviedo, 2016, p. 255-265.

Gascón, M.: *Los hechos en el Derecho. Bases argumentales de la prueba*, Marcial Pons, 2004.

Gómez García, J. A.: «Derecho y Cine. El rito, o el Derecho y el juez según el realismo jurídico escandinavo», *Revista de Derecho de la UNED* 3, 2008, p. 101-123.

Harris, M.: *El materialismo cultural*, Alianza Editorial, 1987.

Heider, K. G.: «Rashomon Effect: When Etnographers Disagree», *American Anthropologist* 90, 1988, p. 73-81.

Hierro, L.: «Realismo jurídico», en **E. Garzón Valdés y F. Laporta, F.**, *El derecho y la justicia*, Trotta, CSIC y BOE, 1996, p. 77-86.

Holmes, O. W.: *La senda del Derecho* [1897], Abeledo-Perrot, 1975.

Kropotkin, P.: *Palabras de un rebelde* [1885], Pequeña Biblioteca Calamus Scriptorius, 1977.

López Calera, N. M., Saavedra, M. y **Andrés Ibáñez, P.**: *Sobre el uso alternativo del Derecho*, Fernando Torres, 1978.

Llewellyn, K.: *Jurisprudence. Realism in theory and practice,* The Lawbook Exchange, 2000.

Malem Seña, J.: *El error judicial y la formación de los jueces*, Gedisa, 2008.

Machura, S.: «Procedural Unfairness in Real and Film Trials: Why Do Audiences Understand Stories Placed in Foreign Legal Systems?» en **Freeman, M.**, ed., *Law and Popular Culture. Current Legal Issues* Volume 7, Oxford University Press, 2005.

Marx, K. y **Engels, F.**: *Manifiesto comunista* [1848], Alhambra, 1985, p. 148-159.

Muñoz Conde, F. y **Muñoz Aunión, M.**: *¿Vencedores o vencidos? Comentarios jurídicos y cinematográficos a la película de Stanley Kramer, «El juicio de Nuremberg»* (1961), tirant lo blanch, 2003.

Muñoz de Baena, J. L.: Por qué los canallas duermen en paz. Ética, poder y derechos en la obra de *Kurosawa,* Sindéresis, 2020.

Nead, L.: «Courtroom Sketching: Reflections on History, Law and the Image», en **Freeman, M.**, ed.: *Law and Popular Culture. Current Legal Issues* Volume 7, Oxford University Press, 2005,, p. 173-182.

Olivecrona, K.: *El Derecho como hecho*, Ariel, 1980.

Ortner, H.: *El ejecutor Roland Freisler: un asesino al servicio de Hitler*, Sombra, 2010.

Paredes Castañón, J. M.: «La pasión de Juana de Arco/ Dies Irae. Las políticas de la tortura», en **García Amado, J. A. y Paredes Castañón, J. M.**, eds., *Torturas en el cine*, tirant lo blanch, 2005.

Rivaya, B.: «La filosofía del Derecho penal de Harry el Sucio (Luigi Ferrajoli contra el inspector Callahan)», en **Varios**: *Cine y justicia penal*, Poder Judicial del Estado de México y tirant lo blanch, 2022, p. 227-242.

— *Derecho y cine en 100 películas*, tirant lo blanch, 2021.

— *Los derechos humanos en el cine*, Palestra, 2024.

— *Un vademécum judicial. Cine para jueces*, tirant lo blanch, 2012.

Rivaya, B. y **De Cima, P.**: *Derecho y cine en 100 películas. Una guía básica,* tirant lo blanch, 2004.

Rivaya, B. y **Fernández González-Irún, P.**: «El Derecho en imágenes. Sidney Lumet (1924-2011)», Intersexiones 03, 2012, p. 19-47.

Ross, A.: *Sobre el Derecho y la justicia,* Eudeba, 1994.

Taruffo, M.: *Simplemente la verdad. El juez y la construcción de los hechos*, Madrid: Marcial Pons, 2010; *La prueba de los hechos*, Trotta, 2011.

Torres Dulce, E.: «El juez en la pantalla», en **Toharia, J. J.**, dir., *El juez y su imagen en la sociedad: pasado, presente y futuro*, Estudios de Derecho judicial 25, 2000, p. 45-60.

Truffaut, F.: *El cine según Hitchcock*, trad. por Ramón G. **Redondo**, Alianza editorial, 2007.

Vaksberg, A.: *Stalin´s Prosecutor. The Life of Andrei Vyshinsky*, Grove Press, 1990.

A ESTE LADO DE LA LEY: ABOGADOS, COMISARIOS, JUECES Y FISCALES EN EL CINE QUINQUI, EL CINE DE DELINCUENTES JUVENILES DE LA TRANSICIÓN ESPAÑOLA

Rafael Robles Gutiérrez, «Rafatal»
Universidad de Málaga
Doctor en Comunicación Audiovisual y cineasta

1. Introducción

A modo de introducción y para comprender el estado de la cuestión que estamos planteando, debemos advertir que el desarrollo cinematográfico en España, y por tanto su producción e industria, su esencia temática y posibilidades narrativas, sus géneros y su existencia en general, se encuentran marcados por varios hechos clave, históricos, políticos y sociales. Pretendemos dilucidar cómo se representan las diferentes profesiones jurídicas en las películas que forman parte del ciclo denominado convencionalmente del *quinqui exploitation*. Estas películas que tienen como idea central la delincuencia juvenil en los años de la transición democrática, fueron una consecuencia directa de la desaparición de la censura por el Real Decreto 3071/1977, de 11 de noviembre, que previamente había imposibilitado el desarrollo de las inquietudes de aquellos cineastas que iniciaron un género policíaco en los años cincuenta, como fueron los casos de Ignacio F. Iquino, dirigiendo y produciendo; o el de José Antonio de la Loma, escribiendo, siendo este último además uno de los mayores exponentes del subgénero cinematográfico objeto de este artículo. Así que es justo dejarlos por escrito y enumerar los acontecimientos históricos que, a la manera de estructura narrativa, provocarán y acelerarán a nuestro entender el *quinqui exploitation* hasta su declive. Antes debemos advertir que hemos elegido nueve títulos de entre los cerca de setenta por su clara apuesta por tramas y personajes principales cuyo oficio es jurídico. Y siguiendo este criterio, hemos elegido una protogenérica de 1961 y otra tardía de 1995, siendo el desarrollo principal del ciclo el llevado a cabo entre 1978 y 1985.

El principal acontecimiento que marca la historia de España en el S. XX es videntemente, la Guerra Civil. La instauración del régimen franquista selló el destino del país, y con él su cinematografía, con todas las consecuencias en que pueda desembocar. La dictadura de Franco trae consigo en 1939 la censura previa, como nos recuerda Alberto Gil (2009) en su libro La censura cinematográfica en España:

> A lo largo de cuarenta años, los que median entre marzo de 1937, en plena Guerra Civil, cuando la censura empezó a operar en la llamada zona nacional, y noviembre de 1977, momento en que fue suprimida por decreto bajo el primer Gobierno de Adolfo Suárez, toda la producción destinada a las pantallas tuvo que superar el visto bueno de los censores. Documentales, cortometrajes, anuncios publicitarios, películas para proyecciones domésticas y largometrajes de todos los géneros y procedencias pasaron por el riguroso filtro censor, que operó de forma inflexible ante cualquier desviación frente a las imprecisas normas impuestas por el franquismo.

Otro de los hechos fundamentales es el primer encuentro que celebró en nuestra historia para hablar de cine español: las denominadas Conversaciones de Salamanca, organizadas por Basilio Martín Patino, director del cineclub de la SEU (Sindicato Español Universitario) de la Universidad de Salamanca. Antonio José Navarro (en Palacios, 2006, pp. 335-355), en su artículo «El cine negro y el thriller español. Historia de un desencuentro», considera este acontecimiento como una:

> Reunión de profesionales provenientes de todos los sectores de la industria, los organismos del Estado, de la crítica y del panorama intelectual del momento. Se pretendió con este encuentro establecer cuál era el estado del cine español, desde la Guerra Civil hasta ese momento, con el propósito de abrir nuevos horizontes creativos industriales. Según el discurso inaugural de Martín Patino, «diagnosticar (...) no la realidad de nuestros dolores, sino el posible remedio». La célebre ponencia de Juan Antonio Bardem, afirmando que el cine español, entonces «políticamente ineficaz, socialmente falso, intelectualmente ínfimo, estéticamente nulo e industrialmente raquítico» exigía a los cineastas y productores la realización de un cine realista testimonial, que no fuera falso y conformista.

Pero, curiosamente y de forma contraria a lo que pudiera parecer en primera instancia, uno de los temas que se pusieron sobre la mesa en las Conversaciones de Salamanca, y a pesar del heterogéneo perfil político e ideológico de sus integrantes (ilustrado de un extremo al otro por Arroita-Jáuregui y Juan Antonio Bardem), fue la necesidad de establecer un código de censura más específico que el que existía hasta entonces para al menos saber a qué atenerse antes de rodar, como comenta José Enrique Monterde (en Gubern *et al.*, 2010) en su capítulo «Continuismo y disidencia (1951-1962)»:

> (...) las aspiraciones salmantinas eran posibilistas y gradualistas, tal como el conjunto del esfuerzo regenerador que alimentaba esas formas de disidencia; reclamar un inexistente código de censura, el fomento racional del cine desde la administración, la potenciación de la enseñanza cinematográfica, el apoyo al cine de calidad y la justificación de todo ello en nombre del valor cultural del cine era algo en absoluto revolucionario e incluso serían recogidas más tarde por el régimen cuando García Escudero (que también participó en las conversaciones) volvió a la Dirección General de Cinematografía.

Esta petición de un código de censura será el origen de las diez prohibiciones tácitas que en una investigación previa tomamos como variables y descriptores para investigar cuantitativa y cualitativamente las películas del *quinqui exploitation*.

Las normas a las que nos referimos son publicadas en 1963, ocho años después de las Conversaciones de Salamanca. Y he aquí el tercer hecho, precedente del destino de nuestra cinematografía: la intervención José María García Escudero para la creación de ese código específico de censura durante su segundo mandato en la Dirección General de Cinematografía y Teatro, de la que había dimitido (durante su primer mandato que duró un año, 1951-52) por desavenencias con el propio órgano censor. Estas prohibiciones a que nos referimos se centran en la justificación del suicidio, la justificación del homicidio por piedad, la justificación de la venganza y el duelo, la justificación del divorcio como institución, la justificación del adulterio, la justificación de las relaciones sexuales ilícitas, la justificación de la prostitución, la justificación de lo que atente contra el matrimonio y la familia, la presentación de perversiones sexuales, la presentación de la toxicomanía y el alcoholismo.

En referencia a García Escudero, nos recuerda Román Gubern (Gubern *et al.* 2010) en su artículo «Precariedad y originalidad del modelo cinematográfico español»:

> Inesperadamente, en mayo de 1955, en las controvertidas Conversaciones Cinematográficas de Salamanca, el realizador marxista-leninista Juan Antonio Bardem coincidió (refiriéndose a las declaraciones que más arriba hemos indicado) públicamente con el funcionario católico y franquista García Escudero en decretar la nulidad del cine español desde el punto de vista industrial, estético, político e intelectual.

Puesto que un año antes García Escudero había publicado un libro titulado La historia en cien palabras del cine español y otros escritos sobre cine (en Medina, 2000). A continuación, se transcriben las cien palabras:

> Hasta 1939 no hay cine español, ni material, ni espiritual, ni técnicamente. En 1929 y 1934 da sus primeros pasos. En 1939 pudo empezar a andar, pero se frustra la creación de una industria, así como la posibilidad de un cine político. Continúan las castañuelas y el smoking. Sobre los intentos de cine sencillo se desploman el cine de gola y levita, y un cine religioso sin autenticidad. El neorrealismo, que pudo ser español, se reducirá a una película tardía. Pero nuestro cine supera al de 1936 y puede esperarse que los jóvenes le den el estilo nacional que necesita.

Habiendo citado ya la Guerra Civil y el régimen de Franco, las Conversaciones de Salamanca y José María García Escudero, quedan dos últimos hechos históricos imprescindibles. El aperturismo político por parte de la dictadura franquista en los años sesenta (coincidiendo con la gestión de García Escudero), que responde a la necesidad imperiosa por parte de algunos tecnócratas del Gobierno de que España fuera reconocida internacionalmente y formara parte de Europa. Y, por último, la abolición definitiva de la censura en 1977.

2. El estado de la cuestión o la cuestión es el Estado

Eleuterio Sánchez, popularmente conocido por el Lute, fue detenido por primera vez en 1965 por el robo de unas gallinas para comer. Su implicación en un caso de robo a una joyería en Bravo Murillo de Madrid, en el que un vigilante resultara herido de muerte por uno de sus acompañantes, supuso la primera aparición en la prensa de su nombre. Su capacidad para fugarse varias veces de manos de la Guardia Civil, una de ellas saltando de un tren, y los años en la clandestinidad (desde 1970 a 1973) hasta que fue definitivamente apresado, convirtió su figura en una leyenda viva y mediática en un momento en el que España volvía a experimentar cambios importantes. La dualidad con la que la figura del Lute era recogida por el público en general consistía en que, por un lado, personificaba al héroe que pone en ridículo a las fuerzas represoras del Estado, un rebelde por encima del hartazgo al sometimiento de una dictadura que empezaba a ser cuestionada internacionalmente. Y, por otro lado, tenía la imagen de un delincuente peligroso con el que las madres asustaban a sus hijos para que se portaran bien, tal y como él mismo manifiesta en la entrevista concedida a TVE[1]:

1 Reportaje *Crónicas: Eleuterio. Merchero, culto y libre*. Emitido el 8 de mayo de 2014 en TVE.

> Comprendí que era el compendio de todos los males, era una especie de licántropo, un hombre al que había que darle caza sí o sí, por el bien de la sociedad, hasta las madres, las pobrecitas madres metían miedo a sus hijos, come, que viene el Lute; cállate, o acuéstate, que viene el Lute.

Esos años, en los que el Lute se convierte en el *peligroso hombre del saco* español, coinciden con el período conocido como tardofranquismo, que abarca el tramo histórico que va desde el cambio de Gobierno en 1969, que costó el puesto al entonces ministro de Información y Turismo Fraga Iribarne, hasta la muerte del dictador en 1975. Como nos recuerda Casimiro Torreiro (Gubern *et al.*, 2010, pp. 346-347), el problema del cine español pasaba por la distribución, controlada por el mercado norteamericano; la exhibición, obsoleta y antigua; y la televisión, que resta el 30 % de espectadores al cine de 1969 a 1970, en un proceso similar al que había vivido EE.UU. veinte años atrás y diez el resto de Europa. Pero el principal problema que resalta Torreiro es la censura y la retirada de apoyos:

> El principal problema que se le plantea al cine español entre 1969 y 1973 —los años en que Sánchez Bella permaneció al frente del Ministerio de Información y Turismo, siendo el encargado de la gestión cinematográfica un convencido ultraconservador, Enrique Thomas de Carranza— es justamente el de la congelación de los fondos de protección gracias al bloqueo que ordena el Gobierno como consecuencia del asunto Matesa[2], (...) lo que produjo la intervención del Banco de Crédito Industrial (p. 348).

En cuanto a la recrudecida intervención de la censura, Torreiro resume en pocos casos la situación llevada al límite y padecida por, entre otros, los representantes del Nuevo Cine Español y la Escuela de Barcelona, después de que el sector cinematográfico llevara treinta años lidiando con el órgano censor reinterpretando los guiones y las películas tantas veces y por tan distintos criterios, ya fueran políticos, religiosos, sexuales o absurdos:

> Basta con recordar el bloqueo a La prima Angélica de Carlos Saura, los 64 cortes efectuados a **La semana del asesino** (1972) de Eloy de la Iglesia, la prohibición total del primer guion de **Furia española** de Francesc Betriu, cineasta que mantuvo a propósito de este film un contencioso con la censura que duró tres años, hasta que en 1975 logró finalmente realizarlo (p. 350).

Importante también es el caso de *Canciones para después de una guerra* (Basilio Martín Patino, 1971), una película de edición realizada con fragmentos de documentales de los años cuarenta a los que se le añaden canciones

2 Maquinaria Textil del Norte S.A. adeudaba al Banco de Crédito Industrial diez mil millones de pesetas sobre patentes de máquinas textiles exportadas a Argentina, de las que se trasladaron 1500 y solo se vendieron 120. El Banco de Crédito Industrial aportaba las ayudas al cine español.

populares de la misma década. La nueva construcción, cargada de un nuevo significado por el contraste entre imagen y sonido, provocó un complicado proceso con el órgano censor que condujo a su prohibición por parte del almirante Carrero Blanco. El propio Basilio Martín Patino declara en el documental *De Salamanca a ninguna parte* (Chema de la Peña, 2002) sobre los problemas de la censura con *Canciones para después de una guerra* (Basilio Martín Patino, 1971) que hasta entonces la censura «era pintoresca, folklórica, llevada a cabo por curas o militares» se justificaba por el tema religioso o el tema erótico, pero todo cambió con la llegada de un cine distinto: «La verdadera censura apareció cuando apareció este cine político, porque consideraban que éramos peligrosos, es cuando yo sentí realmente la presión».

A la muerte por atentado terrorista de Carrero Blanco en 1973, el Gobierno volvió a cambiar; y es por esto que el Ministerio de Información se propuso promulgar unas nuevas normas de censura que mostrasen la voluntad política de cambio. Las nuevas normas se aprobaron en febrero de 1975 y desatascaban el eterno asunto de la tolerancia al desnudo ya que las dobles versiones, una para el mercado nacional sin desnudos y otra para el internacional con ellos, llevaban tiempo haciéndose. Lo que no resolvía esta reforma de la censura era la cuestión de los contenidos políticos en las películas. Habría que esperar a su derogación definitiva en 1977.

Por otra parte, la tradición de la comedia española y la amplia proliferación del cine de género en distintas vertiente, encuentran su lugar en el cine del momento: el horror[3], el *spaghetti western*, el *peplum* en coproducción, los niños cantores, las películas con cantantes, etc., genera hasta 1970 un subgénero conocido como el landismo que, según Luis Miguel Carmona (2010, p. 74) fue «el subgénero de comedia picante que más y mejor supo conectar con el público (...) surgido a mayor gloria de Alfredo Landa, excelente actor cómico». El landismo, que podría considerarse otro *exploitation* y que continuó la tradición de aligerar a las actrices de ropa, se asentó con más de treinta películas entre 1970 y 1975. Este subgénero y otros consiguieron traspasar la censura que, como nos decía Patino, ya no era la misma, sus intereses eran más claramente políticos. Para comprender mejor ese período del tardofranquismo y los subgéneros, seguimos las palabras de Carmona (2010):

> Este (Landa) representó con simpatía y exageración dos tipos de personajes tipos: el españolito medio, bajito, feo y deseoso de carne fresca femenina entre tanta represión patria; y al «macho ibérico» capaz de excitar sexualmente a las extranjeras (...). Además de la comedia landista, otra forma de burlar la censura fueron las películas basadas (o algo así) en clásicos de la literatura española (...). **La Celestina**, dirigida en 1969 por César Ardavín y basada en la obra de Francisco de Rojas, donde la actriz Elisa Ramírez enseñó los primeros pechos del cine

3 Entre 1971 y 1973 se llegaron a rodar 80 películas del género (Matellano, 2009, p. 20).

> español (aunque a través de un visillo). Debido al éxito del filme se rodaron otros experimentos sexys medievales como: **El buscón**, basada en la obra picaresca de Quevedo, con la presencia de Ana Belén y Paco Rabal (...). También veteranos directores como Ignacio F. Iquino con algunas moralizantes aproximaciones al mundo de la prostitución con (...) **Chicas de alquiler** (1974), de nuevo con un desnudo integral de Nadiuska en su versión para el extranjero y con ropa interior para la española (p. 82).

El tardofranquismo también trajo, y según Monterde (1993, p. 54) como «aportación propia» a diferencia de otro tipo de películas, el cine de la *tercera vía*. Es decir, una forma alternativa que no fuera ni los subgéneros nombrados junto al landismo ni el llamado cine metafórico, como podía ser la respuesta al control censor por muchos de los autores del Nuevo Cine Español, véase Saura, Patino, Fons, Diamante, Picazo, o Regueiro. La *tercera vía* supone «el perfecto paradigma de la coyuntura sociopolítico-cultural de aquellos años»:

> Inventada por un productor avispado y ya veterano —José Luis Dibildos—, pero a su vez analizando el diseño de producción que los sostenía, podremos apreciar que es generalizable a otros títulos y que (...) llegará a caracterizar una parte considerable del cine posfranquista. (...) Un modelo cinematográfico alternativo —al cine de subgéneros y al cine metafórico— que escape de la zafiedad del primero, capaz de alejar de las salas a un público urbano y en alguna medida cada vez más culto, y que no caiga tampoco en la exquisitez minoritaria del segundo. (...) Intentaban pues estar al alcance de los intereses de esparcimiento y de las preocupaciones del segmento espectatorial que precisamente era capaz de ofrecer una mínima resistencia al hechizo televisivo y estaba dispuesto a salir a la calle para ir al cine (p. 55).

De las películas pertenecientes a esta *tercera vía*, tenemos *Españolas en París* (Roberto Bodegas, 1970), *Adiós cigüeña, adiós* (Manuel Summers, 1970), *Mi querida señorita* (Jaime de Armiñán, 1971), *El niño es nuestro* (Manuel Summers, 1972) *Vida conyugal sana* (Roberto Bodegas, 1973), *No es bueno que el hombre esté solo* (Pedro Olea, 1973), *Un casto varón español* (Jaime de Armiñán, 1973), *Los nuevos españoles* (Roberto Bodegas, 1974), *Tocata y fuga de Lolita* (Antonio Drove, 1974), *Ya soy mujer* (Manuel Summers, 1974), *Mi mujer es muy decente, dentro de lo que cabe* (Antonio Drove, 1974), *Yo la vi primero* (Fernando Fernán Gómez, 1974), *El amor del capitán Brando* (Jaime de Armiñán, 1974), *La mujer es cosa de hombres* (Jesús Yagüe, 1975), *Pim, pam, pum... fuego* (Pedro Olea, 1975), *Mi primer pecado* (Manuel Summers, 1976), *Las largas vacaciones del 36* (Jaime Camino, 1976), *Libertad provisional (Roberto Bodegas, 1976) o La Corea* (Pedro Olea, 1976).

Respecto a lo que hemos visto hasta ahora, otros autores citan dos de los títulos que consideramos precursores del *quinqui exploitation: La semana del asesino* (Eloy de la Iglesia, 1972) y *Chicas de alquiler* (Ignacio F. Iquino, 1974), además de *Libertad provisional* (Roberto Bodegas, 1976) o *La Corea* (Pedro Olea, 1976).

Resulta obvio que estas películas tocan los siguientes temas respectivamente: el asesino en serie y la tensión homosexual no resuelta (aunque se nos revela que *La semana del asesino* sufrió sesenta y cuatro cortes para poder ser exhibida); la prostitución femenina, siendo ellas las protagonistas (aunque con la misoginia a la que su autor Iquino nos tenía acostumbrados); los nuevos códigos de una relación abierta sin el beneplácito del matrimonio entre un delincuente común y una prostituta; o la prostitución masculina desde el punto de vista del prostituto. Todos estos temas inusuales en el cine español empezaban a abrir brecha, tanto en fondo como en forma, para el fenómeno de nuestro estudio. El delincuente juvenil se nutre de aquel que se nos dejó entrever en *Los chicos* (Marco Ferreri, 1959), en *Los golfos* (Carlos Saura,1959) o en *Juventud a la intemperie* (Ignacio F. Iquino, 1961), y en otras como *Los gamberros* (Juan Lladó, 1954), *Delincuentes* (Joan Fortuny, 1956) o *Serán hombres* (Silvio Siano, 1956), o los ambientes clandestinos de la película *Young Sánchez* (Mario Camus, 1963).

Este delincuente juvenil, con ansias de protagonismo, permanece agazapado, esperando su oportunidad para encontrar su sitio en la pantalla, en los primeros planos y en las mejores fotografías de los carteles; en las secuencias que muestren cuáles son sus sentimientos, sus necesidades y motivaciones. Y, sobre todo, cuando nadie le obligue a autoinfligirse sesenta y cuatro cortes para poder mostrarse tal y como es.

Mientras el desnudo se abría paso lentamente con la comedia como excusa, el *cine metafórico* del que hemos hablado libraba su propia lucha política y los productores inteligentes, junto a los cineastas con ansias de rodar, formaban simbióticas relaciones productivas en la *tercera vía*, la violencia y el delito expuestos no conseguían su lugar.

Como nos dice Román Gubern (2005, p. 283), «desde Caín, el primer asesino del que existe constancia escrita en la cultura judeocristiana y que además fue fratricida, el hombre ha matado por fines ajenos a su nutrición, a su protección física o a su supervivencia», la representación cinematográfica de la violencia ha sido siempre vetada por los distintos códigos censores, a pesar de la capacidad del espectador para distinguirla de la real:

> En el caso de los espectáculos cinematográfico y televisivo, el público distingue netamente entre los géneros de ficción y los géneros documentales y les otorga un tratamiento distinto (...). Sabe que se trata de imágenes distintas, por la distinta naturaleza ontológica de sus referentes profílmicos (...). La imagen cruel activa, por lo tanto, una descarga de agresividad de modo vicarial, por el canal visual. Es una actividad que, a través de las revistas ilustradas, del cine o de ciertos programas de televisión, tiene el estatuto de socialmente tolerada (p. 287).

En medio de esta controversia que los diferentes géneros pudieran acarrear en el denominado tardofranquismo, nace el delincuente juvenil en el cine español, que toma como icono al Lute, Este, que ha nacido en la chabola o en el barrio de reubicación del extrarradio de la ciudad, que en el descampado tiene su refugio, encuentra en el hurto a pequeña escala, los *tirones* de bolsos y el menudeo de estupefacientes su modo de vida. Y a su figura va unida la fuga, que le permite el robo de coches para escapar y para correr veloz delante de la Policía. Esta ya mítica figura del quinqui cinematográfico encuentra su oportunidad de asomarse a las pantallas por primera vez, y por derecho propio, de los cines españoles en 1977, y realizará toda clase de fechorías para quedarse en ellas casi diez años.

Ignacio F. Iquino (VALLS, 1910 - Barcelona, 1994) fue uno de los realizadores más prolíficos, no sólo en la exigua pero muy interesante filmografía policíaca española de los cincuenta y sesenta, sino representando además «el ejemplo perfecto del reciclaje que el cine experimentó durante la transición» (MELERO, p. 103), que acabó seducido por las prodigiosas ventajas económicas de la letra S y «pasó de hacer un cine muy ligado a los preceptos del régimen y la religión a películas de temática puramente homosexual» (p. 79). Además, el cineasta catalán y a través de su productora IFI, tuvo a un joven guionista primero y realizador después, padre del cine quinqui: José Antonio de la Loma.

Si el cine conocido como *del destape* durante la Transición, cuya mayor representación se limitaba el desnudo lésbico en las películas eróticas, se distingue muy bien la manera distinta en la que el cineasta vasco Eloy de la Iglesia trata el desnudo masculino, especialmente a través de su *muso* y protagonista de sus películas adscritas al *quinqui exploitation*: José Luis Manzano. De este modo, Eloy de la Iglesia, da la respuesta del cine quinqui realizado en Madrid al realizado en Barcelona por De la Loma.

El *quinqui exploitation* se inaugura con el título *Perros callejeros* (José Antonio DE LA LOMA, 1977), de la mano del productor José Antonio Pérez Giner (Valencia, 1934 - Sant Cugat del Vallés, 2018), al que podríamos considerar uno de los artífices del cine de género en España. Pérez Giner fue propietario, entre otras, de Profilmes y Ópalo films, con las que rodó muchos de los más importantes títulos del subgénero que estudiamos. Como nos indica PULIDO (2012, p. 82), «*Perros callejeros* (José Antonio DE LA LOMA, 1977) inauguró el subgénero de delincuentes juveniles de extrarradio, conocido popularmente como cine quinqui, y que daría lugar a varias secuelas y *exploits*».

Otros de los espacios de representación de la violencia del *quinqui exploitation* y el ámbito en el que se mueve con facilidad son los reformatorios y las cárceles. Según Vicente SANCHÍS (1996):

> En las cárceles se genera un tipo de violencia brutal propiciada por reclusos y guardianes, y a veces protagonizada también por las autoridades, que, en vez de velar por los derechos de los presos, han consentido cobardemente que allí se produzcan violaciones de los derechos más fundamentales de las personas (p. 139).

Este ejemplo de representación podemos hallarlo dentro de la trama de *El pico 2* (Eloy de la Iglesia, 1984), en la que los funcionarios de prisiones miran para otro lado o en alguna secuencia incluso miran a través de la mirilla de una celda, llevando la narración, ya no solo a la denuncia social por la no actuación a favor de los derechos fundamentales, sino que la dimensiona como experiencia *voyeur* hacia lo *pulp* en estas películas.

En relación al héroe representado, SANCHÍS (1996) también concluye que los fundamentos se remontan al principio del invento del cinematógrafo y para ello indica la ambivalencia de los personajes que protagonizan actos violentos:

> Thom Andersen sugiere (...) que el héroe de los *westerns* y de los films de *gangsters* son transformaciones intercambiables del *lumpen leisure class* (expresión del sociólogo Veblen que designa a los personajes que, aunque sean pobres, tienen las características de los aristócratas en la imaginación popular: por ejemplo, Charles Chaplin, los *gangsters*, los héroes del *western*). En períodos de prosperidad económica, predominan los *westerns*, mientras que en los de crisis suelen proliferar los films de *gangsters* (p. 165).

Para comprender la complejidad de las evoluciones sociales en los inicios de la transición democrática española, tomamos las palabras de Jorge GONZÁLEZ DEL POZO (2015, p. 17), que habla de una tensión social entre los derechos individuales y la tolerancia y convivencia social: «Esta tensión entre lo poco hecho, lo mucho por hacer y el ansia de progresar, provocaba que el país llegara a una aparente posmodernidad sin haber pasado por una modernidad propiamente dicha».

Para comprender el fenómeno que nos ocupa, no podemos desligar el *quinqui exploitation* de los estupefacientes, tanto en las formas del narcotráfico como en las consecuencias del consumo, así como los hábitos y rituales del mismo. El cine *underground* abrió todo un camino de posibilidades en este aspecto y las *LSD exploitation movies* también. En el tratado que hace Luis Miguel Carmona (2012) titulado *Cine insano*, se apunta:

> Las películas sobre la heroína llegaron con fuerza a España en la época de la transición, en el llamado «cine de quinquis», en su mayoría delincuentes magnificados por Eloy de la Iglesia en títulos como **Navajeros** (1980), **Colegas** (1982) y **El pico** (1982), con momentos de cierto impacto (...) Ya en el cine americano son notables las aproximaciones *underground* de la trilogía formada por ***Flesh*** (1968), ***Trash*** (1970) y ***Heat*** (1971), dirigidas por Paul Morrisey, que tenían como protagonista a Joe Dallessandro (...) retratado como un chapero drogadicto que intenta sobrevivir en un ambiente marginal (...). Aunque casi nada si lo comparamos con la crudeza de la alemana **Yo, Cristina F. (Christiane F-Wir Kinder vom Bahnhof Zoo,** 1981) de Uli Edel, basada en una historia verídica sobre una joven que, influenciada por sus amigos, comenzó a inyectarse heroína a los 14 años (pp. 90-91).

La visualización de las drogas, que hasta unos meses antes había estado explícitamente prohibida, tanto su muestra como su consumo ante la cámara, se preparaba para una ebullición de sustancias que salpicaría no solo al *quin-*

qui exploitation, aunque sí de formas extremadamente distintas y no convencionales. «El binomio atractivo-rechazo hacia noctámbulos, quinquilleros y otros personajes, así como sus representaciones fílmicas, mostraba a un gran número de inadaptados y jóvenes marginales, destapando las fisuras del progreso para presentar las cuitas del momento» (González del Pozo, 2015, p. 18).

Y es que el momento era el preciso para el desarrollo de las mafias del narcotráfico internacional y España un destino predilecto para el desembarco de alijos de toda índole y por todos lados. La caída de la dictadura, la amnistía de presos políticos, la apertura real al mundo, hacían proclive un escenario para que las mafias desarrollaran su actividad, como nos recuerda Amanda Cuesta (Florido Berrocal *et al.,* 2015):

> Con la heroína en poco tiempo ya se veían enganchados y resultaba un vicio demasiado caro para poder aguantar mucho tiempo sin echarse a delinquir. Muchos cayeron de sobredosis o a causa de partidas adulteradas[4]. Otros, como el Jaro, fueron víctimas de la violencia generada en sus correrías delictivas. Por último, muchos de ellos acabaron sucumbiendo años más tarde a las enfermedades derivadas del sida (p. 19).

El arquetipo del protagonista quinqui se rige por varios de los elementos que hemos ido desgranando a raíz de las distintas influencias que pensamos que el *quinqui exploitation* puede asumir de los distintos ciclos y fenómenos analizados en el marco teórico de este estudio. A pesar de que la serie B siempre se ha visto relacionada con la ciencia ficción, el exotismo oriental, la invasión extraterrestre, los muertos vivientes, los hombres menguantes, el *western* y las aventuras, lo cierto es que, en su relación con el cine policíaco, según Casas (Palacios y Weinrichter, 2005), tiene más cercanía con lo *pulp*:

> Con el cine se estableció una sólida simbiosis con la crónica negra de la sociedad estadounidense, que debió escribirse con la letra B, ya que el ritmo narrativo a estos fines conecta especialmente con la sencillez de la literatura *pulp*, el formalismo *hard boiled* y la expeditiva crónica periodística de sucesos. La serie B tiene algo de amarillento, como el papel de pulpa y rasposo de los rotativos, y mucho de las imágenes sin ambages del gran cronista fotográfico de la otra cara del sueño americano, *Weegee*[5].

De esta manera, podemos descubrir una correspondencia muy clara con el subgénero de delincuentes juveniles que trabajamos, pero llevándolo a extremos más sensacionalistas, si es que el concepto *pulp* ya no lo es suficiente-

4 Como vemos en *El pico* (Eloy de Iglesia, 1983) y en *27 horas* (Montxo Armendáriz, 1986), respectivamente.

5 Weegee es el seudónimo de Arthur H. Fellig (1899-1968), un fotógrafo y reportero gráfico conocido por sus descarnadas fotografías en blanco y negro.

mente. El *quinqui exploitation* denota estos dos pilares básicos del cine policíaco clásico, a saber: la sección de sucesos de los periódicos españoles, en la que los protagonistas quinquis saltaban de la pantalla a las páginas más amarillistas de la prensa, y a la inversa; y el *pulp*, es decir, el melodrama más sensacionalista y elocuente. Las historias muchas veces estaban cargadas de tórridas leyendas, incluso del uso de drogas reales y sexo real durante los rodajes.

Precisamente, cuando el *pulp* salta al cine y los espectadores demandan por su estado de ánimo un cambio en las pantallas, intentando explicar el porqué de la ruptura del cine policíaco con el resto de Hollywood, Francisco Ponce (PALACIOS y WEINRICHTER, 2005) asegura que:

> El *film noir* cuestiona explícitamente los valores celebrados en el cine clásico de Hollywood. Identificarse con los perdedores y los criminales, el cine negro presenta una visión de la corrupción nacional (a todos los niveles: policial, judicial, política, empresarial, etc.) que nada tiene que ver con la propaganda gubernamental, empeñada en celebrar a los Estados Unidos post Hiroshima, la encarnación de los sueños capitalistas (p. 133).

Las películas del *quinqui exploitation* también buscan identificarse con los perdedores y los criminales como respuesta al hartazgo producido por el control policial, sus métodos y las torturas en las cárceles.

Para resolver el tono fatalista que se nutre de la atmósfera viciada en los cielos de las películas policíacas, Ponce (PALACIOS y WEINRICHTER, 2005, p. 140) analiza la película *Gun Crazy* (*El demonio de las armas*, Joseph H. Lewis, 1950) y nos explica que el joven «Bart aún adolescente contempla extasiado un revólver en el escaparate de una armería. El joven, realmente "loco por las pistolas", se deja llevar por su ira y roba el arma, para de inmediato ir a tropezar y caer en manos de un ominoso superego policial».

Y aquí de nuevo encontramos un ejemplo de paralelismo crucial con las películas de cine quinqui en *Colegas* (Eloy DE LA IGLESIA, 1982), en la que José Luis Manzano y Antonio Flores miran absortos un escaparate con varios tipos de navajas distintas. Hasta cuatro primeros planos distintos de los chicos, admirándolas, extasiados, con los labios entreabiertos y en actitud jadeante. De forma similar sucede en *Perros callejeros* (José Antonio de la Loma, 1976) y en *¿Y ahora que, señor fiscal?* (León KLIMOWSKY, 1977), esta última además producida por IFI, la productora del mismo Ignacio F. Iquino, director de las primeras y cuasi únicas películas policíacas de los años cincuenta en España, deudoras de las americanas. Son precisamente estas películas de subgénero quinqui las que tienen un diseño mucho más genuino y acorde con nuestra cultura.

También señala Ponce (PALACIOS y WEINRICHTER, 2005, p. 140) que «la función fálica de las armas de fuego se explotará de todas las formas posibles, subrayando continuamente con su presencia el dilema básico de la identidad del protagonista (...), los clichés fundamentales de la masculinidad norteamericana (el pistolero)».

No es difícil hacer un ejercicio de sustitución. En el *quinqui exploitation*, el pistolero es sustituido por el navajero y el símbolo fálico de la pistola por el de la navaja, que el delincuente juvenil español de la época conserva desde la figura del bandolero. Mantiene la navaja, pero sustituye el caballo por la moto. Esta idea la corroboramos en la entrevista realizada al novelista, guionista y director Juan Madrid[6], de la que extraemos aquí esta breve idea:

> Creo que es uno de los delincuentes más genuinos, pero de una época determinada, evidentemente tenemos aquí una trayectoria y un pasado bestial, con los caballistas y los bandoleros de montaña (...), esto es un filón enorme que no se ha utilizado apenas (...), los ladronzuelos de la droga, que eran terribles, entre ellos el Vacas, como llamaban al Vaquilla, todos eran excelentes conductores, me han hablado todavía los que vivieron la estela de heroísmo del Vaquilla y hubo muchos (...) corresponde muy en parte a la entrada de la droga.

Según el *DRAE*[7], el significado de la palabra «antihéroe» es «1. m. En una obra de ficción, personaje que, aunque desempeña las funciones narrativas propias del héroe tradicional, difiere en su apariencia y valores». En efecto, podríamos decir que tiene algunas características que son antiéticas comparadas con las del héroe tradicional. Un antihéroe en los libros y películas actuales generalmente realizará actos que son juzgados como heroicos, pero lo hará con métodos o intenciones que no lo son tanto. Las acciones del antihéroe y sus motivos resultan cuestionables. También es el protagonista desprovisto de las cualidades extraordinarias, como la belleza, la integridad o el valor, con las que habitualmente se presentaba el héroe en los relatos épicos. Los antihéroes más clásicos de la historia de nuestra literatura son, por ejemplo, Don Quijote de la Mancha o el Lazarillo de Tormes.

Víctor Manuel Álvarez Giménez (2001) trata en un interesante artículo la síntesis encontrada en los fondos de la Biblioteca de la Filmoteca Nacional sobre la investigación realizada por el citado autor y recogida en el IX Congreso de la Asociación Española de Historiadores del Cine: El Cine Español durante la Transición Democrática (1974-1983), celebrado del 29 de noviembre al 1 de diciembre de 2001 en el IVAC (Instituto Valenciano de Cinematografía):

> Dentro de la tradición literaria española, el sainete y la picaresca, con sus pillos y sus trapicheos, rellenan un sustrato con el que se alimenta el cine español. Esa figura del héroe se ve transgredida por los personajes de la Loma. Estos personajes crean un código moral diferente, donde el robo con violencia, incluso el asesinato, pasan a ser asumidos por el delincuente. A pesar de ello, estos personajes creen

---

6 Extracto de la entrevista a Juan Madrid realizada el 23 de febrero de 2015.

7 Real Academia Española (2001). *Diccionario de la lengua española* (22.a ed.). Consultado en http://www.rae.es/rae.html y recuperado el 10 de julio de 2015.

a su manera en el amor, en el respeto por la familia, por los mayores y una cierta ética de la lealtad gremial: el Torete nunca delata a sus compañeros (p. 4).

Otra de las películas de cine quinqui a la que nos referimos es *Deprisa, deprisa* (Carlos SAURA, 1980). En ella se narra la historia de cuatro amigos, especialmente la de la pareja formada por Ángela (Berta Socuéllamos) y Pablo (José Antonio Valdelomar), la mayoría de ellos provenientes de un ambiente marginal y que encuentran diversión y una salida fácil en los robos a mano armada. Robos que, poco a poco, se van convirtiendo en golpes más grandes y arriesgados. La historia de amor de los dos protagonistas es el eje central, el motor que impulsa la acción a seguir huyendo muy deprisa hasta un trágico final. En esta película de Saura, y durante el atraco a una fábrica, la chica vigila al policía que está en la barrera de la puerta, mientras el atraco en sí se queda en acción latente. Luego, a la fuga con todos los ladrones en el coche, acabará matando a uno de los perseguidores, como en *Gun Crazy* (Joseph H. LEWIS, 1950).

Sin duda, si algo caracteriza al total de las películas de cine quinqui, podríamos asegurar que es también que todas ellas reflejan esa actitud antisistema de cómo era la sociedad de aquel momento en España. Aquellos chavales eran el resultado definitivo e ineludible de cuestiones sociales tales como el paro, el urbanismo de urgencia de las periferias, los estragos de la droga cuando se acercan a ella como forma de negocio y acaban sucumbiendo al consumo, y la desestabilidad de un mundo que había estado vigilado, encorsetado, subyugado a un régimen dictatorial durante 40 años.

3. Películas del ciclo con profesiones jurídicas entre sus personajes

Si bien el número de películas del ciclo que estamos tratando es amplio, y algunas más populares y reconocibles incluso por el gran público que otras, nos vamos a ceñir sólo a aquellas en las que, en su trama principal o diferentes subtramas de peso, encontramos profesiones jurídicas. Estaremos de acuerdo que siendo este cine de delincuentes juveniles un subgénero propio de un paraguas más amplio como el cine criminal, o el cine policíaco, en todas ellas encontraremos por un lado aquellos que pudiéramos considerar *fuera de la ley*: ladrones, atracadores, rateros, mafiosos, estafadores... especialmente en el bando de los principales protagonistas que se configuran como héroes ganando el favor del público. También a este grupo pertenecen los asesinos, normalmente principales antagonistas que no cuentan con el favor del público, siendo los verdaderos *malos* de las películas. Y en el lado contrario, a este lado de la ley, pero también en un alto grado de antagonismo para las tramas principales, encontraremos comenzando siempre por los representantes de las fuerzas del orden: policías, guardias civiles, ertzaintzas, militares de distintos rangos... Y un amplio catálogo de profesionales jurídicos, principalmente abogados, jueces y fiscales. Los comisarios personifican e institucionalizan al Estado, aunque siempre la temida figura del juez, especialmente el de menores, sobrevolará casi el total de las películas.

Por ello aquí hemos seleccionado, las que colocan a las profesiones jurídicas en personajes de trama principal, o trama secundaria, más allá del coro que participa siempre al fondo de todas las películas. Como se verá en este pequeño recorrido encontraremos películas tan populares como la saga de *Perros Callejeros* de José Antonio de la Loma. Debemos aclarar por otro lado que en el cine de Eloy de la Iglesia, la figura que intermedia entre los delincuentes y el Estado suele recaer en periodistas, detectives privados cercanos o lejanos a la ley, y políticos de izquierdas en el bando protagonista, y de derechas en el bando antagonista, así como aristócratas caídos en el capitalismo propio de la época, como banqueros u otras profesiones con corbata, que siempre se enfrentan al lumpen a través de la prostitución masculina, chaperos en el argot callejero, que debiéramos incluir en aquellos listados al principio de este párrafo.

3.1. *Juventud a la intemperie*. (Ignacio F. Iquino, 1961)

ARGUMENTO

Susana es una joven que ha dejado la vida de prostituta porque se ha enamorado de Fernando, un antiguo cliente que se va a casar con ella. Pero de Susana también está locamente enamorado Alberto, el hijo del nuevo comisario del distrito, que acude al Bongo Club para buscar a la chica y pedirle que se quede con él. Pero esta le confiesa que no le quiere y le pide que la deje en paz. Loreta le ha entregado previamente una carta de Alberto donde le confiesa que, si no va a quererle, será capaz de cualquier cosa, incluso de matarla. Esta es la principal prueba que inculpa al muchacho cuando encuentran el cuerpo apuñalado de Susana en el club. Cuando se llevan detenidos a comisaría los presentes en la fiesta, el comisario ve destrozado que el principal sospechoso es su propio hijo. De esta manera, inicia a lo largo de toda la noche la investigación que conduzca hasta un tal Mauricio, que parece ser el cabeza de una red de prostitución y timbas ilegales en una finca a las afueras de la ciudad. Alberto, mientras deja a su hijo detenido, pasea por la ciudad en busca de pesquisas, que le llevarán del Bongo Club a La Barra Roja y de allí a El Sarao. En su deambular se encuentra con Carlos, un antiguo compañero que luchó con él en el bando nacional y que estará encantado de ayudarle a encontrar al tal Mauricio. Mientras, Alberto, el hijo del comisario, se escapará para acudir al hospital donde Susana se debate entre la vida y la muerte. Pero cuando llega es tarde, la joven muere ante sus propios ojos. Lleno de ira, acude a la finca en busca de venganza. A través de la compañera de habitación de Susana, Elena, que está enamorada de Fernando, el prometido de aquella, el comisario consigue llegar hasta el Loren, que es quien definitivamente los lleva a la finca de Mauricio. Allí se hacen pasar por ganaderos en busca de juego y diversión ilegal. Finalmente, el comisario y su amigo Carlos conseguirán desenmascarar a Mauricio y su emporio ilegal, al tiempo que Alberto, en una pelea final, con navajas reduce a Tony, que ha confesado haber sido quien clavó su navaja a Susana en el Bongo Club. Al final, lo lleva ensangrentado hasta su padre para decirle que era él quien estaba buscando, el verdadero asesino de su amada.

TEMÁTICAS: TRAMAS Y SUBTRAMAS

- La trama principal es la de la investigación del comisario en la muerte de Susana con objeto de poder librar a su hijo de la culpa.
- Subtrama de Susana con Fernando y la banda de delincuentes.
- Subtrama de Adela, enamorada de Fernando, para salir de la marginalidad.
- Subtrama de Alberto, enamorado de Susana y buscando la venganza de su muerte.
- Subtrama de Tony, hermano de Susana, su novia Loreta y la banda.
- Subtrama de Carlos para ayudar a su amigo Alberto y *limpiar* la ciudad de jóvenes criminales.

3.2. *Perros callejeros*. (José Antonio de la Loma, 1977)

ARGUMENTO

El Torete es un joven de quince años que vive en el Campo de la Bota, un barrio marginal de Barcelona. Desde pequeño está acostumbrado a pequeños robos, tirones de bolsos con coches robados. En una de sus fechorías es detenido junto al Pijo y el Corneta y llevados los tres al correccional de menores. Pero pronto se escapará, porque lo embargan sus ansias de libertad y el amor de Isabel, una joven gitana prometida con el Mosca, el protegido del Esquinao, tío de la chica. Un policía, que vuelve a detenerlo y acaba fichándolo, se toma una copa con él para escuchar su historia. Le da una tarjeta para que le ayuda a pescar a otros delincuentes de más alto rango y, aunque el chaval se niega, coge la tarjeta. Además, el Torete vive con Casilda, una mujer que lo acogió desde pequeño cuando su tío lo abandonó allí, ya que su propia madre tampoco quiso hacerse cargo de él. En la fuga del correccional, conoce a Fitipaldi, su nuevo colega de aventuras, con quien comenzará a realizar robos mayores y aprenderá más técnicas delictivas. Un día deciden sacar del correccional al Pijo y al Corneta. Pronto los periódicos se harán eco de sus hazañas y se hará famoso no solo en el barrio, sino en toda la ciudad. Torete visita el barrio y recoge a Isabel de una fiesta, aprovechando que el Mosca está ocupado en unos negocios. Se van al bosque y allí la chica pierde su virginidad, algo tan importante para la ley gitana. Cuando el Esquinao encierra a la chica en la casa y amenaza con casarla a la fuerza con su protegido, el Torete decide llevársela fuera de Barcelona. Ya los cuatro amigos y la chica, convertidos en banda, roban cuatro escopetas recortadas de una armería y con ellas atracan un banco del que sacan bastante dinero. En la huida, mueren un guardia civil de tráfico y Fitipaldi, con lo que deciden separarse. El Torete e Isabel están huyendo, pero ella le confiesa que está embarazada y tiene miedo. De este modo, el Torete decide avisar al policía que le ayudó al principio para que recoja a la chica en un punto de encuentro. Pero el policía no tiene más remedio que devolverla a su tío y este vuelve a encerrarla. El Pijo avisa al Torete de que Isabel está siendo prostituida, ya que perdió la virginidad, y por ello se presenta en casa del Esquinao. Pero le han tendido una trampa y entre cinco hombres castran al Torete cortándole el pene. Llaman a un veterinario para que le cure y no le deje morir desangrado. Llevan al Torete a casa de la novia del Pijo y allí, con muchos dolores y las curas de la chica, acaba salvándose. Pero pronto volverá a la calle, robará un coche y se vengará del Esquinao. Tirotea al Mosca, y al tío de Isabel lo atropella repetidas veces contra un muro. El Torete huye y la Policía lo persigue. Su policía, amigo desde el principio, escucha por radio que están persiguiendo al chaval y le pide a un compañero que lo acompañe, que cree saber por cuál sierra de los alrededores ha podido huir. Cuando llegan a la montaña, el policía se pone delante del coche intentando hacer que el chaval se detenga, pero da un volantazo y el coche sale despedido y se despeña en el fondo del barranco.

TEMÁTICAS: TRAMAS Y SUBTRAMAS

- La trama principal es la del Torete y sus acciones para ganarse la vida robando y escapar de la Policía.
- Subtrama de amor entre Torete e Isabel.
- Subtrama de Casilda, que instiga al Torete a robar para sacar al Porro de la cárcel.
- Subtrama del Mosca rivalizando con el Torete por el amor de Isabel.
- Subtrama del policía, queriendo ayudar al Torete porque comprende su historia y además pretende detener a delincuentes más peligrosos.

3.3. *¿Y ahora qué, señor fiscal?* (León Klimovsky, 1977)

ARGUMENTO

Basada en la novela de José Luis Martín Vigil, Ignacio F. Iquino firma el guion. Cuenta la difícil historia de amor entre José, chaval de barrio marginal que trabaja en un taller mecánico, y Paloma, una rica bohemia, hija de una acaudalada familia barcelonesa. La historia comienza con la angustiada búsqueda de José de su amigo el Mangas, pues lo ha engañado con un dinero. Tras propinarle una paliza, es detenido, tanto él como su novia Paloma. Al parecer, los dos están implicados en un asunto de robo y asesinato. Al ser encarcelados, ambos reciben la visita de una atractiva abogada que recibirá en sus declaraciones el relato completo, la historia que nos hará conocer cómo esta pareja, de Romeo y Julieta, consiguieron luchar contra la diferencia de clases desde 1962, pero acabaron abocados a la delincuencia. José nació y se crio en un barrio obrero y su educación siempre estuvo condicionada por sobrevivir a las condiciones impuestas. Paloma, en cambio, es una chica de bien, nacida en una familia adinerada y burguesa. Ambos se enamoran y comienzan una relación, pero los padres de la chica se oponen tajantemente. Si hasta aquí la situación es complicada, aún empeora más cuando la chica se queda embarazada y el joven novio entra a robar a casa de una pariente que finalmente aparece muerta. Ya en la cárcel, José le cuenta a su abogada toda la historia con el fin de impedir su inculpación en el juicio. En un principio José y Paloma, se van a vivir al palacete de los padres de ella, pero por una discusión sobre el nombre del bebé, y que este finalmente nace muerto, se van a vivir como pueden sin el apoyo familiar. El Mangas y su hermana, por su parte, se prostituyen y se dedican a realizar pequeños hurtos. Paloma traza un plan para robarle un cheque a su tía de la caja fuerte. Todo sale bien, salvo que el Mangas le roba el dinero a la pareja. La tía aparece asesinada y los chicos son inculpados. Mangas acusa a José y Paloma. La abogada hace todo lo que puede para defenderles en el juicio, pero finalmente el juez decide cárcel para el Mangas y Paloma, y la pena capital para José. Pero el Mangas, con gran remordimiento, grita y confiesa ante un cura, contando la versión real de lo ocurrido: el Mangas se quedó con la llave del piso de la tía de Paloma, para volver más tarde, para asesinarla y después violarla. Mientras esto ocurre, José se ha cortado las venas en su celda. Ya en el hospital de la cárcel, acude el padre de Paloma y el cura le dice que no se preocupe, que se salvará.

TEMÁTICAS: TRAMAS Y SUBTRAMAS

- La trama principal es la historia de amor entre José y Paloma.
- Subtrama del Mangas, amigo de José, que lo implica en asuntos turbios.
- Subtrama de la familia de Paloma, que interviene para separar a los enamorados.
- Subtrama de la abogada y las cuestiones legales que impiden la reinserción de José y Paloma.
- Subtrama de la hermana del Mangas, enamorada de José.

3.4. *Busca y captura. Perros callejeros 2*. (José Antonio de la Loma, 1979)

ARGUMENTO

Perros callejeros II. Busca y captura comienza tal y como acabó *Perros callejeros.* El coche de El Torete se despeña por un acantilado de la costa catalana. Están terminando del ver el copión de la primera parte, cuyo estreno ha sido retrasado por un juez. El Torete estaba interpretando la vida del Vaquilla en el anterior título y el director de aquel film está intentando localizar en esta segunda parte al protagonista de la primera para que acuda a su *premiére.* Es cine dentro del cine. El Torete consigue una vez más escapar de Fernando, el policía que le persigue con saña desde que en una ocasión lo dejó lesionado para siempre de una cojera. Luego, volverá a la chabola que comparte con Charo y su hermana, mientras el marido-proxeneta de la primera está en la cárcel. Tras dejar a la mujer de su amigo trabajando en la calle, él se dirige a la discoteca Zafiro, donde preparará un gran golpe con su amigo el Chino. Este le presentará a Tony, un empleado de la banca que quiere robar en su propia sucursal. Para ello, tendrán que robar un coche del modelo que más le gusta a Tony, un Chrysler. Ángel se siente irremediablemente atraído por la novia de Tony, Verónica. Al día siguiente se cruzan en el camino del Torete, el propio Vaquilla (interpretado por Bernard Seray), que se ha escapado del penal de Ocaña junto al Manteca y al Mandarina. Asaltan a una señora con el método del *tirón* cuando aparece la Policía rodeándoles. Al dar marcha atrás, atropellan y matan a la señora, motivo por el cual el Vacas tendrá que volver a la cárcel. Ángel intenta seducir a la novia de Tony, pero no lo consigue, pues la chica está muy enamorada de su novio. Para robar el Chrysler, el Torete le pide ayuda a la chica. Finalmente, acaban teniendo sexo en el propio Chrysler. Al día siguiente, el Torete, Charo y el Pijo deciden ir a Zaragoza a ver el estreno de *Perros Callejeros*, ya que en Barcelona les andan buscando. Durante esta escapada para verse en pantalla, Tony y el Chino llaman a otro delincuente para atracar la sucursal y que terminen el trabajo que el Torete ha empezado. Camino de la sucursal, paran en una gasolinera; el gasolinero reconoce al conductor del coche y le saca de él para zarandearlo y denunciarlo. En la trifulca, el Chino saca la pistola que le dio el Torete y mata al gasolinero ante la mirada de un cliente testigo de lo sucedido. Atrapan al Pijo y al Torete a través de la confesión del Chino, que no quiere culpar al banquero. Ya en la cárcel, el Pijo y el Torete obligan al Chino a decir la verdad. Lo dejan también en manos de Sebastián, con quién tenía cuentas pendientes y este acaba violándolo. Sebastián organiza un motín para escapar de la Modelo y una vez en la calle secuestra a la hija del policía Fernando y la viola junto a sus dos amigos para vengarse del policía. El juez ha decidido poner en libertad al Torete con la ayuda del director de la película y las pruebas reunidas de los testigos que lo vieron en Zaragoza, pero al salir de la cárcel, la única persona que lo espera es Charo, que está perdidamente enamorada del chaval. Este se alegra mucho al verla dormida en el portal enfrente de la cárcel. Cuando se va a acercar a ella en esa fría mañana solitaria, un coche atropella al Torete, que queda tirado en el suelo, mientras un perro callejero le olisquea y aúlla.

TEMÁTICAS: TRAMAS Y SUBTRAMAS

- La trama principal es la de Ángel 'el Torete' para demostrar su inocencia en el asesinato y asalto a la gasolinera.
- Subtrama de amor entre el Torete y Charo, la novia del Pijo, su mejor amigo.
- Subtrama de amor entre el Torete y Verónica, la novia de Tony, el trabajador del banco convertido en delincuente.
- Subtrama del policía Fernando, que quiere vengarse del Torete que le dejó malherido en el pasado.
- Subtrama del director de la película que quiere continuar haciendo películas con el Torete.
- Subtrama de amistad del Torete y el Vaquilla, cuya vida interpretó el primero, en *Perros Callejeros*.

3.5. *Los últimos golpes del Torete. Perros callejeros 3*. (José Antonio de la Loma, 1980)

ARGUMENTO

El Torete y el Vaquilla van a coincidir en el primer robo que realizan una vez que ambos salieron de la cárcel. Deciden con motivo de esta casualidad ir a medias en sus negocios. El Vaquilla está saliendo con Berta, una joven que les cuenta cuál puede ser el siguiente atraco, una masía en la que estuvo trabajando hace tiempo y donde hay una caja fuerte, pero cuando están atracándola un guardia de seguridad y un vecino armados consiguen echarles de allí. Perales es el policía que lleva la investigación y al que amenazan con perder su puesto si no los detiene. Una periodista radiofónica llamada Begoña está estudiando hacer un reportaje sobre el Torete y el Vaquilla, ahora que *trabajan* juntos. Berta, la novia del Vaquilla, les propone que busquen un trabajo temporal para despistar a la Policía. Aunque el Torete no está muy conforme, finalmente accede; pero, tras una pequeña temporada en un taller mecánico, los chicos tienen que huir porque no han podido evitar destrozar un coche que cogieron para probarlo. Llevan en la sangre la conducción temeraria y por eso deciden presentarse a unas pruebas de pilotos que la compañía SEAT hace cerca de allí. Se presentan a las pruebas de incógnito, puesto que no tienen carnet de conducir ni credenciales. Uno de los expertos queda fascinado con la forma de conducir de los chicos, pero cuando descubre que no son los pilotos profesionales, que han sido amordazados en el vestuario por los propios *espontáneos,* tienen que llamar a la Policía para que les detengan. Pero el Torete y Berta logran huir; en cambio, el Vaquilla resulta detenido de nuevo. Begoña sigue interesada en entrevistar a los jóvenes delincuentes, mientras comprueba que su principal competidor en la audiencia radiofónica piensa todo lo contrario respecto a la causa de la delincuencia juvenil derivada de la falta de oportunidades. En la escapada, Berta le confiesa al Torete que está enamorada de él. Este le confiesa el mismo amor, pero en su propia ley, los amigos se respetan, y ella es la novia de su amigo. Organizan la manera de salvar al Vaquilla durante un traslado a los juzgados de la mano de Perales para declarar. Todo sale bien y los tres se refugian en un pueblo perdido en las montañas. A Perales lo destituyen y pierde su cargo. Una vez allí, deciden conceder la entrevista a Begoña y la chica lo anuncia a través de su programa de radio. Perales, que estaba oyéndola, decide seguirla. Ya en el pueblo, Begoña tiene la oportunidad de entrevistar a los chicos, especialmente al Torete, sobre cómo ha sido su vida. La segunda noche que pasa con ellos, Begoña hace el amor con el mito, con el delincuente más famoso del país. Al día siguiente Perales ha llegado al pueblo con más policías. Comienza la persecución y, cuando parece que Berta y el Torete van a escapar de nuevo en el coche, escuchan los disparos y vuelven para intentar salvar a su amigo el Vaquilla. Pero es demasiado tarde y este muere en los brazos de aquel, después de que la Policía le disparase.

TEMÁTICAS: TRAMAS Y SUBTRAMAS

- La trama principal es la amistad entre el Torete y el Vaquilla.
- Subtrama de amor entre el Vaquilla y Berta.
- Subtrama de Berta, que pretende redimir a los chicos por un tiempo buscándoles un empleo.
- Subtrama de Begoña, la periodista que quiere ahondar más en el asunto de la delincuencia juvenil.
- Subtrama de Quique, el periodista con ideas opuestas a Begoña, y que pretende arrebatarle la audiencia.
- Subtrama de Perales, el policía que para mantener su puesto necesita capturar al Torete y al Vaquilla.

3.6. *El pico 2*. (Eloy de la Iglesia, 1984)

ARGUMENTO

Paco nos está contando su historia en primera persona. Está mirando a cámara y comienza una voz en *off* para contarnos cómo ha llegado donde está en este momento que desconocemos. En esta secuela de *El pico* la historia continúa en el mismo lugar que quedó. Paco está en Bilbao con su padre y, para conseguir rehabilitar a su hijo, decide pedir un traslado a Madrid. Una vez allí, se instalan en la casa de la abuela, que vive con la asistenta. Pero los problemas comienzan cuando un periodista indaga en el suceso de la muerte del Cojo y su mujer, narcotraficantes. Encuentra una testigo que señala directamente a Paco el día que escapaban de la casa del Cojo. Cuando Paco ha conseguido rehabilitarse gracias a un tratamiento de metadona, tiene que rendir cuentas ante la justicia e ingresar en prisión. Allí conocerá al Lehendakari, un antiguo narcotraficante colaborador de ETA que se gana la confianza de Paco por haber acabado con el Cojo, su antiguo enemigo. Tejas le ofrece su primera dosis de heroína a Paco, que no solo reincide en su adicción, sino que también arrastra consigo al Pirri, su compañero de celda. Evaristo, el padre de Paco, sufre las humillaciones en la cola de los familiares cuando va a visitar a su hijo y un el periodista, que ha destapado el escándalo, pretende y consigue fotografiar al guardia civil con el resto de familiares. El Lehendakari tiene un plan: cortarse la barriga con un machete para poder escapar en el traslado al hospital. Mientras, el Tejas se ha encaprichado con Paco, por el que siente una fuerte atracción sexual. Cuando Lenda consigue huir, el síndrome de abstinencia les llega a Paco y al Pirri. Aquel tiene que prostituirse en la cárcel para conseguir las dosis necesarias para él y su compañero, pero, cuando va a llevarle la papelina de heroína a Pirri, también se la roban. Cuando su amigo ve la sangre producida por un desgarro anal en Paco, se enfada y quiere ir a matar al Tejas. Durante la pelea, le anuncian a Paco que su padre ha conseguido sacarlo de la cárcel. Una vez fuera, Paco huye de la casa de la abuela y se va a vivir con Betty, la prostituta que conoció en Bilbao. Comienzan una relación. Ella se sigue prostituyendo, mientras él comienza a traficar con pequeñas cantidades. Entonces aparece Lenda en casa. Además de proponerles nuevos negocios más grandes, acaba enrollado con Betty ante la indiferencia de Paco, que solo vive para consumir heroína. Lenda además tiene contactos con una organización secreta que trabaja con el Gobierno para encontrar etarras fuera de España y que, además, le proporcionaba la heroína en la cárcel. En uno de los atracos a una joyería, Lenda acaba herido y deciden irse por una temporada a Bilbao, a una casa de su familia en las afueras. La propia organización, que ya no quiere trabajar con Lenda, avisa a la Guardia Civil de los pasos de los chicos. Entonces, Evaristo le pide al coronel que antes de aceptar su dimisión, le permita realizar un último servicio al cuerpo. Evaristo quiere detener él mismo a su hijo por todos los delitos cometidos y para limpiar su honor. El padre llega a la masía donde se esconden y Paco sigue consumiendo heroína. Su propio hijo le abre la puerta y a punta de pistola lo desafía a que lo acompañe. Paco no se amedrenta y saca también su arma, pero Lenda interviene y Evaristo acaba muriendo bajo una de sus balas. Cuando quiere escapar, Paco dispara por la espalda a su compañero, entre lágrimas por la muerte de su padre. Entonces, tras los múltiples disparos, entra la Guardia Civil, acompañada de los periodistas que destaparon todo el asunto, para fotografiar a Paco abrazando el cadáver de su padre en el suelo. Paco termina de contar su propia historia. Tras aquello, estuvo ocho meses en la cárcel, realizó el servicio militar y ahora es padre de familia. Ha tenido un bebé con Betty y se dedican al tráfico de estupefacientes. Para ellos trabajan dos chavales que también son adictos a la heroína. Forman la misma familia que en su día tuviera el Cojo en Bilbao. La única diferencia es que Paco ahora también es guardia civil y atiende una llamada de su capitán.

TEMÁTICAS: TRAMAS Y SUBTRAMAS

- La trama principal es la de Paco, que lucha contra su adicción a la heroína.
- Subtrama de Evaristo en su intento de ayudar a su hijo contra la justicia, contra la prensa y contra sí mismo.
- Subtrama familiar de la abuela y la asistenta, que los reciben en su casa de Madrid.
- Subtrama de amistad y compañerismo con el Pirri dentro de la cárcel.
- Subtrama de protección y negocios en la cárcel y fuera de ella por parte de Lenda.
- Subtrama de amor con Betty, tanto para volver a la heroína como para delinquir, y formar una familia en el clímax del film.
- Subtrama del Tejas como principal antagonista dentro de la cárcel.
- Subtrama del periodista y el guardia civil corrupto, como principal antagonista fuera de la cárcel.

3.7. *De tripas corazón*. (Julio Sánchez Valdés, 1985)

ARGUMENTO

El Chirlo es un joven delincuente que solo cumple condena de un mes gracias a la labor de su abogado de oficio Jaime. Jaime está divorciado y vive con Rocío, modelo y hermana de la exmujer de Jaime. Un día el Chirlo ve en una cafetería a Jaime, su abogado de oficio y decide invitarle a una copa. Jaime parece no tener amigos, de hecho, la noche anterior se cruzó con uno de la facultad, Arturo, que ahora es policía, con el que acabó borracho. Cuando Rocío llega para comer con el abogado, deciden invitar al Chirlo, que parece no tener prisa en irse. Comienza así una relación de amistad de los tres. Aunque el joven habla con Jaime de la importancia de la amistad, el chico empieza a sentirse atraído por la modelo. Ella por su parte, y ante la pasividad, y el creciente alcoholismo del abogado, empieza a sentir lo mismo por el joven delincuente. Poco a poco, ella empieza a comprender el mundo del chaval y una noche, cuando él la lleva al cine, se besan. El Chirlo tiene dos amigos, el Pelos y el Nene, con los que realiza pequeños hurtos.

Pero un día el Pelos roba una joyería en la que acaba matando al joyero en el momento que iba a defenderse con un arma. Cuando el Chirlo acude a Jaime para que le defienda colándose en su casa antes de que la pareja llegue del cine, Jaime se enfada mucho y se niega a defender a su amigo, y le presenta a un colega que puede hacerlo. Por este motivo, el Chirlo y Jaime se alejan, y le pide que no vuelva a meterse en sus vidas. Rocío se enfada mucho con Jaime, por abandonar de ese modo al chaval. Decide que al día siguiente se irá sola de vacaciones. Cuando el Chirlo sale de hablar con el abogado compañero de Jaime, le da las gracias a este por todo lo que ha hecho por él y se marcha. Va en una moto robada con el Nene y, al ver una valla publicitaria con la imagen de Rocío, decide robarle un abrigo de piel que a la chica le gustaba. En la peletería está Arturo, el antiguo amigo de Jaime, que ahora es policía. Cuando el Chirlo roba las pieles y se sube a la moto, Arturo le dispara en una pierna. Cuando el Chirlo da media vuelta para atropellarle, le vuelve a disparar, pero esta vez en el pecho. Jaime va a visitar al chaval al hospital. Está muy grave, al borde de la muerte. Cuando Jaime vuelve a su coche, se encuentra allí escondido al Nene, que le da el abrigo para Rocío, este es el motivo por el que el Chirlo va a morir. Esto hace reaccionar a Jaime, que corre a la estación, sube al tren y encuentra a Rocío en un compartimento. El tren se aleja del andén.

TEMÁTICAS: TRAMAS Y SUBTRAMAS

- La trama principal es la inusual amistad entre el Chirlo y Jaime, su abogado.
- Subtrama de igual relevancia que la trama principal de la historia del amor entre Jaime y Rocío.
- Subtrama de la amistad entre el Chirlo y su pandilla, el Pelos y el Nene.
- Subtrama de la amistad y la tensión sexual no resuelta entre Rocío y el Chirlo.
- Subtrama del encuentro casual entre Jaime y Arturo, un antiguo amigo de la facultad que ahora es policía, para llevarnos al final, en el que este acaba con la vida del Chirlo.
- Subtrama de Jaime y su relación con su exmujer (hermana de Rocío) y anterior vida.

3.8. *Matar al Nani*. (Roberto Bodegas, 1988)

ARGUMENTO

Santiago Corella 'el Nani' es ya un nombre mitificado por el público. Lleva el sello inconfundible de los marginados, de los perdedores, de los que juegan con cartas marcadas por sus enemigos. Él cree que domina su vida, pero la vida de Nani está ya previamente decidida por otros. Al final del Gobierno de la UCD, algunos policías, al mando del comisario Manuel Soto, con la colaboración del joyero Molero, montan un grupo de atracadores que roban joyerías con total impunidad. Tras el triunfo en las elecciones de 1982 del PSOE, el nuevo ministro del Interior dice que no pueden seguir cometiéndose robos a joyerías sin encontrar a los ladrones ni recuperar el botín. Mientras los demás desaparecen, el Nani y su compañero Teo cargan con las responsabilidades y mueren durante un interrogatorio en la Dirección General de Seguridad, hecho nunca admitido por las autoridades. La mujer del Nani, Lola, y su hijo pequeño nunca recibieron una explicación por la desaparición. La historia del Nani, un delincuente juvenil de los años de la transición, cuya desaparición en una comisaría tras un interrogatorio aún no ha sido aclarada, es llevada a la pantalla por Roberto Bodegas, poniendo el acento en la denuncia de la brutalidad policial y especulando con el desenlace de la historia. Una historia que mezcla denuncia política y crónica social de una época.

TEMÁTICAS: TRAMAS Y SUBTRAMAS

- La trama principal es la del Nani y los negocios con Molero, que dan un cambio en su vida.
- Subtrama del amor del Nani por su mujer Lola y el hijo de ambos.
- Subtrama de amistad con Teo, compañero de negocios y gran amigo.
- Subtrama de la corrupción policial y todo el entramado.
- Subtrama de Molero, que es parte de la corrupción político-policial, pero además proveedor del Nani de robos y atracos varios.
- Subtrama de Gálvez y Dechent, que ejecutan el trabajo sucio de la Policía torturando a los chicos.

3.9. *Tres días de libertad*. (José Antonio de la Loma, 1995)

ARGUMENTO

Juan 'El Gato' lleva catorce años en la cárcel. Debido a su buen comportamiento y a la intervención de su padrino legal y de su asistenta social, con la que tiene una relación pasional, consigue un permiso de tres días de libertad. A pesar de la atracción entre el delincuente y su asistenta social, su idea principal es casarse con su novia que lo visita periódicamente en la cárcel, conseguir el indulto definitivo y entonces formar una familia. Pero cuando Juan sale descubrimos que tiene preparado un golpe en connivencia con su antiguo abogado y sus hermanos, que viven en casa de la madre de la familia. Cuando su novia y Juan llegan a la casa materna, allí también hay un amigo de la familia con su hija Aurora. Juan y la chica se enamoran, a pesar de que siempre su prometida está cerca. Su propia novia es sometida a las preguntas de Rosa, la asistenta social, acerca del conocimiento que tiene, puesto que va a casarse con el segundo delincuente más famoso de España, después del Lute. En la casa tienen un gran alijo de cocaína. Mientras tanto, Juan y Aurora se enamoran. Pero el segundo día llegan los periodistas a la casa materna con el consiguiente enfado de los hermanos de Juan, porque allí mismo guardan la droga, además del golpe que tienen preparado. El hermano de Juan, Tony, está en cama. Tiene sida y está esperando el momento de su muerte. Recibe las visitas de su novia, a la que también ha contagiado. El padrino de Juan le avisa a su tutorizado legal de que le están tendiendo una trampa, que tenga cuidado sobre lo que hable con los periodistas y otros. También en este momento le dice que se cuide de no ser otro Nani, por las noticias de su desaparición reciente. La prometida de Juan, por su parte, está muy enfadada, porque ha notado la manera en que se miran Juan y Aurora. Finalmente, estos comienzan una relación y, aunque en principio él pensaba volver a la cárcel, ahora decide escaparse a Marsella con su nuevo amor. Durante el trayecto escucha en la radio que, durante el atraco al banco, su hermano ha muerto. Entonces deciden dar media vuelta. Juan acude a su tío para que le ayude. Le da un arma. Juan va en busca del inspector que le ha tendido la trampa y ha dado el chivatazo, y le dispara en la nuca. Al día siguiente, jueves, Juan vuelve a la cárcel, acompañado de su padrino y su prometida. Todos parecen estar muy contentos de que Juan vuelva y le agradecen que lo haya hecho, a pesar de los tres días de libertad que ha disfrutado, en los que no ha parado de delinquir, incluso matando a un hombre para vengar a su hermano. Al llegar a la cárcel, quien se muestra más receptiva con el delincuente es su asistente social, cuando él se acerca a susurrarle al oído que viene a saldar la cuenta pendiente. Quien no parece alegrarse mucho de esta situación es su novia y prometida, que observa la escena horrorizada.

TEMÁTICAS: TRAMAS Y SUBTRAMAS

- La trama principal es la de Juan 'El Gato' que durante un permiso de tres días de la cárcel ha preparado un atraco con su hermano y su abogado.
- Subtrama de amor entre Juan y su novia, que le acompaña durante el permiso.
- Subtrama de sexo y pasión con Rosa, la asistenta social de Juan.
- Subtrama de la protección que le proporciona su padrino y tutor legal, que confía en él.
- Subtrama de Tony, el hermano de Juan que está muriendo de sida.
- Subtrama de Aurora, la hija de un amigo de la que se enamora durante ese fin de semana.

- Subtrama de Chuzo, el policía corrupto que quiere tender una trampa a Juan.

4. Conclusiones

Si tomamos la primera figura analizada en la película de Iquino de 1961, el comisario padre del protagonista del film, es un intachable profesional que dirige la comisaría del distrito centro de Barcelona, y que durante el periplo de la noche en la que investiga el asesinato en el que su propio hijo se ve involucrado, es tal su impecable ética deontológica que pone de manifiesto que será el primero en detenerle si comprueba finalmente que es culpable.

En la película que inicia el ciclo quinqui, Perros Callejeros la figura paternalista del policía pasa a la de amigo que escucha la realidad del delincuente, a pesar de estar en *el bando contrario.* El policía se convierte en la pieza en la que se desarrolla la trama para en principio salvar a la chica de la prostitución, pero finalmente y por su actuación a norma, la chica vuelve a caer en manos de la mafia, y eso desencadena la castración del protagonista. Es decir, finalmente el policía no consigue disuadir de la delincuencia al protagonista, incluso cuando finalmente por intentar ayudarle, y este no querer atropellarle, acaba despeñándose por el precipicio.

En la película de Klimovsky la abogada se convierte en la narradora homodiegética, es decir un personaje secundario al que el protagonista cuenta su propia historia. Y es ella quién le pide explicaciones al señor fiscal respecto a cómo estos jóvenes no pueden expiar sus culpas porque manifiesta que es un problema sistemático del proceso judicial en el que están envueltos. La abogada se convierte en una figura mesiánica que intenta aportar luz del porqué el sistema no funciona.

En la segunda parte de la saga de Perros Callejeros, el policía se convierte en un principal antagonista que busca venganza contra el propio Torete-Vaquilla que se vio involucrado en un atropello que dejó al primero afectado en las piernas. Es decir, aquí la figural del policía ya empieza a ser un contrario por cuestiones personales. Además, un juez, una figura institucionalizada prohíbe el estreno de la primera película de la saga, en un ejercicio de metacine, además de ser un reflejo social con lo que ocurriría un año después con la película *El crimen de Cuenca* (Pilar Miró, 1980), película secuestrada por un proceso judicial que condujo a un juicio militar a su directora por presunto atentado contra la imagen de la Guardia Civil.

En la tercera parte de la saga de Perros Callejeros, ya se personifica al policía Perales con una necesidad dramática para apresar al dúo formado por Torete-Vaquilla porque sin conseguirlo perderá su trabajo. Los bandoleros son acorralados tras diferentes escenas de persecuciones de coches, el sello de la saga que convierte el film en un *car exploitation* tan afamados a principios de los años ochenta. El protagonista cae acribillado a balazos por el propio Peralta y muere en los brazos de su amigo. El policía es el villano que ejecuta literalmente al héroe.

En la segunda parte de *El Pico* nos adentramos en el mundo penitenciario donde los funcionarios de prisiones extralimitan sus funciones convirtiéndose en los míticos carceleros previos a la Transición que viéramos en las películas de *El Lute. Camina o revienta* (Vicente Aranda, 1987) y El Lute 2. Mañana seré libre (Vicente Aranda, 1988). Estas dos películas tardías del ciclo en realidad representan como hemos visto en el cuerpo de estudio al primer quinqui que mitifica la figura de sus seguidores cinematográficos. En las películas de Aranda se da muestra de las torturas a las que fue sometido. En la película de De la Iglesia, se apunta con cierta timidez esta extralimitación de la figura del carcelero cinematográfico, también mitificado en las canciones de Los Chichos y Los Chunguitos.

En la película de Sánchez Valdés vemos una transformación en el personaje con profesión jurídica, el abogado. Aquí ya no es un mero acompañamiento a la defensa o la acusación, la investigación o dictar sentencia de todos los personajes que hemos visto en los títulos anteriores. Aquí la vida personal del abogado tiene el mismo peso que la trama principal del delincuente, en el que por cierto supone el primer protagonista para José Luis Fernández El Pirri, que en todas sus películas anteriores se interpretaba a sí mismo y en personajes secundarios amigos del principal. De hecho, el conflicto de amistad, entre jurista y cliente, traspasa lo profesional, y el amor de la pareja del abogado es motivo de conflicto que no se resuelve hasta el final.

En la película de Bodegas que ilustra uno de los casos más vergonzosos durante la transición democrática, con la desaparición el 13 de noviembre de 1983 de Santiago Corella El Nani mientras se encontraba detenido en dependencias policiales, el personaje del comisario pasa en esta ocasión a ser el jefe de la banda de policías corruptos que se dedican a perpetrar junto a una banda de atracadores de joyerías una de las redes de corrupción sentenciadas firmemente en 1988, año en el que se estrena la película.

En la última película dirigida por José Antonio de la Loma, padre del cine quinqui, vemos que el propio abogado salta al otro lado de la Ley. Ya no sólo son las fuerzas de seguridad del estado quienes, a lo largo del prolífico cine de delincuentes juveniles en España desde su era democrática tras la desaparición de la censura en noviembre de 1977, se han ido corrompiendo cinematográficamente, o un policía corrupto actúa como doble agente de la criminalidad a ambos lados de la Ley, como veníamos viendo desde 1986 en adelante. Aquí ya el propio abogado, que se convierte en protagonista por encima del criminal que disfruta de un permiso penitenciario, perpetra el hurto con su propio cliente, que es el verdadero y reconocido delincuente ante la Justicia, y no aquel. Aquí vemos como ya los personajes con las profesiones jurídica cruzan al otro lado de la Ley, abandonando este lado: A este lado de la Ley.

5. Bibliografía

Álvarez Jiménez, V.M.: «El héroe en la obra de José Antonio de la Loma», Conferencia del IX Congreso Asociación Española de Historiadores del Cine. *El Cine Español durante la Transición Democrática* (1974-1983). 29 nov-1 dic. Valencia, IVAC, Instituto Valenciano de Cinematografía, 2001.

Carmona, L. M.:

— *Cine erótico a la europea*, Madrid, T&B Editores, 2010.

— *Cine insano*, Madrid, T&B Editores, 2012.

Gil, A.: *La censura cinematográfica en España*, Barcelona, Ediciones B, 2009.

González del Pozo, J.: *Adicciones en la gran pantalla*. Madrid: Fundamentos. 2015.

Gubern, R.: *La imagen pornográfica y otras perversiones ópticas*. Barcelona, Anagrama, 1989, 2005.

Melero, A.:

— *La noche inmensa. La palabra de Gonzalo Goicoechea*. Getafe: Grupo de Investigación «Televisión-Cine: memoria, representación e industria» (TECMERIN) de la Universidad Carlos III de Madrid, 2013.

— *Placeres ocultos. Gays y lesbianas en el cine español de la transición*. Madrid, Notorious Ediciones, 2010.

Monterde, J. E.: *Veinte años de cine español. Un cine bajo la paradoja*. 1973-1992. Barcelona, Paidós Studio. 1993

Navarro, A. J.:

— «El cine negro y el thriller español (1950-1975): Historia de un desencuentro» en **Palacios, J. (ed.)** *EuroNoir. Serie negra con sabor europeo*, T&B Editores, Madrid, 2006, pp. 335-355.

— «Phil Karlson, un talento a descubrir» en **Palacios, J.** y **Weinrichter, A.** (eds.). Gun Crazy. *Serie negra se escribe con B*, T&B Editores, Madrid, 2005, pp. 237-267.

Pulido, J.: *La década de oro del cine de terror español* (1967-1976). T&B Editores, Madrid, 2012.

Sanchís, V.: *Violencia en el cine. Matones y asesinos en serie*, La Máscara, Valencia, 1996.

VV. AA. Florido Berrocal, Joaquín; **Martín-Cabrera**, Luis; **Matos-Martín**, Eduardo; y **Robles Valencia**, Roberto (eds.): *Fuera de la ley. Ase-*

dios al fenómeno quinqui en la transición española, Constelaciones, Granada, 2015.

VV. AA. Gubern, Román; **Monterde**, José Enrique; **Pérez Perucha**, Julio; **Riambau**, Esteve; y **Torreiro**, Casimiro: *Historia del cine español* (7.ª ed.), Cátedra, Madrid, 2010.

VV. AA. Palacios, Jesús y **Weinrichter**, Antonio (eds.): *Gun Crazy. Serie negra se escribe con B*, T&B Editores, Madrid, 2005.

DESARROLLISMO, ABOGACÍA Y CINE

Emilio G. Romero
Abogado y escritor. Colegio de Abogados de Sevilla

1. Desarrollismo y cine

España empieza a desperezarse a mediados de los años 50 a la luz de los primeros reconocimientos internacionales del Régimen Franquista mediante el Concordato con la Santa Sede o el tratado bilateral con Estados Unidos, ambos de 1953. En 1955 ingresa en la ONU, pero la Organización Internacional para la Cooperación y el Desarrollo exigirá previamente al ingreso en su seno un plan de estabilización económica que destierre definitivamente la autarquía, el estraperlo, la altísima inflación y una deuda pública insostenible por falta de divisas. Franco acude a los tecnócratas del Opus Dei consiguiendo una mayor profesionalización de la gestión económica con lo que pierde papel la política autárquica tan ideologizada por la Iglesia y Falange. En 1959 entramos en la OCDE y nos visita el presidente Eisenhower para lo que ya se ha puesto en marcha el Primer Plan de Estabilización ese mismo año que se traduce en tres planes de desarrollo cuatrienales. El primero, que se inicia inmediatamente, conlleva la devaluación de la peseta de 5/dólar a 46/dólar, la reducción de aranceles exteriores permitiendo más inversiones extranjeras, y el final del control estatal de precios, todo acompañado por una potenciación de la obra pública y los polos industriales. Llegan los soldados estadounidenses a las diferentes bases y el primer bum turístico, con lo que baja el paro, hay más divisas y se multiplican las infraestructuras hoteleras, carreteras, pantanos, etc. Pero el inicial descontrol de precios encarece la vida por lo que muchos españoles se ven obligados a migrar, efecto que satisface a la dictadura puesto que baja aún más el paro y afluyen todavía más divisas por dinero retornado de los emigrantes españoles en Europa. Y no cabe duda de que, aunque la mejora de la calidad de vida perpetúa el régimen, aumenta el consumo, llegan las radios y automóviles para todos y la tele para muchos. Son los años de la muñeca Guendolina o el Seat 600 y de la conversión de la vivienda en eje económico central como símbolo de la mejora de la vida de los españoles. En esta coyuntura da sus primeros pasos una clase social pequeño burguesa prácticamente eliminada en la Guerra

Civil e inexistente en los oscuros años 40. Los descendientes de los vencidos o exiliados empiezan a buscar su sitio entre las profesiones liberales que durante más de una década han sido copadas por los hijos de los vencedores, y una de ellas es la abogacía.

A ese contexto socio económico hay que añadir un acontecimiento cultural que va a marcar un punto de inflexión en la historia del cine español durante el franquismo: las llamadas «Conversaciones Salamanca» que se desarrollaron en mayo de 1955 en el cine club del Sindicato de Estudiantes Universitarios (SEU) de dicha ciudad. En las mismas converge la disidencia cinematográfica que se estaba gestando desde comienzos de la década para intentar dar un impulso a lo que se considera una producción nacional sin interés ni calidad, representada por un amplio espectro de realizadores nacionales desde comunistas a oficialistas, falangistas o católicos. Esas reuniones plantean la necesidad de avanzar en las propuestas fílmicas hacia películas más realistas y con más calidad intelectual y estética, lo que chocará, ahora sí, con el aparato censor que empezará a tener trabajo con los nuevos «conquistadores de contenidos» que surgen en los años siguientes. De entre los grandes creadores que emergieron para contar nuevas historias resplandece con fuerza propia Fernando Fernán Gómez, director de teatro y cine, escritor, guionista y actor grande, que encarna a la medida la idea de un verdadero demiurgo, un creador integral.

2. Las vidas de Fernán Gómez

A la contemplación de ese incipiente estrato social que comienza a llegar a las facultades de Derecho dirige su mirada Fernando Fernán Gómez en *La vida por delante* (1958) y *La vida alrededor* (1959). Empieza a quedar atrás el tratamiento unívoco que ensalza la honestidad del letrado que, junto a la del fiscal y el tribunal, transmitían un ideal de justicia que nunca se equivocaba, con unos profesionales abnegados en pos de la equidad y honrados en todos los ámbitos de su vida, como los reflejados en *Quema el suelo* (Luis Marquina, 1951), primera incursión cinematográfica española directa en la figura del abogado, o *Pleito de sangre*, (Ricardo Gascón, 1955). Fernán Gómez representará un nuevo modelo de letrado mezclando algunos principios de la comedia americana, sobre todo en la segunda parte, con elementos del neorrealismo italiano, más acusados en la primera. Nos encontramos con este díptico costumbrista sobrevenido, no concebido así en origen, pues *La vida alrededor* surge por encargo tras el éxito de *La vida por delante*, en el que se retratan los avatares de una joven pareja en el ciclo vital que suele definir el resto de la existencia, desde los años de estudiante hasta la consolidación profesional y familiar; desde que nos dicen que tenemos toda la vida por delante para cumplir nuestros sueños hasta que la tenemos alrededor en toda su dimensión de responsabilidades, satisfacciones y decepciones.

Por *La vida por delante* (1958) circulan pinceladas del neorrealismo italiano, pero en una vertiente más humorística e irónica y menos seguidora de sus aspectos formales; película que no tiene comienzo ni fin, de hecho, el arranque se hace con escenas sin orden del propio film.

El noviazgo de Antonio y Josefina se ve salpicado por los condicionantes estudiantiles de ambos, especialmente los de Antonio en la Facultad de Derecho. Una vez acabada la carrera deciden casarse y comprar un pisito, mientras nuestro licenciado realiza todo tipo de trabajos para ir tirando hasta que, tras haberle regalado a su mujer un biscúter, se le presenta la primera oportunidad de ejercer como abogado en la instrucción policial del accidente de tráfico que ella tiene contra una camioneta. Con el anuncio del embarazo de Josefina quedará planteado el horizonte de esa vida por delante.

Cuando Antonio (Fernán Gómez) cursa los estudios de Derecho, nos muestra una carrera sin necesidad de talento, sólo hace falta memoria. Cualquier voluntarioso puede obtener un título que las sucesivas escenas de estudio para los exámenes entre él y su novia Josefina (Analía Gadé), ejemplifican como sesiones de repetición automática de artículos de los diferentes códigos de leyes. Igualmente, cuando se licencia se redunda en la manida fraseología optimista sobre la carrera de Derecho: *«como tienen muchas salidas...»* Sin embargo, las salidas por aquellos años se circunscribían a que tu familia frecuentara la alta sociedad española o a tener parientes relacionados con la abogacía, judicatura o administración. De hecho, nuestro protagonista, sin padrino alguno, vende coches, le dicen *que «ser abogado es una ventaja»* para ello, y aspiradoras, trabaja como extra de cine o es presentador de variedades en un club nocturno, en el que un cliente señala al camarero: *«lo hace muy bien ese muchacho»,* contestando éste*: «¡claro!, tiene la carrera de abogado».*

Este fresco realista nos sitúa en una sociedad que encorseta todavía a una joven clase media, exhibiéndonos los obstáculos que encuentra para abrirse hueco. Retales de esta asfixia del régimen se nos muestran en la radio de los padres de Antonio o Josefina, pues por mucho que cambien de emisora, el locutor siempre está hablando mal de los soviéticos, o en el miembro de la Brigada Político Social que está vigilando la actividad estudiantil, disimulando la lectura de un periódico en la puerta de la Facultad de Derecho. Pero a la vez, no se olvida de la crítica mordaz al abogado ejerciente. Así, cuando los amigos de facultad se reúnen en un bar para comentar cómo le van las cosas a cada uno, al acudir al teléfono Antonio, uno de los compañeros comenta a Manolo, su íntimo amigo interpretado por Manuel Alexandre: *«Me gustaría verlo defender un pleito». «Es una bellísima persona»* —replica Manolo—. *«Por eso...»*, concluye el primero. Resulta admirable la capacidad que tienen los grandes autores, y Fernán Gómez es uno de ellos, para expresar tanto en tan pocas palabras. Pero no sólo dirige su mirada a los profesionales del Derecho, sino que también afina sobre el papel de los ciudadanos, ya sean partes interesadas o testigos, como metáforas del sistema judicial y así, cuando Josefina sufre el accidente de tráfico conduciendo el biscúter, no tiene desperdicio la escenificación de las versiones diametralmente opuestas del mismo que reconstruyen la protagonista y el camionero gallego contra el que ha chocado. Interpretan lo ocurrido a su conveniencia al declarar ante el comisario dando la impresión de que han ocurrido dos accidentes distintos, ¿pero realmente mienten o es que la realidad no es tan unívoca como parece? Sea lo que sea, lo que no cabe duda es de su utilidad como ejemplo perfecto del diario discurrir de las vistas orales de los juicios penales en las que los ajenos que no hayan presenciado los hechos, se quedan perplejos al escuchar las versiones de las partes que sólo suelen coincidir en aspectos secundarios. Sí resulta impagable en esa escena la pausa, avance y retroceso de la imagen en la versión del accidente que da el personaje de Pepe Isbert en calidad de testigo tartamudo. Realmente estos disparos demuestran la fama de francotirador social que el director empezaba a tener en aquellos años. Durante ese mismo interrogatorio en comisaria, el abogado Antonio se comporta todo el tiempo poniéndose un dedo en dirección a la cabeza con ademán de entenderlo todo y estar preparando su estrategia: *«No, si yo, ya...»*, dice reiteradamente, *«Josefina tranquila que ya, yo...»*

Tanto en este título como en el posterior, Fernán Gómez se dirige al público a través de conversaciones directas de los personajes con la cámara rompiendo la cuarta pared, a modo de rupturas de esa realidad recordando al espectador que está en una película. Probablemente con este recurso tan de cine de autor pretende que el público reflexione no tanto sobre lo que ve en la pantalla, sino sobre las circunstancias que plantea.

En la segunda parte, *La vida alrededor* (1959), nuestro incipiente abogado y su esposa buscan desesperadamente una estabilidad económica que les lleve a la familiar, pero todo se precipita cuando se enteran de que van a ser padres y tendrán un *«niño que se lo come todo, incluso la comida»*, en palabras de Antonio.

Josefina y Antonio han alcanzado un delicado equilibrio económico después de contraer matrimonio. El sueldo de abogado de él y el que gana ella en el hospital, les permite sobrevivir y fantasear con algún capricho. La situación se complica al recibir la noticia de que Josefina espera un hijo. Anticipándose a la debacle económica, Josefina le imparte al bebé que todavía lleva en su vientre, cursillos de enseñanza superior para, así, ahorrarse algún dinerillo en colegios. Mientras, Antonio se introduce en el mundillo del hampa, buscando clientes a los que ofrecer sus servicios como abogado.

Resulta así jardeliana esa búsqueda de los primeros clientes; muchos recuerdos de inicio profesional nos llevan a ese episodio de «coger» todo lo que se presente. Y ahí está Antonio asesorando legalmente a una banda de ladrones, encabezada por el Agujetas, sobre su plan de robo en un chalé con los menores riesgos penales posibles; incluso llega a la discusión jurídica con los pícaros sobre los medios e instrumentos a utilizar con la consiguiente calificación jurídica. Multitud de abogados sin una tradición jurídica familiar o sin contactos sociales adecuados para el ejercicio profesional, se tuvieron que lanzar a montar un pequeño despacho en una habitación de su hogar, reduciendo los gastos a los mínimos indispensables, la cuota colegial, la luz, el autobús, y a la calle. Ese es el abogado sin cuna ni tradición que refleja Fernán Gómez a finales de los 50 para el que, desde luego, las penurias eran muchas. En esta segunda parte el director apunta también a los testigos como sujetos metafóricos de la justicia, pero con una ironía rayana en una luminosa maldad, pues «alquilan» uno de Bilbao que responde a las preguntas afirmativa o negativamente según el gesto que le haga el letrado, es decir, la justicia basada en la representación y la apariencia por encima de la verdad. No obstante, nuestra comedia nos reserva todavía el perfil más mordaz para el último tramo, ya que el abogado es hipnotizado por su esposa para que le confiese un presunto *affaire* sentimental. Pero Josefina no lo despierta y Antonio comparece en un juicio a defender al Agujetas, un estupendo Manolo Morán, ahora ya rehabilitado; bajo la hipnosis «seguirá diciendo la verdad», lo que provoca que, en un sincero discurso ante el tribunal, se tambalee su inocencia. El abogado siendo veraz se nos presenta aquí como la antítesis de la honradez, hiperbólica ironía sobre su papel en la sociedad y la dificultad que sus actuaciones plantean para encontrar la verdad. Pero, además, lo que podríamos llamar la «utilidad social» de la verdad queda comprometida, pues el Agujetas, que en este caso sí es inocente, está siendo condenado por ese alegato verdadero y necesitará de la desaparición de la hipnosis del abogado para no sólo serlo, sino también parecerlo. Desde que en la «Tierra de los *houyhnhnm*» Gulliver nos diseccionará a los abogados y jueces en la universal obra de Jonathan Swift, probablemente no se recuerde demolición tal de nuestra profesión.

3. *El diablo también llora* y las primeras mujeres abogadas

Un reflejo más serio y dramático de la abogacía de esos años de desarrollismo lo encontramos en la interesantísima *El diablo también llora*, película que José Antonio Nieves Conde filmó en 1963. Poca explicación se encuentra a veces al ostracismo al que han sido condenadas algunas brillantes cintas españolas rodadas durante la dictadura, olvido quizás más fruto de los prejuicios hacia determinados directores cercanos a «ideologías no correctas», que de la calidad de los filmes. Este es el caso de *El diablo también llora* que supone una denuncia social de las clases acomodadas que, por miedo a la pérdida de la posición, traicionan su dignidad y se vacían de principios entre inconfesables relaciones sentimentales. Muy al estilo de *Muerte de un ciclista (1955)* que ocho años antes filmara Juan Antonio Bardem, y con, al menos, la misma calidad, este film supone una magnifica muestra de cine lleno de intenciones, lejos de la timorata imagen que suele tener la mayoría de nuestros realizadores de la época.

Ramón Quiroga, cardiólogo gijonés, es abandonado por su esposa Ana que escapa en tren hacia Madrid. Durante el viaje conoce a Tomás Vallejín, abogado de una empresa siderúrgica que la saca de un apuro prestándole dinero. Cuando al día siguiente ella va a devolvérselo a su apartamento, de repente se presenta su esposo con una pistola y en un forcejeo con Tomás, Ana lo mata con su propia arma. Mientras el difunto tenía un hijo secreto con otra mujer, ella mantenía una relación con su cuñado Fernando, abogado que va a asumir la acusación particular de la familia en el juicio sobre la muerte de Ramón para defender la herencia. Como Tomás no puede defender a Ana por ser testigo, su compañera de despacho María asume el caso, pero aquél inicia por su cuenta una investigación. Ana es absuelta, pero al verse rechazada por Fernando que se decide por un matrimonio de conveniencia para salvar a la familia, toma una decisión drástica que cambiará su vida.

Lo primero que llama la atención es la memorable secuencia de arranque en la que la cámara persigue a Ana deambulando errática por una calle lluviosa de Gijón, mientras los títulos de crédito van fluyendo. La música de Riz Ortolani, impregnada de influencias jazzísticas que tanta atmósfera creaban en el cine negro estadounidense, simboliza la vida de la protagonista, triste, sin rumbo y encerrada en una cárcel existencial cuyos barrotes se representan por el efecto de caída de la lluvia. A lo largo del film, esa banda sonora estará protagonizada por *Orquídeas azules a la luz de la Luna,* una melodía tan recurrente como acertada para cada clímax dramático.

Dada la estricta regulación del matrimonio de la época y los rigores de las convenciones sociales, sobre todo de las clases altas, ambos cónyuges, con una común vida desgraciada, pero cada uno con su relación extramatrimonial plena, saben que la única forma de alcanzar la felicidad es eliminando al otro en cuanto tengan ocasión. Así, Ramón (Fernando Rey) ha seguido a Ana (Eleonora Rossi Drago) hasta Madrid para sorprenderla con su amante y acabar con ella bajo la atenuante de la infidelidad. Por su parte, desde que mata a su esposo, sobre Ana pesa más que una duda, la casi total certidumbre de que disparó queriendo, pero sabe que, si no se descubre, estaremos ante una legítima defensa. La película avanza con precisa descripción de esa duda que la oprime. Por el contrario, sobre la relación sentimental de Ana con Fernando (Alberto Closas), el abogado de la acusación particular, late un doble interés jurídico: por un lado, el procesal, pues es segura la nulidad del juicio si se conoce la íntima relación sentimental del acusador particular con la procesada y, por otro, materialmente, porque surgiría la presunción de que ella aprovechó el forcejeo para asesinar a su marido como único obstáculo de su relación con Fernando, lo que derrumbaría la eximente de legítima defensa y la inculparía de asesinato.

Nos encontramos ante los dos tipos de abogado de la época: el de posición acomodada y posibles es Fernando, que lo ha tenido todo, sin vocación, frente a Tomás, que deja entrever un letrado sin cuna, pero que progresa por sus méritos y capacidades. Pero tenemos un tercer tipo emergente digno de ser destacado en una película de 1963: una abogada ejerciendo un rol absolutamente masculino en esa época, y, sobre todo, que en el ejercicio profesional defienda su independencia. De hecho, es la primera letrada que veremos con un papel de relevancia en las películas españolas hasta esa fecha; en las dos versiones de *Morena Clara* (Florián Rey, 1936 y Luis Lucia en 1956) su presencia es testimonial. En este sentido es muy significativa la anecdótica testifical del revisor del tren en el juicio, un joven Antonio Ferrandis, que al ser preguntado por la abogada contesta: *«No señor...señora.....¿cómo debo llamarla?»*, inquiere al tribunal, y en tono despectivo termina con la coletilla: *¡mujeres abogadas!*. Desde la primera abogada española colegiada en Valencia en 1921, el papel de las mujeres en la profesión fue siempre muy aislado por el entorno hostil, tanto corporativo como político, en el que se desenvolvían a pesar de figuras como Victoria Kent, Clara Campoamor o Margarita Nielken, que alcanzaron cierta notoriedad durante la Segunda República, en especial la primera tanto en el ámbito público al ser nombrada en 1932 Directora General de Prisiones, como en el ejercicio profesional por haber defendido dos años antes al político Álvaro de Albornoz, que estaba encausado por haber participado en la rebelión republicana de diciembre de 1930. Tras la fractura que supone el inicio de la Guerra Civil, en marzo de 1938 el gobierno provisional de Franco dicta un decreto por el que se libera a la mujer casada del taller y del trabajo, todo esto acompañado de unas primas por maternidad y de la prohibición del ejercicio de profesiones liberales, que durará hasta bien entrada la siguiente década. Ya en los años 50 emergen de nuevo algunas abogadas con cierta relevancia y así, María Telo Nuñez toma algunas iniciativas a favor de la mujer y desde 1956 pertenece a la Federación Internacional de Mujeres de Carreras Jurídicas, que marcaría un hito algunos años después reuniéndose por primera vez en España gracias a su iniciativa. También cabe destacar en este contexto a Mercedes Formica Cossi que, impulsada por su madre hacia el estudio como vía para la independencia económica, hizo Derecho en Sevilla. Falangista y Delegada Nacional del SEU en 1936, comprobó en la posguerra la forma en que el nuevo régimen había cerrado caminos profesionales a las mujeres. Ejerció como abogada desde principios de los años 50, y con su *artículo «El domicilio conyugal»* (1953) inició la campaña que dio lugar a la reforma del Código Civil de 1958 por la que se suprimieron algunos de los artículos más lesivos para las mujeres casadas. En su obra más destaca, *A instancia de parte* (1955), también critico el tratamiento discriminatorio de la mujer en la tipificación del delito de adulterio en el Código Penal. En la película, nuestra abogada María supone un ejemplo de esas jóvenes que empiezan a recoger los primeros frutos de algunas voces críticas con su papel social respaldadas por una legión de chicas que devora *El segundo sexo*, el reivindicativo libro de Simone de Beauvoir. Así, rechaza los protectores intentos de Tomás (Paco Rabal) de tutelar la estrategia defensiva en la instrucción judicial y procesamiento de Ana, reprendiéndole en varias ocasiones que el pleito lo dirige ella, lo que da una sensación de la incipiente voluntad de algunas profesionales liberales de ser dueñas de sus actuaciones y su destino.

El juicio de Ana se presenta como el eje en el que convergen antecedentes y desenlace del film. Se convierte así en el cenit dramático de la cinta, vista oral digna de destacar por la rigurosísima representación de su desarrollo con las sucesivas pruebas y los turnos de preguntas de las partes, sin una sola concesión a frases rimbombantes, altisonantes vocablos o gestos teatrales muy al uso en otras producciones cinematográficas cuyos diálogos resultaban, en los más de los casos, artificiales ejercicios enfáticos sobre moralidad y conciencia. Los sentimientos han inundado la Sala, Tomás, el abogado testigo, está enamorado de Ana; la abogada María, de Tomás, y Ana del acusador particular. De hecho, será el diálogo entre estos dos últimos a través de las atosigantes preguntas de Fernando, el que descubrirá su intención de usar el juicio y su condena para desembarazarse de ella. El abogado resulta incisivo, hiriente, con una clara intencionalidad incriminatoria hacia la mujer que se supone ama, pero que en realidad es un obstáculo para un matrimonio de conveniencia. El extraordinario pulso fílmico de Nieves Conde se complementa con las estupendas interpretaciones de Paco Rabal y Alberto Closas, que se asesoró para la escena del juicio con Fernando Vizcaíno Casas, por entonces abogado del mundo del cine, y la no menos lograda de la actriz italiana Eleonora Rossi-Drago, cuya belleza serena inundará cada escena en la que aparece.

Concluimos señalando que a mediados de los 60 empiezan a surgir otros abogados muy alejados de los recogidos en estos tres filmes; cada vez más comprometidos políticamente, sus despachos se convierten en territorio de reivindicación y conspiración contra la dictadura, pero desgraciadamente los veremos poco reflejados en la pantalla; en aquella época por prohibición; hoy, por olvido.

La reciente serie de televisión Las abogadas (Juana Macías/Polo Menárguez, 2024), basada en la idea de la malograda directora Patricia Ferreira, supone un muy digno intento de acercamiento a estas nuevas generaciones de abogados reivindicativos.

4. Bibliografía

CARR, R.: *España. 1808-1975*. Ariel Historia, 2003.

CASTRO, A.: *XXV años de paz franquista*. Silex Ediciones, 2017.

FERNÁN GÓMEZ, F.: *El tiempo amarillo*. Editorial Península, 2006.

GÓMEZ GARCÍA, J. A.: *Abogados, sociedad y derecho en el cine español. Historia de la Abogacía española*. Volumen II. Aranzadi, 2015.

LLINÁS, F.: *José Antonio Nieves Conde. El oficio del cineasta*. Ed Semana Internacional de Cine de Valladolid, 1995.

Pérez Perucha, J. (coordinador).: *Antología crítica del cine español 1906-1995*. Editorial Cátedra, 1997.

Romero, E. G.: *Otros abogados y otros juicios en el cine español*. Ed Laertes, 2006.

EL REFLEJO DE LA PROFESIÓN DE JUEZ EN LA PELÍCULA *¿VENCEDORES O VENCIDOS? (EL JUICIO DE NUREMBERG)*

Adolfo Ruiz Aranda
Magistrado Juzgado de Primera Instancia núm. 20 de Málaga

1. Introducción

Cuando analizamos la profesión de juez en la cinematografía jurídica, por regla general hay que concluir que queda relegada a un segundo plano, en efecto, podemos coincidir en que la figura del juez aparece de manera difuminada y sólo cobra relevancia cuando debe dictar sentencia y por ende resolver el problema jurídico que se la ha planteado, mientras tanto, durante el desarrollo de la película el espectador lo puede identificar como aquella persona que ocupa un puesto central en estrados y que viste una toga (suele ser de color negro), a la que las partes del juicio se dirigen como Señoría y que va a estar durante el juicio en silencio, observando, escuchando, analizando y valorando las alegaciones de aquéllas, así como la prueba que habiéndose admitido a propuesta de las mismas, se practica (declaración de las propias partes, de testigos, periciales, presentación de documentos varios...) con la finalidad de que fundamenten con el resultado que éstas arrojen el éxito de sus respectivas pretensiones.

Que el papel del juez sea secundario es lógico en tanto que la trama principal del filme coincidirá con la cuestión que constituye el objeto del juicio (por ejemplo, probar la culpabilidad de quien ha sido acusado de cometer un determinado delito, generalmente de perpetrar la muerte de una o varias personas), de manera que los papeles estelares se centrarán en las partes del proceso judicial (generalmente en el abogado defensor y en el fiscal que ejerce la acusación, así como en el acusado y en la víctima), pivotando sobre ellas toda la acción.

Ejemplo de lo anterior lo tenemos en multitud de películas, entre las que destaco las siguientes:

- La costilla de Adán (1949), director George Cukor.
- Testigo de cargo (1957), director Billy Wilder.
- Anatomía de un asesinato (1959), director Otto Preminger.

– Matar a un ruiseñor (1962), director Robert Mulligan.

En todas ellas y a pesar de ese papel secundario, se puede comprobar el trabajo que lleva a cabo el juez. Así pues, el espectador presenciará la forma en la que dirige el juicio, velando por la observancia de las normas procesales y garantizando con ello la igualdad de armas de las partes, así por ejemplo, les concederá la palabra cuando corresponda, se pronunciará sobre la admisión e inadmisión de la prueba que propongan y finalmente emitirá un veredicto (en las películas de la industria cinematográfica estadounidense como regla general y atendiendo a las características propias del ordenamiento jurídico de aquel país, el espectador presenciará que es el jurado el que bajo la dirección del juez asume esta función).

En definitiva, el cine permite al espectador conocer en cierta medida el trabajo esencial del juez, esto es, juzgar, y lo identificará como aquella figura que sin destacar en el guion que se desarrolla ante sus ojos, finalmente como encarnación de un Poder del Estado, el Judicial, dará una solución a la controversia planteada por los ciudadanos que han acudido a él (que podrá gustar más o menos al espectador y ello en relación con los posibles giros dramáticos que la película nos ofrezca). Todo esto lo considero un fiel reflejo de la realidad pues el trabajo de cualquier juez es en esencia un trabajo silencioso, discreto, que cobra relevancia cuando emite su decisión mediante las resoluciones que dicta ya sea en primera o en ulteriores instancias.

Centrándonos en la película dirigida por Stanley Kramer que data de 1961 y que tiene como título original «Judgement at Nuremberg» (El Juicio de Nuremberg), —se estrenó en España con el título de «¿Vencedores o vencidos?»—, se debe poner de manifiesto que es una obra muy rica en múltiples aspectos que invita a la reflexión del espectador, destacando entre ellos la figura del juez y su labor. En efecto, este filme nos permite analizar de manera más precisa la profesión del juez, así como plantearnos diversas cuestiones relacionadas con ésta que seguidamente abordaremos.

2. El Juez ordinario predeterminado por la ley

Esta película trata del enjuiciamiento de una serie de juristas, concretamente jueces, fiscales y altos cargos del Ministerio de Justicia del Reich alemán, que tuvo lugar durante el año 1947, siendo este juicio uno de los trece que se llevaron a cabo en Nuremberg entre 1945 y 1949. En la adaptación cinematográfica, los cuatro personajes que aparecen como acusados y que están inspirados en los juristas que realmente fueron juzgados, responden a los nombres ficticios de Ernst Janning (interpretado por Burt Lancaster que se identifica en la película como un destacado jurista, que llegó a ser ministro de Justicia durante la República de Weimar y juez durante el Tercer Reich), Emil Hahn (fiscal, interpretado por Werner Klemperer), Werner Lampe (juez, interpretado por Torben Meyer) y Fiedrich Hofstetter (juez, interpretado por Martin Brandt).

Así pues, comenzamos destacando lo que sucede al comienzo del juicio, cuando el presidente del tribunal Dan Haywood (Spencer Tracy) se dirige al acusado Ernst Janning y le pregunta en primer lugar, si está legalmente representado ante el tribunal y en segundo lugar, si se declara culpable o inocente frente a los cargos que figuran contra él en el sumario, pues éste no se muestra colaborador ya que ni se pone en pie cuando es interpelado ni responde a dichas preguntas, a pesar de la insistencia del magistrado, situación que lleva a los alguaciles a obligarlo a levantarse como muestra de respeto al tribunal que lo va a juzgar y al abogado principal de la defensa Hans Rolfe (Maximilian Schell) a dirigirse en primer término a dicho tribunal para contestar por su defendido que él lo representa y posteriormente para informar respetuosamente que el acusado no reconoce la autoridad de aquél y que desea presentar un protesta formal en lugar de contestar.

En la película, esta cuestión que podríamos identificar como un óbice procesal no se resuelve expresamente por los magistrados que conforman el tribunal ya que ante la actitud de este acusado el juez Haywood simplemente decreta tras la segunda pregunta no contestada que «se hará constar declaración de inocencia». Pues bien, tras visionar el filme se debe concluir que en la misma no se cuestiona, al menos abiertamente, la legitimidad del tribunal y por ende la validez del juicio, sin embargo, esta primera intervención del acusado Janning es muy relevante en tanto que al no reconocer la autoridad del órgano enjuiciador está planteando un problema de naturaleza procesal crucial, no en vano, es un tribunal que ha sido creado por unas potencias extranjeras (Estados Unidos, Unión Soviética, Reino Unido y Francia) vencedoras en el conflicto bélico que acaba de finalizar y que se instaura en territorio alemán con aplicación de una normativa en principio extraña al país del que son nacionales los acusados.

En este sentido, nuestra vigente Constitución en su Título VI «Del Poder Judicial», concretamente en su artículo 117 establece en sus puntos primero, tercero y sexto:

> «1. La justicia emana del pueblo y se administra en nombre del Rey por Jueces y Magistrados integrantes del poder judicial, independientes, inamovibles, responsables y sometidos únicamente al imperio de la ley.
>
> 3. El ejercicio de la potestad jurisdiccional en todo tipo de procesos, juzgando y haciendo ejecutar lo juzgado, corresponde exclusivamente a los Juzgados y Tribunales determinados por las leyes, según las normas de competencia y procedimiento que las mismas establezcan.
>
> 6. Se prohíben los Tribunales de excepción».

Asimismo, dentro de la Sección 1.ª, del Capítulo Segundo del Título Primero, relativa a los derechos fundamentales y libertades públicas, el art. 24 de nuestra Constitución dispone que:

> «1. Todas las personas tienen derecho a obtener la tutela efectiva de los jueces y tribunales en el ejercicio de sus derechos e intereses legítimos, sin que, en ningún caso, pueda producirse indefensión.

2. Asimismo, todos tienen derecho al Juez ordinario predeterminado por la ley, a la defensa y a la asistencia de letrado, a ser informados de la acusación formulada contra ellos, a un proceso público sin dilaciones indebidas y con todas las garantías, a utilizar los medios de prueba pertinentes para su defensa, a no declarar contra sí mismos, a no confesarse culpables y a la presunción de inocencia.

La ley regulará los casos en que, por razón de parentesco o de secreto profesional, no se estará obligado a declarar sobre hechos presuntamente delictivos».

Así pues, de ambos preceptos se extrae que en nuestro ordenamiento jurídico, como corresponde en cualquier Estado de derecho, el Juez ordinario predeterminado por la ley constituye un derecho fundamental para que los ciudadanos puedan impetrar la tutela de los jueces y tribunales con total garantía, pues sólo los juzgados y tribunales determinados por las leyes, según las normas de competencia y procedimiento establecidas por éstas como garantía de su independencia, podrán juzgar y hacer ejecutar lo juzgado, quedando por tanto prohibidos los tribunales de excepción.

Atendiendo a lo anterior, resulta evidente que el tribunal compuesto en el filme por los jueces Dan Haywood, Curtiss Ives y Kenneth Norris, al igual que en la realidad, no respondía al principio del Juez ordinario predeterminado por la ley, ya que nos encontramos ante un tribunal creado con posterioridad a la comisión de unos hechos que como sus presuntos autores, iban a ser objeto de enjuiciamiento por dicho órgano judicial cuya composición tampoco estaba predeterminada por una ley en la que se hubiera establecido el procedimiento de designación para de esta manera garantizar la necesaria independencia e imparcialidad de sus miembros.

Al respecto, es necesario destacar que finalizada la Segunda Guerra Mundial, las potencias vencedoras estuvieron de acuerdo en someter a enjuiciamiento los hechos delictivos cometidos por el régimen nazi y para ello crearon el Tribunal Militar Internacional (a raíz del Acuerdo para la creación del Tribunal Militar Internacional de 8 de agosto de 1945) fijando su sede en Nuremberg, donde entre 1945 y 1949, como ya se ha indicado, tuvieron lugar trece juicios contra los presuntos responsables de haber perpetrado de manera directa o indirecta y en diversos ámbitos del régimen instaurado por Adolf Hitler en el estado alemán, actos calificados como delitos de complot, crímenes contra la paz, de guerra y contra la humanidad.

Aunque en su Estatuto que fue aprobado el 6 de octubre de 1945, se recogieron en el catálogo de crímenes los delitos relacionados en el párrafo anterior, algunos de ellos regulados previamente de manera fragmentaria en tratados internacionales para tiempos de guerra (los crímenes contra la humanidad fueron de nueva creación), lo cierto es que la cobertura procesal y normativa establecida por las potencias vencedoras no evitó que las defensas en los juicios celebrados esgrimieran (al igual que en la película) la falta de legitimidad de un tribunal de excepción y extranjero impuesto en suelo alemán cuyos jueces iban a enjuiciar unos hechos que no estaban tipificados como delitos previamente a su comisión lo que suponía la vulneración tanto del principio de territorialidad como del principio de legalidad penal.

Esta cuestión ha sido muy controvertida y por ende ampliamente debatida en el ámbito jurídico, sin embargo, no puede obviarse que los jueces que conformaron dicho tribunal desempeñaron su labor partiendo del hecho consistente en que «declarada la rendición incondicional de Alemania y, con ello, suspendida su soberanía, las potencias vencedoras fueron quienes legítimamente ejercieron la autoridad en aquél país, en sus diversas manifestaciones, incluida la de enjuiciar a los responsables de los crímenes descritos en la película, como expresamente preveía la Declaración de Berlín de 5 de junio de 1945, declaración por la que la Alemania nazi, el III Reich, se rindió de forma incondicional»[1].

Por otra parte, es incuestionable que la creación del Tribunal Militar Internacional de Nuremberg constituyó un hito histórico que respondió a la necesidad de actuar, una vez finalizada la Segunda Guerra Mundial, contra los responsables de los crímenes auspiciados por el régimen nazi (el exterminio de millones de personas por razón de su raza, credo, ideología, orientación sexual...) para que sus acciones no quedaran impunes, constituyendo a pesar de su controvertido origen, el germen de la Corte Penal Internacional creada en virtud del Estatuto de Roma de la Corte Penal Internacional, de 17 de julio de 1998 en cuyo preámbulo se estableció que la razón de su creación fue, teniendo presente que millones de niños, mujeres y hombres habían sido víctimas durante el siglo XX de atrocidades que desafiaron la imaginación y conmovieron profundamente la conciencia de la humanidad, someter a la acción de la justicia los crímenes de más grave trascendencia que constituyeran una amenaza para la paz, la seguridad y el bienestar de la humanidad, para con ello poner fin a la impunidad de sus autores y contribuir a la prevención de nuevos crímenes.

En este sentido, recordamos la intervención del juez Haywood cuando llega a Nuremberg y es felicitado por el senador Burkette (Edward Binns) por haber sido designado presidente del tribunal, pues aquél le responde siendo perfectamente conocedor de la situación, que no ignora que no ha sido el primer juez al que acudieron y que lo hicieron ante la falta de interés de otros para enjuiciar a personas que ocupaban niveles inferiores dentro del entramado nazi como médicos, hombres de negocio y jueces respecto de los que no todo el mundo estaba de acuerdo en que fueran juzgados, por eso *«buscaron en los apartados bosques de Maine hasta dar con un patán como yo»*, añadiendo seguidamente que no lamentaba haber sido designado y que él pensaba que *«los procesos debían continuar, en especial contra los jueces alemanes»*, finalizando su intervención con la expresión *«espero cumplir»*,

1 Mañas de Orduña, A., «Vencedores o vencidos. Los juicios a los juristas del nazismo», en Velasco Fabra, G. J. (Director): *El nazismo a través del cine jurídico,* Thomson Reuters Aranzadi, Pamplona, 2021, pp. 39-49.

escena que deja claro que el juez está convencido de la necesidad de estos procesos y de que deben ser enjuiciados entre otros y especialmente los jueces alemanes que presuntamente habrían colaborado con el régimen nazi.

3. Jueces juzgando a otros jueces

Como ya se ha expuesto en el epígrafe anterior, el tribunal que debe juzgar a los jueces alemanes es un órgano colegiado conformado por tres magistrados estadounidenses, Dan Haywood (Spencer Tracy) que a su vez ostenta la condición de presidente del mismo, Curtiss Ives (Ray Teal) y Kenneth Norris (Kenneth MacKenna). Enlazando con la cuestión del juez ordinario predeterminado por la ley, en el filme no se explica el proceso por el que estos tres magistrados fueron seleccionados, pudiendo deducir el espectador que una autoridad competente (tampoco se especifica) de una de las potencias vencedoras, en este caso los Estados Unidos de América, los ha designado, así como que, atendiendo a la trascendencia del cargo que iban a desempeñar, los elegidos debían ser magistrados con la suficiente experiencia y formación como para ejercer sus funciones con total solvencia. En este punto, se debe recordar que únicamente respecto del juez Haywood se hace alguna referencia al trabajo que desempeñaba en su país, de manera que es el mismo personaje en una conversación que tiene con la Sra. Bertholt (Marlene Dietrich) el que le confiesa cuando ésta pretende identificarlo con alguien de cierta importancia en su país, que en realidad es juez de distrito y que hacía un año que estaba retirado a la fuerza por los electores, lo que provoca que su interlocutora le pregunte con cierto asombro si en su país eligen a los jueces, confirmándole Haywood que así es en algunos estados e indicándole de manera jocosa que era una de las virtudes o defectos del sistema judicial de su país, de manera que creía que era una virtud hasta que lo derrotaron en las últimas elecciones.

En el Estado de derecho, la creación y composición de los órganos judiciales, así como el sistema de acceso a la carrera judicial, deben estar preestablecidos en la ley para garantizar con ello la aptitud necesaria y la independencia de los jueces y magistrados que integran el Poder Judicial. Así, por ejemplo, en nuestra Constitución (art. 117) se consagra que el ejercicio de la potestad jurisdiccional en todo tipo de procesos, juzgando y haciendo ejecutar lo juzgado, corresponde exclusivamente a los Juzgados y Tribunales determinados por las leyes, según las normas de competencia y procedimiento que las mismas establezcan, de manera que la justicia se administra por jueces y magistrados independientes, inamovibles, responsables y sometidos únicamente al imperio de la ley.

Sin obviar la génesis del Tribunal Militar Internacional de Nuremberg, es incuestionable que los jueces designados debían desempeñar su labor de juzgar con independencia y con sometimiento pleno a la ley, en este sentido, el espectador puede comprobar que los tres magistrados, de acuerdo con el sistema judicial de su país, estudian el caso, analizan las pruebas practicadas durante el juicio y deliberan hasta tomar la decisión definitiva que conformará su sentencia.

Como se expuso en la introducción de este capítulo, la película dirigida por Stanley Kramer refleja con una mayor precisión que la mayoría de las que forman parte de la cinematografía jurídica, la profesión de juez, de forma que desde un punto de vista procesal la puesta en escena del tribunal es bastante fiel a la realidad, de manera que el juicio se desarrolla de acuerdo con los principios que deben regir en general en todo tipo de procedimiento judicial y en particular en el de naturaleza penal, esto es, contradicción, inmediación, oralidad y publicidad y así se puede comprobar la preceptiva presencia de los tres jueces que conforman el tribunal, siendo su presidente el juez Haywood quien dirige el juicio dando la palabra en primer lugar al Ministerio Fiscal encarnado en la figura del coronel Tad Lawson (interpretado por Richard Widmark) que ejerce la acusación y hace una relación de los delitos por los que acusa a los cuatro jueces encausados, concediéndola seguidamente a la defensa que en su primera intervención se encargará de efectuar las alegaciones de descargo, recordamos que en el filme se identifican a varios abogados defensores si bien, las intervenciones las monopoliza quien podría calificarse como abogado principal de la defensa, el brillante letrado Hans Rolfe (Maximilian Schell).

Pues bien, durante el desarrollo del juicio el juez Haywood procurará que entre ambas partes se mantenga la paridad de armas, interviniendo cuando es necesario durante la práctica de la prueba para admitir o rechazar las protestas que se efectúan ante las preguntas formuladas por la parte adversa, o para pronunciarse sobre la pertinencia de determinadas pruebas, aquí el espectador podrá observar que la película ofrece en varias ocasiones primeros planos de los tres magistrados, principalmente de Haywood, pudiéndose interpretar que con ello se quiere poner de relieve la atención que presta el juzgador a las pruebas que se están practicando ante él y todo el proceso mental que conlleva su análisis y valoración para tomar una decisión respecto a los hechos que finalmente considere probados y que afecten a los acusados.

Una vez finalizada la prueba, el tribunal concede un turno de conclusiones a la acusación y la defensa y permitirá que los acusados ejerzan su derecho a la última palabra, finalmente los jueces se retirarán para deliberar y por último emitirán públicamente su fallo que en este caso se adopta por mayoría de dos a uno, pues los jueces Haywood y Norris resuelven condenar a los cuatro acusados y el Juez Ives emite un voto particular en el que entiende que deben ser absueltos.

De esta película se debe destacar la especial atención que el guion concede a dos aspectos de la función del juez, por una parte, el proceso reflexivo que es necesario para la toma de decisiones y por otra, la capacidad para aislarse de las presiones externas preservando su independencia, estando ambos aspectos íntimamente vinculados.

En relación con el primero, son varias las escenas en las que el juez Haywood aparece bien con las personas que conforman el servicio de la casa en la que reside en Nuremberg, bien con la Sra. Bertholt y en donde aquél les pregunta sobre la realidad que como ciudadanos alemanes vivieron durante el régimen nazi pues muestra un especial interés en entender, en comprender lo que sucedió y cómo se pudo llegar a esa situación. Asimismo, pongo de relieve dos escenas en las que intervienen los tres jueces que componen el tribunal, la primera es una muestra más del esfuerzo que hace Haywood por entender lo que sucedió y así pregunta a sus colegas si han leído algún libro del acusado Janning, éstos les responden negativamente y él les muestra uno de ellos titulado «el sentido de la ley» remarcando ante la pregunta de los otros jueces que todos los libros de Janning son interesantes al tiempo que se cuestiona cómo es posible que quien escribió con motivo de la firma de la Constitución de Weimar frases tales como *«ya podemos confiar en una Alemania sin armas y sin derramamiento de sangre, en una Alemania justa donde los hombre puedan vivir en vez de morir..., una Alemania que exija lo mejor del hombre»*, participase en esterilizaciones y asesinatos, concluyendo que la acusación tendrá que demostrar cabalmente su alegato contra un hombre como Janning si quiere que dicte sentencia contra él.

La segunda se centra en la deliberación de los jueces una vez que ha finalizado el juicio, en ella, el Juez Ives trata de exponer a sus compañeros tras examinar precedentes sobre la oposición entre la fidelidad al derecho internacional y la lealtad a las leyes de cada país, que no hay una base clara para condenar a los acusados como responsables de la comisión de crímenes contra la humanidad a lo que Dan Haywood le replica que sólo le ha expuesto sutilezas legales y especulaciones y que tendrá que explicarle muy detalladamente para que lo entienda el razonamiento consistente en que los hombre no son responsables de sus actos.

En definitiva, no sólo se está permitiendo al espectador presenciar el importante trabajo consistente en la deliberación de un tribunal colegiado para resolver el litigio planteado, en este caso, determinar si los acusados son o no responsables de los delitos que se les imputan, labor que se realiza de forma reservada como no puede ser de otra manera, sino que además se refleja todo el proceso mental que conlleva en los jueces su toma de decisiones que no supone una simple aplicación automática de una norma tras valorar prueba y considerar acreditado o no una serie de hechos, pues implica una interpretación que como establece el artículo 3 de nuestro Código Civil, debe efectuarse teniendo en cuenta además del sentido propio de las palabras y el contexto, los antecedentes históricos y legislativos, la realidad social del tiempo en que han de ser aplicadas, atendiendo fundamentalmente a su espíritu y finalidad.

Continuando con las intromisiones externas que pueden afectar a la independencia de los jueces, en la película se muestra muy a las claras como el Gobierno de los Estados Unidos ha perdido el interés por este tipo de juicios ante el comienzo de la guerra fría pues considera que, frente al avance del régimen comunista en Europa de la mano de la Unión Soviética, Alemania se erige en un estratégico aliado de los Estados Unidos y del resto de democracias occidentales.

Así pues, en varias escenas podemos presenciar que de una manera u otra se trata de persuadir a los jueces para que dicten una sentencia absolutoria o en su defecto impongan penas leves a los acusados. En efecto, recordamos lo que la Sra. Bertholt le dice al juez Haywood mientras están en una cervecería de Nuremberg sobre la necesidad de seguir viviendo y de olvidar lo sucedido. Asimismo, en otra, el senador Burkette plantea a los jueces Haywood e Ives que ante la nueva situación geopolítica que se ha creado es necesario el apoyo del pueblo alemán y que, aunque no pretende influir en su decisión, hay que afrontar los hechos y tener en cuenta la situación. Por último, cabe destacar el contraste de la actuación del fiscal que pasa de mantener una posición acusadora exacerbada a otra mucho más tibia en sus alegaciones finales o conclusiones.

Pues bien, finalmente el tribunal no sólo no absuelve, sino que dicta una sentencia en la que impone a los cuatro acusados la pena más grave de reclusión perpetua como responsables de los crímenes que se les imputaban, mostrándonos la película lo que debe ser la justa actuación de todo juez, esto es, resolver en conciencia de conformidad con los instrumentos que le ofrece el ordenamiento jurídico, con imparcialidad e independencia, porque resolver atendiendo a otros cálculos o consideraciones debe quedar necesariamente fuera del ámbito de su actuación, ya que de lo contrario se producirá un fallo que necesariamente será injusto y que por ende irá en contra de la esencia de la figura del juez.

Al respecto, el filme nos ofrece varias escenas en las que se refuerza la correcta actuación del tribunal, así tras emitir el fallo, uno de los componentes de la acusación, expresa con estupor que el juez «no ha comprendido, seguro que no ha comprendido», a lo que el coronel Lawson le contesta «sí, ha comprendido», lo que permite al espectador deducir que este fiscal está reconociendo el trabajo de los jueces que por encima de cualquier presión han resuelto rectamente.

Igualmente, merece la pena destacar dos de las escenas finales de la película, en una de ellas, aparece el abogado defensor Rolfe para dar al juez Haywood un mensaje de su cliente Janning solicitándole que vaya a visitarlo a la prisión, de manera que durante la conversación que tiene lugar entre ambos personajes, el abogado le propone al juez una apuesta entre caballeros planteándole que en un plazo de cinco años los hombres que ha condenado a reclusión perpetua estarán en libertad, a lo que éste le contesta: *«Señor Rolfe he admirado su labor en la sala durante muchos meses, es usted particularmente brillante en el empleo de la lógica, por lo tanto, lo que usted dice puede muy bien suceder, en efecto, es lógico en vista de la época en que vivimos, pero ser lógico no significa ser justo y no hay nada en la tierra que pueda hacerlo justo».*

Asimismo, el condenado juez Janning hace saber al juez Haywood cuando lo visita en su celda que desea confiarle una relación de sus causas porque quiere que esté en poder de quien merece toda su confianza, de quien pudo conocer durante el juicio, transmitiéndole que sabe las presiones a las que ha sido sometido, que se le criticará mucho, que su decisión no será popular, pero que si significaba algo para él, debía saber que por lo menos contaba con el respeto de uno de los hombres que condenó y que en nombre de cuanto había digno en el mundo, su veredicto fue justo.

Para finalizar es interesante abordar la figura de los jueces enjuiciados y condenados, a todos ellos se les acusa de aplicar una serie de leyes que implicaban entre otras situaciones, la segregación racial de los judíos, la esterilización de personas por razón de su salud, raza, ideología, etc., y que podían conllevar la pena de muerte en caso de ser infringidas, todo ello en clara referencia a las Leyes de Nuremberg adoptadas por el régimen nazi el 15 de septiembre de 1935.

La película refleja que en definitiva, estos jueces fueron condenados por dictar resoluciones a sabiendas de que eran injustas, permitiendo de esta forma que la justicia se doblegase a los designios del poder político.

Aunque nos encontramos, por tanto, ante unos jueces que no actuaron con imparcialidad e independencia en el ejercicio de sus funciones, se podría argumentar como en efecto se hizo por las defensas, que en los procedimientos en los que intervinieron se limitaron a aplicar la ley vigente, sin contravenir el ordenamiento jurídico nacional. Al respecto, el acusado juez Fiedrich Hofstetter al utilizar su derecho a la última palabra expuso ante el tribunal que en el servicio a su país siempre fue fiel al concepto por el que el sentido personal de la justicia debía sacrificarse al orden legalmente establecido, aceptar la ley tal como era, sin detenerse a pensar si era justa o injusta, como juez no pudo hacer otra cosa, por lo que se le debía considerar inocente de toda culpa.

Esta posición se contrapone con la del testigo de la acusación el consejero de justicia, Doctor Karl Wieck (John Wengraf), que en su interrogatorio explica que como jueces era posible sustraerse a la influencia del poder político, aunque ello supusiera el alto precio de tener que dimitir del cargo que ostentaban, siendo esta salida preferible a la aplicación de leyes criminales contra la población. Así, expuso que la situación de los jueces en Alemania antes de Adolf Hitler era de total independencia y que con su subida al poder, los jueces se vieron presionados por influencias ajenas y sometidos totalmente a lo que era lo necesario para la protección del país, consistiendo el cometido esencial de un juez en la aplicación del castigo de actos contra el Estado al margen de toda consideración objetiva, quedando eliminado el derecho de apelación, convirtiendo el concepto de raza en concepto legal por primera vez, de lo que resultaba el abandono de la Administración de Justicia a la dictadura. Es en este punto, cuando el juez Haywood interrumpe el interrogatorio del Ministerio Fiscal para preguntar al testigo si la Judicatura protestó contra las leyes que limitaban su independencia, contestando el testigo que unos pocos lo hicieron y que como él dimitieron o fueron obligados a dimitir, mientras que otros se adaptaron a la nueva situación, destacando como novedad más evidente la creciente aplicación de la pena de muerte que se llegaba a dictar contra un acusado por el simple hecho de ser judío, polaco o político considerado «indeseable», implantándose nuevas normas como la esterilización de personas y obligando a los jueces a llevar en sus togas la insignia de la esvástica.

Pero sin duda, es en la fundamentación del veredicto del tribunal expuesta por el juez Haywood donde se desbarata la defensa de los jueces acusados, en efecto, el fallo condenatorio parte «de un principio común que el Derecho Penal tiene en toda nación civilizada, cualquier persona que induce a otra a cometer un asesinato, cualquier persona que provee a otra de los medios para poder consumar el crimen, cualquier persona que actúa de cómplice de un crimen, es culpable», incidiendo en la especial gravedad que tenía el hecho consistente en que los acusados, personas capaces y excepcionales como era en especial el caso de Ernst Janning, tomaran parte conscientemente en un sistema de tremenda crueldad e injusticia, impuesto por un gobierno con absoluto desprecio de todos los principios morales y legales reconocidos en las naciones civilizadas.

Así pues, el tribunal considera responsables de sus actos a los acusados concluyendo que mediante el desempeño de sus funciones («hombres vestidos con negras togas», como relata el juez Haywood) tomaron parte activa en el cumplimiento de leyes cuyo propósito era el exterminio de seres humanos.

En su exposición el juez Haywood viene a argumentar que la supervivencia, la protección de la patria no puede ser un motivo para, en una situación de crisis, emplear sin escrúpulos los mismos medios del enemigo, *«sobrevivir como qué, una nación no es una roca, tampoco es la prolongación de uno mismo, es la causa que defiende, es aquello que defiende cuando defender algo es lo más difícil. Ante los pueblos del mundo permítanme ustedes que proclame en nuestro fallo aquello que defendemos, justicia, verdad y el respeto que merece el ser humano»*.

En consecuencia, no se puede sostener por los acusados que como jueces se limitaron a aplicar la ley vigente de forma aséptica, cuando eran conscientes de que dichas leyes fueron el resultado de un sistema criminal que tenía el objetivo de eliminar a todo ser humano que fuera disfuncional para el régimen por el simple hecho de pertenecer a una etnia, tener un determinada ideología, religión, por su orientación sexual, etc., olvidando con ello todos los principios y valores superiores que informan los ordenamientos jurídicos de todo Estado de derecho.

En este mismo sentido, en la última escena de la prisión en la que se encuentran cara a cara Ernst Janning y Dan Haywood, el primero que está arrepentido de lo que hizo como juez y que busca su redención, se dirige al segundo queriéndole hacer entender, rogándole que le crea, que jamás supuso que se iba a llegar a una situación en la que se causara la muerte de millones de personas, a lo que el juez Haywood que se muestra serio, hasta podríamos decir que incómodo por tener delante a alguien a quien ha admirado por ser un brillante jurista pero que al mismo tiempo le ha decepcionado como juez, le contesta: *«Señor Janning, se llegó a eso la primera vez que usted condenó a muerte a un hombre sabiendo que era inocente»*.

He aquí la contraposición de los dos personajes, ambos jueces, por una parte, Janning, un excelso jurista que sin embargo sucumbió desvirtuando la figura del juez al hacer algo tan simple y grave como dictar a sabiendas resoluciones injustas, por otra, Haywood, que aunque se define como un juez retirado a la fuerza por sus electores, un patán al que encontraron en los bosques de Maine, representa la esencia de lo que debe ser un juez, esto es, un profesional del derecho que además de tener los conocimientos técnicos necesarios, sabe juzgar empleando el sentido común y con total imparcialidad e independencia.

4. Bibliografía

Jáuregui, G., *¿Vencedores o vencidos?,* págs. 64-67. Nosferatu. Revista de cine, 2000.

Liñán Lafuente, A., «Los juicios de Núremberg. Los juicios a los crímenes del nazismo», págs. 51-64, *El nazismo a través del cine jurídico,* **Velasco Fabra, G. J.** (director), Thomson Reuters Aranzadi, Pamplona, 2021.

Mañas De Orduña, A., «Vencedores o vencidos. Los juicios a los juristas del nazismo», págs. 39-49, *El nazismo a través del cine jurídico,* **Velasco Fabra, G. J.** (director), Thomson Reuters Aranzadi, Pamplona, 2021.

Muñoz Conde, F. y Muñoz Aunión, M., *¿Vencedores o vencidos?. Comentarios jurídicos y cinematográficos a la película de Stanley Kramer «El Juicio de Nuremberg» (1961),* Tirant lo Blanch, Valencia, 2003.

Pérez Morán, E. y Pérez Millán, J. A., *Cien abogados en el cine de ayer y de hoy,* Ediciones Universidad Salamanca, 2010.

Rivaya, B., *Derecho y Cine en 100 películas. Una guía básica,* 2.ª Edición revisada y ampliada, Tirant lo Blanch, Valencia, 2021.

Soto Nieto, F. y Fernández F. J., *Imágenes y Justicia. El derecho a través del cine,* La Ley, 2004.

Tardío Pato, J. A., «Legalidad nacional en sentido restringido y obediencia jerárquica o sometimiento pleno de los poderes públicos y sus agentes al derecho: algunas reflexiones sobre ¿Vencedores o vencidos?», *Cine y derecho en 21 películas. Materiales y recursos para el estudio del*

Derecho a través del cine, **Ortega Giménez, A., Pérez Tortosa, F. y Pástor Valcárcel, M. C.** (Coord.), Editorial Club Universitario, San Vicente (Alicante), 2013.

Zárate Conde, A., «¿Vencedores o vencidos?», págs. 241-262, *Clásicos del cine jurídico,* Aranzadi, **Fernández Carballo-Calero, P. y Velasco Fabra, G. J.** (directores), Pamplona, 2023.

EL DRAMA LEGAL CONTEMPORÁNEO: POSIBILIDADES PARA LA EDUCACIÓN EN ÉTICA PROFESIONAL

Ana Sedeño-Valdellos
Universidad de Málaga
valdellos@uma.es

1. Las series de televisión y sus posibilidades legales

La influencia sobre las opiniones de la gente y el potencial creador de imaginario de los mensajes ficcionales y programas televisivos se encuentra fuera de discusión. La producción de cultura popular y de los medios ha demostrado ya su fuerza forjadora de experiencia y de representaciones sociales generalizadas, como han estudiado Jacobs y Peacock (2013) en *Television, Aesthetic and Style* o Newcomb (2005). En él, los autores analizan la dinámica estilística de la televisión para obtener tanta eficacia en sus representaciones, con una mezcla de todo tipo de programas. Los *television studies* y las apreciaciones describen el audiovisual como creador de ficciones, que permean en la sociedad y que necesitan a veces ser contrarrestadas.

Esta capacidad de influencia y disfrute debe y puede ser aprovechada de forma social y en la educación formal e informal, especialmente si se convierte en estereotipos cerrados de profesionales y tipos humanos. De hecho, ha sido empleada en la docencia de distintas disciplinas como la administración de empresa (Montero y Galán, 2008), la economía (Covarrubias, 2011), las matemáticas (Singh, 2013), la filosofía (Irwin, 2009) o la informática (Oltra Gutiérrez *et al.* 2016), con gran cantidad de iniciativas.

En la enseñanza del Derecho, se ha comprobado la utilidad de las series de televisión en la generación de un imaginario ligado a su especial narratividad y construcción de relatos. Este vínculo entre la literatura y todas las disciplinas creativas con un componente narrativo, ha sido descrito por Martha Nausbaum con su «justicia poética», que permite a toda la población, pero también a abogados, jueces y demás profesionales, tener una mínimo formación para la reflexión en asuntos legales.

> «La novela construye un paradigma de un estilo de razonamiento ético que es específico al contexto sin ser relativista, en el que obtenemos receptas concretas y potencialmente universales al presenciar una idea general de la realización humana en una situación concreta, a la que se nos invita a entrar mediante la imaginación. Es una forma valiosa de razonamiento público, tanto desde una perspectiva intracultural como intercultural (…)» (**Nussbaum**, 1997, p. 33).

Este texto tiene como objetivo reflexionar sobre la orientación profesional de alumnos a través de series jurídicas, aprovechando la «potencialidad contextual» del derecho para abordar diversos temas jurídicos (Pérez Triviño, 2010). En este caso se desea combinar con las propiedades del cine y el audiovisual en relación con la enseñanza (y la reflexión) del derecho a través de mensajes audiovisuales, lo que siempre se ha identificado con una práctica innovadora con múltiples posibilidades debido a que ninguna conducta es ajena a una regulación jurídica, como confirman ciertas perspectivas desde el derecho natural. En cuanto al cine, el empleo de cualquier material audiovisual remite a procesos más integrales de abordaje de los contenidos, con mejoras para ejemplificar y debatir sobre la realidad cultural. Como dice León (2015, p. 658), «la vinculación de ideas procedentes de series de televisión, películas, libros y videojuegos con los contenidos a desarrollar a lo largo de las sesiones de clase supone una apuesta innovadora en la docencia que redundaría en la mejora de la calidad de la enseñanza impartida al lograr la motivación del alumnado en clase y facilitar el aprendizaje utilizando ejemplos cercanos y conocidos».

La inmensa diversidad del cine, sus géneros, movimientos, directores, tipos de película en esa gradación entre el mainstream y el cine de autor, supone una fuente continua para su uso educativo: «[...] el cine puede contribuir a mostrar esas diversas aristas de las que se compone el Derecho, así como sus múltiples y variadas conexiones con esos otros ámbitos con los que interactúa: la sociedad, la política, la moral, etc.» (Pérez Triviño, 2010, 246).

De esta manera, se ha trabajado desde diversas perspectivas sobre la docencia del derecho. En primer lugar, con el aprendizaje de contenidos y competencias por ramas de conocimiento en torno al Derecho. En segundo lugar, con la enseñanza del derecho audiovisual (España Pérez, 2023), con una necesidad de adaptación para alumnos no pertenecientes a titulación jurídica, donde los objetivos tienen que ver con una formación general y de reflexión sobre el contexto de los medios audiovisuales de comunicación en la sociedad. Finalmente, con una visión más holística o humanística atendiendo a las relaciones humanas, como parte de la reflexión sobre los múltiples aspectos de la vida real.

2. Las series sobre temas jurídicos y el género del drama legal contemporáneo

El drama legal contemporáneo es la denominación que han alcanzado un género o subgénero de series y producciones audiovisuales diferenciadas por la narrativa en torno a problemas y tramas de naturaleza legal o jurídica. Con una tradición asentada en el cine del mismo tipo, tan antiguo seguramente como el mismo aparato cinematográfico, como demuestra el cortometraje precursor *L' Affaire Dreyfus* (1899) Georges Méliès, larga y variada es la lista por la que el arte cinematográfico se ha acercado a lo legal, como describen los extensos estudios de Rivaya (2006, 2016) o Gómez García (2010) y algún acercamiento desde el terreno sociológico y antropológico como el de Brisset-Martínez (2009). El campo es más que vasto.

Atendiendo a la cantidad de estas producciones, resulta necesario apuntar la reflexión en cómo se ha construido el drama legal contemporáneo y cuáles son sus antecedentes. La primera serie de este tipo llegó en 1948, *On Trial* y tuvo cuatro episodios. *The court of Last Resort* en 1957 y *The defender*, que se desarrolló desde 1961 hasta 1965 suponen otros tantos ejemplos. La mítica *Perry Mason* (CBS 1957) hizo material el prototipo de detective que hace confesar al culpable tras dar con su identificación a través de numerosas pistas y tramas. Siguiendo esta senda, vinieron *El fugitivo* (1960, ABC), *Studio One* de la CBS, *Arrest and Trial* (ABC, 1963) o *The Paper Chase* (CBS, 1978) sobre la competitividad en las aulas universitarias estadounidenses.

Law & Order (1990), *Los Angeles Law* (1986), *The Practice* (El abogado), *Ally McBeal y Eli Stone* pertenecen a la misma tradición de series sobre abogados como protagonistas. Con ellas pueden sumarse, *Mat-lock* (NBC, 1986), *Justice* (FOX, 2006), *Shark* (CBS, 2006), *Damages* (FX, 2007*), The Good Wife* (CBS, 2009), *Suits* (NBC, 2011), *Cómo defender a un asesino* (ABC, 2014), *Better Call Saul* (AMC, 2015), *Bull* (CBS, 2016), *Goliath* (Amazon, 2016) y *American Crime Story* (FX, 2016) son los títulos destacados de la emisión televisiva en esta temática en los últimos cuarenta años. Se estima que, en más de sesenta años de cultura televisiva, se han producido unas 130 series legales, pero desde el comienzo del siglo ha habido una intensificación de estas temáticas con más de cuarenta series (Narváez Hernández, 2011).

Es esta última hornada de la metatelevisión contemporánea la que ha dado lugar a este término del drama legal, un género en extremo interesante. Para empezar, se presenta un enfoque negativo, con tramas más complejas y profundas, con una variedad extrema de personajes: la exploración psicológica a través de episodios y temporadas permite un gran progreso hasta el agotamiento de posibilidades en estas relaciones entre personajes.

Estos se desarrollan a través de diálogos veloces que permiten que el receptor quede expectante de un capítulo a otro, y de una temporada a otra, lo que favorece el llamado *binge-watching*: el espectador se engancha en los meandros emocionales, de acciones y posibilidades de los personajes.

En este sentido, se ha hablado de la solución dialógica de los dramas legales como una característica específica de este género, lo que permite la coexistencia de narración y abstracción, la mezcla de sentido común y obediencia a las normas: «[El discurso legal-laico] implica un complejo juego dialógico entre dos formas amplias de dar sentido al mundo: una basada en la reconstrucción subjetiva de la experiencia personal [modo narrativo]; el otro sobre análisis desapegado siguiendo principios lógicos» (Laudisio, 2018, p. 6).

La capacidad de hibridación entre estas dos lógicas sería una forma específica de conocimiento profesional en un área, tan fructífera además para sacar partido en la elaboración de los guiones, en tanto permite articular una relación entre los problemas, la imaginación y especulación sobre lo que ha pasado y poder incluirlo en una estructura narrativa. Esta combinación hace posible al espectador una aventura específica en forma de dilemas, narrativos y morales en los que es difícil no sentirse identificado con jueces o abogados o delincuentes incluso, si estos personajes son redondos. A veces los protagonistas se apoyan mutuamente, otras se distancian porque no todos tienen similares objetivos y propósitos en la trama. Ejemplos paradigmáticos de esto son series exitosas como *Juego de Tronos* o *La casa del dragón*. En el terreno del drama legal *Suits* o *Como defender a un asesino* desarrollan este rasgo. Además, activan al espectador haciéndolo no solo identificarse sino movilizar sus conviccioens, conocimientos... Carol J. Clover dice en *¡Dios bendiga a los jurados*! (1998) que la audiencia se identifica normalmente con el jurado: «los dramas cinematográficos de los tribunales atraen al público de la película no solo a través de una trama de novela policíaca, sino al reclutarlos como jurados retóricos» (Bond, 2012, p. 6): «La imaginación jurídica estadounidense ... habita ante todo no en el estrado del juez, no en la silla del abogado ... sino en el estrado del jurado» (Clover, 1998, p. 255).

3. Algunos ejemplos desarrollados

Orientar profesionalmente supone proporcionar a los alumnos un bagaje completo sobre cuál es el mundo laboral que se encontrarán al salir, que en muchos casos difiere de ciertos imaginarios y de un conocimiento que proviene de cantidad de fuentes informales. Esta articulación se puede resolver desde el punto de vista docente a través de la reflexión llegada desde la etica:

> «La ética sirve a la educación jurídica en tanto que otorga a los estudiantes elementos reflexivos sobre la corrección o incorrección de su actuar en general y, específicamente, sobre cómo comprender sus deberes profesionales, cómo desarrollar sus actividades en función de dichos deberes e, incluso, sobre cómo entender el propio Derecho. El conocimiento de la ética proporciona a los estudiantes herramientas para comprender su disciplina y encarar las dificultades que tendrán a lo largo de sus trayectorias profesionales. En ese sentido, la ética jurídica y la ética profesional, al centrarse en los actores, permiten al estudiante tener una guía en su proceso formativo y profesional, una guía a nivel metodológico y a nivel sustantivo, en los medios y en los fines» (**Torres Ortega y Gallardo Martínez**, 2023, p. 79).

Por ello la reflexión sobre elementos del día a día del profesional de la ley, sea abogado, jurista o diplomático, puede hacerse a través de ejemplos específicos de escenas de algunos episodios. Ya en *El derecho y el elemento jurídico en la series televisivas. Revisión histórica y propuesta de uso en educación universitaria* (Sedeño-Valdellós, 2021) tratábamos de realizar una revisión completa de las posibilidades educativas de series como *The good fight*, *Better call saul* y muchas más poniendo el enfoque en los personajes y en su capacidad de hibridación que permite el extraordinario nivel de guion de la ficción contemporánea... Se recuerdan algunas ideas en torno a las más conocidas:

- *Ally McBeal* (FOX, 1997-2002), ha marcado, al menos en España, el imaginario de las series de abogados, protagonizada por una mujer y con toques de humor, comedia romántica es la primera de las grandes series de abogados del conocido productor y showrunner David E. Kelley.

- *Law and order*. Con 16 temporadas, ofrece una perspectiva positiva del sistema, especialmente de la relación entre la policía y el procesamiento en el juicio. Comienza siempre con las mismas palabras: «En el sistema de justicia penal, las personas están representadas por dos grupos separados pero igualmente importantes: la policía que investiga el delito y los fiscales de distrito que procesan a los delincuentes. Estas son sus historias» (www.imdb.com, 2006).

- *Damages*, sin embargo, es una serie muy adecuada para conocer el ejercicio del procesamiento y el proceso de investigación que realizan los abogados en torno a las pruebas, hechos vinculados y la situación de las personas implicadas, también la relación que se establece entre los abogados en una misma empresa.

- *Shark* es una serie de CBS que se estrenó en septiembre de 2006, tiene dos temporadas y está protagonizada por James Woods, en la piel de un abogado defensor que cambia este puesto por uno en la fiscalía después de una fuerte crisis personal. Tendrá que entrenar a un equipo de abogados en formación. El abogado tiene su propio manifiesto (Wikipedia, s.f.)

  – Un juicio es la guerra y perder es la muerte.
  – La verdad es relativa; escoge la que te convenga.
  – En un juicio con jurado sólo hay 12 opiniones que importen y la tuya no es una de ellas.

- En *The Practice* y, más tarde, *Boston Legal* (también de David E. Kelley), Alan Shore es un abogado lleno de matices, cínico y con emociones que ejemplifica el difícil equilibrio entre el código ético y la moral de abogados y tener que ganar los casos. La serie también recoge ejemplos de clientes que engañan a sus abogados.

- En el caso de *Breaking Bad*, se recomienda la lectura del texto *Breaking Bad in the classroom* (Mizner, 2015), que propone un mapa para estudiar la cuarta y quinta enmienda en torno al proceso criminal y las limitaciones de abogados y policías en interrogatorios en Estados Unidos. Como dice el autor, utilizar el vídeo de una serie en clase tiene sus ventajas y desventajas:

> «Puede proporcionar una certeza falsa de que muestra con precisión los hechos exactamente como ocurrieron. En particular, el video es engañoso en la clase de procedimiento penal en formas doctrinalmente significativas. Los hechos relacionados con el registro y la incautación o el interrogatorio se ponen de manifiesto en contextos muy específicos y estrechos. Los testigos clave son los agentes del orden o el acusado. En la práctica, los testigos de las fuerzas del orden son los únicos que testifican, ya sea como testigos en vivo o mediante una declaración jurada. Como resultado, la evidencia sobre la causa probable o el consentimiento no se ve a través del lente de una cámara de video, sino a través de los ojos de un oficial de policía» (**Minzner**, 2015, p. 401).

4. Ética profesional: Cómo defender a un asesino y *Suits*

En *Innovación en la enseñanza de la ética profesional en Derecho: el uso de las series de televisión,* Galbán Lozano, Ortega Barca, Nicolas Gavilán (2020) concluyen de la relevancia de las series con objetivos pedagógicos para demostrar que los alumnos deben aprender, mediante la empatía y el conocimiento profundo de los personajes que la ética es un saber práctico y que existe «necesidad de tomar decisiones en la vida profesional, la identificación de las virtudes cardinales en los personajes, la importancia de la integridad profesional y de la lealtad institucional, la vinculación del abogado con su cliente y la necesidad del balance entre la vida personal y profesional (Galbán Lozano, Ortega Barca, Nicolas Gavilán, 2020, p. 143).

- *En Como defender a un asesino* (ABC, 2014), Analise Keatting, es el personaje protagonista, una exitosa abogada, profesora de Derecho Penal en una universidad de Filadelfia. En el primer capítulo se presenta a un grupo de alumnos destacados que van a estar más cerca de su buffete, aprendiendo desde la práctica de la abogacía, lo que en seguida eleva la implicación personal en el terreno profesional e íntimo.

La serie es un perfecto ejemplo de reconstrucción narrativa de los casos mediante el caso Harvard, con testimonio de testigos, y está repleta de ejemplos en torno a los vericuetos éticos de su protagonista, que no sólo sirven de enseñanza sino de ejemplo continúo de oratoria y de gestión de la información narrativa. En el episodio 14 de la primera temporada, estamos ante el caso del Padre Andrew, que ha matado al padre Bernard tras saber los tocamientos a un adolescente. Para forzar la no finalización del juicio y antes de la sentencia, la abogada confiesa que no pudo aconsejar a su cliente por encontrarse en una mala situación personal, ganando así tiempo para conocer qué tiene que ver una feligresa enamorada del padre Andrew. Cuando llega a una de sus clases donde va a explicar los detalles del juicio, vuelve a demostrar sus dotes de oratoria, que tan favorables son al ritmo narrativo:

> «¿Y la cuestión ética? Saben con seguridad que su cliente es culpable porque se lo ha dicho... Sin embargo, tienen que ponerse día a día delante del Jurado y mentirle a la cara...
>
> Tendrán que mentirse, así serán capaces. Mentirse y convencerse de que ese cliente que saben que es culpable no lo es. Obcecarse con la verdad no les permitirá hacer su trabajo».

El episodio continúa con el paralelismo moral entre el comportamiento del padre —el acusado que defiende Keating— y la abogada, —protagonista de la serie— (uno muy blanco, ella negra). Sin duda es culpable, y así finalmente se declara él mismo por no romper el secreto de confesión (el muerto le ha confesado que abusaba del chico). Annalise intenta por todos los medios hacerle entender que está destrozando su vida, que no gana nada actuando así... él le recrimina que prefiere entregarse, sólo por mantener la verdad a flote, entendida como condición y búsqueda religiosa. Annalise argumenta que la verdad no lo es todo y se defiende por esta posición, diciendo que debe hacer su trabajo: defender a un asesino.

En el caso de la serie *Suits*, del canal USA network (USA), distribuida por NBC y desarrollada por Aaron Korsh, está repleta de escenas en las se inmiscuyen cuestiones de ética profesional del ejercicio de la abogacía. Tiene 9 temporadas y ha sufrido una gran evolución en su narrativa y personajes. Su trama ofrece los casos de un importante bufete de abogados de Nueva York, Pearson Hardman —hombre duro—. Los abogados más importantes son son seis: Harvey Specter, Mike Ross, Louis Litt, Rachel Zane, Donna Paulsen, y Jessica Pearson y de hecho en posteriores temporadas el nombre del buffete va cambiando y supone uno de los componentes de los conflictos intencionales entre los integrantes. Sin embargo, son los dos primeros y su relación de abogado experimentado (mentor) y alumno aventajado/adjunto (pupilo) los que centran la serie en sus primeras temporadas: la dualidad de la relación entre abogado experimentado (Harvey Specter)/abogado en formación (Mike Ross) es el principal acierto argumentativo. Se pretende, en primer lugar, posicionar, a nuestro entender dos tipos de personas y personajes: el experimentado Harvey Specter —caracterizado por su experiencia completa en el complejo mundo de las grandes empresas, los informantes y el saber moverse entre los meandros de los intereses del bufete, los de sus (habitualmente muy ricos) clientes y las normas legales— y Mike Ross, su joven adjunto, —con una especial habilidad (la memoria eidética) o fotográfica, es decir recordar todo lo que lee— que ejerce de abogado en prácticas a pesar de no haber ido a Oxford. Mike es responsable, trabajador, inteligente, aprende deprisa y tiene personalidad como para no dudar en responder a su superior cuando es necesario. Sin embargo, una fuerte inseguridad y un permanente miedo de no ser tan listo o no poder con el trabajo se cierne siempre sobre él: en este sentido, poner a prueba a Mike es una de las acciones recurrentes de su jefe, Harvey Spencer. En este sentido durante toda la serie ambos personajes aprenden uno de otro, hacen un buen equipo.

- Dicotomía trabajo/familia, vida personal/vida profesional. El primer episodio contiene variadas informaciones sobre la naturaleza de la profesión y la específica labor en un bufete de estas características. La prohibición del mentor Harvey Specter respecto al consumo de drogas hace que Mike cambie de vida y deje de frecuentar a su mejor amigo, que lo ha traicionado y utilizado. Por tanto, esta dualidad entre trabajo y amigos/familia aparece desde el principio en la serie *Suits* y resulta transversal en el arco del protagonista más joven, que a lo largo de la serie pierde a su mejor amigo, una posible relación, a su abuela... en algunos casos repentinamente y mientras estaba trabajando resolviendo un caso para su jefe Harvey.

- Aprendizaje: son múltiples las veces que Mike Ross debe aprender a realizar algún trámite que no conoce, esto lo hace interactuar con otros compañeros en busca de ayuda. En el capítulo 1 debe realizar una carta de exclusividad con la clienta; en el capítulo 2 necesita solicitar una patente y acude a compañeros que le dan la espalda (Rachel Zane, que lo echa del despacho u otro adjunto de la empresa, que lo engaña haciéndole revisar un larguísimo expediente). Estas anécdotas dan idea de la alta competitividad de los trabajadores que se encuentran en un mismo peldaño laboral en el bufete Pearson Hardman.

- Apariencia y gusto por el lujo: Harvey no deja de apuntar consejos para que su adjunto Mike se adapte a su nueva vida. Tanto su comportamiento como su forma de vestir es ocasión para ser apercibido por su jefe, como en el caso en que le insta a visitar una cara sastrería de la ciudad, para realizarse varios trajes. Esto es ocasión para numerosos momentos irónicos e hilarantes, que restan tensión a las intrincadas relaciones entre los trabajadores del bufete, permiten que entren en escena los secundarios, y son un elemento central del género televisivo de drama legal.

- Competitividad: En los primeros capítulos existe un especial interés por medir la relación entre los dos abogados, así como la posición de cada uno respecto al trabajo que se realiza, en cómo la información que uno obtiene (Mike) se convierte en éxito en un caso que lidera su jefe (Harvey). Por otro lado, la relación con su superior, la directiva se encuentra siempre en un fino equilibrio.

- Integridad dentro de la profesión y relación con otros sectores del ejercicio del derecho: es interesante comprobar cómo se alinean los casos para que se inmiscuyan unos con otros. En el capítulo 2, Harvey Specter es acusado por un juez de haberse implicado sexualmente con su mujer y lo chantajea. A pesar de que ello puede costarle un caso importante para la firma, se implica especialmente y logra solucionar dos casos a la vez. Finalmente, Harvey sale victorioso y apercibiendo al juez, al que recuerda el código de conducta.

- Capacidad de trabajo: son múltiples las escenas en que se insiste en anteriores momentos, los iniciales, del abogado estrella, Harvey Specter, que pretende aconsejar a Mike a través de su experiencia anterior. En el comienzo del capítulo 3 se habla sobre la capacidad de trabajo en relación a su reciente condición adquirida de asociado principal de la firma (una especie de accionariado). En una conversación entre los dos protagonistas, Specter le espeta a su adjunto: «¿Sabes por qué él no llegará a ser socio? No entiende que hacer un buen trabajo no lo es todo. Es bueno saber que organizar una buena cena también es importante. Esta mañana me has dicho que entro y salgo cuando quiero. ¿sabes por qué? Porque cuando llegué aquí avasallaba. Creían que trabajaba 100 horas al día. Ahora no importa a qué hora llegue. Nadie cuestiona mi capacidad. Métetelo en la cabeza. Las primeras impresiones son clave. Si empiezas sentado en el banquillo nunca serás titular».

5. Conclusiones

La función de formar al alumnado debe combinar la enseñanza de contenidos, competencias y el desarrollo de la profesionalidad, todos aspectos que ligan situaciones específicas de la profesión con aspectos técnicos. El audiovisual y las series televisivas son instrumentos pedagógicos multidimensionales, con los que el profesorado de diversas disciplinas y con distintos objetivos puedan abordar esta tarea de manera integral. En la enseñanza del Derecho, los trabajos previos se han decantado por la enseñanza de contenidos, abordando menos esta reflexión desde la ética y el desarrollo de una postura sobre su profesionalidad, seguramente por la dificultad de volver sistemática esta tarea. Las series televisivas —especialmente las de las últimas décadas que hemos denominado drama legal contemporáneo— permiten visionar a personajes ambiente lúdico donde plantear situaciones ambivalentes: ver explicarse a estos tipos humanos y confrontar con diálogos les permite anticipar muchas situaciones.

Es importante señalar que las series no tienen obligación de ser representativas y de cumplir con la realidad de la práctica jurídica. De hecho, teniendo en cuenta que la mayoría de estas series conocidas por los estudiantes, provienen del ámbito norteamericano, es necesario contextualizar suficientemente su visionado y uso en clase. Aun así, podría decirse que, si no son absolutamente adecuadas para la enseñanza del Derecho específico de una región o país en cuanto a contenido, si lo son al menos para enfrentar al alumnado con situaciones, personajes y vivencias complicadas.

No hay que aislar el conocimiento del Derecho del estudio de la moralidad, de la ética y otras fórmulas que aterricen su aplicación a una realidad cambiante y crecientemente compleja.

6. Referencias bibliográficas

Black, D. A. *Law in Film: Resonance and Representation*. University of Illinois Press, 1999.

Bond, C. D. «We, the judges: The legalized subject and narratives of adjudication in reality television», en *UMKC Law Review*, núm. 81(1), 2012, págs. 1-60.

Bond, C D. (2010). «Laws of Race/Laws of Representation: The Construction of Race and Law in Contemporary American Film», en *Texas Review of Entertainment and sports Law*, num. 219, 2010. https://repository.law.uic.edu/cgi/viewcontent.cgi?article=1042&context=facpubs

Brisset-Martinez, D. «La justicia en el cine. Manifestaciones fílmicas de las aristas del poder judicial» en *Comunicación y Poder,* Fundación Unicaja, Málaga, 2009, págs. 29-52.

Chavez, G. «Ética y formación profesional: experiencias en las UANL», en *Ética profesional en educación superior. Finalidades, estrategias y desafíos de la formación*. (pp. 215-231). Ciudad de México, Universidad Autónoma de Sinaloa/Ediciones Del Lirio/Universidad de Valencia/Universidad Autónoma de Baja California/Universidad Católica de Valencia/Universidad Autónoma de Tamaulipas, 2014.

Clover, C. J. «God Bless Juries!», en *Refiguring Film genres: history and theory*. Acts on American Culture and Law. Psychology Honors Thesis, 1998.

Covarrubias, I. *Aprendiendo economía con los Simpsons*. Barquisemeto, Universidad Centroccidental Lisandro Alvarado, 2011. http://www.smv.gob.pe:8077/temp/catalogacion/LE000001.pdf

España Pérez, J. A. «Casos prácticos jurídicos basados en programas de televisión», en *REJIE: Revista Jurídica de Investigación e Innovación Educativa*, núm. 28, 2023, págs. 11-32.

Galban Lozano, S.; Ortega Barba, C. y Nicolas Gavilan, M. T. «Innovación en la enseñanza de la ética profesional en derecho: el uso de las series de televisión», en *Innovación Educativa*, 82, 2020, págs. 129-147.

Gomez García, J. A. «Los estudios de Derecho y Cine como ámbito de investigación» en *Anuario de filosofía del derecho*, 26, 2010, págs. 241-246.

Irwin, W. *Los Simpson y la filosofía*. Barcelona, Blackie Books, 2009.

Jacobs, J., y Peacock, S. *Television. Aesthetics and Style.* New York, Bloomsbury, 2013.

LAUDISIO, A. «Narration in TV Courtroom Dramas: Analysis of Narrative Forms and Their Popularizing Function», en *ILCEA*, Num. 31, 2018. http://journals.openedition.org/ilcea/4685; DOI: https://doi.org/10.4000/ilcea.4685

LEÓN, P. «Docere delectando: series, películas y videojuegos como herramientas de innovación docente», en *Opción*, núm. especial 4, 2015, http://produccioncientificaluz.org/index.php/opcion/article/view/20576

NARVAEZ HERNANDEZ, J. R.: «El derecho en serie». https://repositorio.lasalle.mx/bitstream/handle/lasalle/1414/RA %2033 %20Jul2019-205-221.pdf?sequence=1&isAllowed=y

MINZNER, M. «Breaking bad in the classroom», en *New Mexico Law Review*, Vol. 45, núm. 2, 2015, págs. 397-428.

MONTERO, F. Y GALÁN, R. *La empresa según Homer Simpson*. Barcelona, Gestión 2000, 2008.

NEWCOMB, H. «The Development of Television Studies», en *A Companion to Television* Oxford, England, Blackwell Publishing, 2005, pp. 15-28.

NUSSBAUM, M. *Justicia Poética: la imaginación literaria y la vida pública*. Traducción de Carlos **GARDINI**. Barcelona, Editorial Andrés Bello, 1997.

OLTRA GUTIERREZ, J. V., RAMÓN FERNANDEZ, F., CABEDO MALLOL, V., CASAR FURIÓ, M.ª E. Y GIMÉNEZ CHORNET, V. «Uso de fragmentos de películas y series como herramientas deinnovación docente. Una experiencia con alumnos de informática», en *Congreso In-Red 2016 UPV*, 7 y 8 de julio de 2016. Universitat Politècnica de València, Valencia, http://dx.doi.org/10.4995/INRED2016.2016.4382

PÉREZ TRIVIÑO, J. L. «Cine y Derecho. Aplicaciones docentes. Anuario de filosofía del derecho», *Anuario de filosofía del derecho*, núm. 26, 2010, págs. 247-255. https://dialnet.unirioja.es/servlet/articulo?codigo=3313271

RIVAYA, B. «Derecho y cine. Sobre las posibilidades del cine como instrumento para la didáctica jurídica», en *Una introducción cinematográfica al Derecho.* Tirant lo Blanch, Valencia, 2006, págs. 13-19.

RIVAYA, B. «Todo lo que siempre quiso saber sobre el Derecho y nunca se atrevió a preguntar». En *Cine y Derecho*, Ediciones Unaula, Medellín, 2016, págs. 135-151.

SEDEÑO VALDELLOS, A. «El derecho y el elemento jurídico en las series televisivas. Revisión histórica y propuesta de uso en educación universitaria» en *La utilización del cine en la docencia del derecho: propuestas de Interés.* Editorial Colex, A Coruña, 2021, págs. 133-158.

Singh, S. (2013). *Los Simpson y las matemáticas.* Ariel.

Torres Ortega, I. C. y Gallardo Martínez, Y. «La enseñanza de la ética en las profesiones jurídicas», en *Derecho global. Estudios sobre derecho y justicia*, núm. 8 (23), 2023, págs. 69-107. https://doi.org/10.32870/dgedj.v8i23.462

EL ARTE DE LA MEDIACIÓN EN LOS CONFLICTOS SOCIETARIOS: UN VISTAZO A «7 AÑOS» Y EL PAPEL DE SU MEDIADOR

Eduardo Vázquez de Castro
Catedrático de Derecho Civil de la Universidad de Cantabria

«Mi táctica es
(...)
mi estrategia es
en cambio
más profunda y más
simple
mi estrategia es
que un día cualquiera
no sé cómo ni sé
con qué pretexto
por fin me necesites».

(Benedetti, M., El amor, las mujeres y la vida, Edit. Sudamericana, Buenos Aires, 1995, p. 83).

1. ¿Una mediación profesional en un conflicto como trama de una película española?

1.1. Una película reciente y poco conocida ¿paralelismo con la mediación?

«7 años» es una película española de 2016. Está dirigida por Roger Gual y protagonizada por un elenco reducido de cuatro actores y una actriz que incluye a Juana Acosta (Verónica), Alex Brendemühl (Marcel), Juan Pablo Raba (Carlos), Paco León (Luís) y Manuel Morón (el mediador, José Veiga). Se estrenó en la plataforma de streaming Netflix. La trama se desarrolla, casi en su totalidad, en una oficina o local de una empresa tecnológica, donde cuatro socios de esa empresa de éxito deben decidir cuál de ellos irá a prisión, por un fraude fiscal, para salvar la compañía y al resto del grupo. Para tomar esta decisión, contratan a un mediador profesional. Se juegan 7 años de su vida en la cárcel que es la pena por la que les pueden condenar. Es una especie de situación límite, contrarreloj, en la que deben abordar la solución de un dilema (similar al dilema del prisionero, con matices)[1]. Si no se hace cargo uno de ellos, todos irán a prisión por ese tiempo. Si uno se sacrifica, sólo irá a prisión él. Ninguno

1 El dilema del prisionero es un archiconocido problema de la teoría de juegos que es un área de la matemática aplicada que utiliza modelos para estudiar interacciones en estructuras formalizadas de incentivos. El enunciado clásico de este dilema sería el siguiente: La policía detiene a dos sospechosos de un crimen, pero no tienen pruebas suficientes para condenarlos sin una confesión. Por lo tanto, los separan y hacen la misma oferta a cada uno para que confiese: Si uno de ellos confiesa y el otro no: el que confiesa será liberado inmediatamente y el que no confiesa recibirá la pena máxima de diez años de prisión. Si ambos confiesan recibirán una condena reducida de seis años de prisión cada uno. Si ninguno confiesa: sólo podrán ser condenados por un cargo menor y pasarán un año en prisión. Existen muchas variantes sobre este dilema, pero, como el lector de esta obra tendrá una faceta cinéfila, daremos una clave cinematográfica. Este dilema fue utilizado por John Forbes Nash para aplicar su teoría del equilibrio. Sobre la vida de este matemático, premio Nobel de economía, está inspirada la oscarizada película «A Beautiful Mind» (2001) [Una mente maravillosa en España], protagonizada por Russell Crow. También se ha considerado que pudo inspirar a Stanley Kubrick en la película «Dr. Strangelove or: How I Learned to Stop Worrying and Love the Bomb?» (1963), [en España se tituló: Teléfono rojo: ¿volamos hacia Moscú?]. En fin, alusiones cinematográficas aparte, según el equilibrio de Nash, en el dilema del prisionero enunciado, la estrategia dominante para ambos es confesar, ya que confesar minimiza el riesgo de recibir la pena máxima (diez años) en caso de que el otro confiese. Este es el equilibrio de Nash del dilema, donde ambos terminan con una condena de seis años, aunque resulte peor que el año que podrían recibir si ambos confiaran y callaran. Además, este dilema ha inspirado muchos otros y se ha tratado de utilizar sus conclusiones en problemas reales generados en conflictos internacionales (*vid.* por todos, Poundstone, W. *El dilema del prisionero, John von Neumann, la teoría de juegos y la bomba,* trad. D. Manzanares Fourcade, 3.ª ed., edit. Alianza Editorial, Madrid, 2018, pp. 17 a 33.)

quiere sacrificarse espontáneamente, por lo que contratan a un mediador para que les ayude a decidir y solventar el dilema, a través de un acuerdo. En ese acuerdo se deberá decidir quién de ellos hace una trasferencia delatándose como defraudador y confesará que lo hizo sólo y que el resto no sabía nada.

Lo primero que puede llamar la atención de la presente aportación a la obra «Las profesiones jurídicas en el cine» es que se analice la figura del mediador de conflictos y se utilice una película española, en lugar de elegir una película inglesa o estadounidense. La mediación en conflictos como profesión jurídica no es una de las que pueda considerarse tradicionales en nuestro país. De hecho, resulta evidente la inspiración e influencia angloamericana y una mayor tradición en el *Common Law*. Por este motivo, encontrar una película española que tenga, como eje central, una mediación de un conflicto resulta bastante singular. Además, debe destacarse que no se trata de una mediación en un conflicto familiar, donde existe más experiencia, sino una mediación mercantil o empresarial (aunque sea *sui generis* por exigencias del guion) que resulta menos frecuente[2].

Es cierto, que en España no existía mucha tradición mediadora. Pero, en general, puede afirmarse que la mediación como medio de solución extrajudicial es relativamente moderna. Aunque la introducción de la mediación en Europa se ha desarrollado mucho y se puede considerar consolidadas, es una importación. El origen de esta mediación moderna es EE. UU. y sólo desde finales del siglo pasado (en los años 70). Principalmente, tomando como punto de inflexión, la *Pounds Conference* de 1976 y la intervención del profesor SANDERS titulada «Varieties of Dispute Processing». En este sentido, aunque siempre es posible buscar antecedentes remotos, nadie discute que la mediación que se trata de implantar en Europa se inspira en el modelo de éxito estadounidense[3]. Por este motivo, quizá hubiese sido de esperar que, para mostrar un exponente cinematográfico de la profesión mediadora, se hubiera elegido una película de Hollywood. Puede llamar la atención que tampoco haya grandes exponentes de mediación en la gran pantalla, aunque

2 Sí que resulta bastante frecuente, sin embargo, la mediación y el uso de protocolos, en los conflictos que se suscitan en empresas familiares. En este tipo de conflictos se entrelazan cuestiones patrimoniales o económicas con cuestiones personales o emocionales y la mediación resulta especialmente útil. Precisamente, es algo que puede encontrarse en el caso que contempla el guion de la película analizada porque la relación entre los socios es de amistad con lazos afectivos entre algunos de ellos. Respecto a esta cuestión *vid.* ROJÍ BUQUERAS, J. M., «La mediación en los conflictos societarios en la empresa familiar», *La Ley. Mediación y arbitraje*, N.° 3 (julio-septiembre), 2020, consultado en versión electrónica.

3 VÁZQUEZ DE CASTRO, E., «La mediación como método de gestión del conflicto: expansión desde los EE. UU.», en *Estudios de Derecho español y europeo: libro conmemorativo de los primeros 25 años de la Facultad de Derecho de la Universidad de Cantabria* / Coord. M. SERNA VALLEJO Y C. ARRANZ DE ANDRÉS, 2009, págs. 1045-1061.

existen míticas escenas de negociación, mediación y por extensión de todos los denominados genéricamente como Medios Adecuados de Solución de Controversias (MASC)[4].

No obstante, pese a ir a remolque, en España también se cuenta con una cierta experiencia. En el 2001 primera Ley de Mediación en el ámbito Familiar. Nos llevan 30 años de delantera en EE. UU. Sin embargo, la experiencia en el ámbito de la mediación en España no resulta despreciable. Voy a utilizar un recurso literario y voy a personificar la mediación[5]. Con este ejercicio de repaso por la evolución de la mediación en España se pretende justificar la importancia de la película escogida que visibiliza un mecanismo de solución

4 Son muchas las películas de ámbito judicial, por definirlas de algún modo, en las que se muestran negociaciones, mediaciones, ofertas confidenciales vinculantes, etc. Por ejemplificar, podrían citarse como ejemplos notables: «A Civil Action» (1998), que está basada en una historia real, sigue al abogado Jan Schlichtmann (John Travolta) mientras enfrenta un caso contra dos grandes empresas acusadas de contaminar el suministro de agua en Woburn, Massachusetts, lo que llevó a graves problemas de salud entre los residentes del pueblo. «Erin Brockovich» (2000), también basada en un caso real, la película está protagonizada por Julia Roberts como Erin Brockovich, una asistente legal que ayuda a construir un caso contra la empresa Pacific Gas and Electric Company (PG&E) por contaminar el agua en Hinkley, California. «The Rainmaker» (1997), importante película dirigida por Francis Ford Coppola y basada en la novela de John Grisham, la película presenta a Matt Damon como Rudy Baylor, un joven abogado que enfrenta a una poderosa compañía de seguros acusada de negar la reclamación de un cliente. «Kramer vs. Kramer» (1979), todo un clásico que gira en torno a la batalla por la custodia entre Ted Kramer (Dustin Hoffman) y su esposa Joanna (Meryl Streep) por su hijo pequeño. La película retrata las complejidades emocionales y legales de su disputa. «The Judge» (2014) La película está protagonizada por Robert Downey Jr. como Hank Palmer, un abogado exitoso que regresa a su ciudad natal para defender a su distanciado padre, el juez Joseph Palmer (Robert Duvall), acusado de asesinato. «Philadelphia» (1993), otro clásico que presenta a Tom Hanks como Andrew Beckett, un abogado que demanda a su antiguo bufete por despido injustificado después de que descubren que tiene SIDA. Denzel Washington interpreta a Joe Miller, el abogado que lo representa. «The Burial (2023)» una película muy reciente, también basada en un caso real en el que una funeraria familiar firma un acuerdo con una multinacional para posteriormente resultar incumplido con el fin de arruinarla y absorberla. Una lucha de David contra Goliat en la que Jamie Foxx interpreta al abogado Willie Gary que defiende a Jeremiah O' Keefe (Tommy Lee Jones) que regenta la funeraria familiar en apuros. En esta última película debe ponerse de manifiesto que hay varias escenas de negociación y de oferta confidencial vinculante, pero no forma parte del guion la solución final y real del caso que finalizó mediante un acuerdo o transacción en sede de recurso. En todo caso, todas estas películas brindan valiosas ideas sobre el proceso de mediación en casos judiciales, destacando el papel de los mediadores y la importancia de la negociación para lograr resoluciones legales.

5 Empleamos ya este recurso literario, con la misma finalidad, en un artículo que obtuvo gran acogida, a la luz de las citas recaudadas, que trataba de ilustra de la situación de la mediación al año siguiente de aprobarse la ley estatal y tras haber observado la experiencia de la desigual regulación autonómica en materia de mediación familiar que superaba la década. Nos referimos al artículo: García Villaluenga, L. y Vázquez De Castro, E., «La mediación civil en España: luces y sombras de un marco normativo», en *Política y sociedad*, Vol. 50, N.º 1, 2013, pág. 95.
https://dialnet.unirioja.es/servlet/articulo?codigo=4335318&orden=407107&info=link

de controversias de cierto recorrido, pero sin una consolidación definitiva. La falta de consolidación no puede achacarse a que no existan profesionales con cualificación, que no se conozca bien el procedimiento o que no se haya avanzado en el estado del arte o de la ciencia[6].

El factor que más influye en la tímida consolidación de la mediación es que aún no resulta muy conocido por los justiciables y tampoco suscita un especial interés por parte de quienes tienen el deber de asesorarles. No obstante, cada vez es más conocido el recurso a la mediación, suscita menos recelos y jueces o tribunales comienzan a ser propensos a derivar a mediación intrajudicial (existen protocolos para derivar a mediación intrajudicial facilitados por el CGPJ www.poderjudicial.es). En todo caso, no cabe duda de que contará con más éxito la mediación puramente extrajudicial o preventiva del pleito. Cuando las partes del conflicto ya han tomado la decisión de acudir al litigio y que resuelva el juez, resulta mucho más complicado desescalar el conflicto y volver atrás para intentar llegar a un acuerdo. Por este motivo, la mediación en la película parece una solución idónea, a priori, porque resulta ser puramente extrajudicial y preventiva. También resulta interesante la película porque, pese a ser una obra coral en la que no existe un verdadero protagonista de la historia, sitúa al personaje que interpreta al profesional de la mediación en un lugar central de la trama.

Podría pensarse que tanto la película como la mediación guardan cierto paralelismo, en el sentido de que son relativamente recientes, quienes intervienen en ellas hacen un buen papel, siendo todos los personajes o partes igualmente importantes sin grandes protagonismos. A pesar de las bondades que pueden predicarse de la película y de la mediación y que están a disposición del gran público, sin embargo, no son muy conocidas por sus destinatarios naturales.

1.2. La situación de la mediación y las personas mediadoras en España

Al tomar la licencia de personificar la mediación, como ya adelantamos en el epígrafe anterior que haríamos, resulta bastante gráfica la descripción de la situación actual de este medio de solución extrajudicial de conflictos en España. Si la mediación fuese una persona, en psicología evolutiva, tomando

6 Buena muestra del avance del estado del arte y de la ciencia en la mediación y el resto de los MASC es que la última obra que el autor de esta línea ha dirigido, ha requerido de una segunda edición al año siguiente a su publicación inicial, por su buena acogida y por la necesidad de ir añadiendo novedades. En esta segunda edición, ampliada y puesta al día, se amplía la parte de ejemplos y casos. Nos referimos a la completa obra multidisciplinar: Vázquez De Castro, E., y García Villaluenga, L. (dir.), *Habilidades y procedimientos en la mediación: de la teoría a la práctica de los MASC* / coord. A. A. Estancona Pérez, edit. Aranzadi, 2.ª ed., Madrid, 2024 (490 págs.).

como referencia la fecha de la primera Ley de mediación 2001[7], sería una persona madura (la edad madura según la OMS es de 25 a 60 años). En EE. UU. ha llegado a la madurez y va a pasar a ser mayor. En cambio, en España vamos aún a entrar en la madurez, por lo que podría considerarse que tenemos una normativa joven aún.

También podría considerarse que esta juventud es menor si ampliamos el ámbito y no nos remitimos a la mediación en conflictos familiares, sino que lo ampliamos a cualquier conflicto civil o mercantil. En este caso, si nos fijamos en la Ley estatal de 2012 (Ley 5/2012, de 6 de julio, de mediación en asuntos civiles y mercantiles, en adelante LM) que se refiere a cualquier conflictos civil o mercantil, aún somos menores de edad (siempre atendiendo a la posibilidad de contar con ciertas facultades y autonomía para poder desarrollar libremente nuestra personalidad...162 y 1263 CC) Estamos en la preadolescencia y quizá la impaciencia, propia de esta edad, provoque la sensación de que no se avanza lo suficientemente rápido en la consolidación de la institución y de la profesión que la desarrolla.

Más reciente aún resulta la regulación de la mediación en el ámbito del consumo 2017[8] - (7 años, como el título de la película que vamos a comentar y que nada tiene que ver con consumo). La mediación en el ámbito del consumo se enmarca entre otras fórmulas que vienen a denominarse como de Resolución Alternativa de Litigios o en la traducción más literal de la directiva traspuesta que origina esta ley: Resolución Alternativa de Disputas[9] (ADR).

Actualmente, se está tramitando en las Cortes Generales el Proyecto de Ley Orgánica de medidas en materia de eficiencia del Servicio Público de Justicia y de acciones colectivas para la protección y defensa de los derechos e intereses de los consumidores y usuarios, de 22 de marzo de 2024[10]. En este Proyecto de Ley se deja claro, en la Exposición de Motivos, Apartado VIII, «El primero de los citados objetivos es el de dotar al Servicio Público de Justicia de medidas dirigidas a acometer de forma decidida la introducción y potenciación en nuestro ordenamiento jurídico de medios adecuados de

---

7 La primera Ley de mediación que se aprueba en España fue una ley autonómica en el ámbito de la mediación familiar. Nos referimos a la Ley 1/2001, de 15 de marzo, de mediación familiar de Cataluña, que fue derogada por la Ley 15/2009, de 22 de julio, de mediación en el ámbito del derecho privado. Tras esta pionera ley, se lanzaron el resto de las CC. AA. a legislar sobre mediación, siendo el ámbito familiar el de referencia, salvo en el caso de Cantabria que cuenta con una ley ómnibus de mediación (Ley 1/2011, de 28 de marzo, de Mediación de la Comunidad Autónoma de Cantabria.)

8 Ley 7/2017, de 2 de noviembre, por la que se incorpora al ordenamiento jurídico español la Directiva 2013/11/UE, del Parlamento Europeo y del Consejo, de 21 de mayo de 2013, relativa a la resolución alternativa de litigios en materia de consumo.

9 Directive 2013/11/EU. Alternative dispute resolution (ADR)

10 https://www.congreso.es/public_oficiales/L15/CONG/BOCG/A/BOCG-15-A-16-1.PDF

solución de controversias alternativos a la jurisdicción (los ADR plenamente vigentes desde hace tiempo en derecho comparado)».

Es decir, se trata de «introducir» y «potenciar» estos medios, entre ellos la mediación, en el servicio público de justicia. Y ahora se pretende enniñecer o rejuvenecer la mediación ¿Pero ya tenemos la experiencia? Ya contamos con protocolos ofrecidos por el Consejo General del Poder Judicial para realizar mediación en todos los órdenes jurisdiccionales. Se considera mediación «intrajudicial» aquella que se realiza suspendiendo el proceso judicial para intentar llegar a un acuerdo y también existe variada experiencia en este aspecto (artículo 19 LEC).

Observando la evolución y la reciente iniciativa legislativa, alguien podría pensar que veintitrés años son muchos... y los resultados son pobres...[11]

Pues sí, es cierto, ya alcanzamos la mayoría de edad con la mediación, pero hay cosas que requieren más madurez que esa mayoría de edad (soplar las velas en el decimoctavo cumpleaños no siempre comporta una madurez real) y aún hay edades especiales para poder alcanzar algunas facultades jurídicas (ej. Mayor de 25 años para realizar el negocio jurídico de la adopción).

Dejemos la personificación de la mediación como recurso literario y pensemos en la mediación como institución ¿Es mucho contar con una experiencia de más de veinte años? Pues depende con qué lo comparemos. La edad o la tradición no siempre van acompañados del éxito. Por ejemplo, existen métodos extrajudiciales de mayor tradición adjudicativos (que no funcionan tanto en España). El arbitraje es una fórmula contemplada en nuestro código civil como contrato típico (1889) pero viene de una tradición que se conoce desde el derecho romano arcaico, en la Ley de las XII tablas (año 450 AC) *Legis actio per iudicis arbitribe postulationem*. Donde al juez se le denomina árbitro para otorgarle mayores facultades y utilizado por ejemplo en la división de cosa común. Podríamos decir, atendiendo a su duración o edad, que es perpetuo o es inmortal. Como la mayoría de instituciones o conceptos jurídicos porque como decía IHERING en el cielo de los conceptos hay cementerio, pero está sin estrenar[12]. En todo caso, que no se nos malinterprete. No pretendemos enterrar el arbitraje y, de hecho, es una institución de éxito en contextos internacionales y en el ámbito del consumo en España.

Queda claro que el mero transcurso del tiempo no provoca el éxito de una institución. Tampoco contar con un completo marco normativo o una regulación

---

11 En efecto, las estadísticas oficiales de la mediación intrajudicial muestran unas cifras muy pobres en derivación y en acuerdos, en comparación con el índice de litigiosidad o volumen de trabajo de los tribunales. Aunque también es cierto que, una vez que se ha judicializado el conflicto, resulta un momento ya demasiado avanzado o escalado como para desistir del pleito y llegar a un acuerdo. Pueden consultarse las estadísticas publicadas por el CGPJ; https://www.poderjudicial.es/cgpj/es/Temas/Estadistica-Judicial/Estadistica-por-temas/Medios-alternativos-de-resolucion-de-conflictos/Mediacion-Intrajudicial/

12 Von Jhering, R., *Bromas y veras en la ciencia jurídica. Ridendo dicere verum*, Trad. T. A. Banzhaf, Introducción de J. Bms. Vallet De Goytisolo, Edit. Civitas, Madrid, 1987, p. 236

detallada asegura un buen resultado en la experiencia práctica. No obstante, resulta evidente que desde determinadas políticas legislativas se puede dar un impulso o respaldo a la mediación al ofrecer seguridad jurídica, fomentar su calidad o prestigio e incentivando su utilización. En la última iniciativa legislativa española se apuesta por introducir la mediación y otros medios extrajudiciales como un requisito de procedibilidad antes de acudir a la vía judicial[13]. En consecuencia, resulta previsible que se incremente la demanda de profesionales de la mediación y otros medios adecuados de solución de controversias.

1.3. La flexibilidad de la mediación y otros MASC

Uno de los rasgos definitorios de la mediación es la flexibilidad en el procedimiento. De hecho, la flexibilidad se proclama como un principio más de la mediación. Precisamente, uno de los factores de éxito de la mediación radica en esta flexibilidad, frente a la rigidez o formalismo del proceso judicial. La flexibilidad, no obstante, debe contar con una cierta estructura que facilita la agilidad y eficacia del proceso de mediación. De hecho, la definición que ofrece la Directiva 2008/52/CE del Parlamento Europeo y del Consejo, de 21 de mayo de 2008, sobre ciertos aspectos de la mediación en asuntos civiles y mercantiles tiene presente este carácter estructurado[14].

La flexibilidad también se manifiesta en la propia definición legal que puede encontrarse sobre la mediación y otros medios adecuados de solución de controversias. Las definiciones son tan genéricas y amplias que, prácticamente, cabe cualquier tipo de mecanismo encaminado a la obtención de un acuerdo. La ley no resulta precisa en la definición de la mediación porque presume el legislador que un mediador cualificado podrá utilizar diversas técnicas o métodos, en cada caso, para gestionar el conflicto. La flexibilidad ofrece a los profesionales de la mediación un lienzo en blanco para desarrollar su ejercicio conforme al actual estado del arte.

La flexibilidad, sin embargo, no debe llevar a engaño. La persona mediadora no debe improvisar, sino que tiene que llevar trazado un plan organizado de

13 Introducir la mediación como obligatoria, antes de acudir a la vía judicial, va en la línea de la política legislativa ya experimentada por países como Italia o Francia. De esta manera, se siguen las directrices marcadas por los informes europeos que van en la línea de mejorar los pobres resultados de la mediación en países como el nuestro: *vid*. García Villaluenga, L., y Vázquez De Castro, E., «La mediación a debate en Europa ¿hacia la voluntariedad mitigada?», en *Anuario de mediación y solución de conflictos,* N.º 3, 2015, págs. 21-36.

14 Art. 3. «Definiciones. A efectos de la presente Directiva, se entenderá por:
a) "mediación": un procedimiento estructurado, sea cual sea su nombre o denominación, en el que dos o más partes en un litigio intentan voluntariamente alcanzar por sí mismas un acuerdo sobre la resolución de su litigio con la ayuda de un mediador. Este procedimiento puede ser iniciado por las partes, sugerido u ordenado por un órgano jurisdiccional o prescrito por el Derecho de un Estado miembro».

mediación. La profesionalidad en la mediación implica llevar bien estudiado el caso y cómo se va a plantear cada fase del proceso de mediación[15]. El procedimiento es importante en la mediación y las partes deben estar cómodas y satisfechas con ese proceso[16]. En la LM se dedica el Título IV al «Procedimiento de mediación» (arts 16-24). Aunque parece que este procedimiento cuenta con un gran desarrollo legal, lo cierto es que es bastante genérico y deja mucho margen a la iniciativa o métodos de la persona mediadora[17]. En todo caso, marca las fases del proceso y establece unas reglas mínimas, sin entrar en detalles. Incluso, incluye dentro del procedimiento de mediación el acuerdo que, justamente, por definición, supondría el fin del proceso[18].

En todo caso, queda claro que la flexibilidad rige el proceso y que la normativa permite que la persona mediadora emplee su estilo y pueda dejar su impronta. De esta manera, se puede comprobar en la película que se está analizando que el mediador que interviene, José Veiga, tiene un estilo muy peculiar y que va a intervenir de manera muy puntual, pero muy precisa en la supervisión de la negociación de los socios que le han contratado para que les ayude.

---

15 Vázquez De Castro, E. y Estancona Pérez, A. A., «Consideraciones y organización para un plan de mediación», en *Habilidades y procedimientos en la mediación: de la teoría a la práctica de los MASC*, dir. por E. Vázquez de Castro y L. García Villaluenga, coord. por A. A. Estancona Pérez, 2.ª ed., edit. Aranzadi, Las Rozas, Madrid, 2024, págs. 319-399.

16 No en vano, Lederach, en su conocidísima estructura dinámica del conflicto plantea una composición triangular en el «plano del conflicto» explica que deben tenerse en cuenta los tres factores: las personas, el problema y el proceso (Lederach, J. P (1989). «Elementos para la resolución de conflictos», en *Cuadernos de No-violencia* (vol. 1), edit. SERPAJ, México, 1989 pp. 25-26.

17 Para ilustrar lo vago que resulta la descripción del procedimiento puede tomarse como referencia lo dispuesto en el artículo 21 LM, en el que se establece cómo deben desarrollarse las actuaciones de mediación. Este precepto despacha en tres mínimos párrafos estas actuaciones al disponer: «1. El mediador convocará a las partes para cada sesión con la antelación necesaria, dirigirá las sesiones y facilitará la exposición de sus posiciones y su comunicación de modo igual y equilibrado. 2. Las comunicaciones entre el mediador y las personas en conflicto podrán ser o no simultáneas. 3. El mediador comunicará a todas las partes la celebración de las reuniones que tengan lugar por separado con alguna de ellas, sin perjuicio de la confidencialidad sobre lo tratado. El mediador no podrá ni comunicar ni distribuir la información o documentación que la parte le hubiera aportado, salvo autorización expresa de esta».

18 Incluir el acuerdo dentro del procedimiento de mediación (art. 23 LM) no tiene sentido. La incongruencia es evidente desde que el artículo precedente (art. 22 LM) se ha intitulado «Terminación del procedimiento». El acuerdo es ya de las partes y lo único que debe hacer el mediador es reflejarlo en el acta final (art. 22.3 LM). El mediador no tiene porqué redactar el acuerdo y, desde luego, el mediador no tiene que firmar el acuerdo. (esta cuestión ha sido puesta de manifiesto desde un inicio por este autor; *vid*. Vázquez de Castro, E., «Comentario al artículo 21: desarrollo de las actuaciones de mediación», en *Mediación en asuntos civiles y mercantiles: comentarios a la Ley 5/2012* / coord. por Carmen Fernández Canales; Leticia García Villaluenga (dir.), Carlos Rogel Vide (dir.), edit, Reus, Madrid, 2012, págs. 247-260.

En el Proyecto de Ley que se está tramitando actualmente en las Cortes Generales, se trata de potenciar la mediación y otros medios adecuados en el servicio público de Justicia[19].

La idea de la nueva regulación es introducir más métodos junto a la mediación. No obstante, siendo realistas, con una definición tan amplia y con el principio de flexibilidad, cualquiera de estos métodos, podrían tener cabida también en la mediación. En la definición que se ofrece de estos medios adecuados de solución de controversias MASC, se toma la referencia o inspiración del propio concepto legal de mediación[20].

En todo caso, la iniciativa legislativa que se está tramitando actualmente en las Cortes Generales, reactivará la mediación y otros medios porque se introducen como requisito de procedibilidad. En efecto, el artículo 5 del proyectado texto legal establece: «En el orden jurisdiccional civil, con carácter general, para que sea admisible la demanda se considerará requisito de procedibilidad acudir previamente a algún medio adecuado de solución de controversias de los previstos en el artículo 2». La remisión a este segundo artículo deja abierta la puerta no sólo a la mediación sino a otros métodos que encajen en su genérica definición «A los efectos de esta ley, se entiende por medio adecuado de solución de controversias cualquier tipo de actividad negociadora, tipificada en esta u otras leyes, a la que las partes de un conflicto acuden de buena fe con el objeto de encontrar una solución extrajudicial al mismo, ya sea por sí mismas o con la intervención de un tercero neutral».

El hecho de que acudir a estos métodos resulte obligatorio antes de interponer una demanda y que se definan de carácter genérico tiene una doble lectura. De un lado, la lectura positiva, se quiere otorgar flexibilidad a los profesionales de la mediación y solución extrajudicial de conflictos para que utilicen los medios más adecuados para cada caso o tipología de conflicto. De otro lado, una lectura negativa, podría servir de fraude de ley el simular una mera

19 En la página 34 de la Exposición de Motivos se explicita este objetivo: «...). Apartado VIII "El primero de los citados objetivos es el de dotar al Servicio Público de Justicia de medidas dirigidas a acometer de forma decidida la introducción y potenciación en nuestro ordenamiento jurídico de medios adecuados de solución de controversias alternativos a la jurisdicción (los ADR plenamente vigentes desde hace tiempo en derecho comparado)"».

20 Si comparamos el concepto legal tan, aparentemente, novedoso de los MASC, con el concepto legal que tenemos ahora de la mediación comprobamos que tampoco supone un gran cambio o avance; *Proyecto de Ley: Artículo 2.* Concepto y caracterización de los medios adecuados de solución de controversias en vía no jurisdiccional. A los efectos de esta ley, se entiende por medio adecuado de solución de controversias cualquier tipo de actividad negociadora, tipificada en esta u otras leyes, a la que las partes de un conflicto acuden de buena fe con el objeto de encontrar una solución extrajudicial al mismo, ya sea por sí mismas o con la intervención de un tercero neutral.
Ley 5/2012 de 6 de julio de mediación en asuntos civiles y mercantiles, Artículo 1. Concepto. Se entiende por mediación aquel medio de solución de controversias, cualquiera que sea su denominación, en que dos o más partes intentan voluntariamente alcanzar por sí mismas un acuerdo con la intervención de un mediador.

negociación o intercambio de ofertas o contraofertas, sin intención o convicción de lograr un acuerdo. Es decir, si quienes ejercen profesionalmente de mediadores o gestores de conflictos no se toman su trabajo en serio y se prestan a realizar un mero trámite procedimental está abocado al fracaso. Por este motivo, es importante, contar con una buena cualificación por parte de aquellos profesionales que se van a dedicar a la gestión extrajudicial de conflictos.

¿Y funciona también con las empresas o sólo con las personas físicas? Puede observarse el Proyecto de Ley por el que se crea la Autoridad Administrativa Independiente de Defensa del Cliente Financiero para la resolución extrajudicial de conflictos entre las entidades financieras y sus clientes. (5 abril de 2024). Las empresas no tienen corazón, no tienen uno sino muchos... Por supuesto, la mediación resulta idónea en y con las personas jurídicas jurídicas, con quienes las integran y con quienes las representan.

Habrá ocasiones donde se requiera utilizar otro tipo de métodos y combinarlos en una mediación multiparte (concursal, colectiva o comunitaria) donde podríamos utilizar los métodos para lograr consenso en grandes grupos (open space, world café, etc.), en muchas mediaciones mercantiles o comerciales seremos más proactivos atemperando el principio de neutralidad. En otras ocasiones, haremos análisis económico del derecho para racionalizar el conflicto. En otras ocasiones buscaremos un punto de conexión para comenzar el diálogo. En otras ocasiones estaremos más atentos a las necesidades emocionales que a las económicas. En definitiva, las ventajas de la flexibilidad de la mediación permiten a la persona mediadora supervisar el proceso de mediación utilizando cualquier recurso oportuno o adecuado, aunque no se ajuste a los cánones de la mediación clásica[21]. No ser dogmático no implica desconocer los principios, los procedimientos de mediación sino conocerlos bien y saber adaptarlos o adecuarlos para ayudar a resolver cada tipo de conflicto. Sólo quien domina bien la técnica de la comunicación y la mediación puede permitirse ser heterodoxo. Ciertamente, en la película comentada, se puede observar que el mediador que aparece resulta bastante heterodoxo, pero también se percibe que domina perfectamente el oficio.

El proceso de mediación que se sigue en la película refleja de manera bastante realista los pasos y las técnicas utilizadas en la mediación profesional. Desde la fase inicial de establecimiento de reglas y objetivos, pasando por la exploración de las alternativas y la facilitación de la negociación, hasta llegar a una decisión final, el mediador guía a los participantes a lo largo de todo el proceso.

Para que una solución a un conflicto sea la mejor, debe ser asumida por las partes implicadas por convicción y para eso se requiere no tanto una ley sino buenos profesionales. Buenos profesionales que demuestren

21 García Villaluenga, L., y Vázquez de Castro, E., «Más que mediación; El profesional de la mediación y gestión de conflictos con mayores recursos», en *Anuario de mediación y solución de conflictos*, N.º 4, 2016, págs. 21-28.

que el método funciona y resuelve los problemas con plena satisfacción de intereses y necesidades de las partes. Y si no se logra el acuerdo o no se logra un acuerdo total, pues que las partes queden satisfechas con el procedimiento. Cuántas veces no se ha logrado un acuerdo y las partes se han ido encantadas y recomendando la experiencia porque les ha ayudado a mejorar una relación, a expresar sus pretensiones, a entender a la otra parte, etc. Al final, vuelven y confían en la profesionalidad, habilidades y cualificación de quien les ha ayudado. En este sentido, la universidad española lleva muchos años formando de manera rigurosa, a través de postgrados, a profesionales de la mediación. De hecho, la universidad española ha sido el origen de una organización universitaria internacional que agrupa numerosas universidades españolas y extranjeras que cuentan con formación, gestión y trasferencia en materia de mediación y gestión extrajudicial de conflictos. Se trata de la Conferencia Internacional para el Estudio de la Mediación y el Conflicto (CUEMYC)[22].

2. «7 años» una mediación, un problema y el dilema de la persona mediadora

2.1. La figura de la persona mediadora como profesión jurídica y multidisciplinar

Al tratar esta obra sobre profesiones jurídicas, debe hacerse una matización. La mediación profesional trata la solución extrajudicial de conflictos desde una perspectiva multi e interdisciplinar. En este sentido, tampoco podría considerase una profesión puramente jurídica, aunque participa en una gran parte de una formación y desempeño jurídicos. Por supuesto, las consecuencias o efectos de la mediación tienen trascendencia jurídica y quienes ejercen la profesión de mediación deben conocer y explicar a las partes mediadas de las mismas.

La Directiva 2008/52/CE del Parlamento Europeo y del Consejo, de 21 de mayo de 2008, sobre ciertos aspectos de la mediación en asuntos civiles y mercantiles, tan sólo se exige al mediador imparcialidad, eficacia y competencia, con independencia de su denominación o profesión[23]. En conse-

22 Desde CUEMYC se ha propuesto un modelo de cualificación profesional de las personas mediadoras sobre la base de competencias y no sólo en la duración o contenidos de la formación: https://cuemyc.org/wp-content/uploads/2020/06/Las-competencias-para-la-formacio %CC %81n-de-la-persona-mediadora.pdf

23 Art. 3 «Definiciones. b) "mediador": todo tercero a quien se pida que lleve a cabo una mediación de forma eficaz, imparcial y competente, independientemente de su denominación o profesión en el Estado miembro en cuestión y del modo en que haya sido designado o se le haya solicitado que lleve a cabo la mediación».

cuencia, siendo una definición tan genérica, serán los estados miembros los que se encarguen de establecer el estatuto profesional de las personas mediadoras.

Los requisitos para ejercer la mediación vienen recogidos en la Ley 5/2012, de 6 de julio, de mediación en asuntos civiles y mercantiles y en el Real Decreto 980/2013, de 13 de diciembre, por el que se desarrollan determinados aspectos de la Ley 5/2012, de 6 de julio, de mediación en asuntos civiles y mercantiles[24]. En concreto, se establece que pueden ser mediadores las personas físicas que se hallen en pleno ejercicio de sus derechos civiles, siempre que no se lo impida la legislación a la que puedan estar sometidos en el ejercicio de su profesión.

Respecto a los requisitos para ser mediador, se debe acreditar tres:

1. Estar en posesión de título oficial universitario o de formación profesional superior.
2. Que cuenta con formación específica para ejercer la mediación
3. Ha suscrito un seguro o garantía equivalente que cubra responsabilidad civil derivada de su actuación en los conflictos en que intervenga.

Al no exigirse un título o formación concreta de origen, valdrá con cualquier título universitario o de formación profesional y será necesario contar con la formación específica en materia de mediación. Esta formación específica suele ofrecerse en forma de postgrado por la mayoría de universidades (La Conferencia Internacional para el Estudio de la Mediación y el Conflicto, CUEMYC, aglutina la mayoría de las universidades que ofrecen esta formación en España y congrega también a numerosas universidades extranjeras). Sin embargo, cualquier centro formativo acreditado ante el Ministerio de Justicia podría impartir esta formación específica. La formación específica debe cumplir determinadas condiciones como una duración mínima de 100 horas de docencia efectiva. Dicha formación específica de la mediación se desarrollará tanto a nivel teórico como práctico, correspondiendo a este último, al menos, un 35 % de la duración mínima prevista para la formación del mediador.

Establece la norma que será válida la formación recibida ante instituciones extranjeras, siempre que las mismas estuvieran debidamente acreditadas en sus respectivos países y, en su caso, se tendrá en cuenta para completar la duración mínima exigida. De otro lado, junto con esta formación inicial, se exige también una formación continua. Los mediadores deberán realizar

---

24 En concreto, la LM tiene un título III que se titula «Estatuto del mediador» (arts. 11-15) que se desarrolla reglamentariamente. Sobre este estatuto del mediador y su régimen jurídico *vid.* PÉREZ-SERRABONA GONZÁLEZ, J. L., «El estatuto del mediador», *en Tratado de mediación en la resolución de conflictos* / coord. por José Luis MONEREO PÉREZ, Rosa M. GONZÁLEZ DE PATTO; Antonio Manuel LOZANO MARTÍN (dir.), Guillermo OROZCO PARDO (dir.), edit. Tecnos, Madrid, 2015, págs. 137-152.

una o varias actividades de formación continua en materia de mediación, de carácter eminentemente práctico, al menos cada cinco años, las cuales tendrán una duración total mínima de 20 horas. La realización de cursos de especialización en algún ámbito de la mediación permitirá cumplir el requisito de la formación continua del mediador.

Como se puede comprobar, la formación específica no resulta demasiado larga ni profunda. Respecto a los contenidos mínimos con los que deben contar se enuncian de manera vaga y genérica que «deberá proporcionar a los mediadores conocimientos y habilidades suficientes para el ejercicio profesional de mediación, comprendiendo, como mínimo, en relación con el ámbito de especialización en el que presten sus servicios, el marco jurídico, los aspectos psicológicos, de ética de la mediación, de procesos y de técnicas de comunicación, negociación y de resolución de conflictos». En definitiva, el marco jurídico es uno de los aspectos de formación de estos profesionales. No obstante, la persona mediadora puede o no contar con una titulación jurídica.

Otro de los inconvenientes que, a nuestro juicio, tiene nuestro marco regulatorio del estatuto del mediador es que no se establece ninguna vinculación con las instituciones de mediación que se definen y regulan en el art´. 5 LM[25]. De esta manera, existen la posibilidad de ejercer profesionalmente la mediación sin la necesidad de estar adscritos a ninguna institución de mediación. Evidentemente, aquellas personas mediadoras que estén adscritas a alguna institución de mediación (colegios profesionales, asociaciones, fundaciones, cámaras de comercio, instituciones públicas...) podrá considerarse que cuentan con más garantías o soporte institucional[26].

En la película «7 años» quien actúa como mediador, José Veiga, es interpretado por el veterano actor Manuel Morón. El hecho de que se haya optado por un mediador de mayor edad que los mediados puede tratar de revestir de cierto reconocimiento a la experiencia como cualidad de quien trata de ayudar a resolver un conflicto. No resulta raro encontrar personas mediadas o partes en conflicto que confían más o guardan mayor reconocimiento a la experiencia de personas mayores para que puedan mediar. Desde luego, el mediador es una figura central en la película, y su papel es clave para el desarrollo de la trama y la resolución del conflicto. El primer dilema que se le plantea es si acepta el caso.

---

25 Vázquez de Castro, E., «Comentario al Artículo 5, Las Instituciones de Mediación», en *Mediación en asuntos civiles y mercantiles: comentarios a la Ley 5/2012* / coord. por C. Fernández Canales y dir. por L. García Villaluenga y C. Rogel Vide, 2012, págs. 73-99.

26 Incluso se ha explorado la posibilidad de crear un colegio profesional de mediación en España: Gómez Vallecillo, J., «Marco teórico para la creación del Colegio Profesional de Mediadores de Conflictos», en *Anuario de mediación y solución de conflictos*, N.° 9, 2022, págs. 103-127

2.2. Los dilemas que se le presentan al mediador José Veiga

De entrada, se presenta un primer dilema moral o ético del mediador. ¿Resulta ético ayudar a las partes mediadas a decidir quién confiesa la comisión de un delito que han cometido todos? Incluso, aunque por la índole de esta obra no procede profundizar en estas cuestiones, podría plantearse si también nos encontramos ante un delito imputable a la propia sociedad, como persona jurídica. La responsabilidad penal de la empresa estaría contemplada en nuestro artículo 31 bis) del Código Penal. También están previstos los mecanismos de prevención, detección, exoneración o atenuación de este tipo de delitos cuando se ha implantado un sistema de cumplimiento normativo o compliance. Curiosamente, el compliance tendría, para estos casos, el complemento ideal en la mediación[27].

Más allá de la posible responsabilidad penal de la persona jurídica, lo que se plantea en la película es la responsabilidad penal de los socios y la manera de librarse de ella mediante una fórmula irregular. Esta fórmula irregular se trata de lograr utilizando un pacto de confesión de uno de los socios y silencio de todos. Pacto que se pretende alcanzar a través de instrumentalizar la mediación. En principio, ante el conocimiento de hechos delictivos, el mediador debería rehusar la mediación e incluso debería ponerlo en conocimiento de las autoridades. Es cierto que existe un deber de secreto profesional y de confidencialidad que le podría dar cobertura (art. 9 LM). Sin embargo, el principio de confidencialidad cede ante el juez penal (art. 9.2.b) LM) y podría provocar un supuesto de responsabilidad del mediador (art. 14 LM). En todo caso, la persona mediadora está sujeta a la ética o deontología profesional que impone deberes a quienes ejercen una profesión como la de resolución extrajudicial de conflictos, en la que el prestigio o reputación resultan cruciales para ganar la confianza de las partes y de la sociedad[28]. Además del deber ético, incluido en el contenido de su formación específica[29], también hay implicaciones jurídicas. Más allá de la deontología profesional, se podrá llevar a cabo la mediación «siempre que no afecten a derechos y obligaciones que no estén a disposición de las partes en virtud de la legislación aplicable» (art. 2 LM).

---

27 García Villaluenga, L., y Vázquez De Castro, E., «Compliance y mediación: generando sinergias entre dos instituciones en auge», en *Anuario de mediación y solución de conflictos*, N.° 7, 2019-2020, págs. 21-30.

28 Belloso Martín, N., «Del estatuto del mediador a una ética de la mediación», en *Mediación es justicia. El impacto de la Ley 5/2012, de mediación civil y mercantil: actas del III Simposio «Tribunales y Mediación»*. Madrid, septiembre 2013 / coord. por María Elena Lauroba Lacasa, José Pascual Ortuño Muñoz, 2014, págs. 235-244.

29 Art. 4.1 del Real Decreto 980/2013, de 13 de diciembre, por el que se desarrollan determinados aspectos de la Ley 5/2012, de 6 de julio, de mediación en asuntos civiles y mercantiles.

Incluso, la nueva ley que se ha programado y que está en proceso de aprobación parlamentara, resulta más incisiva en los límites que se deben tener presentes en los posibles acuerdos que se alcancen porque se indica, expresamente, que no pueden ser contrarios a la ley, a la buena fe y al orden público[30].

Parece meridianamente claro que la consecuencia de una infracción penal o administrativa es una sanción que no está a disposición de las partes. Cualquier profesional de la mediación debiera plantearse si resulta ético o conforme a la buena praxis el colaborar con quienes pretenden burlar las consecuencias de la ley. A este mediador se le podría poner en un aprieto, puesto que está involucrándose en un ilícito penal en el que se ha cometido una infracción grave. Sería uno de los casos más evidentes de responsabilidad del mediador. En consecuencia, el caso no resultaría mediable.

Sin embargo, en la película, el mediador José Veiga, acepta el caso. Además, también se pone en duda la integridad ética del mediador porque se incentivan sus servicios con unos honorarios superiores a los que habitualmente cobra y se le ofrece dirigir un nuevo departamento de mediación en la empresa. Este nuevo departamento, está aún por crear y se le encarga con un contrato de permanencia en la empresa, para el caso de que logre que lleguen a un acuerdo. Este tipo de pacto pone en peligro otro principio general de la mediación que es el de neutralidad. El principio de neutralidad, que viene recogido en el artículo 13 LM, trata de que el mediador no se involucre en la solución del conflicto. De esta manera, no se verá tentado a ofrecer soluciones a las partes mediadas y sólo supervisará o ayudará a las partes a que logren el acuerdo por sí mismas. El fundamento de este principio es que las partes no consideren al mediador como una autoridad que les ofrece la solución como cualquier otro método adjudicativo, sino que se mantenga íntegro el carácter autocompositivo de la mediación. La figura mediadora sólo procura facilitar la comunicación, pero no resuelve el conflicto. En todo caso, este principio de neutralidad ha sido cuestionado para

30 Proyecto de Ley: Artículo 4. «Principio de autonomía privada en el desarrollo de los medios adecuados de solución de controversias. 1. Las partes son libres para convenir o transigir, a través de estos medios, sobre sus derechos e intereses, siempre que lo acordado no sea contrario a la ley, a la buena fe ni al orden público. Las partes pueden alcanzar acuerdos totales o parciales. En el caso de acuerdos parciales, las partes podrán presentar demanda para ejercitar sus pretensiones respecto a los extremos de la controversia en los que se mantenga la discrepancia. No obstante, no podrán ser sometidos a medios adecuados de solución de controversias, ni aun por derivación judicial, los conflictos que versen sobre materias que no estén a disposición de las partes en virtud de la legislación aplicable, pero sí será posible su aplicación en relación con los efectos y medidas previstos en los artículos 102 y 103 del Código Civil, sin perjuicio de la homologación judicial del acuerdo alcanzado. 2. En ningún caso podrán aplicarse dichos medios de solución de controversias, a los conflictos de carácter civil que versen sobre alguna de las materias excluidas de la mediación, conforme a lo dispuesto en el artículo 87 2 y 3 ter de la Ley Orgánica 6/1985, de 1 de julio, del Poder Judicial».

aquellos casos en los que no estamos en una mediación familiar en la que se mantiene plenamente vigente[31]. En concreto, no es un principio presente en la mediación en consumo, por la situación de asimetría entre empresa y consumidor, puesto que debe velarse por los derechos irrenunciables de la parte más débil que es el consumidor. También se ha relativizado este principio en aquellos casos como la mediación mercantil o comercial donde las partes no va a considerar jamás al mediador como una autoridad y suelen exigir una conducta o labor más proactiva[32].

Una vez aceptado el caso, el mediador tiene que ayudarles a decidir, de manera urgente y consensuada, quién de ellos irá a prisión para salvar al resto. Evidentemente, disipa apremiado la primera duda sobre si la ética o deontología profesional permitiría una mediación sobre un objeto que, aparentemente, trata de burlar una norma penal o fiscal. La urgencia la marca la posibilidad de que entre la policía y les detengan en cualquier momento. De hecho, han llamado al mediador para que les preste el servicio en fin de semana y fuera del horario laboral. Hay que buscar la fórmula en la que reflejar el objeto de la mediación de forma lícita. Realmente, se enmascara el objeto de la mediación y el propio mediador expone el objeto de manera más sutil. Tiene que ayudar a decidir quién de los socios hace una trasferencia desde una cuenta de un banco suizo. José Veiga, como mediador profesional se encarga de definir así el objeto de la mediación. No obstante, el mediador conoce el trasunto puesto que le informan de cómo comenzó el fraude y evasión fiscal y fue creciendo. Todos los socios son culpables, lo admiten y lo exponen al mediador. Sin embargo, quien realice la trasferencia se delatará tácitamente, además, será el que confiese que actuó por su cuenta y exculpará al resto. El mediador José Veiga acepta el caso consciente de la irregularidad en la que va a colaborar.

También resuelve, de manera muy rápida, el otro dilema ético que se le plantea al mediador, puesto que junto con los honorarios que se le ofrecen por esta mediación, se le oferta el llevar un departamento de mediación de conflictos en la empresa, una vez finalizada la mediación. El precio de la mediación se explica que es generoso y el propio José Veiga reconoce expresamente que es bastante más de lo que suele cobrar. Lo cierto es que la mediación no es un proceso caro (suele explicase como una ventaja para las partes mediadas) y quienes la ejercen no suelen tener una remuneración espléndida. Por este motivo, se hace hincapié en la generosidad de la oferta y de la remuneración en especie que se refiere a la parte que

---

31 García Villaluenga, L., «Comentario al Artículo 8, neutralidad», en *Mediación en asuntos civiles y mercantiles: comentarios a la Ley 5/2012* / coord. por C. Fernández Canales y dir. por L. García Villaluenga y C. Rogel Vide, 2012, págs. 119-127.

32 Este principio de neutralidad ha sido objeto de numerosas matizaciones e, incluso, se ha puntualizado que existen diversos modelos de neutralidad. *Vid.* por todos Calvo Soler, R., «Jueces y mediadores. Cuatro modelos de neutralidad del tercero en la resolución de conflictos», en *Racionalidad y derecho* / coord. por A. J. García Figueroa, págs. 133-158.

paga o asume los gastos de incorporar al mediador en plantilla y crear un nuevo departamento de mediación. No cabe duda de que la tentación de verse en plantilla, con un régimen de permanencia de 10 años, dirigiendo un departamento de mediación vence una débil voluntad de José Veiga. Esta generosa oferta extraña al propio mediador y pregunta por el motivo. La respuesta es «A nosotros nos interesa que a ti también te interese que vaya bien la negociación».

2.3. Una mediación multiparte, el interés de la empresa o de cada uno de los socios

Una de las peculiaridades de la mediación que se muestra en la película es que no se trata de una negociación bilateral o de dos partes enfrentadas. Se trata de una mediación multiparte donde pueden observarse relaciones complejas entre los intereses y necesidades de cada uno de los socios que deben llegar a un acuerdo y los intereses o necesidades de la propia empresa que fundaron y de la que forman parte. En las mediaciones multiparte y con grandes grupos se suelen utilizar técnicas para la obtención de consensos que podría considerarse que no son mediaciones, en sentido estricto, sino que entran en una categoría de facilitación o se caracterizan como métodos sui géneris[33]. En el caso de la película, al ser sólo cuatro socios no resulta adecuado utilizar estas técnicas de facilitación ideadas para grandes grupos (como el *open space* o el *world café*).

Lo primero que pregunta el mediador es si los cuatro socios tienen exactamente la misma participación e importancia en la empresa. La respuesta inmediata es que todos ellos son iguales y tienen la misma participación. En principio, todos son indispensables y tienen un papel importante en el desarrollo de la actividad de la empresa. Además, todos son miembros fundadores y han estado desde el principio juntos.

Lo primero que trata de buscar el mediador son soluciones objetivas que sean fáciles de justificar o asumir y que liberen a los socios de adoptar decisiones duras. La primera solución objetiva que se ofrece es un sorteo. La decisión aleatoria descarga a los socios de adoptar una decisión dura de elección. Sin embargo, ha sido descartada porque la mayoría están de acuerdo en que «lo más fácil no es siempre lo mejor». Prefieren una decisión más razonada o justificada. Por este motivo, el propio mediador explica que la mediación puede serles muy útil porque trata de racionalizar un conflicto o de lograr un acuerdo o consenso por convicción.

33 *Vid.* por todos, García Villaluenga, L., «El consenso en grandes grupos, intervenciones participativas en contextos multiparte», en *Habilidades y procedimientos en la mediación: de la teoría a la práctica de los MASC*, dir. por E. Vázquez de Castro y L. García Villaluenga, coord. A. A. Estancona Pérez, edit. Aranzadi, 2.ª ed., Madrid, 2024, págs. 431-490.

Explica el sentido de la mediación con una parábola que se ha convertido en la bandera de la mediación de imprescindible exposición en cualquier curso sobre mediación. Nos referimos a la parábola de la naranja que, de una manera muy doméstica, explica con un ejemplo cómo la mediación busca racionalmente cómo satisfacer de manera óptima los intereses y necesidades de las partes en conflicto y para conocerlos bien se acude a instrumentalmente a la formulación de preguntas[34].

Sin embargo, una vez expuesto el caso y la parábola, uno de los socios porfía de la eficacia del método al considerar que es un caso artificial porque, en la realidad, todos quieren la naranja para lo mismo y por eso surgen los conflictos. El mediador logra dar la vuelta al argumento demostrando que no todo el mundo quiere lo mismo. De hecho, en general, cada persona suele tener sus propias aspiraciones, objetivos, fines, deseos, etc.

El mediador explica perfectamente el proceso de mediación y les asegura la confidencialidad. De hecho, les exige que apaguen los móviles, aparte de la confidencialidad ayudará a concentrarse sobre las soluciones. La confidencialidad es crucial en el proceso de mediación, y el mediador asegura a los socios que todo lo discutido en la sala será confidencial. Esto genera un espacio seguro para la honestidad y la apertura. Aunque la legislación española permite dispensar la confidencialidad, por defecto, se entiende que se aplica este principio[35]. Cualquier mediación donde no se asegure la confidencialidad está avocada al fracaso.

---

34 La denominada parábola de la naranja se refiere al caso de dos hermanas discuten por una naranja. Ante esta disputa, interviene la madre para que cese la discusión. Ciertamente, la madre podría hacer uso de su autoridad y dirimir la controversia dando la naranja a una u otra hermana o partiéndola por la mitad. De esta manera, se solucionaría a modo de arbitraje. Sin embargo, la forma de resolver esta controversia a través de la mediación sería averiguando los intereses o necesidades de las hermanas y la técnica a utilizar sería preguntarlas para qué quiere cada una de ellas la naranja. En el ejemplo ofrecido la respuesta podría ser que una la quiere para hacer zumo y la otra para dar aroma a un bizcocho con su corteza. En ese caso, incluso una solución ofrecida como salomónica o equitativa, como puede ser partir la naranja por la mitad, no tendría el resultado óptimo que tan sólo se obtendría compatibilizando la utilidad de la naranja conforme a los intereses de ambas hermanas. De esta manera, cada una podría obtener el 100 % de sus intereses (el zumo de toda la naranja y la piel o cáscara de toda la naranja). caso de la «naranja» inicialmente ideado por Mary Parker Follet y desarrollado por Roger Fisher y William Ury (Fisher R., Ury W & Patton, B., *Getting to Yes. Negotiating an agreement without giving in*, 2.ª ed., edit. Penguin Books, Nueva York, Londres, 1991, p. 57)

35 Artículo 9 de la LM. «Confidencialidad.1. El procedimiento de mediación y la documentación utilizada en el mismo es confidencial. La obligación de confidencialidad se extiende al mediador, que quedará protegido por el secreto profesional, a las instituciones de mediación y a las partes intervinientes de modo que no podrán revelar la información que hubieran podido obtener derivada del procedimiento. 2. La confidencialidad de la mediación y de su contenido impide que los mediadores o las personas que participen en el procedimiento de mediación estén obligados a declarar o aportar documentación en un procedimiento judicial o en un arbitraje sobre la información y documentación derivada de

TTeniendo en cuenta la impaciencia y que es una mediación mercantil, además, se va a realizar en unidad de acto. Es decir, no van a sujetar la sesión de mediación a una duración máxima. También las circunstancias de que en cualquier momento pueden entrar a detenerles o a confiscar la información hace que la dinámica de la mediación esté encaminada a desarrollarse de manera continuada el tiempo que haga falta.

No obstante, el mediador cumple con su obligación de explicar que el proceso se rige por el principio de confidencialidad. Cualquiera de los socios, o el propio mediador, pueden irse en cualquier momento si no desean continuar o no ven posible llegar a un acuerdo aplicando el principio de voluntariedad.

José Veiga explica perfectamente el papel del mediador al indicar que «no es ni juez, ni parte. Ayuda a la comunicación...».

Uno de los recursos que utiliza el mediador para lograr que fluya la comunicación, evitando que las posiciones la bloqueen, es fomentar la escucha activa. De esta manera, cuando se propone, por parte de Verónica, que se planteen los pros y contras de cada uno para asumir la pena en prisión, utilizando fichas de ajedrez (fichas negras y blancas), se les pide que hablen del otro. Es decir, se pide que cada uno se ponga en la piel del otro para no hablar de sí mismos. Se les pide que identifiquen al otro con una figura del juego del ajedrez y expliquen por qué han elegido esa figura.

En todo caso, se advierte que deben guardar siempre el debido respeto, sin insultos, sin gritos, sin salidas de tono. A lo largo de la mediación habrá dos conatos de enfrentamiento o pelea que casi provocan que el mediador abandone la mediación. Sin embargo, se reconduce la situación y la mediación se reanuda. El mediador no se muestra nada proactivo, puesto que no utiliza en estos casos la práctica de sesiones individualizadas (caucus).

Las preguntas del mediador se realizan de manera muy poco activa o incisiva. De hecho, deja a los socios que lleven la iniciativa en las conversaciones e interviene de manera muy puntual. En este sentido, la mediación no resulta muy proactiva.

Entre los socios se puede comprobar cómo se utilizan todas las tácticas y estrategias de negociación. Se llevan la información aprendida, como cuando Verónica ofrece todo tipo de datos sobre las cárceles de mujeres y su situación en las cárceles. También se pueden observar los acercamientos y alejamientos en las alianzas entre socios, en función de la evolución de las negociaciones.

---

un procedimiento de mediación o relacionada con el mismo, excepto:

a) Cuando las partes de manera expresa y por escrito les dispensen del deber de confidencialidad.

b) Cuando, mediante resolución judicial motivada, sea solicitada por los jueces del orden jurisdiccional penal. 3. La infracción del deber de confidencialidad generará responsabilidad en los términos previstos en el ordenamiento jurídico».

No obstante, puede comprobarse cómo van influyendo de manera creciente las valoraciones personales o emocionales. En este punto, puede observarse cómo la película va gradualmente mostrando el impacto psicológico que el proceso de mediación puede tener tanto en los mediadores como en los mediados. La presión emocional y la intensidad del conflicto afectan a todos los personajes, incluyendo al mediador, mostrando la humanidad detrás de su rol profesional. En las primeras escenas encontramos un grupo de socios que muestran lazos fuertes de amistad personal, de aprecio y de cariño. A medida que avanza la mediación y la comunicación va fluyendo se van manifestando los conflictos, reproches y tensiones latentes en su faceta profesional y personal.

3. El acuerdo alcanzado en mediación y la frustración final

Llegados a algunos puntos muertos en la comunicación entre las partes mediadas, el mediador propone una votación. Al haberlo pactado y estar de acuerdo la mayoría, parece que la solución queda justificada y legitimada.

En todo caso, para emitir la voluntad en el voto se propone que se adopte la decisión sobre criterios objetivos «¡Seamos objetivos!». Por este motivo, se hace un repaso final por las circunstancias que rodean a cada socio, antes de adoptar una decisión. Vuelven a utilizarse las fichas del ajedrez blancas y negras para contabilizar los puntos a favor o en contra de cada uno para asumir la pena de 7 años de prisión.

Se utilizan argumentos como el cargo de conciencia, el interés de la empresa y quienes resultan absolutamente necesarios o imprescindibles y quienes no. Por último, se acude a criterios externos como las cargas familiares de cada uno.

Sin embargo, al explorar estos criterios o circunstancias de cada uno surgen nuevos conflictos o relaciones afectivas no resueltas por lo que lejos de llegar a un consenso se van distanciando más. Se provoca una primera votación y resulta que quedan empatados a votos dos socios, Luis y Marcel. En consecuencia, quedan ya fuera de la decisión Verónica y Carlos, que se ven liberados.

Para adoptar una decisión final entre Luis y Marcel. Finalmente, se acaba por volver a criterios totalmente objetivos al hacer un análisis económico del sacrificio de ir a prisión durante siete años. La pregunta que se lanza es ¿Por cuánto dinero estaría cada uno dispuesto a ir a prisión 7 años? Y comienza lo que en mediación se denomina el baile del dinero. Se van proponiendo cifras. Incluso, vuelve a involucrarse al mediador con una pregunta directa.

¿Estaría dispuesto el mediador, José Veiga, a ir a prisión 7 años por 30 millones de euros? Aunque el mediador intenta esquivar la respuesta indicando que es intrascendente lo que él opine porque tienen que decidir ellos. Finalmente, acaba por confesar que él lo haría por mucho menos. Desde luego, la respuesta vuelve a mostrar que el personaje del mediador no tiene unas convicciones morales muy firmes. Además, vuelve a inmiscuirse, indirectamente, ofreciendo su opinión personal en un aspecto del conflicto, en contra del principio de neutralidad.

Ciertamente, este aspecto heterodoxo de manifestar lo que él haría si se le presentase la misma ocasión que a los socios, puede tener también un sentido técnico de lograr la empatía con los mediados. Aclara que lo que él piense, sobre el particular, resulta irrelevante. El mediador tiene un rol crucial en la gestión del conflicto. A medida que la conversación se vuelve más intensa y emocional, su habilidad para calmar las situaciones y mantener el enfoque en el objetivo principal (decidir quién asumirá la responsabilidad) es vital. La película muestra cómo un mediador profesional maneja conflictos interpersonales y profesionales de manera estructurada y eficaz.

No obstante, en una acalorada discusión, cuando uno de los socios (Luis) está ya decidido a asumir la pena, a cambio de una cuantiosa contraprestación, añade otro elemento. Además del dinero quiere el control de la empresa. No todo es dinero, quiere el 51 % de las participaciones sociales.

En este punto, todos están de acuerdo, salvo el otro socio (Marcel) que también está propuesto para asumir la pena. A pesar de suponer una tabla de salvación para librarse de ir a prisión, el propio Marcel es el que quiere mantener el control de la sociedad y seguir administrándola como CEO de la compañía. Resulta curioso cómo alguien se aferra al poder o al reconocimiento más que al propio valor económico o a su libertad. Marcel amenaza con no aceptar y pide volver a comenzar. Aquí, de nuevo, el mediador demuestra habilidades excepcionales de comunicación. Es capaz de escuchar activamente, hacer preguntas pertinentes y ayudar a los socios a expresar sus pensamientos y sentimientos. A través de sus preguntas y comentarios, el mediador logra que los personajes reflexionen sobre sus acciones y las consecuencias de sus decisiones, facilitando así el proceso de toma de decisiones. No permite volver atrás y expone que debe avanzarse en el proceso.

En ese momento, intervienen el resto de socios, Verónica y Carlos, están de acuerdo y aceptan vender sus participaciones a Luís con lo que consumaría la adquisición mayoritaria. Marcel sigue resistiéndose y Verónica saca a relucir su relación afectiva, amenazándole con contárselo a su mujer.

Resulta curioso cómo se provoca un chantaje para que uno de los socios acepte un acuerdo cuando todas las partes deberían asumir el acuerdo espontáneamente de una manera libre. Este tipo de coacciones coartan la voluntad y provoca un vicio de anulabilidad en el acuerdo que el mediador debiera atajar[36]. El mediador debe controlar que los acuerdos son libres y se asumen por convicción. Debe asegurarse el mediador de que todas las partes quedan satisfechas con el acuerdo. Queda definitivamente claro que el mediador no está realizando correctamente sus funciones, en este punto.

Cuando se llega a este punto del desenlace sobre el proceso de mediación, la historia da un vuelco. Se recibe una llamada de la abogada indicando que ya no va a ser necesario ningún sacrificio porque se ha llegado a un acuerdo con la juez y la fiscalía para resolver el problema pagando una multa.

De esta manera, acaba la tensión y resulta muy reveladora las escenas finales de la película en las que el mediador firma el contrato en el que se le incorporaba a la plantilla de la empresa y se despide hasta el lunes. La última escena de la película en la que ya salen los títulos de crédito y se puede ver al mediador, reflexivo, apoyado sobre la ventanilla del taxi con las manos en la cabeza, da a entender que en la sesión de mediación han surgido tantos conflictos y problemas que no va a ser fácil de reconducir. El lunes será también un día duro de abordar. Han surgido tantas tensiones, reproches, discusiones, conflictos, diferencias y enfrentamientos, en el ámbito personal y profesional que, da la impresión, el mediador no sabe muy bien por donde va a empezar. En cierto modo, queda justificado su fichaje.

4. Conclusiones

La figura del mediador profesional en «7 años» es retratada de manera fiel y realista, destacando la importancia de su rol en la resolución de conflictos complejos. La película ilustra cómo la mediación puede ser una herramienta efectiva para manejar disputas difíciles, subrayando la necesidad de habilidades de comunicación, neutralidad, gestión del conflicto, ética y confidencialidad en la práctica de la mediación profesional.

Algunas de las actuaciones del mediador resultan criticables, son destacables los dilemas éticos o deontológicos que supone aceptar un objeto de mediación que implica conocer e implicarse en hechos delictivos, más allá de la responsabilidad civil que se genera por ello[37]. Es una conducta reprochable del mediador.

36 La intimidación es un vicio de la voluntad que si se provoca en el momento de prestar el consentimiento contractual podría dar lugar a la ineficacia contractual por anulabilidad (arts. 1267, 1268, 1300, 1301.1.°, y 1303 y ss. del CC). Para más información al respecto *vid*. Vázquez De Castro, E., «La ineficacia del contrato», en *Acciones civiles*, dir por E. Llamas Pombo, Vol. 2, 2013 (*Derecho de obligaciones; Responsabilidad civil*), Edit. La Ley, Madrid, 2013, págs. 1197-1443

37 Rogel Vide, C., «Los mediadores, sus obligaciones y su responsabilidad: comentario crítico de los artículos 13, 16, 1 y concordantes del anteproyecto de Ley de Mediación en asuntos civiles y mercantiles», en *Revista general de legislación y jurisprudencia*, N.° 2, 2010, págs. 309-328.

En todo caso, esta circunstancia de peligro ante las consecuencias del delito y la posible inminencia de la detención policial provoca el interés y el tono dramático al filme. No cabe duda de que se ofrece un retrato intenso de la mediación en un contexto de conflicto interno dentro de una empresa. Ante un conflicto extremo, la película muestra cómo la mediación puede ser una herramienta eficaz para resolver conflictos que parecen irresolubles. A través de la intervención del mediador, los personajes intentan llegar a un acuerdo que minimice el daño y las consecuencias negativas para la empresa y para la mayoría de los socios.

La mediación mostrada en «7 años» destaca la importancia de la comunicación abierta y honesta. A pesar de ser un conflicto en una empresa, la solución no se aborda desde un análisis puramente económico. Los personajes deben confrontar sus emociones y motivaciones para llegar a una solución, lo que subraya que la mediación no solo se centra en los hechos, sino también en las dinámicas interpersonales. La película refleja que los conflictos a menudo son complejos y multidimensionales, involucrando aspectos legales, éticos y emocionales. La complejidad del conflicto se ilustra cuando se descubren traiciones y secretos entre los socios, complicando aún más la búsqueda de una solución justa. La mediación debe abordar todas estas facetas para ser efectiva.

No cabe duda de que, a medida que avanza la película y la mediación, lo que definía el objeto de la mediación va adquiriendo una dimensión más grande o amplia. Existen muchos miedos, desconfianza, intereses, relaciones, etc., que muestran perfectamente cómo resulta útil el símil del iceberg en un conflicto. Lo único que se muestra es la punta de iceberg o la falta de consenso sobre quien debe asumir la culpa o la pena de prisión. Sin embargo, existen muchos enfrentamientos, reproches, desavenencias, diferencias, etc. que subyacen o están sumergidos y resultaban imperceptibles hasta que no se manifiestan (dos amigos de la infancia que ya no se comunican, dos amantes que se guardan reproches y que ocultan al resto su relación, un socio al que se considera más débil por el resto...)

«7 años» ilustra cómo la pericia del mediador es crucial para el éxito del proceso. El mediador debe ser percibido como imparcial y justo por todas las partes involucradas para mantener la confianza y facilitar un acuerdo. No cabe duda de que José Veiga, el mediador en «7 años», demuestra habilidades excepcionales de escucha y empatía. Estas habilidades son esenciales para comprender las perspectivas y necesidades de cada parte y para crear un ambiente donde todos se sientan escuchados y valorados. Podría criticarse ser poco proactivo. En un conflicto empresarial parece más indicado una mediación, prácticamente, evaluativa. Sin embargo, es cierto que hace alarde de un estilo muy personal que opta por dejar expresarse a los mediados y darles el protagonismo que tienen en el conflicto y en el proceso de mediación.

La película muestra al mediador manejando situaciones de alta tensión y estrés con calma y profesionalidad. La capacidad de mantener la compostura y guiar a las partes hacia un diálogo constructivo es fundamental para un mediador. No puede negarse que el mediador ayuda a las partes a explorar posibles compromisos y soluciones creativas. Esto destaca la importancia de la flexibilidad y la capacidad de pensar fuera de lo convencional para encontrar acuerdos sobre un procedimiento para adoptar la decisión aceptable por todos.

Haciendo recapitulación sobre toda la trama de La película, «7 años» no solo muestra el proceso de mediación, sino también su impacto en las relaciones y en el futuro de la empresa. La mediación en el filme sirve como un espejo de la complejidad humana y organizacional, revelando cómo las decisiones tomadas en un ambiente de mediación pueden tener repercusiones duraderas. A pesar de que haya podido quedar frustrado el acuerdo sobre el objeto de la controversia, parece claro que la mediación debe continuar si los socios pretenden mantener la actividad de la empresa, seguir juntos, salvaguardar sus relaciones personales o profesionales o decidir cómo van a ser en el futuro.

En resumen, «7 años» ofrece una visión profunda de la mediación, destacando su valor en la resolución de conflictos complejos y subrayando las cualidades esenciales de un mediador efectivo. La película ilustra que, aunque la mediación no siempre lleva a soluciones perfectas, es una herramienta poderosa para manejar disputas y fomentar el entendimiento mutuo.

5. Bibliografía

Belloso Martín, N., «Del estatuto del mediador a una ética de la mediación», en *Mediación es justicia. El impacto de la Ley 5/2012, de mediación civil y mercantil: actas del III Simposio «Tribunales y Mediación»*. Madrid, septiembre 2013 / coord. por María Elena **Lauroba Lacasa**, José Pascual **Ortuño Muñoz**, 2014, págs. 235-244.

Benedetti, M., *El amor, las mujeres y la vida*, Edit. Sudamericana, Buenos Aires, 1995.

Calvo Soler, R., «Jueces y mediadores. Cuatro modelos de neutralidad del tercero en la resolución de conflictos», en *Racionalidad y derecho* / coord. por **A. J. García Figueroa**, págs. 133-158.

Fisher R., Ury W & Patton, B., *Getting to Yes. Negotiating an agreement without giving in*, 2.ª ed., edit. Penguin Books, Nueva York, Londres, 1991

García Villaluenga, L. y Vázquez De Castro, E., «La mediación civil en España: luces y sombras de un marco normativo», en *Política y sociedad*, Vol. 50, N.º 1, 2013, pág. 95.

García Villaluenga, L., «Comentario al Artículo 8, neutralidad», en *Mediación en asuntos civiles y mercantiles: comentarios a la Ley 5/2012 /*

coord. por **C. Fernández Canales** y dir. por **L. García Villaluenga y C. Rogel Vide**, 2012, págs. 119-127.

García Villaluenga, L., «El consenso en grandes grupos, intervenciones participativas en contextos multiparte», en *Habilidades y procedimientos en la mediación: de la teoría a la práctica de los MASC*, dir. por **E. Vázquez de Castro y L. García Villaluenga**, coord. **A. A. Estancona Pérez**, edit. Aranzadi, 2.ª ed., Madrid, 2024, págs. 431-490.

García Villaluenga, L., y Vázquez De Castro, E., «Compliance y mediación: generando sinergias entre dos instituciones en auge», en *Anuario de mediación y solución de conflictos*, N.º 7, 2019-2020, págs. 21-30.

García Villaluenga, L., y Vázquez De Castro, E., «La mediación a debate en Europa ¿hacia la voluntariedad mitigada?», en *Anuario de mediación y solución de conflictos,* N.º 3, 2015, págs. 21-36.

García Villaluenga, L., y Vázquez De Castro, E., «Más que mediación: El profesional de la mediación y gestión de conflictos con mayores recursos», en *Anuario de mediación y solución de conflictos*, N.º 4, 2016, págs. 21-28.

Gómez Vallecillo, J., «Marco teórico para la creación del Colegio Profesional de Mediadores de Conflictos», en *Anuario de mediación y solución de conflictos*, N.º 9, 2022, págs. 103-127

Lederach, J. P., «Elementos para la resolución de conflictos», en *Cuadernos de No-violencia* (vol. 1), edit. SERPAJ, México, 1989 pp. 25-26.)

Pérez-Serrabona González, J. L., «El estatuto del mediador», *en Tratado de mediación en la resolución de conflictos* / coord. por José Luis **Monereo Pérez**, Rosa M. **González de Patto**; Antonio Manuel **Lozano Martín** (dir.), Guillermo **Orozco Pardo** (dir.), edit. Tecnos, Madrid, 2015, págs. 137-152.

Poundstone, W. *El dilema del prisionero, John von Neumann, la teoría de juegos y la bomba,* trad. D. Manzanares Fourcade, 3.ª ed., edit. Alianza Editorial, Madrid, 2018, pp. 17 a 33.)

Rogel Vide, C., «Los mediadores, sus obligaciones y su responsabilidad: comentario crítico de los artículos 13, 16, 1 y concordantes del anteproyecto de Ley de Mediación en asuntos civiles y mercantiles», en *Revista general de legislación y jurisprudencia*, N.º 2, 2010, págs. 309-328.

Rojí Buqueras, J. M., «La mediación en los conflictos societarios en la empresa familiar», *La Ley. Mediación y arbitraje*, N.º 3 (julio-septiembre), 2020, consultado en versión electrónica.

Vázquez de Castro, E. y Estancona Pérez, A. A., «Consideraciones y organización para un plan de mediación», *en Habilidades y procedimientos en la mediación: de la teoría a la práctica de los MASC*, dir. por

E. Vázquez de Castro y L. García Villaluenga, coord. por **A. A. Estancona Pérez**, 2.ª ed., edit. Aranzadi, Las Rozas, Madrid, 2024, págs. 319-399.

Vázquez de Castro, E., «Comentario al artículo 21: desarrollo de las actuaciones de mediación», en *Mediación en asuntos civiles y mercantiles: comentarios a la Ley 5/2012 /* coord. por Carmen **Fernández Canales**; Leticia **García Villaluenga** (dir.), **C. Rogel Vide** (dir.), edit, Reus, Madrid, 2012, págs. 247-260.

Vázquez de Castro, E., «Comentario al Artículo 5, Las Instituciones de Mediación», en *Mediación en asuntos civiles y mercantiles: comentarios a la Ley 5/2012 /* coord. por **C. Fernández Canales** y dir. por **L. García Villaluenga** y **C. Rogel Vide**, 2012, págs. 73-99.

Vázquez de Castro, E., «La ineficacia del contrato», en *Acciones civiles*, dir por **E. Llamas Pombo**, Vol. 2, 2013 (Derecho de obligaciones; Responsabilidad civil), Edit. La Ley, Madrid, 2013, págs. 1197-1443

Vázquez de Castro, E., «La mediación como método de gestión del conflicto: expansión desde los EE. UU.», en *Estudios de Derecho español y europeo: libro conmemorativo de los primeros 25 años de la Facultad de Derecho de la Universidad de Cantabria /* Coord. **M. Serna Vallejo y C. Arranz de Andrés**, 2009, págs. 1045-1061.

Vázquez de Castro, E., y García Villaluenga, L. (Dir.), *Habilidades y procedimientos en la mediación: de la teoría a la práctica de los MASC /* coord. **A. A. Estancona Pérez**, edit. Aranzadi, 2.ª ed., Madrid, 2024 (490 pags).

Von Jhering, R., *Bromas y veras en la ciencia jurídica. Ridendo dicere verum*, Trad. **T. A. Banzhaf**, Introducción de **J. Vallet de Goytisolo**, Edit. Civitas, Madrid, 1987, p. 236

EL ARTE DE SER JURISTA, LA ACTUACIÓN COMO JURISTA EN LOS PROGRAMAS DE TV Y SUS DERECHOS DE INTÉRPRETE Y EJECUTANTE: LOS *COURT SHOWS*, LAS PROFESIONES JURÍDICAS, LOS NUEVOS FORMATOS TECNOLÓGICOS COMO EL *REEL* Y EL *SHORT* Y SU INFLUENCIA EN LAS REGULACIONES RECIENTES

Jorge Villalobos Portalés
Doctorando en Derecho Mercantil
y Profesor Sustituto Interino
Universidad de Málaga

1. Introducción

1.1. Exordio

El cine como arte ha ido evolucionando a lo largo de su Historia y entre sus grandes impactos fue la accesibilidad al público de su contenido mediante la televisión, como su capacidad de construir en la memoria de los espectadores imaginarios sobre ciertas profesiones. Así, se ha podido construir a través de sus películas, primero, series y programas de TV, después, todo un mundo filmográfico en torno a la figura del jurista, en sus distintas facetas. En concreto, una de las que ha tenido más calado en la actualidad reside en la de los jueces, abogados, asesores jurídicos, estudiantes o graduados de Derecho en sus supuestas primeras prácticas... Un sinfín de posibilidades equivalentes al sinfín de ficciones que pueden ser creadas por grandes guionistas, escritores, directores y, luego, ejecutadas por grandes profesionales de la actuación.

A veces, casi como una usurpación temporal e inocua, la ejecución de tales escenas ha venido protagonizada no sólo por una persona capaz de dominar las artes escénicas, que también, sino habilitada para el ejercicio de alguna profesión ligada al Derecho. Esta peculiar circunstancia ha ofrecido de credibilidad para el papel que estaban representando y el cual, tanto en la propia vida como frente a una cámara, resulta en muchas ocasiones el más difícil: uno mismo, hacer de uno mismo.

Y, en este sentido, se trata de una actuación literal, donde un juez ha desarrollado un papel como juez frente a las cámaras. Programas de este inicio de milenio como los estadounidenses *The People's Court, Judge Mathis, Divorce Court, Hot Bench* o, también, el mítico *Judge Joe Brown* son los principales programas televisivos sobre jueces que deliberan en diversas materias con una triple finalidad; enseñar, entretener y conocer sobre el fondo del asunto. En Estados Unidos estos programas han sido y son de un gran consumo por parte de su ciudadanía. Por otro lado, en la lengua hispana se han realizado del mismo modo programas de gran calado, como el conocido *De buena ley*, en España, además de la gran obra fílmica que ha sido y sigue siendo hoy en día *Caso Cerrado* en el continente hispanoamericano.

Por tanto, resulta de gran interés analizar las características de dichos programas y, sobre todo, la ejecución de dicho personaje tan real como artístico, fuera y dentro de las pantallas, que supone e implica no sólo un impacto para la mente del espectador, el cual conformará, bien en su niñez o juventud al contemplar sus diversos y variopintos capítulos, bien en una adultez mayor con la mirada más conocedora de la realidad del mundo y, quizá, de los pasillos de los juzgados, sino también para la edificación de la imagen colectiva sobre una labor tan honorable y respetable con una mayor o menor verosimilitud.

En concreto, si una figura destaca en el imaginario de aquellos que han sido testigos de los diversos programas televisivos tanto en España como en Hispanoamérica es la jueza Ana María Polo en *Caso Cerrado*, que se ha mantenido durante tantas ediciones y sus diversas aventuras y peripecias judiciales-televisivas han ocupado el tiempo de muchísimas personas. Con todo esto, se puede comprender que la relevancia de estos contenidos reside en que, primero, construyen un ideal sobre la ciudadanía; segundo, implican para el actor crear unos determinados oficios, gestos, actitudes, reconocibles para cualquiera que haya presenciado alguna vez un caso y, con esto, se diferencian respecto a otros en sus respectivos debuts. ¿Ese don artístico, entonces, queda indefenso? No, pues, con todo, generan la particularidad de sus propios derechos de autor como artistas intérpretes y ejecutantes que en cada país contendrá una protección distinta y que son objeto de interés para su estudio.

1.2. Resumen y contexto de los programas televisivos

Por tanto, procede resumir para el conocimiento del lector cuáles son los programas en los que se ha enfocado el estudio, ya que resulta inabarcable intentar aglutinar todas aquellas series que inciden en este tipo de entretenimiento televisivo. Sin embargo, con la presente selección escogida para su análisis, sí que se muestra no sólo la diversidad de los espectáculos que han obtenido una acogida notoria por parte del público, sino lo más relevante, la variedad e identidad propias en cada uno de estos en cuanto a la ejecución, interpretación y actuación del papel de la profesión jurídica.

En general, dentro de los derechos de autor, los respectivos a los derechos afines y a los referidos por parte de los artistas intérpretes o ejecutantes, no han sido igual de bien tratados jurídicamente hablando que los correspondientes al Libro I del Real Decreto Legislativo 1/1996, de 12 de abril, por el que se aprueba el texto refundido de la Ley de Propiedad Intelectual, regularizando, aclarando y armonizando las disposiciones legales vigentes sobre la materia (en adelante, LPI)[1]. En especial en cuanto a las protecciones de tales derechos, aun cuando tengan reconocidos algunos derechos morales que, en primera instancia debieran no constituirse como unos «derechos morales de segunda», se limitan al reconocimiento de la paternidad de la obra, esto es, de la autoría, así como de la integridad de dicha obra.

Con ello, y empezando por el territorio nacional, destacó el evento televisivo *De buena ley*, programa español perteneciente a la cadena Telecinco, el cual fue emitido entre 2009 y 2014. Su formato consistía en la recreación de disputas legales entre personas dentro de un entorno parecido al cual se podían encontrar con respecto de un tribunal. Los casos, aunque bastante dramatizados, reflejaban de manera medianamente fidedigna situaciones comunes de la vida cotidiana. Con ello, ofreciendo al público de este modo lo que se podría definir como una visión pedagógica sobre la verosimilitud de la resolución de conflictos en un proceso judicial real, aunque fuera todo un decorado.

En dicho programa, un mediador profesional, el cual consistía en la práctica totalidad de las situaciones en un abogado o juez, que se encargaba del análisis y, después, resolvía el respectivo caso en cuestión. Sumado a esto, el propio público presente en el plató tenía la oportunidad de opinar sobre los casos, casi a modo de jurado popular, aportando de esta manera su lego punto de vista, picante en algunas circunstancias, y con ello enriqueciendo el debate que se producía durante la resolución de la disputa. *De buena ley* no solo ostentaba como finalidad la del mero entretenimiento, tal y como se ha comentado respecto a estos tipos de shows televisivos, sino también buscaba con esta iniciativa la educación a la misma audiencia sobre temas y cuestiones legales.

---

1 Así se plantea en el estudio de PÉREZ, R. (2010), «Derecho de propiedad intelectual de los artistas intérpretes o ejecutantes como derecho análogo al derecho de autor», *Diario La Ley*, 7387.

Esto resultaba de gran relevancia, ya que destacaba la importancia del Derecho y la Justicia en la sociedad, cuya credibilidad se encuentra en estos días tan de capa caída debido a las controversias políticas sobre la constitución del Consejo General del Poder Judicial, además de los diversos casos de corrupción y sus no pocas veces cuestionadas medidas o resoluciones sobre tales aspectos, incomprendidos (y en algunos casos, incomprensibles) por gran parte de la ciudadanía española. A través de la recreación de estos conflictos y sus resoluciones, el programa ofrecía, también, lecciones valiosas sobre cómo manejar disputas y entender mejor el sistema judicial. Aunque ya no está en emisión, *De buena ley* dejó una huella significativa en la televisión española, sirviendo como una herramienta tanto de entretenimiento como de educación legal, tan necesario en estos tiempos.

Por otro lado, y, con ello, transitando hacia los continentes americanos, se destaca en primer lugar, tal y como se ha pretendido, el programa televisivo en habla hispana por excelencia y que mayor duración y emisión ha aglutinado. Se trata de *Caso Cerrado*. Este popular programa de televisión hispanoamericano conducido por la Dra. Ana María Polo demuestra cómo la capacidad artística de la encargada de su conducción en el plató conforme al papel de jueza puede ser, y es, determinante para la supervivencia de un programa, incluso de su éxito. Sus orígenes se remontan a su emisión por Telemundo desde 2001, donde este espectáculo presenta una variedad de disputas legales entre individuos, cada cual a veces más rocambolesca, si cabe, y que son analizadas y resueltas por la Dra. Polo, la persona responsable de actuar como jueza y mediadora.

El programa incluye tanto casos reales como dramatizados, abarcando una amplia gama de temas, desde problemas familiares y vecinales hasta disputas contractuales y laborales. En otras palabras, consiste en la emisión de aquellos casos que se pueden encontrar y suceder en la realidad cotidiana de los juzgados, pero con una dramatización suficiente para permitir que se revistan de un atractivo fílmico, casi de telenovela latinoamericana, atrayendo y enganchando al espectador, además de ofrecer imágenes y escenas icónicas que han trascendido la pantalla y se han consolidado como referencias humorísticas en las generaciones más jóvenes. Los litigantes presentan sus argumentos, y la Dra. Polo examina las pruebas antes de emitir un veredicto.

Con su carisma y enfoque directo, la Dra. Polo se ha ganado una gran audiencia, proporcionando no solo entretenimiento sino también educación legal y moral. «Caso Cerrado» es conocido por su capacidad para abordar temas sociales importantes, a menudo ofreciendo comentarios y reflexiones que van más allá del caso específico presentado. Además de resolver conflictos, el programa busca fomentar la comprensión y el respeto por la ley, y ha sido elogiado por su contribución a la concienciación sobre diversos problemas sociales en la comunidad hispana.

Así, no cabría mencionar este tipo de shows de la gran pantalla si no se recogieran los espectáculos de primera línea, estos son, aquellos emitidos en Estados Unidos y en lenguas anglosajonas, pioneros de este formato que tanto ha triunfado, sobre todo, en el referido país norteamericano. Por tanto, se debe comenzar hablando del icónico *Judge Judy.* Dicho programa de televisión estadounidense se encuentra protagonizada por la jueza Judy Sheindlin, quien se encarga de la resolución de conflictos y disputas civiles menores. Desde su primer debut allá en 1996, este programa se ha convertido sin lugar a dudas en uno de los más consagrados, sino en el que más, dentro de la programación diurna de las cadenas estadounidenses.

En especial, al igual que en el ejemplo de *Caso Cerrado*, debido a la carismática presentadora y jueza del programa, ya que con su característica personalidad directa y, en no pocas ocasiones, severa y contundente, la jueza ha catapultado esta plataforma televisiva hasta copar los mejores índices de audiencia en cuanto a programas de dicho formato. En concreto, este show consiste en la presentación por parte de los propios litigantes del caso en cuestión, sus argumentos tanto en una como en otra postura, aquellas pruebas tanto para la audiencia como, sobre todo, para el Tribunal, el cual consta de la jueza Judy. Será ella tras su examen y deliberación la que se pronuncie con un veredicto basado en su interpretación de la Ley, así como de los hechos que se han ido mostrando y que la jueza entienda por probados.

EL paralelismo con un juzgado real resulta bastante limitado, en el sentido de que la propia jueza se permite licencias en cuanto a la capacidad de verter comentarios poco imparciales en algunos momentos, aunque no escasos por ello de su fundamentación o argumentación, con la finalidad de reflejar una visión moral en algunos momentos, más que legal o, en la que respecta a la imparcialidad del juez, objetiva. Con todo esto, dicho formato resulta ser bastante bien conocido tanto por la eficiencia misma en su desarrollo, como por la propia capacidad de resolución de conflictos, los cuales se acometen con una rapidez y solvencia que bien quisiera el sistema judicial de cualquier Estado asemejarse a dicha efectividad. Por otro lado, no por dicha solvencia se desvirtúa de su principal objetivo: el entretenimiento. Este se desarrolla gracias a las encomiables lecciones sobre responsabilidad personal y el funcionamiento del sistema judicial que dispendia la jueza Judy. Dichos juicios personales y aseveraciones morales se despliegan conforme una perspectiva pragmática y ostentando el respeto como uno de los pilares centrales para su fundamentación, tanto a la Ley como al prójimo. Análogamente, la habilidad para centrarse en las cuestiones nucleares que construyen el caso del capítulo correspondiente, tanto a nivel legal como en lo referido al interés de la audiencia, es una de las principales estrategias que le ha permitido obtener una enorme popularidad y admiración por parte del público estadounidense, constituyendo así a la propia jueza Judy como figura emblemática, un referente para la cultura pop de dicho país. Tampoco es de extrañar si se tienen en cuenta sus no desdeñables más de dos décadas en emisión.

En este sentido, también se debe destacar uno de los programas más antiguos y, de igual modo, consagrados en la mente del espectador estadounidense, que se trata del programa *The People's Court.* Este milenario programa televisivo (en términos fílmicos, la duración o emisión de un espectáculo de dicho calibre resulta ser el equivalente a uno de los más antiguos) fue emitido por primera vez en 1981, esto es, hace más de cuarenta años, consistiendo en un sentido similar a los anteriores en la presentación de conflictos y disputas civiles menores. Estos asuntos, a su vez, son arbitrados por un juez.

A lo largo de los años, varios jueces han presidido el programa y con ello estampado su propia huella particular e indeleble para cada temporada en cuestión. En la actualidad, desde 2001, dicha función ha recaído en Marilyn Milian. El desarrollo resulta equivalente a los otros formatos televisivos: los litigantes exponen ante el público y ante el juez del programa (hoy en día, la jueza Milian) junto a las diversas pruebas y sus defensas para que sean examinadas por la jueza Milian. Si en algo se ha hecho destacar, es en su reconocible estilo accesible y comprensivo, lo cual ha permitido crear un sentimiento de empatía y afectividad por parte del espectador, ya que dicha capacidad de actuación se encuentra impregnada no sólo en sus medios retóricos, sino también en su veredicto.

Por tanto, este programa se caracteriza, así, en la presentación de una visión de la justicia como aquella que resulta accesible y resolutiva para el ciudadano de a pie y la gran lección de que existen, de igual modo, la posibilidad de efectuar resoluciones pacíficas a los conflictos, por muy conflictivos o desencarnados que estos se puedan convertir en algunas ocasiones. Dicha lección vital se ve reflejada en la captación del público. Supone no sólo el cumplimiento de su finalidad de entretenimiento sino en la pedagogía a la población de cómo puede percibirse el funcionamiento del sistema judicial y que este ostente y conserve la mayor credibilidad y respeto posibles por parte de justo a quienes pretende ofrecer y cumplir tal servicio público, el de la protección y salvaguarda de tales intereses propios y generales.

En pocas palabras, se podría afirmar que, a lo largo de los años, el programa ha conseguido trascender la mera delimitación de espectáculo televisivo que se centra única y exclusivamente en el divertimento del espectador, sino que consigue ofrecer un fomento y una divulgación de una mejor comprensión en cuanto a los derechos y deberes entre los espectadores, creando así una conciencia colectiva e individual de las obligaciones y responsabilidades que todo ciudadano ostenta frente a sus iguales y el Estado. Con su larga trayectoria y su compromiso con la justicia, resulta indiscutible la extraordinaria impronta que ha marcado dicho programa en la televisión estadounidense como indiscutible referente en el género de los programas judiciales.

Del mismo modo, resulta indiscutible la huella impresa por otro programa de gran calado e interés mediático para el público norteamericano, que es el del programa *Judge Mathis,* protagonizado, como bien se podía intuir, por el juez Greg Mathis Para no ser redundantes en el sistema de desarrollo y construcción de este tipo de eventos y género televisivo, destacar que al igual que en los ejemplos mencionados anteriormente, se dedica a la exposición de conflictos civiles de menor importancia, donde los litigantes presentan su caso, exponen su defensa, desarrollan sus argumentaciones y ofrecen sus respectivas pruebas, donde el juez Mathis versará en sus deliberaciones y resoluciones, de una manera carismática y empática hacia los afectados.

Es más, desde su estreno en 1999, lo más relevante del programa reside justo en eso, el valor emblemático que insufla el propio juez Mathis debido a su inspiradora historia personal a la hora de convertirse en juez, aun cuando su juventud problemática supuso un gran impedimento y sobrecogió el reato vital de dicha persona a los corazones espectadores de todo Estados Unidos y, quizá, por esa empatía y admiración, dicho programa inspira un gran respeto y admiración entre los ciudadanos norteamericanos. Asimismo, se destaca de igual modo por su capacidad de combinar a través de la singular figura de dicho juez tanto su finalidad de entretenimiento, como de ofrecer a la ciudadanía los mensajes de superación personal a través de los consejos, sugerencias, comentarios y la manera en que orienta a los afectados, sobre todo, si estos están relacionados con algún tipo de desafío equivalente a los cuales se enfrentó el propio juez, lo que refleja la mayor capacidad de «humanización» de la Justicia, al exponer frente a todos los telespectadores que, tras la toga y el cargo profesional, se encuentra una persona de carne y hueso, con sus luces y sus sombras, sus triunfos y fracasos siendo así un referente para cualquier joven que se encuentre en alguna encrucijada parecida a las que trata el propio juez, bien en los propios casos, bien en el propio desarrollo de él respecto a su no escueto anecdotario.

Por todo esto, ejemplifica esa voluntad de enmendar los errores cometidos y de segundas oportunidades según la capacidad de tomar decisiones positivas en las vidas de quienes se quieran sentir reflejados o inspirados por sus palabras. En otras palabras, a diferencia de los mencionados anteriormente, el elemento central y crucial de este programa reside en la habilidad de aportar un enfoque único de la vida a través de la emblemática personalidad que ostenta el juez Mathis. Por ello, no cabe de extrañar que se este programa haya acabado por copar una de las primeras posiciones en este género televisivo, siendo un referente.

En cambio, cabe reseñar también que no sólo el afán televisivo de los consumidores norteamericanos se centra en el encuentro emocional y vital de aquellos referentes que pueden resultar inspiradores para las almas telespectadoras, sino que el drama más cotidiano y, a la vez, más desgarrador por lo que implica, abarca los principales intereses y curiosidades fílmicas de la audiencia estadounidense. Se trata del programa *Divorce Court*. Como su propio nombre indica y hace sospechar, el eje central de los asuntos reside en la resolución de algún caso de divorcio o, en paralelo, de aquellos problemas matrimoniales que puedan auspiciar la ruptura conyugal de los protagonistas. Se yergue como uno de los programas pioneros y más antiguos de la Historia del género, pues de manera originaria tuvo su primera emisión nada menos que en 1957, lo cual resulta encomiable y admirable. Esto, eso sí, con interrupciones, donde ha necesitado ser revitalizado y revivido en no pocas ocasiones, lo cual es comprensible, viendo que es uno de los programas más cercanos a rozar el centenario dentro de dicho género.

Así, se puede intuir y entender que los jueces sobre la palestra no han sido ni uno solo ni pocos, destacando entre ellos, la jueza Faith Jenkins, quien ha sido la más reciente anfitriona de dicha plataforma televisiva. Los episodios de desarrollan de manera paralela a los programas de dicho género, siendo así protagonizados por diversas parejas en cuanto a cada asunto a resolver, donde se exponen los problemas y conflictos maritales, terminando por concluir en algún acuerdo de divorcio por parte de la jueza Jenkins con previa audiencia del caso, los fundamentos y argumentos de las partes, así como sus debidas pruebas, a las cuales complementa y añade su propia visión del matrimonio a través de consejos sobre relaciones en pareja, el amor, la fidelidad, etc. Con todo esto, se puede percibir que por muchos formatos que se auspicien, cada uno consigue recabar su propia particularidad e idiosincrasia. La de este consiste en las dinámicas emocionales y legales del divorcio, tal y como se ha mencionado, un problema y realidad cotidianos que no por su asiduidad deja indiferente a cualquiera, pues expone una de las mayores tragedias del Arte, la ruptura y el fin del amor, pilar básico de la vida humana y uno de los cuales más sentido infunda a esta. Con este tópico como columna central y característica del programa, consigue así proporcionar su debido entretenimiento, además de sumarle no pocas lecciones sobre la relevancia que ocupan en el amor elementos tan esenciales como son la comunicación o el entendimiento para que se puedan construir relaciones sanar y duraderas.

Por tanto, la diversidad de temas a los que se enfrenta la jueza versa desde las más que previsibles e infalibles infidelidades entre los amantes desenamorados de ellos mismos que acaban por convertirse dentro de un matrimonio, como los más cruciales e indiscutibles de esta vida impasible, donde sus inclemencias y vicisitudes financieras no son ajenas a la presencia del plató, además de la realidad del tercer afectado en las mayorías de circunstancias en estos asuntos: el menor. Así, se enfrentan problemas de cuestiones de custodia, manutención o hasta exámenes de paternidad, permitiendo ofrecer toda la crudeza de los problemas que atraviesan a cualquier crisis marital en la sociedad. Es este programa característico indiscutible por su dosis de dramatismo debido a los temas que se tratan, además de la personalidad contundente en tales asuntos y resoluciones por parte de la jueza.

Con esto, en materia de dramatismo judicial televisivo destacaba de igual modo el programa de más reciente emisión (fue en 2014) de *Hot Bench*. Este programa de televisión estadounidense creado por la jueza Judy Sheindlin consta de una particularidad única frente a todos los mencionados anteriormente. A diferencia del esquema del formato, donde dicho género se caracteriza por la presencia de un juez como principal protagonista para la toma de las resoluciones, decisiones, así como el conocimiento del asunto de turno, en este formato ese número se incremente a tres jueces. Este pequeño, pero impactante, cambio ha sido una de las mayores aportaciones en cuanto a la elaboración del panel de ponentes y del formato que ha supuesto este programa.

En cambio, ya en sintonía con los anteriores, versa de igual modo sobre asuntos y conflictos civiles de menor importancia, con una sistemática idéntica de litigantes que expondrán el caso en cuestión, sus defensas, pruebas, además de todas las fundamentaciones y argumentaciones sobre las cuales construyen su visión de los hechos, todo lo cual se verá deliberado y juzgado por tres jueces (y no uno, como sí sucede en los espectáculos anteriormente ya explicados). Lo extraordinario de este formato reside en varios aspectos. El primero y más notorio consiste en la variedad y diversidad de jueces, ya que acerca la visión plural y nunca uniforme que se puede tener del Derecho en las interpretaciones más ambiguas o complejas, además de exponer la *ateleia* jurídica no como una única verdad imperturbable, sino como lo que es, una construcción particular, subjetiva, imperfecta desde la perspectiva más objetiva y forma posible del individuo, cambiante según los ojos críticos que examinan tales cuestiones.

Al componerse de hasta tres jueces, esta visión poliédrica, alimentada a su vez del debate entre ellos mismos, añade un factor de gran interés respecto a las confrontaciones que se puedan suceder entre ellos al aportar fundamentos dispares o hasta antagónicos en algún caso. El veredicto, eso sí, acaba por tomar o bien por mayoría o bien por unanimidad, demostrando que, a pesar de las divergencias entre los juicios críticos de cada cual, todos son capaces de consensuar ciertos aspectos o la gran mayoría de ellos y, sobre todo, que el elemento central de la construcción del Derecho reside en tal característica, el consenso, y nunca en la imposición de una visión sobre la otra, vertida *inter pare* entre iguales (a menos que verse sobre los recursos, claro está, cuyo fin mismo reside en la ratificación o no de una resolución y, por tanto, podrá un juez contradecir y revertir lo dicho por su semejante en profesión, que no en posición dentro de la jerarquía).

Con todo ello, este tipo de formato lo que ofrece al espectador es la capacidad de contemplar, y aprender de ello, ese intrincado proceso que supone la toma de ciertas decisiones y resoluciones judiciales, haciéndose de una manera mucho más profunda y colaborativa. Es por todo esto que se destaca el programa con su enfoque en un análisis minucioso y la deliberación conjunta. Permite, así, además de la finalidad de entretener al público, cumplir una labor pedagógica, educativa, en cuanto al sistema judicial. Lo relevante, por otro lado, en cuanto a los derechos afines, reside en que se exponen tres modelos totalmente distintos de la ejecución, actuación e interpretación de la figura profesional del juez frente a las pantallas por los tres protagonistas respectivamente.

Este elemento resulta llamativo para el estudio, pues si bien puede pasar desapercibida la importancia de estos derechos afines, cuando se contrastan con hasta tres autores distintos, queda patente y palpable la relevancia de la figura que efectúa esa labor artística (pues no abandona el carácter intelectivo y creativo que implica) para los derechos de autor. Sumado, además, con el estilo particular de cada uno, junto a la no desdeñable experiencia que acarrean cada cual con sus respectivas carreras profesionales, bien reflejadas en la diversidad de opiniones y enfoques que ofrecen sobre cada uno de los casos, siendo la principal fuente de enriquecimiento del programa y elemento recurrente y presente en los debates, discusiones informativas, confrontaciones retóricas, ofreciendo una indiscutible combinación y equilibrio entre el drama judicial, tan apetecible siempre para el gusto consumidor de dicho género, con el análisis detallado y fundamentado que requiere la resolución de un conflicto.

Por último, y para no extender la exposición de los casos de estudio para el análisis de los derechos afines de los artistas intérpretes o ejecutantes, mencionar el programa que fue televisado durante 1998 hasta 2013, que consistía en el espectáculo *Judge Joe Brown* y, como se puede intuir, protagonizaba el juez homónimo Joe Brown. Los casos se desarrollaban de manera idéntica o similar a los mencionados con anterioridad, consistiendo en un conflicto o asunto civil de menor importancia expuesto por sus litigantes y, con ello, su visión particular de los hechos mediante la exposición de pruebas, argumentos, fundamentación sobre los debidos acontecimientos concernientes, de los cuales acabaría resolviendo y conociendo el juez.

Lo característico de este, a diferencia de los anteriores, reside en que la ejecución, actuación e interpretación del papel del juez se efectuaba de una manera muy directa y en muchísimas de las ocasiones hasta con un comportamiento conflictivo y confrontativo. Mediante dicha ejecución y personalidad características del juez Brown, se desarrollaba todo el proceso mediático y judicial hasta la debida resolución sobre el fondo del asunto, ni sin antes acompañarla de sus consejos para los litigantes en particular y para el público en general, aseveraciones las cuales podían versar sobre el caso en cuestión como sobre cualquier aspecto de índole social o moral. Así, bien por el propio comportamiento del juez, bien por la construcción del formato, se conseguía un espectáculo que combinaba tanto elementos dramáticos como pedagógicos en cuanto al sistema judicial o respecto a cuestiones de índole legal o moral.

Estas características también se encontraban presentes en el enfoque pragmático y la capacidad que tenía el juez para poder conectar con el público y crear un sentimiento de empatía y afinidad por parte de la audiencia. Por último, el programa también se encontraba impregnado de mensajes sobre una debida conducta ética y un comportamiento ejemplar, destacando los mensajes de superación personal para el espectador más joven o necesitado de una referencia moral o ética.

Esto suponía un apoyo inestimable para muchos de sus oyentes, pues encontraban en esas palabras y en esa manera de expresar tales ideas un ejemplo a seguir. Por eso, no extraña a nadie que acabase por dejar impresa una huella e impronta e indeleble entre sus seguidores, que encontraron en él toda una muestra de justicia y educación morales, además de un referente reconocible para cualquiera por su destacada y emblemática personalidad.

Por todo esto, resulta innegable que la figura que ha supuesto la profesión jurídica del juez en estos programas televisivos para la ciudadanía debe de igual modo ser centro de atención para el estudio de los juristas que, algún día, fuera, sobre todo, y quién sabe si alguno dentro, de la pantalla, deberán efectuar una labor ejemplar, semejable a la que vieron y aprendieron en estos programas.

Así, este estudio lo realiza, centrado en los derechos de autor en cuanto a tales artistas intérpretes y ejecutantes que han sido esas personas en particular, ofreciendo con este análisis de los derechos afines no sólo un estudio y ensalzamiento de tales, cuya demanda académica se debe hacer, sino también más allá del plano investigador, un sutil homenaje a tales espectáculos televisivos que han sido referencia de muchos valores y principios para sus espectadores, de los cuales cabe mencionar que se ha encontrado aquel que secunda estas palabras.

2. Análisis desde la propiedad intelectual de los derechos como artista intérprete o ejecutantes de los distintos programas televisivos

2.1. Desde la regulación de los derechos de autor de España en el ejemplo *De buena ley*

De los primeros seleccionados en cuanto a dichos programas es el de *De buena ley*, tal y como se ha mencionado. Este tiene lugar en España, cuya protección en materia de derechos de autor en cuanto a los derechos afines referidos de los artistas intérpretes o ejecutantes viene recogido en el Libro II Título I artículos desde el 105 al 114 del Real Decreto Legislativo 1/1996, de 12 de abril, por el que se aprueba el texto refundido de la Ley de Propiedad Intelectual, regularizando, aclarando y armonizando las disposiciones legales vigentes sobre la materia. Esta regulación consiste en la materia básica de tales derechos, divididos a su vez en dos tipos de derechos que son los derechos patrimoniales o de explotación y en el reconocimiento de unos ciertos y escasos derechos morales, que se centran en el derecho moral de la paternidad de la obra, es decir, de su autoría, y el de integridad de tal obra, que ostenta todo autor[2]. Las particularidades de estos derechos dentro del Libro II residen en que se les otorga una fuerza y protección bastante relevante, a diferencia de lo que sucede en cuanto a los derechos de explotación, que se limitan a 50 años a contar desde el 1 de enero del año siguiente a la realización de la actuación, interpretación o ejecución.

En cuanto a lo que se entiende como artista intérprete o ejecutante, reside su inclusión en el ordenamiento jurídico español a través de la anterior LPI de 1987. En concreto, atañe a la adición del artículo 101 de la LPI de 1987 dicho avance en el ámbito normativo de los derechos de autor (lo que consistiría en la redacción del artículo 105 LPI de la vigente Ley de 1996), la cual se ha mantenido inalterada desde la primera redacción, inspirada en el artículo 3.a)[3] de la Convención internacional sobre la protección de los artistas intérpretes o ejecutantes[4]. A diferencia de la mencionada Convención, nuestro ordenamiento jurídico realiza una apuesta distinta a la hora de determinar qué entiende como artista intérprete o ejecutante.

En concreto, se centra en una definición donde se elimina el elenco de categorías o colectivos profesionales que se recogen y enumeran en la Convención, apostando por la mera descripción de que se debe entender como artista intérprete o ejecutante mediante una definición objetiva con respecto a la actividad que éste realiza en vez de una definición más subjetiva en donde venga determinada por la naturaleza profesional de la persona. Aunque bien ha supuesto esto un debate sobre si la enumeración conlleva a la protección de toda actuación que estos realicen sin importar el tipo de actividad que sea o bien se trata de una enumeración ejemplificativa, sin cerrar por ello como condición de lista *numerus clausus*, sino a constituir una simple mención de las profesiones más asiduas a encontrarse protegidas por este tipo de derechos. El ordenamiento jurídico español, al sí centrarse en la actividad que se realice en sí, elimina este problema en parte ya que «entiende por artista intérprete o ejecutante a la persona que represente, cante, lea, recite, interprete o ejecute en cualquier forma una obra» y, por tanto, se refiere a

---

2 «La condición de autor no es un derecho. Ni tan siquiera un derecho personalísimo, sino, como se ha dicho, un predicado real. Es de esta cualidad, y no de su carácter personalísimo, de la que deriva su no heredabilidad. Sí es un derecho, en cambio, el de reconocimiento de la condición de autor o derecho de paternidad (art. 14.3 LPI)», Carrasco Perera, Á. / del Estal Sastre, R., «Capítulo I: Sujetos. Artículos 5.º-7.º», *Comentarios a la Ley de Propiedad Intelectual*, Tecnos, Madrid, 2017, p. 107.

3 «A los efectos de la presente Convención, se entenderá por: "artista intérprete o ejecutante», todo actor, cantante, músico, bailarín u otra persona que represente un papel, cante, recite, declame, interprete o ejecute en cualquier forma una obra literaria o artística", art. 3.a) de la Convención Internacional sobre la protección de los artistas intérpretes o ejecutantes, los productores de fonogramas y los organismos de radiodifusión» (Texto auténtico).

4 Martín Villarejo, A., «Título Primero. Derechos de los artistas intérpretes o ejecutantes», Comentarios a la Ley de Propiedad Intelectual, CIVITAS, Madrid, 2009, 2.ª ed., p. 631.

la persona que ejecuta una actividad en cuestión, aunque bien sí recoge de manera parcial que el «director de escena y el director de orquesta tendrán los derechos reconocidos a los artistas» intérpretes o ejecutantes conforme a la protección que les confiere.

En comparación a la regulación que se establece sobre la protección en cuanto a los derechos de autor de los artistas intérpretes o ejecutante, resulta interesante la disposición que se ofrece también dentro del texto legal. En este sentido, la Ley Federal del Derecho de Autor de México[5], por ejemplo, regula la finalidad de protección de tales derechos de autor desde el propio artículo 1.º en el Título I de la norma, lo cual resulta bastante llamativo. También destaca cómo su regulación se encuadra desde la definición del tipo de persona sobre la protección, esto es, en un sentido subjetivo de la protección, conforme a la Convención, en vez de una definición objetiva sobre la cual opta la norma española en parte. Por otro lado, la Ley Federal del Derecho de autor mexicana recoge un capítulo específico para cada tipo de derechos, siendo el Capítulo II el comprendido a los derechos morales y el Capítulo III el de los derechos patrimoniales. Es de agradecer este tipo de división, pues refleja que a nivel legislativo que son dos ámbitos diferentes de ser regulados dentro del principio unitario de los derechos de autor.

La primera declaración de lo que se entiende al sujeto que ostenta los derechos morales en el artículo 18 suena con ciertos tintes hasta poéticos al declarar que el autor es «el único, primigenio y perpetuo titular de los derechos

5 La propia construcción de la norma mexicana resulta llamativa en tanto que se construye, primero, por unas disposiciones generales aclaratorias sobre el ámbito de protección de la Ley que destaca ya de primera mano aquella sobre los derechos de autor de los artistas intérpretes o ejecutantes. Análogamente, recoge en el artículo 11 en cuanto a la protección y desarrollo de los derechos de autor en general la finalidad de la explotación en exclusiva y salvaguarda de estos derechos por parte del Estado a favor del autor como una manera de reclacar el «pacto de manos» que se establece entre el autor en sentido abstracto y el Estado con la intención de ofrecer una protección especial sobre un objeto en cuestión, la obra, por la importancia y relevancia que implican para la sociedad. Así, llama la atención la distinción y posterior aclaración sobre la división de los derechos morales y patrimoniales. Choca, ya que establece primero que son de un ámbito personal y patrimonial para aclarar, luego, que el primer tipo se refiere a los morales y el segundo a los patrimoniales. Es curioso porque así, a diferencia de España, se identifica como una manifestación de la personalidad y distinto a lo que supone la libertad de expresión y creación artística, siendo más acorde con las teorías monistas patrimonialistas en España. Interesante, pues, la diferencia. Así, dice el artículo 11 «El derecho de autor es el reconocimiento que hace el Estado en favor de todo creador de obras literarias y artísticas previstas en el artículo 13 de esta Ley, en virtud del cual otorga su protección para que el autor goce de prerrogativas y privilegios exclusivos de carácter personal y patrimonial. Los primeros integran el llamado derecho moral y los segundos, el patrimonial». Luego, acompaña el artículo 12 la precisión de que es autor únicamente la persona física, sin permitir, a diferencia de nuestro artículo 5 que en su punto 1 reconoce la física y en el punto 2 la jurídica, un reconocimiento de autoría jurídica. Por último, establece en su artículo 13 lo que se entenderá como obra de protección, un conglomerado similar al español, con la posterior comprensión de qué no se entiende como obra protegible.

morales sobre las obras de su creación». Continuando en el 19 sobre la perpetuidad, inalienabilidad e irrenunciabilidad de tales derechos. Así, la declaración de a quiénes entiende la Ley mexicana como autores artistas intérpretes o ejecutantes coincide con la que ofrece la de la Convención en tanto que, aun mencionando la necesidad de que creen o ejecuten una obra que sea artística, reside en su identidad subjetiva profesional el reconocimiento de tales derechos en su artículo 116 dentro del Título V de los derechos conexos el Capítulo 1 sobre los derechos de los artistas intérpretes o ejecutantes[6]:

> «Los términos artista intérprete o ejecutante designan al actor, narrador, declamador, cantante, músico, bailarín, o a cualquiera otra persona que interprete o ejecute una obra literaria o artística o una expresión del folclor o que realice una actividad similar a las anteriores, aunque no haya un texto previo que norme su desarrollo. Los llamados extras y las participaciones eventuales no quedan incluidos en esta definición».

Esta protección en cuanto a sus derechos morales reside en el reconocimiento inalienable e irrenunciable de su autoría e integridad[7], además de su autorización al doblaje en su propia lengua, a excepción de aquellos casos donde los medios para poder disponer y utilizar de tal obra los requiera, siendo además estos derechos ejercitables por sus herederos de manera indefinida en el tiempo. En otras palabras, esto derechos morales consisten en un reconocimiento pleno en cuanto a tales dos en el mismo nivel y plano a los que se acomete sobre los recogidos en el artículo 14 del Libro I. Resulta, por tanto, de agradecer que tales derechos, al menos, sí encuentran una protección *inter pares* a sus análogos en el propio texto de la Ley (aunque, en cambio, en otros aspectos se pueda considerar unos derechos de autor de segunda)[8].

---

6 Por otro lado, resulta destacable la declaración primera como disposición general dentro de este título donde el artículo 115 sentencia que «[l]a protección prevista en este título dejará intacta y no afectará en modo alguno la protección de los derechos de autor sobre las obras literarias y artísticas. Por lo tanto, ninguna de las disposiciones del presente título podrá interpretarse en menoscabo de esa protección». Resulta llamativa la declaración preventiva de cualquier tipo de vulneración que se pueda pretender sobre los derechos de autor referidos en otras obras protegibles por la protección de estos derechos conexos.

7 «Si algo caracteriza a la propiedad intelectual es la doble naturaleza de los derechos que otorga a su titular. Aquél que sea considerado autor según nuestra normativa de propiedad intelectual ostentará, por un lado, unos derechos de carácter patrimonial y por otro de carácter moral. Estos últimos derivan de la vinculación existente entre la obra y la persona de su creador, vinculación que convierte a estos derechos en personalísimos con las consecuencias jurídicas que nuestro ordenamiento suele asociar a este tipo de derechos, esto es, son irrenunciables, inembargables e inalienables. Es ésta una diferencia fundamental con los sistemas de *copyright* como el de Estados Unidos, con un carácter más patrimonial que permite su enajenación», Peinado Gracia, J. I., «Lección 11. La propiedad intelectual: derechos de autor y derechos afines», *Lecciones de Derecho Mercantil. Volumen I*, Aranzadi, Cizur Menor, 2021, 19.ª edición, p. 246.

8 Sobre este aspecto, véase Román Pérez, R., «Derecho de propiedad intelectual de los artistas intérpretes o ejecutantes como derecho análogo al derecho de autor», *Diario La Ley*, n.º 7387, 2010.

En especial, ya que tales derechos suponen de la misma forma la manifestación del artículo 20.1.b) recogido en la Constitución Española (CE, en adelante) y, por tanto, derechos fundamentales[9]. Así, resulta comprensible que dichos derechos se encuadren en un nivel idéntico en su protección y duración. Como mínimo, en nuestra propia legislación. Otro aspecto resulta, en cuanto al hecho de la manifestación que encarnan los derechos protegidos en la LPI referido a la CE, los que respectan al artículo 33 CE, la propiedad privada, donde la duración de tales podrá enfocarse de una manera diferenciada, tal y como sucede[10]:

---

9 Las distintas posturas que se han ido posicionando, sobre todo, desde la entrada en vigor de la Constitución Española se pueden clasificar en tres: quienes defienden la visión de la Propiedad Intelectual desde el artículo 33 CE; quienes defienden la visión de la Propiedad Intelectual desde el artículo 20.1.b) CE; quienes defienden una visión ecléctica desde la interpretación de los tratados internacionales conforme al artículo 10.2 CE, abogando por el hecho de que se encuentran protegidos tanto la perspectiva moral de los derechos de autor dentro del artículo 20.1.b) como la perspectiva patrimonial de los derechos de autor dentro del artículo 33. Sin embargo, si bien todas estas posturas tienen sus argumentos a favor y en contra [para ello, véanse las siguientes notas de argumentos a favor del artículo 33 (Bercovitz Rodríguez-Cano, 1988; Bercovitz Rodríguez-Cano, 2017); a favor del artículo 20.1.b) (Rodríguez Tapia, 2009), como la explicación de la postura ecléctica (Plaza Penadés, 2017)], sobre esta última postura, con la cual se está bastante de acuerdo, recae en el problema de que, entonces, el tratamiento jurídico y su desarrollo normativo (por ley orgánica y ordinaria) cambiaría conforme se trate de los derechos morales o los patrimoniales. También es cierto que el Texto Refundido de 1996 ha servido como un modo de aunar todo en una sola norma, pero el debate, no menor, permanece latente.

10 En este aspecto, es reseñable todo lo que se ha tratado sobre el debate doctrinal y jurisprudencial en cuanto a la naturaleza de los derechos de autor. La principal cuestión reside en la propia evolución que ha ido tomando tales derechos, pues desde la visión monista o patrimonialista por los que se regularon, se ha ido comprendiendo la trascendencia cultural y el reflejo de la personalidad del autor, en particular, del *anymus vivendi* que implican los derechos de autor, dando a trascender unos sobre otros, estos son, los morales sobre los patrimoniales, aglutinados en las corrientes sobre la personalidad en cuanto a los derechos de autor, la cual se suele fechar con la entrada de la Ley de 1987 y, sobre todo, en la actual por el Texto Refundido de 1996, aunque hay autores que llegan afirmar que esto «no es algo totalmente seguro» [Rodríguez Tapia, J. M., «Capítulo I: Sujetos. Artículos 8.°-9.°», *Comentarios a la Ley de Propiedad Intelectual*, Tecnos, Madrid, 2017, p. 73]. De tales perspectivas reside la visión intermedia o ecléctica en cuanto a la comprensión de los derechos de autor en la actualidad como una emanación dual que se encarnan en uno solo, manteniendo la integridad unitaria de tales derechos. Así, representan los derechos morales la encarnación de la libertad de creación y expresión artística y científica (art- 20.1.b) CE), materializados en un *corpus mechanicum*, sobre el cual se regirán los derechos patrimoniales o de explotación, como propiedad personalísima que son tales derechos, pudiendo ser así objeto de todo tipo de contrato y negocio jurídico entre las partes y conforme a la Ley, igual que cualquier propiedad privada (art. 33 CE). Sin embargo, dicha dualidad que sí viene a ser recogida y comprendida por la CE (incluso, se quiso decantar por parte de la propuesta del Partido Socialista Obrero Español en los comicios de la CE que se recogieran de manera explícita en el artículo 20.1.b), pero sin fructificar tal propuesta al entender, con la redacción vigente, comprendidos en ella), en cambio, no se ha visto reflejada en la regulación normativa que se ha ido efectuando, pues se han acabado por regular mediante leyes ordinarias y, en concreto el texto refundido vigente de 1996.

> «El derecho moral del artista se ha configurado, en los países en los que se ha reconocido, de forma similar o paralela al derecho de autor, aunque con algunas diferencias. Las legislaciones que reconocen derechos morales a los intérpretes y ejecutantes suelen concretarlos con el respeto al nombre y a la integridad de la interpretación. En cambio, no se encuentra tan generalizada la atribución al artista de otras facultades como las de divulgación o de arrepentimiento, derechos que sí se reconocen a autores en general.
>
> Se trata de un derecho cuyo fin es reconocer la protección de la personalidad del artista intérprete o ejecutante en relación con su actuación. Es decir, se pretende hacer respetar en las interpretaciones y en las ejecuciones aquello que es personal del artista. Está justificado, por demás, otorgar derechos morales al artista intérprete o ejecutante, ya que es el creador de su interpretación o ejecución. Es el creador porque deja la impronta de su personalidad. Éste es el fundamento del reconocimiento de tales derechos»[11].

Por tanto, se encuadra este tipo de protección para aquellos artistas como sería el presentador de un programa televisivo, en este caso, *De buena Ley,* que se caracteriza justo por la impronta que deja reflejada en sus distintos episodios. Gran relevancia en este hecho, ya que, para muchos de los espectadores, en especial, los más jóvenes, podía suponer ese primer contacto con algo relacionado, de alguna forma, con el mundo del Derecho. Esto trasciende no sólo en cuanto a la protección que se le pueda conferir a tales derechos, sino también a una protección sobre lo que puede acabar integrando el acervo común y el imaginario popular sobre cómo actúa y es una determinada profesión jurídica, en este caso la del juez o el mediador de turno, según el capítulo. En otras palabras, su trascendencia como autor y, por ende, el motivo de la importancia de su protección reside en tales

---

Esto ha dado grandes debates sobre la naturaleza de su regulación por parte de la Doctrina. Debate lejos de ser resuelto. Así se puede apreciar el cambio de rumbo por el que opta el propio Rodrigo Bercovitz Rodríguez-Cano que, tal y como se señaló en sus comentarios con anterioridad, resultaba ser un gran defensor de esta visión, acabará por asumir (que no aceptar) la visión mayoritaria y dominante en la jurisprudencia y la doctrina [véase, en concreto, sus palabras cuando afirma que «no parece oportuno ya seguir exponiendo los argumentos a favor y en contra de dicha posición que en su día me inducían a defender la aplicación del artículo 33 CE a la propiedad intelectual en vez del artículo 20.1 CE» Bercovitz Rodríguez-Cano, R., «Libro Primero-Título Primero. Artículo 1.º», *Comentarios a la Ley de Propiedad Intelectual*, Tecnos, Madrid, 4.ª, 2017, p. 22]. Debate que aviva los corazones investigadores de todo académico apasionado por esta disciplina de estudio del Derecho Mercantil, además de ser, por cierto, como bien es sabido, objeto de estudio desde el Derecho Civil. Lo único, por zanjar el debate, aunque no cerrándolo, se puede evidenciar que en las visiones doctrinales más recientes se entiende por sentado que la Propiedad Intelectual nace de la libertad de creación y expresión conforme al artículo 20.1.b) como sucede en la visión de Javier Plaza Penadés sobre el nacimiento del hecho generador de la obra [véase Plaza Penadés, J., «Artículo 1. Hecho generador», *Comentario a la Ley de Propiedad Intelectual*, Tirant lo Blanch, Valencia, 2017, pp. 33].

11 Martín Villarejo, A., «Artículo 113», *Comentarios a la Ley de Propiedad Intelectual*, Aranzadi, Cizur, Menor, 2021, p. 693.

fundamentos como autor, conforme a la visión dualista o ecléctica de tales derechos patrimoniales y morales en la CE[12].

Por otro lado, se debe destacar que el debate en cuanto a la evolución de los derechos de los artistas intérpretes o ejecutantes en su aspecto moral se encuentra ligado, en un primer término, a cómo han evolucionado los derechos morales en general, pues sin estos no cabría hablar de la protección concreta de tales artistas. Por ello, el debate sobre la naturaleza de tales derechos ha sido de especial interés para los investigadores[13]. En concreto, desde los estudios en los comicios del vigente texto refundido que supone la LPI, se comprendió que uno de los avances espinosos en materia de derechos de los artistas intérpretes o ejecutantes (lo que se solía denominar como el derecho moral del artista), se encuentra en la evolución mediante la rúbrica de «otros derecho» y la regulación de los derechos morales mediante el artículo 113 LPI en una redacción que equiparaba la protección de los derechos morales reconocidos a tales artistas con los concernientes al artículo 14 LPI[14].

Lo más llamativo de esta redacción en el artículo 113 LPI reside en que se pueda omitir la mención del nombre si así lo requiere la utilización de la obra, justo cuando ese derecho de paternidad o autoría consiste, precisamente, en lo que se ha venido a denominar por parte de la Doctrina como un «derecho al nombre»[15]. Por ello, que se tenga reconocido un derecho a mencionar

12 Las distintas posturas que se han ido posicionando, sobre todo, desde la entrada en vigor de la Constitución Española se pueden clasificar en tres: quienes defienden la visión de la Propiedad Intelectual desde el artículo 33 CE; quienes defienden la visión de la Propiedad Intelectual desde el artículo 20.1.b) CE; quienes defienden una visión ecléctica desde la interpretación de los tratados internacionales conforme al artículo 10.2 CE, abogando por el hecho de que se encuentran protegidos tanto la perspectiva moral de los derechos de autor dentro del artículo 20.1.b) como la perspectiva patrimonial de los derechos de autor dentro del artículo 33. Sin embargo, si bien todas estas posturas tienen sus argumentos a favor y en contra [para ello, véanse las siguientes notas de argumentos a favor del artículo 33 (Bercovitz Rodríguez-Cano, 1988; Bercovitz Rodríguez-Cano, 2017); a favor del artículo 20.1.b) (Rodríguez Tapia, 2009), como la explicación de la postura ecléctica (Plaza Penadés, 2017)], sobre esta última postura, con la cual se está bastante de acuerdo, recae en el problema de que, entonces, el tratamiento jurídico y su desarrollo normativo (por ley orgánica y ordinaria) cambiaría conforme se trate de los derechos morales o los patrimoniales. También es cierto que el Texto Refundido de 1996 ha servido como un modo de aunar todo en una sola norma, pero el debate, no menor, permanece latente.

13 Véase Bercovitz Rodríguez-Cano, R., «Libro Primero-Título Primero. Artículo 1.º», *Comentarios a la Ley de Propiedad Intelectual*, Tecnos, Madrid, 2.ª edición, 1998, pp. 19-22

14 «En primer lugar, parece que existe un reconocimiento de facultades muy semejante a las reconocidas a los autores en los apartados números 3 y 4 del artículo 14 LPI y con una redacción muy parecida. Podríamos hablar sin muchas dificultades de facultades de índole moral, por tanto, extrapatrimoniales, irrenunciables e intransmisibles», Rodríguez, Tapia, J. M., «Título Primero. Derechos de los artistas intérpretes o ejecutantes», *Comentarios a la Ley de Propiedad Intelectual*, CIVITAS, Madrid, 1997, p. 441.

15 Lipazyc, D., *Derecho de autor y derechos conexos*, Ediciones UNESCO, 1993, p. 377.

ese nombre y que este sea irrenunciable e inalienable a excepción de que decidas pactar que no aparezca resulta, cuanto menos, llamativo, pues se permite una renuncia parcial de un derecho que en sí es irrenunciable, justificado por los medios de los que se pueda disponer para la utilización de la obra como fuerza mayor que explique esta renuncia. Cuanto menos, llamativo. Aun con ello, refleja la naturaleza dualista de tales derechos que se encuentran tanto en la redacción de este artículo como en la visión general de los derechos de autor[16]. Por otro lado, lo más reseñable desde su primera redacción reside en que

> «se echa en falta, por comparación con los autores, el primer derecho o facultad moral de éstos, que sería, con propiedad, la facultad de divulgación de la actuación propia. Esto es, la de decidir si la actuación se hace en público o se mantiene en una esfera privada. Existiendo dicha facultad, no ha considerado el legislador relevante su reconocimiento, al evaluar el mercado de artistas, y considerará que sólo tienen trascendencia los que actúan en público y contratan su actuación ejercitando el derecho de divulgación de su actuación en el hecho mismo de contratar»[17].

Aquí reside en parte la cuestión de interés sobre *De buena Ley*, donde el presentador, actuando en un medio público y contratado para tal fin, actúa e interpreta el papel de juez, siendo esta actuación la generación de unos derechos sobre tal obra bajo la impronta personal del juez en cuestión, que, más allá de los mencionados en un sentido moral, su autoría e integridad (de gran importancia en un contexto tecnológico, donde cualquier plataforma permite la reproducción y comunicación pública de tal obra, aunque esto concierta en concreto a derechos patrimoniales), encarna la divulgación de esta. En este aspecto, la entidad que ostenta los derechos sobre tal obra como titular, conforme a la debida contratación que se realizase según el artículo 110 LPI, es la empresa titular de la cadena Telecinco, que se refiere a Mediaset, en lo que respecta a su reproducción durante ese intervalo de cinco años. Por tanto, cuando se superen los respectivos cincuenta años, esto es, a partir de 2060, que no es poco, será de dominio público la primera temporada y, de manera sucesiva a los años siguientes, las posteriores. Mientras, se encuentra disponible en la propia plataforma de Telecinco[18].

Así, dentro del programa que venía presentado por Sandra Barneda, reunió a un gran elenco de colaboradores de todo tipo: periodistas, jueces, abogados, contertulios... Los que han protagonizado todo este elenco de profesiones jurídicas como jueces, abogados de las partes, mediadores, a lo

16 Plaza Penadés, J., «Artículo 2. Contenido», *Comentarios a la Ley de Propiedad Intelectual*, Tirant lo Blanch, Valencia, 2017, pp. 62-73.

17 Rodríguez Tapia, J. M., «Título Primero. Derechos de los artistas intérpretes o ejecutantes...», *op. cit.*, p. 441.

18 Por si se desea visualizar algún capítulo, se encuentra disponible en: https://www.telecinco.es/debuenaley/

largo de los 5 años de duración en los que se produjo y desarrolló el formato televisivo en España son, entre otros, los siguientes. Por parte de algunos jueces de los que protagonizaron dicho papel: María Jesús del Barco, José Antonio Martín Pallín, Gustavo Larraz, Emilio Calatayud, Cruz Sánchez de Lara, Raúl Calderón, Aitor Canales e Isabel Winkels, por mencionar a los principales colaboradores como jueces en dicho formato. Análogamente, como abogados defensores se pueden destacar los nombres de Carmen Carcelén o Montse Suárez.

Asimismo, y como sucede en la gran mayoría de situaciones y circunstancias, esta actuación o ejecución vendrá normalmente a ser contratada por un tercero, el empresario, que lo establecerá en un régimen contrato de trabajo o arrendamiento de servicios, por el cual será quien ostente los derechos en exclusiva para la autorización de su reproducción o comunicación pública, salvo que se pacte otra cosa. Sin embargo, este aspecto no ha estado también exento de polémica, ya que se ha venido a comparar de manera reiterada lo que suponía la redacción de la anterior LPI de 1987 con respecto a la vigente LPI de 1996. En este sentido, la redacción del anterior artículo 104, en cuanto al posterior, el artículo 110. En este aspecto se destaca la controversia de que en la redacción vigente se concreta un paralelismo entre el artículo 110 y el artículo 51 sobre aquellas obras realizadas en alguna consideración de obligación de trabajo o arrendamiento de servicios[19].

En paralelo a esto, se podría rescatar una mítica sentencia en esta materia, la del cantante Raphael sobre la relación del contrato que mantenía con su casa de discos[20]. La relevancia reside en el hecho de que los derechos de autor de todo artista intérprete o ejecutante preservan en el contrato las mismas condiciones que los de cualquier otro autor. En el caso mencionado, la relevancia del contrato y su firma en exclusiva serán determinantes para la concesión posterior o no por parte de tales intérpretes a otros terceros interesados.

Protegidas con la mera creación de la obra, sin necesidad de su registro a diferencia del derecho estadounidense[21], además de quedar constatadas en el

19 Rodríguez Tapia, J. M., «Título Primero. Derechos de los artistas intérpretes o ejecutantes...», *op. cit.*, p. 431.

20 FD.ºs Quinto y Sexto, STS 20 de marzo de 1995 [ECLI:ES:TS:1995:10252].

21 No es hasta la entrada de la Ley de 1987 cuando se procede a eliminar cualquier requisito formal como supone el del registro, además de mantenerse en el Texto Refundido de 1996, lo cual no significa que sea siempre más que recomendable su inscripción. Es más, la expresión recogida en el artículo 1 del Texto Refundido en cuanto a que nace y «corresponde al autor por el solo hecho de su creación» supone la reproducción del artículo 111.1 del Código Civil francés. Además, se entronca del mismo modo con la Ley italiana en su artículo 6 ya que en esta Ley se expresa que el derecho de autor «está constituido por la creación de la obra» Bercovitz Rodríguez-Cano, R., «Libro Primero-Título Primero. Artículo 1.º...», *op. cit.*, p. 25.

soporte físico que supone la propia emisión del programa, con la posibilidad a su vez de que la manera de ejecución y de actuación provoque tal impacto en el acervo común que acabe por convertirse en materia de alabanza, parodia o, incluso, plagio[22]. En este sentido, también puede ser motivo, por ejemplo, para la creación de obras derivadas como son las recolecciones de los mejores momentos que se emiten en tal programa en cuestión. Como se sabe, los procesos de selección o antologizar se reconocen como una propia obra protegible por los derechos de autor. En concreto, supone un tipo de obra derivada, donde como ejemplo de ello se encuentra también la traducción[23].

Luego, en relación con los derechos no reconocidos en el ámbito de la protección de los derechos de autor sobre los artistas intérpretes o ejecutantes, dentro del ámbito moral se ha destacado la ausencia de algunos de ellos, como el derecho de arrepentimiento, de copia de obra privada o sobre la capacidad en cuanto a la divulgación o publicación de la obra[24], donde en materia de derechos patrimoniales serán cedidos los ámbitos de su reproducción y comunicación pública mediante la contratación correspondiente (art. 110 LPI).

En este caso, donde la reproducción de dichas obras originarias dentro de la derivada se producen mediante la extracción fidedigna del momento televisivo en cuestión[25], puede que la agrupación sucesiva de dos o más

---

22 véase, Lacruz Berdejo, J. L., / Lacruz Mantecon, M. L., «Libro Primero-Título Primero. Artículo 2.°», *Comentarios a la Ley de Propiedad Intelectual*, Tecnos, Madrid, 4.ª, 2017, p. 29.

23 Esta diferenciación supone importante, ya que se suele confundir ambas figuras. Un ejemplo sería el caso de la traducción. Si es el propio autor original quien se traduce, estamos ante una obra derivada, pero no una obra compuesta. En cambio, cuando es otro tercero quien traduce la obra, se está ante una obra compuesta, lo que es una obra derivada. En palabras del profesor y catedrático Jose Miguel Rodríguez Tapia, «[e]n general, podemos afirmar que toda obra compuesta es derivada, pues procede de otra u otras preexistentes, pero no toda obra derivada es compuesta» Rodríguez Tapia, J. M., «Título II-Sujeto y contenido. Artículo 9», *Comentarios a la Ley de Propiedad Intelectual*, Aranzadi, Cizur Menor, 2.ª edición, 2009, p. 114.

24 En los convenios internacionales (por ejemplo, en los artículos 3 y 5 del Convenio de Berna) se recoge de manera indistinta la divulgación o la publicación. En cambio, en el derecho español, el Legislador buscó zanjar en su ordenamiento interno la distinción entre divulgación y publicación, en cuanto a que una obra pueda ser divulgada sin que esto suponga un coste en cuanto al inicio del cómputo de los años de protección de los derechos de autor. El problema es que, en vez de una clara distinción, queda más bien establecida una relación jerárquica entre ambos conceptos [así, por ejemplo, lo expresa Carbajo Cascón, F., «Libro Primero-Título Primero. Artículo 2.°», *Comentarios a la Ley de Propiedad Intelectual*, Tecnos, Madrid, 4.ª, 2017, pp. 68-69].

25 Aunque la relación existente entre este artículo 9 y el artículo 11 ha suscitado un gran debate doctrinal, como bien refleja el profesor y catedrático Pablo Fernández Carballo-Calero, «[l]a configuración de la obra compuesta como «la obra nueva que incorpore una obra preexistente sin la colaboración del autor de esta última», ha provocado un debate doctrinal acerca de su relación con la obra derivada regulada en el art. 11 LPI. En virtud

fragmentos construyan una obra mayor[26], es decir, que si bien dichos fragmentos de manera aislada pueden ya de por sí producir una conmoción en el propio espectador, al agruparse en un cierto orden y con una cierta finalidad, se produzca un efecto o sensación mayor todavía, distinto al que suscitan por separado tales escenas[27]. Cuestión bien distinta sería que se tratase de un plagio dicha reproducción, entendiendo por plagio como

> «todo aquello que supone copiar obras ajenas en lo sustancial y se presenta más bien como una actividad material mecanizada y muy poco intelectual y menos creativa, carente de toda originalidad y de concurrencia de genio o talento humano, aunque aporte cierta manifestación de ingenio. [...] Por tanto, el concepto de plagio ha de referirse a las coincidencias estructurales básicas y fundamentales y no a las accesorias, añadidas, superpuestas o modificaciones no trascendentales, ni a aquellos aspectos de escasa originalidad o de mínima originalidad que debe de reflejar o reproducir en su obra cualquier autor que pretenda realizar una creación similar pero enteramente propia. Evidentemente, la protección del derecho moral en el ámbito penal ha quedado reducida al plagio, que supone un intento burdo de desconocer la autoría real de la obra»[28].

Esto, más si cabe, cuando se debe destacar la gran capacidad didáctica y pedagógica que pueden tener o acontecer debido a que los propios programas en sí mismos cumplen una finalidad educativa de por sí y, por tanto, la agrupación de estos resultarían ser un gran material científico y educativo para la enseñanza, cumpliendo así los debidos límites existentes sobre los derechos de autor[29], autor ya que «[e]l derecho de propiedad intelectual, como cualquier otra propiedad privada no es un derecho absoluto. Para este tipo de propiedad las limitaciones que legalmente se establecen traen causa del concepto de función social»[30]. Cumpliendo, así, una función pedagógica en los tiempos modernos de los vídeos breves o *shorts* a través de las plataformas digitales, verbigracia Youtube, Instagram, Facebook, Twitter, entre otros, donde la potencialidad de

de este último precepto, la obra derivada comprende «cualesquiera transformaciones de una obra literaria, artística o científica». En concreto, se ha discutido si ambas figuras son idénticas, distintas o si, en todo caso, pese a haber diferencias conceptuales, las mismas carecen de relevancia práctica» Fernández Carballo-Calero, P., «Artículo 9. Obra compuesta e independiente» *Comentarios a la Ley de Propiedad Intelectual*, Tirant lo Blanch, Valencia, 2017, pp. 161-162.

26 Así viene evidenciado, por ejemplo, en Rodríguez Tapia, J. M., «Título II-Sujeto y contenido. Artículo 9...» *op. cit.*, p. 155.

27 «[M]ientras que la obra compuesta no conllevaría una modificación o alteración de la obra preexistente, la obra derivada sí implicaría una transformación de esta última» Fernández Carballo-Calero, P., «Artículo 9. Obra compuesta e independiente...», *op. cit.,* p. 163.

28 Plaza Penadés, J., «Artículo 2. Contenido...», *op. cit.,* p. 74.

29 Rodríguez Tapia, J. M., «Título II-Sujeto y contenido. Artículo 9...» *op. cit.*, pp. 115-116.

30 Peinado Gracia, J. I., «Lección 11. La propiedad intelectual: derechos de autor y derechos afines...», *op. cit.*, p. 257.

impacto en un público desconocedor de tales canales y formatos, se puede encontrar ante un primer contacto con estos tipos de programas y, en un público adolescente o joven especialmente, ser fuente de inspiración de las profesiones jurídicas para su futuro[31], en un ámbito alejado, a veces, de la magnificencia y ficcionalidad que rodean y construyen a las series de televisión como puede ser *Suits*, serie americana inspirada en un bufete de abogados mercantilistas que, aun manteniendo cierta verosimilitud con los casos, no deja de ser una ficción, en vez de una realidad dramatizada o una interpretación de un caso real.

Lo relativo a este tipo de obra consiste en la confrontación que se pueda acometer en cuanto a los derechos que ostente el artista intérprete o ejecutante con respecto a la capacidad de fijar o prohibir aquellas actuaciones de manera exclusiva y que esto pueda, entonces, repercutir de alguna manera negativa con tal reconocimiento[32], la cual se vino a ampliar en su protección con las respectivas modificaciones de las Directivas europeas[33], evolución de protección que ha sido de gran interés por el reconocimiento un poco más justo sobre estos derechos afines, acortando esa visión de que puedan comprenderse, en su globalidad, como unos derechos de autor de segunda[34].

2.2. Los derechos de autor de artistas intérpretes o ejecutantes de las profesiones jurídicas en los programas televisivos *court shows* en la era digital: un nuevo fenómeno, el *reel* y los *shorts* como medio de consumo del contenido cinematográfico

Un aspecto muy interesante y reseñable sobre los derechos de autor de artistas intérpretes o ejecutantes reside en el tipo de protección que pueden

31 *Idem.*, p. 257.

32 Así, ya venía reflejada esta protección y su debido derecho en el propio artículo 7 de la Directiva 2006/115/CE del Parlamento Europeo y del Consejo de 12 de diciembre de 2006 sobre derechos de alquiler y préstamo y otros derechos afines a los derechos de autor en el ámbito de la propiedad intelectual.

33 Así se vio reflejado con las ampliaciones en los plazos de protección, entre otras mejoras, que se introdujo para la modificación de la Directiva 2006/115/CE a través de la Directiva 2011/77/UE del Parlamento Europeo y del Consejo de 27 de septiembre de 2011 por la que se modifica la Directiva 2006/116/CE relativa al plazo de protección del derecho de autor y de determinados derechos afines.

34 Véase Pérez de Castro, N., «Artistas intérpretes o ejecutantes: la directiva 2011/77/UE, del Parlamento Europeo y del Consejo, de 27 de septiembre de 2011, por la que se modifica la directiva 2006/116/CE, relativa al Plazo de Protección del Derecho de Autor y de determinados», *Estudios sobre la ley de propiedad intelectual: últimas reformas y materias pendientes*, 2016, Dykinson, Madrid.

encontrar dentro de la actualidad más reciente como es el derecho digital. Esto, ya que resulta una realidad innegable que el mundo tecnológico se ha vuelto más cotidiano y se podría decir que hasta más «real» que el mundo físico y analógico de antaño. En especial, para todas las nuevas generaciones que no conocieron una realidad social sin internet o sin aparatos electrónicos desde su nacimiento.

Así, un ejemplo de interés sobre el grado de mayor protección dentro de esta era digital de los derechos de autor de los artistas intérpretes o ejecutantes serían las modificaciones que se incluyeron en julio de 2020 en la Ley Federal del derecho del autor en México, donde se encuentra el «Capítulo V De las Medidas Tecnológicas de Protección, la Información sobre la Gestión de Derechos y los Proveedores de Servicios de Internet», enfocado exclusivamente a la protección de los derechos de artistas intérpretes o ejecutantes en el ámbito digital o, en concreto, a través de todos los medios tecnológicos posibles para su salvaguarda. Esto es, la tecnología como lugar donde conferir una protección a los derechos, como la propia tecnología siendo herramienta de custodia y salvaguarda de tales[35].

Además, el público cinéfilo más joven se está acostumbrando al consumo tanto de las propias películas como contenidos audiovisuales en general desde formatos más directos y breves a través de las pantallas de sus teléfonos inteligentes. En concreto, el formato más destacado reside en lo que se viene a denominar como *reel*, caracterizado por ser un vídeo propio o un extracto de otra producción audiovisual, en la mayoría de las ocasiones del mundo cinematográfico, con una duración no superior a los tres o cinco minutos.

En este sentido, existe un formato todavía más breve que se denomina *short*, cuya principal diferencia reside en que el tiempo de duración no excede al minuto. Aunque pueda parecer extraño, estos formatos son los más consumidos por el público cinéfilo más joven, ya que permite conocer, descubrir o repetir la visión de un momento determinado de una película. Normalmente, se caracteriza por compartir en la reproducción de dicho ins-

35 En concreto sobre esta Ley Federal del derecho de autor mexicana resulta bastante llamativa su construcción desde un articulado dispuesto del 114 bis al octies, se centra en tres aspectos. Primero, en cuanto a la concepción de las medidas de protección tecnológica sobre los derechos de autor de artistas intérpretes o ejecutantes en el mundo digital. Luego, distintas disposiciones sobre la comprensión de cuñando se da algún tipo de excepción sobre la violación de tales derechos, como puede ser que se entienda que no se infringe debido a aquellos derechos que hayan visto agotadas su protección bajo la misma norma, que sea producto de alguna de las excepcionalidades tipificadas en los artículos posteriores o que se entienda que se cumplen los requisitos de necesidad y buena fe para llevar a cabo una finalidad mayor. Del mismo modo, resulta interesante que recoja una ley de derechos de autor una regulación específica dentro de estas materias de protección la referida a las definiciones de los proveedores de los servicios de internet o los referidos a los proveedores de servicios en línea.

trumento digital las escenas más características de aquellas películas que han impregnado la memoria colectiva del espectador a lo largo de la historia como, análogamente, todas aquellas más recientes o, incluso, cercanas a su estreno. Así, se ha convertido, en algunas ocasiones, en un método de mayor fiabilidad para acercarse al contenido de una película en detrimento de los *trailers*, que ocupaban dicha función y, si bien aparecen y encajan de manera excelente en este tipo de formatos, el público joven se ha decantado por un acercamiento mayor a estas novedosas producciones audiovisuales.

Lo más característico de este formato reside en que las producciones de los *show courts* han ocupado un papel esencial y predilecto en el contenido de tales visualizaciones. Debido a la fácil captación de la atención del espectador, donde con poca información se puede contextualizar de manera bastante solvente la atmósfera de la escena, este formato ha supuesto el principal acercamiento tanto de los jóvenes a dicho programa televisivo como, en algunos casos, a una primera toma de contacto con lo que se podría entender como una justicia más verosímil o verídica en cuanto a su interés superior, el de juzgar y hacer ejecutar lo juzgado en pro de la protección y salvaguarda de los intereses y derechos que se han revelado en disputa a través de tal conflicto sin alcanzar una solución previa mejor o por el desacuerdo de las partes.

En especial, uno de los formatos norteamericanos donde se ha alzado como una de las esenciales escenas de mayor expectación e impacto consisten en los resultados dictados por el juez sobre la veracidad de la paternidad de alguna de las partes en cuestión. En pocas palabras, el ofrecer el conocimiento a través de un examen de paternidad la veracidad de tales hechos o no. Así, este tipo de escenas ha copado los principales canales de reproducción de *reels* y *shorts* pues, con una breve descripción de las escenas en un sentido similar a una escueta sinopsis del brevísimo cortometraje, se sitúa al espectador sobre el dilema principal: la ausencia o no de tal paternidad sobre el menor y las consecuencias jurídicas en cuanto a las pretensiones y reclamaciones que han prestado las partes en uno y otro sentido e interés.

Por último, de todas las finalidades de las cuales consta este tipo de escenografía, se pueden destacar principalmente cinco. Primero, la finalidad de ser un producto de consumo y entretenimiento muy breve donde la visualización de dicho contenido ofrecerá un divertimento a quien lo divise y, así, satisfacer la inquietud o interés del espectador.

En un segundo aspecto, esta producción implica una finalidad lucrativa, pues cada reproducción de dicho contenido audiovisual o cinematográfico supondrá por parte de la plataforma donde se desarrolle una retribución económica a su creador o, al menos, al individuo que actúe como proveedor o servidor de dicha obra protegible.

Tercero, el aspecto de ser, como bien jurídico, una obra protegible por derechos de autor de la cual emanan tanto derechos y obligaciones, como la vulneración masiva de los derechos que ostentan otros terceros sobre las creaciones originarias, además de constituir en sí mismo un bien susceptible de otros tipos de negocios jurídicos, como son su alquiler o venta en aquellas plataformas digitales que correspondan a un pago o suscripción para poder participar en ellas.

En un cuarto aspecto, implica una finalidad pedagógica que trasciende a la mera reproducción de una obra protegible en la mayoría de las situaciones, ya que para mucho de los usuarios detrás de la pantalla del móvil en cuestión, se desarrolla un primer contacto en bastantes circunstancias con una parte de la realidad social de nuestro entorno, siendo en este caso en concreto el del conocimiento de la justicia y de las profesiones jurídicas que se desarrollan dentro de ellas. Esto, debido a la gran diferencia con la producción cinematográfica donde se construye, por mucha verosimilitud que pueda albergar con la realidad sobre la cual se inspire, una ficción de hechos y rutinas en la mayoría de las veces alejada de su real y correcto funcionamiento (a salvedad de aquellas que buscan reflejar algún acontecimiento histórico, como es la famosa película del asesinato perpetrado por OJ Simpson a su mujer, donde la recreación de la mítica escena del guante impactó tanto a los testigos del momento histórico en su suceso como, después, a los testigos espectadores de la película). Así, este aspecto ha cobrado una gran relevancia en relación con el acercamiento y ejercicio de las profesiones jurídicas en general, como en particular la de los jueces y abogados.

En quinto y último lugar, se construye una nueva manera de concepción del mundo cinematográfico, tanto en un sentido directo, es decir, el de concebir la obra artística como un brevísimo cortometraje con la intención de crear una narración e impacto muy específicos, como en uno más indirecto, donde los nuevos directores y productoras se percatan de tal realidad y de manera intencionada, en creaciones mayor como son los largometrajes, películas o series, se crean escenas concretas de manera que se amolden en el mejor modo posible a este formato, pues constituirán con posterioridad una de las principales fuentes de comunicación de dichas obras, más allá de los pertinentes tráileres que se perpetren, concebidos igualmente para adecuarse a este nuevo formato.

Con todo esto, se deben destacar de estas cinco finalidades los aspectos pertinentes. Primero y de manera fugaz, resaltar su propia implicación como obra protegible en cuanto a las producciones que conciernen con ello, esto es, aquellas que se han creado desde un inicio por la persona titular de sus derechos y, a su vez, de la correspondiente cuenta de usuario en las plataformas donde se difunde. En este escenario, se destaca la finalidad potencial de la comercialización y expectativa onerosa de dicha creación, si bien es ínfima en cuanto a una única reproducción y pieza artística, reside en la reproducción masiva de dichas piezas individualmente como, a su vez, el consumo numeroso de distintas producciones análogas.

Así, si una única visualización de un único *reel* o *short* no implican un gran beneficio económico, el número medio de dichas reproducciones suelen oscilar los cientos de miles de usuarios, además de consumirse no únicamente esa pieza sola, sino en un conjunto a veces aleatorios, otras en el contenido abarcado por el canal digital en cuestión, de varias decenas o centenares por parte de un mismo consumidor. En pocas palabras, la genialidad de este formato reside en que, al ocupar una duración de escasos minutos, permite el consumo de, al menos, unas cuentas decenas o, si no, de hasta un centenar en el breve periodo de una hora, más todavía, si cabe, en comparación con la duración media de una película. Entonces, se construye una concepción más poliédrica del cine, donde se destaca ya no tanto una narración sosegada y profunda, meditada y elaborada, a lo largo de los minutos del largo metraje, sino la de un impacto explosivo, rápido, directo, sin grandes elucubraciones ni márgenes al misterio o el suspense, donde todo sucede en un corto periodo de tiempo, escenas y personajes.

En concreto, dentro de los derechos y obligaciones que generan sobre aquellas obras originarias en las que se inspiran. Se produce en un primer momento, a excepción donde no sea este el caso, claro está, una infracción sobre los derechos de explotación. En concreto, si se tratan de fragmentos de tales obras protegibles que suponen los propios capítulos de los programas, se estaría ante un caso de infracción en la reproducción y comunicación pública de la obra sin autorización previa del titular de tales derechos. En un segundo término, se estaría de igual modo ante una vulneración en el supuesto de considerarse una obra derivada creada a partir de una obra originaria que no se ha solicitado ni requerido una autorización previa del titular de los derechos de la obra.

Esto en términos de los derechos patrimoniales de la obra. Luego, en el ámbito de los derechos morales, se trata de la vulneración tanto de la paternidad de la obra en aquellas situaciones donde la hipotética aportación de originalidad por parte de este tercero no alcanza los mínimos suficientes para determinarse así ni se evidencie una aportación por parte de tal tercero en el proceso de elaboración o ejecución de esta supuesta obra. En pocas palabras, el mero recorte de una escena icónica para subirlo a la página web o plataforma digital desde donde se pretenda explotar no implica ningún grado ni de originalidad ni de creatividad sobre la obra resultante[36].

---

36 En cambio, se le debe de diferenciar a la mera ocurrencia ya que requerirá de unos mínimos parámetros de calidad como factor delimitante de que es un resultado del intelecto al que se pueda denominar objeto de creatividad [véase, NAVAS NAVARRO, S., «Creación y ocurrencia en el contenido digital generado por los usuarios de internet», *Actas de Derecho Industrial y Derecho de Autor*, XXXVI, 403-414, 2015, p. 408], también de la mera idea [véase, SAIZ GARCÍA, C., «¿Protección de las ideas por el Derecho de autor?», en ROGEL VIDE, C., SAIZ GARCÍA, C. (dirs.) y ORTEGA DOMÉNECH, J. (coord.) *Ideas, Bocetos, Proyectos y Derechos de Autor* (17-40), Reus, Madrid, 2011, pp. 27-28], ya que «[l]as ideas, técnicas, métodos o sistemas no constituyen ninguna obra» [véase, SAP de Madrid 15273/2006, de

Al mismo tiempo, se debe entender que la creatividad consiste en una determinación tanto simultánea de mínimos y máximos a exigir, esto es, para que toda producción de la mente se considere como resultado con creatividad necesitará, al menos, alcanzar un valor de calidad; luego, este factor podrá expresarse en la perfección y exquisitez de aquellas creaciones reservadas para un ínfimo número de bendecidos que copen todas las cuotas imaginables de creatividad, pero estos serán los máximos factores que representen el sentido de lo que se entienda por creatividad, nunca su mínimo[37]. En otras palabras, no puede determinarse mediante la apreciación subjetiva y particular de la valoración o simpatía estética, aportación científica o calidad.

Resulta relevante comprender ese abanico inmenso de producciones del intelecto que aúnan un sentido de creatividad, ya que los Derechos de autor protegen tanto a las obras más excelsas de la civilización, como a aquellas más mundanas y cotidianas de toda rutina. Así, no por ello se encontrarán excluidas. Tampoco debieran, entonces, encontrarse las que consigan reunir las mismas cuotas de exigencia. Es más, esto sería aplicable a otras problemáticas como puede la cuestión de la IA como creador, donde un programa de ordenador puede perfectamente ser quien genere ese *reel* o *short*.

Esto se aplica del mismo modo, sin importar si quien lo crea sea creativo en sí en su acto[38], ni tampoco que su origen sea humano o artificial[39]. Del mismo modo, esto permite entender la ligazón existente, eso sí, entre creatividad y originalidad, tanto como si se entiende que la creatividad (u originalidad) consisten en la ausencia de toda copia, como entenderlo mediante un proceso donde se aparte de toda ejecución estrictamente rigurosa a una labor técnica sin aportación mínima intelectual.

Sobre esto, sólo mencionar que resulta de gran interés en la actualidad, ya que en el presente existen IAs capaces de crear películas enteras por sí solas, por lo cual no sería de extrañar que los personajes que encarnen las profesiones jurídicas mencionadas anteriormente acaben por ocupar desde la gran

20 de julio [ECLI:ES:APM:2006:15273], FD.° Décimo] y, luego, que dicha creación entre en la calificación de obra, pues la primera no implica obligatoriamente la otra (podría ser dicha creación una invención y no obra), aunque sí al contrario (si es obra, es creación) [véase, Plaza Penadés, J., «Las ideas y sus manifestaciones. Plasmación de las ideas en soportes. Especial atención a la llamada propiedad científica», en Rogel, C.; Sáiz, C. (dirs.) y Ortega, J. (coord.), *Ideas, Bocetos, Proyectos y Derechos de Autor* (41-53), Reus, Madrid,2011, pp. 45-48].

37 Miller, A. I., *The artist in the machine: The world of AI-powered creativity*, MIT Press, Cambridge, 2019, pp. 18-25, disponible en: https://books.google.es/books?hl=es&lr=&id=YGquDwAAQBAJ&oi=fnd&pg=PR7&dq=the+artist+in+the+machine&ots=Jx5nb2pd4e&sig=GUspx9r-KX32BtpOeUyk0ZZCOSc#v=onepage&q=the %20artist %20in %20the %20machine&f=false (última consulta: 23 de junio de 2024).

38 STS 1688/1985, de 9 de diciembre [ECLI:ES:TS:1985:1688].

39 Broeckmann A., «The Machine as Artist as Myth», Arts. 8(1):25, 2-10, 2019, pp. 8-9, disponible en: https://doi.org/10.3390/arts8010025 (última consulta: 23 de junio de 2024).

pantalla hasta la más diminuta de nuestros teléfonos móviles o televisores de última generación. ¿Cómo implica el hecho de esas cinco características mencionadas anteriormente la influencia de que la profesión jurídica sea comprendida para el mundo fílmico por la «pupila virtual y deshumanizada» de una inteligencia artificial? Esto resulta una temática de gran inquietud, donde se podría preguntar si se generan derechos de ejecución e intérprete a esos robots virtuales que actúan como supuestos artistas[40].

Resulta desconcertante. Con esto, expresar únicamente que los derechos de autor pueden encontrarse entre la espada y la pared ontológicamente hablando, ya que el reconocimiento de la existencia de unos derechos de autor a una IA se realizaría en contra de la propia esencia de la Propiedad Intelectual, pero la opción contraria de ignorarlo afectaría de manera devastadora para la protección de la creación humana ya que, al omitirlo, se está vulgarizando la creación del ser humano, pues se equipara a la de la IA, debido a que se recoge con la misma protección dentro del ordenamiento jurídico[41].

Da igual y trae jurídicamente sin cuidado que se pueda pretender identificar como un proceso creativo la elección del recorte concreto de la escena, ya que es bastante previsible y poco original comprender que un fragmento reconocible por el público y ya previamente conocido por él y, en consecuencia, su exposición de nuevo ante los ojos de ese propio espectador ni alberga

40 Sobre esta originalidad algorítmica se asocia también que, por ende, se pretenda entender una creatividad algorítmica. Es más, según expertos del campo de la robótica, así se entiende [véase Niebles, J. C., «Inteligencia artificial en todo y para todos», *Revista Digital Universitaria*, 21(1), 1-5, 2020, p. 4. En cuanto a tal punto, suele ser una de las críticas principales argumentar una falta de creatividad por parte de la IA [véase Tripathi, S. & Ghatak, C., «Artificial Intelligence and Intellectual Property Law», *Christ University Law Journal*, 7(1), 2018, p. 88]. Esto es, aun siendo las obras creadas por IA capaces de gozar de un grado de originalidad, estas obras no podrían protegerse debido a la falta de creatividad en ellas. El problema reside en cómo se puede entender o definir la creatividad o el proceso creativo. Así, se critica la cuestión de que la concepción general de creatividad al tratarse de la IA se remonte a una visión decimonónica, romántica, más que actual: «La asombrosa simplicidad de las definiciones se basa en ideas que no sólo fueron barridas por las vanguardias artísticas del siglo XX hace más de 100 años, sino que ni siquiera sospechan nada de una dimensión específicamente epistemológica de la estética. Ignoran sistemáticamente lo que hace que el arte sea arte en primer lugar: la reflexividad como apertura de otro conocimiento», Mersch, D., «Kreativität Und Künstliche Intelligenz: Einige Bemerkungen zu einer Kritik algorithmischer Rationalität», *Mersch, Dieter. "Kreativität Und Künstliche Intelligenz: Einige Bemerkungen zu einer Kritik algorZeitschrift für Medienwissenschaft, 11*(21-2), 2019, p. 73.

41 Se ha querido señalar esta problemática, aunque sea de manera tangencial, ya que su influencia en las profesiones jurídicas sobre la pantalla acabará por ser notoria cuando, los actores que interpreten el papel de un juez ni sean actores, ni sean pensados por personas, sino por meros programas de ordenador, haciendo de ello la comprensión de un imaginario desconectado de la concepción humana que se puede tener de tales profesiones que, como se ha señalado, resulta de vital importancia.

ningún grado de originalidad[42]. En resumen, es una obviedad. Es más, se entroncaría en dicha situación con la propia falsificación o el plagio:

> «El método a utilizar en el proceso comparativo resulta esencial al fin de perseguido. En este sentido, tratar de hallar las similitudes y diferencias entre las obras a comparar es un método utilizado con bastante frecuencia»[43].

Otro aspecto, en cambio, como se ha mencionado, consiste en el hecho de que en donde se pretenda inventariar y «antologar» un variado número de escenas con la intención de transmitir un mensaje superior y distinto al de las propias escenas de manera aislada e individualmente. En ese caso, sí se puede aludir a un cierto grado de creatividad y, sobre todo, la de transmitir una idea en cuestión de manera precisa a través de la selección y preparación determinada de un cortometraje o hasta medio metraje donde la distribución de los distintos fragmentos influirá de manera decisiva y diferente si se ordenaran de otro modo.

Aunque bien es cierto que es cierto que se puede considerar un plagio aun cuando las diferencias superen a las propias similitudes entre las dos obras[44] o más, incluso, como sucedió con un poeta que plagió de manera «creativa» a dos poetas para presentar dicho plagio a los mismos premios que estos, con sus originales, habían ganado con anterioridad[45].

---

42 Se trata de lo que, como bien señala Antonio Galacho, reside en un vacío de noción de término de originalidad en el sentido objetivo del ordenamiento jurídico español en materia de DA, centrado más en un aspecto de la creatividad, eso sí: «[e]l término de originalidad no aparece ni tan siquiera en el artículo primero de la legislación italiana de derechos de autor que se expresa en términos de creatividad sin hacer alusión a tal característica como requisito de protección. Esta característica se observa en el artículo 4 donde, del uso que se da al término, se infiere su alusión exclusivamente a un tipo de obras: aquellas que siendo totalmente independientes no requieren ningún tipo de autorización para su explotación, proveniente de otros autores sobre cuyas creaciones se haya podido llevar a cabo algún tipo de modificación, elaboración, aditamento, etc.», Galacho Abolafio, A. F., *La obra derivada musical: entre el plagio y los derechos de autor*, Aranzadi, Cizur menor, 2014, p. 274.

43 Galacho Abolafio, A. F. (2014), *La obra derivada musical: entre el plagio... op. cit.*, p. 442.

44 Así lo Refleja Antonio Galacho, en lo referido al caso *Fogerty v. MGM Grp. Holdings Corp.*, 379 F.3d 348 (6th Cir. 2004) sobre el litigio en cuanto a un fragmento musical de la película de *James Bond «El mañana nunca muere»*, *idem.*, p. 178 y 442. Caso de referencia hasta en la actualidad para determinar la comprensión del «monopolio limitado» de los DA sobre aquellas obras originales y que, por tanto, no deben ser plagiadas, véase el caso *Tomelleri v. SunFrog*, LLC, 1:23-cv-10370 (E.D. Mich. Oct. 30, 2023), apartado D. Analysis, en el cual se expresa que esta protección «se aplica a cualquier "obra original de autor" en una amplia gama de medios: las expresiones originales de música, cine, arte, literatura y escritos de no ficción —por nombrar sólo algunas categorías— son todas protegibles por derechos de autor».

45 Así sucedió de manera ejemplarizante en la Sentencia del Juzgado de lo Penal n.º 8 de Madrid, núm. 157/2018, de 4 de junio de 2018, Procedimiento abreviado 367/2017.

La cuestión reside en que por una vía u otra se explota en el mercado dicha obra, lo que conlleva a esa situación de desventaja o vulnerabilidad frente a la obra creada fruto del esfuerzo y el aprendizaje titánico durante años. Este elemento es crucial[46]. Puede entenderse como una especie de aprovechamiento indebido del esfuerzo ajeno (art. 11 LCD)[47], ya que

> «las circunstancias que determinan la deslealtad de los actos de aprovechamiento del esfuerzo ajeno serán aquellas en las que el imitador elude las inversiones y costes necesarios para la creación y comercialización de la prestación de que se trata logrando sustanciales ahorros en costes»[48].

Por tanto, se puede destacar en este aspecto que los propios derechos de autor que generan estas obras consisten en sí, y en especial sobre ese caso de recopilación, el potencial que se esconde, al fin y al cabo, en la ejecución e interpretación de los artistas en el papel que les corresponda. En este sentido, cabe una mención especial a María Polo, ya que su fama se ha catapultado no por el formato dinámico de sus casos, a cada cual más estrambótico si cabe (aunque cabe mencionar que son o bien casos reales o bien dramatizaciones de casos reales y con sentencia firme sobre el asunto, no siendo ficciones creadas por los guionistas, más allá de las adaptaciones creativas y argumentales que deban hacer para el formato).

Así, desde ese sentido pasivo de los derechos morales, no se permite ni la apropiación ni el plagio de una obra ajena por parte de un tercero. Esto, también, fundamenta los requisitos del plagio en cuanto que este tiene una vertiente positiva y negativa. Es en el sentido negativo donde no se permite la apropiación por parte de un tercero de toda una obra o parte de ella como propia, con independencia de si el propio sujeto creador de la obra plagiada reivindica su autoría o no[49].

---

46 Así se puede entender conforme a la SAP Madrid, a 10 de mayo de 2023 [ECLI:ES:APM:2023:8569], ya que, en este caso, donde se explota por parte de un excompañero de la demandante los apuntes elaborados por la misma para una oposición, el elemento vital de la determinación de los daños se centraba en la explotación que había realizado este excompañero del temario sin su autorización previa, siendo un acto de competencia desleal.

47 Esto en cuanto a la lectura del art. 11.2 LCD cuando dice que: «la imitación de prestaciones de un tercero se reputará desleal cuando resulte idónea para generar la asociación por parte de los consumidores respecto a la prestación o comporte un aprovechamiento indebido de la reputación o el esfuerzo ajeno». Estos son, además, perfectamente evitables contratando autores humanos u ofreciendo es claridad necesaria para el consumidor, donde pueda discernir cuándo se enfrenta a una obra de creación humana o, al contrario, si esta es artificial.

48 Peinado Gracia, J. I. & Solana, D., «*Press clipping*: competencia desleal y propiedad intelectual», *Revista de derecho de la competencia y la distribución*, (2), 37-63, 2008, p. 57, disponible en: https://www.cremadescalvosotelo.com/wp-content/uploads/2022/12/Presss-Clipping.Peinado-Solana.pdf (última consulta: 23 de junio de 2024).

49 Como ya se ha apuntalado anteriormente en cuanto a las nociones de plagio, en este caso en los que los artistas humanos reclaman un plagio por parte de ese tercero, se deberá rea-

En el caso de María Polo su éxito reside en su capacidad de ejecución del papel de jueza. Desde una proyección muy humana de la Ley, ofrece una representación casi maternalista en las resoluciones, donde se parece más a una figura cercana que a la imagen fría, alejada del contacto de la realidad social que se proyecta, en cambio, sobre el imaginario colectivo de lo que es un juez. Estos formatos permiten justo eso: un mayor acercamiento a la ciudadanía sobre un instrumento no sólo diseñado y dotado de autoridad para la salvaguarda de los intereses comunes y sociales, sino uno de los pilares más esenciales de toda democracia y ordenamiento jurídico: su poder judicial.

En este aspecto, entonces, cabe señalarse cómo el papel pedagógico en estos modelos de entretenimiento alberga tanto el potencial que no consigue ninguna campaña publicitaria auspiciada por el organismo público que se prefiera, así como también una capacidad de comunicación entre el ciudadano medio y mayoritario de una manera directa y cristalina. En este aspecto cabe, pues, preguntarse, ¿podría entrar dentro de los límites de los derechos de autor este tipo de recorte en los *reels* o en los *shorts* aun cuando se haga sin las autorizaciones correspondientes?[50]

lizar desde los criterios de aportación sustancial de la obra, la pretensión de dicho tercero de un enriquecimiento injusto, así como de determinar que se trató de un plagio y no de la creación de una obra derivada sin la debida autorización del titular de la obra originaria, ya que por las coincidencias, por múltiples e innegables que sean, no constituyen un plagio (STS 3284/1995, de 7 de junio [ECLI:ES:TS:1995:3284] F.° D.° Décimo), ya que requieren de ser una copia, total o parcial, de un contenido sustancial de una obra en concreto atribuyéndose la autoría de esa obra y no en sentido abstracto, pues en esto se basa el elemento subjetivo del plagio (SAP de las Palmas 2357/2017, de 18 de septiembre [ECLI:ES:APGC:2017:2357] F.° D.° Segundo). Que un autor cree de manera semejante a tu estilo o al estilo de varios no significa que te haya plagiado. A mi juicio, sólo se encuentra una sentencia en la jurisprudencia española donde se condene por plagio en un aspecto parecido a este punto. En la Sentencia del Juzgado de lo Penal n.° 8 de Madrid, núm. 157/2018, de 4 de junio de 2018, Procedimiento abreviado 367/2017 se condenó a un poeta por plagio al ganar dos premios literarios presentando obras en cada una de ellas que eran plagios parciales de obra premiadas anteriores. La particularidad de este caso es que, para poder disimular la imitación, se amparó tanto en el recurso literario de la intertextualidad —según su defensa—, como en lo que yo vengo a denominar un «plagio creativo» (contradiciendo así la afirmación de TS del plagio como «actividad material mecanizada y muy poco intelectual y menos creativa, carente de toda originalidad y de concurrencia de genio o talento humano, aunque aporte cierta manifestación de ingenio» STS 8255/2 2006, de 20 de diciembre [ECLI:ES:TS:2006:8255] F.° D.° Vigésimo) que fue el hecho de sustituir todas las palabras de los poemas plagiados por sinónimos, de manera que, aun manteniendo misma métrica, construcción gramatical, sentido y «estilo», pasó desapercibido por el jurado [para una lectura más detallada sobre el caso, véase Villalobos Portales, J., «La película "Gentlemen Broncos" y los delitos contra la propiedad intelectual: La diferencia entre un plagio chapucero y un plagio creativo», en Quesada Sánchez, A. J. (coord.) *El Derecho desde otra óptica: la cultura como cristal con que se mira* (pp. 539-580). Colex, Granada, 2023. Incluso en este caso, la identificación del plagio se fundamenta por el número de obras como una y, en cuanto al estilo, como un plagio realizado con una clara intencionalidad de enriquecimiento injusto.

50 «Las conductas que describe el Legislador en la Sección 1.ª del Capítulo XI del Título XIII del Libro II del Código Penal son punibles siempre que se realicen sin autorización del titu-

En cuanto al plagio ante la ausencia de cambio sustancial o significativo de la obra originaria en caso de argumentar una obra derivada o parodia, y conforme a lo explicado en el párrafo anterior, resulta coherente razonar que, si la obra no es protegible al existir de manera previa, si esta no reúne ningún cambio sustancial o significativo, o bien se ha copiado o bien se ha apropiado de ella. En este escenario, el plagio se sucede pues es ante una copia concreta, que no abstracta, de una obra[51].

O, dicho de otro modo, descartando una explotación económica por el canal o medio de red social donde se difunda (no todos los creadores de contenido divulgan vídeos u obras con la finalidad de ganar dinero), se podría argumentar que la difusión de tales extractos viene relacionada con los límites ya existentes a los derechos de autor como son los que se asocian a la divulgación con una finalidad educativa, pedagógica. Así, no se encontraría presente ninguna pretensión de enriquecimiento injusto, difundiendo de tal manera como un medio de protección en el mundo digital, tan virtual y velozmente vertiginoso, para los derechos de autor de los intérpretes o ejecutantes, en general, y en el caso concreto de las profesiones jurídicas, en particular.

Todavía más. Se debe ensalzar esa función pedagógica a través de los medios digitales en cuanto al conocimiento y acercamiento de una herramienta y realidad crucial para el correcto funcionamiento de una sociedad y la credibilidad de una democracia como es el poder judicial y todos los medios relacionados en torno al ordenamiento jurídico, incluido el poder legislativo en lo que le atañe. Recuérdese, como se ha señalado, que estos casos presentados en los *show courts* suelen ser o bien casos reales traídos a la gran pantalla (en los programas estadounidenses son así) o, por otro lado, como sucede en *Caso Cerrado*, se tratan de dramatizaciones de casos reales, de sucesos que han transcurrido del modo en el que se exponen o, como mínimo, los hechos en cuestión y los intereses en disputa. En pocas palabras, ocupan un papel esencial en la comunicación y enseñanza a la ciudadanía.

---

lar del derecho de propiedad intelectual o de su cesionario [...]. Lógicamente el presunto plagio ha de probarse no bastando con constatar similitudes e influencias, sino que ha de acreditarse la identidad sustancial con la obra plagiada, lo que no siempre es sencillo» DE VICENTE MARTÍNEZ, R. (2021), *Delitos contra la Propiedad Intelectual*, Reus, Madrid, 2021, pp. 61- 81.

51 Como se explicó, el problema ante las reclamaciones debe basarse en una copia literal de la obra originaria o bien donde la aportación sustancial a la obra sea inexistente i nimia, encontrándose ausente de originalidad, aun si fuera en el propio estilo de recreación o elaboración, edición, maquetación del *reel* o *short* ya que, en general, no se puede argumentar un plagio de un estilo o técnica en sentido abstracto. El plagio se manifiesta en la copia concreta de una o más obras, de manera parcial o total, donde no se ha realizado ningún cambio sustancial ni creativo sobre ellas por parte del plagiador que fundamente a esa obra como una obra derivada la cual haya concurrido en la ausencia de autorización previa de las obras originales.

Con todo esto, se debe destacar otro aspecto de dichas profesiones a través de la gran pantalla: son interpretados por personas del gremio. No consiste en un gran actor preparado para ese papel, no: son los mismos jueces o juristas actuando como tales y que serán aquellos mismos los que el ciudadano espectador se encuentre tras las puertas de un juzgado, pudiendo incluso ser ese propio espectador el protagonista de alguno de ellos en un futuro. Así el grado de credibilidad que se genera en la audiencia resulta innegable y hasta de agradecer, ya que comprenderán cuestiones esenciales del funcionamiento de la maquinaria jurídica en cualquier ámbito, sin ficciones exacerbadas o inverosímiles como suele suceder, y es bueno que así sea, en las películas. Esto ya que, en definitiva, la realidad suele acabar superando a la ficción. Los límites de la ficción son ilimitados, sí, porque la realidad es más ilimitada todavía.

2.3. La influencia de los programas de *court show* en la regulación estadounidense: los exámenes de paternidad desde el espectáculo a la ley

Con todo lo mencionado anteriormente, no resulta extraño que, al final, los propios senadores, diputados, asesores, familiares cercanos o amigos acaben presenciando los propios capítulos que se recogen en tales programas, del mismo modo de que enciendan su teléfono inteligente, abran una red social y les aparezca alguno de esos *reels* o esos *shorts* donde se exponen escenas de películas o, en este caso, programas de los *court shows*. Así, más si cabe, cuando uno de estos incidentes similares cobra una resolución judicial diferente en los juzgados ajenos a las cámaras y el foco mediático, pero que impacta de tal manera sobre el ciudadano común.

También, sobre aquel ciudadano un poco más alejado de la realidad comunal, aunque su función sea regularla, salvaguardarla y protegerla. Este fue el caso del Proyecto de ley 2698 de la Cámara de Representantes. Este proyecto, patrocinado por el representante estatal Antonio Parkinson (Memphis) se inspiró justo en la realidad acuciante de los padres solteros (o, mejor dicho, de aquellas parejas que tenían algún hijo en común, pero no estaban casadas), donde se descubría en muchas ocasiones la falsedad del supuesto progenitor masculino, a sabiendas de la madre y con conocimiento de ello, por medio de una (o varias, en muchos casos) infidelidad. El problema residía en que un juez determinó que, aun siendo así, por el interés superior del menor, debería seguir ocupándose de la manutención del hijo, aunque no fuera biológicamente suyo[52].

52 Durán, M., «Ley podría hacer obligatorio que padres solteros se sometan a una prueba de ADN para firmar el certificado de nacimiento», *Memphis noticias*, 17 de marzo, 2022.

> «Una de las principales cuestiones que se plantean en el ámbito jurídico es las consecuencias de la negativa a hacerse la prueba de paternidad (Costas Rodal, 2017). Hay que tener en cuenta que para que se admita una demanda de paternidad se deben presentar indicios probatorios o principios de prueba, es decir, hay que convencer al juez de que hay visos de credibilidad. Además, la demanda de paternidad se acompañará de la solicitud de pruebas biológicas. Las pruebas de estas características ofrecen una certeza del cien por cien cuando el resultado es negativo, y de un 99 % en el caso de que sea positivo. Otra de las cuestiones es si una persona se puede negar a realizarse una prueba de paternidad. La respuesta es positiva, pero ello tendrá una serie de consecuencias en el ámbito jurídico, ya que, si esa negativa es injustificada a realizarse una prueba genética de ADN, permitirá al tribunal que se declare la existencia de filiación, ya que esa postura de negación se considera como una confesión presunta. Hay que tener en cuenta también el interés superior del menor (Navarro Michel, 2017; Pérez Conesa, 2017). Cuando se produce una negativa a realizarse una prueba biológica los motivos suelen ser invocar que la misma atenta contra el honor, la dignidad, la intimidad, la privacidad, imagen e integridad física. Se contemplan una serie de excepciones para negarse a la realización de dicha prueba como es el caso de que no existan indicios de relaciones con la persona que solicita la prueba. Por ejemplo, no hay fotografías, o cartas o vídeos o testimonios de familiares y amigos, de tal forma que el demandado no dispone de indicios de relaciones íntimas con la mujer demandante. También en el caso de que no se conozcan realmente o en el caso de que existiera una relación fuera de características muy esporádicas que no permita deducir la paternidad»[53].

En los programas de los *court shows* es uno de los formatos más famosos y mediáticos: los casos sobre la paternidad del padre por el motivo que lo haya auspiciado. En concreto, se suelen centrar principalmente, en la mayoría de situaciones debido a que la mujer pide un aumento de la manutención del padre o que este lo ha empezado a sospechar cuando ya ha alcanzado alguna edad donde se destacan las diferencias fisionómicas entre supuestos parientes. Con ello, se procede al test de paternidad, donde el ADN evidencia si es o no el padre. Otros casos más estrambóticos fueron, en los programas estadounidenses, la reclamación del test debido a que el hijo gozaba de un color de piel absolutamente opuesto al de los dos progenitores, haciendo que se fundaran sospechas bastante justificadas, resolviendo que, por azares de la biología, sí fuese el padre y se debiera a una suerte de los cromosomas. También, casos donde el padre reclamaba no serlo por encontrarse operado de una vasectomía y, finalmente, sucediendo lo más inesperado.

Para Parkinson, todo esto lo que evidenciaba era la necesidad de proteger un hecho que, gracias a los programas de los *court shows*, se hico palpable y

53 Ramón Fernández, F., «Los procedimientos de reclamación de paternidad y la obtención de la prueba de ADN», *Revista Anales de la Facultad de Ciencias Jurídicas y Sociales*, 53, 108-19, 2023.

mostró lo acuciante del asunto. La esencia del proyecto es bastante sencilla, cristalina: que todo padre soltero que quiera firmar de manera voluntaria la paternidad sobre un menor deberá de manera obligatoria hacerlo mediante la evidencia en un test de que es el padre progenitor (en el caso de ser matrimonio, esto se volvía opcional, pero reclamable, si el potencial progenitor lo requería, pudiendo así no serle negado ni privado de realizarse tal examen). Con esto, se ascendía a categoría de delito de fraude por parte de la progenitora infundir a error sobre la paternidad de un menor a un hombre cuando ella es consciente de la veracidad de tal aspecto.

No reside en que la madre realizase el test de manera previa, sino que, si había cometido algún tipo de infidelidad o varias, esto implicaba ya un conocimiento previo de la potencial falsedad de la supuesta paternidad de su pareja soltera. En otras palabras, se pretende así prevenir de que no se demuestre ese hecho y la pareja esconda la verdad de los mismos de manera espuria. De este modo, se previene cualquier tipo de fraude por parte de uno de los progenitores sobre el otro.

La cuestión no está exenta de polémica. Al contrario, resulta un tema de debate enorme. ¿Resulta legítimo fundamentar esta exigencia de examen previo sobre la paternidad de un menor para que se pueda concluir la veracidad de los hechos que se afirman al asumirla? ¿O, por otro lado, implica un grado de presunción de potencial culpabilidad sobre la figura de la madre soltera, dando a entender un escenario previsible y plausible en cuanto a la mala fe de sus actos y omisiones?

En cierto sentido, resulta bastante comprensible la protección de los intereses del potencial progenitor cuando consiste en la asunción de una paternidad sobre un menor el cual puede no ser su hijo. Es más, resulta bastante plausible que esto se fundamente hasta en el propio interés superior del menor desde el primer momento, ya que permitirá no verse luego con posterioridad afectado como una víctima indirecta de dicho fraude. Se debe tener en cuenta que no se trata únicamente del daño moral y psicológico que produce en el padre al descubrir que el menor no es su hijo, sino en ese propio menor al verse en el completo desamparo emocional y vital de confrontar una realidad terrible: la persona que conoció toda su vida como su padre resulta no serlo y desconoce quién lo es y, siquiera, si ahora podrá construir una vida en común con tal persona.

Este ejemplo se encuentra de manera abundante, por desgracia, en los programas de los *court shows*. Son muchos los capítulos enfocados en este examen, por el motivo que fuere, y en que la resolución acaba por ser con una frase que se ha mitificado ya en el mundo fílmico de tales programas, el *you are not the father* o, en caso afirmativo, *yo are the father*. En las diversas escenografías que existen en el repertorio sobre tal acontecimiento, se pueden constatar en todos ellos el derrumbe absoluto del progenitor que se enfrenta a esa nueva terrible noticia. No únicamente por la absoluta pérdida de confianza que se produce frente a una persona que has amado y en quien habías depositado tantas esperanzas y sueños como es esa pareja, sino en el hecho de que, además, has perdido el privilegio de ese amor incondicional, el don milagroso y divino que supone la paternidad y el querer y ser querido de manera genuina, sincera, plena y real por tu hijo y tú hacerlo mucho más todavía. Se arrebatan muchas cosas en tan pocas palabras.

Por tanto, aun por lo agresivo que pueda parecer la medida, pues posiciona siempre en la encrucijada jurídica la credibilidad y el honor de la mujer como madre en una relación extramarital de manera previa, los intereses que se vienen protegidos por dicho proyecto de Ley son mayores y completamente justificados y fundamentados. Primero, porque se pretende prevenir la comisión de un delito: si la mujer es consciente de que con posterioridad el hombre deberá por Ley realizar la prueba para verificar la paternidad y, así, poder asumirla, se previene por parte de la mujer la comisión del delito, pues saber que será captada rápidamente, sin opciones de defensa. Esto segundo ya que, para no ser el padre, significa que ha de serlo otro tercero, siendo así un hecho obvio y evidente que la mujer es la única persona consciente de la posibilidad de que él no sea el padre y omite de manera deliberada y a mala fe tal información. De este modo, se previene completamente dicha posibilidad.

Segundo, porque la búsqueda de la resolución sobre tal paternidad ofrece ya una garantía plena no sólo para el hombre, sino para la propia mujer, pues no podrá el varón en ningún momento negarse a cualquier deber legal o reconocido por alguna sentencia judicial bajo el pretexto de dudar o sospechar sobre la paternidad del menor. Desde su nacimiento será consciente de ser el progenitor indiscutible de tal menor.

Tercero, consiste en la consecución de un principio básico como es el de la seguridad jurídica. Nadie puede discutir que, con el reconocimiento desde un primer momento, como prueba *iuris tantum* el test, la paternidad del progenitor, por lo que este quedará completamente ligado a sus obligaciones y derechos como padre del menor. Entonces, el menor goza de plena seguridad jurídica en cuanto a la veracidad de la información sobre quiénes son sus progenitores. Análogamente, la madre goza de todas las garantías para exigir el debido cumplimiento de todas las obligaciones que debe asumir el padre, por lo que encuentra el amparo legal necesario y se evita cualquier juicio posterior sobre la paternidad. Por último, el propio padre progenitor, que tendrá la certeza absoluta sobre su paternidad.

Sin embargo, cabe preguntarse sobre esto último si no existirá la posibilidad de que se manipule, falsifique, distorsione o se produzca algún error en el examen de paternidad. En otras palabras, si bien el examen ofrece unas garantías indiscutibles, no significa que en algún mínimo porcentaje se induzca algún error o falsedad de los resultados. Esto es, que no será de manera absoluta y total infalible. En cambio, se certifica un mayor porcentaje de acierto, casi pleno, y, sobre todo, la primera garantía judicial por parte del Estado para proteger y salvaguardar el interés de todas las partes que se han ido desgranando.

Esto todo siendo, entre otros motivos, gracias a los *court shows* y a las profesiones jurídicas que se han proyectado sobre los medios fílmicos de la actualidad, sus nuevos medios de difusión y comunicación, sus potenciales vías de calado en la sociedad sobre todos sus estratos, capas, clases sociales y gremios. Con esto, demostrando el poder que tienen las artes del cine y de la representación y transmisión de la realidad jurídico-social que recubre a profesiones jurídicas como son las del juez o el abogado, en especial. Por ello, resulta de vital interés resaltar estos aspectos y, en concreto, el papel que han jugado tales programas, tales intérpretes o ejecutantes, tales jueces y abogados actuando de jueces y abogados sobre asuntos del día a día frente a una cámara y un público.

3. Conclusión

Tras todo lo que se ha ido exponiendo a lo largo del presente trabajo, se pueden concluir bastantes ideas y extraer de igual modo un gran número de enseñanzas. Se ha tratado un tema que destaca por la rareza del objeto dentro de una disciplina como puede ser el Derecho, más aún dentro de los Derechos de autor, pero que asienta un primer trabajo, un inicio, para todos aquellos apasionados por explorar sobre aquellas zonas a veces más inexploradas. Sin embargo, no por ello deja de entroncar los temas centrales del Derecho más analizado y versado, como son los propios derechos de intérpretes o ejecutantes, sus derechos de autor, el de las obras que se producen en torno a las propias de las cadenas titulares, su relación con estas mismas, etc.

Primero de todo, si se puede concluir algo, reside en que, dentro del mundo del Cine, en un sentido amplio de dicho concepto, en cuanto al mundo fílmico, la figura de la profesión jurídica siempre ha copado diversas posiciones, pero en la gran mayoría de ella, a excepción del documental más fidedigno a las grabaciones reales, con la relevancia de actores actuando como jueces o abogados o la profesión jurídica en cuestión. Una gran diferencia reside en esto: en los *courts shows* son los propios jueces o abogados quienes actúan de sí mismos. Esto implica una veracidad en sus decisiones, actuación, capacidad comunicativa que conecta con el público y le ofrece una autoridad en cuanto a la verosimilitud de que ese juez puede representar a cualquiera de los que se encuentra dentro de las puertas de un juzgado.

Con ello se evidencia el segundo aspecto en cuanto a las conclusiones de este trabajo: la relevancia de la protección de los derechos de autor de intérpretes y ejecutantes en general y, sobre todo, en el caso de aquellos que interpretan las profesiones jurídicas por el impacto social, cultural y hasta jurídico, como es en el caso de la regulación mencionada, de sus casos, sus actuaciones y el impacto en el acervo común de la ciudadanía que generan. Con todo ello, este trabajo pretende ser un ensalzamiento a tales derechos conexos que, en muchas circunstancias, queda opacado por los grandes interrogantes del derecho de autor y la propiedad industrial. Este ejemplo se evidencia de sobremanera en las nuevas tecnologías y, en concreto, en la IA. Así, con este trabajo se asienta el primer estudio jurídico desde los derechos de autor de los *court shows* en cuanto a su relevancia dentro de los derechos de intérpretes y ejecutantes, así como ello en cuanto a las nuevas realidades tecnológicas como son la IA, los *reels* y los *shorts*.

En un tercer aspecto, la influencia e impacto con respecto al mundo digital. En una sociedad completamente globalizada y dependiente de las pantallas de cualquier tipo de dispositivo electrónico, incluso para el ejercicio del sufragio activo en muchos países, la gran comunicación pedagógica que suponen los casos de los *court shows* en cuanto a la facilidad para adaptarse al formato del cortísimo metraje que es un *reel* o un mero *short* ha supuesto que se popularicen a niveles donde a día de hoy no sólo continúan en emisión, sino que han cobrado mayor relevancia, popularidad y audiencia que nunca. Con esto, implica en un doble sentido que, por un lado, el grado de responsabilidad sobre la figura que construye la ciudadanía de las distintas profesiones jurídicas con respecto al mensaje que transmiten estos programas televisivos es innegable y crucial para un conocimiento más cercano y solvente para el ciudadano de a pie. Al menos, en cuanto a la capacidad humanizadora que ejerce sobre la figura del poder judicial como uno de los grandes pilares de la democracia sin estar despegado ni desprendido de la realidad social más acuciante de la rutina y la cotidianeidad.

En un cuarto aspecto, la importancia de tener presente en la configuración de las propias profesiones jurídicas a través del cine y en el propio cine dentro de dichos formatos se ha llegado a consolidar más todavía entre el público joven que los propios medios tradicionales o que las propias películas de las que proceden dichos extractos. Dicho de otro modo, puede suceder que un extracto en formato *reel* o en tamaño *short* ocupe una mayor audiencia que la propia película bien en las pantallas de todas las salas, bien en las más famosas plataformas digitales. Entonces, resulta una necesidad comprender estos formatos dentro del inventario fílmico de aquellos formatos y medios por los cuales se expresa a nivel artístico tal disciplina, pues son instrumentos cuyo alcance es potencialmente ilimitado.

En un quinto aspecto, tal es ese impacto potencial e innegable que ha influido en la propia concepción legal y normativa de ciertas realidades que se ven presentes caso tras caso en los diversos programas de formato *court shows*. En concreto, uno de los que ha ocupado más expectación y concienciación en cuanto a una realidad social como pueden ser aquellos conflictos que emergen en el reconocimiento de la paternidad de un menor, el examen de paternidad a través de los test de ADN, así como todas las consecuencias que supone tanto para dicho progenitor como para el propio menor que, de golpe, descubre que el padre de su infancia o vida no resulta ser quien era y, aquel que sí lo fuera, no ha estado presente en su vida ni tampoco nadie, ni la propia madre, le va a poder garantizar que haga acto de presencia aquella misma persona que ha brillado por su ausencia y abandono en todos esos años. En cambio, aquel que sí se mantuvo, pensando que era el progenitor legítimo del menor, con todo el amor y el dolor que conlleva, ve truncada toda esa realidad, ese amor, ese proyecto vital que supone ser padre, a través de la resolución de un examen de ADN y el conocimiento de la verdad. Pero la verdad siempre emerge a la luz y así debe ser, siempre, por mucho que esta duela.

En un sexto aspecto, se debe ensalzar la influencia que tiene dentro de los derechos de autor como materia que genera tanto unos derechos morales y patrimoniales por las obras resultantes, siendo de gran valor, como del mismo modo el punto de inicio de o bien de otras obras derivadas conforme a los formatos del *reel* o el *short* o bien de las vulneraciones que se hayan podido producir de sus derechos y salvaguarda al poder encontrarse plagios, falsificaciones de ellas, explotación de los derechos de reproducción y comunicación pública sin la debida autorización de los titulares de tales derechos a través de las plataformas digitales. Además, sumándose a esta la cuestión de si quizá se pudieran amparar dentro de los límites de los derechos de autor en aquellos casos que se fundamenten con una intención educativa, pedagógica, científica, investigadora o de cualquiera de tales índoles que se amparan dentro de dichos límites. En este sentido, si bien es cierto que ha quedado palpable la capacidad pedagógica y cómo contribuyen en cuanto a las profesiones jurídicas dentro del cine y, en concreto, a través de las series, la difusión en medios digitales, la ocupación de las principales obras creadas en nuevos formatos de esta época tecnológica, así como incluso un plausible escenario en el que las tecnologías de última generación pueden que acaben por opacar la proyección de la interpretación y ejecución humanas, haciendo así que quienes representen tales profesiones jurídicas en un futuro, y no tan sólo en el cine de ficción, sino en estos casos que o son reales o son dramatizaciones de casos reales, se realicen a través de un robot inteligente o una IA. Este asunto inquietante resulta de gran interés en términos generales dentro de los Derechos de autor y, en concreto al tema del estudio, encuentran un potencial enorme. Sólo el tiempo lo dirá.

Con todo estas cuestiones que se han ido plasmando y sus diversas conclusiones, sólo queda añadir, como central de todas ellas, la gran relevancia que ocupan dentro de la sociedad, el ensalzamiento de la labor pedagógica que han conllevado tales formatos sobre la transmisión a la ciudadanía de las profesiones jurídicas, además de ser, probablemente, la primera inspiración para muchos de sus jóvenes espectadores en aquella audiencia anónima que, con el transcurso de los años, han acabado por convertirse en auténticos juristas. Por tanto, la labor que han ofrecido a la sociedad, más allá del mero entretenimiento, no ha sido pequeña ni merece ser menospreciada ni minusvalorada, pues ha sido enorme y, sobre todo, más influyente de lo que pudiera parecer en un primer momento. Así, sólo queda concluir que se ha podido dictaminar todo este a través del presente estudio quedando así concluido el asunto, quedando el *Caso Cerrado.*

4. Bibliografía

Bercovitz Rodríguez-Cano, R., «Libro Primero-Título Primero. Artículo 1.º», *Comentarios a la Ley de Propiedad Intelectual*, Tecnos, Madrid, 4.ª, 2017.

Bercovitz Rodríguez-Cano, R., «Libro Primero-Título Primero. Artículo 1.º», *Comentarios a la Ley de Propiedad Intelectual*, Tecnos, Madrid, 2.ª edición, 1998.

Broeckmann A., «The Machine as Artist as Myth», *Arts*. 8(1),25, 2019, 2-10.

Carbajo Cascón, F., «Libro Primero-Título Primero. Artículo 2.º», *Comentarios a la Ley de Propiedad Intelectual*, Tecnos, Madrid, 4.ª, 2017.

Carrasco Perera, Á. / del Estal Sastre, R., «Capítulo I: Sujetos. Artículos 5.º-7.º», *Comentarios a la Ley de Propiedad Intelectual*, Tecnos, Madrid, 2017.

De Vicente Martínez, R., *Delitos contra la Propiedad Intelectual*, Reus, Madrid, 2021.

Durán, M., «Ley podría hacer obligatorio que padres solteros se sometan a una prueba de ADN para firmar el certificado de nacimiento», *Memphis noticias*, 17 de marzo, 2022.

Fernández Carballo-Calero, P., «Artículo 9. Obra compuesta e independiente» *Comentarios a la Ley de Propiedad Intelectual*, Tirant lo Blanch, Valencia, 2017.

Galacho Abolafio, A. F., *La obra derivada musical: entre el plagio y los derechos de autor*, Aranzadi, Cizur menor, 2014.

Lacruz Berdejo, J. L., / Lacruz Mantecon, M. L., «Libro Primero-Título Primero. Artículo 2.º», *Comentarios a la Ley de Propiedad Intelectual*, Tecnos, Madrid, 4.ª, 2017

Lipazyc, D., *Derecho de autor y derechos conexos*, Ediciones UNESCO, 1993.

Martín Villarejo, A., «Título Primero. Derechos de los artistas intérpretes o ejecutantes», *Comentarios a la Ley de Propiedad Intelectual*, CIVITAS, Madrid, 2009, 2.ª ed.

Martín Villarejo, A., «Artículo 113», *Comentarios a la Ley de Propiedad Intelectual*, Aranzadi, Cizur, Menor, 2021.

Mersch, D., «Kreativität Und Künstliche Intelligenz: Einige Bemerkungen zu einer Kritik algorithmischer Rationalität», *Mersch, Dieter. "Kreativität Und Künstliche Intelligenz: Einige Bemerkungen zu einer Kritik algor-Zeitschrift für Medienwissenschaft, 11*(21-2), 2019.

Miller, A. I., *The artist in the machine: The world of AI-powered creativity*, MIT Press, Cambridge, 2019.

Navas Navarro, S., «Creación y ocurrencia en el contenido digital generado por los usuarios de internet», *Actas de Derecho Industrial y Derecho de Autor*, XXXVI, 403-414, 2015.

Niebles, J. C., «Inteligencia artificial en todo y para todos», *Revista Digital Universitaria*, 21(1), 1-5, 2020.

Peinado Gracia, J. I., «Lección 11. La propiedad intelectual: derechos de autor y derechos afines», *Lecciones de Derecho Mercantil. Volumen I*, Aranzadi, Cizur Menor, 2021, 19.ª edición.

Peinado Gracia, J. I. & Solana, D., «*Press clipping*: competencia desleal y propiedad intelectual», *Revista de derecho de la competencia y la distribución*, (2), 37-63, 2008.

Pérez, R. (2010), «Derecho de propiedad intelectual de los artistas intérpretes o ejecutantes como derecho análogo al derecho de autor», *Diario La Ley*, **7387.**

Pérez de Castro, N., «Artistas intérpretes o ejecutantes: la directiva 2011/77/UE, del Parlamento Europeo y del Consejo, de 27 de septiembre de 2011, por la que se modifica la directiva 2006/116/CE, relativa al Plazo de Protección del Derecho de Autor y de determinados», *Estudios sobre la ley de propiedad intelectual: últimas reformas y materias pendientes*, 2016, Dykinson, Madrid.

Plaza Penadés, J., «Artículo 1. Hecho generador», *Comentario a la Ley de Propiedad Intelectual*, Tirant lo Blanch, Valencia, 2017.

Plaza Penadés, J., «Artículo 2. Contenido», *Comentarios a la Ley de Propiedad Intelectual*, Tirant lo Blanch, Valencia, 2017.

Plaza Penadés, J., «Las ideas y sus manifestaciones. Plasmación de las ideas en soportes. Especial atención a la llamada propiedad científica», en **Rogel, C.; Sáiz, C.** (dirs.) y **Ortega, J.** (coord.), *Ideas, Bocetos, Proyectos y Derechos de Autor* (41-53), Reus, Madrid, 2011.

Ramón Fernández, F., «Los procedimientos de reclamación de paternidad y la obtención de la prueba de ADN», *Revista Anales de la Facultad de Ciencias Jurídicas y Sociales*, 53, 108-19, 2023.

Rodríguez Tapia, J. M., «Capítulo I: Sujetos. Artículos 8.º-9.º», *Comentarios a la Ley de Propiedad Intelectual*, Tecnos, Madrid, 2017.

Rodríguez Tapia, J. M., «Título II-Sujeto y contenido. Artículo 9», *Comentarios a la Ley de Propiedad Intelectual*, Aranzadi, Cizur Menor, 2.ª edición, 2009.

Rodríguez, Tapia, J. M., «Título Primero. Derechos de los artistas intérpretes o ejecutantes», *Comentarios a la Ley de Propiedad Intelectual*, CIVITAS, Madrid, 1997.

Román Pérez, R., «Derecho de propiedad intelectual de los artistas intérpretes o ejecutantes como derecho análogo al derecho de autor», *Diario La Ley*, n.º 7387, 2010.

Saiz García, C., «¿Protección de las ideas por el Derecho de autor?», en **Rogel Vide, C., Saiz García, C**. (dirs.) y **Ortega Doménech, J.** (coord.) *Ideas, Bocetos, Proyectos y Derechos de Autor* (17-40), Reus, Madrid, 2011.

Tripathi, S. & Ghatak, C., «Artificial Intelligence and Intellectual Property Law», Christ University Law Journal, *7*(1), 2018.

Villalobos Portales, J., «La película "Gentlemen Broncos" y los delitos contra la propiedad intelectual: La diferencia entre un plagio chapucero y un plagio creativo», en **Quesada Sánchez, A. J.** (coord.) *El Derecho desde otra óptica: la cultura como cristal con que se mira* (pp. 539-580). Colex, Granada, 2023.

5. Jurisprudencia

- STS 20 de marzo de 1995 [ECLI:ES:TS:1995:10252].
- STS 1688/1985, de 9 de diciembre [ECLI:ES:TS:1985:1688].
- STS 3284/1995, de 7 de junio [ECLI:ES:TS:1995:3284].
- STS 8255/2 2006, de 20 de diciembre [ECLI:ES:TS:2006:8255].
- SAP de las Palmas 2357/2017, de 18 de septiembre [ECLI:ES:APGC:2017:2357].
- SAP de Madrid 15273/2006, de 20 de julio [ECLI:ES:APM:2006:15273].
- SAP Madrid, a 10 de mayo de 2023 [ECLI:ES:APM:2023:8569].
- Sentencia del Juzgado de lo Penal n.º 8 de Madrid, núm. 157/2018, de 4 de junio de 2018, Procedimiento abreviado 367/2017.
- *Fogerty v. MGM Grp. Holdings Corp.*, 379 F.3d 348 (6th Cir. 2004).
- *Tomelleri v. SunFrog, LLC*, 1:23-cv-10370 (E.D. Mich. Oct. 30, 2023).

L'ONU DI UOMINI ILLUSTRI

Maria Chiara Vitucci
Professoressa ordinaria di diritto internazionale della Università della Campania Luigi Vanvitelli

1. Premessa

Da sempre gli esempi permettono di illustrare meglio i fenomeni. Per parlare delle Nazioni Unite e della carriera nella più grande organizzazione internazionale del mondo, che oggi comprende ben 193 Stati, intendo ripercorrere le vicende di due suoi alti funzionari. Il primo, Dag Hammarskjöld, ha ricoperto per due mandati il ruolo di Segretario generale dell'Organizzazione, dal 7 aprile del 1953 quando viene eletto per la prima volta, alla sua morte in un incidente aereo, avvenuto a Ndola, nell'attuale Zambia, il 17 settembre 1961. Il secondo, Sergio Vieira de Mello, ha lavorato per 34 anni in programmi umanitari e politici delle Nazioni Unite, occupando una serie di posizioni di prestigio culminate con la nomina ad Alto commissario per i diritti umani, fino alla sua morte, avvenuta il 19 agosto 2003 nell'attentato dell'Hotel Canal a Baghdad, dove era in servizio come Rappresentante speciale delle Nazioni Unite per l'Iraq. Oltre alla morte violenta mentre erano al servizio delle Nazioni Unite, altre caratteristiche comuni mi hanno indotto alla scelta di queste due vite parallele per poter parlare dell'Organizzazione. Mi limito a citare la circostanza che queste vite esemplari sono state descritte in due film, *Cold case Hammarskjöld* (2019) del danese Mads Brügger e *Sergio* (2009) dello statunitense Greg Barker. Infatti questo contributo si inserisce in un progetto volto all'orientamento professionale degli studenti di giurisprudenza proprio attraverso la settima arte.

Dopo questa premessa iniziale, nel secondo paragrafo affronterò il ruolo svolto dal secondo Segretario generale delle Nazioni Unite in Congo, dove fu sperimentata per la prima volta una concezione "robusta" di *peace-keeping*, che valse a Dag Hammarskjöld l'inimicizia dell'Unione Sovietica e poi la morte. Nel terzo paragrafo ripercorrerò invece la brillante carriera di Sergio Vieira de Mello all'interno delle Nazioni Unite, dove iniziò a lavorare a soli 21 anni come editor presso l'ufficio dell'Alto Commissariato per i rifugiati a Ginevra. Il quarto paragrafo rifletterà sulla scelta del progetto di orientamento di utilizzare lo strumento cinematografico e infine saranno tratte alcune brevi considerazioni conclusive.

2. Le operazioni di mantenimento della pace alla prova del Congo

Anche se ho deciso di utilizzare un film specifico che indaga la morte del Segretario generale dell'ONU a parecchi anni dalla sua morte, gli archivi audiovisivi delle Nazioni Unite sono pieni di documenti che ripercorrono le tappe dell'impegno di Dag Hammarskjöld nell'Organizzazione. Lascio all'iniziativa dei lettori di questo saggio uno zapping nell'immenso archivio, ma indico gli estremi di un breve video sulla sua vita[1]. I primi anni di vita dell'Organizzazione sono fondamentali per lo sviluppo di importantissimi principi e fenomeni quali, rispettivamente, l'autodeterminazione dei popoli e la decolonizzazione. Il primo è un principio oramai consuetudinario che si è affermato grazie anche alla prassi della decolonizzazione. Il 14 dicembre 1960 l'Assemblea generale approva la risoluzione 1514 (XV) che contiene la Dichiarazione sull'indipendenza dei popoli coloniali[2]. Il principio che si afferma vuole che tutti i popoli sottoposti a dominio coloniale abbiano diritto ad autodeterminarsi, cioè a scegliere se diventare indipendenti o associarsi o integrarsi con un altro stato indipendente. Un libro di Ryszard Kapuscinski, Ebano, descrive le lotte dei popoli africani contro la potenza coloniale per ottenere l'indipendenza[3].

Altra fondamentale "invenzione" delle Nazioni Unite è il mantenimento della pace, o *peace-keeping*, termine che però non si trova nello Statuto dell'Organizzazione (così come non si trova il termine decolonizzazione; appare invece la parola autodeterminazione, ma con il diverso significato di non interferenza degli altri stati rispetto a come ciascuno stato gestisce le proprie colonie). Il 29 maggio si celebra la giornata internazionale del *peace-keeping* perché in quel giorno nel 1948 con la risoluzione 50 (1948) il Consiglio di sicurezza istituisce la prima (e più longeva) operazione di mantenimento della

1 https://youtu.be/MyHl4dUFZR0?si=67MfpaxP-7ckN8te. https://untso.unmissions.org.

2 *Declaración sobre la concesión de la independencia a los países y pueblos coloniales*, GA Res. 1514(XV) del 14 dicembre 1960.

3 Kapuściński R., *Ébano*, Anagrama, 2006 (trad. in spagnolo Agata Orzeszek Sujak).

pace, l'UNTSO (*United Nations Truce Supervision Organization*)[4] che, dopo il fallimento del piano di partizione della Palestina, chiede la cessazione delle ostilità e decide che la tregua debba essere supervisionata con la mediazione delle Nazioni Unite da un contingente di osservatori militari.

Come abbiamo detto, il termine mantenimento della pace non si trova nella Carta delle Nazioni Unite, eppure Dag Hammarskjöld trovò il modo di inserirlo "virtualmente" nello Statuto, affermando che esso si trovasse nel capitolo VI e mezzo della Carta, cioè a metà tra i metodi di soluzione pacifica delle controversie, elencati nel capitolo VI, e le azioni coercitive che prescindono dal consenso degli Stati, di cui si occupa il famoso capitolo VII.

Un rapporto del Segretario generale del 9 ottobre 1958 distilla i principi delle operazioni di *peace-keeping* sulla base dell'esperienza acquisita nell'UNEF I[5], operazione creata dall'Assemblea generale ai termini della *Uniting for peace*[6] nel 1956 per rispondere alla crisi di Suez[7]. Tra questi principi si possono annoverare in primo luogo la necessità del consenso dello stato sul cui territorio si agisce, l'uso della forza solo in legittima difesa e l'imparzialità. Vengono poi in rilievo il divieto di intervento nei conflitti interni, l'indipendenza delle Nazioni Unite nel selezionare le truppe e comunque l'esclusione delle forze militari dei membri permanenti del Consiglio di sicurezza e degli stati che hanno un interesse nella situazione che ha richiesto l'intervento della missione, nonché la buona fede nell'interpretazione del mandato. La parola chiave è comunque la flessibilità: al Segretario generale è chiara l'esigenza di dover adeguare i principi alle esigenze concrete di ogni singola operazione.

Il Belgio, antica potenza coloniale, concede l'indipendenza al Congo il 30 giugno 1960. Patrice Lumumba, uno dei protagonisti della lotta per l'indipendenza, a seguito di un processo costituente assume il ruolo di primo ministro mentre Kasavubu diventa presidente. L'esercito si ammutina contro gli ufficiali belgi al comando e inizia il caos di cui sono vittima gli europei presenti nel paese. Il Belgio manda le sue truppe per proteggere i propri connazionali. Nel ricco bacino minerario del Katanga si manifestano spinte separatiste che culminano l'11 luglio del 1960 quando la regione proclama la propria indipendenza, sostenuta dai belgi e sotto il governo fantoccio di Moïse Thsombé, ma avversata dal governo centrale che chiede aiuto alle Nazioni Unite.

Dapprima, con la risoluzione 143 del 14 luglio 1960 il Consiglio di sicurezza, rispondendo alla richiesta di aiuto rivolta al Segretario generale dal presidente e dal primo ministro congolesi, chiede al Belgio di ritirare le sue

---

4 https://untso.unmissions.org.

5 https://peacekeeping.un.org/sites/default/files/past/unefi.htm.

6 *Unión pro paz*, GA Res. 377A (V) del 3 novembre 1950. Come si vedrà in seguito, ci si fonda su questa risoluzione quando l'Assemblea generale prende l'iniziativa in caso di impasse del Consiglio di sicurezza.

7 https://digitallibrary.un.org/record/594711?v=pdf.

truppe dal territorio del Congo e autorizza il Segretario generale ad adottare le misure necessarie per fornire al governo congolese un aiuto militare[8]. Poco dopo, nel presupposto che il ristabilimento della legalità e dell'ordine nella Repubblica del Congo contribuisce a mantenere la pace e la sicurezza internazionali, chiede al Belgio di rispettare la risoluzione 143 sul ritiro delle truppe e a tutti gli stati di astenersi da ogni azione che possa impedire il ristabilimento dell'ordine nel territorio congolese[9]. Quindi, nella risoluzione 146 dà conto dell'implementazione delle risoluzioni precedenti fatta eccezione per la provincia del Katanga e ordina al Belgio di ritirare le sue truppe anche da lì. Afferma inoltre che l'ingresso di truppe delle Nazioni Unite nella provincia del Katanga è necessaria per la piena applicazione della risoluzione 143 e specifica che la missione di *peace-keeping* ONUC[10] non prenderà parte nel conflitto interno[11]. I principi secondo cui la missione deve operare sono infatti quelli enunciati dallo stesso Segretario generale nel suo *Summary study* sull'UNEF dell'ottobre 1958.

Hammarskjöld è convinto che i belgi se ne andranno. Invece nel corso dell'estate c'è il ritiro del consenso da parte del capo di stato Kasavubu e a settembre viene destituito Lumumba; ciononostante il Segretario generale cerca sempre di considerarsi fuori dall'*enforcement* e di dialogare e collaborare con il paese[12]. Il Congo aveva infatti chiesto assistenza; ritira il consenso per la crisi costituzionale e perché si aspettava risultati più significativi e veloci. La crisi costituzionale porta al potere Mobuto e produrrà anche l'assassinio di Lumumba nel gennaio del 1961. Durante una tesa riunione nel settembre del 1961, il Segretario generale spiega che a causa della crisi costituzionale i funzionari delle Nazioni Unite non potevano consultarsi con nessuna autorità locale senza rischiare di prendere parte per una delle due fazioni di quella che stava sfociando in una guerra civile. Per evitare azioni di propaganda, le autorità delle Nazioni Unite assumono l'iniziativa di chiudere una stazione radio e gli aeroporti. Hammarskjöld rivendica tali azioni eccezionali e se ne assume la piena responsabilità. È convinto che occorra agire anche perché in alcune regioni come quella di Bakwanga (e del Kasai) stanno avvenendo massacri

---

8 SC Res. 143 (1960) del 14 luglio 1960. La lettura dei processi verbali è assai interessante: il Segretario generale spiega di aver fatto uso del potere previsto nell'art. 99 della Carta per convocare immediatamente il Consiglio di sicurezza visto che si era in presenza di una questione che avrebbe potuto minacciare la pace e la sicurezza internazionale. Ricordiamo che l'attuale Segretario generale António Guterrez il 6 dicembre 2023 invocherà il medesimo articolo per chiedere un cessate il fuoco umanitario nel caso di Gaza, UN Doc. S/2023/962 del 6 dicembre 2023.

9 SC Res. 145 (1960) del 22 luglio 1960.

10 Inizialmente il nome della missione è *Organisation des Nations Unies au Congo*, poi cambiato in *Opération des Nations Unies au Congo*.

11 SC Res. 146 (1960) del 9 agosto 1960.

12 S/PV 896 del 9-10 settembre 1960.

di civili (baluba) da parte di truppe dell'Esercito nazionale congolese[13]. Le uccisioni di civili, oltre a rappresentare una flagrante violazione dei più elementari diritti umani, rivestono le caratteristiche del genocidio visto che sono rivolte contro un gruppo etnico determinato[14]. In tale situazione mantenere la più stretta neutralità comporterebbe l'impossibilità di intervento per le Nazioni Unite. Similmente, nel Katanga truppe straniere, in particolare i belgi, continuano a importare armi, nonostante il divieto imposto in diverse risoluzioni del Consiglio di sicurezza. Anche altre potenze straniere stanno continuando a fornire assistenza militare mascherata da "assistenza tecnica" in altre parti del paese. Per il Segretario generale la missione deve andare avanti nonstante le difficoltà, mentre alcune delegazioni, come quella yugoslava, iniziano a sollevare dubbi sul comando dell'operazione. Il Segretario afferma di essere lui a dirigere in ultima istanza la missione[15]. La situazione è sempre più tesa: in Katanga le truppe ONU vengono fatte oggetto di attacchi militari da parte di un aereo da combattimento (Fouga Magister), mezzi blindati e artiglieria. Al tempo stesso, pur senza poter essere considerata una *enforcement action* ai sensi del capitolo VII della Carta, il mandato della missione si amplia in via interpretativa (con la ferma opposizione dell'URSS), allontanandosi dal mero concetto di *self-defence* stabilito nel *Summary study* del 1958.

Hammarskjöld sarà sempre più inviso all'Unione sovietica: Khrushchev tenerà di sbarazzarsene e di modificare la politica dell'ONU in Congo, ma i suoi tentativi non saranno coronati da successo. Data l'impasse che si verifica in Consiglio di sicurezza, la questione passa nelle mani dell'Assemblea generale che a settembre, in una sessione di emergenza, chiede al Segretario generale: "que continúe adoptando enérgicas medidas de conformidad con lo previsto en las mencionadas resoluciones"[16].

La deriva coercitiva della forza di mantenimento della pace avviene subito dopo l'assassinio di Lumumba: il 21 febbraio con la risoluzione 161 il Consiglio di sicurezza qualifica la situazione come minaccia alla pace, afferma che nel paese c'è un serio rischio di guerra civile e, per la prima volta, autorizza l'uso della forza[17]. La risoluzione è adottata con l'astensione della Francia e

---

13 In un rapporto il Segretario generale approfondisce la questione dei baluba, che rappresentavano il gruppo economicamente e culturalmente più avanzato di Elisabethville e che erano perseguitati. Radio Katanga trasmetteva messaggi di propaganda di odio e il loro portavoce era stato arrestato; *cfr*. S/4940 e S/4940 Add. 1 e Add. 2, tutti del 14 settembre 1961.

14 *Ibid*., par. 101.

15 *Ibid*.

16 GA Res. GA 1474 (ES IV) del 16 settembre 1960.

17 SC Res. 161 (1961) del 21 febbraio 1961: «Insta a las Naciones Unidas a que adopten inmediatamente todas las medidas apropriadas para impedir que se produzca una guerra civil en el Congo, inclusive arreglos para la cesación del fuego, la suspensión de todas las actividades militares, la prevención de los choques y *el uso de la fuerza, en caso necesario, como último recurso*» (corsivo aggiunto).

dell'Unione sovietica. Qualche mese più tardi il Consiglio di sicurezza, riaffermando la politica e gli obiettivi della missione in Congo di mantenere l'integrità territoriale del paese, aiutare il governo centrale a ristabilire l'ordine pubblico, impedire lo scoppio di una guerra civile e assicurare il ritiro di tutto il personale straniero che non sia parte delle Nazioni Unite, ivi inclusi i mercenari, con la risoluzione 169, "*autoriza al Secretario General a emprender una acción vigorosa, con inclusión, en su caso, del uso de la fuerza en la medida necesaria*, para la inmediata aprehsión, detención en espera de su procesamiento o expulsión de todo el personal militar y paramilitar y los asesores políticos extranjeros no dependientes del Mando de las Naciones Unidas, así como de los mercenarios, según lo previsto en el párrafo 2 de la resolución 161(A) 1961"[18].

Non è questa la sede per riflettere approfonditamente sull'uso della forza nell'operazione delle Nazioni Unite in Congo: altri lo hanno già fatto analizzando le "operations directives", la prassi, e segnalando che l'operazione rappresenta un punto di svolta verso le operaioni di *peace-keeping* più robuste[19]. Sicuramente il Segretario generale è sempre stato guidato dalle sue ispirazioni pacifiste: contro le aspettative di Lumumba, decide infatti di non usare la forza per espellere i mercenari e gli irregolari belgi dalle loro basi in Katanga anche se poi fa uso di una interpretazione liberale del concetto di legittima difesa quando deve mantenere la presenza e la libertà di movimento delle truppe ONU all'interno del paese. Uno degli aspetti più problematici, che poi ritroveremo durante il genocidio in Ruanda, è l'uso della forza oltre la legittima difesa per proteggere i civili. In questo caso Hammarskjöld è convinto che l'ONUC debba agire a fini umanitari per difendere la popolazione a rischio, anche a costo di "stretching the self-defence rule"[20]. Il convincimento del Segretario generale si fonda su considerazioni morali che impediscono di rimanere inerti di fronte a massacri di civili che non costituiscono un mero conflitto politico interno ma che rappresentano la violazione dei più elementari diritti umani e contengono elementi di genocidio. Anche in questo caso, comunque, visto che non c'è l'autorizzazione ad agire direttamente per prevenire gli attacchi di civili innocenti, l'intervento deve basarsi su una strategia di interposizione[21].

Tuttavia il conflitto in Katanga porterà alla morte del Segretario generale, che cerca un incontro personale con il leader secessionista Tsombé e vola

---

18 SC Res. 169 (1961) del 24 novembre 1961 (corsivo aggiunto).

19 *Cfr.* FINDLAY T., *The Use of Force in UN Peace Operations*, SIPRI (Stockholm International Peace Research Institute), Oxford University Press, 2002, in particolare p. 69 e p. 75.

20 DAYAL R., *Mission for Hammarskjöld: The Congo Crisis*, Oxford University Press, 1976, p. 180.

21 URQUHART B., *Hammarskjöld*, Alfred A. Knopf, 1972, p. 438; ABI-SAAB G., *The United Nations Operation in the Congo 1960-1964*, Oxford University Press, 1978.

verso Ndola, nella Rodesia del nord, per incontrarlo e per otterenere un cessate il fuoco. Nella notte tra il 17 e il 18 settembre a seguito di un incidente, l'aereo su cui si trovava Hammarskjöld precipita e il Segretario muore.

Il film *Cold case Hammarskjöld* descrive l'accaduto e ripercorre le varie piste di indagine sull'incidente, quando, a tanti anni dall'accaduto, viene creata una commissione di esperti per indagare sulla morte del Segretario generale[22]. La nostra analisi sulla trasformazione del mandato della missione di *peace-keeping* dopo la morte del Segretario generale si arresta qui, anche se la storia della missione è ancora lunga e controversa. U Thant, il nuovo Segretario generale, è più propenso del predecessore ad ampliare il mandato dell'ONUC e a passare a una missione di *enforcement*, cosa che avverrà con la risoluzione 169 del 24 novembre 1961 e con le decisioni successive.

Vogliamo ricordare alcuni momenti significativi del film che sicuramente possono aiutare un giovane con aspirazioni pacifiste e umanitarie a intraprendere la carriera alle Nazioni Unite, per seguire le orme del coraggioso Segretario generale[23].

Sicuramente dobbiamo vedere i primi minuti del film quando emerge con grande nitore il ruolo del Segretario generale nel sostenere i paesi che avevano da poco ottenuto l'indipendenza contro i tentacoli delle antiche potenze coloniali[24]. Poi assistiamo al coraggio di Hammarskjöld nel tenere la barra del timone dell'Organizzazione quando la situazione in Congo si complica con la secessione del Katanga e gli attacchi al contingente delle Nazioni Unite; il Segretario morirà mentre si reca da Moïse Tsombé per cercare un accordo di pace[25].

Ma la scena forse più interessante del film – che in alcune parti sembra alquanto "complottista" – è quella finale in cui si spiega il motivo dell'uccisione del Segretario generale, che voleva che il governo di un paese si esercitasse nell'interesse della popolazione e quindi andava contro gli interessi economici delle ex potenze coloniali e delle loro multinazionali come la *Union Minière dell'Alto Katanga* (UMHK)[26].

---

22 *Investigation into the conditions and circumstances resulting in the tragic death of Dag Hammarskjöld and of the members of the party accompanying him*, UN Doc. A/68/800 del 21 marzo 2014.

23 Per capire come si accede alla carriera nell'Organizzazione, *cfr.* https://careers.un.org/home?language=en.

24 *Cfr*. l'intervallo tra i minuti 6.35 e 7.34.

25 *Cfr*. l'intervallo tra i minuti 8.09 e 10.34.

26 *Cfr*. l'intervallo tra i minuti 1.52.50- 1.53.53 in cui Alexander Jones spiega gli interessi dietro l'uccisione.

3. Un diplomatico affascinante

Passiamo ora ad analizzare l'incredibile percorso di Sergio Vieira de Mello. Figlio di un diplomatico brasiliano, Sergio parlava correntemente inglese, spagnolo, italiano, francese, oltre al portoghese. Inizia a lavorare per l'Organizzazione a 21 anni dove resta fino alla sua morte, avvenuta il 19 agosto 2003 durante un attentato che ha spezzato le vite anche di altri 21 funzionari delle Nazioni Unite. Il 19 agosto è stato proclamata la giornata internazionale per l'assistenza umanitaria.

Il percorso lavorativo oltre che umano di Sergio (che era noto nell'Organizzazione con il solo nome proprio) è davvero *inspiring* e non a caso iniziamo richiamando il video contenente il messaggio di benvenuto ai nuovi funzionari delle Nazioni Unite, riportato anche all'interno del documentario che racconta la sua vita[27]. Il film è stato tratto da un bel libro di Samantha Power[28].

Sergio Vieira de Mello ha attraversato le maggiori crisi che si sono verificate nell'arena internazionale a partire dall'inizio degli anni 70. Ricordiamo solo alcune tappe importanti, tra cui la crisi dei rifugiati vietnamiti, i cosiddetti *boat people*, degli anni 80 e il suo lavoro nell'organizzare il rimpatrio di coloro che non avevano diritto allo statuto di rifugiato. Nel 1991 lavora in Cambogia per l'Alto Commissariato per i rifugiati. Quell'anno si conclude con gli accordi di pace di Parigi che mettono fine al conflitto nel paese. L'esecuzione degli accordi è affidata a un'autorità transitoria, l'UNTAC[29], incaricata di gestire il potere nella fase di transizione. In realtà l'unico pilastro degli accordi che funziona è quello sul rimpatrio dei rifugiati, affidato a Sergio, che fa un accordo con i Khmer. In modo molto pragmatico, il funzionario capisce infatti che gli accordi si devono fare coi "cattivi"; sempre nel film assistiamo al viaggio attraverso la giungla con una giovane funzionaria, sua compagna dell'epoca, per raggiungere il comandante Ieng Sari, conosciuto durante gli anni di studio alla Sorbona[30]. Nel mese di giugno 1993 circa 370.000 cambogiani fanno ritorno nei loro villaggi.

Sempre negli anni 90 Vieira de Mello si occupa delle crisi delle aree protette in Bosnia e del Ruanda, per poi tornare nei Balcani, stavolta in Kosovo alla fine degli anni 90, dove le Nazioni Unite sperimentano nuovamente l'esercizio del potere di governo, amministrando direttamente il territorio sottratto alla Serbia ma non ancora indipendente con la missione UNMIK, nella quale

---

27 https://www.youtube.com/watchv=rcfiDcWr8IQ. Oppure nel documentario HBO *Sergio* tra il minuto 2.57 e il minuto 3.44.

28 Power S., *Chasing the flame. Sergio Vierra de Mello and the fight to save the world*, The Penguin Press, 2008.

29 *United Nations Transitional Authority in Cambodia*, istituita dal Consiglio di sicurezza, SC Res. 745 (1992) del 28 febbraio 1992.

30 http://www.sergiovdmfoundation.org/about-sergio/biography/

Sergio è Rappresentante speciale del Segretario generale Kofi Annan[31]. Ma sarà con l'altra amministrazione di territorio delle Nazioni Unite – quella che condurrà Timor orientale verso l'indipendenza – che Sergio Vieira de Mello eserciterà il ruolo di amministratore transitorio dell'UNTAET[32].

Come già aveva fatto Hammarskjöld nei primi anni 60 in Congo, così alla fine degli anni 90 Vieira de Mello "inventa" una nuova missione di *peace-keeping*, che consiste nell'amministrare un territorio. Sarà chiamato anche dittatore benevolo o viceré perché in effetti i poteri di chi è a capo di una amministrazione di territorio delle Nazioni Unite sono davvero estesi. Basta leggere il primo atto della nuova amministrazione secondo cui "All legislative and executive authority with respect to East Timor, including the administration of the judiciary, is vested in UNTAET and is exercised by the Transitional Administrator"[33]. La dichiarazione è poi temperata dalla frase successiva: "In exercising these functions the Transitional Administrator shall consult and cooperate closely with representatives of the East Timorese people", ma i poteri in capo all'amministratore restano immensi.

Solo dopo una prima fase, che poi nella prassi onusiana sarà chiamata di "timorizzazione", avverrà la condivisione di potere con le autorità locali che saranno aiutate nel percorso che condurrà all'indipendenza del paese.

Si tratta sicuramente del maggior successo personale di Vieira de Mello, descritto sia nel documentario *Sergio* (2009) dello statunitense Greg Barker sia nell'omonimo film di finzione diretto dallo stesso regista nel 2020. Entrambe le opere prendono spunto dal libro di Samantha Power. Probabilmente la missione a Timor est viene descritta meglio nel film, più romantico, che si incentra sulla vita del diplomatico brasiliano raccontando la storia di amore con Carolina Larriera, sbocciata per l'appunto a Timor est, dove la ventiseienne argentina era stata inviata come economista per lavorare a un programma di microcredito. Tuttavia, anche nel documentario si vedono gli sforzi di Vieira de Mello di incontrare le autorità indonesiane, che avevano occupato per tanti anni la parte orientale dell'isola di Timor e cercare una via negoziata verso l'indipendenza del piccolo paese asiatico dal vicino così grande e potente. Ricordiamo che l'Indonesia è il più grande paese islamico e che la motivazione dell'attentato che costerà la vita a Sergio – nelle parole di al-Zarqawi – sta proprio nell'aiuto dato al popolo timorese a consolidare l'indipendenza, dopo che le Nazioni Unite avevano liberato il paese dall'occupazione dell'Indonesia[34].

31 Dall'11 giugno al 14 luglio 1999, subito prima di Kouchner.

32 *United Nations Transitional Administration in East Timor*, istituita dal Consiglio di sicurezza, SC Res. 1272 (1999) del 25 ottobre 1999.

33 Regulation n. 1999/1 *On the authority of the Transitional Administration in East Timor*, https://mj.gov.tl/jornal/lawsTL/UNTAET-Law/Regulations %20English/Reg1999-01.pdf.

34 Vitucci, M. C., *Sovranità e amministrazioni territoriali. Limiti al potere di governo delle amministrazioni "non sovrane" in diritto internazionale*, Editoriale Scientifica, 2012, p. 112, ss.

Nel settembre 2002 Vieira de Mello viene nominato Alto Commissario per i diritti umani a Ginevra.

Dopo l'invasione dell'Iraq avvenuta il 20 marzo 2003 da parte di una coalizione diretta dagli Stati Uniti, che affermavano di avere le prove che il paese nascondesse armi di distruzione di massa, il Consiglio di sicurezza, che non aveva autorizzato l'invasione – da considerarsi pertanto illecita – rientra in azione approvando con la risoluzione 1472 il rinnovo del programma *Petróleo por Alimentos*, dal quale dipende la sopravvivenza del 60 % della popolazione irachena, circa 26 milioni di persone[35]. Si noti che la risoluzione è adottata nel quadro del capitolo VII della Carta e nel presupposto dell'autodeterminazione del popolo iracheno[36]. Neanche due mesi dopo, con la risoluzione 1483 adottata sempre ai sensi del capitolo VII[37], il Consiglio di sicurezza chiede al Segretario generale la nomina di un Rappresentante speciale per l'Iraq, indipendente e separato dall'Autorità di occupazione, col compito di coordinare gli sforzi dei vari organismi internazionali e di informare il Consiglio delle attività di assistenza umanitaria e ricostruzione del paese, nonché degli sforzi, fatti in coordinamento con l'Autorità provvisoria di coalizione di prestare assistenza al popolo iracheno. Sergio Vieira de Mello, che già aveva rifiutato l'incarico, dopo essere stato convinto dal presidente Bush e Condoleeza Rice, viene nominato Rappresentante Speciale del Segretario generale in Iraq e viene inviato a Baghdad a capo di una piccola missione politica.

Come emerge dal documentario, Sergio arrivando a Baghdad sa bene che la situazione è deteriorata e che è fondamentale distinguere l'azione delle Nazioni Unite dall'amministrazione dell'occupante anglo-americano diretta da Paul Bremer. Si pone quindi in ascolto delle esigenze delle popolazione e cerca di incontrare i leader civili e religiosi per capire come può far sì che gli iracheni recuperino la piena sovranità al più presto. Nel documentario traspare il contrasto tra Paul Bremer che afferma che le Nazioni Unite lavorando per loro[38] e Sergio che invece nega che le Nazioni Unite siano lì a coprire le azioni dell'occupante e che sostiene che la missione ha un proprio piano per le elezioni che dovranno condurre a un Iraq pienamente indipendente[39]. Peraltro Sergio vuole inviare al Consiglio di sicurezza un dossier sull'occupazione. Il contrasto non potrebbe essere più netto: Bremer afferma che tale rapporto non rientra nel mandato dell'ONU mentre Viera de Mello sostiene che è dovuto andare in Iraq per riparare i guasti

---

35 SC Res. 1472 (2003) del 28 marzo 2003.

36 *Ibid.*, settimo considerando: «*Reafirmando* el respeto por el derecho del pueblo iraquí a decidir su proprio futuro político y a controlar sus recursos naturales».

37 SC Res. 1483 (2003) del 22 maggio 2003.

38 V. minuto 12.20.

39 V. minuto 17.57.

prodotti dall'azione dagli statunitensi: del resto nel documentario si vede chiaramente la differenza tra le posizioni di Bush e de Mello sull'Iraq[40]. L'attentato non poteva intervenire in un momento più propizio agli americani: il rapporto doveva essere reso pubblico a breve.

Come già detto, a causa del suo successo a Timor, de Mello è inviso ad Al-Qaeda e a Bin Laden[41]. Anche per distanziarsi dall'Autorità di occupazione, Sergio riduce le misure di sicurezza e questo facilita l'attentato. Una potente carica esplosiva viene collocata su un camion suicida sotto la finestra del suo ufficio il 19 agosto. A seguito dell'esplosione che fa collassare parte dell'Hotel Canal, muoiono Vieria de Mello e altre 21 persone. In realtà Sergio, sopravvissuto all'esplosione, rimane sotto le macerie per quattro ore senza che intervengano gli aiuti, il che fa sorgere il sospetto che l'Autorità provvisoria di Bremer non avesse urgenza alcuna di salvarlo[42]. Il documentario testimonia l'angoscia di quelle 4 ore, in cui i soccorritori trovano Sergio e il suo collega Gil Loescher, che riuscirà a salvarsi dopo che gli avranno amputato senza anestesia le gambe per liberarlo tra una trave sotto la quale era intrappolato. Gli unici uomini che aiutano i due sono un militare riservista americano e un altro militare ex vigile del fuoco, che —dopo aver chiesto invano via radio l'invio di scavatrici e squadre di soccorso specializzate— riescono a ottenere solo una corda ma continuano a parlare ai feriti, a salvare Gil e a rincuorare Sergio.

Abbiamo detto che Sergio era un uomo affascinante. Diventato adulto in un epoca anteriore al #MeToo, era noto per aver avuto relazioni con molte delle sue collaboratrici. La prima, Annie Personnaz, sua assistente all'Alto Commissariato per i diritti umani, diventerà sua moglie nel 1973 e crescerà i suoi due figli Laurent e Adrien. Durante la missione in Cambogia, Sergio ha vissuto una relazione alla luce del sole con Mieke Bos, sua assistente. I due vivevano insieme tant'è che, quando la moglie lo andrà a trovare in Cambogia, dovrà di corsa cambiare la stanza di albergo dove viveva con Mieke. Era ancora sposato quando incontrerà a Timor est la giovane collega Caroline Larriera di cui si innamorerà e insieme alla quale voleva iniziare una nuova vita. Chiederà infatti il divorzio, ma la morte non gli darà il tempo di terminare la procedura e sarà Annie de Mello a ricevere il corpo del marito avvolto nella bandiera delle Nazioni Unite, lei a partecipare alle varie cerimonie ufficiali di commemorazione.

40 *Cfr*. l'intervallo tra il minuto 3.44 e 4.44.

41 V. minuto 1.06.

42 Sottolinea gli incredibili ritardi nei soccorsi e l'assoluta inefficienza dell'esercito americano presente in massa a Baghdad, LUPIS M., *"Sergio": un film per un eroe civile dei nostri tempi*, in *HuffPost*, 22 aprile 2020.

4. I film come strumento per raccontare coinvolgendo lo spettatore

Bastano poche parole per spiegare perché questo breve saggio si è incentrato su due film per parlare di due uomini illustri, che a loro volta sono stati funzionali a descrivere la carriera nell'Organizzazione delle Nazioni Unite. I film, infatti, in modo particolare quando raccontano storie personali, riescono a rendere tangibili e concreti i diritti e le istituzioni che descrivono, attraverso l'esperienza del testimone diretto[43]. Peraltro, abbiamo scelto due personaggi che hanno attraversato e governato tempi difficili. Il cinema pone la propria lente su quanto avvenuto durante un periodo in cui si sono verificate gravi violazioni dei diritti umani e ci permette di avvicinarci alle sofferenze della popolazione e di apprezzare gli sforzi di chi agisce per alleviarle[44]. L'arte, infatti, nel creare un'esperienza diretta, va oltre il linguaggio e persino la rappresentazione del significato, facilitando un canale di comunicazione tra l'osservatore e l'osservato che prescinde dalle dimensioni del tempo e dello spazio[45]; attraverso lo specchio relazionale che produce, l'arte è in grado di farci risuonare con emozioni che non siamo in grado di articolare a parole[46]. I processi artistici e culturali possono quindi essere utilizzati "to engage individuals and communities in transforming consciousness, building relationships and reimagining the future"[47].

Ritengo quindi che il cinema sia uno strumento formidabile per conoscere una realtà diversa dal quotidiano di ciascuno e per farsi coinvolgere dalle vicende che riguardano gli altri. Soprattutto quando vede i film in sala, per dirla con Pierfrancesco Favino quelli che si guardano con il naso e lo sguardo all'insù, lo spettatore ha una disposizione arrendevole, pronta ad accogliere altri punti di vista. Quindi cosa c'è di meglio per capire se si vuole intraprendere una carriera alle Nazioni Unite che guardare, possibilmente nel buio di una sala cinematografica, i film sulla vita di due funzionari che hanno reso grandi servigi all'umanità?

43 Non è un caso che alcuni manuali di diritto internazionale o di teoria dei diritti umani abbiano al loro interno una filmografia che segue la bibliografia. Bastino un paio di esempi: Claude R. P. & Weston B. H. (Eds.), *Human rights in the world community. Issues and Action*, 3rd ed., University of Pennsylvania Press, 2006, p. xii (il luogo della prefazione dove i curatori spiegano il motivo che li ha indotti a inserire la filmografia); Cassese A. (a cura di Frulli M.), *Diritto internazionale*, terza ed., il Mulino, 2006.

44 Blum C. P., "Visions of Justice and Accountability: Transitional Justice and Film", in Ramírez-Barat C. (a cura di), *Transitional Justice, Culture, and Society*, Social Science Reaserch Council, 2014, p. 462.

45 Aksenova M., Rieff A. N., "Setting the scene: The use of art to promote reconciliation in international criminal justice", in *Leiden Journal of International Law*, vol. 33, 2020, pp. 495-516, p. 499.

46 *Ibid.*, p. 500.

47 Cohen C. E., "Reimaging Transitional Justice", in *International Journal of Transitional Justice*, vol. 14, 2020, pp. 1-13, p. 2.

5. Considerazioni conclusive

A conclusione di questo breve scritto che – attraverso le vite di due uomini straordinari – si propone di ispirare i giovani interessati alla carriera nelle organizzazioni internazionali a seguire le loro orme, voglio sottolineare un ultimo tratto in comune di Dag Hammarskjöld e Sergio Viera de Mello. Ancora oggi, nei momenti di difficoltà, spesso all'interno dell'ONU ci si interroga su cosa avrebbe fatto in questa situazione l'uno o l'altro. Sono stati due uomini eccezionali perché visionari, cioè dotati di quella visione, che ha permesso loro di andare oltre quanto già fatto o già scritto nello Statuto delle Nazioni Unite per scrivere il loro capitolo di storia, che per Dag è stato il capitolo VI e mezzo del *peace-keeping*, mentre per Sergio quello dell'amministrazione diretta di territorio.

A dispetto dei parallelismi rilevati, sono stati uomini diversissimi; basti pensare al tratto ascetico e quasi mistico di Dag[48] e al modo in cui Sergio si relazionava con le donne, ma la caratteristica della visione e del riuscire a trovare una soluzione concreta li accomuna. Perché l'ONU è ancora qui a darci uno strumento per la soluzione dei problemi che affliggono l'umanità, e l'ONU, oltre che di 193 stati è fatta dalle 125.000 persone che lavorano per essa[49]. E ogni singola donna o uomo può fare la differenza, anche senza dover diventare un funzionario apicale dell'Organizzazione. Quindi chi, dopo aver studiato giurisprudenza, voglia lavorare per il bene comune, si può mettere alla prova con il concorso per le Nazioni Unite, fare uno stage, andare a lavorare sul campo, oppure fare come la Mafalda di Quino che da grande vuole lavorare all'ONU come interprete per smussare, attraverso una traduzione "orientata", le divergenze e far sì che le persone si intendano e i conflitti si disinneschino[50]. Del resto il preambolo della Carta delle Nazioni Unite spiega chiaramente il motivo per il quale l'Organizzazione è stata creata e al primo posto figura l'obiettivo di "preservar a las generaciones venideras del flagelo de la guerra que dos veces durante nuestra vida ha infligido a la Humanidad sufrimientos indecibles".

---

48 Al riguardo consiglio la lettura di HAMMARSKJÖLD D., *Marcas en el camino*, Editorial Seix Barral, 1965.

49 https://unsceb.org/hr-organization. I dati si riferiscono al 2022.

50 Per la striscia in italiano, v. https://images.app.goo.gl/Kn3w5oeiKCFJVC9r5, per quella originale https://it.pinterest.com/pin/341921796681855181/.

COLECCIÓN
CULTURA Y DERECHO

COLEX

TÍTULOS PUBLICADOS

1. El Derecho desde otra óptica: la cultura como cristal con que se mira
2. I delitti e i discorsi. Diritto e retorica nelle Tetralogie di Antifonte
3. El proceso judicial en un marco cultural y digital
4. Las profesiones jurídicas en el cine

Made in the USA
Monee, IL
08 November 2026

68033804R00280